JN415178

CATIA V5.15 기초 Part design을 중심으로

김남경 김해지 공저

A.T. AUTOTECH
오토테크

Introduction 머리말

컴퓨터 하드웨어와 CAD/CAM/CAE 소프트웨어 발전은 모든 산업분야에 적용되고 있다. 특히 자동차, 항공 및 기계 분야에 주로 사용되고 있는 CATIA(Computer-graphic Aided Three-dimensional Interactive Application) 소프트웨어는 편리성, 보급성 측면에서 진일보하였으며, 제품의 설계, 해석, 가공, 관리 등의 공정 요소기술에 대하여 효율적으로 관리를 수행할 수 있는 CAD/CAM/CAE 통합 솔루션이다.

CATIA V5의 기초를 확립하기 위하여 이 책에서는 Part Design을 중심으로 집필되었다. 이 책에서는 CATIA V5R15을 이용하였으며 1장 CATIA V5 소개, 2장 CATIA 기본 Tool & Icons, 3장 Sketcher, 4장 Part Design, 부록 등으로 구성되었다. 그리고 초보자라도 CATIA 소프트웨어의 특성을 쉽게 파악할 수 있도록 사용되는 명령어들에 대하여 하나하나 열거하여 보다 알기 쉽게 구성되었다.

이 책의 출판을 위해 밤낮으로 동고동락한 국립진주산업대학교 자동차공학과 CAD/CAM 연구실의 정대식, 한승우, 최현지군과 오토테크 출판사에 진심으로 감사의 뜻을 전합니다.

2007년 11월

저자 드림

Chapter 1. CATIA V5 소개

Chapter 2. CATIA 기본 Tool & Icons

Chapter 3. Sketcher

Chapter 4. Part Design

Chapter 1.

CATIA V5 소개

Chapter 1.

▶▶▶▶ CATIA V5 소개

1. 개 요

CATIA(Computer-graphics Aided Three-Dimensional Interactive Application)는 항공기, 자동차, 기계 및 관련 산업분야에서 가장 각광을 받고 있는 CAD/CAM/CAE의 통합 솔루션이다. CATIA 프로그램은 다른 모델링 소프트웨어와 비교하여 3차원 형상의 모델링이 뛰어나다. 이를 통하여 제품의 개발 기간을 단축할 수 있고, 복잡한 기계 부품들의 설계, 도면추출, 해석, NC 데이터의 생성 등의 제품의 개념설계 단계부터 제작, 생산관리까지 작업이 가능한 소프트웨어이다. 현재 CATIA Version5의 보급과 지속적인 버전 업그레이드를 통하여 대학, 대기업, 중소기업 등에서 널리 활용되고 있는 추세이다.

1.1 주요기능

1. Part & Assembly Design

Part & Assembly Design은 단품 설계부터 복잡한 구조의 어셈블리 형상까지 모든 과정을 효율적으로 수행하도록 지원한다. Part Design은 CATIA의 강력한 Feature기반의 Hybrid 모델링 엔진을 사용하여 Solid와 Surface 형상이 통합된 최적의 방법으로 설계를 수행할 수 있다. 그리고 유연한 포스트 디자인 Parametric 기법을 이용하여 원하는 형상에만 필요한 구속 조건을 부여할 수 있으므로 설계 변경이 용이하다. 또한, 모든 기능들이 윈도우 NT의 표준 사용자 환경과 같으므로 손쉽게 작업을 할 수 있다. Assembly Design은 제품의 조립 구조에서 Part 설계를 수행하는 하향식(Top-down)방법과 반대로 Part를 조립하여 제품을 완성하는 상향식(Bottom-up)방법이 모두 가능하다. 이를 통하여 제품설계에 참여하는 여러 분야의 설계인원이 Part 설계와 Assembly 설계를 동시에 진행하는 Concurrent Engineering을 수행할 수 있으며, 이 기능들은 모두 부품 디자인과 통합되어 있어 하나의 창에서 모든 작업이 가능하다.

2. Generative Drafting

Generative Drafting은 3차원으로 설계된 단품과 조립 설계된 제품에서 2차원 도면을 자동으로 생성한다. 이 모듈은 View Creation Wizard, 미리 보기 기능 등을 제공하여 도면 생성 작업의 생산성을 향상시켰다. 그리고 3차원 형상과 연관되어 있어 모델을 수정한 후 도면을 Update하면 3차원 형상에 이 변경사항이 적용된다. 또한, 1각법, 3각법 및 ISO, ANSI, JIS와 같은 여러 표준들을 지원해 사용자가 원하는 형식의 도면을 쉽게 만들 수 있고, 하나의 파일에 여러 개의 도면을 모아서 저장할 수 있다. 이러한 도면정보 파일(*.CATDrawing)로 저장되며 A0에서 B5까지 용지를 지원한다.

3. Smart Shape Designer

Smart Shape Designer는 고품질의 Surface를 생성하고 수정할 수 있는 모듈로 CATIA 고유의 Bezier 기술과 NURBS 기술을 접목해 고품질을 유지하면서 원하는 형상대로 수정하는 강력한 기능을 제공한다. 또 작업 중 실시간으로 원하는 곡선이나 Surface의 곡률, 반사곡선 등을 확인할 수 있다. 여기서 만들어진 곡선과 Surface는 모두 Part Design제품과 동일한 Hybrid Modeling Engine을 사용하므로 Solid 작업 시 다양하게 이용할 수 있다.

4. DMU Navigator

DMU Navigator는 Part Design작업을 통해 설계된 3차원 모델을 CATIA 시스템 안에서 가상으로 조립한 Digital Mock-up을 이용하여 외형검사(DMU Navigator), 조립성 검사(DMU Fitting), 간섭검사 및 단면 검사(DMU Space Analysis), 운동성 검사(DMU kinematics)를 수행하여 설계 품질을 향상하고 실제의 Mock-up을 제작하지 않고 필요한 검사를 수행하여 설계비용과 개발기간을 단축할 수 있다. 그리고 결과를 바로 CATIA모델이나 일반 Text 또는 HTML문서로 저장하여 설계자에게 제공할 수 있다.

5. Knowledge Advisor

Knowledge Advisor(지식 데이터 뱅크)는 설계자의 지식이나 기술을 데이터화 한다. 이를 위해 설계에 필요한 파라미터나 수식을 저장하며, 간단한 스크립트로 만들어진 규칙을 저장하거나 적용할 수가 있다. 이를 통해 설계를 처음 시작하는 사람도 이미 정의된 규칙과 매개변수를 이용하여 복잡한 설계를 수행할 수 있으며 설계 오류를 자동으로 정정하고 이를 반영할 수 있다.

일반적으로 설계를 수행할 때에 제품의 사양으로부터 설계자의 경험 또는 지식을 응용하여 작업을 수행한다. 이 모듈은 설계자의 지식을 함수로 저장할 수 있으며 수식으로 표현되지 못하는 정보에 대해서는 IF/THEN/ELSE를 이용한 룰로써 정의할 수 있다. 또한 모델이 항상 사내의 규칙이나 표준에 맞게 설계가 되고 있는지를 Check 기능을 이용하여 확인해 볼 수가 있다.

6 Generative Part Structural Analysis

Generative Part Structural Analysis는 설계자가 3차원으로 설계한 부품의 내부응력, 변위 및 진동을 쉽게 할 수 있는 모듈로 실제의 정밀한 해석은 전문가가 전문 해석 소프트웨어를 사용하여 수행하는 것이 일반적이지만, 설계자가 설계한 부품의 필요한 단품에 대해 간단한 해석을 직접수행을 한다면 제품의 설계의 정밀도가 더욱 향상 될 것이다. 설계가 완성된 단품에 재질을 부여하고 PSA작업장을 시작한다. Mesh를 생성하고 여기서 경계조건(변위 값이 0 인 지점)과 하중(압축력, 인장력, 토크)을 솔리드의 면이나 모서리에 부여한 후 계산을 수행하면 결과를 보여준다. 해석 결과는 *.CATIA Analysis의 형식으로 저장이 된다. 따라서 구조의 강도가 중요한 제품 설계 시 생산성을 향상할 수 있다.

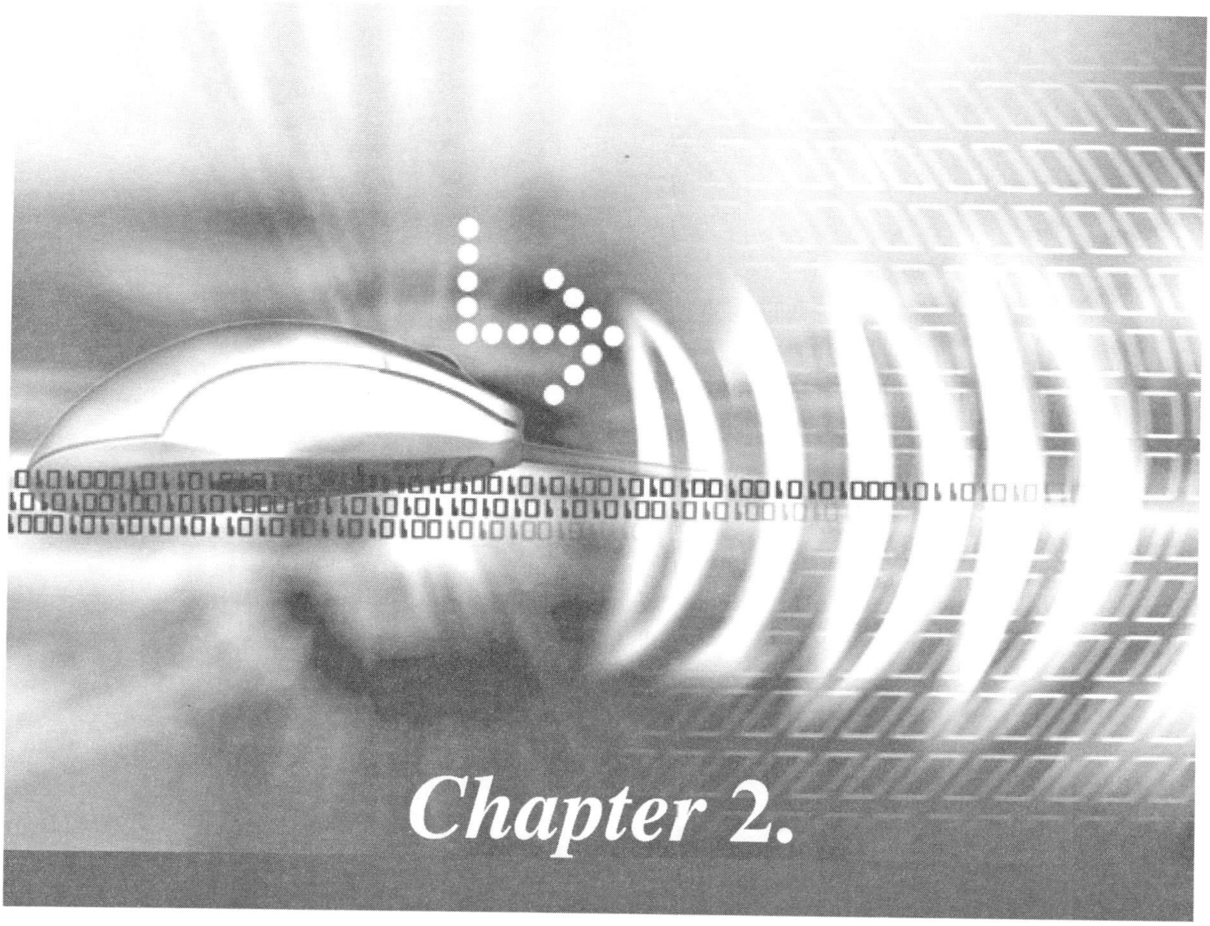

Chapter 2.

CATIA 기본 Tool & Icons

Chapter 2.

▶▶▶▶ CATIA 기본 Tool & Icons

1. CATIA 프로그램의 화면 구성

CATIA 프로그램의 화면구성은 Menu Toolbar, Compass, Specification Tree, Workbench Toolbar, Standard Toolbar, Prompt Zone, Power Input 등으로 구성된다. (단, Standard Toolbar, Workbench Toolbar 등은 이동이 가능함)

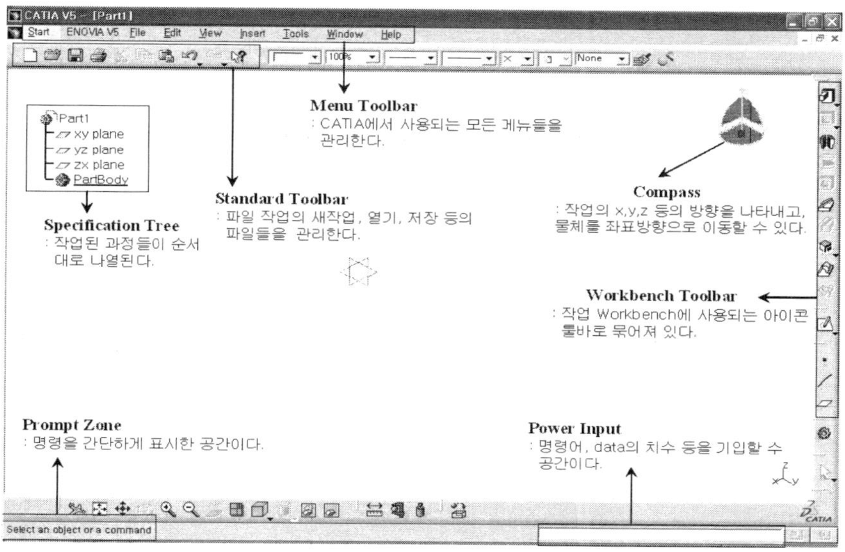

1.1 Compass

작업 영역의 방향을 표시하고, 작업할 솔리드나 작업영역의 이동과 회전이 가능하다. 작업영역을 회전과 이동시에는 Compass의 x, y, z 축 등을 중심으로 이동하고, 생성된 솔리드의 회전이동시에는 Compass를 솔리드로 옮겨놓고 x, y, z 축을 정한 뒤 움직인다.

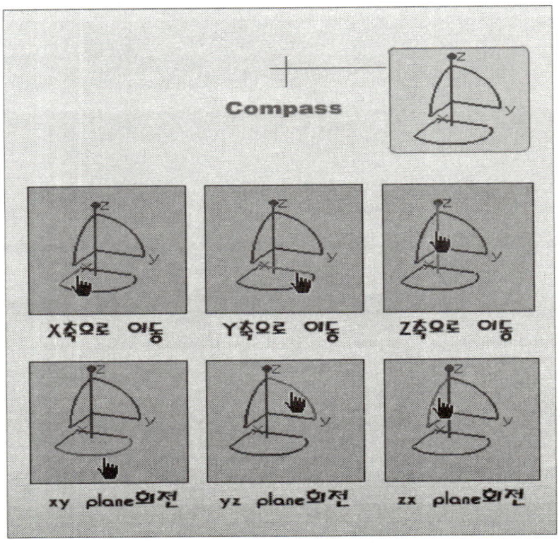

1.2 Specification Tree

작업을 하면서 사용된 기능들의 History를 Tree형식의 구조로 나타내며 Specification Tree의 크 Specification Tree , Ctrl키를 누른 상태에서 확대 및 축소를 조절한다. Specification Tree를 화면상에서 보이지 않게 하려면 F3키를 누르면 화면상에 나타나지 않는다.

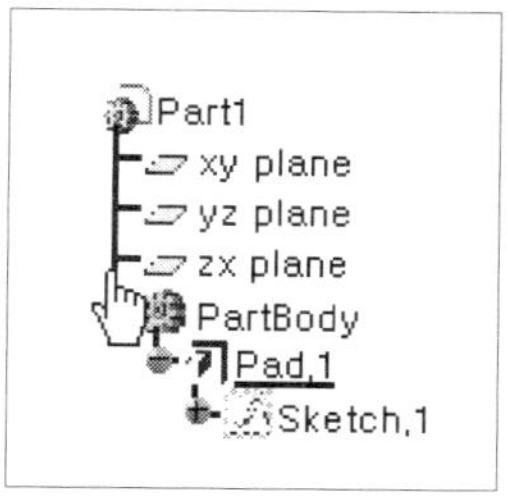

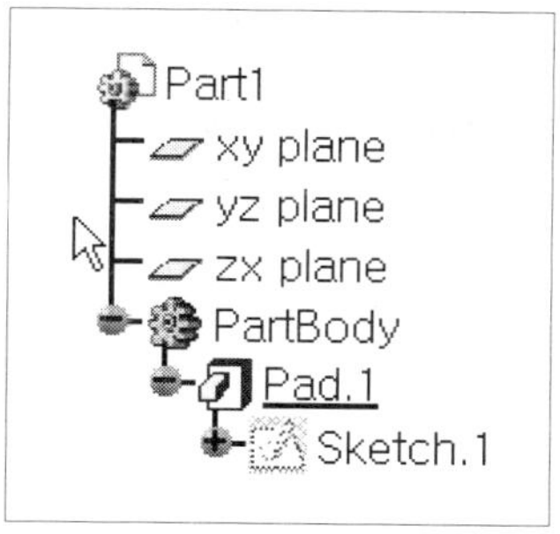

1.3 Plane

Plane은 3D상의 x, y, z 축 평면을 말한다. xy plane, yz plane, zx Plane으로 구성되어 원하는 평면에 작업을 하고자 할 때는 3D상에서 Plane을 선택하거나 Specification Tree에서 원하는 Plane을 선택한다.

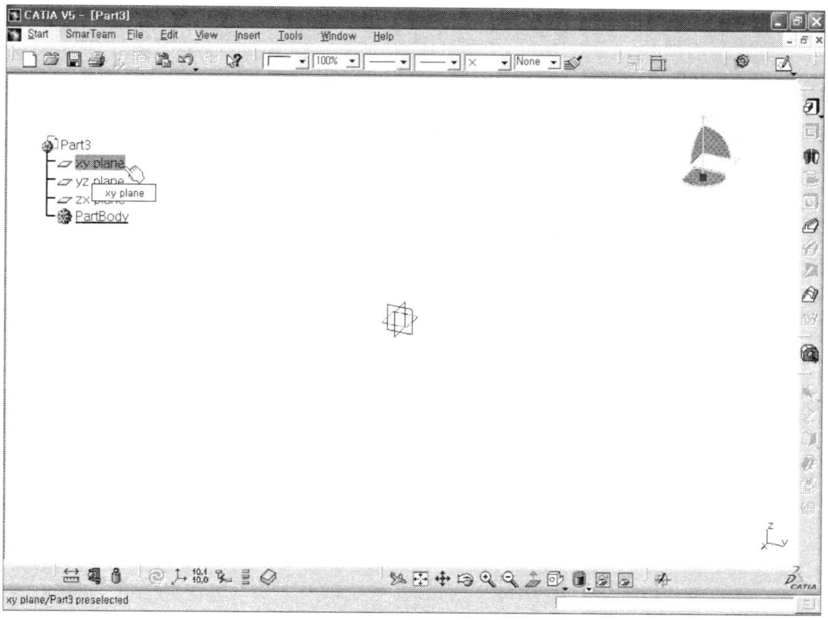

1.4 Workbench Toolbar

각 Workbench에 관한 명령 아이콘들과 Part Design에 대한 모든 명령 아이콘들이 있다. 아래 그림의 우측면에(□) 표시된 부분이 Workbench Toolbar이다.

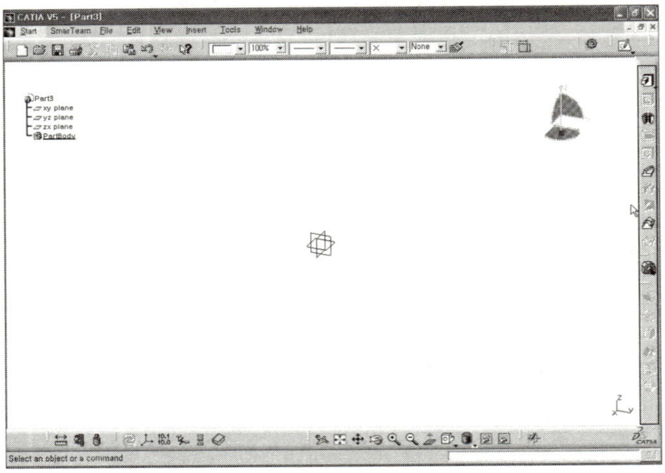

1.5 Standard Toolbar

Standard Toolbar는 File의 관리나 도움말을 나타낼 수 있는 기능들을 묶어 놓은 Toolbar이다. New, Open, Save, Print, Cut, Copy, Paste 등으로 구성된다. 아래 그림과 같이(□) 표시된 부분이 Standard Toolbar이다.

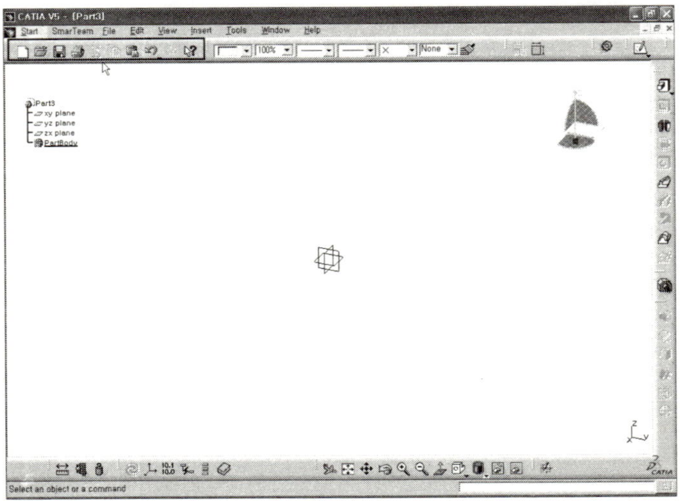

1.6 View Toolbar

View Toolbar는 Working Area에 있는 대상물들을 다양하게 볼 수 있는 기능들로 묶여진 Toolbar이다. 아래 그림의 하단 중앙부에(□) 표시된 부분이 View Toolbar이다.

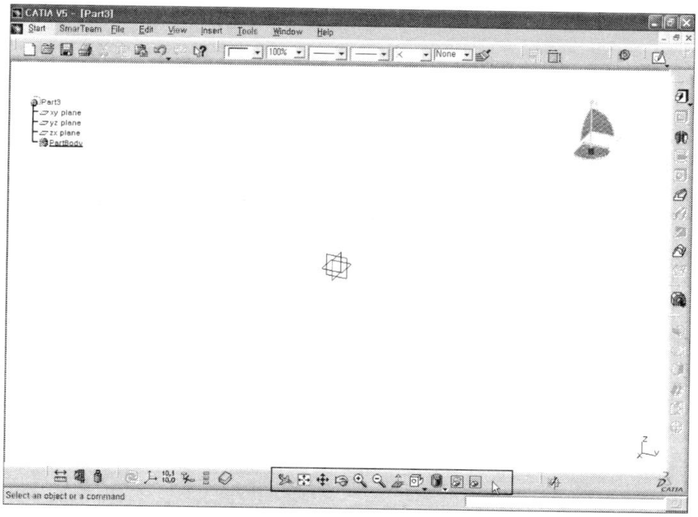

1.7 Prompt Zone

Prompt Zone은 명령을 간단하게 표시한 공간이다.

1.8 Power Input

Power Input은 명령어나 Data의 치수 등을 기입할 수 있는 공간으로 보통 기능을 사용할 때는 아이콘을 클릭 후 사용한다. 그리고 명령어, Data 값 등의 기입도 가능하다.

2. 작업창(Workbench) 선택하기

1 방법 1

Pull Down Menu에서 Start를 선택하여 원하는 작업창을 선택한다. 아래 그림은 Mechanical Design에서 Part Design 작업 창을 실행하는 것을 나타내었다.

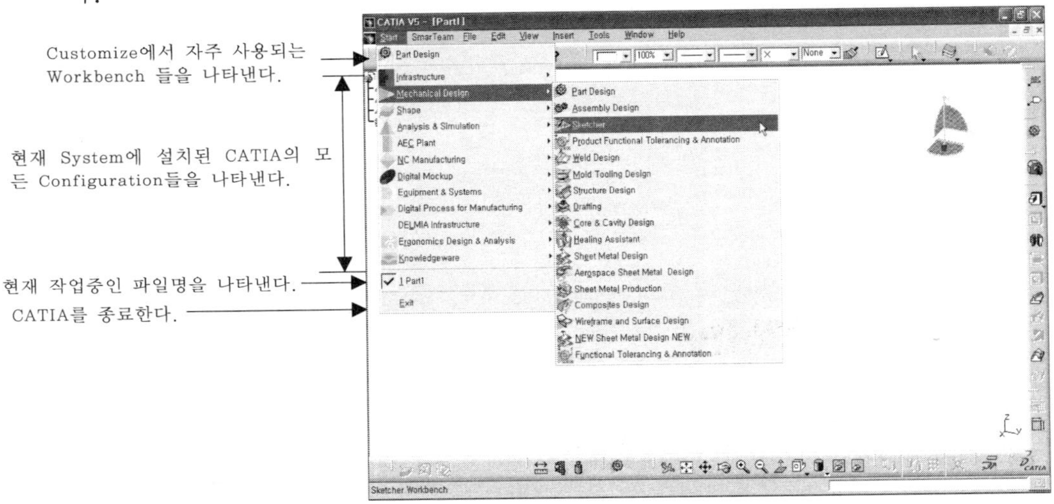

2 방법 2

Pull Down Menu에서 File ⇒ New 아이콘을 선택하면 화면상에 New Box가 생성된다. New Box에서 원하는 작업창을 선택한 후 OK 버튼을 클릭한다.

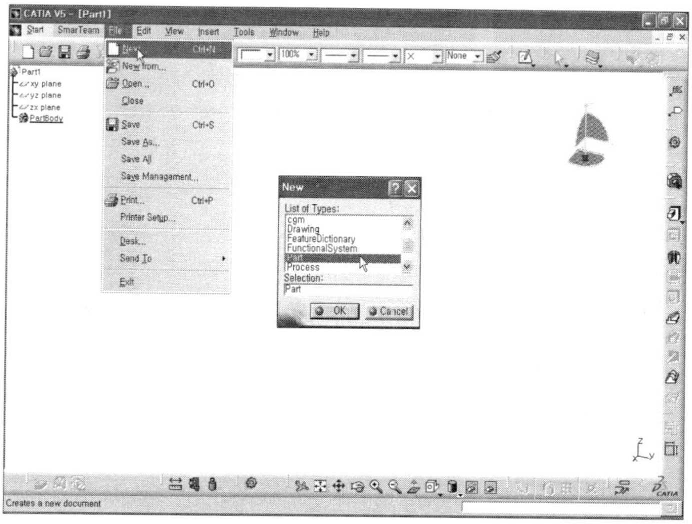

3. 작업종료(Exit)

Pull Down Menu에서 File ⇒ Exit를 선택하면 모든 작업이 종료된다.

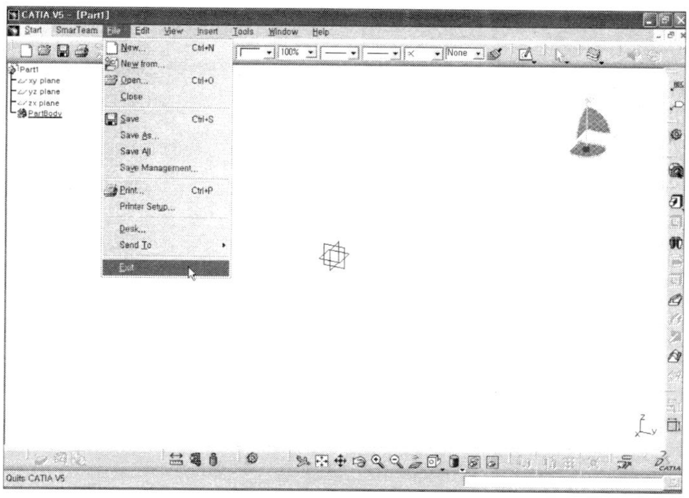

4. Pull Down Menu의 구성

Pull Down Menu의 구성은 Start, Smart Team, File, Edit, View, Insert, Tools, Window, Help 등의 파일로 구성된다. 아래 그림은 Pull Down Menu의 구성 요소를 나타내었다.

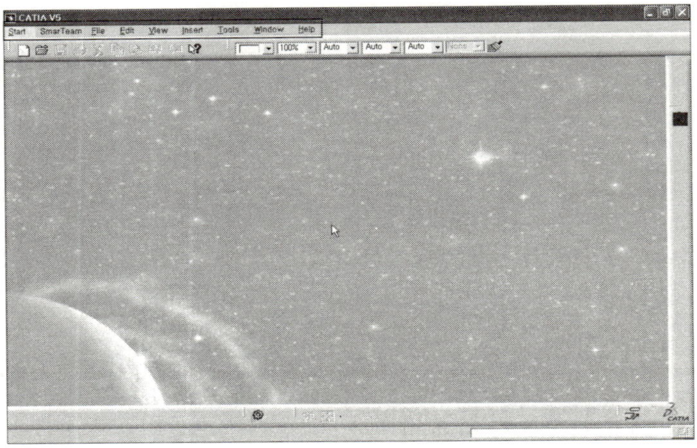

4.1 File Menu

아래 그림은 Pull Down Menu에서 File Menu의 아이콘을 설명하였다.

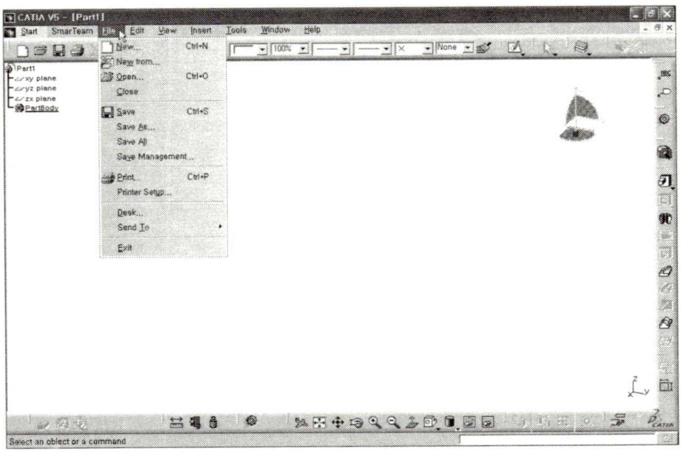

1 New

새로운 모델링 작업을 시작할 때 Pull Down Menu에서 New 아이콘을 선택한다.

⇒ **단축키(Ctrl + N)**

2 New from

작업 중인 모델을 새로운 작업창에 불러와 다른 파일로 생성한다.

3 Open

Pull Down Menu에서 File을 클릭하고 Open 아이콘을 선택한다. 그리고 File Selection Box에서 필요한 파일을 선택한다.

⇒ **단축키(Ctrl + O)**

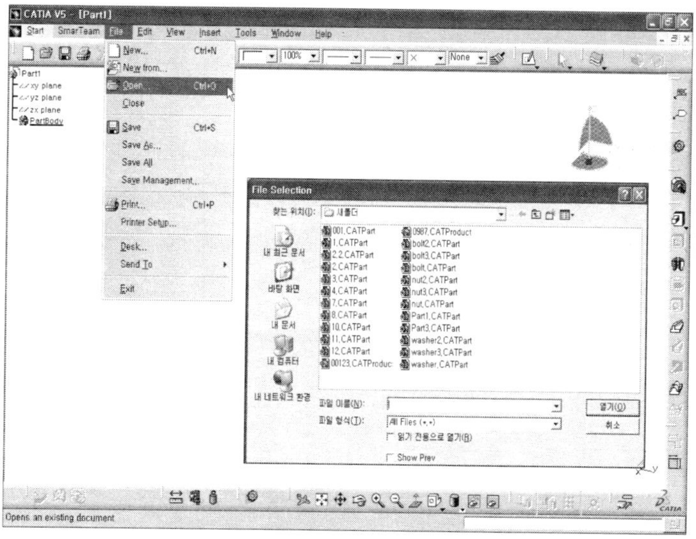

4 Close

Pull Down Menu에서 File을 클릭하고 Close를 선택한다. 그리고 Close Box에서 예(Y)는 저장을 하고 끝내기, 아니오(N)는 저장하지 않고 끝내기를 선택하면 된다.

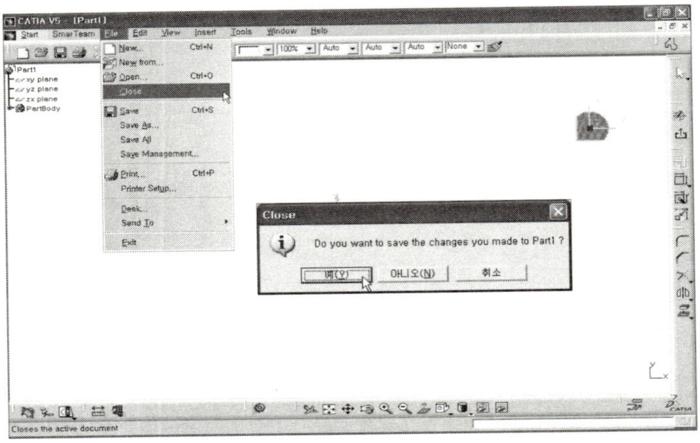

5 Save

Pull Down Menu의 File을 클릭 한 후 Save를 클릭하거나, Standard Toolbar의 아이콘을 클릭한다. 대화 창에서 파일이름과 파일 형식을 정한 뒤 저장을 클릭한다.

⇒ **단축키(Ctrl + S)**

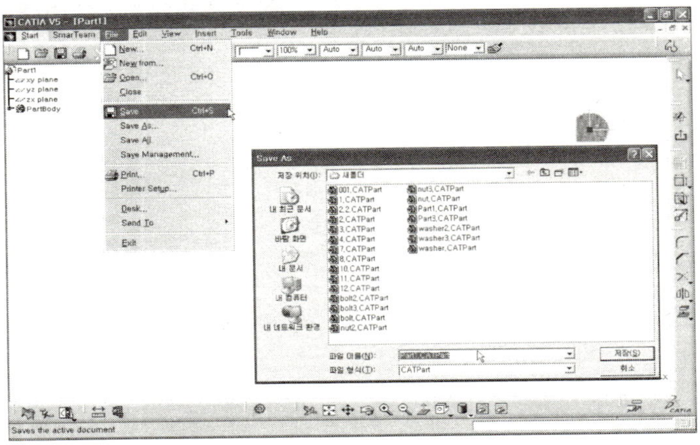

아래 표는 CATIA 프로그램에서 각 Part 별로 작업 한 후 저장되는 형식들을 정리하였다.

Part Design	*.CATPart, *.stl, *.igs, *.model, *.stp, *.3dmap, *.cgr, *.wrl
Assembly, DMU	*.CATProduct, *.txt, *.cgr, *.stp, *.wrl, *.session, *.igs
Analysis	*.CATAnalysis
NC Manufacturing	*.CATProcess
NC Data	*.CATNCCode, *.cgr, *.apstource, *.clfile
Drafting	*.dwg, *.dxf

※ 호환시키는 프로그램의 사용조건에 따라 저장하는 파일의 형식을 달리한다.

6 Save As

현재 파일을 다른 이름이나 위치 또는 다른 파일양식(stl, igs, wrl, dxf)으로 저장할 때 사용한다.

7 Save All

현재 열려있는 모든 파일을 저장한다.

8 Print

Print의 종류를 선택하는 기능이다.(Portrait는 현재의 모델링 형상을 일정 각도로 회전시킨 형상을 프린트하도록 설정하는 기능이다.)

⇒ 단축키(Ctrl + P)

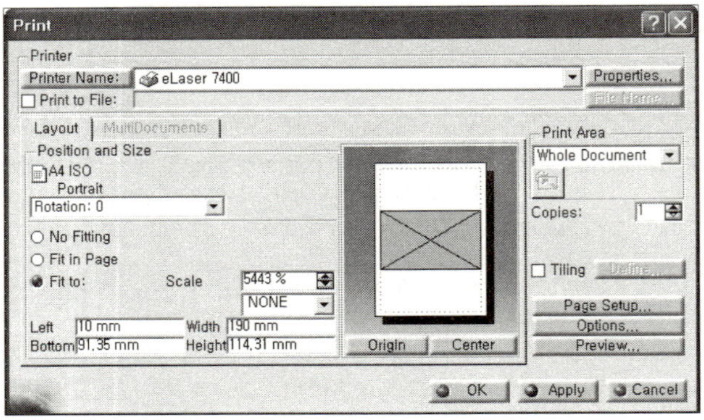

① No Fitting

화면에 꽉 차지 않게 프린트한다.

② Fit in Page

Print할 대상물이 화면에 꽉 차도록 설정하여 프린트한다.

③ Fit to : Scale에 설정한 만큼 고정되어 프린트한다.

④ Print Area

프린트 영역을 지정해주는 기능이다.

※ Whole Document : 전체문서를 프린트한다.

※ Display : Display된 문서를 프린트한다.

※ Selection : 선택영역을 지정하여 그 지정된 부분만 프린트한다.

⑤ Copies

프린트하고자 하는 매수를 의미한다.

⑥ Page Setup

프린트의 용지 크기와 여백을 설정해주는 기능이다.

⑦ Option

프린트할 때 대상물의 Image에 대한 Color의 유형과 Banner 등을 설정할 수 있는 기능이다.

※ Color : 대상물에 대한 Image를 설정함
※ True color : 실제 대상물의 색깔을 설정함
※ Gray scale : 회색톤으로 프린트를 설정함
※ Monochrome : 흑색톤으로 프린트를 설정함
※ Gamma Factor(from 0.1 to 5.0) : 명암조정(어두운~밝은톤)
※ Print White Vectors as Black : 빈칸일 때 하얀색의 대상물을 검은색으로 프린트하는 옵션을 설정함

⑧ Banner

프린트될 배너의 내용을 기입하거나 로고 등을 삽입할 수 있는 기능이다.

⑨ Various

프린트의 질, Line 등의 속성들을 수정하는 기능이다.

9 Desk

현재 작업 모델과 연관된 모델과 정보를 보여준다.

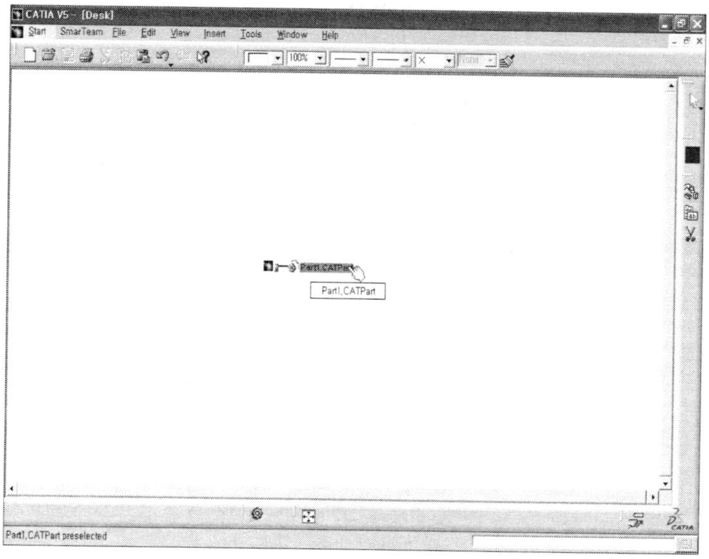

10 Send To

작업 모델을 메일 또는 다른 작업 디렉터리에 저장할 수 있는 기능이다. 그리고 아래 그림에서(□) 표시된 부분에서 최근 작업 모델을 확인할 수 있다.

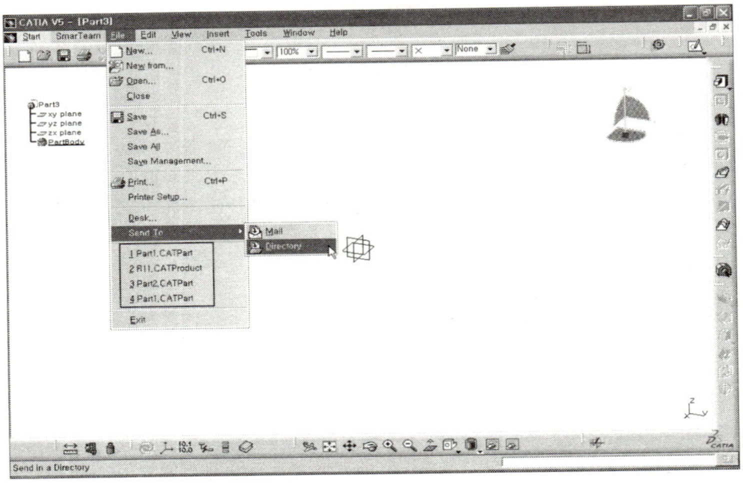

11 Mouse 사용방법

CATIA 프로그램을 사용하여 드로잉 할 경우, 마우스의 활용 방법에 따라 드로잉 작업이 원활히 수행될 수 있다. 마우스 활용방법에 관하여 Three burton 마우스를 예로 설명하고자 한다.

1	2	3
Three burton mouse		

※ 1번 : 요소 선택 (대상물과 아이콘 선택)
Ctrl + 1번 버튼 : 요소 다중선택
Drag (영역을 지정할 때)

※ 2번 : Pan (대상물 이동 기능)

※ 2번 + 3번(1번) 버튼 : 회전 기능

※ 2번 버튼을 누른 상태에서 3번 버튼을 클릭한 후 다시 3번 버턴을 뗀 경우, 마우스를 상/하로 움직여서 대상물 확대/축소하는 기능

※ 3번 : 팝업메뉴 표시 역할을 한다.

5. Edit Menu

작업하고 있는 형상에 대하여 Copy, Cut, Delete, Search, Link 등의 직접 모델에 대한 편집을 하는 기능이다.

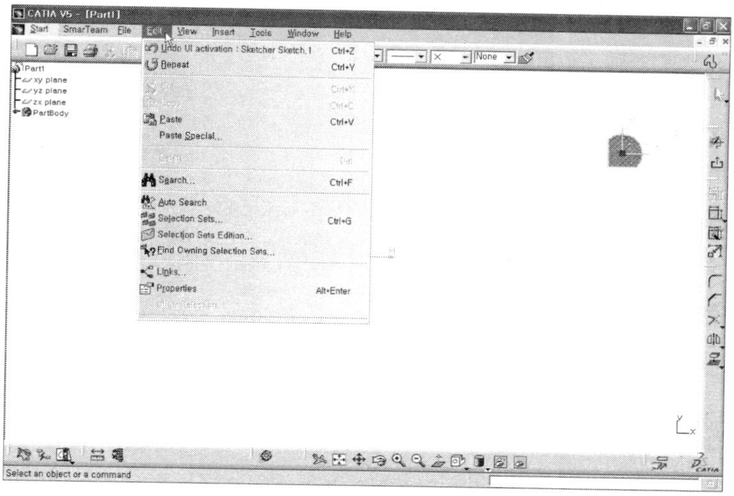

1 Undo

현재 작업한 명령을 취소하는 기능이다. 즉, 명령을 실행하기 전의 상태로 되돌리는 기능이다. Standard Toolbar의 아이콘의 기능과 같다.

⇒ **단축키(Ctrl + Z)**

2 Repeat

Undo의 반대 기능이다. 취소한 명령을 되살리는 것으로 Standard Toolbar의 아이 콘의 기능과 같다.

⇒ **단축키(Ctrl + Y)**

3 Cut

Working 영역에서 선택된 형상 및 Specification Tree에서 아이템을 선택하여 잘라내기 할 때 사용된다.

⇒ **단축키**(Ctrl + X)

4 Copy

Working 영역에서 선택된 형상 및 Specification Tree에서 아이템을 선택하여 복사 할 때 사용된다.

⇒ **단축키**(Ctrl + C)

5 Paste

Cut 또는 Copy 명령으로 정의되어 있는 것을 원하는 곳에 이동, 위치시킬 때 사용된다.

⇒ **단축키**(Ctrl + V)

6 Paste Special

Copy한 대상물과 연관되어있는 모든 데이터를 선택하여 붙여 넣을 수 있다.

7 Delete

Tree 및 Geometry를 삭제할 때 사용된다.

8 Search

특정한 대상물을 선택할 때 사용하는 것으로 일정한 양식을 가지는 대상물을 선택하여 찾을 수도 있다.

⇒ **단축키(Ctrl + F)**

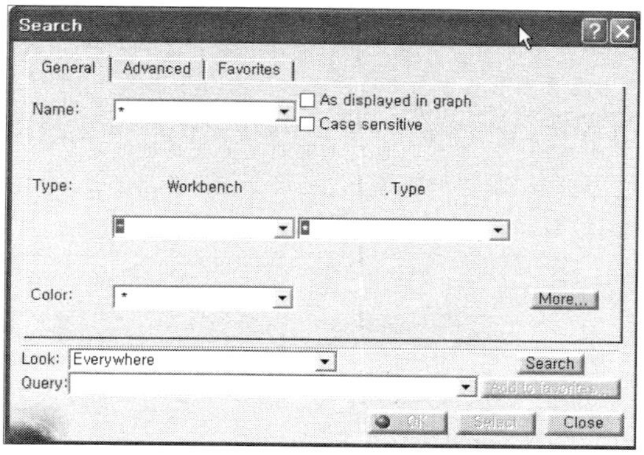

9 Selection Sets

여러 개의 Object를 하나로 묶어 사용하는 기능이다.

⇒ **단축키(Ctrl + G)**

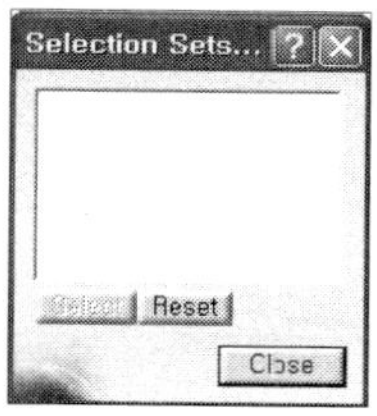

10 Scan or Define in Work Object

생성된 Feature의 History를 확인하는 기능으로 Tree의 작업순서에 따라 실행되는 모습을 보여준다. 때로는 실행을 멈추고 또는 다른 작업을 사이에 삽입할 때 사용된다.

11. Links

작업 툴에서 작업하고 있는 대상물과 연관된 파일 등을 나타내고 편집한다.

12. Properties

선택된 대상물의 속성을 바꾸어주는 기능으로 대상물의 이름 및 색상 그래픽을 조정해주는 기능이다.

⇒ **단축키**(Alt + Enter)

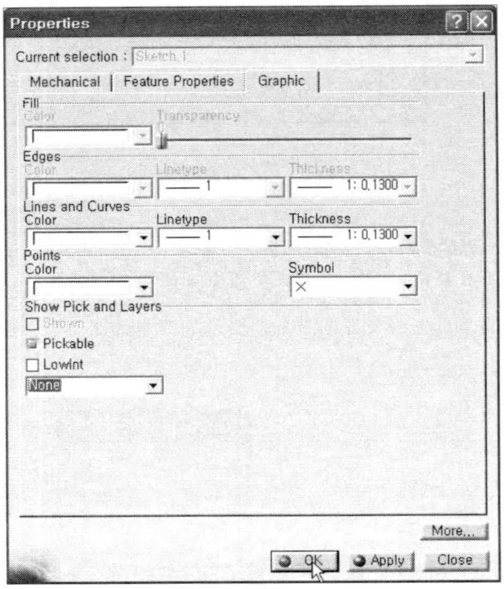

6. View Menu

사용자가 3D 작업 중 공간에서 표시되는 화면 상태를 자유롭게 변경하면서 작업의 효율을 얻고자 할 때 사용하는 기능들이다.

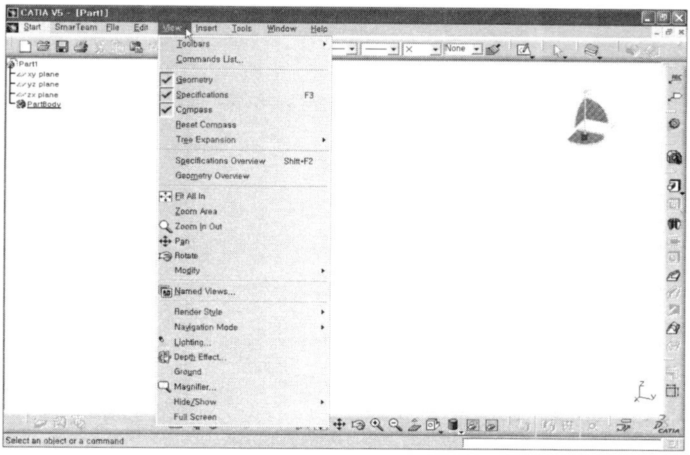

1 Toolbar

각 Workbench Toolbar를 나타낸다. 그리고 작업 툴마다 나타나는 명령들이 다르게 나타난다.

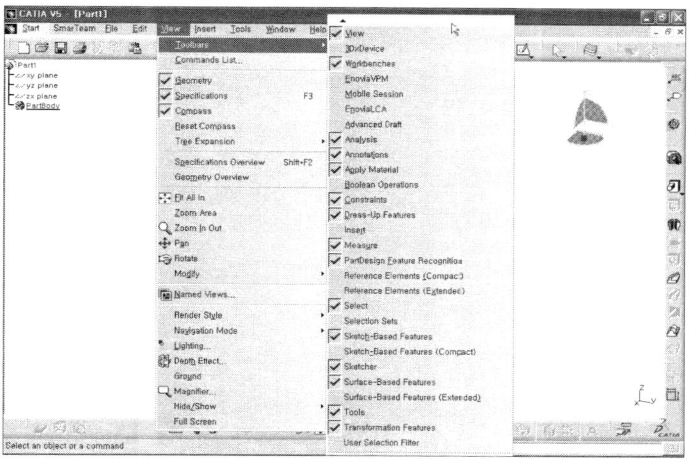

2 Geometry

공간상에 표시되는 Geometry를 Hide 및 Show 할 때 사용된다. 마우스를 Specification Tree에 위치시키고, 오른쪽 버튼을 클릭하면 아래와 같이 나타난 창의 Hide/Show의 클릭하여도 사용할 수 있다.(각 평면을 Hide 및 Show 할 수 있다.)

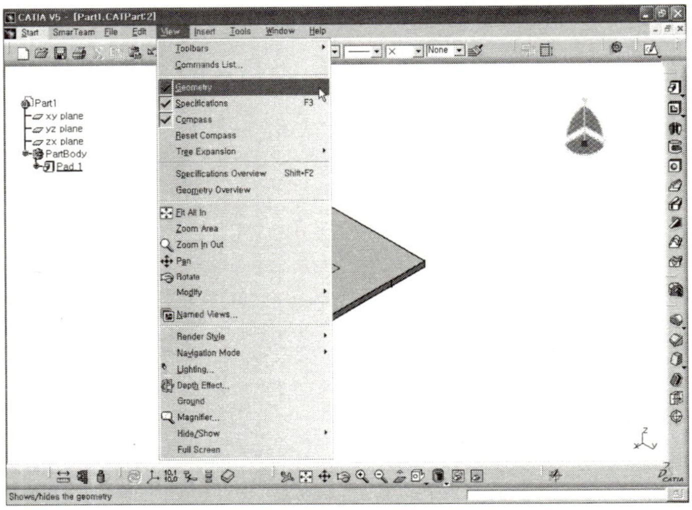

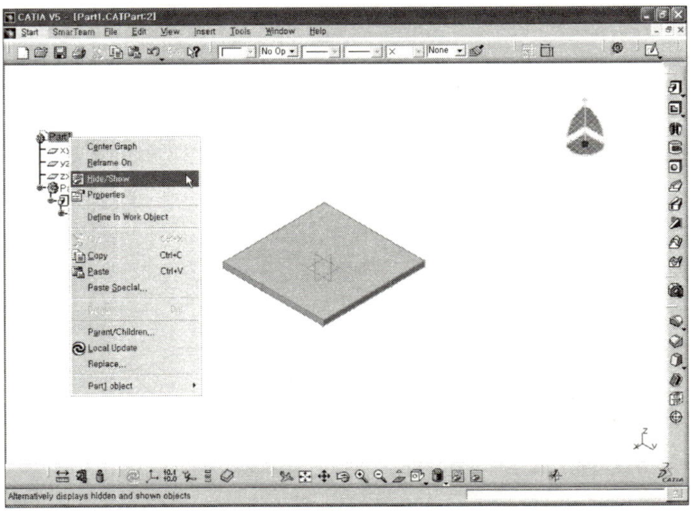

3 Specification

Window상에 표시되는 Specification Tree를 Hide 및 Show할 때 사용된다.

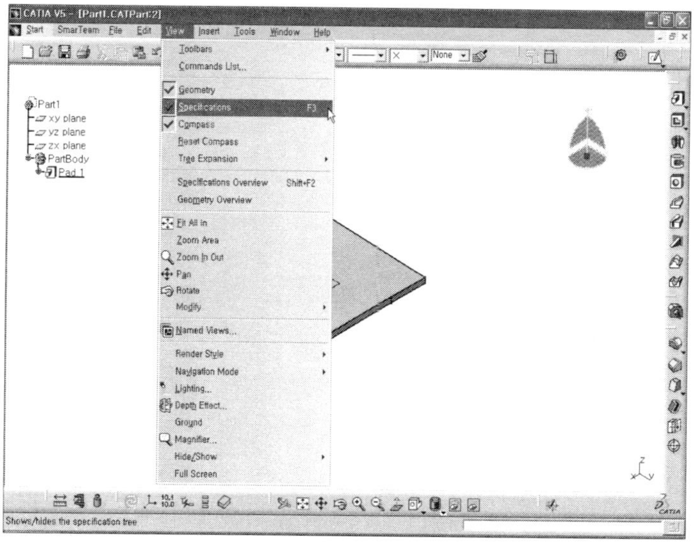

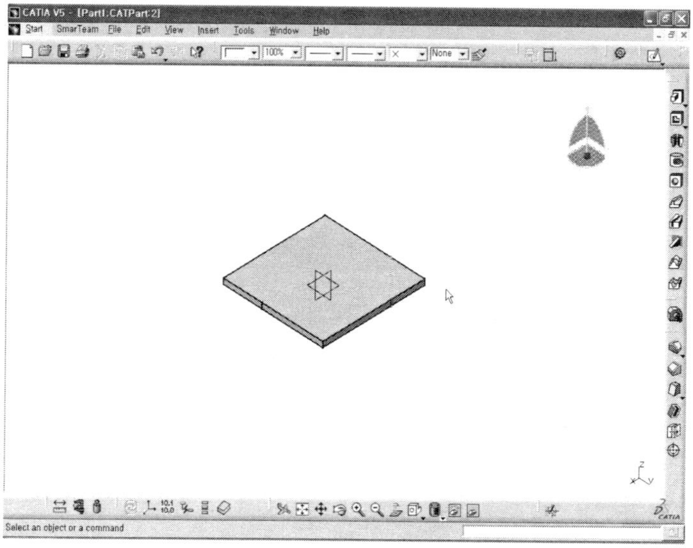

4 Compass

Compass를 Hide 및 Show할 때 사용된다.

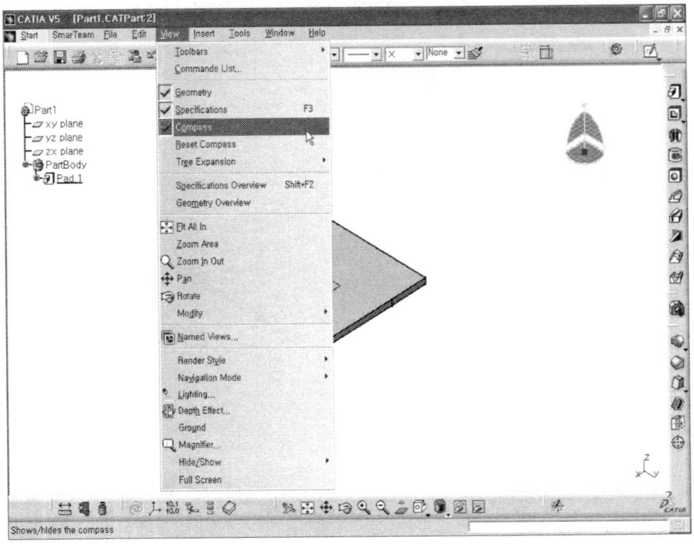

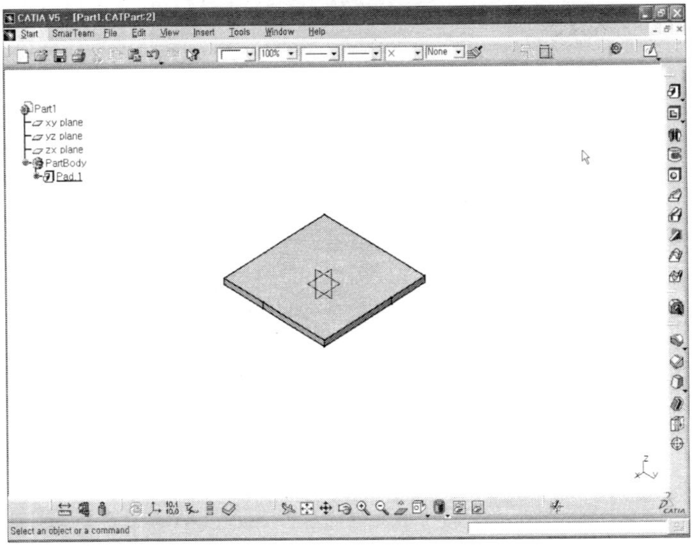

5 Specifications Overview

작업 내용이 많으면 Tree가 길어져 일부가 보이지 않는다. 이때 Tree를 크게 또는 축소하여 보이지 않는 부분을 보고자 할 때 사용된다. 옵션 창에서 드래그하여 이동 또는 확대 축소한다.

⇒ **단축키(Shift + F2)**

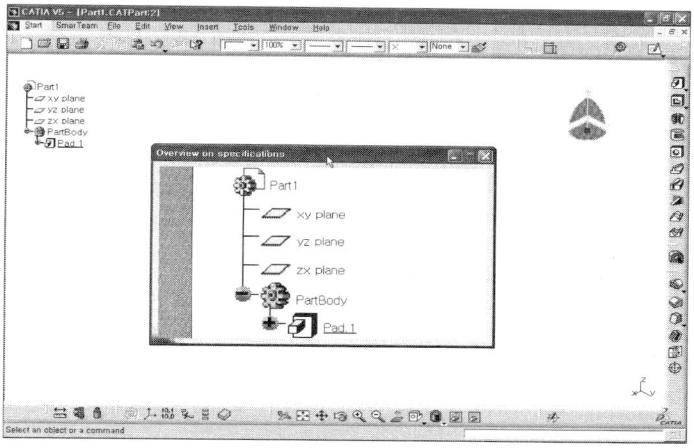

6 Geometry Overview

작업 중인 대상물의 일부분을 선택하여 부분만 확대, 축소 및 이동하여 표시하는 기능이다. 아래 그림에서 손이 지시하는 곳을 선택하여 마우스를 이동시켜 확대, 축소 및 이동 시킬 수 있다.

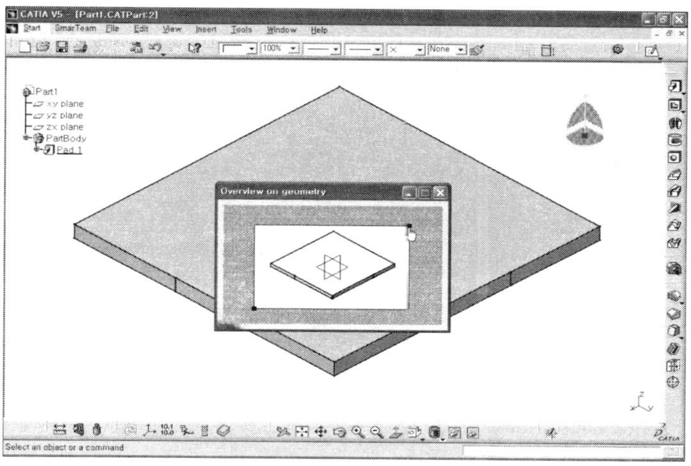

7 Fit All In

확대 또는 축소되어 있는 대상물을 작업 창의 중앙부분에 알맞은 비율로 표시하는 기능이다.

8 Zoom Area

선택한 부분을 확대하는 기능이다.(사용방법은 CAD와 같다.)

9 Zoom In, Out ,

대상물을 확대하거나 축소하는 기능이다.

10 Pan

Pan 기능을 실행한 후 그림을 선택하여 임의의 위치로 움직이면 그림이 이동한다. View Toolbar의 Pan 아이콘의 기능과 같다.(마우스 2번과 동일하다.)

11 Rotate

작업된 모델을 임의의 위치로 회전시켜 형상을 보는 기능이다. Three 버튼의 마우스일 경우, 가운데 버튼(2번버튼)과 왼쪽 버튼(1번버튼)을 동시에 누른 상태에서 바탕화면이나, 모델을 직접 선택하여 회전 방향을 조절하여 형상을 확인한다.

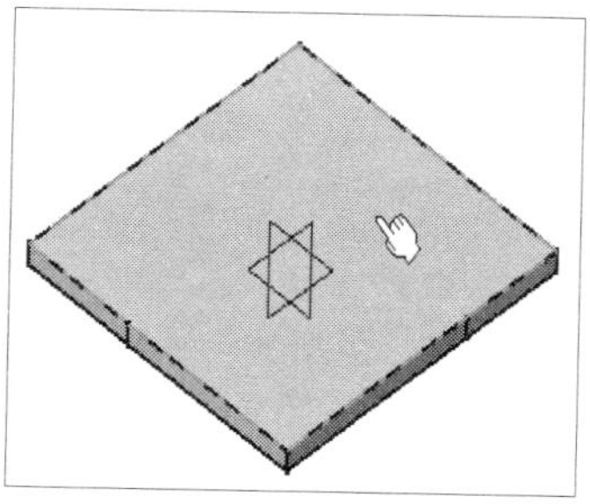

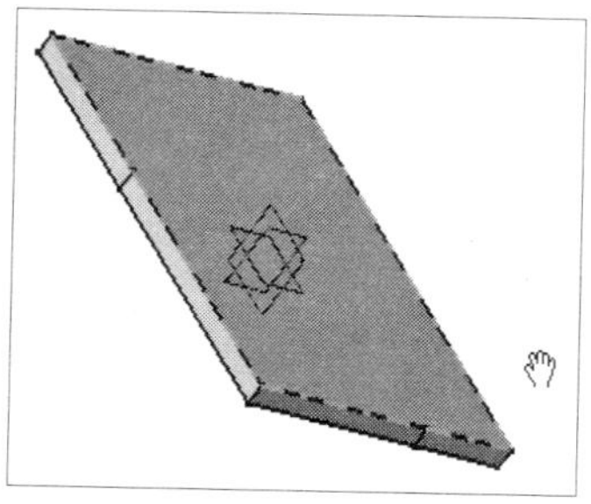

12. Normal Views

선택한 Plane이나 대상물의 평면을 항상 수직인 면을 보여주는 기능이다.

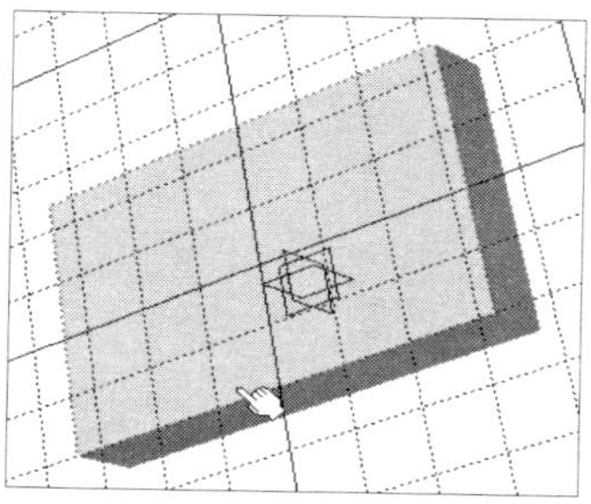

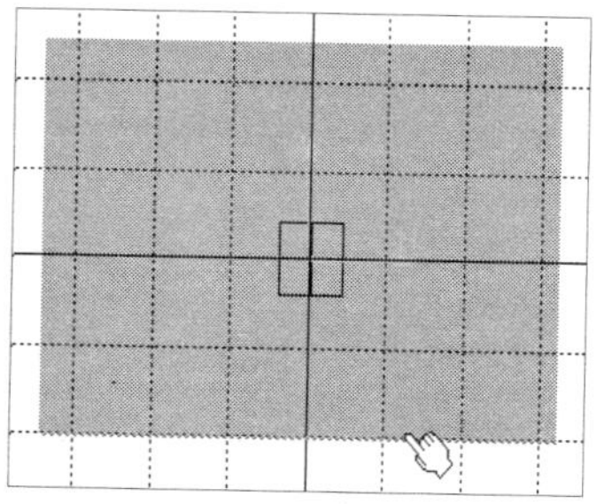

13. Create Multi-View

화면에서 드로잉된 모델을 네 개로 분할하여 보여주는 기능이다.

14. Named Views

모델을 보고자 하는 View의 형태로 배치하여 준다. 미리 생성되어 있는 View로 표시할 수 있고, 임의의 View를 추가할 수도 있다.

※ 새로운 View의 형태로 Add 키를 사용하여 정의할 수 있다. (단, 새로 만들어진 View들은 Named Views에서만 전환할 수 있다.)

15 Render Style

Part body를 화면에 그려주고, 그래픽 스타일을 조정할 수 있다. 그리고 View Mode에는 Wireframe(NHR),Dynamic Hidden Line Removal(HLR), Shading(SHD),Shading with Edges, Shading With Edges And Hidden Edges 등의 다양한 기능들이 있다.

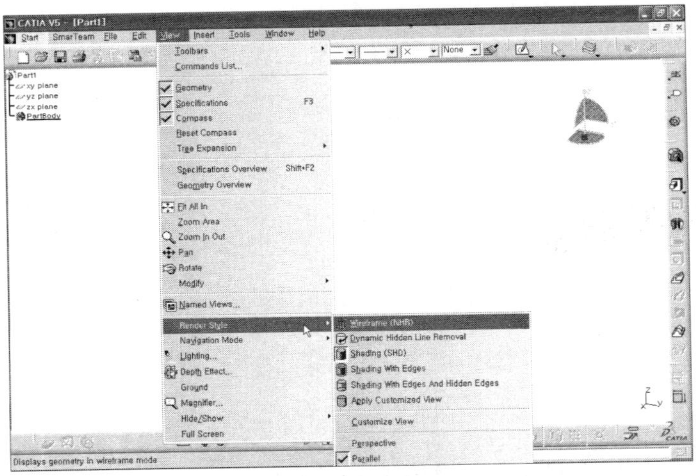

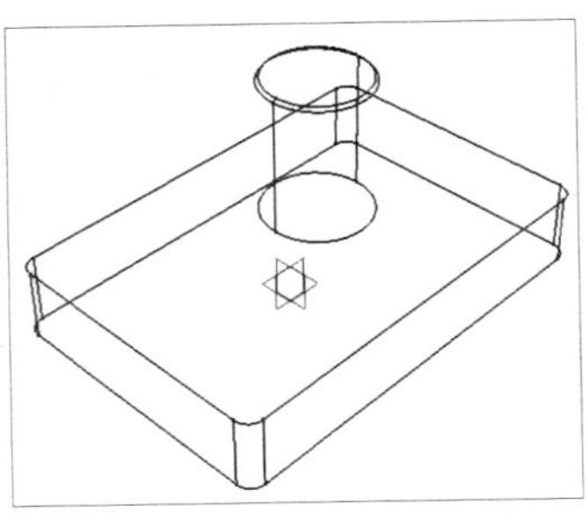

Wireframe(NHR) ⇒

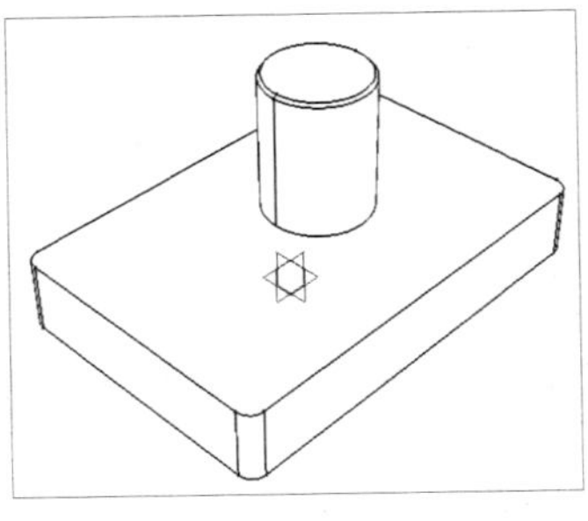

Dynamic Hidden Line Removal(HLR) ⇒

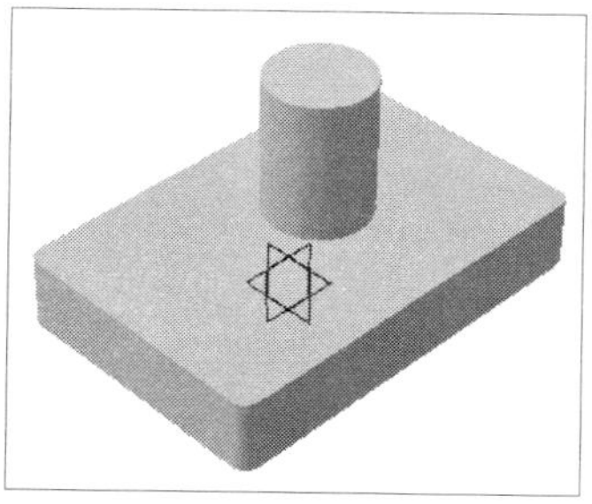

Shading(SHD) ⇒

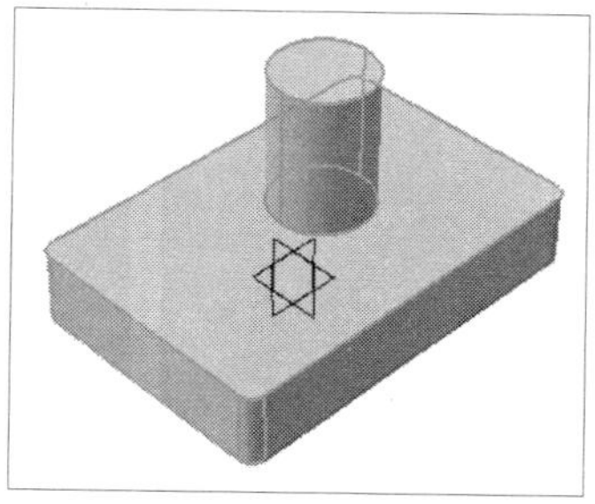

Shading with Edges ⇒

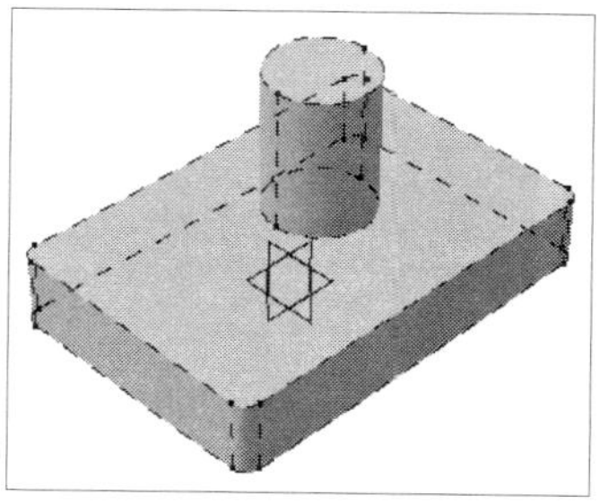

Shading With Edges
and Hidden Edges ⇒

16 Quick View

Quick View는 대상물의 위치에 따라 형상을 나타내는 기능이다. 종류에는 Isometric View, Front View, Back View, Left View, Right View, Top View, Bottom View 등이 있다.

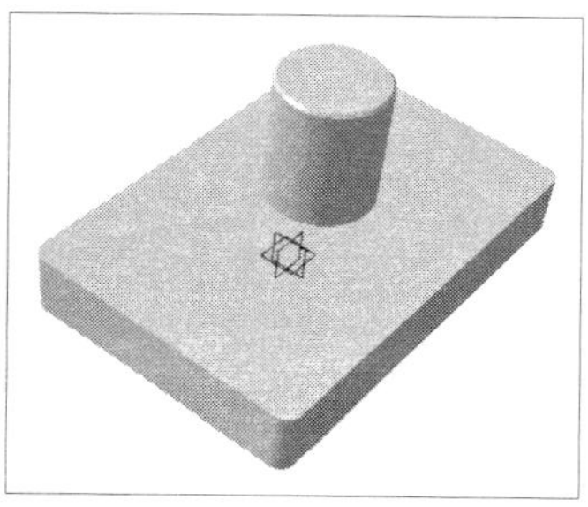

Isometric View ⇒

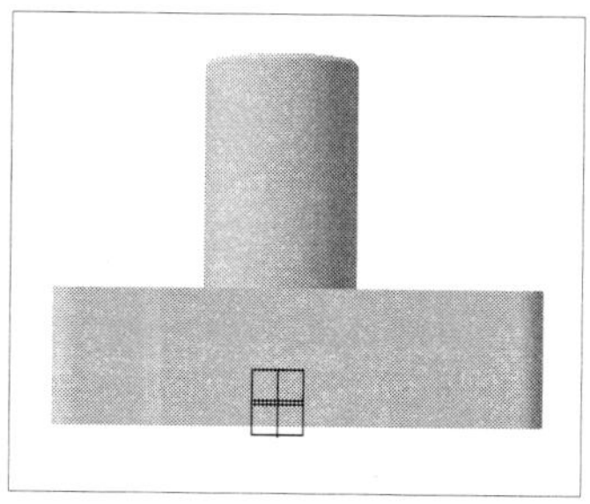

Front View ⇒

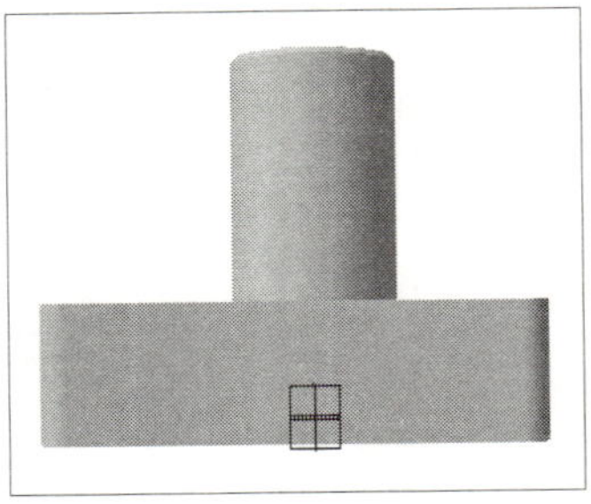

Back View ⇒

Left View ⇒

Right View ⇒

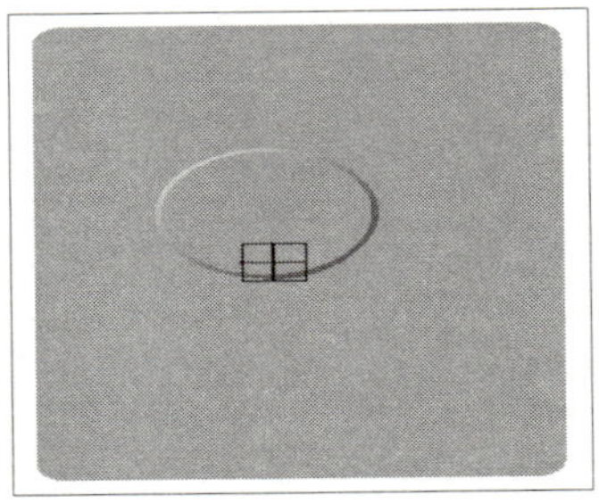

Top View ⇒

Bottom View ⇒

17. Lighting

광원막대를 이용하여 빛의 방향을 조절할 수 있고, 막대를 잡고 원하는 방향으로 조절한다. 그리고 빛의 밝기, 밝기의 강약을 조절하여 Geometry에 빛의 방향과 양을 조절할 때 사용되는 기능이다.

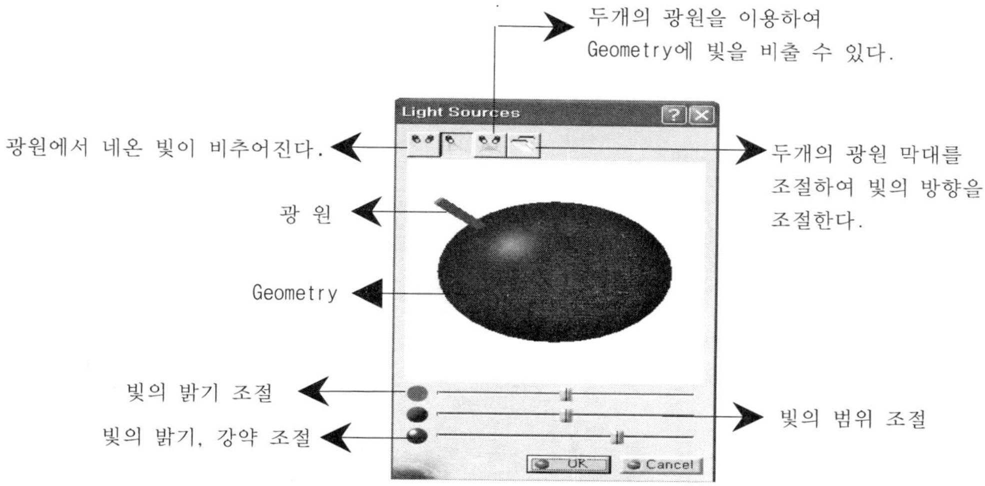

18. Depth Effect

절단선(Lear Limit, Far Limit)을 드래그하여 절단된 모습을 확인할 수 있는 기능이다.

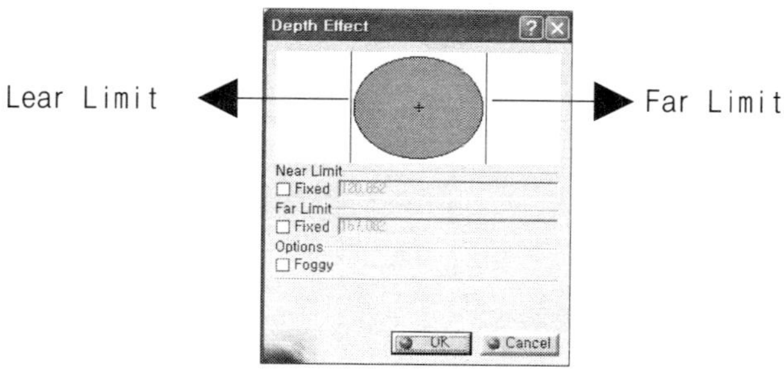

① Fixed

수치 값을 기입하여 Geometry의 절단 선을 이동시킨다. Fixed를 비활성화시키면 원래 Geometry의 모습대로 되돌아가는 기능이다.

② Foggy

3D Geometry에 안개효과를 나타내는 기능이다.

19 Ground

Ground는 3차원 효과를 위한 작업 대상물의 Base를 나타내는 Grid 모양의 평면을 생성하는 기능이다.

20 Magnifier

사용자가 화면상에 나타내는 사각형 박스로 임의의 지점을 지정하여 그 부만을 확대하여 보는 기능이다.

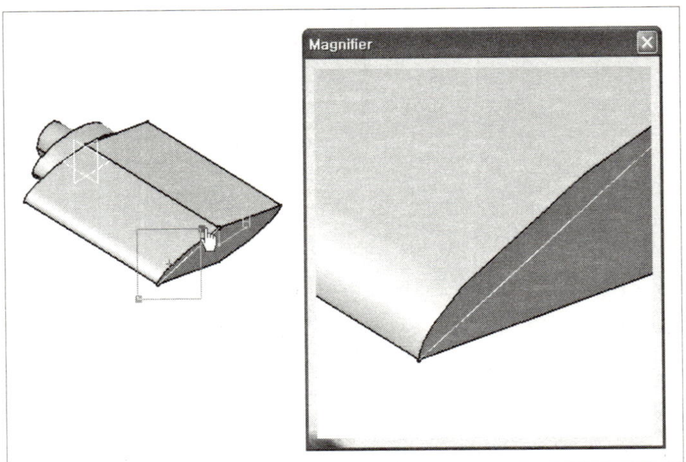

21. Hide/Show

요소를 No Show Space로 보내거나 작업공간으로 이동시키는 기능이다.

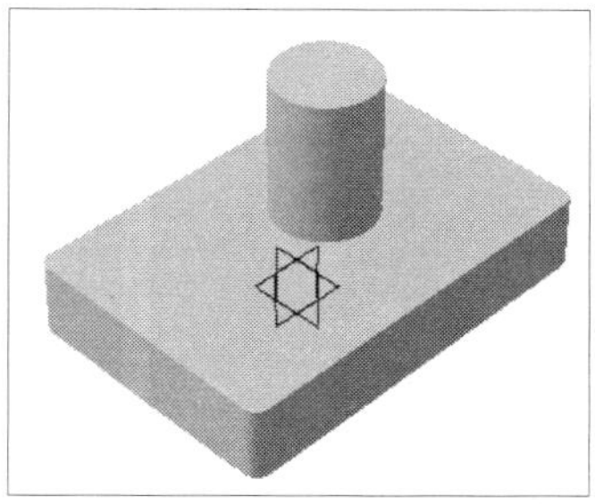

22. Swap visible space

작업공간을 No Show Space로 바꾸거나 No Show Space에서 현재 작업 공간으로 바꾸어주는 기능이다.

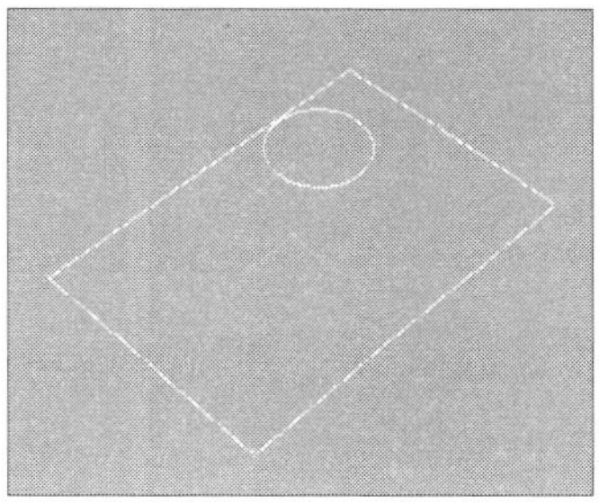

23. Full Screen

Geometry 요소를 화면 전체에 표시하는 기능이다. Full Screen의 해제는 오른쪽 마우스를 클릭하면 화면상에 아래 그림과 같이 Full Screen 을 체크하면 이전 화면으로 되돌아간다.

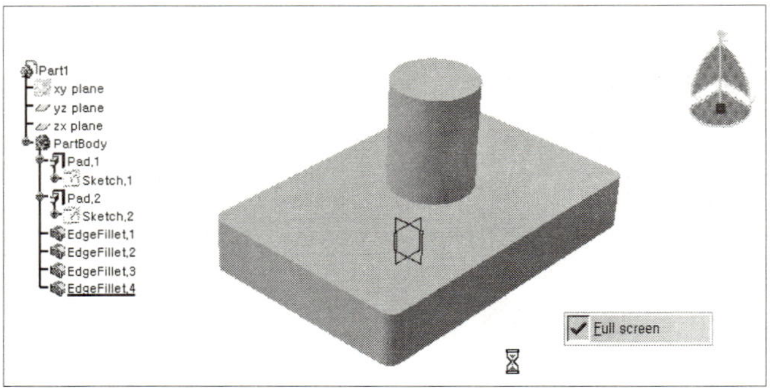
Part1
xy plane
yz plane
zx plane
PartBody
Pad.1
Sketch.1
Pad.2
Sketch.2
EdgeFillet.1
EdgeFillet.2
EdgeFillet.3
EdgeFillet.4
Full screen

7. Insert Menu

Insert Menu에서는 Workbench의 다른 고유기능을 표시하여 준다.

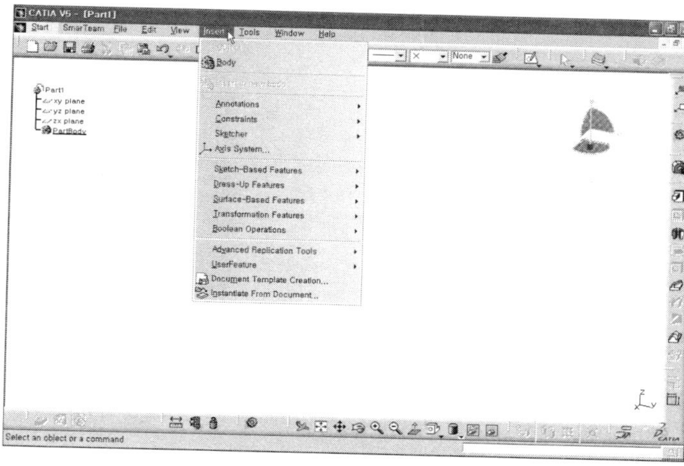

1 Body

Part Design에서 Part body이외의 다른 개체를 동일한 화면에서 그리고자 할 경우에 사용되는 기능이다. Pull Down Menu에서 Insert, Body를 실행시키면 아래 그림과 같이 Tree에 Body 2가 성성된다.

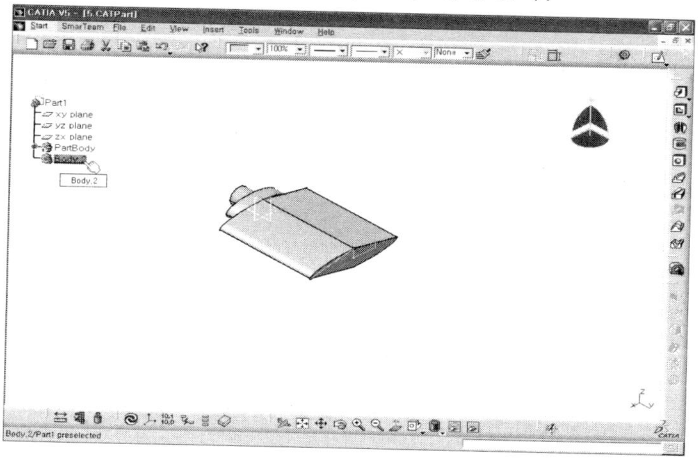

8. Tools

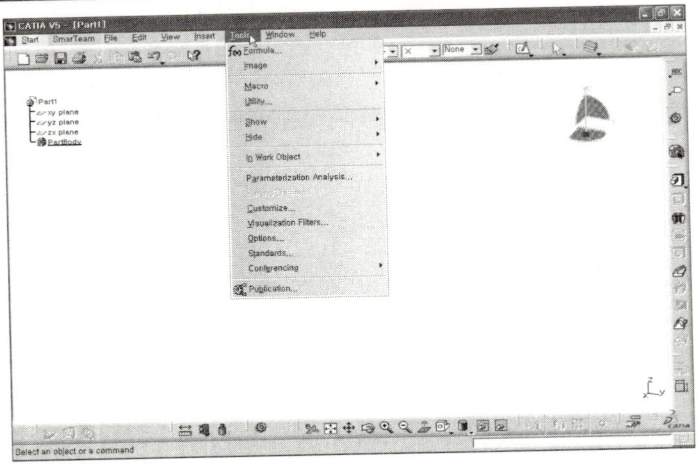

1 Formula

Parameter 또는 Formula를 생성할 때 사용하며, 일반적으로 회사표준 제품의 형상을 수식형태로 저장한다. 모델을 직접 수정 없이 정해진 수식의 형태로 모델의 각 부분이 변형된다.

2 Image

화면에 나타나 있는 모습을 그래픽 이미지로 Capture하는 기능으로 3D Geometry Date를 Image Data로 전환하여 저장할 때 사용된다.

① Capture

Pull Down Menu에서 Tools, Image, Capture를 선택하면 아래와 같은 Capture Box가 활성화된다. Capture는 Capture( ), Select mode ( ), Options( ), Screen mode( ), Pixel mode( ), Vector mode( ) 등으로 구성된다.

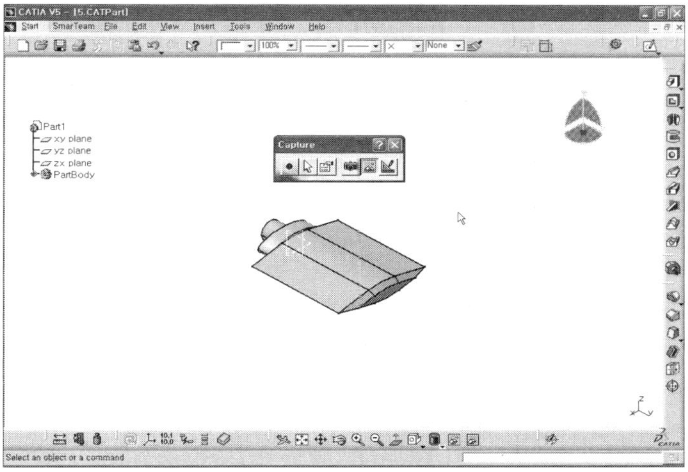

Capture Options은 그래픽 이미지의 선택조건을 설정하는 창이다. 그리고 대부분 그림을 Capture 할 경우, Pixel에서 White Background로 설정한다.

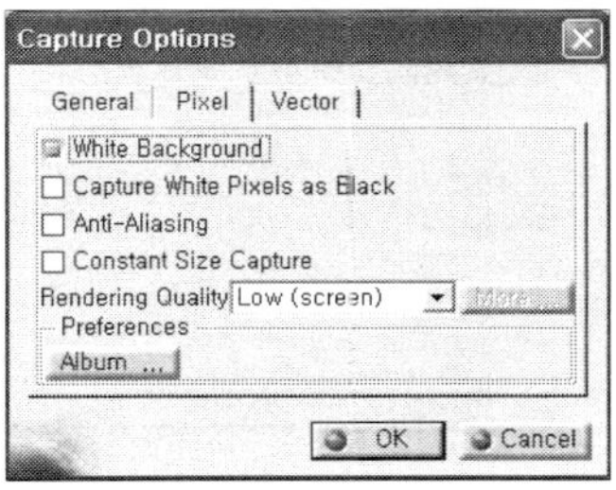

Capture의 선택은 먼저 원하는 Mode를 선택하고 Capture 아이콘을 실행시킨다. 아래 그림은 각각의 모드에서 나타난 그림을 나타내었다.

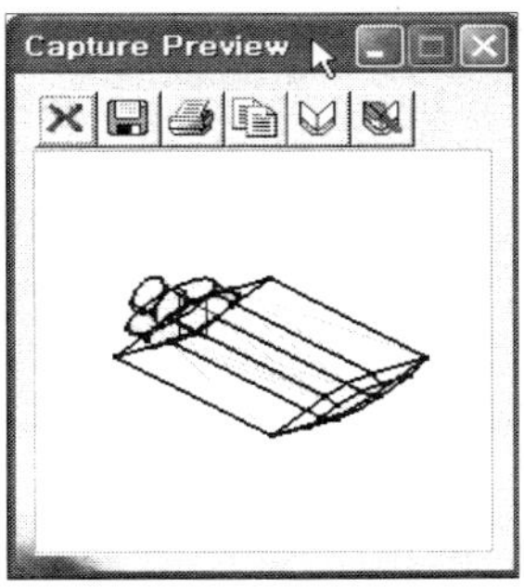

〈Select mode〉

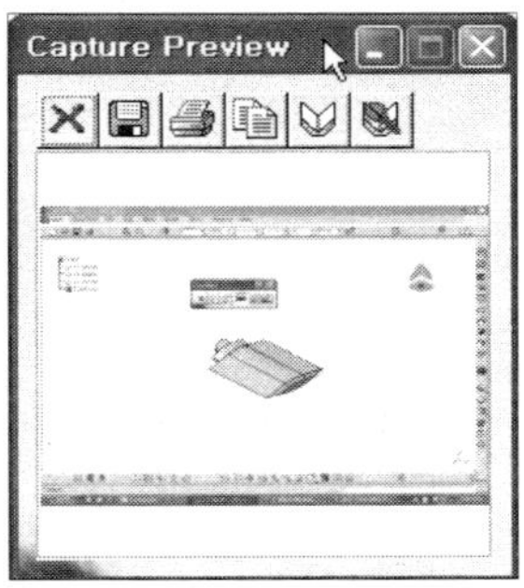

〈Screen mode〉

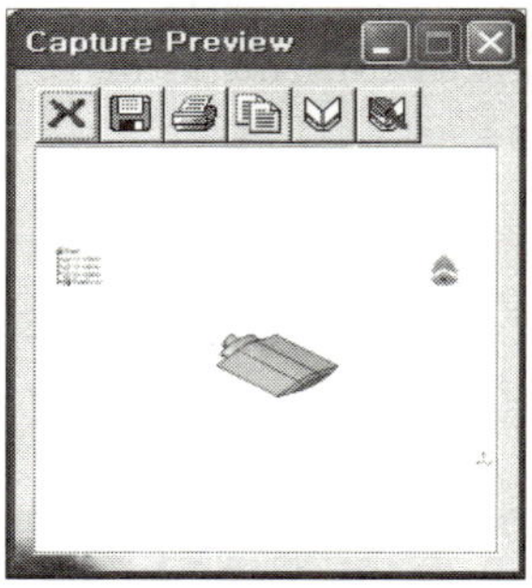

〈Pixel mode〉

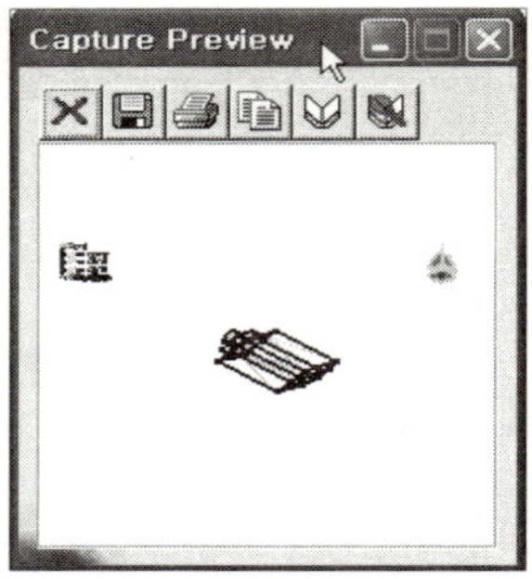

〈Vector mode〉

② Album 

Album은 작업된 개체를 Album 형태로 저장하는 기능이다.

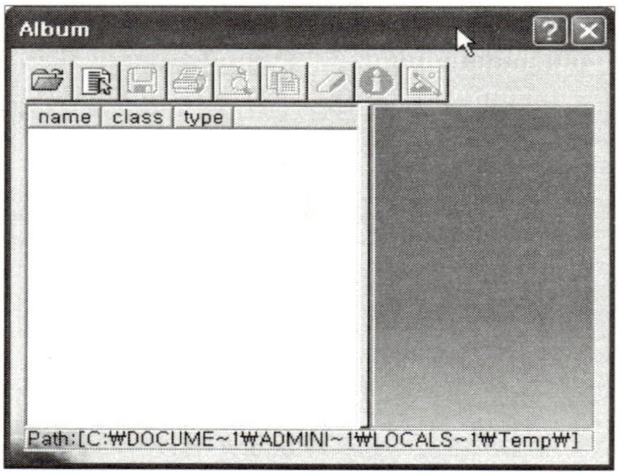

③ Video 

Video는 동영상 형태로 파일을 저장하는 기능이다. Video Properties에서 옵션을 선택하고 Recording 아이콘을 실행시킨다.

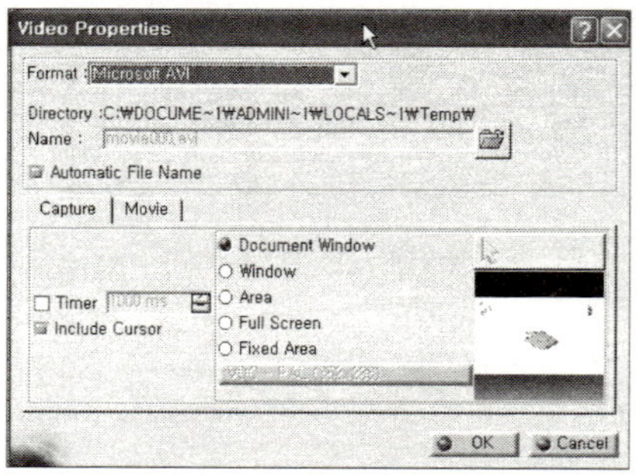

3 Macro

Visual Basic Script를 이용할 때 사용한다.
⇒ **단축키(Alt + F8)**

4 Customize

① Workbench 아이콘 생성

Pull Down Menu에서 Workbench 및 Toolbar를 정의한다. 이 기능은 Available Field에 있는 Workbench의 이름들을 Favorites Field로 이동시킴으로써, 자주 사용하는 Workbench 아이콘들을 모아두어 Workbench로 이동하거나 새로 시작할 때 편리하게 사용된다. 또한 CATIA에서 자주 사용되는 Workbench들을 추가시키면 작업도중 다른 Workbench로 이동도 간편하고 작업상 편리하다.

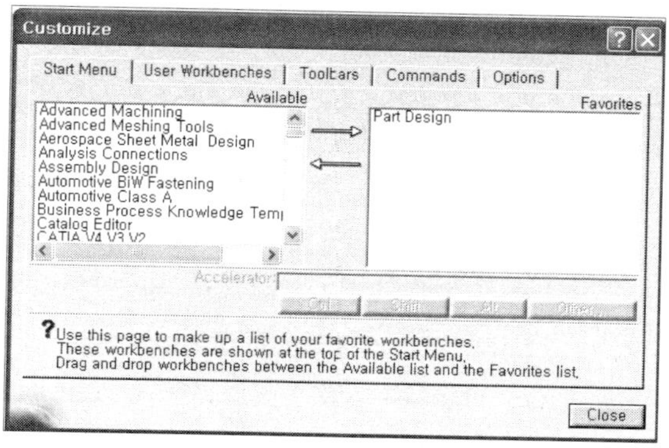

아래 그림과 같이 필요한 Workbench 아이콘을 Available Field에서 선택한 후, 화살표(⟹)를 클릭하여 Favorites Field로 이동시킨다. 반대로 Workbench 아이콘을 삭제할 경우, Favorites Field에서 지정한 후 화살표(⟸)를 선택하면 된다.

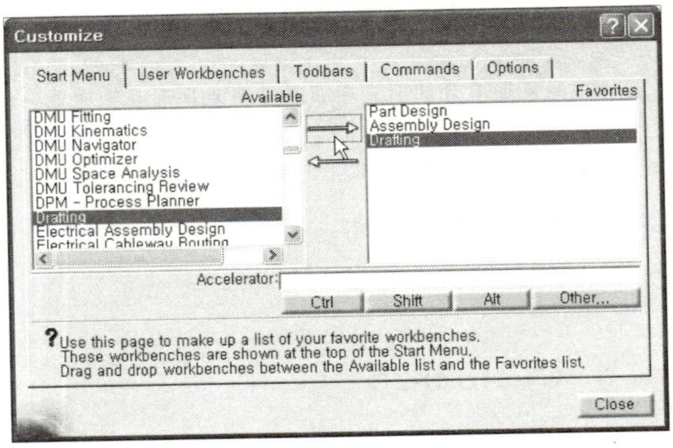

위의 Customize Box와 같이 설정한 후, CATIA 프로그램을 다시 시작하면 화면 창에 아래와 같은 Workbench 아이콘이 생성된다. 그리고 필요한 Workbench 아이콘을 선택하여 작업을 수행하면 된다.

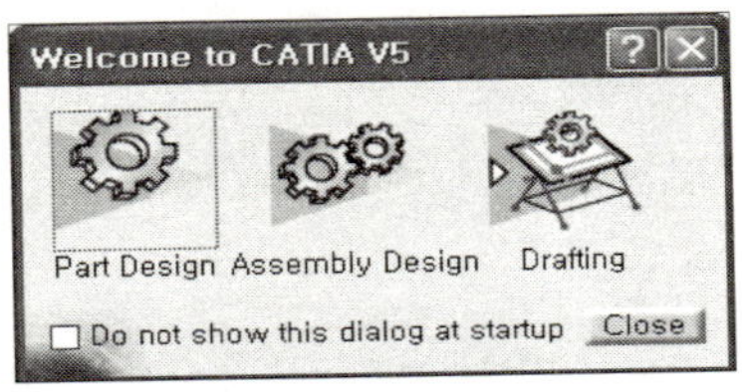

② 명령어 이름 및 단축키 수정

자주 사용하는 명령은 단축키로 지정하여 사용하면 작업상 효율성이 높아진다. 이는 Customize의 Command Tab에서 설정할 수 있다.

Categories에서 All Commands를 선택하면 Commands란에 모든 명령어가 나타난다. 원하는 Command를 클릭 하여 선택한 후 아래의 Show Properties버튼을 선택하면 Commands Properties가 추가적으로 나타난다. Accelerator에 Ctrl, Shift, Alt, Other 등의 키를 조합해서 단축키를 지정한다.

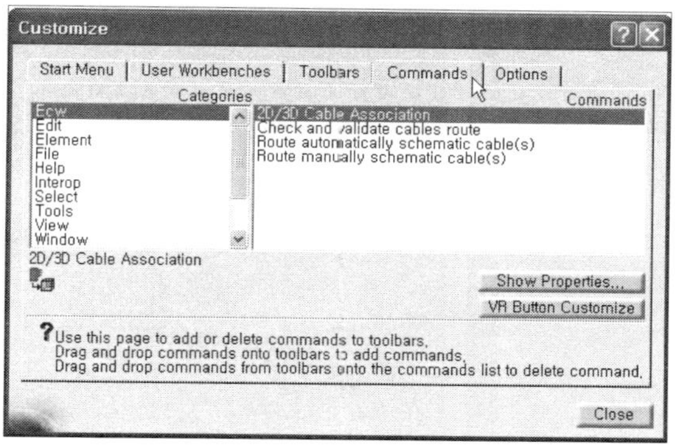

Command Properties Box가 활성화되고, 여기에서 Title(명령어 이름), Accelerator(단축키)등을 임의로 수정할 수 있다

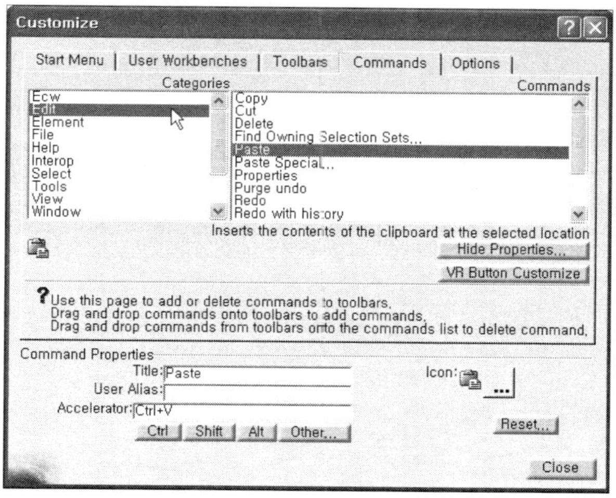

③ 명령 아이콘의 Toolbar에 추가 및 제거

아래 그림과 같이 Categories Field에서 File을 선택하고, Command Field에서는 Properties를 선택한다.

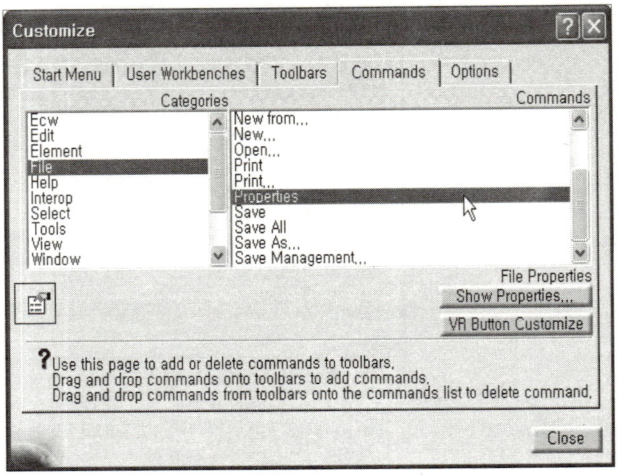

Properties를 드래그하여 Standard Toolbar에 이동시키면 아래 그림과 같이 Properties 아이콘이 Standard Toolbar에 추가된다.

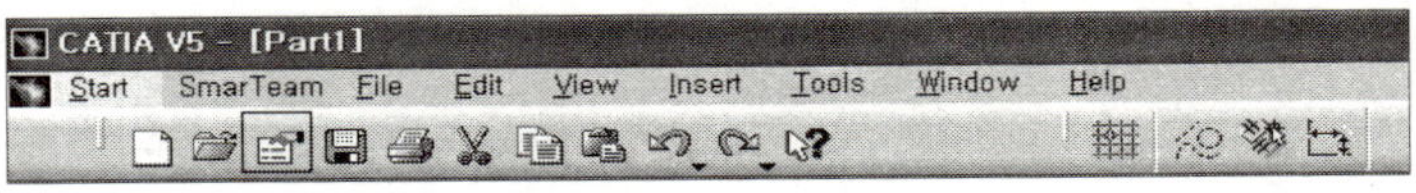

Standard Toolbar에 추가된 Properties 아이콘의 제거는 아래 그림에서와 같이 Properties 아이콘을 드래그 시켜 Command Field에 이동시키면 제거된다.

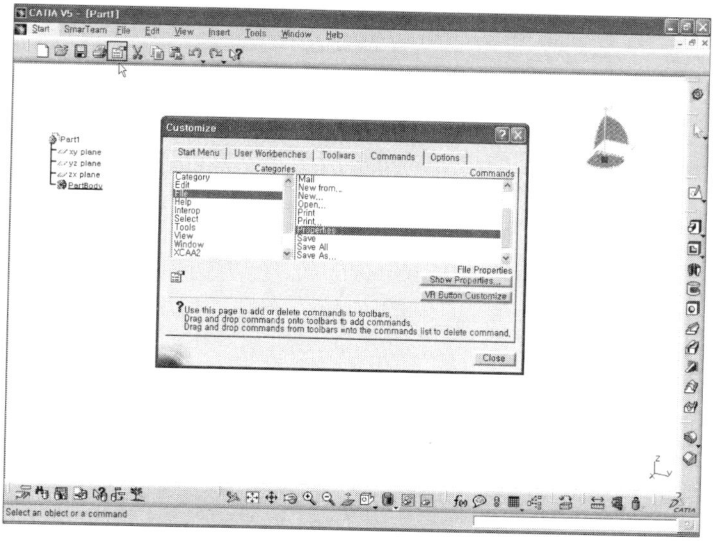

아래 그림은 Standard Toolbar에서 Properties 아이콘 제거된 창을 나타내었다.

④ 아이콘이 삭제되었을 때의 활성화

아래 그림과 같이 오른쪽 하단의 Box로 표시된 부분을 오른쪽 마우스로 클릭 한다. 창이 활성화 된 후에 삭제된 아이콘을 체크하면 다시 아이콘이 화면에 생성된다.

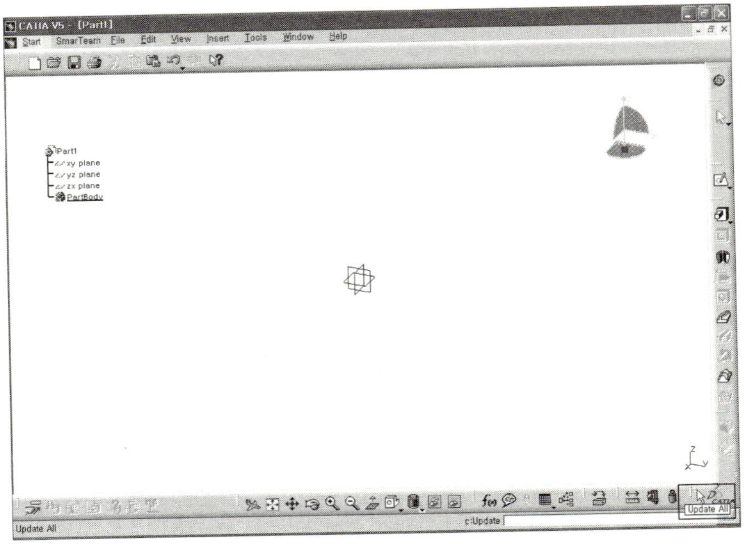

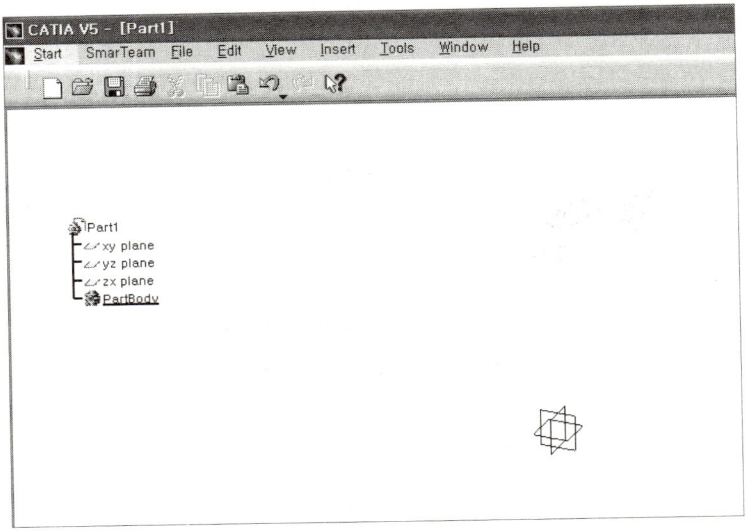

⑤ 사용 언어의 환경 설정

Customize 창에서 Options을 선택한 후 User Interface Language 에서 사용 언어를 변경하면 된다. 아래 그림과 같이 언어를 변경하면, Warning 경고 창이 활성화 된다. Warning 경고 창에서 확인을 클릭한

후 프로그램을 재부팅시켜야 사용 언어의 설정이 변경된다. 그리고 CATIA V5R11 이 , 상
를 영어로 설정한다.

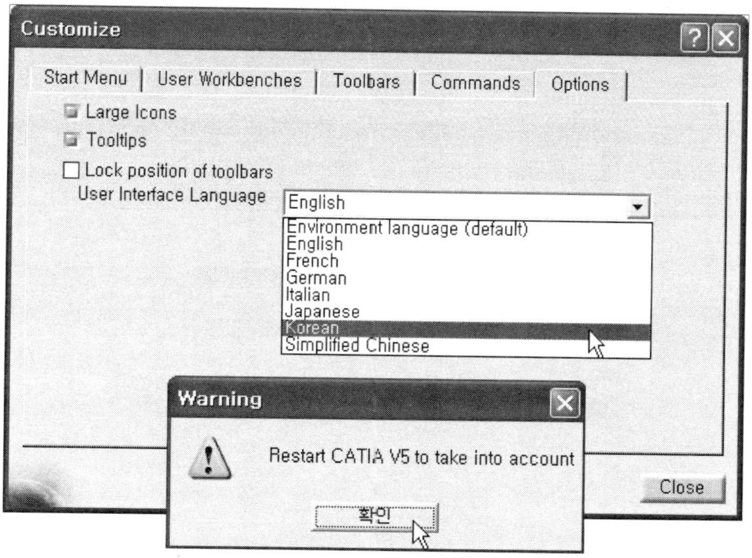

※ Large Icons : 체크 시 CATIA의 아이콘 크기를 설정한다.(종료후 재실행)
※ 체크 시 툴팁을 나타낸다.(툴팁이란 아이콘 위에 마우스를 올렸을 때 아이콘 이름이 나오는 것을 말한다.)
※ 위치시킨 툴바들을 고정시킨다.

아래 그림은 언어를 한글로 변경되었을 때의 화면을 나타내었다.

5 Options

Geometry 요소의 화면 표시 형태로 작업 Window의 형태, 배경 화면색, 각 작업들에 관한 설정 등에 대한 CATIA 프로그램의 사용 환경을 설정한다.

Pull Down Menu에서 Tools, Options을 선택하면 Options Box가 생성된다.

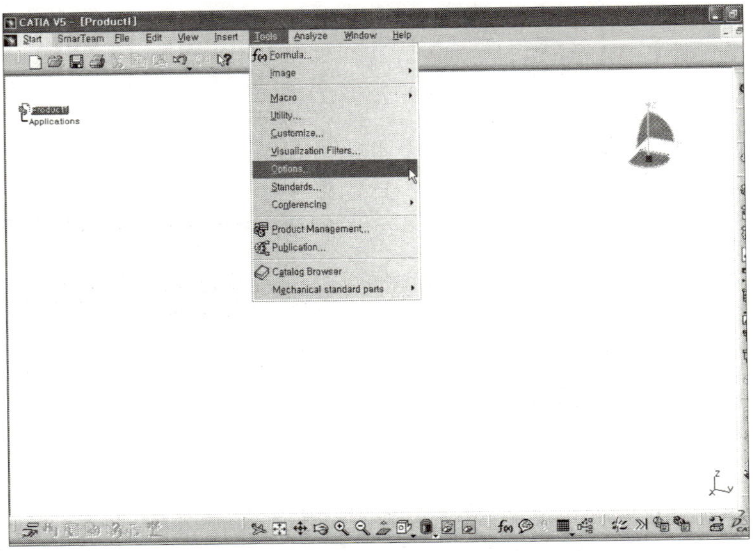

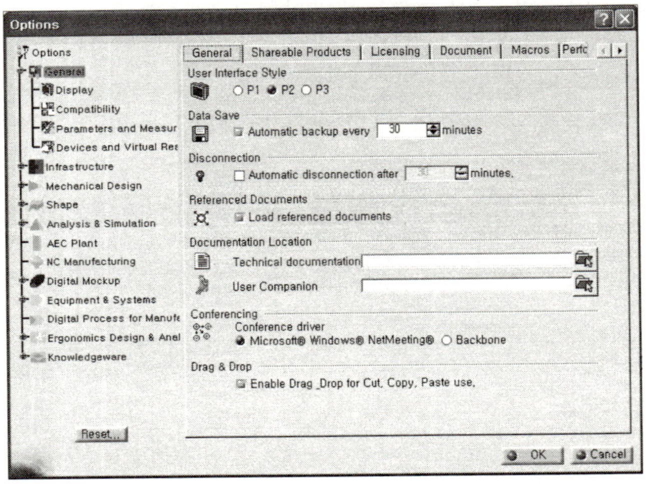

① Display

Display는 Tree, Navigation, Performances, Visualization, etc로 구성된다. Options Box의 General. Display를 선택한다.

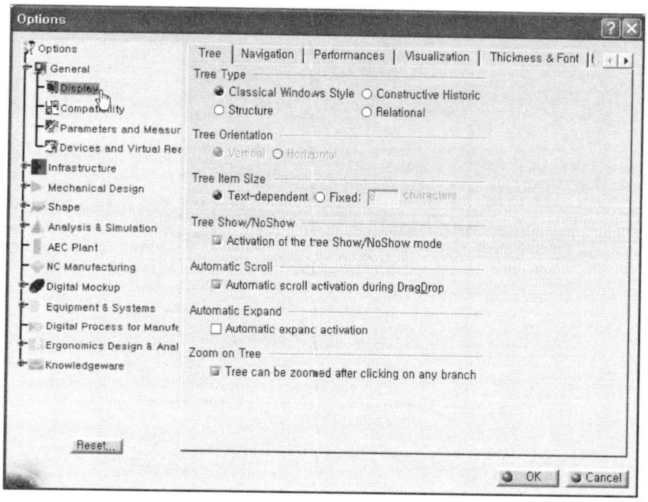

Performances는 3D Accuracy와 2D Accuracy의 Fixed 값을 조절하여 대상물의 진원도 및 정밀도를 향상시키는 기능이다.

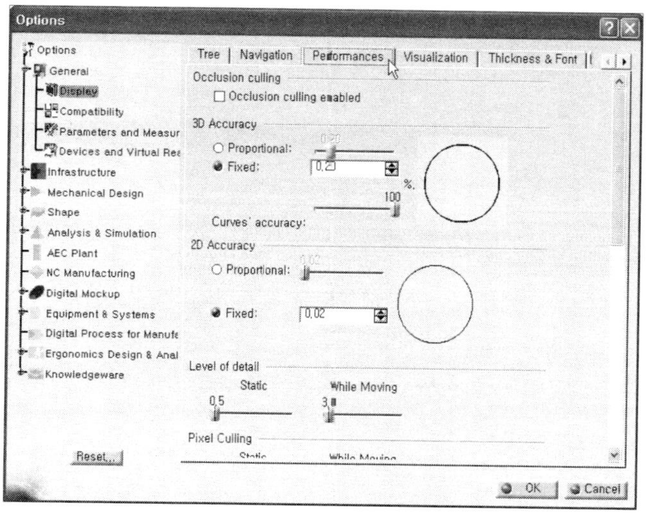

Visualization은 화면의 바탕색, 선택된 Element의 색, 선택된 Edge 등에 대한 색상을 정의한다.

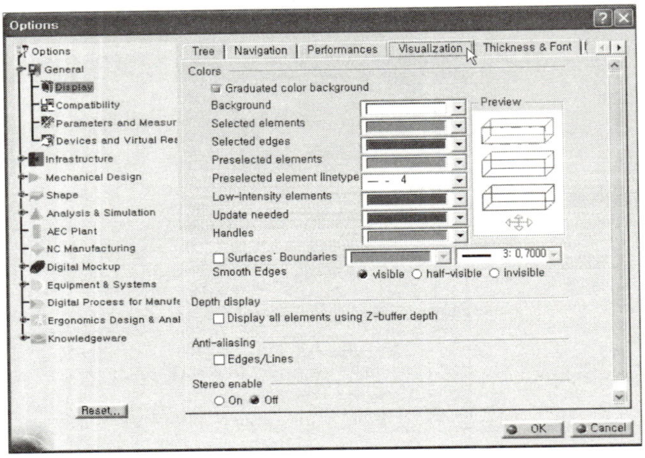

※ Background : 화면의 바탕색 정의

※ Selected elements : 선택된 요소들의 색을 정의

※ Selected edges : 선택된 모서리의 색을 정의

※ Lower-intensity elements : Sketcher의 화면에서 Grid 색을 정의

② Parameters Tolerance

Parameters의 공차를 정의하는 기능이다.

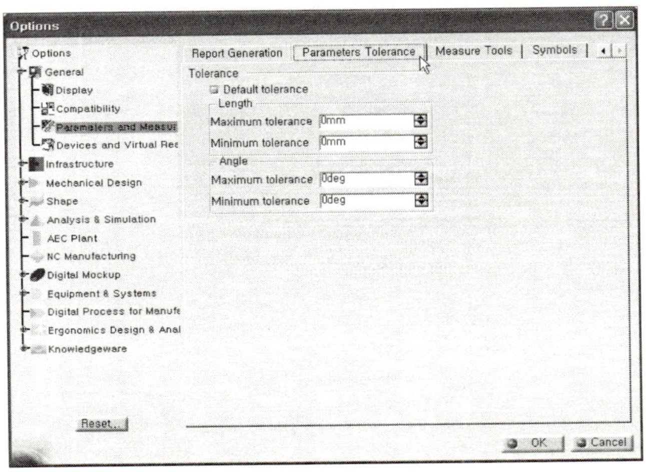

Constraint 및 Dimension의 Symbols에 대하여 정의한다.

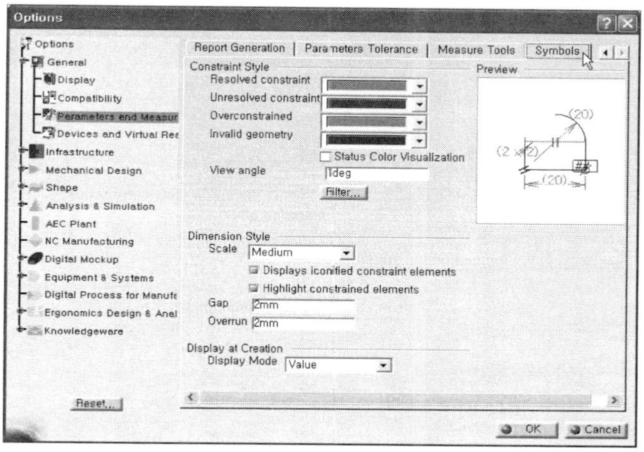

③ **Sketcher**

Sketcher의 Grid 등을 정의한다.

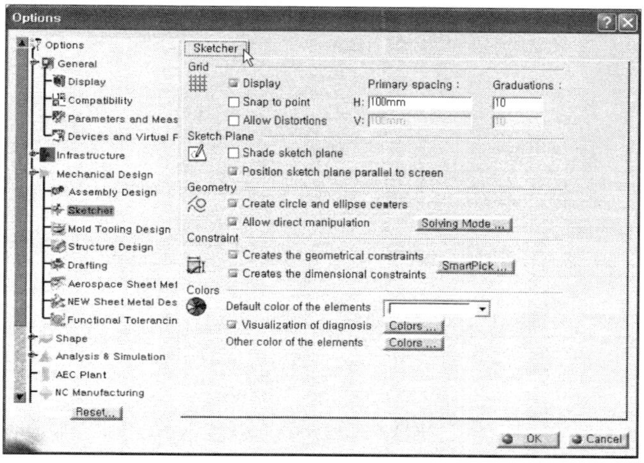

※ Grid–Display : Sketcher 화면에서 Grid를 보이게 하거나 숨기는 기능

※ Grid–Primary spacing : Grid 한 칸의 크기를 조절하는 기능

※ Color–Default color of the elements

: Sketcher 화면에서 선의 색깔을 바꾸는 기능

④ Drafting

Drafting에 관련된 Option을 정의한다.

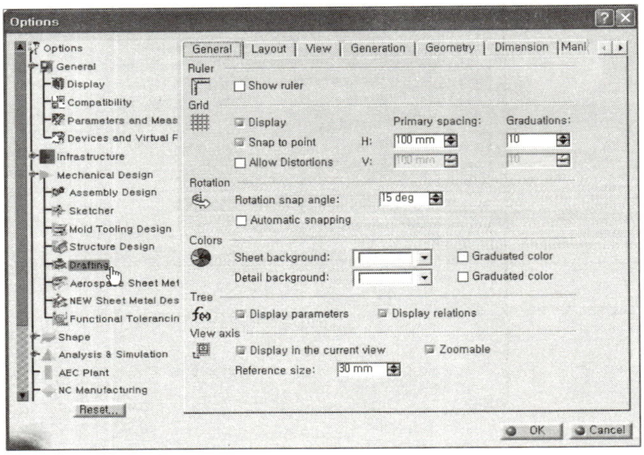

※ Ruler : Drafting 화면의 중앙에서 자의 눈금을 숨기거나 보이게 하는 기능

※ Grid : Sketcher의 Grid와 동일한 기능

※ Rotation : Drafting 화면에서 3D 모델을 이용하여 도면을 생성할 때, 아이콘을 누른 후 회전 각도를 조절하는 기능

※ Color : 도면의 색깔을 바꾸는 기능

⑤ Assembly Design

Assembly Design에 관련된 Option을 정의한다.

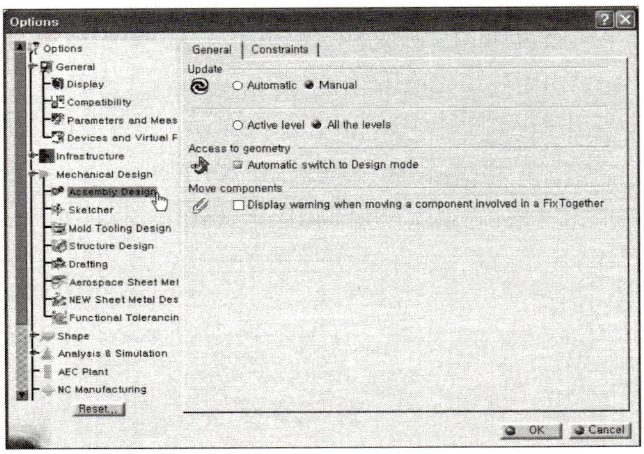

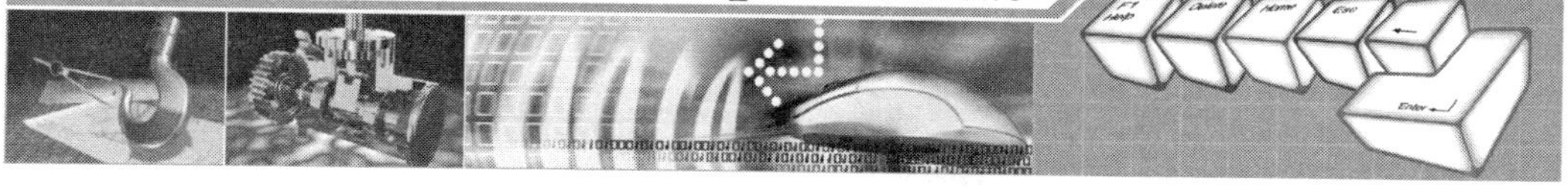

⑥ Functional Tolerancing

Functional Tolerancing에 관련된 Option을 정의한다.

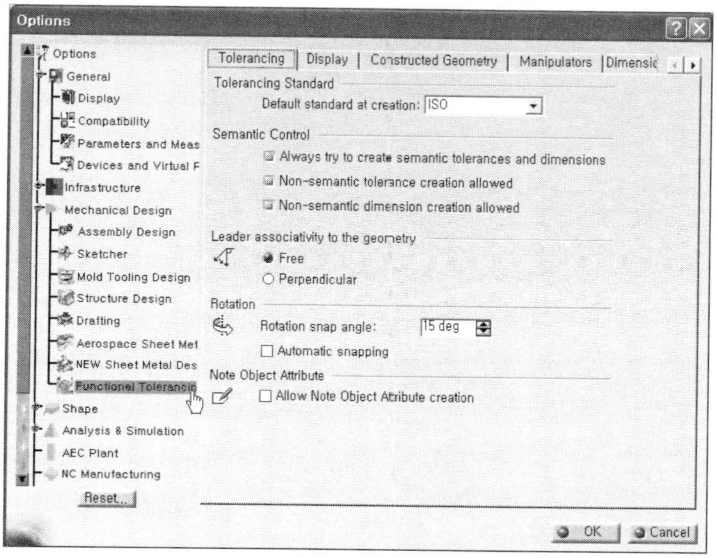

9. Window Menu

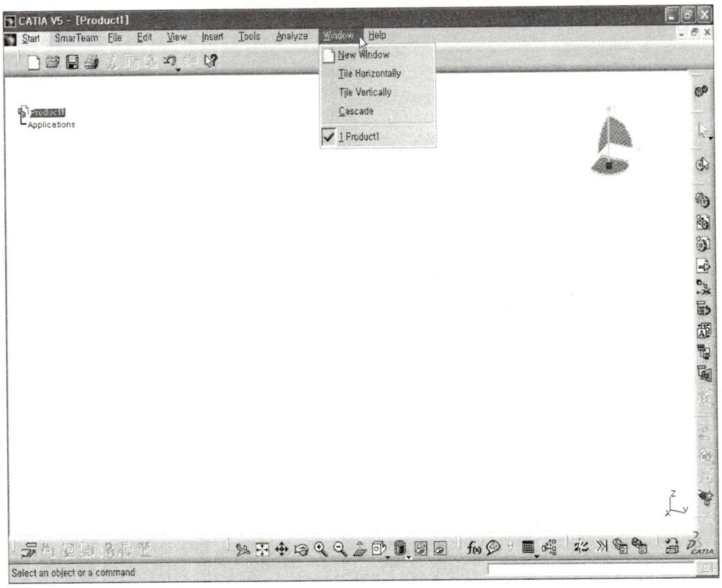

1 New Window

작업하고 있는 작업창과 동일한 창을 하나 더 만들어 주는 기능으로서 새로운 창은 이전의 창과 동일한 것으로 서로 링크되어 하나의 창에서 작업을 하도록 하면서 다른 창에서도 같은 영향을 준다.

2 Tile Horizontally

생성되어 있는 작업 창을 수평하게 분할한다.

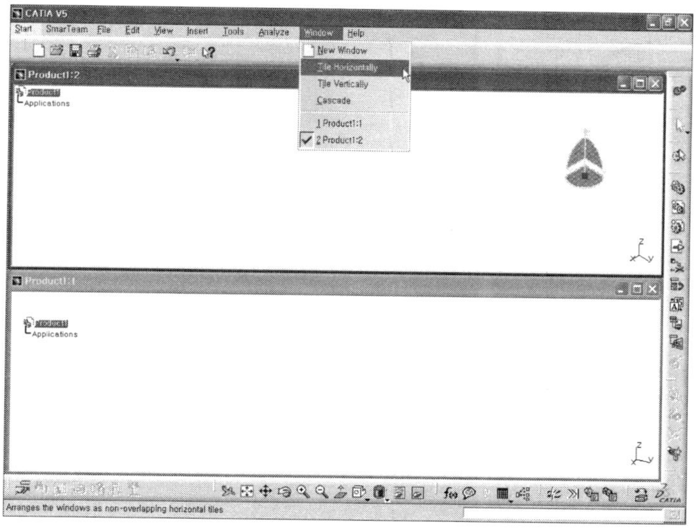

3 Tile Vertically

여러 문서를 수직 배열한다.

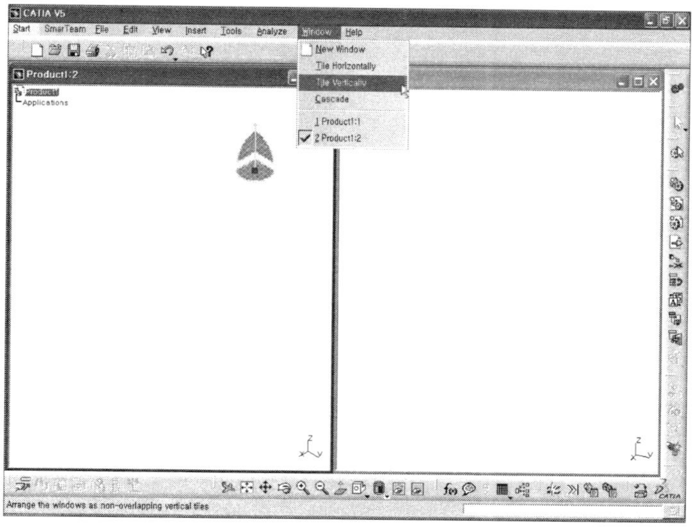

4 Cascade

여러 문서를 계단식 작업 창을 포개듯이 분할시킨다.

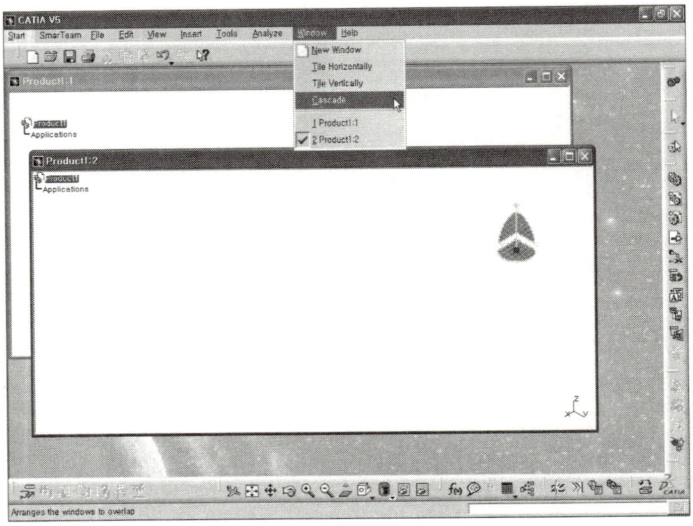

Chapter 3.

Sketcher

Chapter 3.

▶▶▶▶ Sketcher

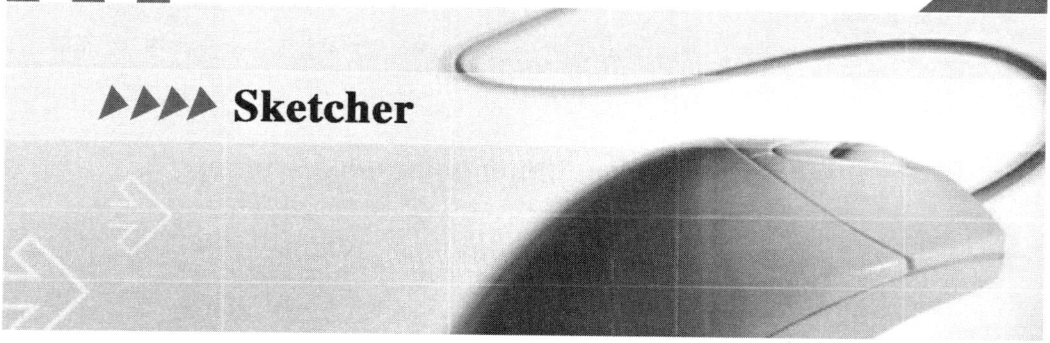

1. 개요

CATIA V5의 Feature들은 2차원 단면 Profile을 기초로 하여 생성된다. Sketcher 기능은 3D 모델링의 보조 도구로 Solid와 Surface설계에서 필요한 Profile을 손쉽게 만들 수 있도록 한다. 그리고 Profile의 생성 시 정의된 Constraints에 의하여 도면 작성 시 치수로 사용이 가능하며, 처음 선택한 Sketcher Plane은 자동 도면 생성 시 정면도로 사용된다. 즉 CATIA V5의 Workbench는 모델링을 하기위한 기본 Base가 되는 스케치 작업을 하는 곳 이다.

2. Sketcher 시작

Sketcher에 들어가는 방법은 CATIA 프로그램을 구동할 때 나타나는 Workbench Box에서 Sketcher를 클릭하거나, Pull down Menu의 Start에서 시작하는 방법이 있다.

그러나 Sketcher는 독립적으로 존재하는 작업 툴이 아니라, Part Design이나 Wire Frame Surface Design의 하부 작업 툴로 존재한다. 다시 말해 Sketcher로 시작하여도 Part Design이 구동된 후 Sketcher로 들어갈 수 있다. Pull down Menu의 Start에서 Mechanical Design, Sketcher를 순서대로 선택하면 아래와 같은 창이 생성된다.

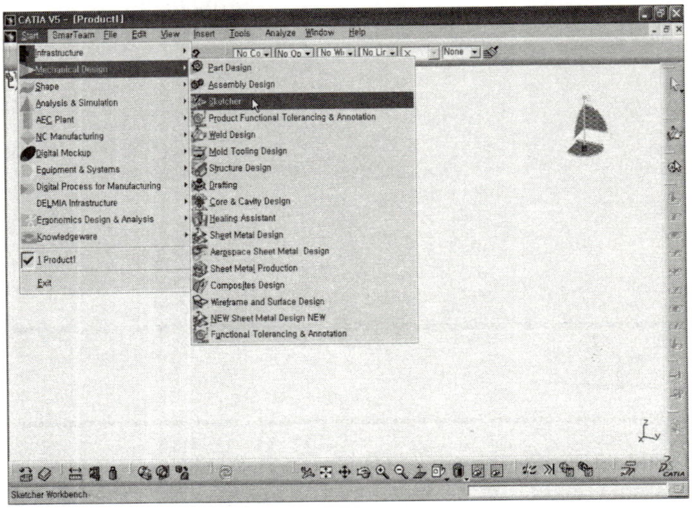

Part design 창

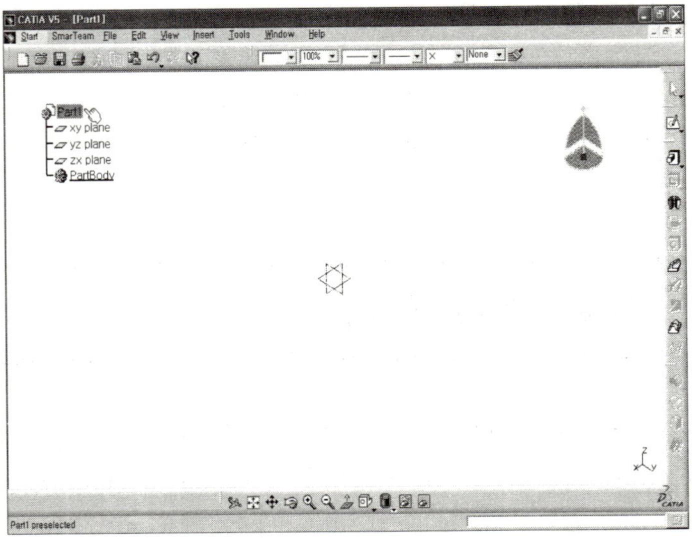

2.1 작업 평면 선택하기

① **방법 1** : 왼쪽 상단의 Specification Tree에서 xy plane, yz plane, zx plane 중의 하나를 선택한 후 Sketcher 아이콘( )을 실행한다.

xy Plane

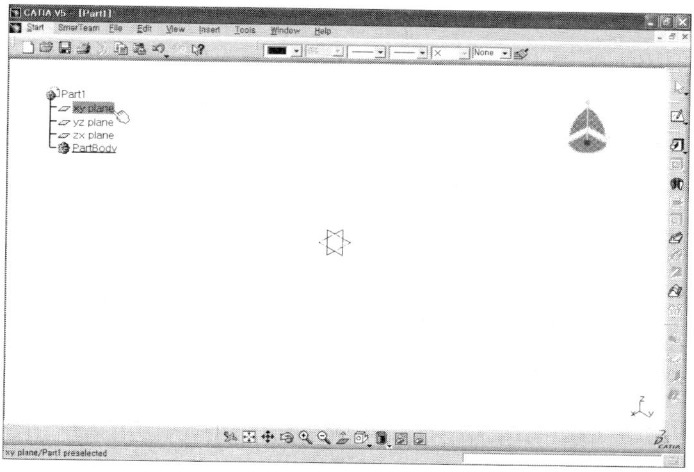

yz Plane

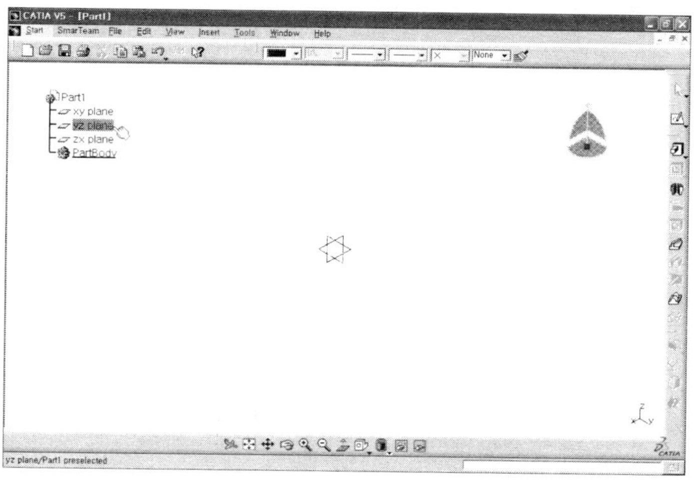

zx Plane

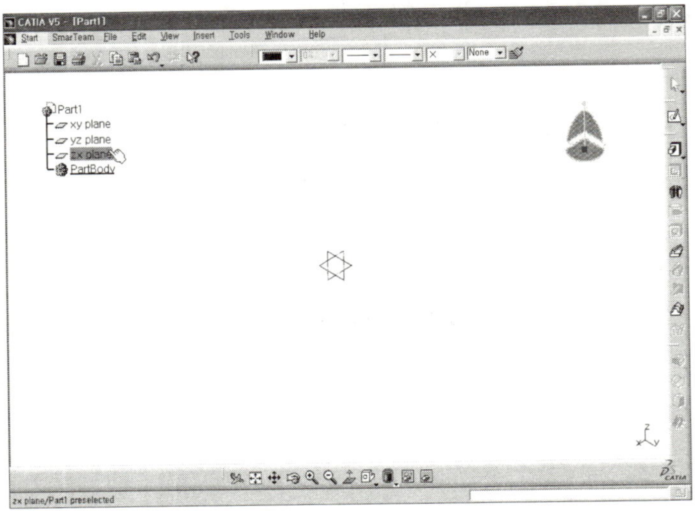

② **방법 2** : Part design 창의 화면 중앙의 평면을 먼저 선택한 후, Sketcher 아이콘( )을 실행한다.

xy Plane

yz Plane

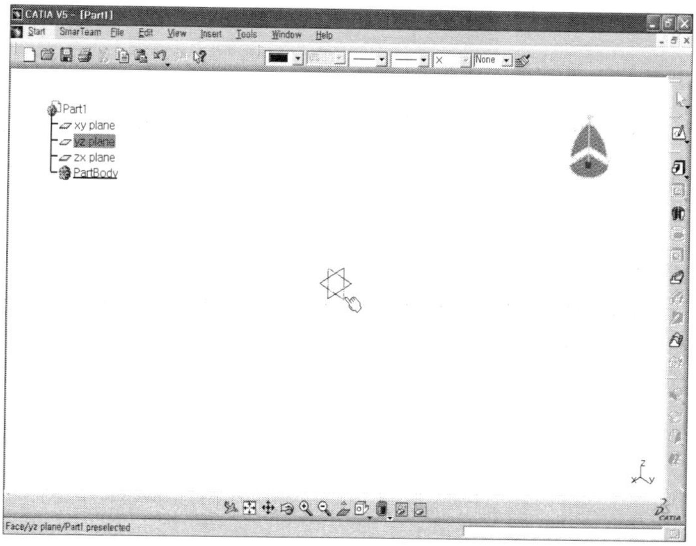

zx Plane

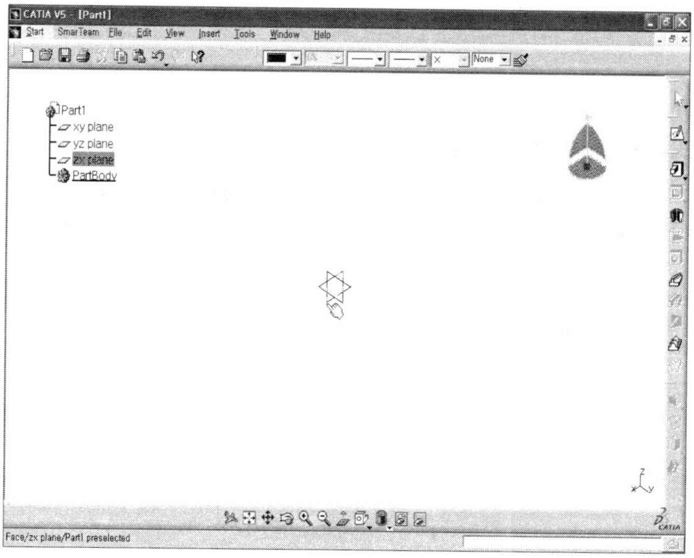

2.2 Exit workbench

Exit workbench 아이콘은 Sketcher workbench에서 3차원 workbench로 전환하는 기능이다.

Exit workbench 클릭

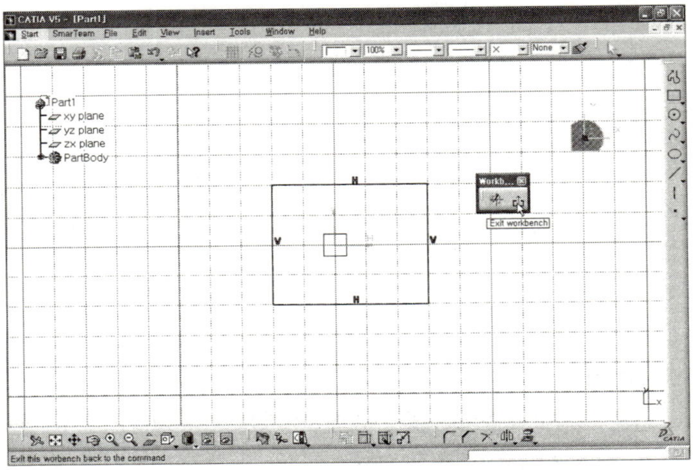

Exit workbench 실행 후

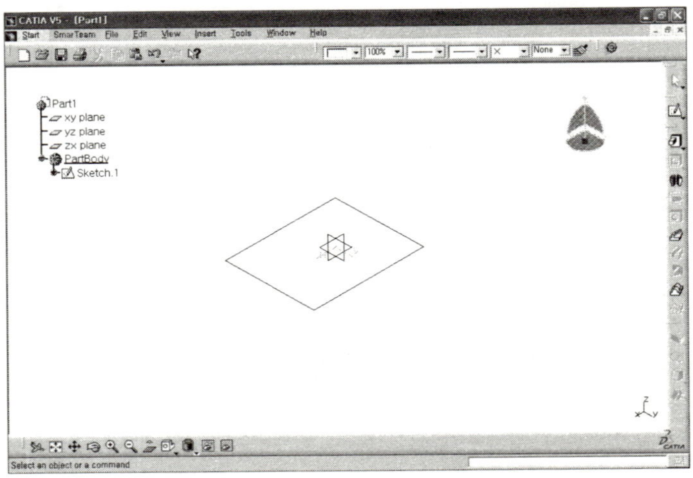

3. Sketcher Toolbar

Tools에 대한 설명과 Sketcher에서 사용되는 모든 아이콘의 기능들을 모아 놓은 곳으로 각각의 Toolbar에 대하여 정의한다.

3.1 Profiles

Sketcher에서 Profile을 생성하는 기본 기능들이며 가장 많이 활용된다.

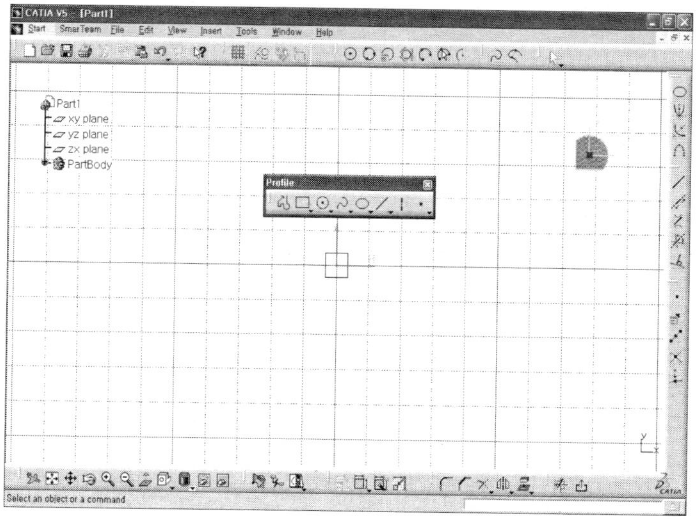

1 Profile

Line형과 Arc형으로 구성된 임의의 형상 Profile을 작성할 때 사용하며 아래와 같이 세 개의 Option이 추가된다.

Line	디폴트 되어 있으면 연속적인 Line을 생성하는 기능
Tangent Arc	Line에 접하는 Arc를 생성하는 기능
Three Point Circle	Line의 끝점과 두 점을 이용하여 Arc를 생성하는 기능

① 아래 그림은 Profile에서 연속적인 Line 작업으로 드로잉된 형상을 나타내고 있다.

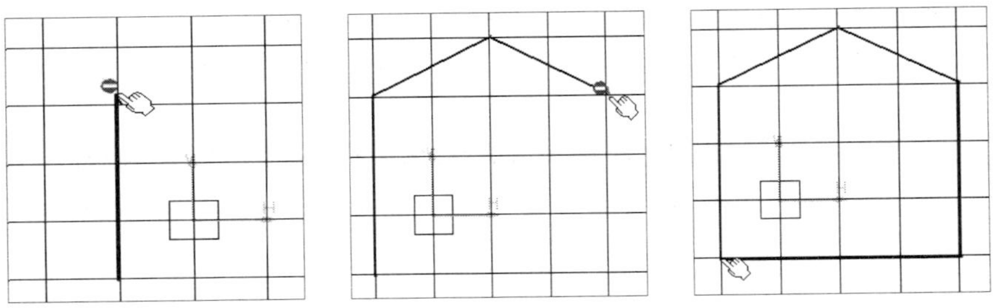

② Profile에서 Line ⇒ Arc tangent ⇒ Line ⇒ Arc tangent ⇒ Line 기능을 사용하여 드로잉된 형상을 나타내고 있다.

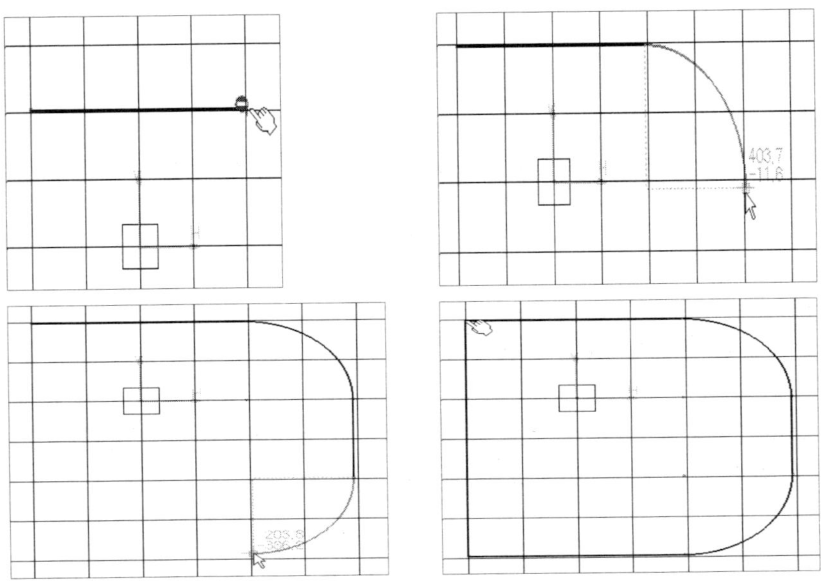

3.2 Predefined Profile

Sketcher에서 사각형, 다각형 요소들을 생성하는 기능들이다.

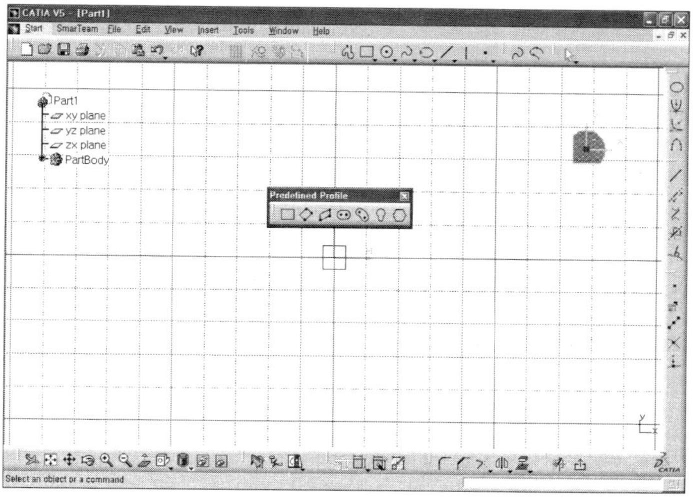

1 Rectangle

두 Point를 선택하여 Sketcher축과 나란한 사각형을 생성하는 기능이다.

① Rectangle 아이콘을 클릭하고 드로잉될 첫 번째 점과 두 번째 점을 선택하면 아래 그림과 같이 사각형이 생성된다.

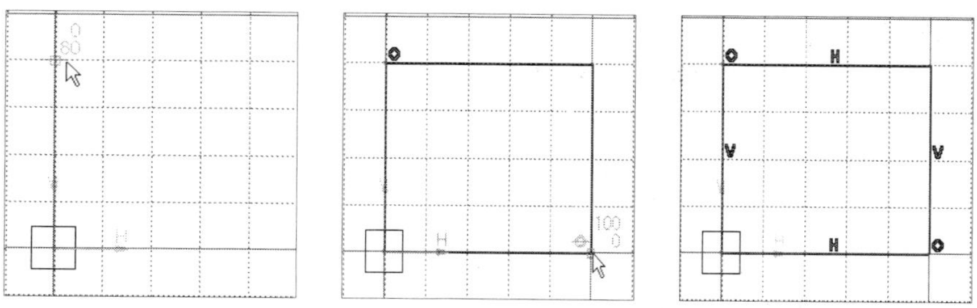

〈임의의 두 점을 선택하여 사각형 그리기〉

2 Oriented Rectangle

방향성을 가지는 직사각형 Profile을 생성하는 기능이다.

① Oriented Rectangle 아이콘을 클릭하고 아래 그림과 같이 첫 번째 점, 두 번째 점, 세 번째 점을 선택한다.

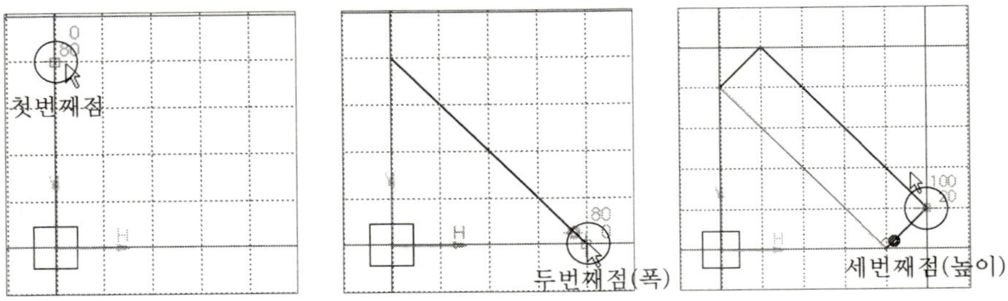

② 아래 그림과 같이 Oriented Rectangle이 생성된다.

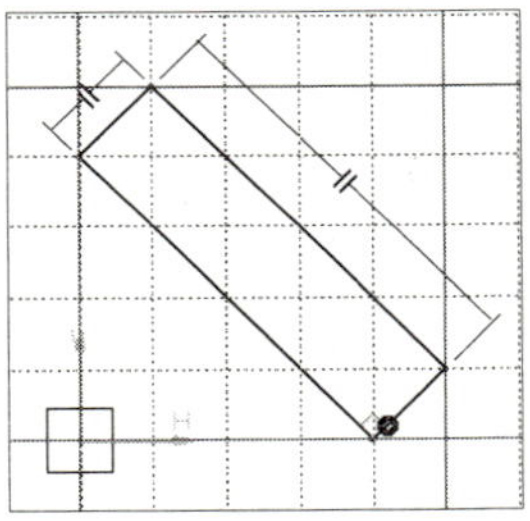

〈임의의 각도로 기울어진(방향성) 사각형 그리기〉

3 Parallelogram

3 Point를 선택하여 평행사변형을 생성하는 기능이다.

① Parallelogram 아이콘을 클릭하고 아래 그림과 같이 첫 번째 점(폭), 두 번째 점, 세 번째 점(높이)을 선택한다.

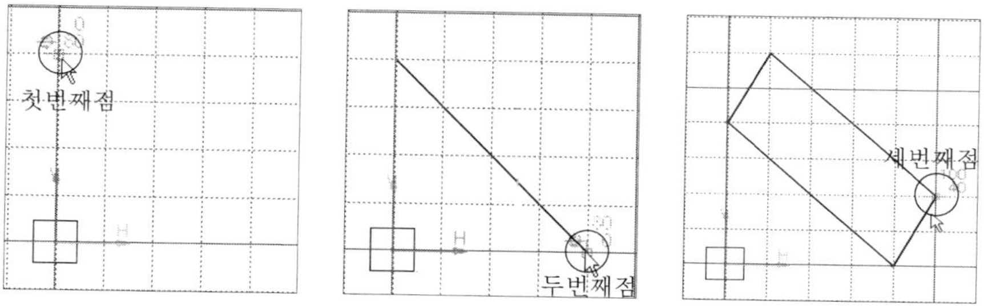

② 아래 그림과 같이 Parallelogram이 생성된다.

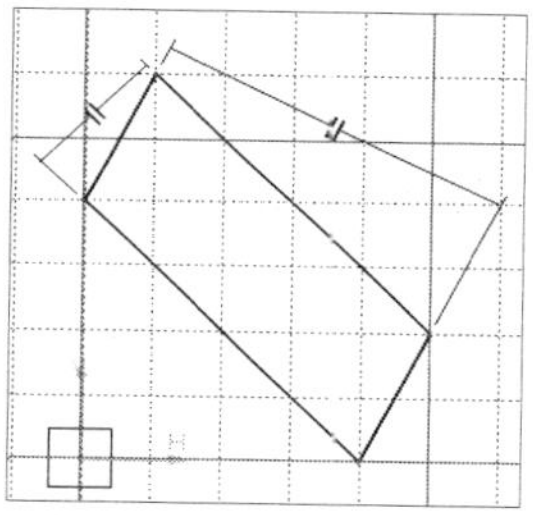

〈임의의 평행사변형 사각형 만들기〉

4 Elongated Hole

두 원점과 반지름을 지정하는 하나의 Point로 타원형 형태를 생성하는 기능이다.

① Elongated Hole 아이콘을 클릭하고 아래 그림과 같이 첫 번째 점, 두 번째 점, 세 번째 점을 선택한다.

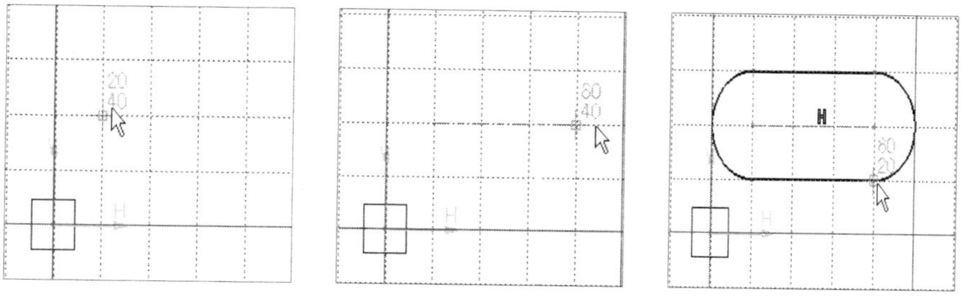

② 아래 그림과 같이 두 점을 중심으로 Elongated Hole이 생성된다.

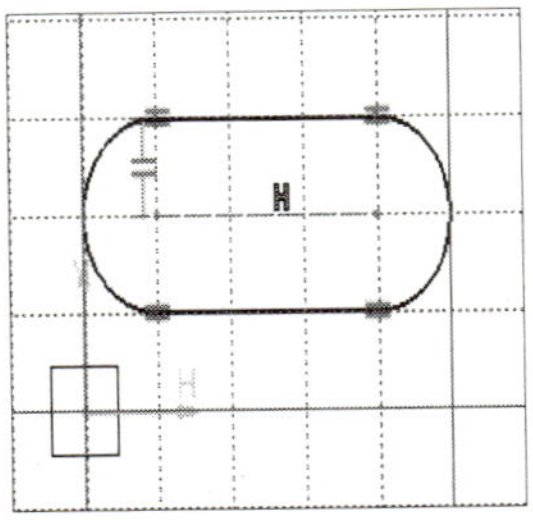

〈임의의 연장된 홀 형상 만들기〉

5 Cylindrical Elongated Hole

Arc형식의 Cylindrical Elongated Hole을 생성하는 기능이다.

① Cylindrical Elongated Hole 아이콘을 클릭하고 아래 그림과 같이 차례대로 네 점을 선택한다.

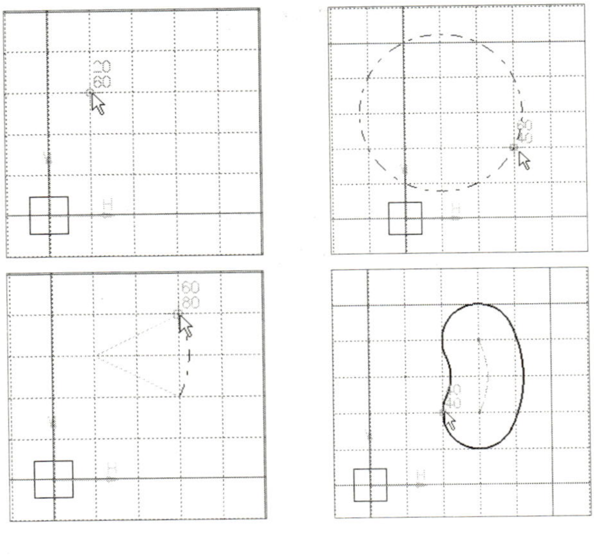

② 아래 그림과 같이 Cylindrical Elongated Hole이 생성된다.

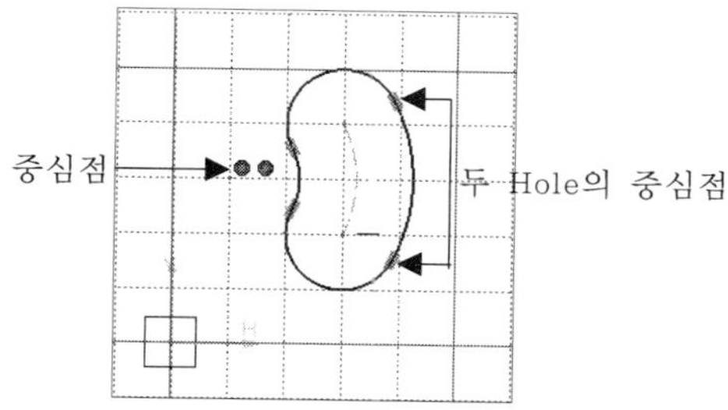

〈임의의 구부러진 원통형 Hole 만들기〉

6 Keyhole Profile

Keyhole의 중심을 지정하는 두 점과 반경을 지정하는 두 점을 이용하여 Keyhole(열쇠구멍)의 형상을 생성하는 기능이다.

① Keyhole Profile 아이콘을 클릭하고 아래 그림과 같이 차례대로 네 점을 선택한다.

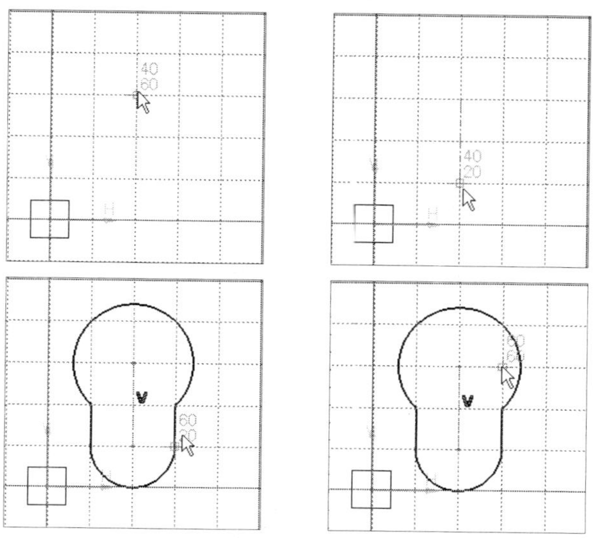

② 아래 그림과 같이 Keyhole Profile이 생성된다.

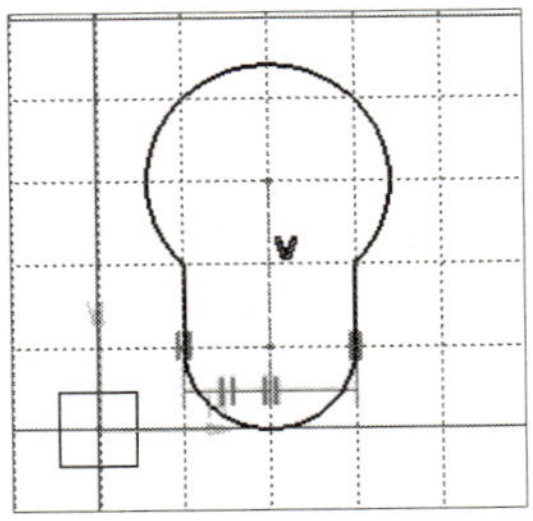

〈임의의 열쇠구멍 형상 만들기〉

7 Hexagon

Hexagon의 중심점을 지정하여 임의의 원에 내접하는 육각형을 생성하는 기능이다.

① Hexagon 아이콘을 클릭하고 육각형이 형성될 중심점과 방향을 아래 그림과 같이 선택한다.

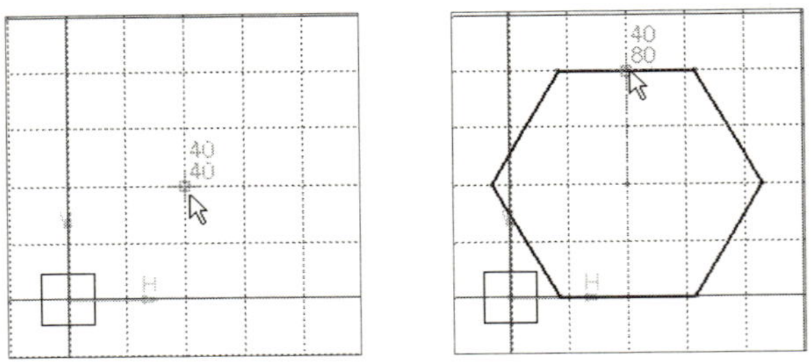

② 아래 그림과 같이 Hexagon이 생성된다.

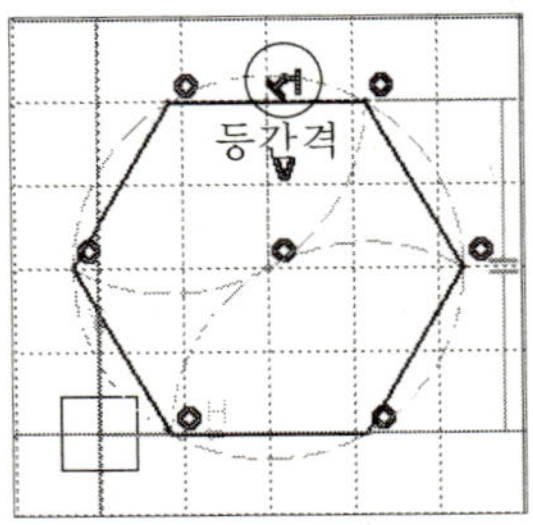

※ 등간격 : 원안의 기호는 중심점을 기준으로 마주보는 두변이 등각격의 거리임을 나타낸다.

〈임의의 육각형 만들기〉

3.3 Circle

Sketcher에서 Circle, Arc 등을 생성하는 기능이다.

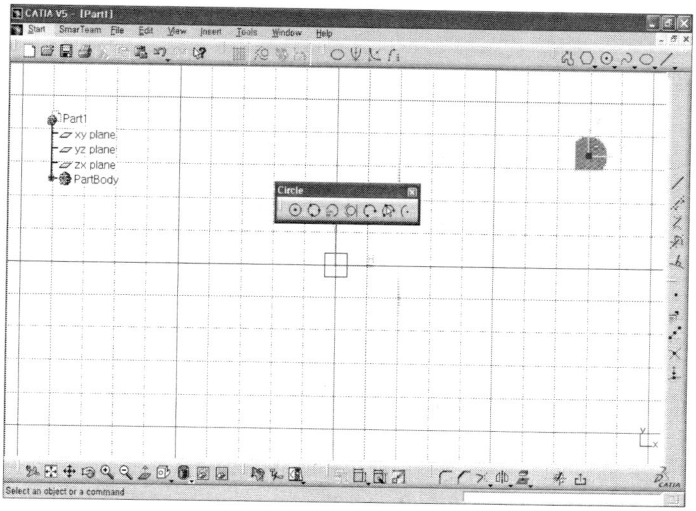

1 Circle

Circle 아이콘을 이용하여 원을 생성하는 기능이다.

① Circle 아이콘을 클릭하고 아래 그림과 같이 두 점을 선택한다.

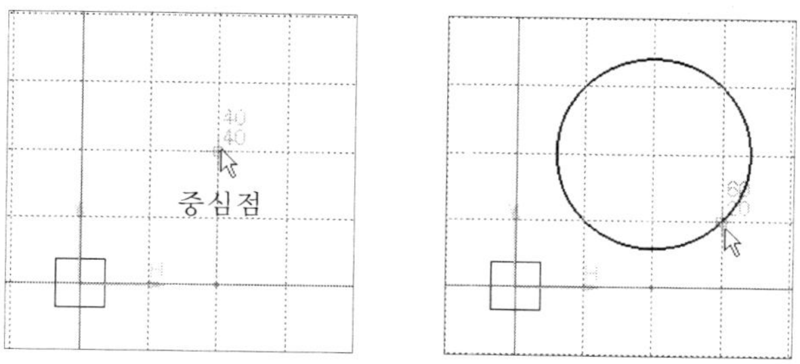

② 아래 그림과 같이 Circle이 생성된다.

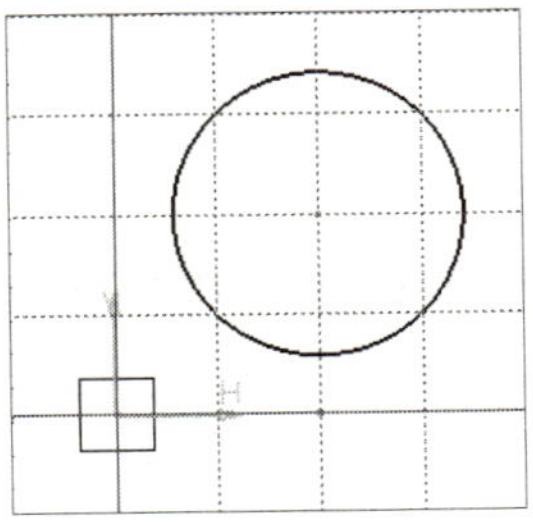

〈임의의 중심점과 반지름으로 원 만들기〉

생성된 Circle을 더블클릭하면 Circle Definition Box에서 Radius를 변경할 수 있다.

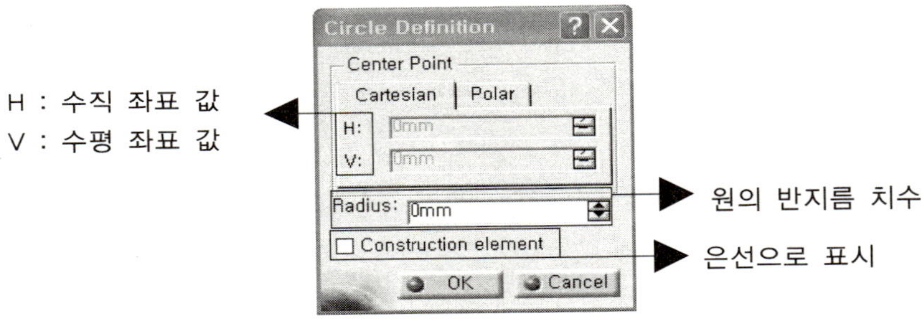

2 Three Point Circle

세 점을 기준으로 원을 생성하는 기능이다.

① 아래 그림과 같이 임의의 첫 번째 점을 선택한다. 그리고 두 번째, 세 번째 점을 선택하면 세 점을 지나는 원이 생성된다.

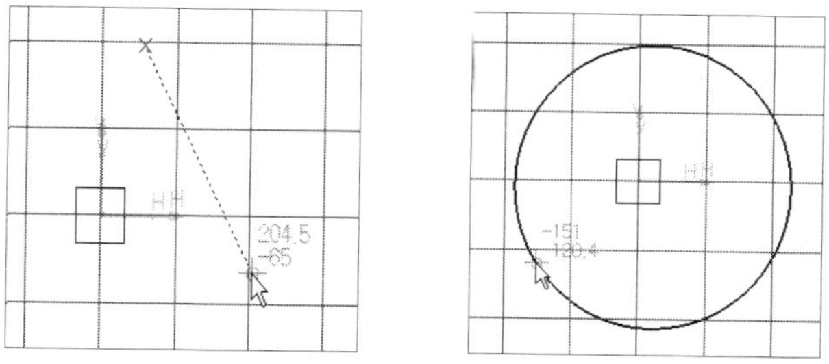

〈임의의 세 점으로 원 만들기〉

3 Circle Using Coordinates

좌표계를 기준으로 좌표 값과 원의 Radius 값을 정의하여 원을 생성하는 기능이다.

① Circle Using Coordinates 아이콘을 클릭하면 Circle Definition Box가 활성화된다. 활성화된 Circle Definition Box에서 Center Point를 H 35mm, V 35mm, Radius 20mm로 입력한다.

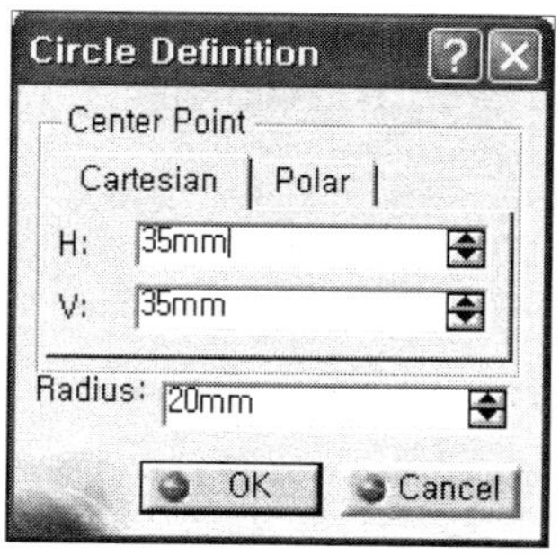

② OK를 클릭하면 아래 그림과 같이 Circle Using Coordinates된 원이 생성된다.

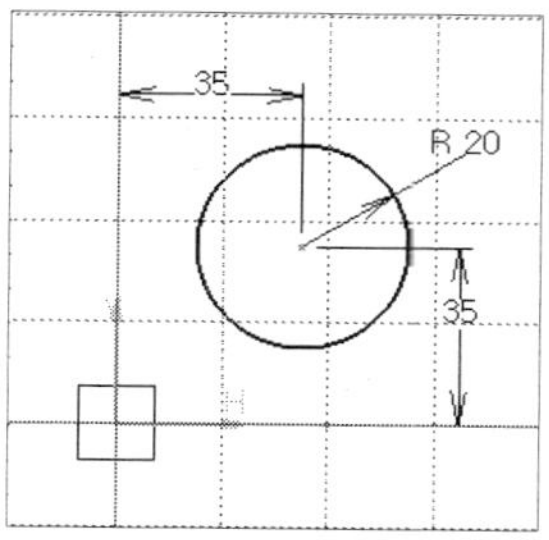

4 Tri-Tangent Circle

세 Profile에 접하는 원을 생성하는 기능이다.

① 먼저 아래 그림과 같은 삼각형을 그린다. Tri-Tangent Circle 아이콘을 클릭하고 삼각형의 세 변을 차례대로 선택한다. 선택이 완료되면 세 변에 접하는 원이 생성된다.

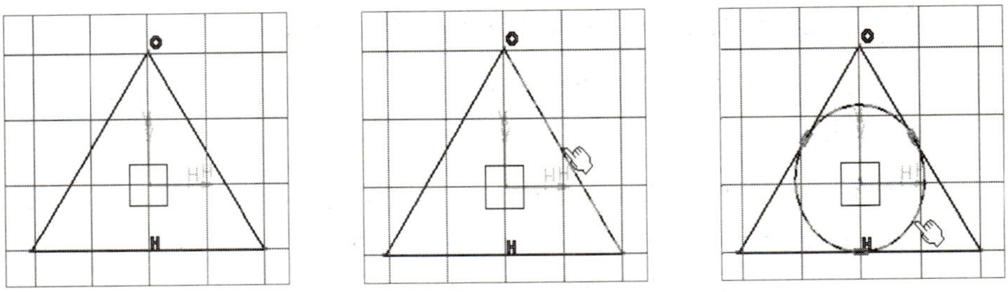

5 Three Point Arc

세 점을 정의하여 Arc를 생성하는 기능이다.

① Three Point Arc 아이콘을 클릭하고 첫 번째 시작점을 선택한다. 그리고 두 번째, 세 번째 점을 선택하여 호를 완성시킨다.

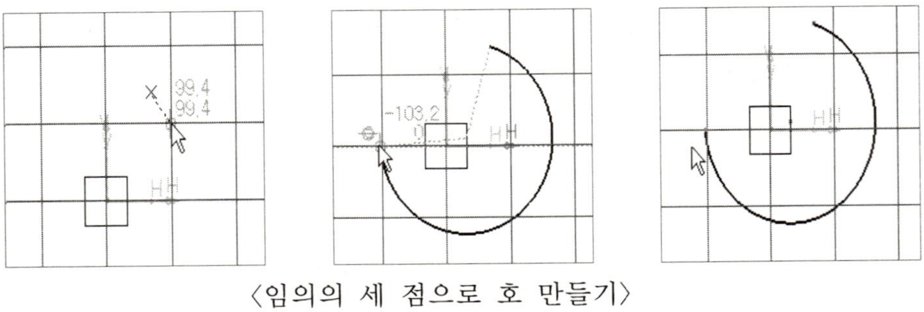

〈임의의 세 점으로 호 만들기〉

6 Three Point Arc Starting with Limits

두 끝점을 지정하고 Arc의 마지막 점을 선택하여 Arc를 생성하는 기능이다.

① 아래 그림과 같이 임의의 첫 번째 시작점과 두 번째 점을 선택한다. 그리고 임의의 세 번째 점을 지정하거나, Sketcher Tool Box에서 Radius 치수를 입력하면 정확한 Arc가 생성된다.

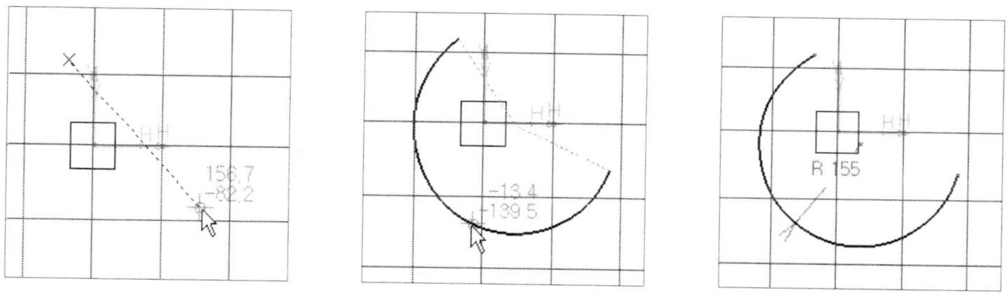

7 Arc

원점과 두 끝점을 지정하여 일반적인 호를 생성하는 기능이다.

① Arc 아이콘을 클릭하고 아래 그림과 같이 세 점을 선택한다.

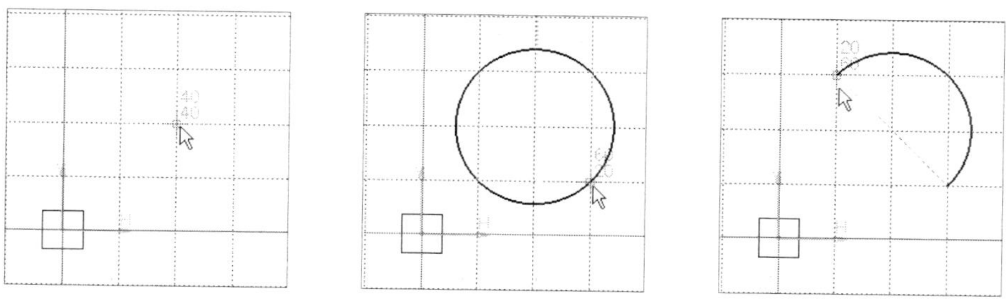

② 아래 그림과 같이 원점과 두 끝점을 이용한 Arc가 생성된다.

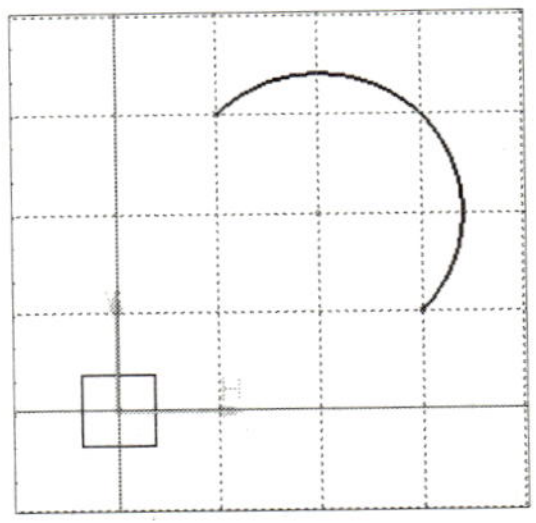

〈임의의 두 점으로 호 만들기〉

3.4 Spline

곡선상의 Profile 생성 및 두 직선을 곡선으로 연결하는 기능이다.

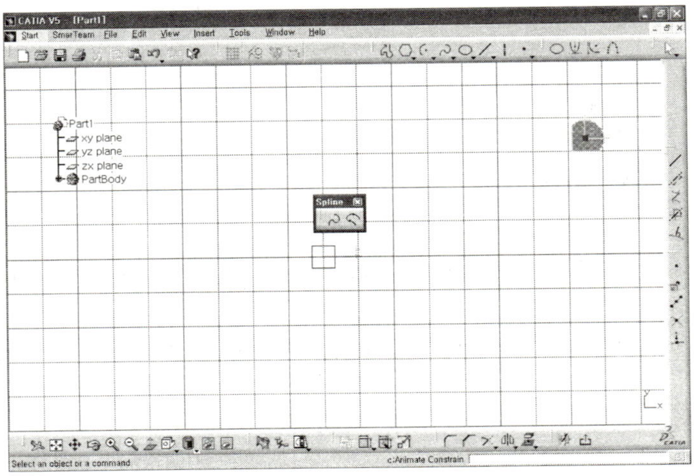

1 Spline 

주어진 Control Point들에 의해 부드러운 자유곡선을 생성하는 기능이다. 점의 위치를 변형하여 곡선을 수정할 수 있다.

① Spline 아이콘을 클릭하고 임의의 시작점을 지정한다. 마우스를 움직여

서 적당한 점을 선택하고 끝점에서 더블 클릭하면 아래 그림과 같이 Spline이 생성된다.

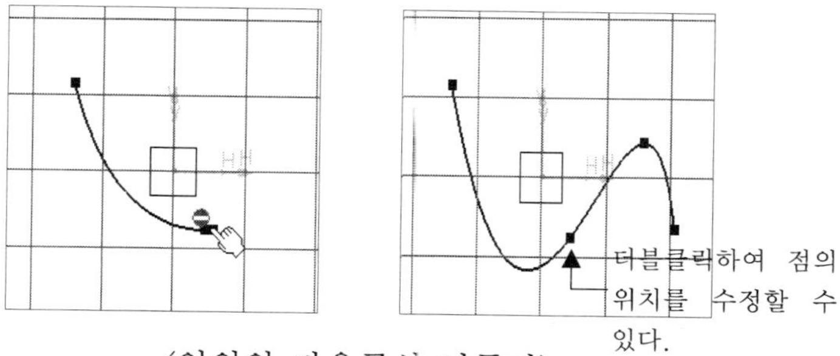

〈임의의 자유곡선 만들기〉

2 Connect

두 개의 선이나 Spline 곡선을 연결하는 기능이다.

① Spline 아이콘을 클릭하고 아래 그림과 같이 분리된 Spline을 드로잉한다.

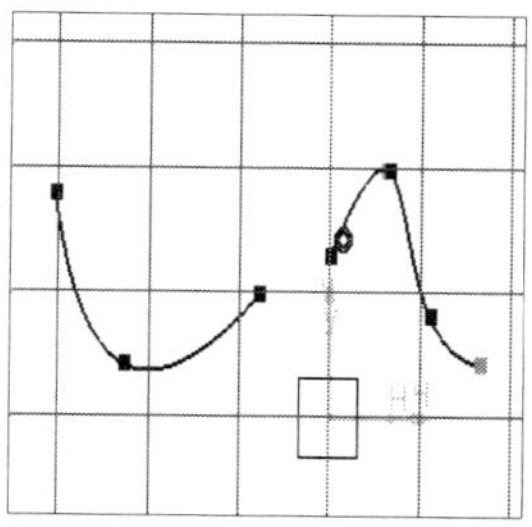

② Connect 아이콘을 클릭하고 연결될 두 Spline의 끝 점을 지정하면 아래 그림과 같이 Spline이 연결된다.

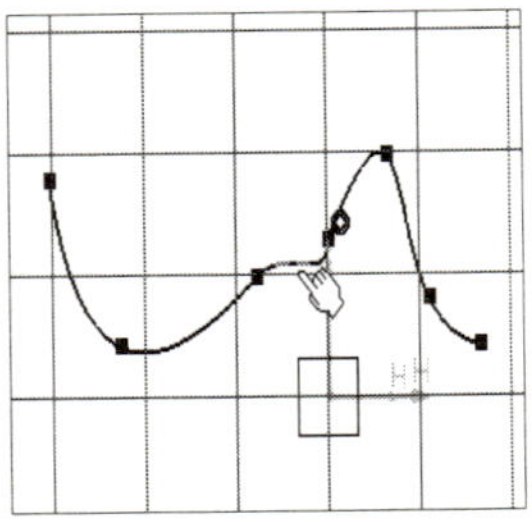

〈두 Element를 Spline으로 연결하기〉

3.5 Conic

타원, 포물선, 쌍곡선 등을 생성하는 기능이다.

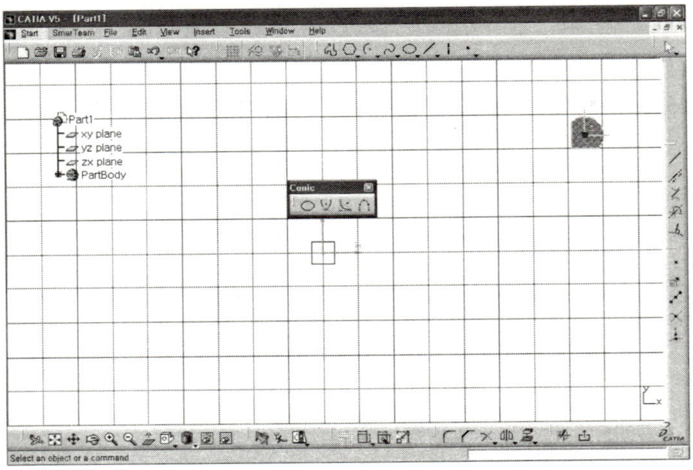

1 Ellipse

타원의 중심과 반경, 단축의 반경을 선택하여 타원을 생성하는 기능이다.

① Ellipse 아이콘을 클릭하고 아래 그림과 같이 차례대로 첫 번째 점, 두 번째 점, 세 번째 점을 선택한다.

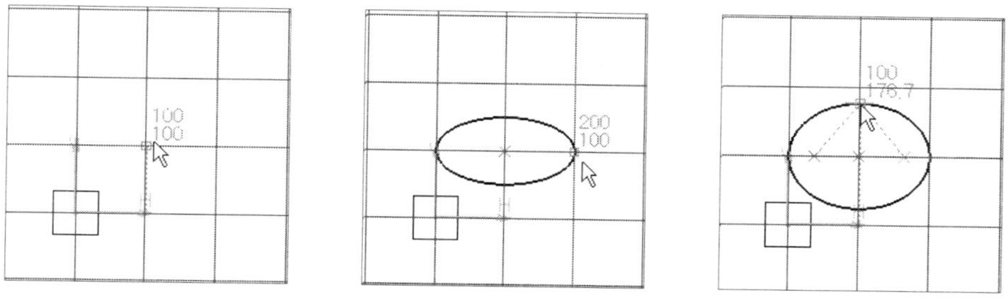

② 아래 그림과 같이 중심과 두 반경을 이용한 Ellipse가 생성된다.

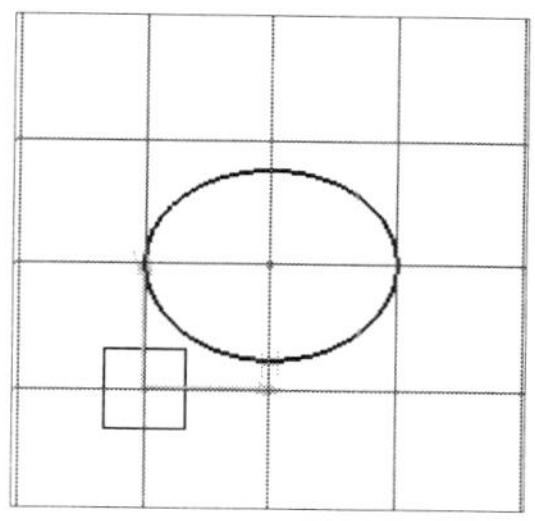

생성된 Ellipse를 더블클릭하면 Ellipse Definition Box가 활성화된다. 여기에서 위치와 크기를 조절할 수 있다.

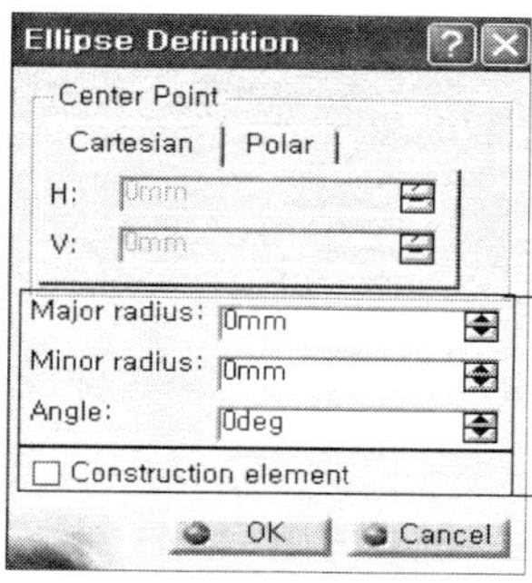

- 장축의 반지름 값
- 단축의 반지름 값
- 기준 좌표계와의 각도

- 은선으로 표시

2 Parabola by Focus

시작점과 꼭지점을 지정한 후 양 끝점을 선택하여 포물선을 생성하는 기능이다.

① Ellipse 아이콘을 클릭하고 아래 그림과 같이 차례대로 첫 번째 점, 두 번째 점, 세 번째 점, 네 번째 점을 선택한다.

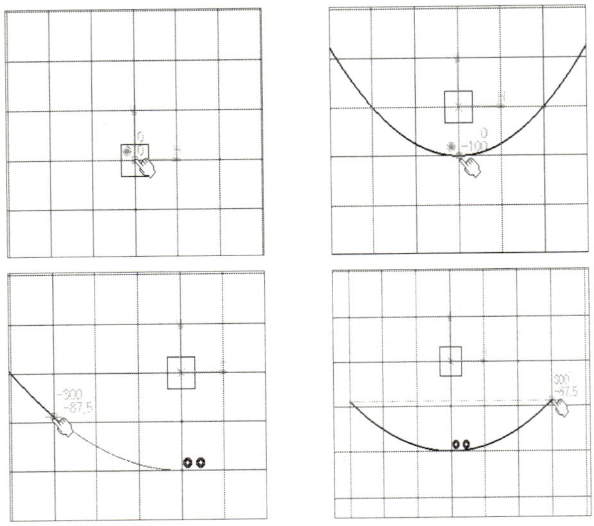

② 아래 그림과 같이 Parabola by Focus가 생성된다.

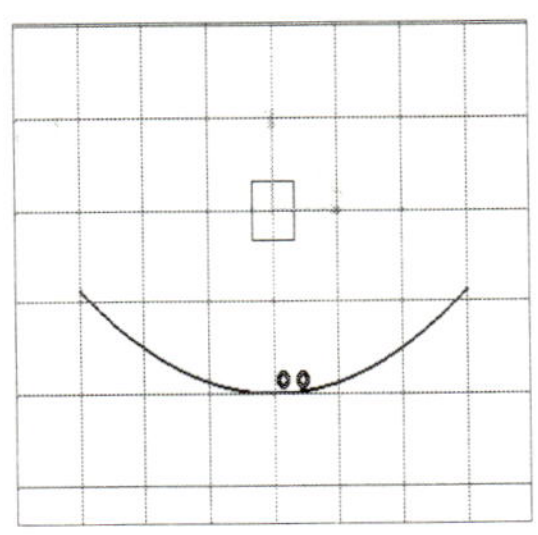

3 Hyperbola by Focus

쌍곡선 Profile을 생성하는 기능이다.

◈ Focus Point : 초점의 좌표와 반경을 조절
◈ Apex Point : 꼭지점의 좌표와 반경을 조절
◈ Excentricity : 편심률(0~1)을 조절

① Hyperbola by Focus 아이콘을 클릭하고 아래 그림과 같이 차례대로 다섯 점을 선택한다.

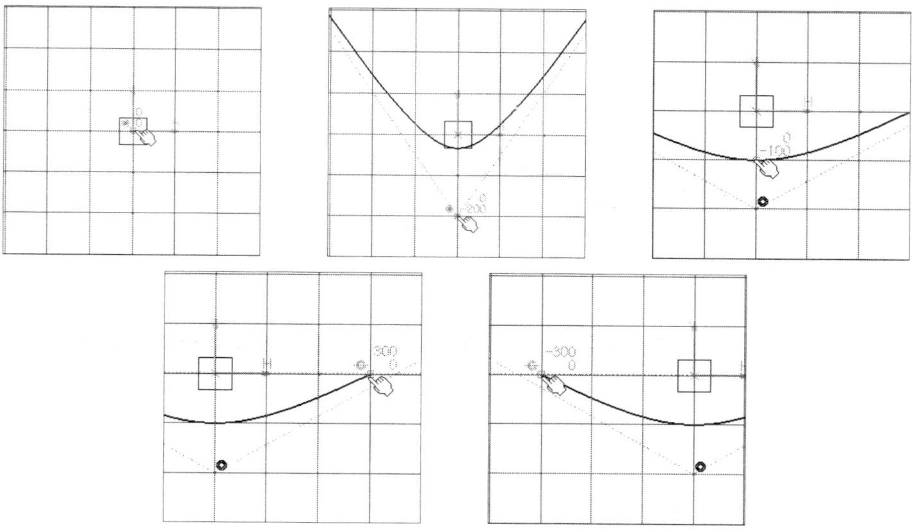

② 아래 그림과 같이 Hyperbola by Focus가 생성된다.

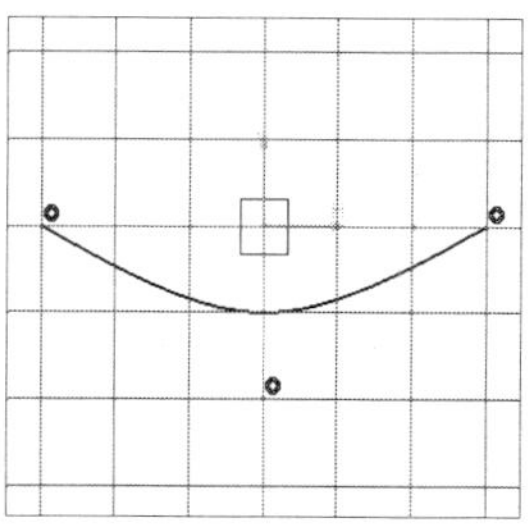

4 Creates a Conic

원뿔 곡선 형상의 Profile을 생성하는 기능이다.

◈ Five points : 다섯 개의 Point를 지정하여 Conic을 생성하는 기능

◈ First Tangent : 가상의 Line에 접하고 네 개의 Point를 지정하여 Conic을 생성해주는 기능

◈ Second Tangent : First Tangent와 동일한 기능이며 다른 점은 End Point에서 접선의 방향을 지정하여 Conic을 생성하는 기능

◈ Two Tangent : 두개의 가상선 Line에 접하고 세 개의 Point를 지정하여 Conic을 생성하는 기능

3.6 Line

Line을 생성하는 기능이다.

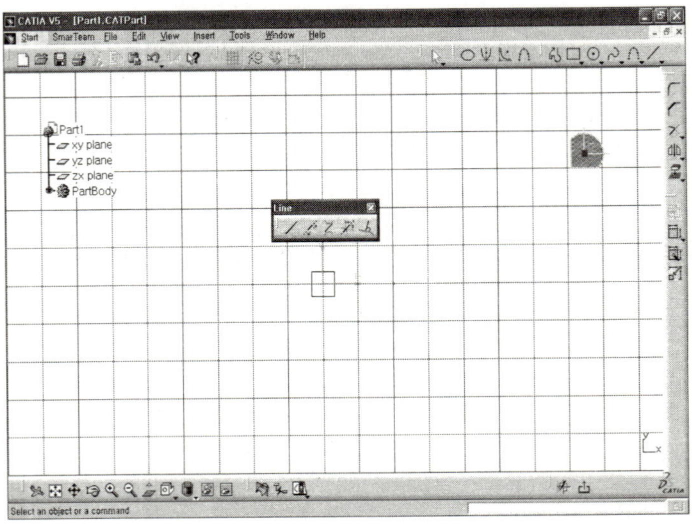

1 Line

Line을 생성하는 기능이다.

① Line 아이콘을 클릭하고 시작 지점을 선택한다. 아이콘으로 드래그하여 두 번째 지점을 지정하고 종료하면 Line이 생성된다.

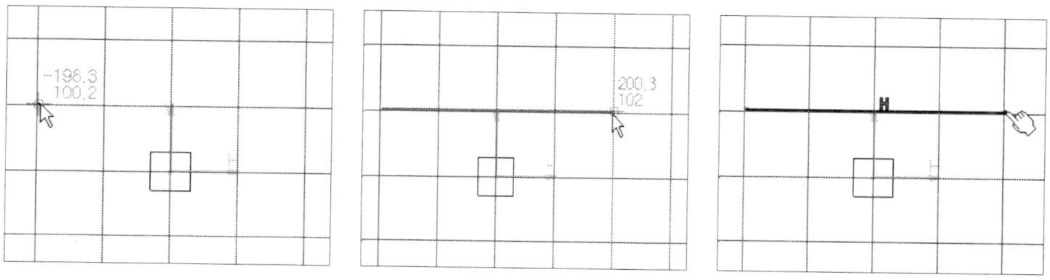

② 마우스 가운데 버튼으로 선을 클릭한 상태에서 마우스를 움직이면 선이 마우스를 따라 이동된다.

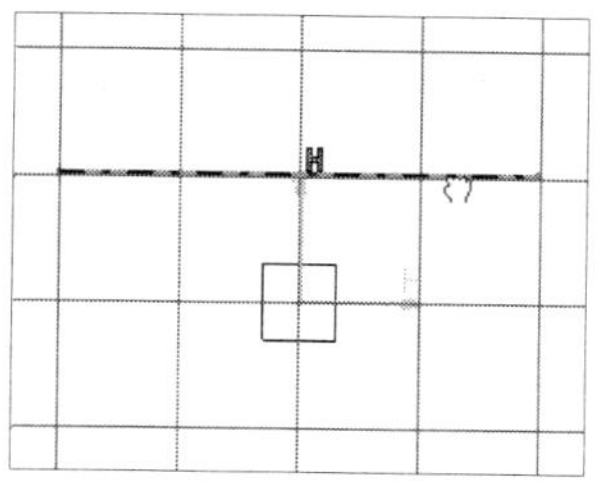

③ 마우스 왼쪽 버튼으로 Line을 더블 클릭하면 Line Definition Box가 활성화된다. 활성화된 Line Definition Box에서 정확한 치수를 수정하면 된다.

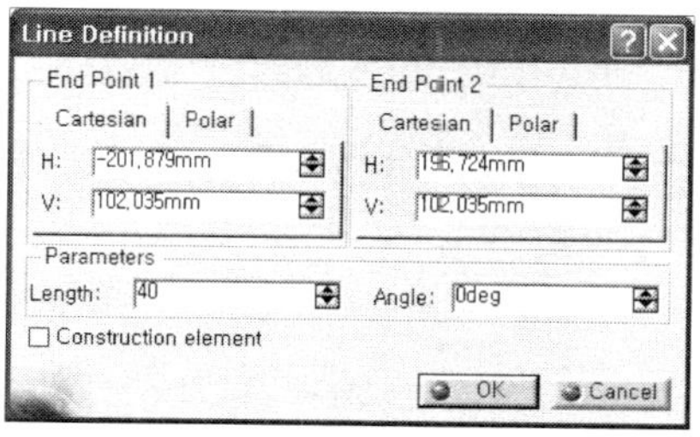

2 Infinite line

길이가 무한대인 Line을 생성하는 기능이다. 이 기능을 클릭하면 상단 Toolbar에 아래와 같은 세 가지 아이콘이 생성된다.

① Infinite line을 실행 한 후, Sketch tools에 수직, 수평 중의 하나를 선택한다. 드래그 시켜 화면에 선택하면 무한대의 Line이 생성된다. 아래 그림에서는 수직의 무한대선을 나타내었다.

Horizontal Line : 가로의 무한선을 생성한다.

Vertical Line : 세로의 무한선을 생성한다.

Line Through Two Point : 두 점이 지나는 무한선을 생성한다.

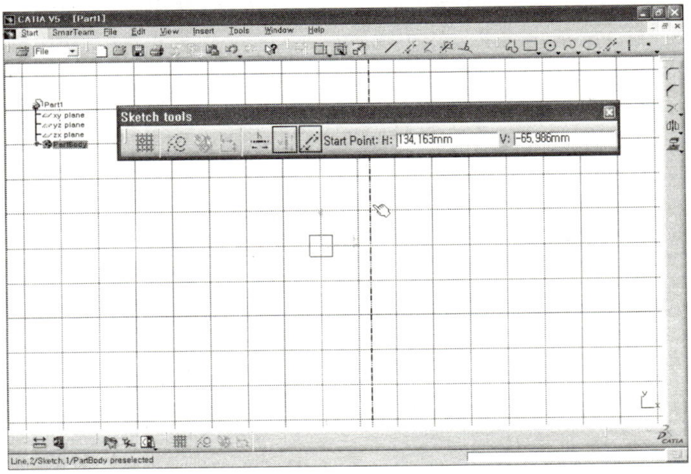

3 Bi-Tangent Line

두 Profile에 접하는 Line을 생성하는 기능이다.

① Circle 아이콘을 이용하여 아래 그림과 같이 임의의 두 원을 생성한다.

Bi-Tangent Line 아이콘을 클릭한 후 두 원을 차례대로 선택한다.

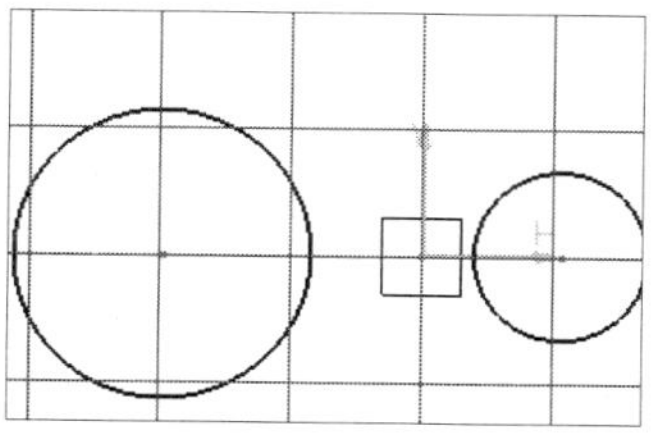

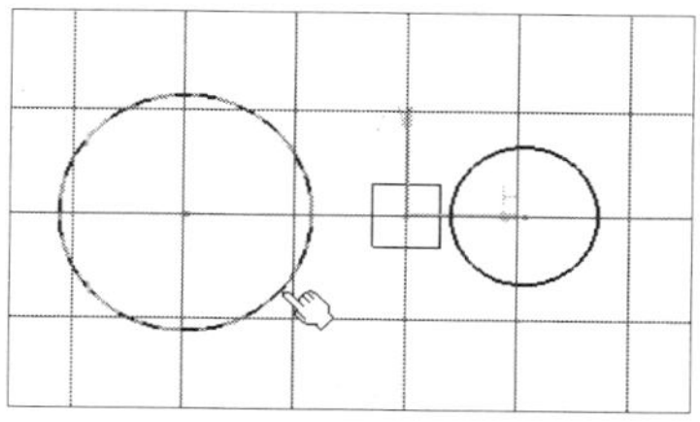

② 아래 그림과 같이 두 원을 연결하는 Bi-Tangent Line이 생성된다.

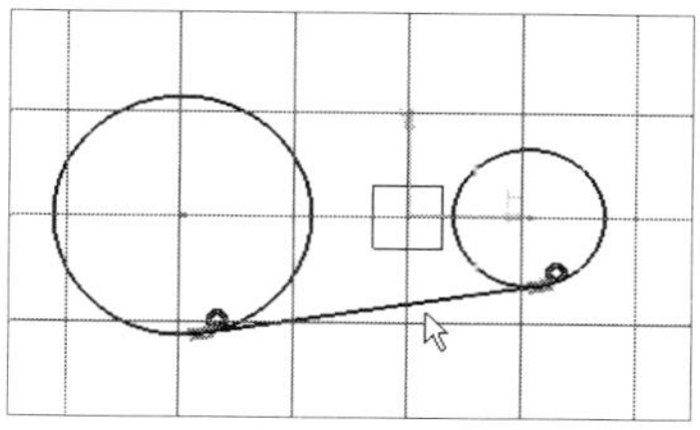

4 Bisecting Line

두 개의 Line을 이등분하여 무한대 Line을 생성하는 기능이다.

① Line 아이콘을 클릭하고 아래 그림과 같이 수직, 수평으로 직교되는 선을 생성한다. Bisecting Line 아이콘을 클릭하고 차례대로 두 선을 선택한다. 그러면 아래와 그림과 같이 두 Line이 이루는 각을 이등분하는 Bisecting Line이 생성된다.

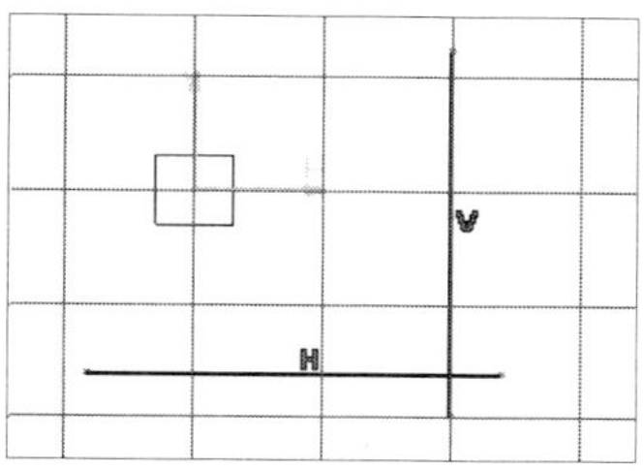

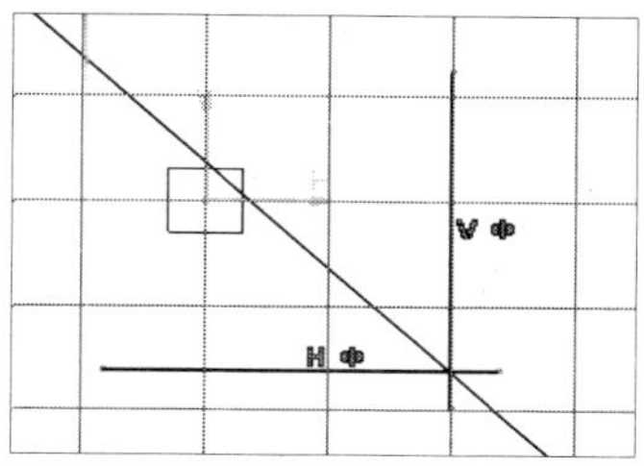

5 Line Normal to curve

곡선 Profile에 직각으로 연결되는 Line을 생성하는 기능이다.

① Spline 아이콘을 이용하여 임의의 Spline을 생성시킨다. Line Normal to curve 아이콘을 클릭하고, 아래 그림과 같이 Spline 밖의 한 점을 클릭한다.

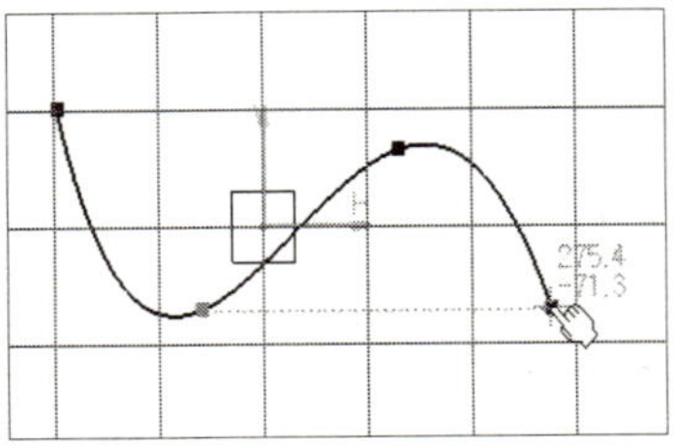

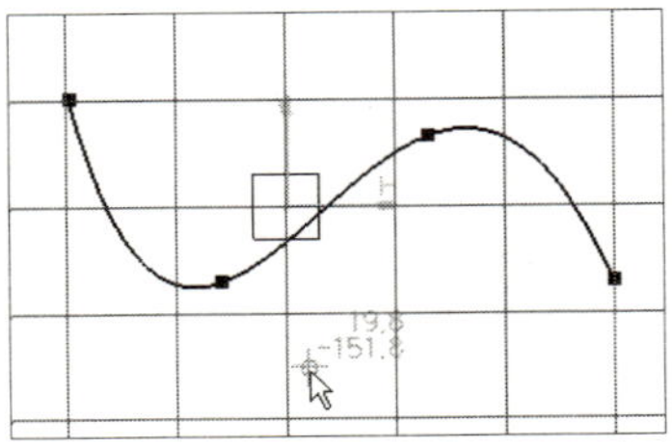

② Spline 위를 클릭하면 아래 그림과 같이 Spline에 수직인 Line이 생성된다.

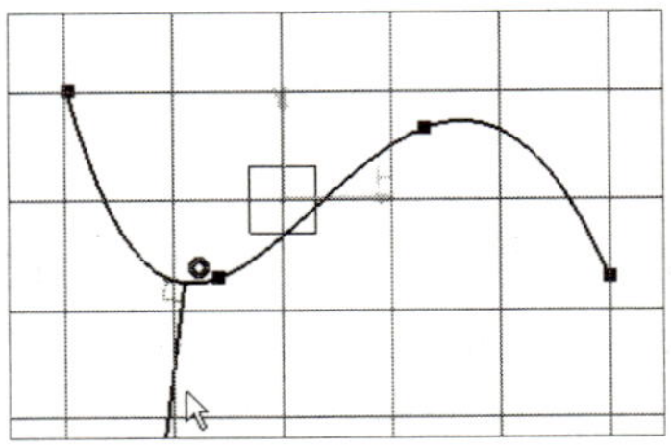

6 Axis

대상물을 회전시킬 때 기준이 되는 축을 생성하는 기능이고 3차원에서는 나타나지 않는다.

① Axis 아이콘을 클릭하고 회전축의 중심이 될 부분에 Axis를 그려준다.

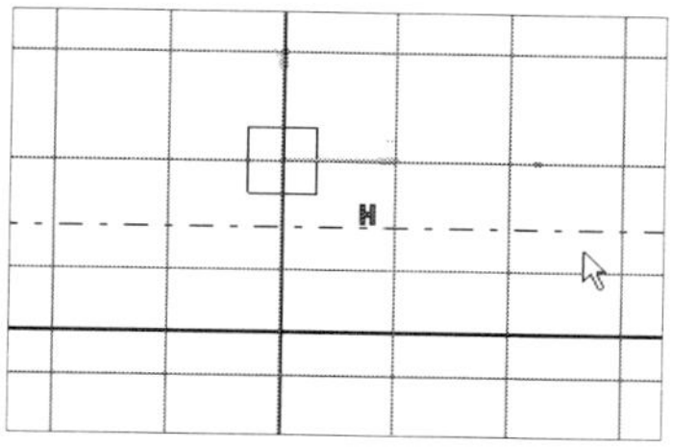

3.7 Point

Point를 생성하는 기능이다.

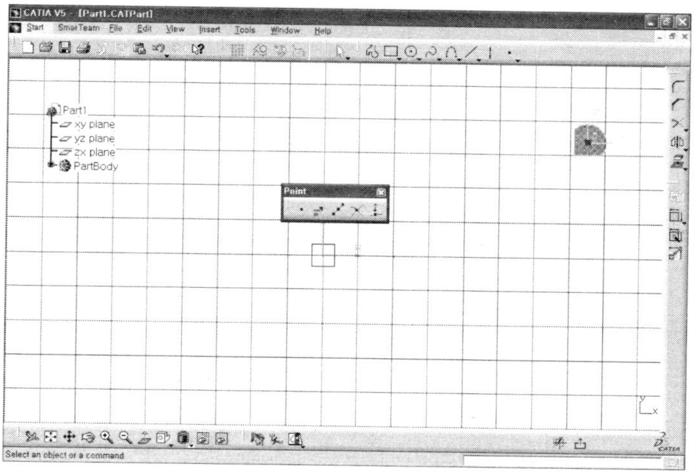

1 Point by Clicking

마우스 포인터로 점을 생성하는 기능이다.(임의의 지점에 클릭)

① Point by Clicking 아이콘을 클릭하고 아래 그림과 같이 한 점을 선택한다.

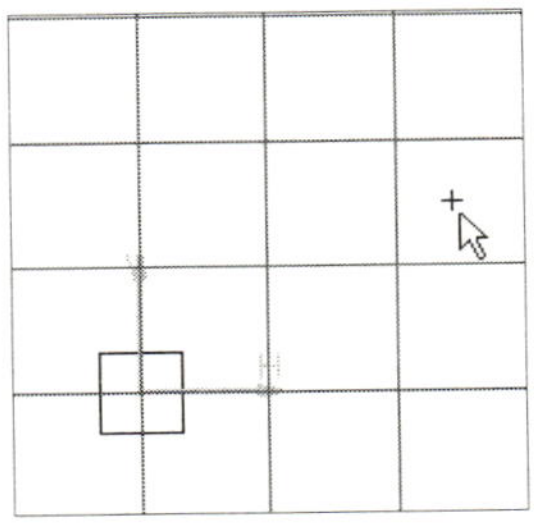

② 아래 그림과 같이 선택된 위치에 Point가 생성된다.

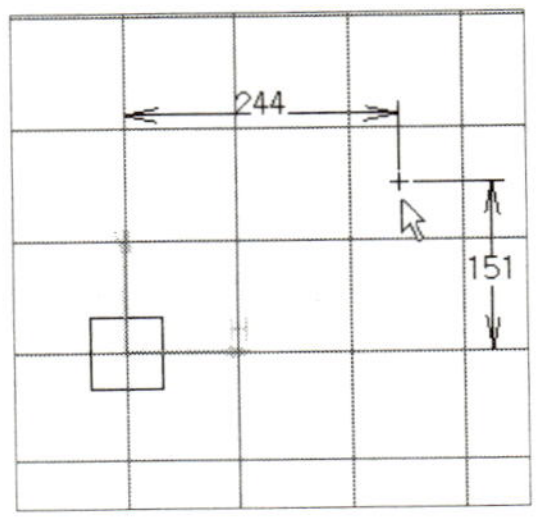

2 Point by Using Coordinates

좌표를 입력하여 Point를 생성하는 기능이다. 선택 시에 Point Definition 팝업창이 뜬다.

① Point by Using Coordinates 아이콘을 클릭하면 Point Definition Box가 활성화된다. 활성화된 Point Definition Box에서 H 150mm, V 150mm로 입력한다.

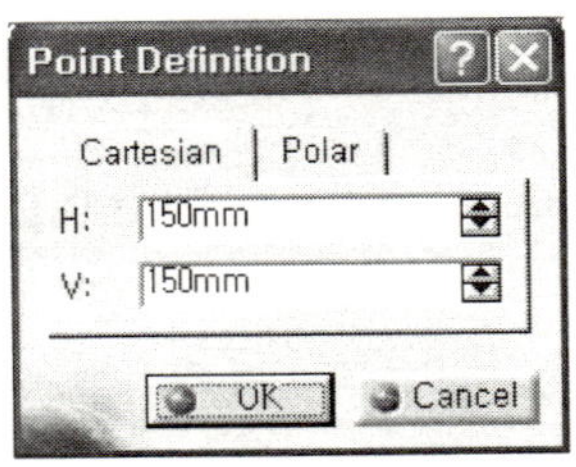

② OK를 클릭하면 Point by Using Coordinates로 정의된 Point가 생성된다.

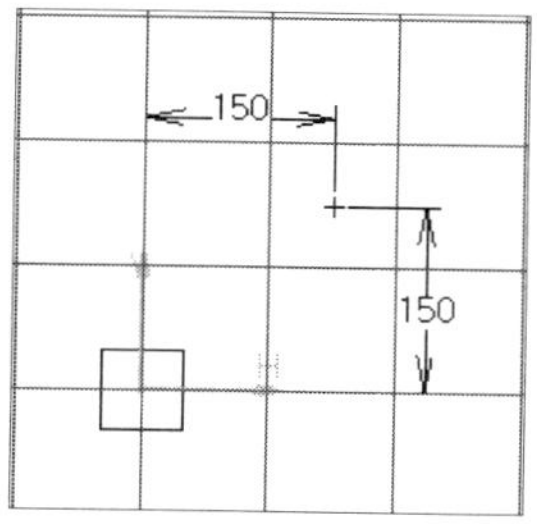

3 Equidistant Points

Line 또는 Curve 위에 등 간격의 Point를 생성하는 기능이다.

① Line 아이콘을 클릭하고 아래 그림과 같이 임의의 수평선을 드로잉한다. Equidistant Points 아이콘을 클릭하고 드로잉된 Line을 선택한다.

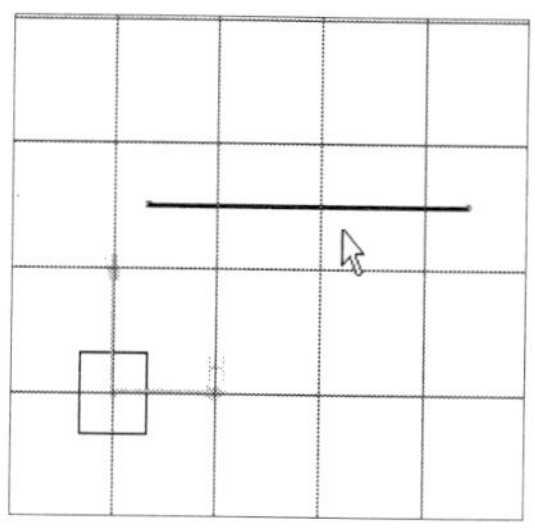

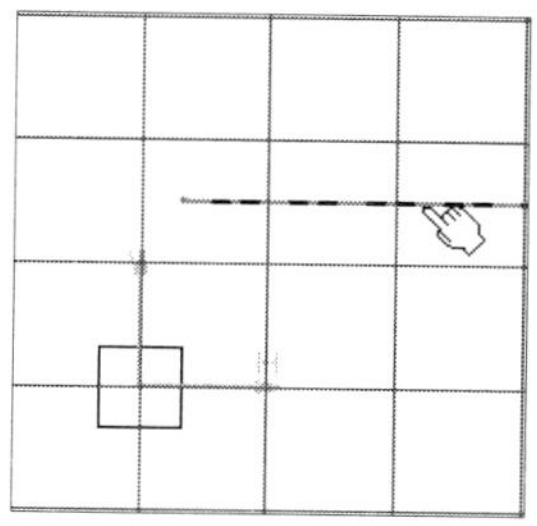

② Equidistant Point Definition Box가 활성화되고 Parameters에서 New Points를 5로 설정한다.

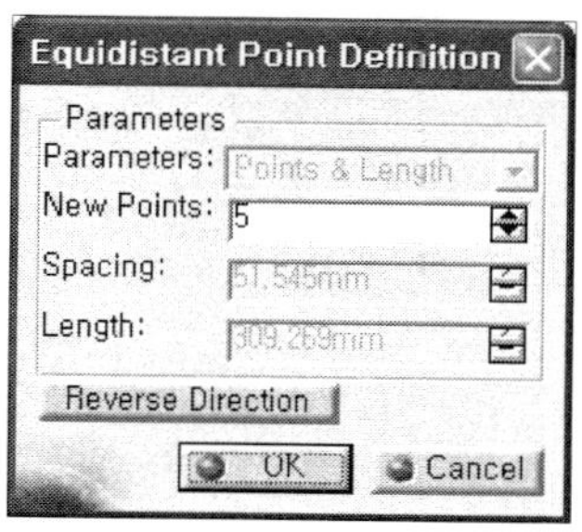

③ OK를 클릭하면 아래 그림과 같이 Line에 다섯 개의 Point가 생성된다.

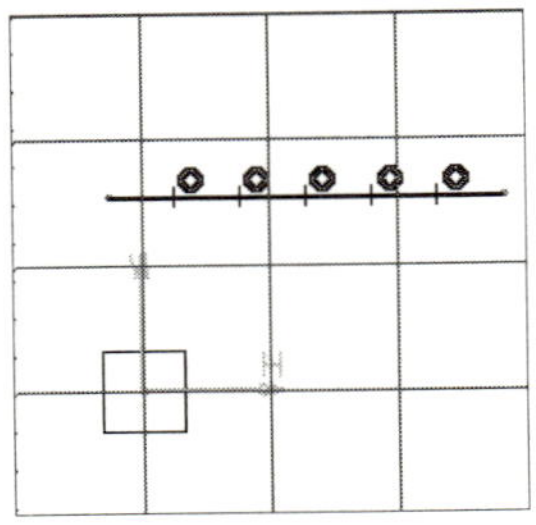

4 Intersection Point

교차하는 선분에 Point를 생성하는 기능이다.

① Line 아이콘을 이용하여 아래 그림과 같이 교차하는 Line을 드로잉한다.

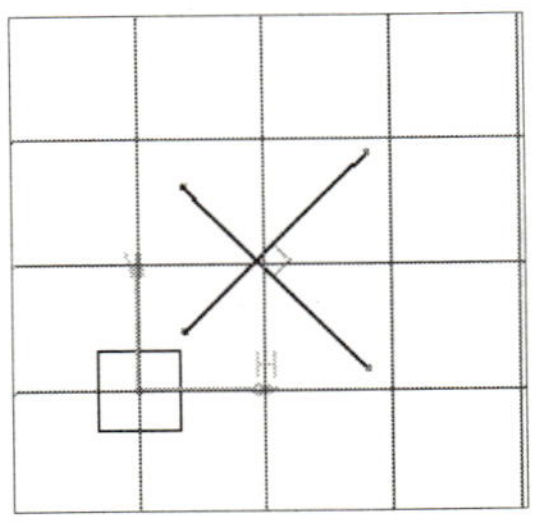

② Intersection Point 아이콘을 클릭하고 두 Line을 선택한다. 그러면 아래 그림과 같이 교차하는 곳에 Point가 생성된다.

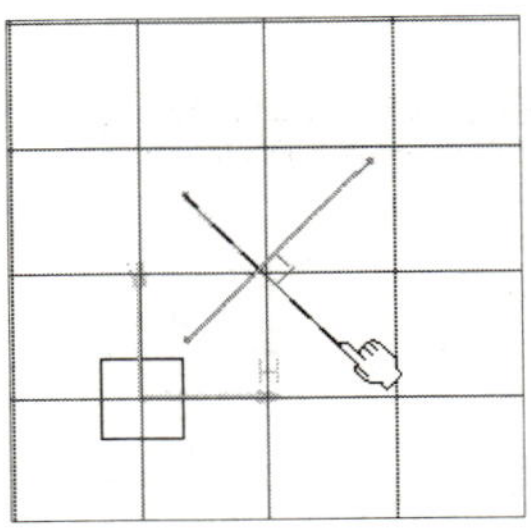

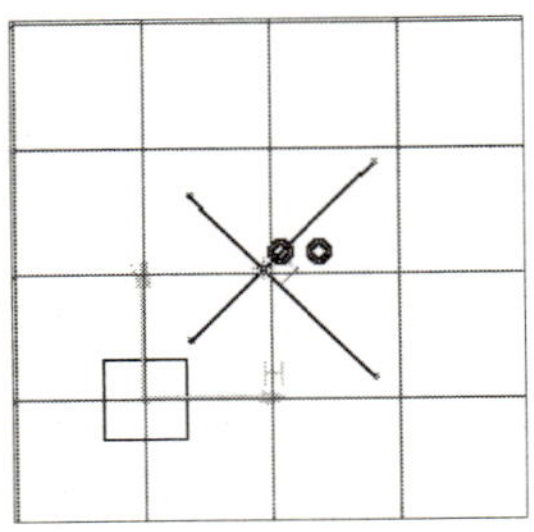

5 Projection Point

선택한 점을 임의의 Curve에 수직방향으로 투영시키는 기능이다. 투영할 Point를 선택한 후 투영된 Curve를 지정하면서 수직방향으로 Curve를 지정하면서 수직방향으로 Curve 상에 Point가 생성된다.

4. Sketcher tools

Operation Menu, Profile Menu를 이용하여 드로잉할 때 치수 값을 입력하여 Profile을 생성하는 기능이다.

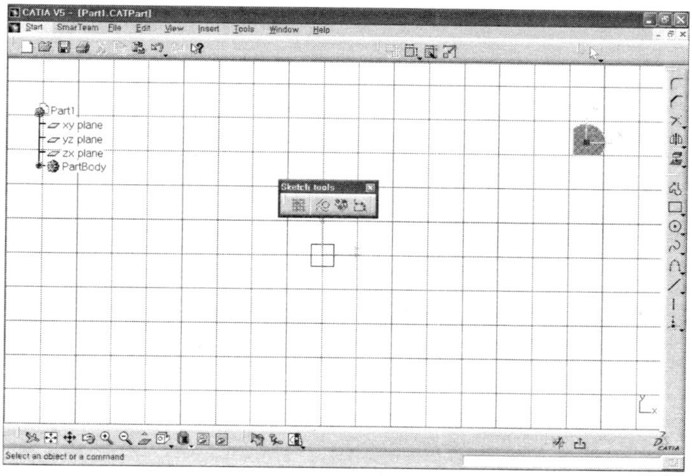

4.1 Snap to Point

Sketcher에서 드로잉할 때 격자의 교차점 사이로 마우스를 이동시키게 하는 기능이다.

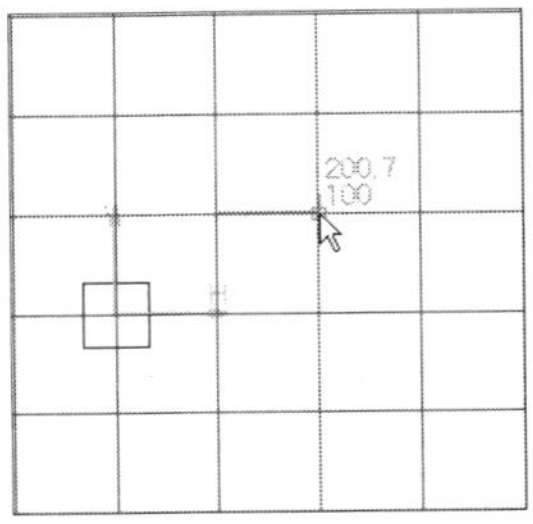

〈Snap to Point : Off〉

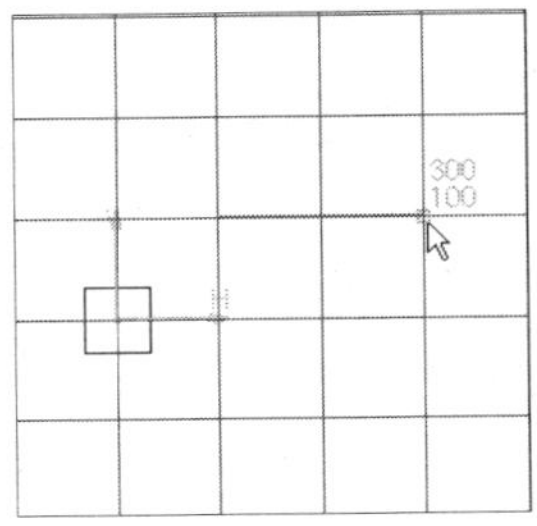

〈Snap to Point : On〉

Pull Down Menu의 Tools, Options를 클릭한다. 활성화된 Options Box의 Grid에서 Snap의 간격을 조정할 수 있다.

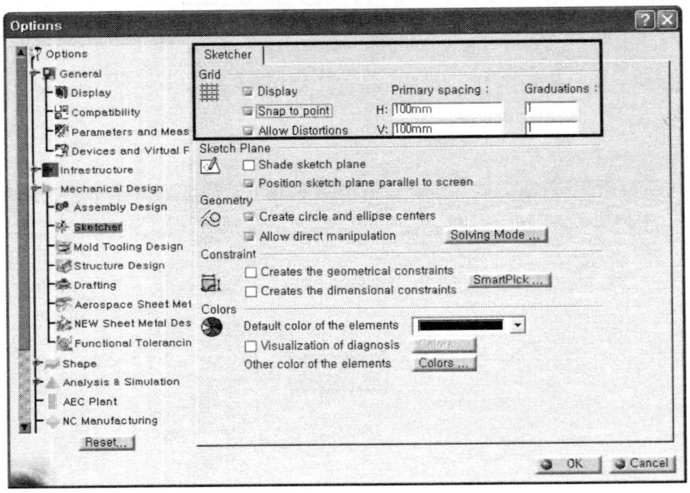

4.2 Construction / Standard Element

Sketcher에서 드로잉할 때 화면에 나타나는 Profile의 형태가 사용되는 기본 요소인지 또는 다른 Profile을 생성하기 위한 참고 요소인지를 나타내는 기능이다.(Hidden Line으로 표시됨)

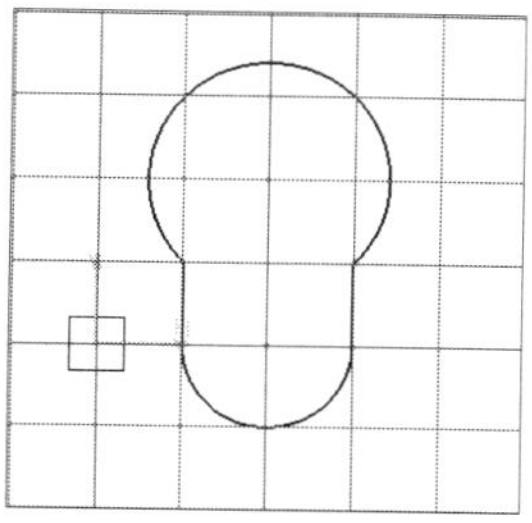

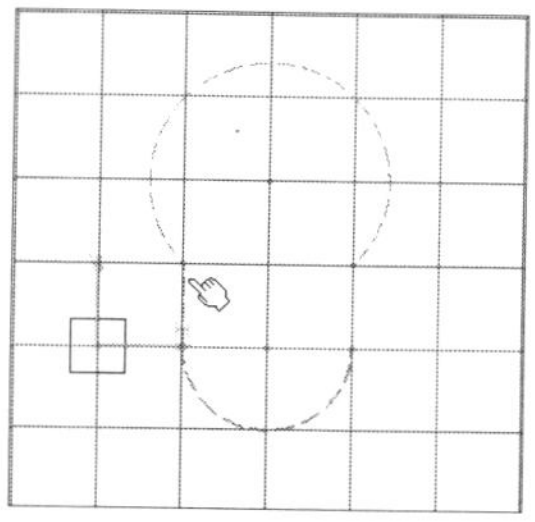

⟨Construction/Standard Element : Off⟩ ⟨Construction/Standard Element : On⟩

4.3 Geometrical Constraints

Sketcher에 Horizontal, Vertical Line 서
하는 기능이다.

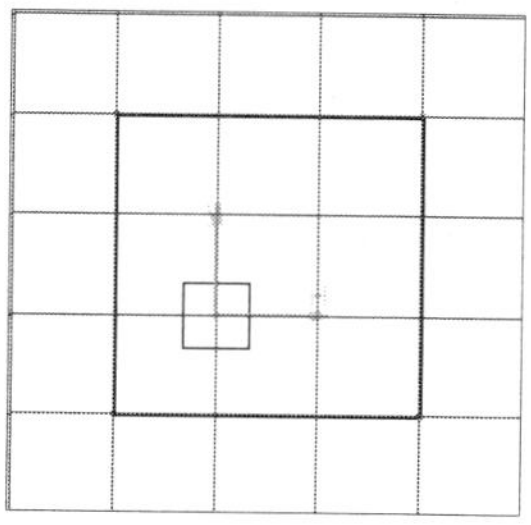

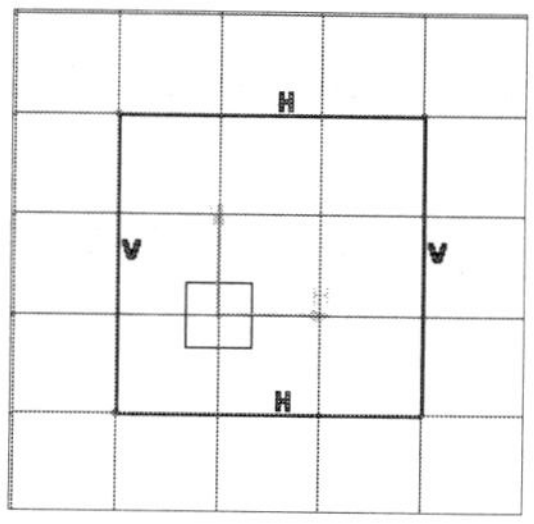

⟨Geometrical Constraints : Off⟩ ⟨Geometrical Constraints : On⟩

4.4 Dimensional Constraints

Sketcher에서 드로잉할 때 치수에 관련된 구속조건을 생성하는 기능이다.

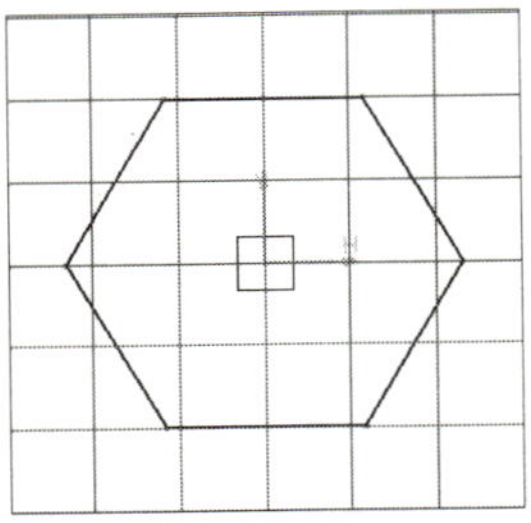
〈Dimensional Constraints : Off〉

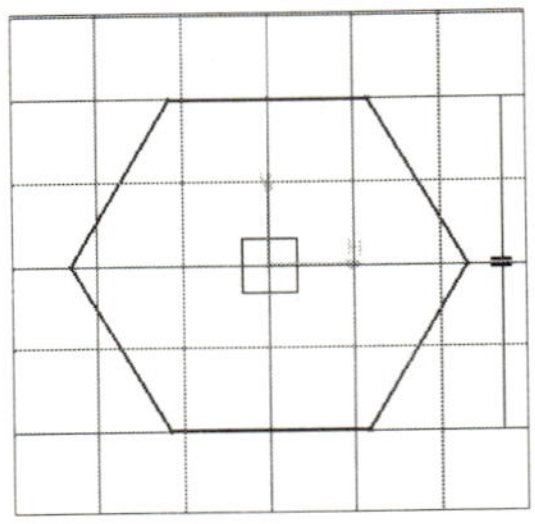
〈Dimensional Constraints : On〉

일반적으로 Sketcher에서 드로잉할 때 Geometrical Constraints와 Dimensional Constraints를 설정한 후에 작업하는 것이 효과적이다.

5. Constraint

Sketcher에서 드로잉된 Profile에 대하여 치수나 구속조건을 생성하는 기능들이다.

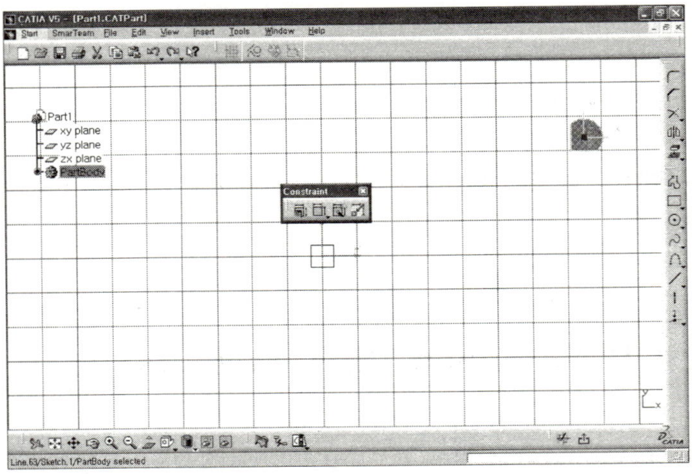

5.1 Constraints Defined in Dialog Box

작업자가 선택한 구속 조건과 치수 등을 생성해주는 기능이다.

Constraints Defined in Dialog Box 아이콘을 클릭하면 아래 그림과 같이 같은Constraint Definition Box가 활성화된다.(이때 드로잉된 Profile을 먼저 선택해야 아이콘이 활성화된다. 또한, 두개 이상의 Profile은 Ctrl key를 누른 상태에서 선택한다.)

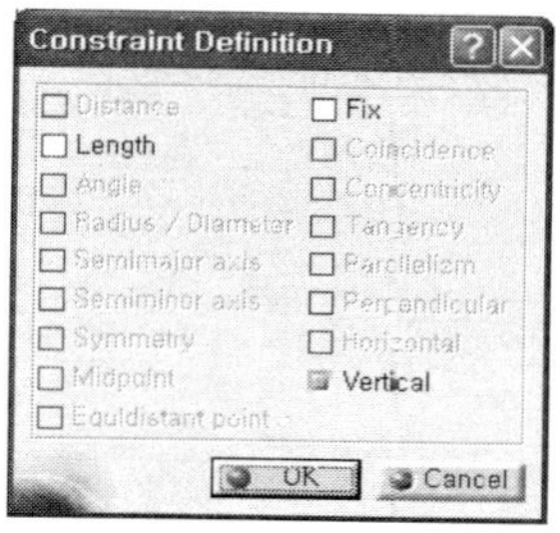

1 Distance

Sketcher에서 드로잉된 Profile 간의 거리를 나타내고 수정할 때 사용되는 기능이다.

① Rectangle 아이콘을 이용하여 아래 그림과 같이 직사각형을 드로잉한다.

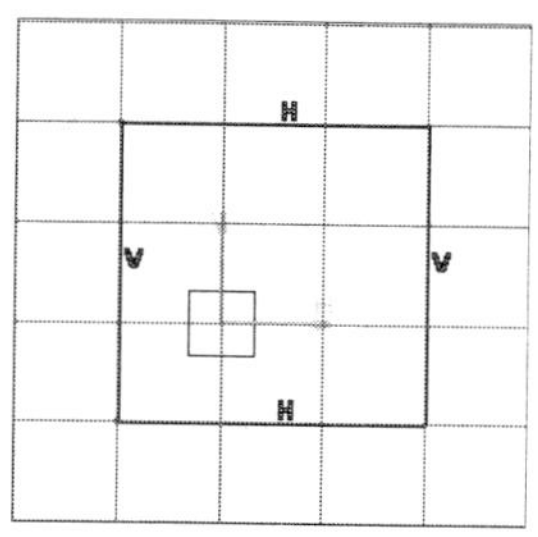

② 아래 그림과 같이 두 수직 Line을 선택하고 Constraints Defined in Dialog Box 아이콘을 클릭한다. Constraint Definition Box가 활성화되고 Box에서 Distance를 선택한다.

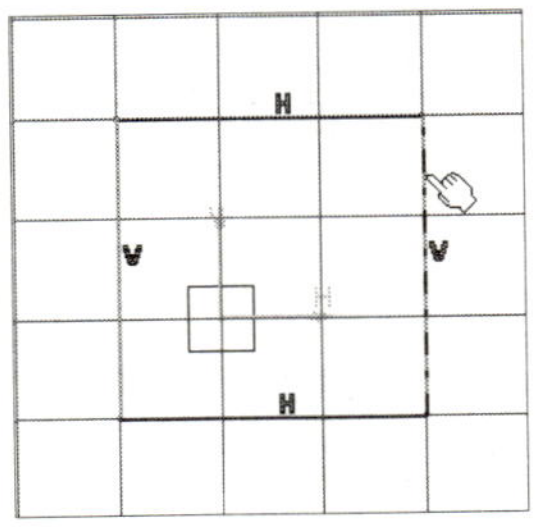

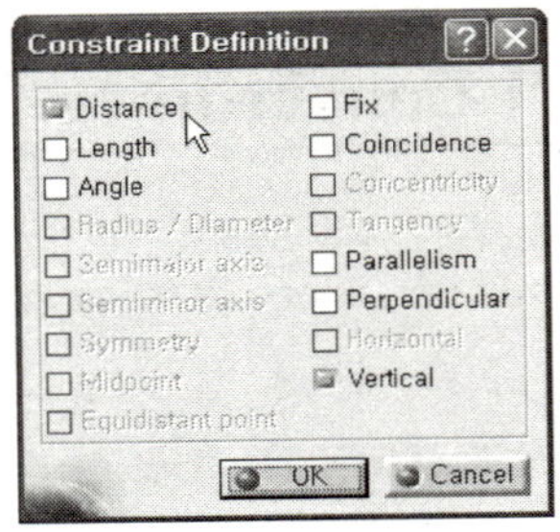

③ OK를 클릭하면 아래 그림과 같이 Distance 치수가 생성된다.

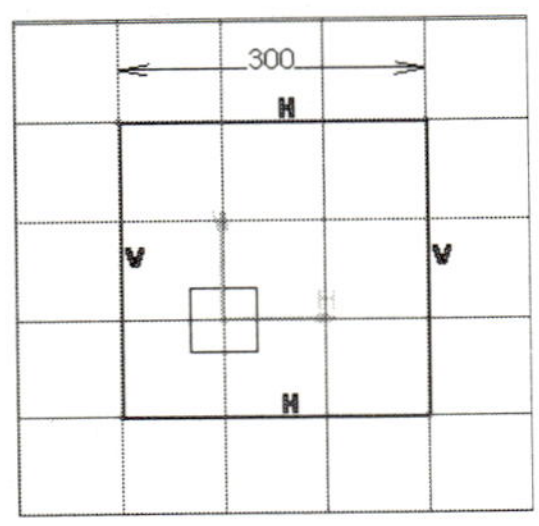

2 Length

Sketcher에서 드로잉된 Profile이나 Element 사이의 길이를 나타내고 수정할 때 사용되는 기능이다.

① Rectangle 아이콘을 이용하여 아래 그림과 같이 직사각형을 드로잉한다.

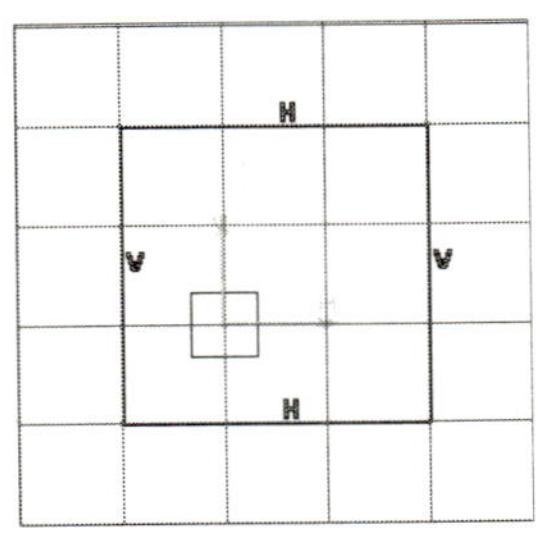

② 아래 그림과 같이 수직 Line을 선택하고 Constraints Defined in Dialog Box 아이콘을 클릭한다. Constraint Definition Box가 활성화되고 Box에서 Length를 선택한다.

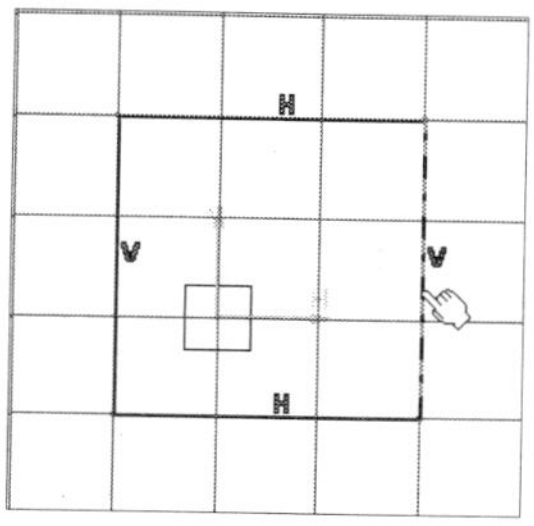

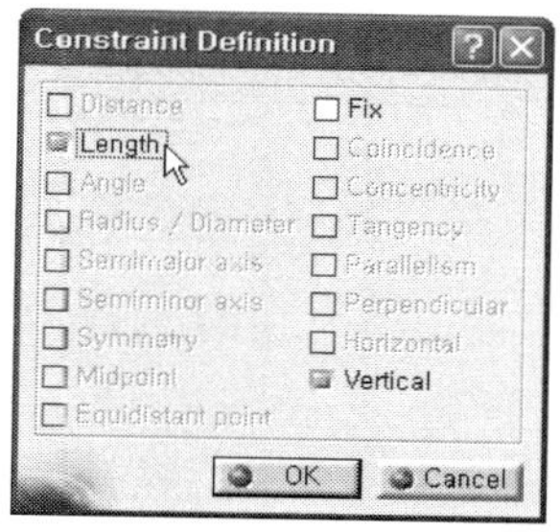

③ OK를 클릭하면 아래 그림과 같이 Length 치수가 생성된다.

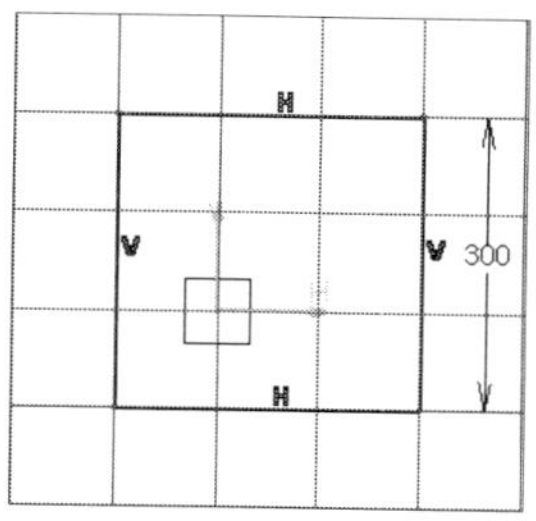

3 Angle

Sketcher에서 드로잉된 Profile이나 Element 사이의 각도를 나타내고 수정할 때 사용되는 기능이다.

① Rectangle 아이콘을 이용하여 아래 그림과 같이 직사각형을 드로잉한다.

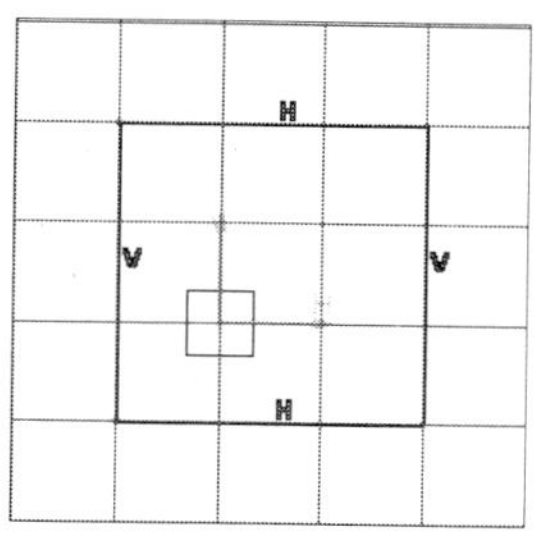

② 아래 그림과 같이 수직 Line과 수평 Line을 선택하고 Constraints Defined in Dialog Box 아이콘을 클릭한다. Constraint Definition Box가 활성화되고 Box에서 Angle을 선택한다.

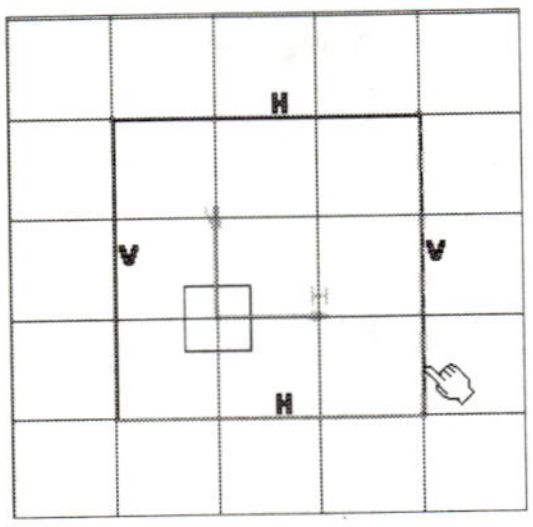

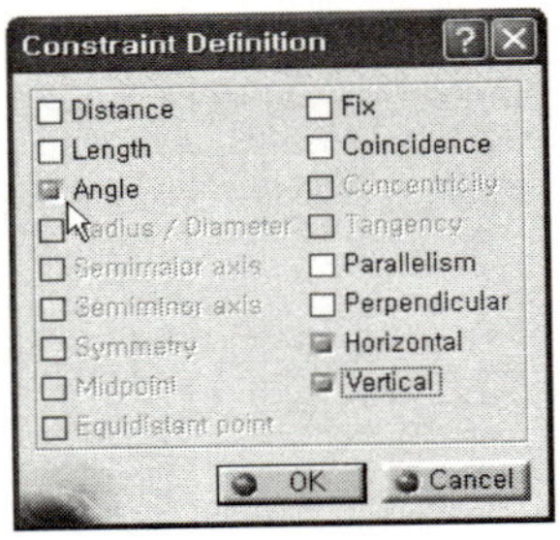

③ OK를 클릭하면 아래 그림과 같이 Angle 치수가 생성된다.

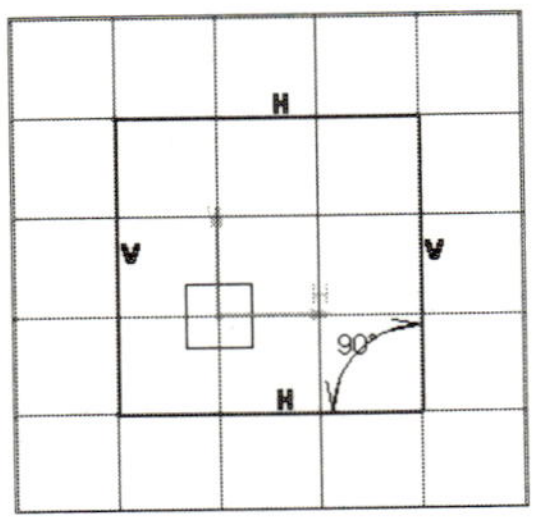

4 Radius/Diameter

Sketcher에서 드로잉된 Circle의 반경이나 지름을 표시하고 수정할 때 사용되는 기능이다.

① Circle 아이콘을 이용하여 아래 그림과 같이 원을 드로잉한다.

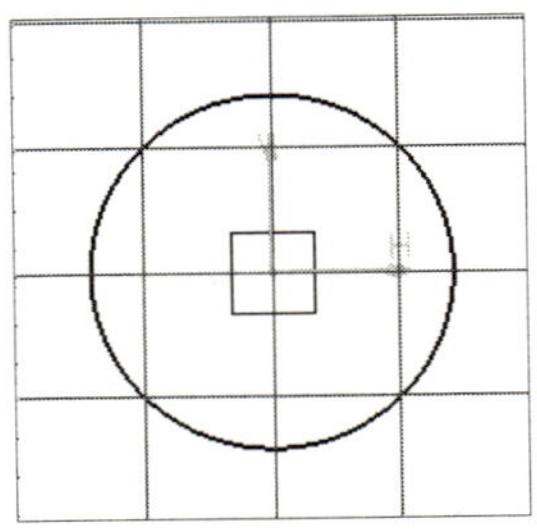

② 아래 그림과 같이 원을 선택하고 Constraints Defined in Dialog Box 아이콘을 클릭한다. Constraint Definition Box가 활성화되고 Box에서 Radius/Diameter를 선택한다.

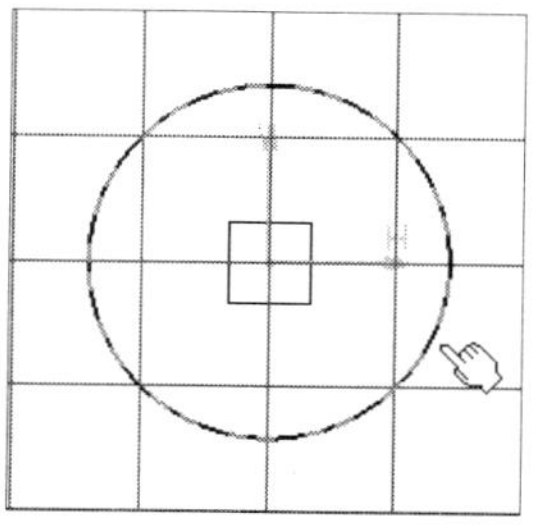

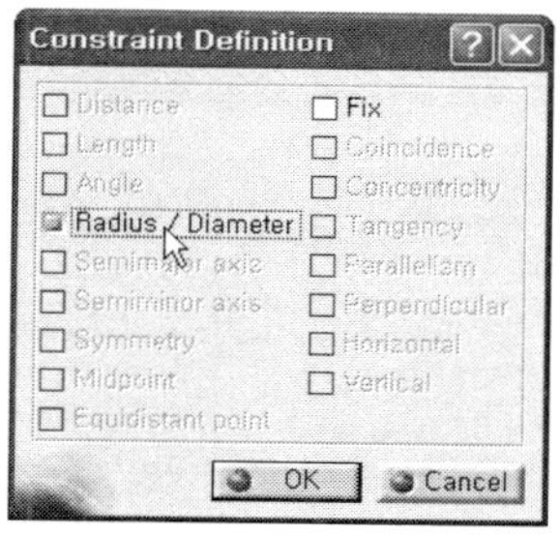

③ OK를 클릭하면 아래 그림과 같이 Diameter 치수가 생성된다.

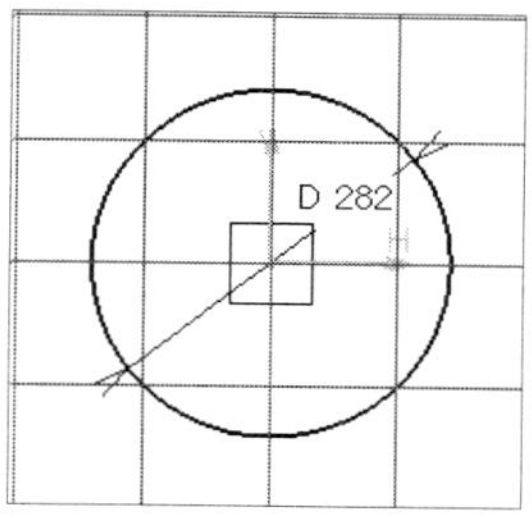

5 Semimajor/Semiminor Axis

Sketcher에서 드로잉된 Ellipse의 장축과 단축의 직경을 표시하고 수정할 때 사용되는 기능이다.

① Ellipse 아이콘을 이용하여 아래 그림과 같이 타원을 드로잉한다.

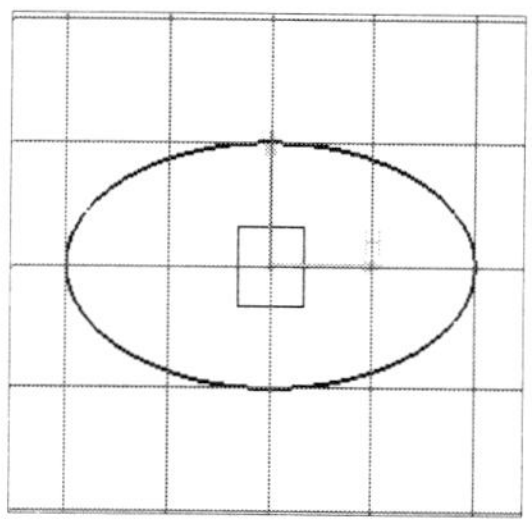

② 아래 그림과 같이 타원을 선택하고 Constraints Defined in Dialog Box 아이콘을 클릭한다. Constraint Definition Box가 활성화되고 Box에서 Semimajor/Semiminor Axis를 선택한다.

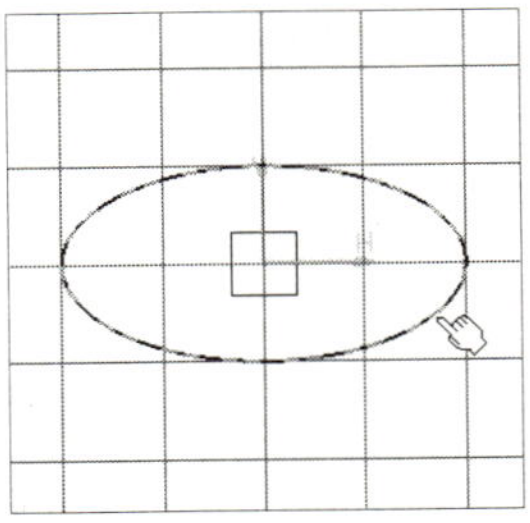

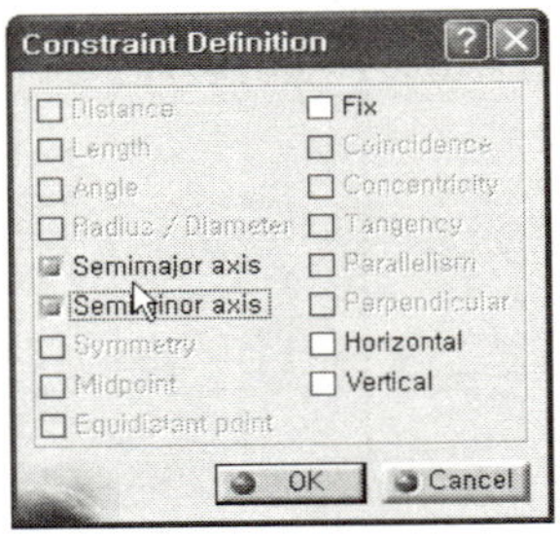

③ OK를 클릭하면 아래 그림과 같이 Semimajor/Semiminor Axis의 치수가 생성된다.

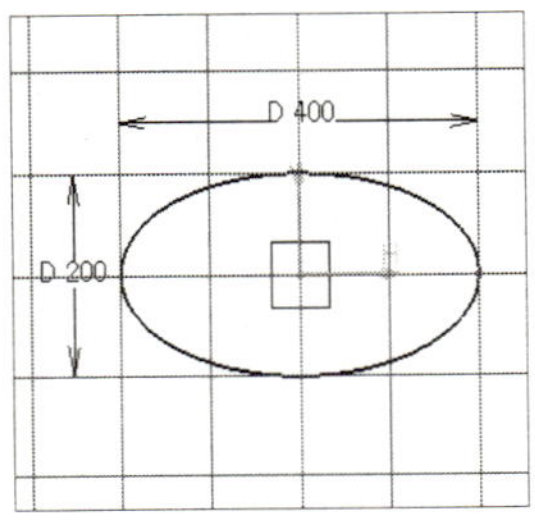

6 Symmetry

Sketcher에서 드로잉된 임의의 축이나 기준 축을 중심으로 Profile을 대칭으로 나타내는 기능이다. 대칭할 두 선분을 선택한 후 기준축이 된 요소를 지정하여 Symmetry 구속을 부여한다.

① Line과 Circle 아이콘을 이용하여 아래 그림과 같이 드로잉한다.

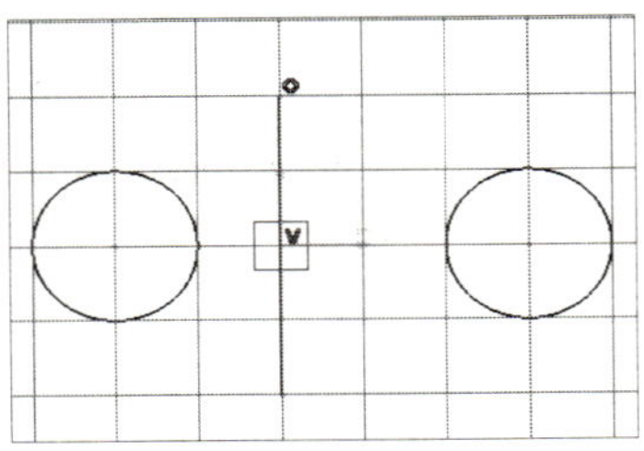

② 아래 그림과 같이 오른쪽 Circle원, 왼쪽 Circle원, Line을 차례대로 선택하고 Constraints Defined in Dialog Box 아이콘을 클릭한다. Constraint Definition Box가 활성화되고 Box에서 Symmetry를 선택한다.

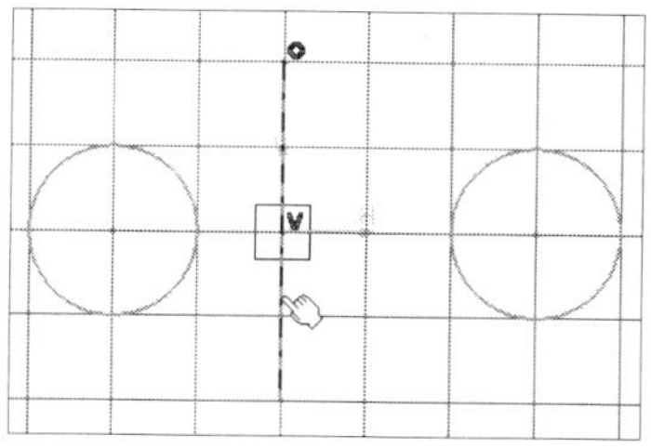

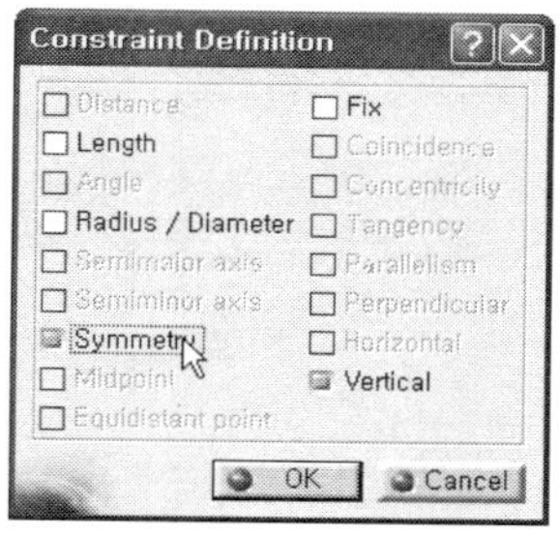

③ OK를 클릭하면 아래 그림과 같이 Line을 기준으로 Symmetry된 형상이 생성된다.

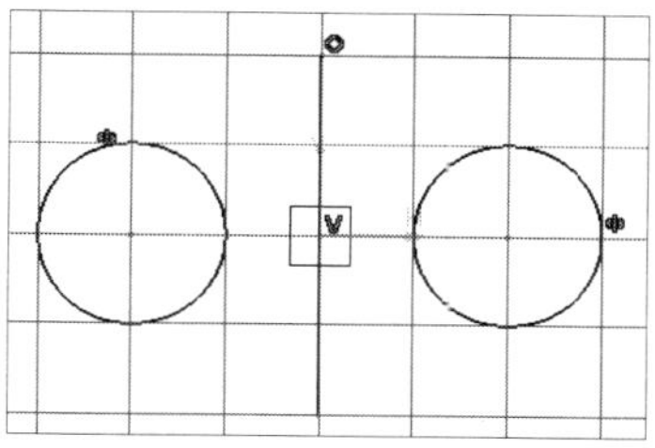

7 Midpoint

지정한 두 Element를 Line의 이등분 지점에 위치하도록 구속시키는 기능이다.

① Line과 Point 아이콘을 이용하여 아래 그림과 같이 드로잉한다.

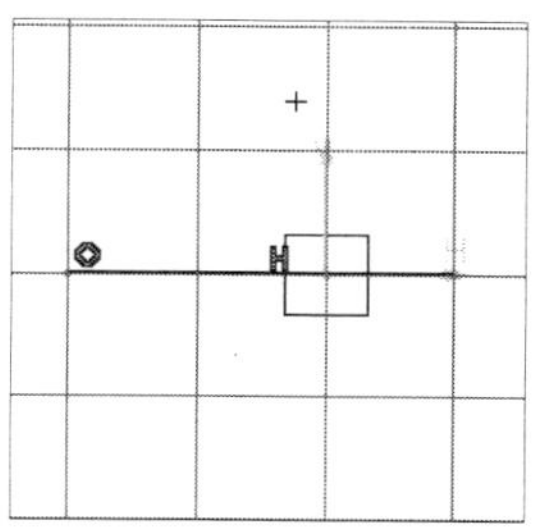

② 아래 그림과 같이 Point, Line을 차례대로 선택하고 Constraints Defined in Dialog Box 아이콘을 클릭한다. Constraint Definition Box

가 활성화되고 Box에서 Midpoint를 선택한다.

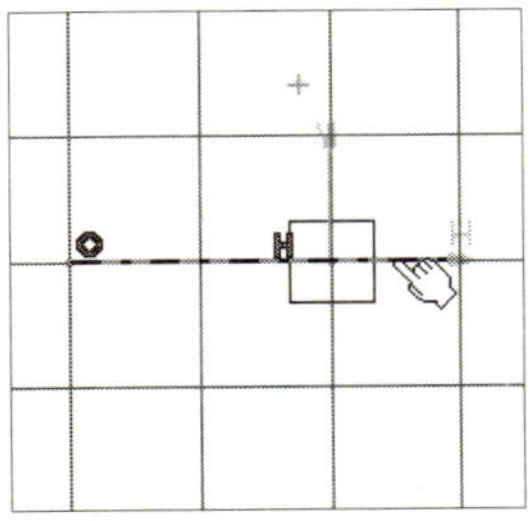

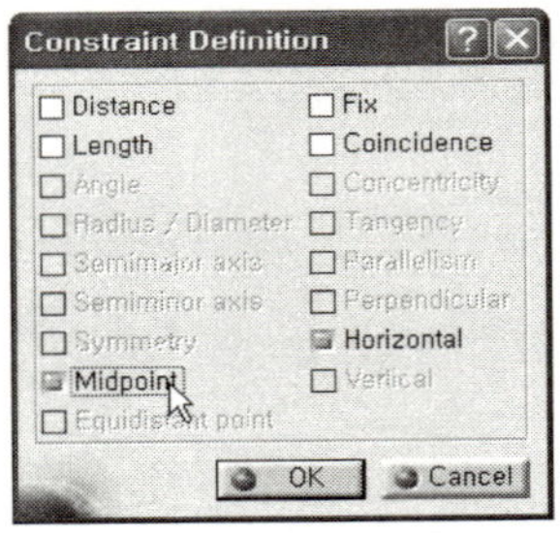

③ OK를 클릭하면 아래 그림과 같이 Point가 Line의 Midpoint로 이동하게 된다.

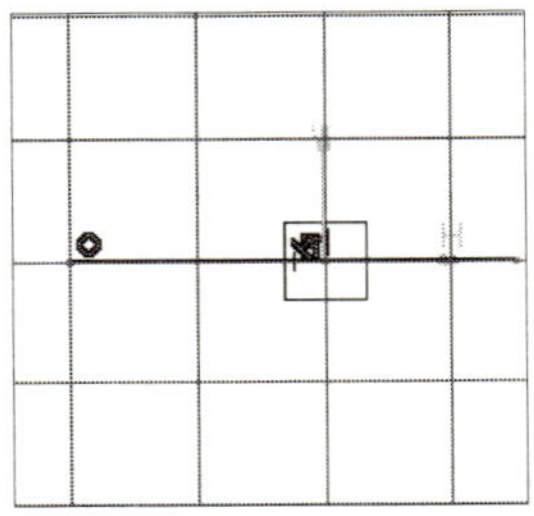

8 Fix

지정한 Element를 고정시키는 기능이다.

① Rectangle 아이콘을 이용하여 아래 그림과 같이 직사각형을 드로잉한다.

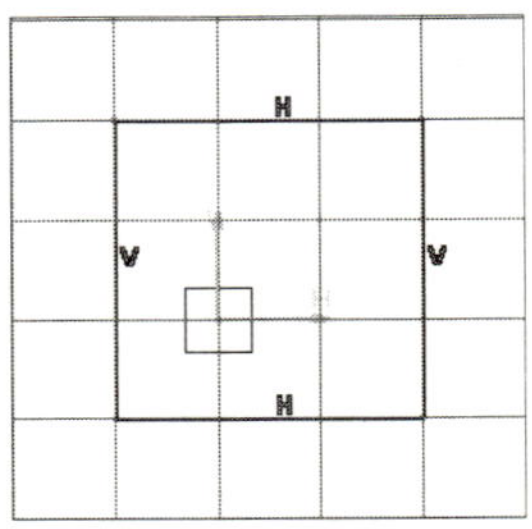

② 아래 그림과 같이 위의 수평선을 선택하고 Constraints Defined in Dialog Box 아이콘을 클릭한다. Constraint Definition Box가 활성화되

고 Box에서 Fix를 선택한다.

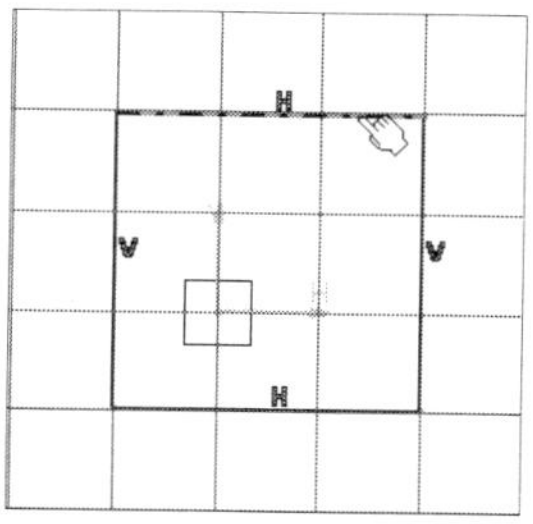

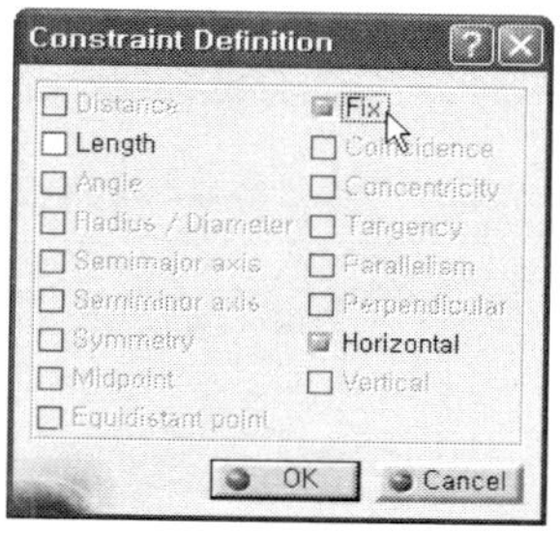

③ OK를 클릭하면 아래 그림과 같이 위의 수평선이 Fix가 된다.

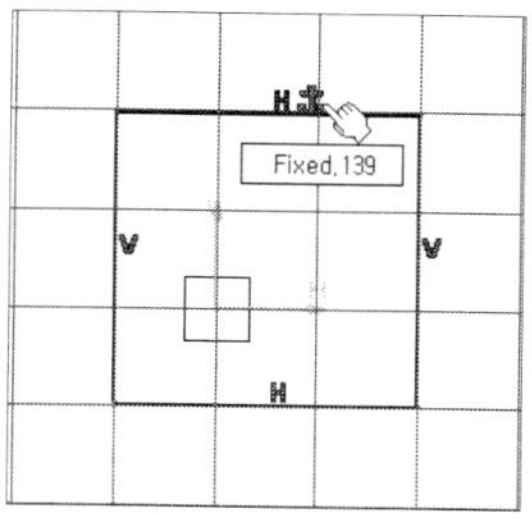

9 Coincidence

Sketcher에서 드로잉된 두 Element를 일치시키도록 하는 기능이다.

① Rectangle과 Line 아이콘을 이용하여 아래 그림과 같이 드로잉한다.

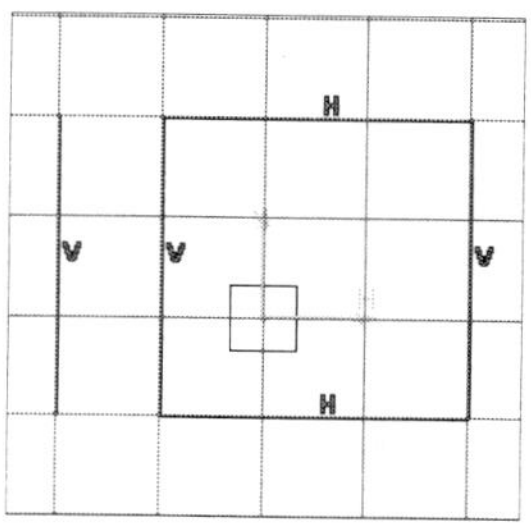

② 아래 그림과 같이 직사각형의 Line과 왼쪽 Line을 차례대로 선택하고

Constraints Defined in Dialog Box 아이콘을 클릭한다. Constraint Definition Box가 활성화되고 Box에서 Coincidence를 선택한다.

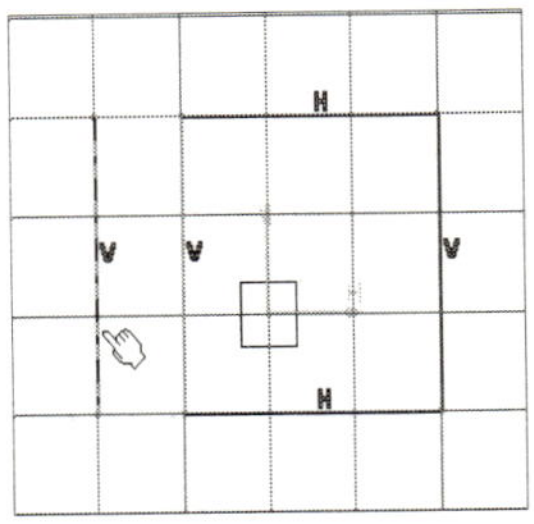

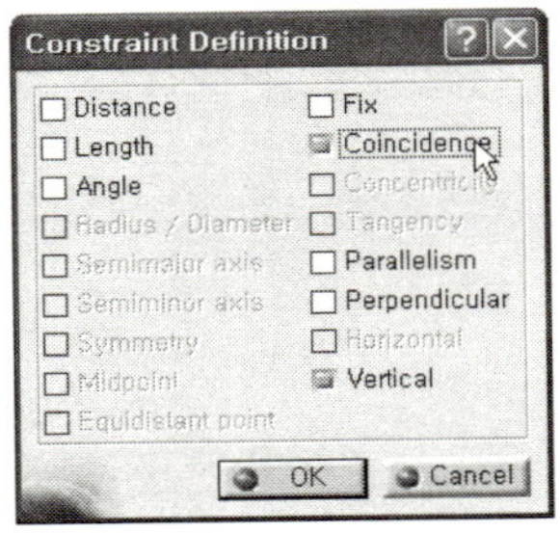

③ OK를 클릭하면 아래 그림과 같이 왼쪽 Line이 일치된다.

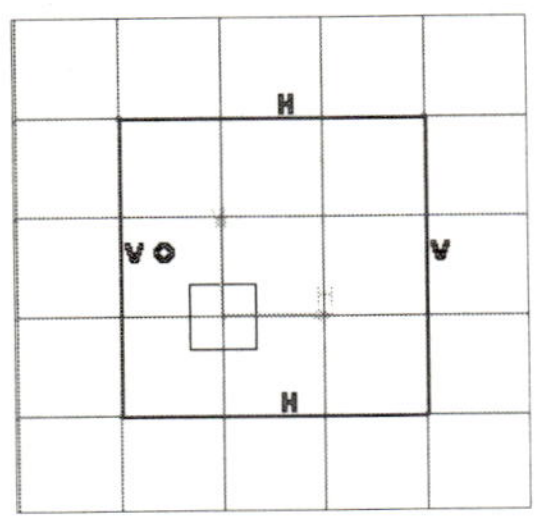

10 Concentricity

Sketcher에서 드로잉된 두 Circle의 중심이 일치되도록 하는 기능이다.

① Circle 아이콘을 이용하여 아래 그림과 같이 드로잉한다.

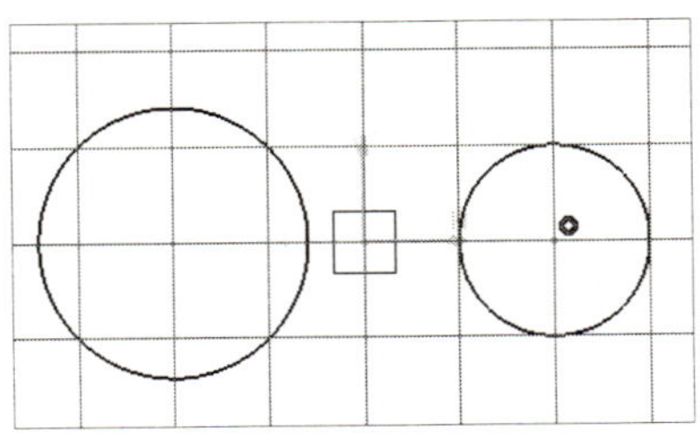

② 아래 그림과 같이 두 Circle을 선택하고 Constraints Defined in

Dialog Box 아이콘을 클릭한다. Constraint Definition Box가 활성화되고 Box에서 Concentricity를 선택한다.

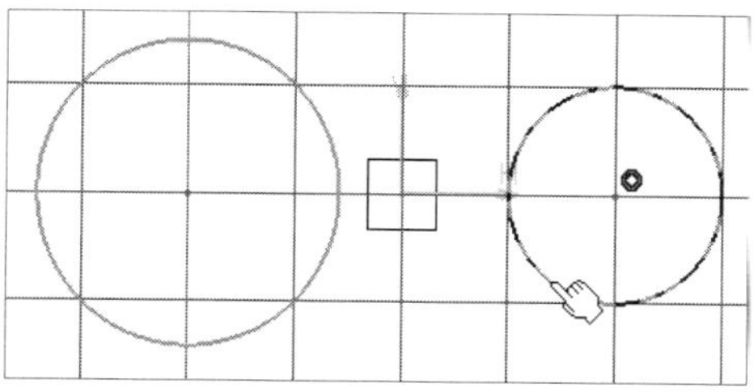

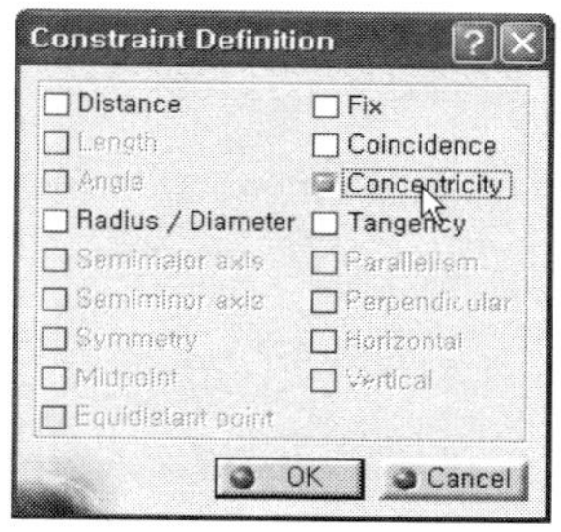

③ OK를 클릭하면 아래 그림과 같이 두 Circle의 중심이 일치된다.

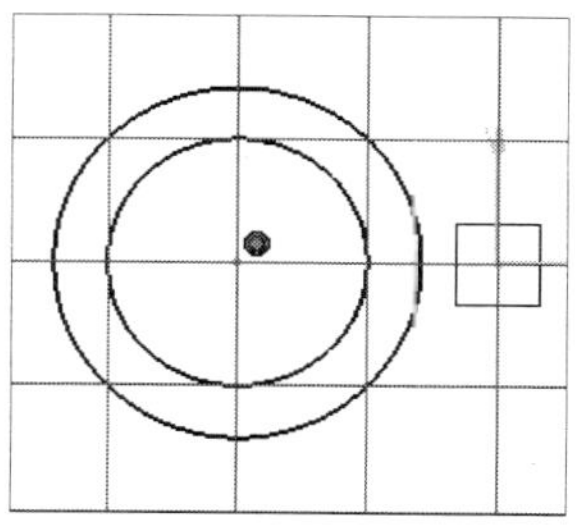

11 Tangency

Sketcher에서 드로잉된 Circle과 Line이 접하게 하는 기능이다.

① Circle과 Line 아이콘을 이용하여 아래 그림과 같이 드로잉한다.

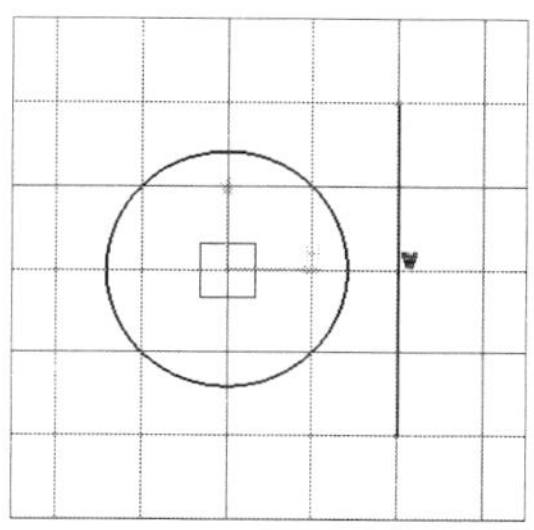

② 아래 그림과 같이 Circle과 Line을 선택하고 Constraints Defined in Dialog Box 아이콘을 클릭한다. Constraint Definition Box가 활성화되고 Box에서 Tangency를 선택한다.

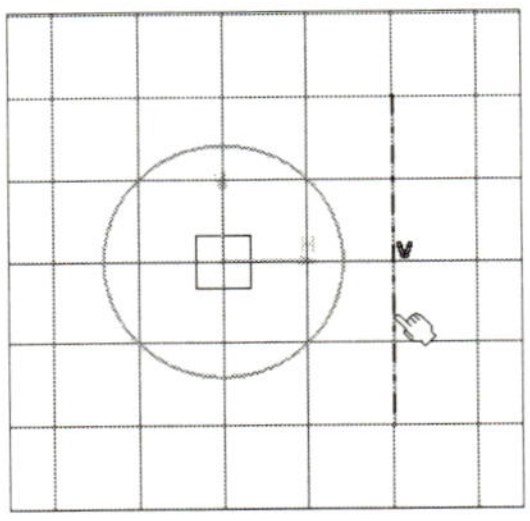

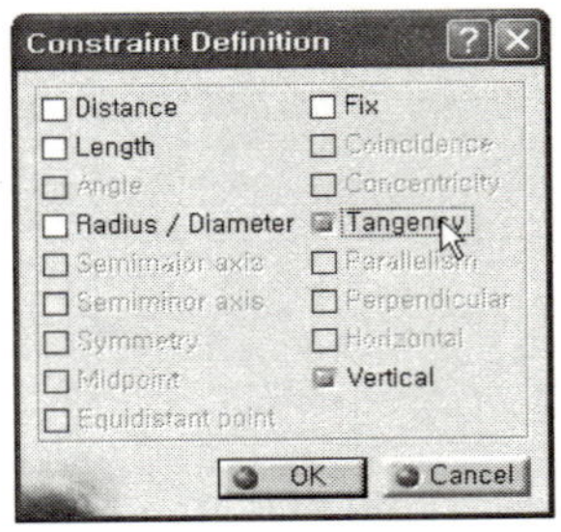

③ OK를 클릭하면 아래 그림과 같이 Circle과 Line이 접하게 된다.

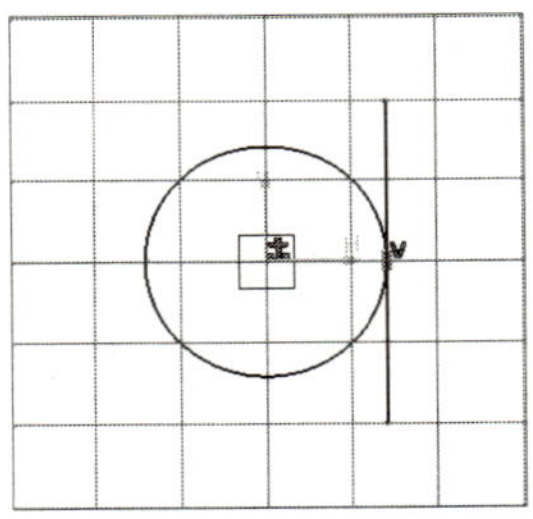

12 Parallelism

Sketcher에서 드로잉된 두 Element가 평행하도록 수정하는 기능이다.

① Line 아이콘을 이용하여 아래 그림과 같이 드로잉한다.

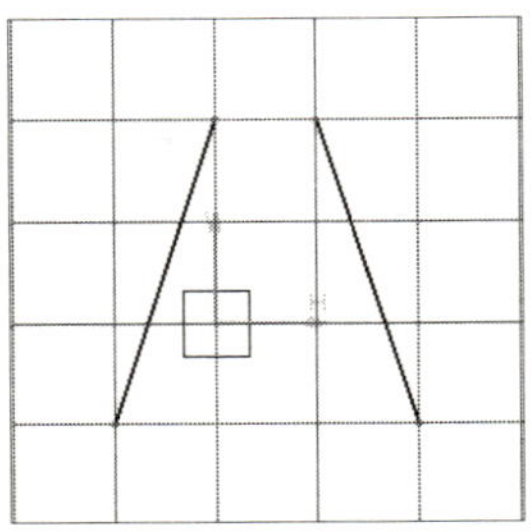

② 아래 그림과 같이 두 Line을 선택하고 Constraints Defined in Dialog Box 아이콘을 클릭한다. Constraint Definition Box가 활성화되고 Box에서 Parallelism을 선택한다.

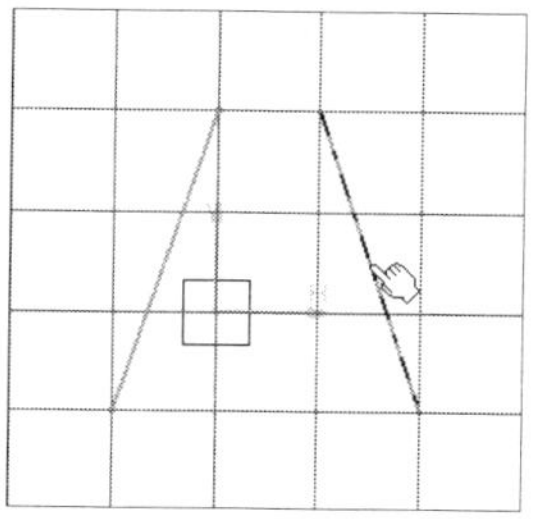

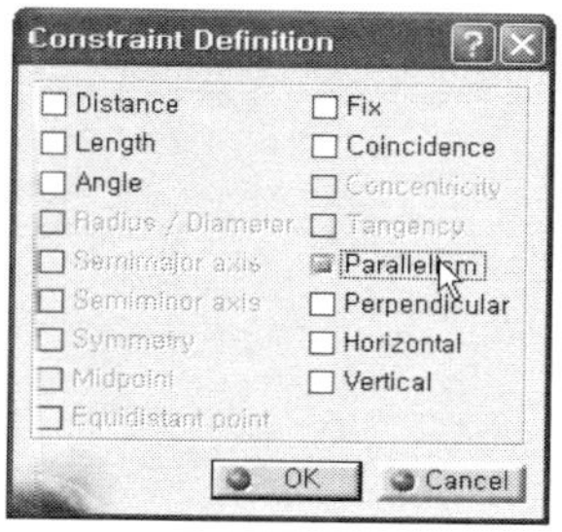

③ OK를 클릭하면 아래 그림과 같이 두 Line이 평행하게 된다.

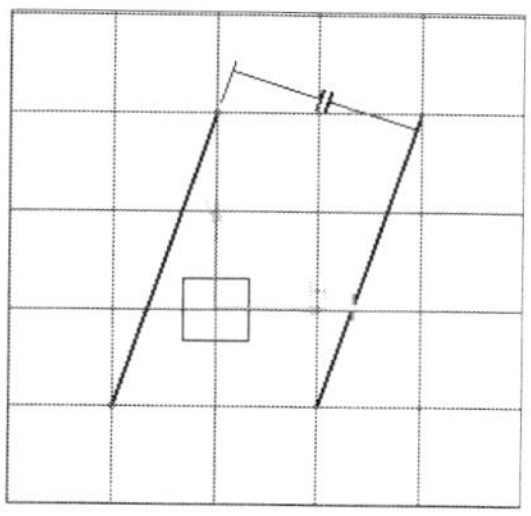

13 Perpendicular

Sketcher에서 드로잉된 두 Line을 직각이 되도록 수정하는 기능이다.

① Line 아이콘을 이용하여 아래 그림과 같이 드로잉한다.

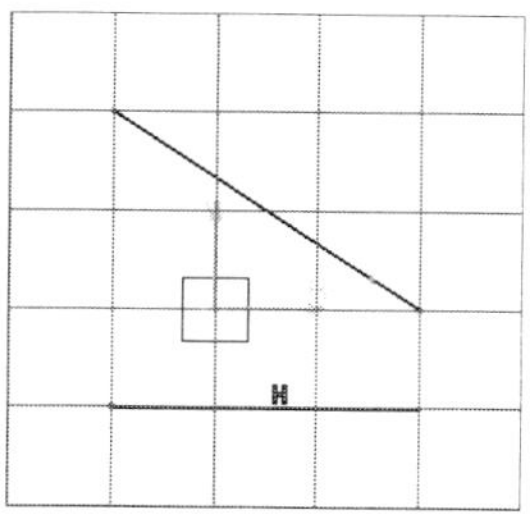

② 아래 그림과 같이 두 Line을 선택하고 Constraints Defined in Dialog Box 아이콘을 클릭한다. Constraint Definition Box가 활성화되고 Box에서 Perpendicular를 선택한다.

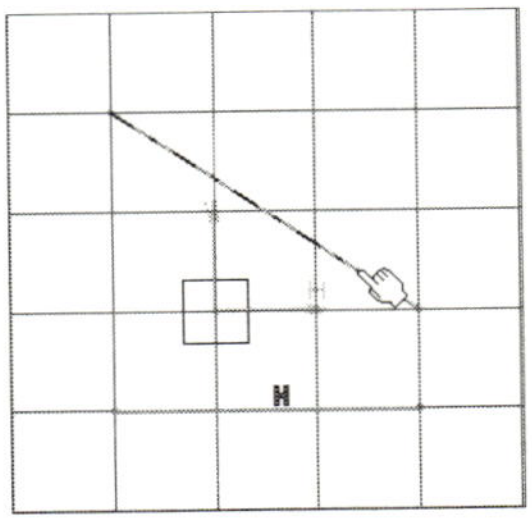

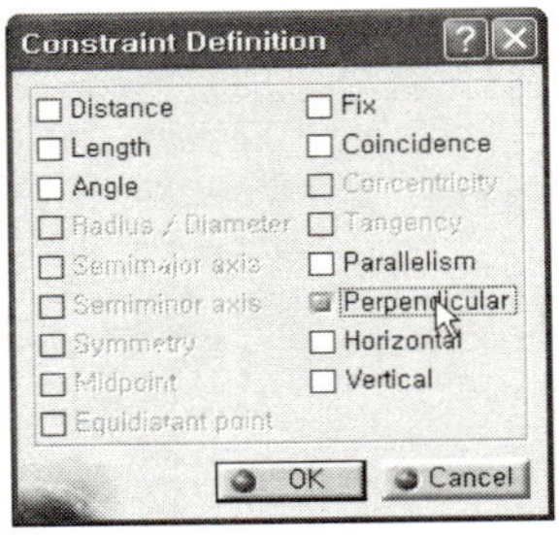

③ OK를 클릭하면 아래 그림과 같이 두 Line이 직각으로 수정된다.

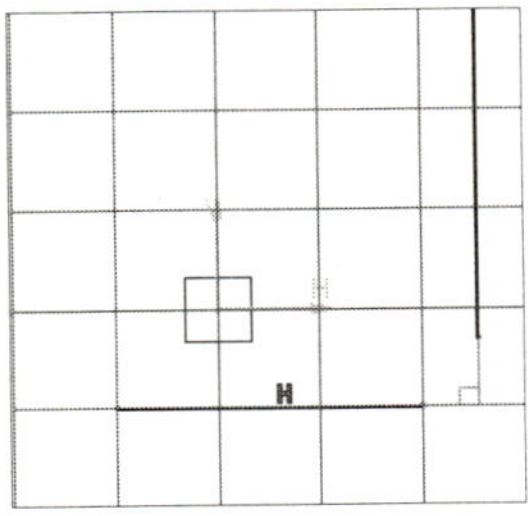

14 Horizontal

Sketcher에서 드로잉된 Line을 수평축으로 평행하게 하는 기능이다.

① Line 아이콘을 이용하여 아래 그림과 같이 드로잉한다.

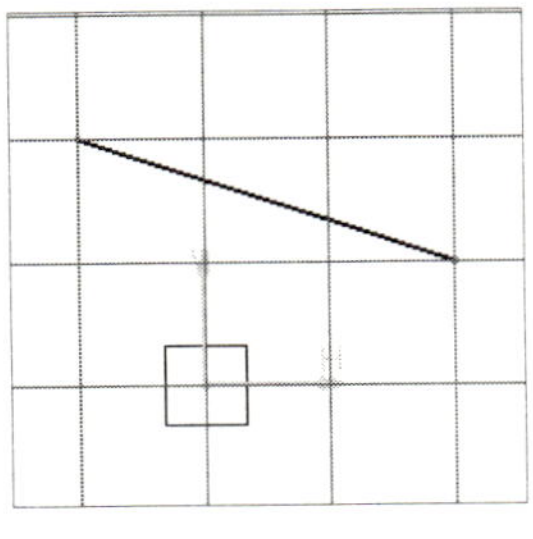

② 아래 그림과 같이 Line을 선택하고 Constraints Defined in Dialog Box 아이콘을 클릭한다. Constraint Definition Box가 활성화되고 Box에서 Horizontal을 선택한다.

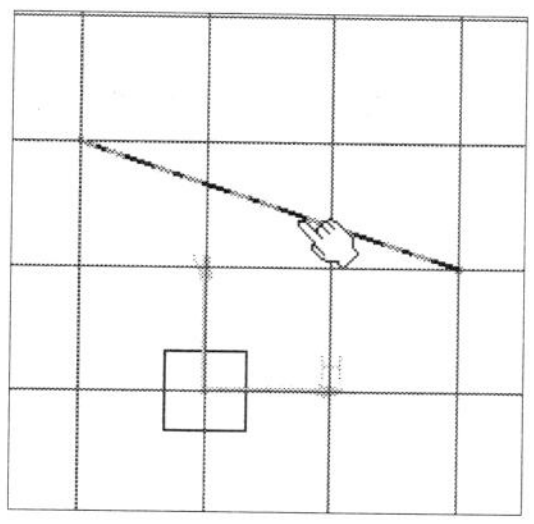

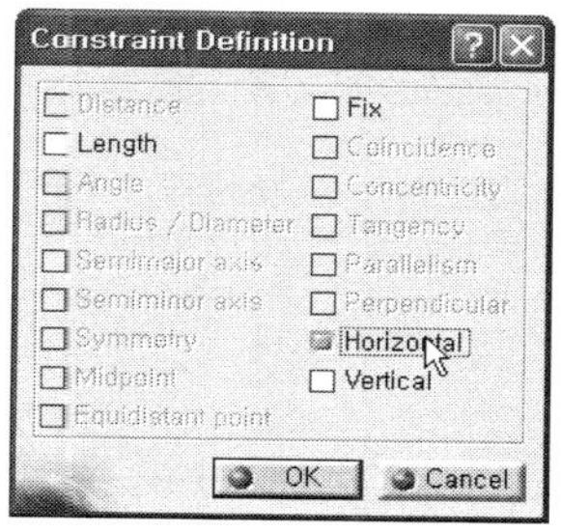

③ OK를 클릭하면 아래 그림과 같이 Line이 수평축에 평행하게 된다.

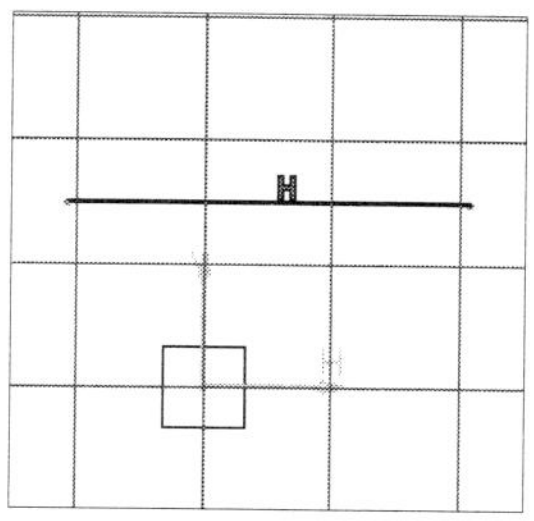

15 Vertical

Sketcher에서 드로잉된 Line을 수직 축으로 평행하게 하는 기능이다.

① Line 아이콘을 이용하여 아래 그림과 같이 드로잉한다.

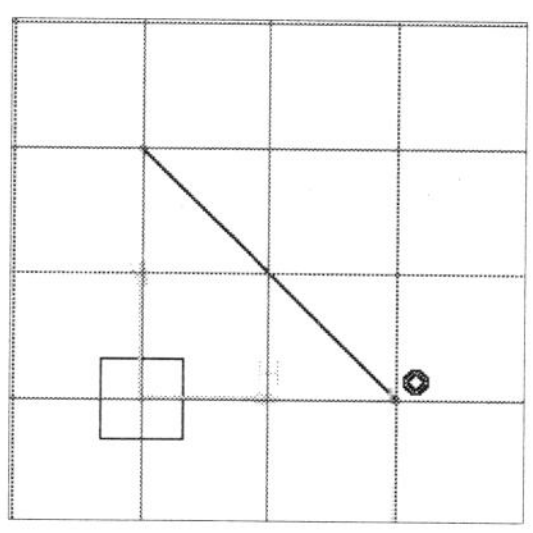

② 아래 그림과 같이 Line을 선택하고 Constraints Defined in Dialog Box 아이콘을 클릭한다. Constraint Definition Box가 활성화되고 Box에서 Vertical을 선택한다.

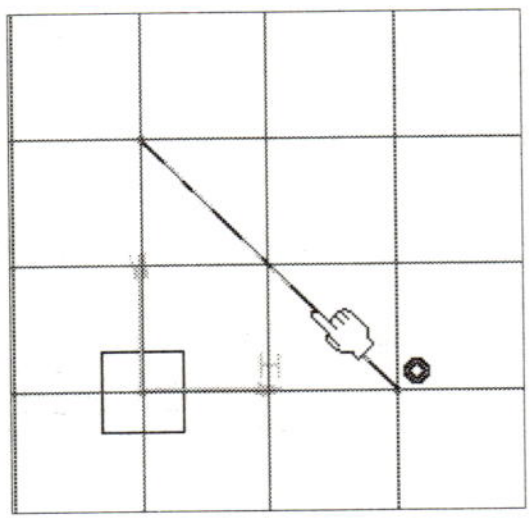

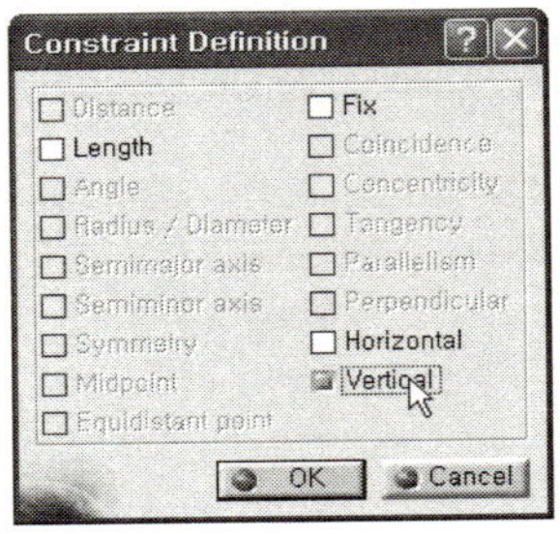

③ OK를 클릭하면 아래 그림과 같이 Line이 수직 축에 평행하게 된다.

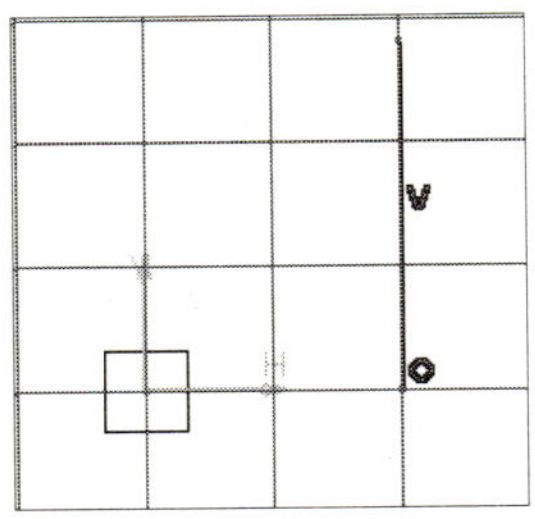

5.2 Constraint

Sketcher에서 드로잉된 Profile에 대하여 길이, 거리, 반경, 직경 등의 구속조건을 지정하는 기능이다.

① Rectangle 아이콘을 이용하여 아래 그림과 같이 직사각형을 드로잉한다.

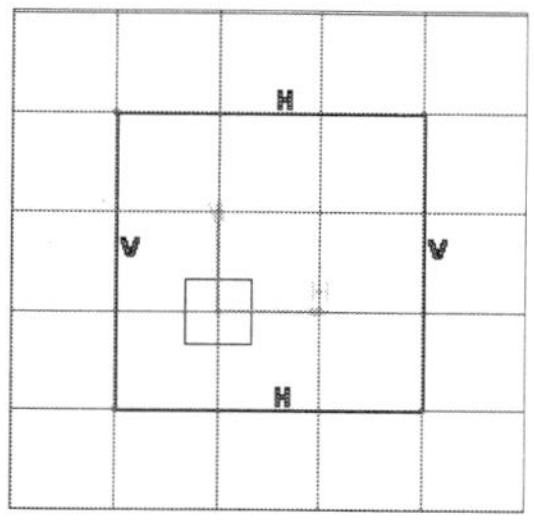

② Constraint 아이콘을 클릭하고 오른쪽의 수직 축을 선택한다.

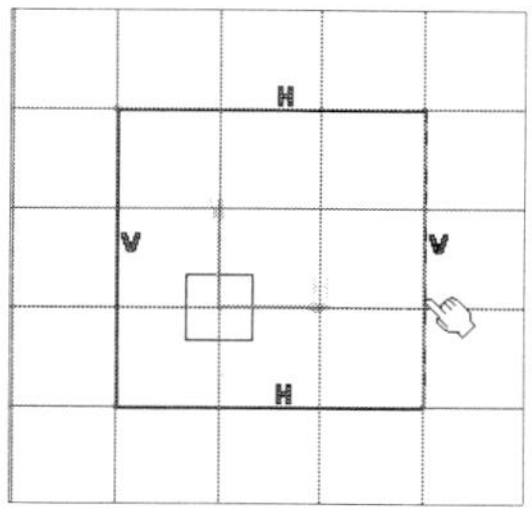

③ 선택된 오른쪽 수직 축에 구속 치수가 생성되고 적당한 위치에 드래그시킨다.

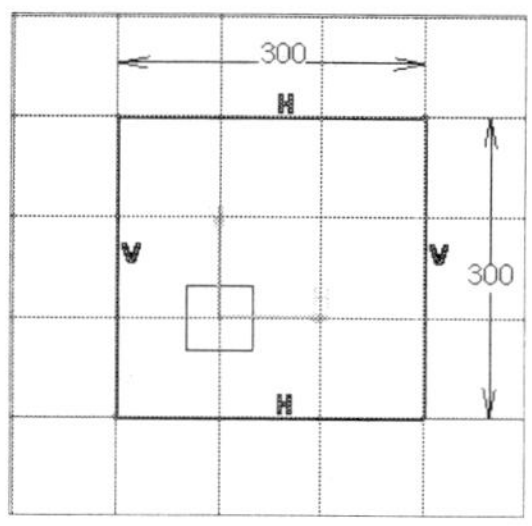

④ 아래 그림과 같이 구속 치수를 수정할 경우 숫자를 더블클릭하면 Constraint Definition Box가 활성화된다. 활성화된 Constraint Definition Box에서 Value를 수정하면 된다.

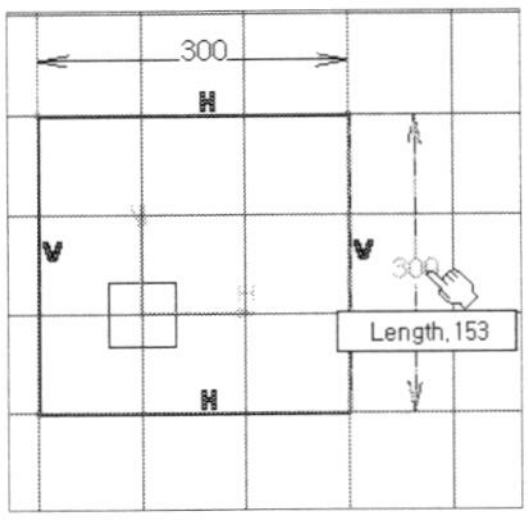

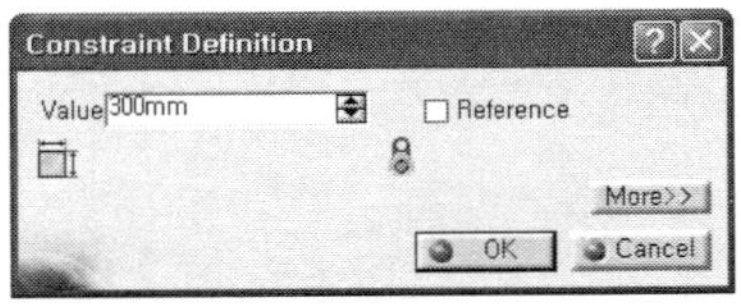

Circle과 Angle도 동일한 방법으로 구속 치수를 수정할 수 있다.

5.3 Contact Constraint

Sketcher에서 드로잉된 두 Element 사이에 접촉 구속을 생성하는 기능이다.

① Circle과 Line 아이콘을 이용하여 아래 그림과 같이 드로잉한다.

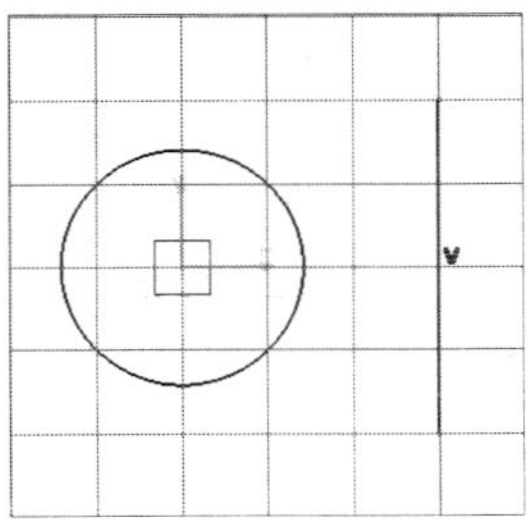

② 아래 그림과 같이 Circle과 Line을 선택하고 Contact Constraint 아이콘을 클릭한다.(Circle은 먼저 Fix시킨다.)

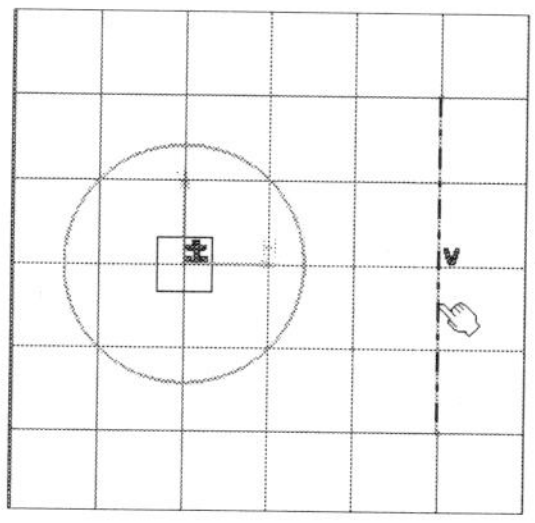

③ 아래 그림과 같이 Circle과 Line이 Contact Constraint가 생성된다.

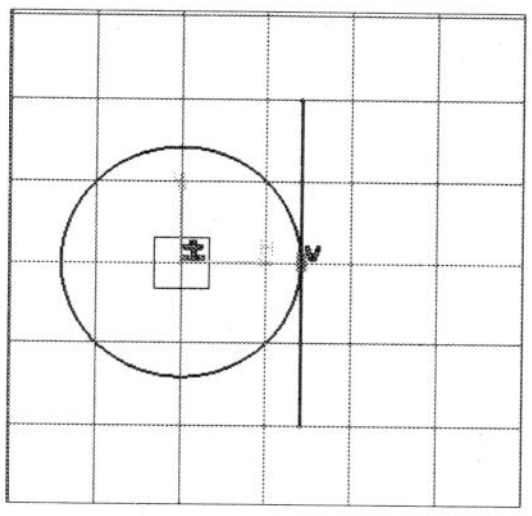

5.4 Auto Constraint

Sketcher에서 드로잉된 Profile에 자동으로 구속 조건과 구속 치수를 생성시키는 기능이다.

① Profile 아이콘을 이용하여 아래 그림과 같이 드로잉한다.

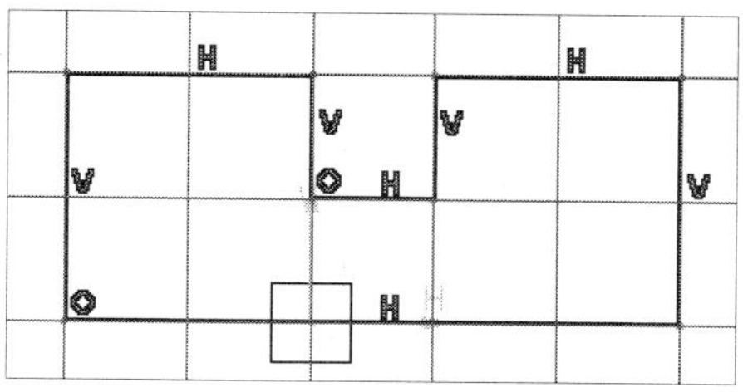

② 드로잉된 Profile의 전체를 선택하고 Auto Constraint 아이콘을 클릭한다. 아래 그림과 같이 Auto Constraint Box가 활성화되고 Element to be constrained가 8 Lines로 확인되었다.

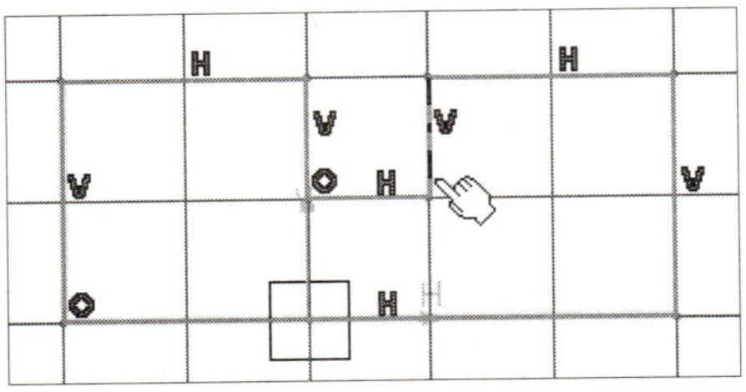

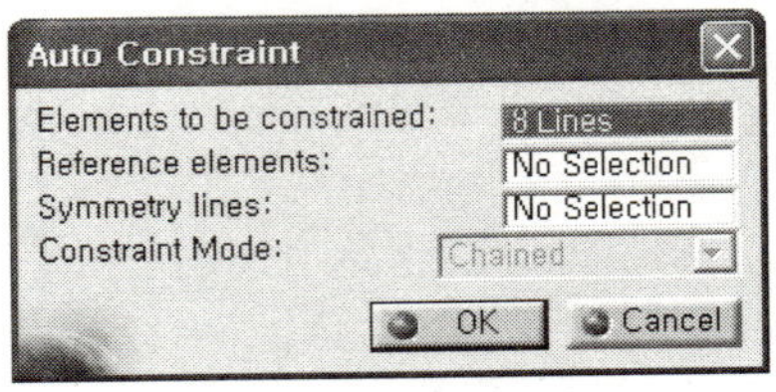

③ OK를 클릭하면 아래 그림과 같이 구속 치수가 생성된다.

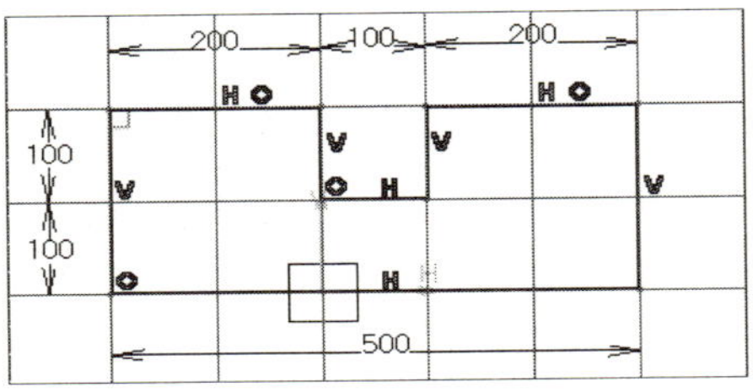

- 치수선은 상,하로 이동이 가능하고 치수(숫자)는 좌,우로 이동이 가능하다.
- 치수선 이동 : 치수선을 선택하고 오른쪽 마우스 버튼을 누른 상태에서 드래그시킨다.
- 치수(숫자) 이동 : 치수를 선택하고 오른쪽 마우스 버튼을 누른 상태에서 드래그시킨다.

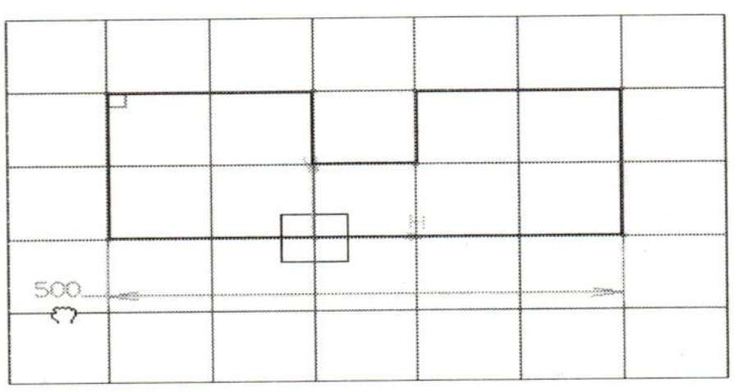

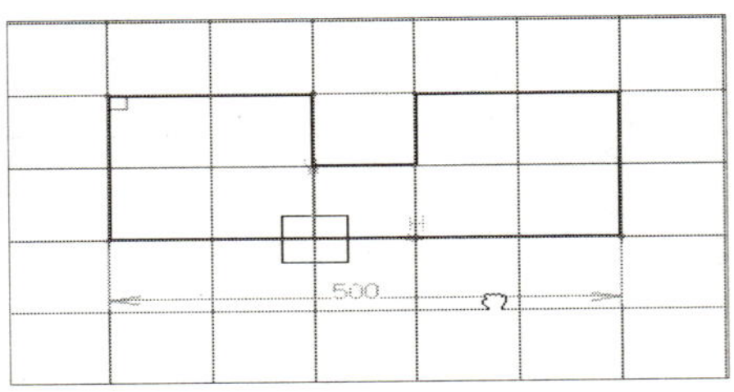

6. Operation

Sketcher에서 드로잉된 Profile에 대하여 편집, 이동, 복사 등의 기능을 모아 놓은 Toolbar이다.

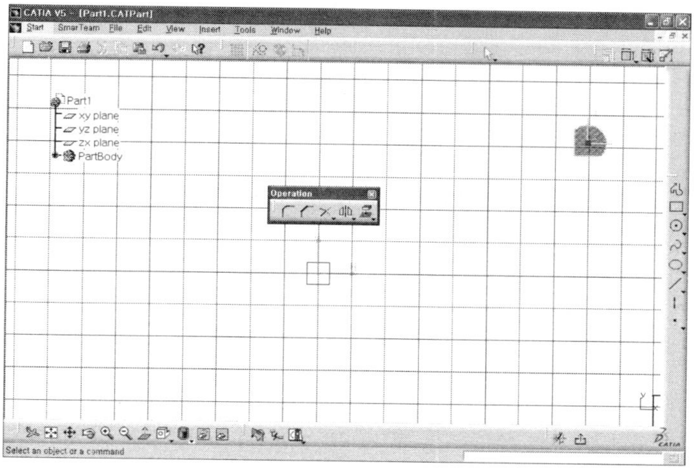

6.1 Corner

Sketcher에서 드로잉된 Profile의 모서리에 라운드를 생성하는 기능이다. 또한, Sketch Toolbar에 여섯 가지 형태로 나누어진다.

1 Trim All Elements

Sketcher에서 드로잉된 Profile에 대하여 두 선을 부드럽게 연결 후 나머지 부분을 모두 제거하는 기능이다.

① Rectangle 아이콘을 클릭하고 아래 그림과 같이 임의의 사각형을 드로잉한다.

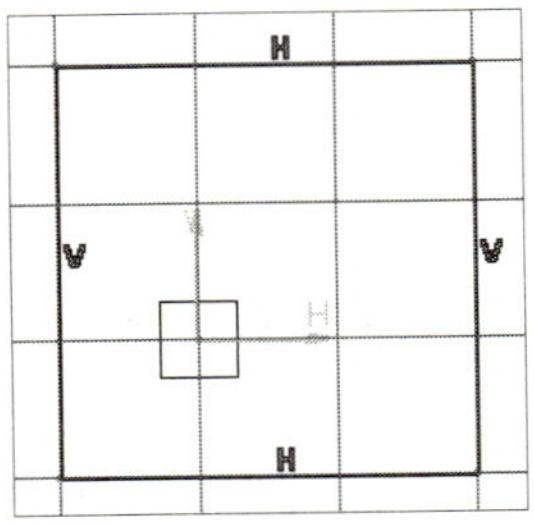

② 아래 그림과 같이 Corner될 두 Line을 선택하고 Corner 아이콘을 클릭한다.

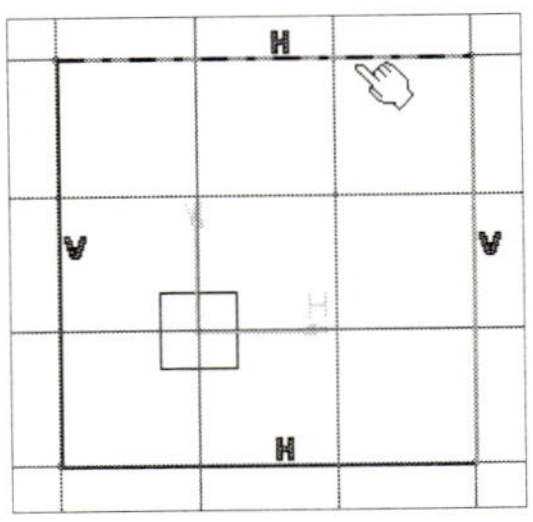

③ 아래 그림과 같이 Sketch tools Box가 생성되고 Trim All Elements을 선택한다. 마우스를 드래그하여 Corner 위치를 선택한다.

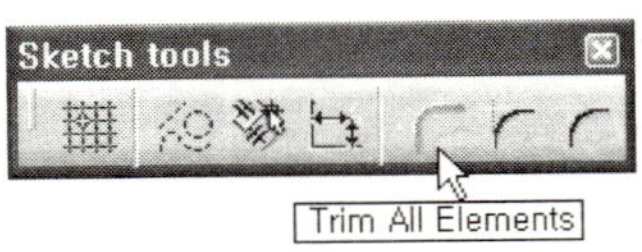

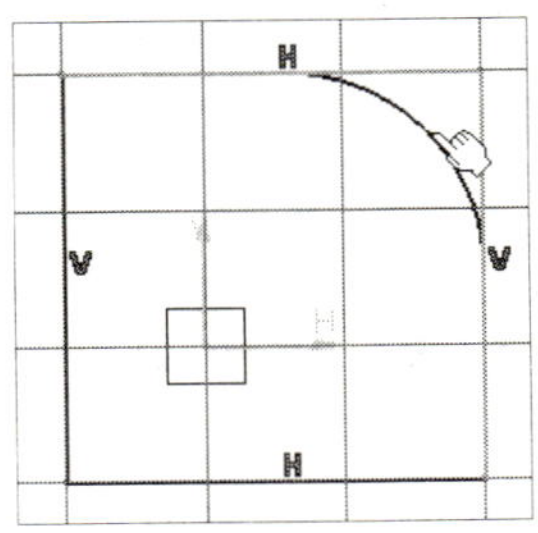

④ 선택된 위치에 임의의 구속 치수가 생성되고 정확한 Corner 치수를 입력하기 위해 숫자 부분을 더블클릭한다.

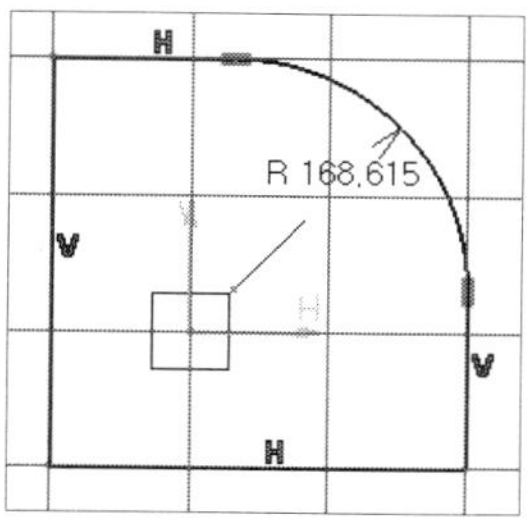

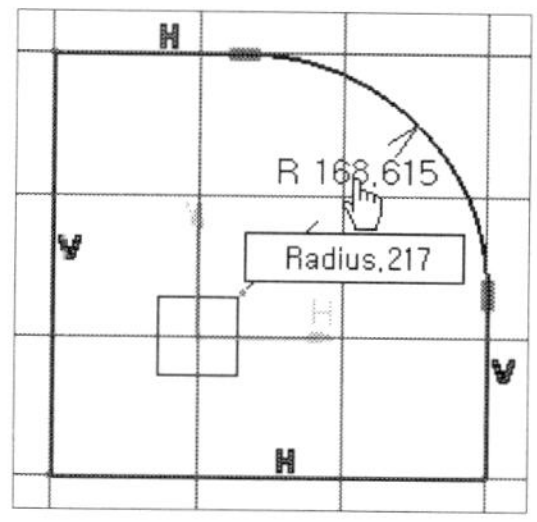

⑤ 아래 그림과 같이 Constraint Definition Box가 활성화되고 Box에 Radius를 168mm로 입력한다.

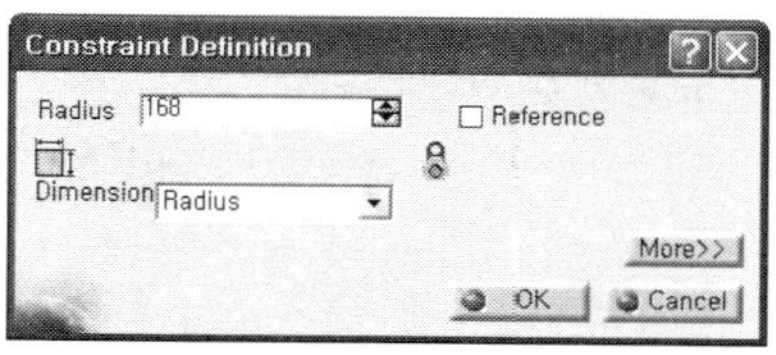

⑥ OK를 클릭하면 Trim All Elements로 Radius 168mm의 Corner가 생성된다.

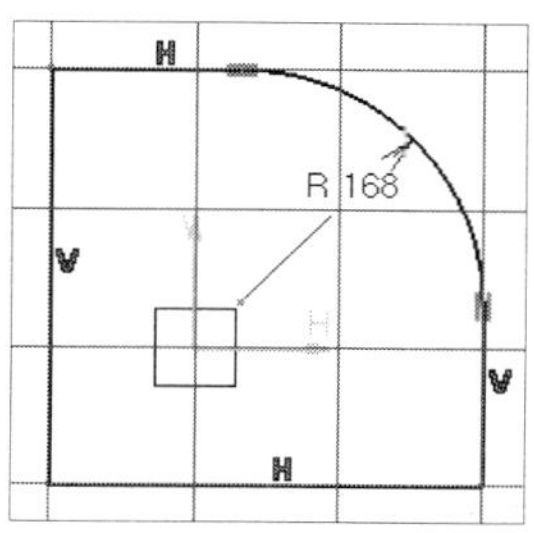

2 Trim First Element

Sketcher에서 드로잉된 Profile에 대하여 첫 번째 선택된 Line만 잘려지고 나머지 Line은 남겨두고 Trim되는 기능이다

① Rectangle 아이콘을 클릭하고 아래 그림과 같이 임의의 사각형을 드로잉한다.

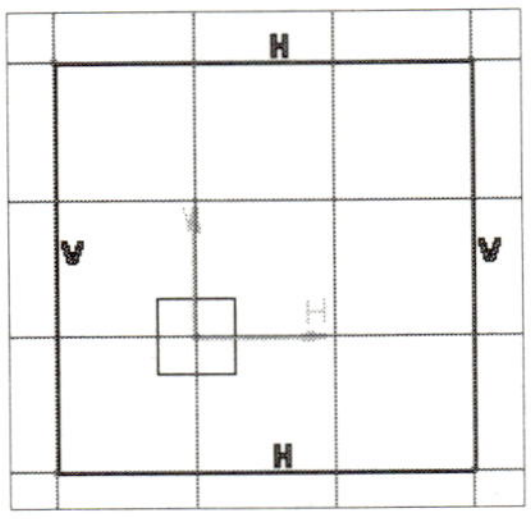

② 아래 그림과 같이 Corner될 두 Line을 선택하고 Corner 아이콘을 클릭한다.

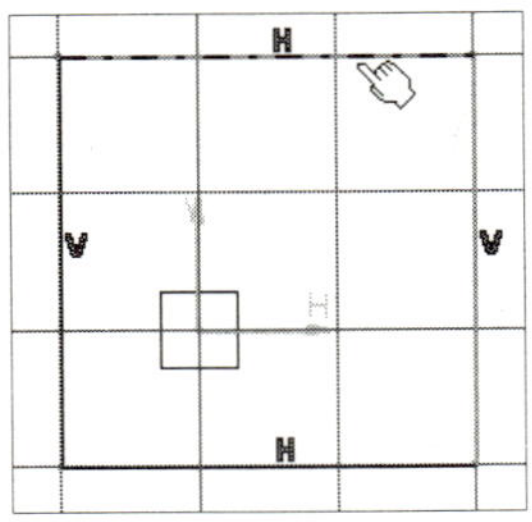

③ 아래 그림과 같이 Sketch tools Box가 생성되고 Trim First Element를 선택한다. 마우스를 드래그하여 Corner 위치를 선택한다.

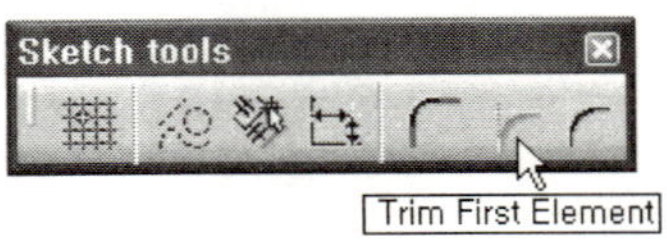

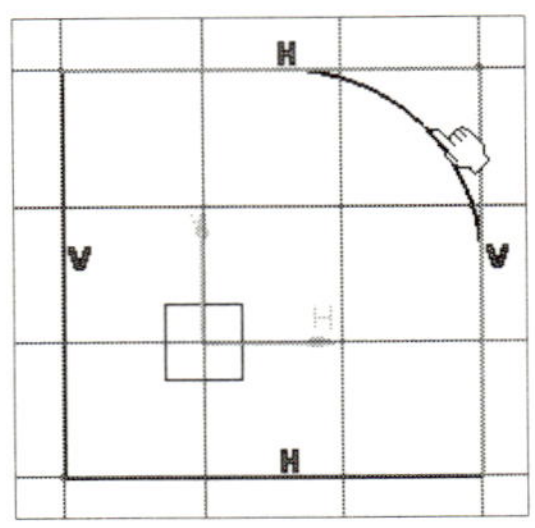

④ 아래 그림과 같이 먼저 선택된 Line만 남기고 Corner가 생성된다. 선택된 위치에 임의의 구속 치수가 생성되고 정확한 Corner 치수를 입력하기 위해 숫자 부분을 더블클릭한다.

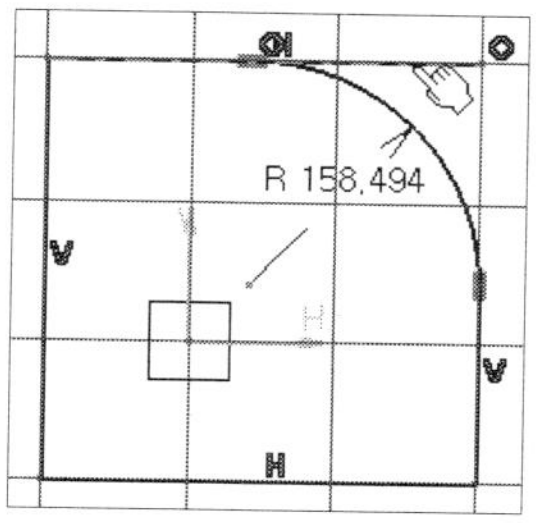

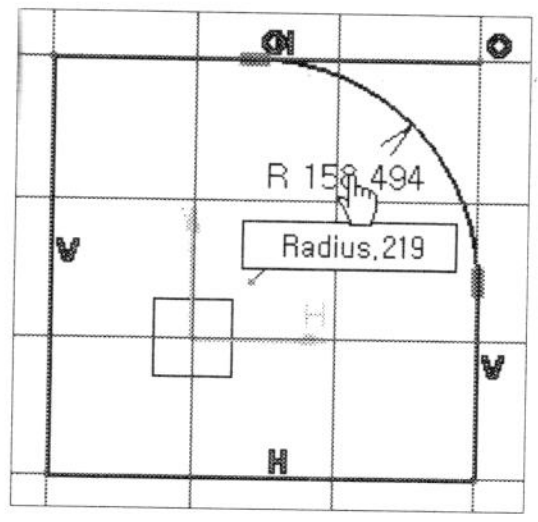

⑤ 아래 그림과 같이 Constraint Definition Box가 활성화되고 Box에 Radius를 158mm로 입력한다.

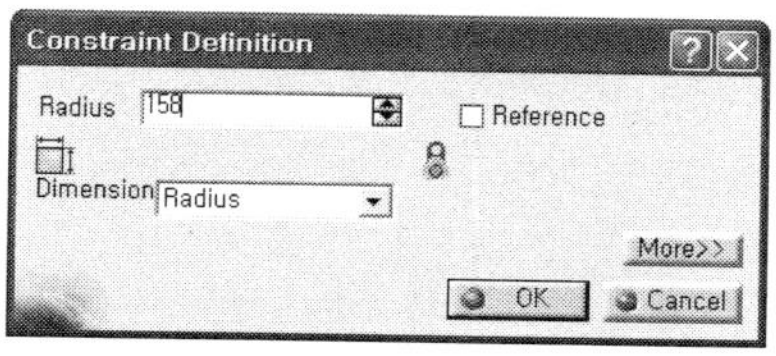

⑥ OK를 클릭하면 Trim First Element로 Radius 158mm의 Corner가 생성된다.

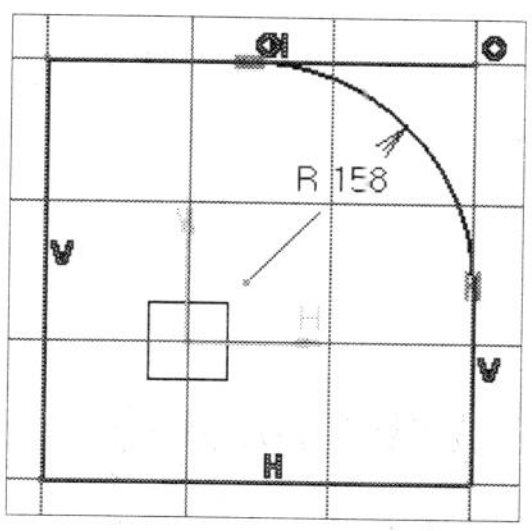

3 No Trim

Sketcher에서 드로잉된 Profile에 대하여 선택된 Line 들을 남기고 Corner 시키는 기능이다.

① Rectangle 아이콘을 클릭하고 아래 그림과 같이 임의의 사각형을 드로잉한다.

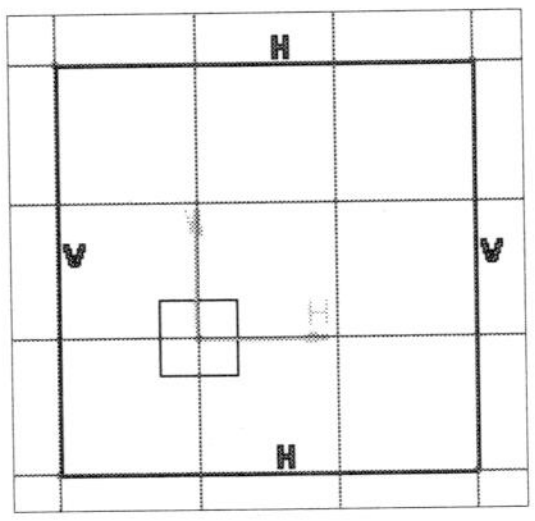

② 아래 그림과 같이 Corner될 두 Line을 선택하고 Corner 아이콘을 클릭한다.

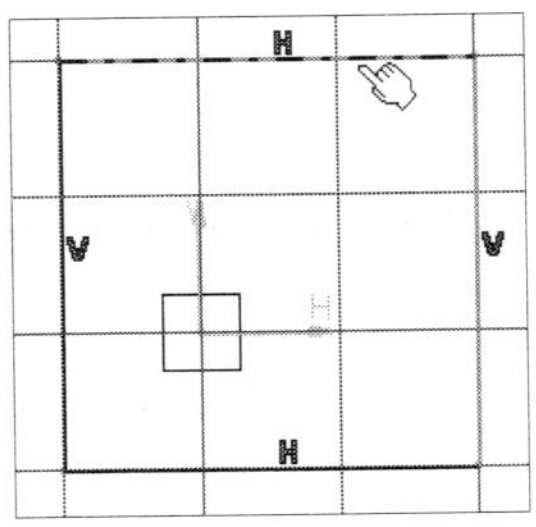

③ 아래 그림과 같이 Sketch tools Box가 생성되고 No Trim을 선택한다. 마우스를 드래그하여 Corner 위치를 선택한다.

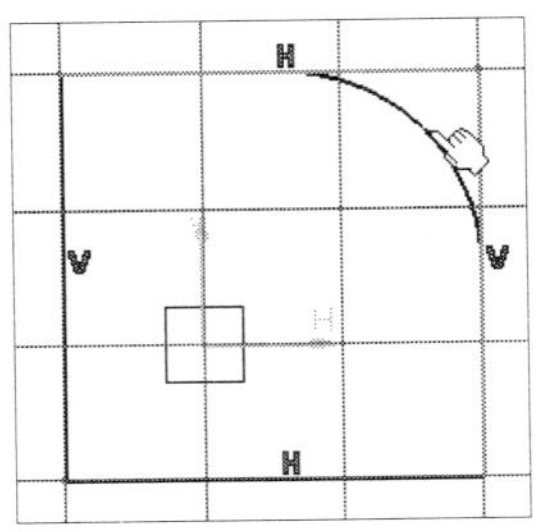

④ 아래 그림과 같이 먼저 선택된 두 Line을 남기고 Corner가 생성된다. 선택된 위치에 임의의 구속 치수가 생성되고 정확한 Corner 치수를 입력하기 위해 숫자 부분을 더블클릭한다.

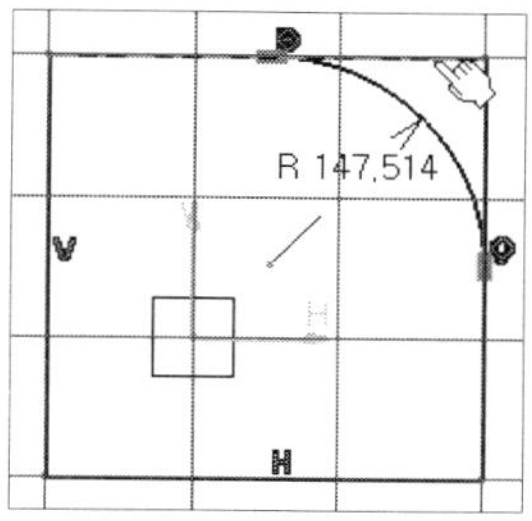

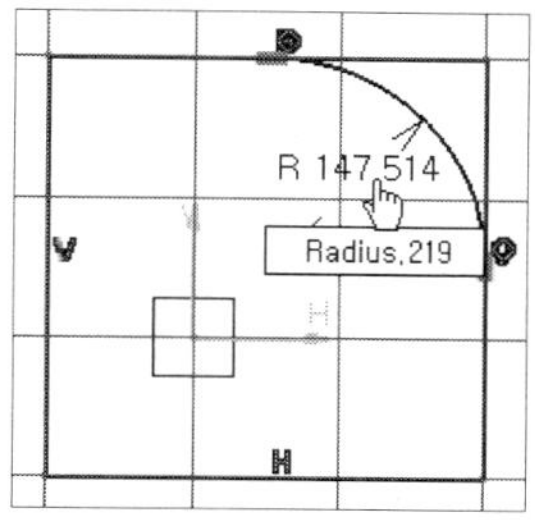

⑤ 아래 그림과 같이 Constraint Definition Box가 활성화되고 Box에 Radius를 147mm로 입력한다.

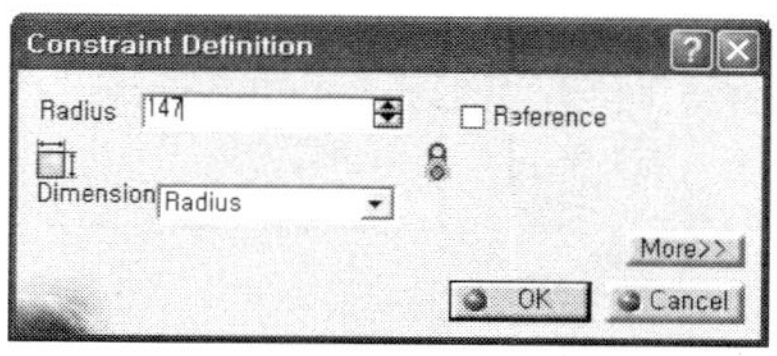

⑥ OK를 클릭하면 No Trim된 Radius 147mm의 Corner가 생성된다.

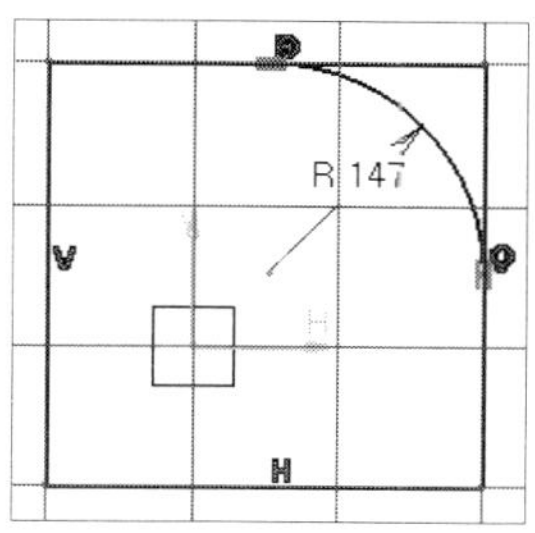

6.2 Chamfer

교차하는 두 선분을 사선으로 연결하는 기능이다.

그리고 Sketch Toolbar에서도 Corner와 동일하게 여섯 가지 형태로 나누어 진다.

- Corner와 마찬가지로 Trim All Element, Trim First Element, No Trim 기능이 있음
- 일반적으로 Chamfer 각도는 45deg로 설정된다.

① Rectangle 아이콘을 클릭하고 아래 그림과 같이 임의의 사각형을 드로잉한다.

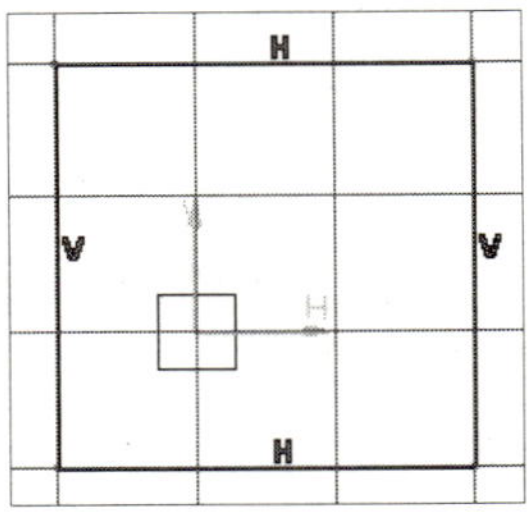

② 아래 그림과 같이 Chamfer될 두 Line을 선택하고 Chamfer 아이콘을 클릭 한다.

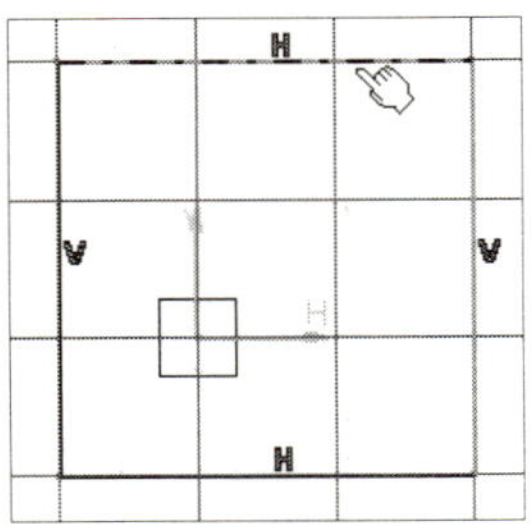

③ Corner와 마찬가지로 Sketch tools Box가 활성화되고 Trim All Elements 를 선택한다. 마우스를 드래그하여 Chamfer 위치를 선택한다.

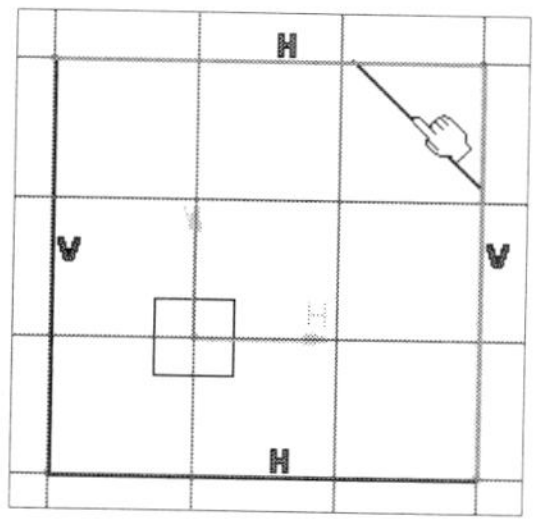

④ 아래 그림과 같이 Trim All Element로 Chamfer된 형상이 생성된다. 선택된 위치에 임의의 구속 치수가 생성되고 정확한 Chamfer 치수를 입력하기 위해 숫자 부분을 더블클릭한다.

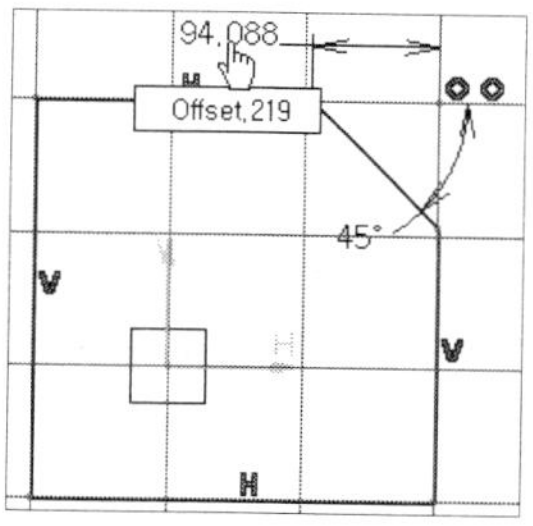

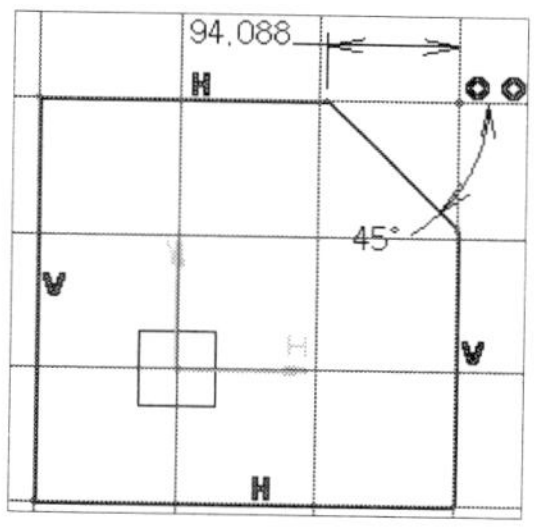

⑤ 아래 그림과 같이 Constraint Definition Box가 활성화되고 Box에 Value 를 94mm로 입력한다.

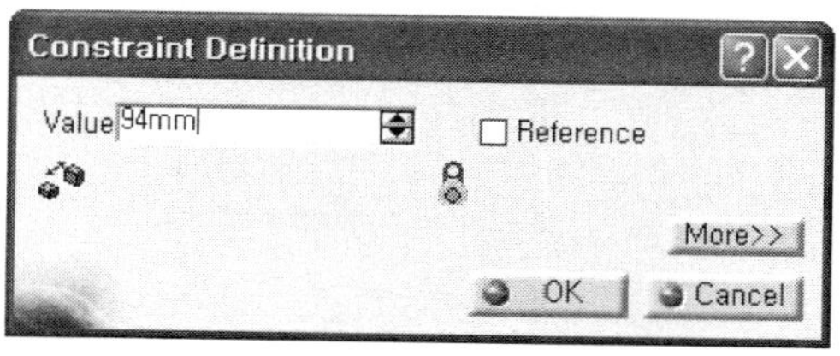

⑥ OK를 클릭하면 Chamfer 치수가 94mm로 수정된다.

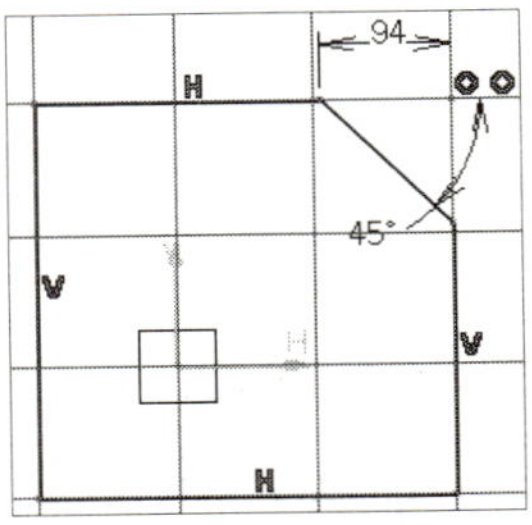

⑦ 각도를 수정하기 위하여 아래 그림과 같이 각도 치수를 더블클릭한다. 아래 그림과 같이 Constraint Definition Box가 활성화되고 Box에서 Value를 30deg로 입력한다.

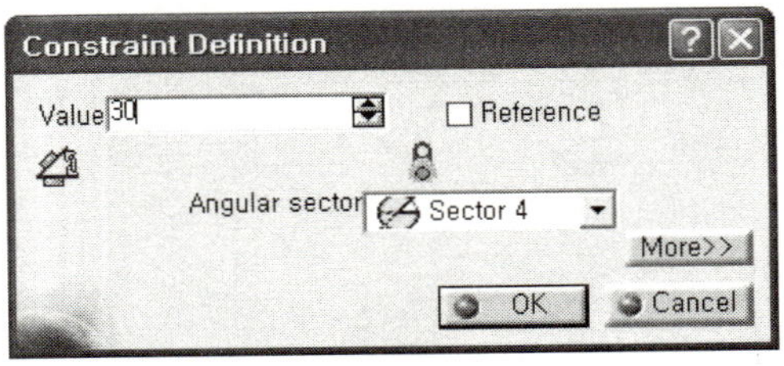

⑧ OK를 클릭하면 각도가 수정된 Chamfer가 생성된다.

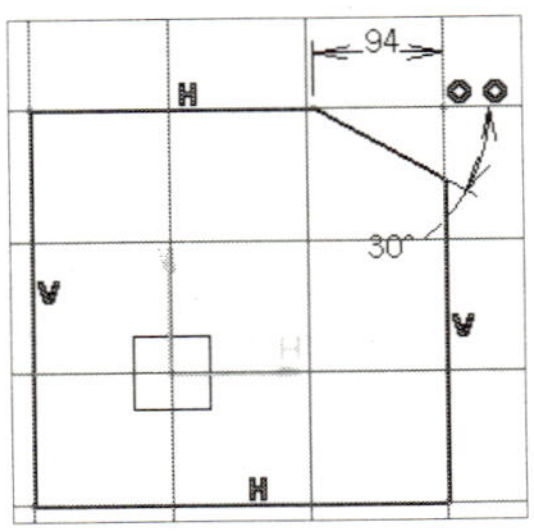

Angle and Hypothenuse ⇒

각도와 경사진 길이를 나타내는 기능이다.

First and Second Length ⇒

첫 번째와 두 번째 선택된 Line을 길이 치수로 생성하는 기능이다.

Angle and First Length ⇒

각도와 첫 번째 선택된 Line을 길이 치수로 생성하는 기능이다.

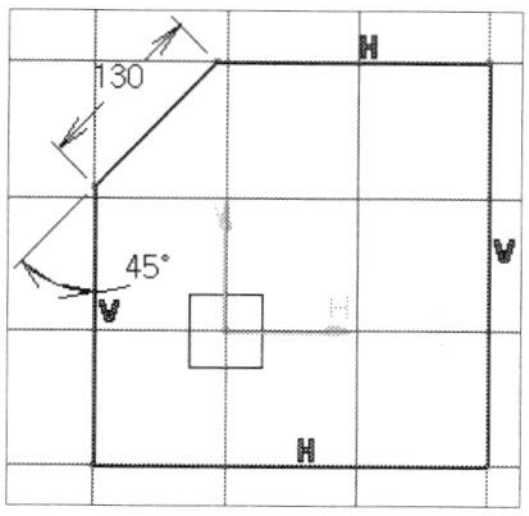

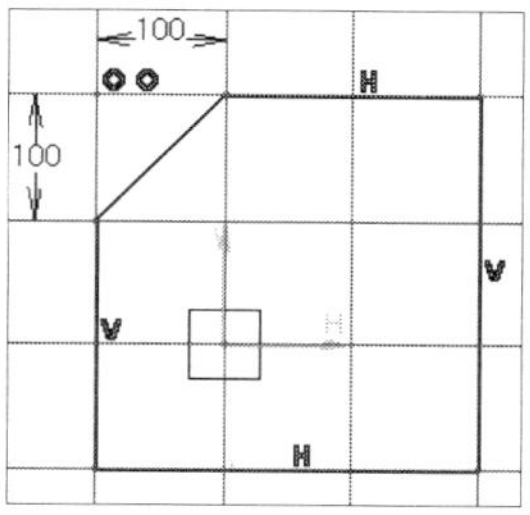

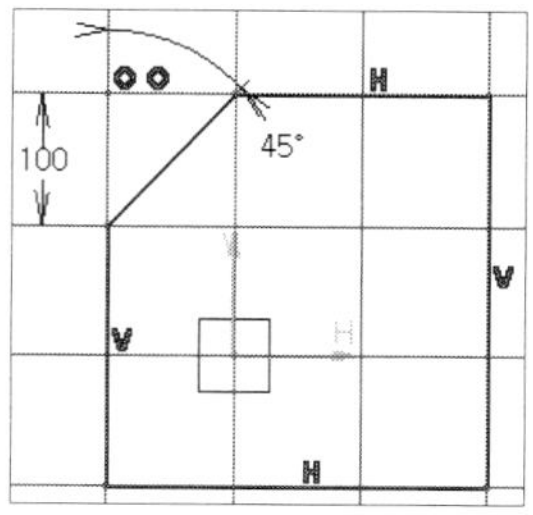

6.3 Relimitations

Trim, Break, Quick trim, Close 등의 원하는 부분을 제거하는 기능들이다.

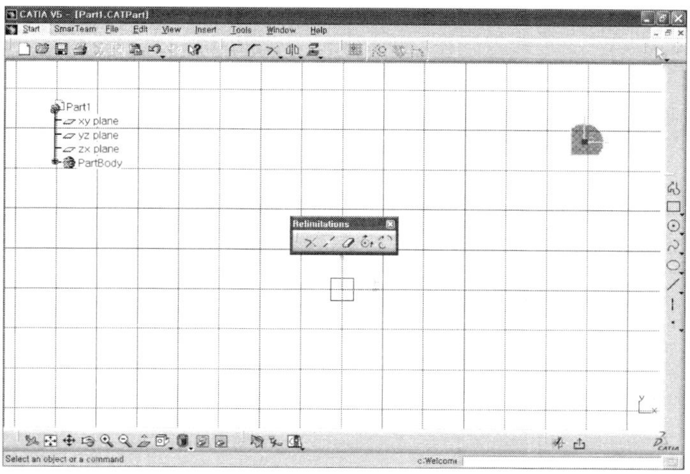

1 Trim

Sketcher에서 드로잉된 Profile에 대하여 잘라내는 기능이다.

① Rectangle과 Line 아이콘을 이용하여 아래 그림과 같이 직사각형을 드로잉한다. Trim 아이콘을 클릭하고 Trim시킬 수평선을 먼저 선택한다. 그리고 마우스를 이동시켜 Trim될 영역을 지정한다.

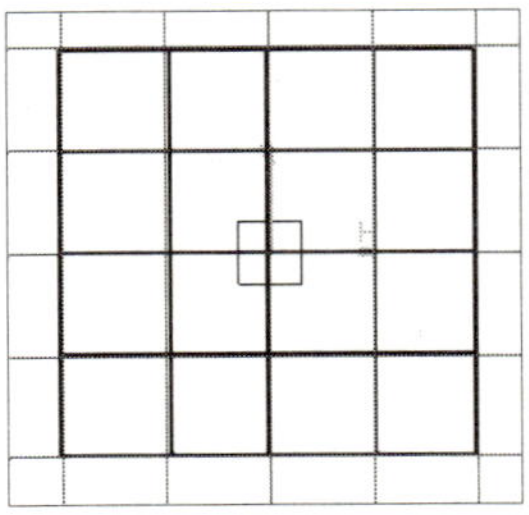

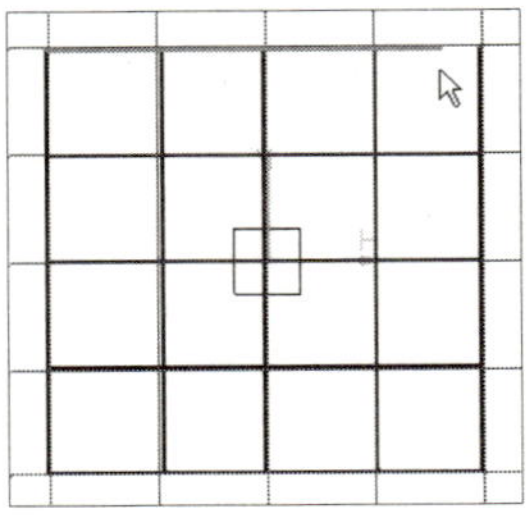

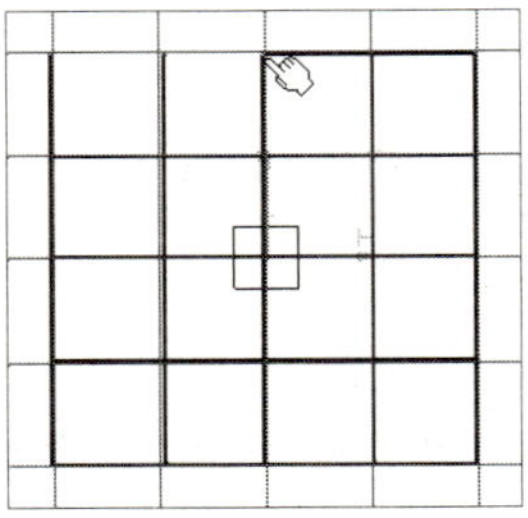

Trim All Elements ⇒ 

두 선의 교차점을 중심으로 잘라 낸 후 필요하지 않은 모든 부분을 제거하는 기능이다.

Trim First Element ⇒ 

먼저 선택한 부분의 선을 잘라낸 후 처음 선택한 선의 나머지를 제거하는 기능이다.

2. Break

Sketcher에서 드로잉된 Profile에 대하여 임의로 분리하는 기능이다.

① Break할 Profile을 선택하여 분리하고자 하는 거리만큼 클릭을 하면 아래 그림과 같이 분리된다.

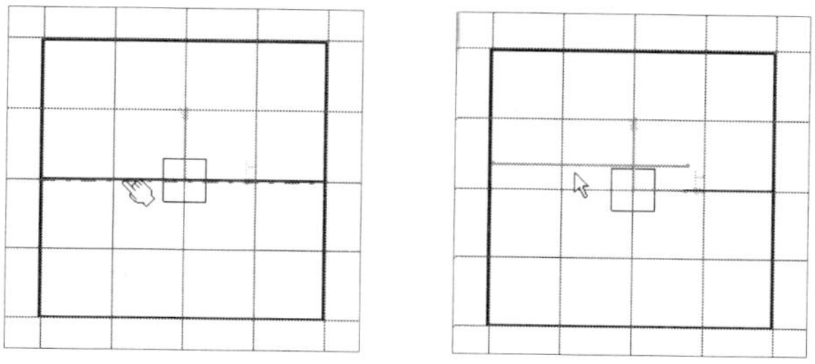

3. Quick Trim

요소들의 교차점을 기준으로 원하는 부분 또는 나머지 부분을 손쉽게 제거하는 기능으로 세 가지 형태가 있다.

- Break And Rubber In
- Break And Rubber Out
- Break And Keep

① Quick Trim 아이콘을 클릭하고 제거하고자 하는 Line을 선택한다. 아래 그림과 같이 선택된 구간 내에서 Line이 제거된다. CATIA에서는 Quick Trim 아이콘을 더블 클릭하여 연속적으로 사용하는 것이 유용하다.

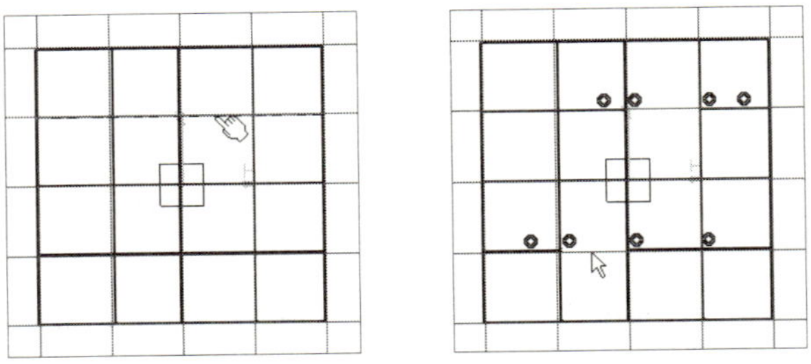

4 Close

원이나 타원이 잘려져 있을 때 다시 완벽한 원이나 타원으로 만들어주는 기능이다.

① 아래 그림과 같이 Arc를 먼저 생성시킨다. Close 아이콘을 클릭하고 Arc를 선택한다. 작업이 완료되면 아래 그림과 같이 완전한 원이 생성된다.

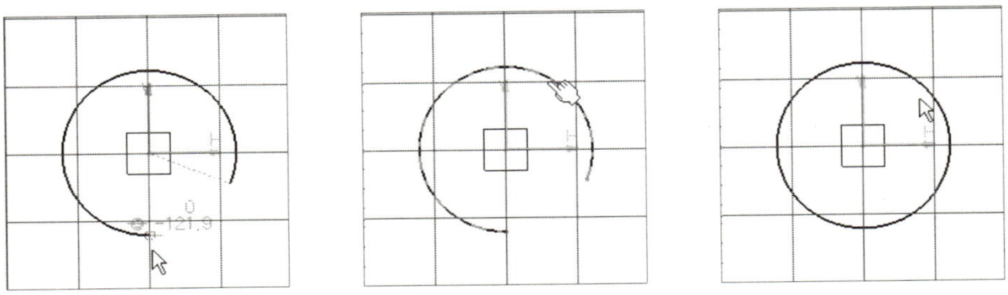

5 Complement

원호에서 실제 있는 부분을 제거하고 나머지 없는 부분을 생성시켜 주는 기능이다.

① Complement 아이콘을 클릭하고 생성된 Arc를 선택한다. 실행된 후 아래 그림과 같이 나머지 없는 Arc가 생성된다.

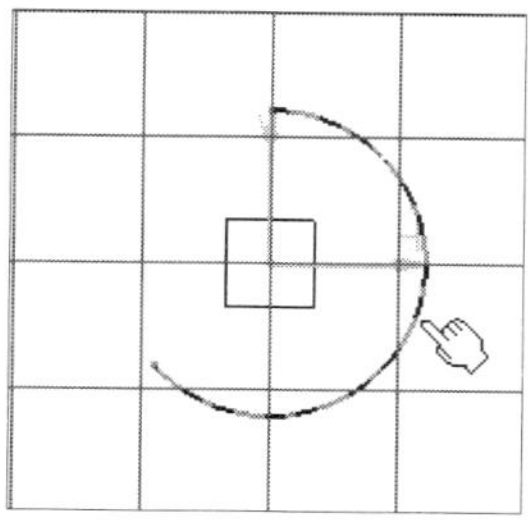

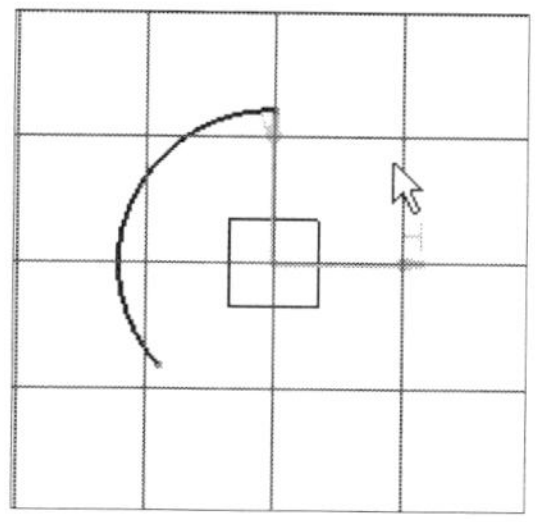

6.4 Transformation

Symmetry, Translate, Rotate, Scale, Offset 등의 아이콘으로 기준 축을 기준으로 Profile을 대칭으로 복사, 이동, 회전, 크기 조절 등을 하는 기능이다.

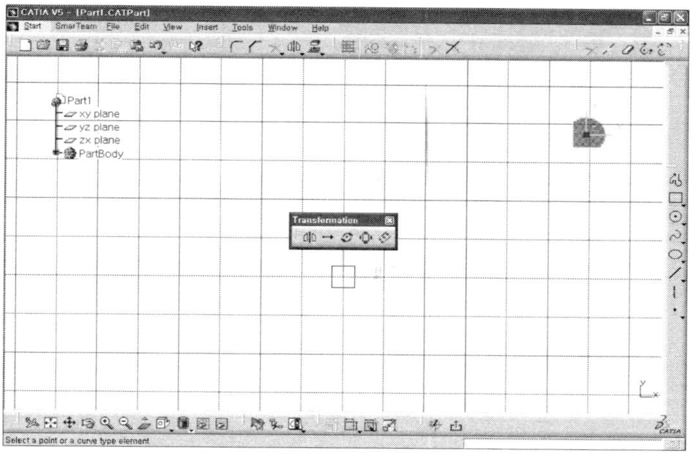

1 Mirror

선택한 Elements를 임의 축을 기준으로 대칭 복사하는 기능이다.

① Line 아이콘을 이용하여 임의의 사각 요소를 생성시킨 후 축을 제외한 요소를 선택한다. Mirror 아이콘을 클릭하고 축을 선택하면 아래 그림과

같이 대칭되어 복사된다.

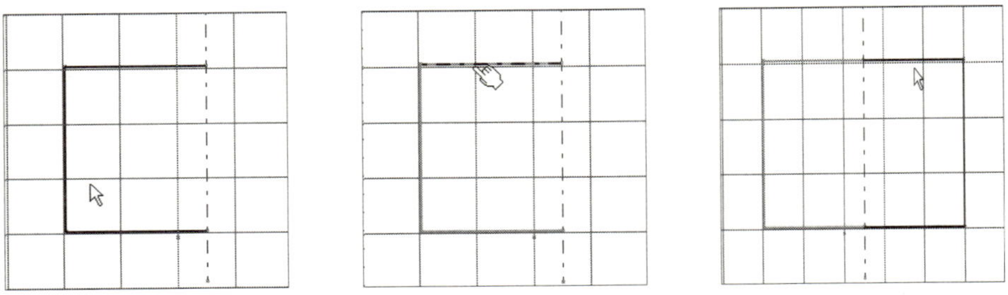

2 Symmetry

선택한 Elements 임의 축을 기준으로 대칭 이동하는 기능이다.

3 Translate

선택된 Element를 이동 시키거나 이동 복사하는 기능이다. 부여된 형상구속이나 치수구속 등이 함께 이동복사가 되어진다.

① Circle 아이콘을 이용하여 아래 그림과 같이 임의의 원을 드로잉한다.

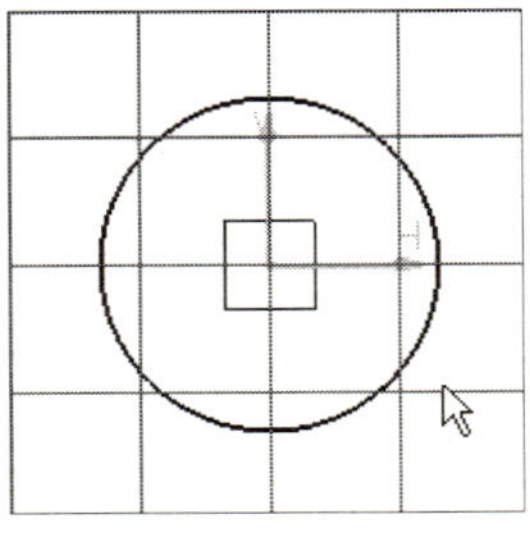

② Translate 아이콘을 클릭하면 Translation Definition Box가 활성화된다. 활성화된 Translation Definition Box에서 복사할 개체의 수, 이동거리 등을 지정한다. 그리고 이동할 중심을 선택하고 원하는 길이만큼 이동

시키면 선택된 원이 이동하여 복사된다.

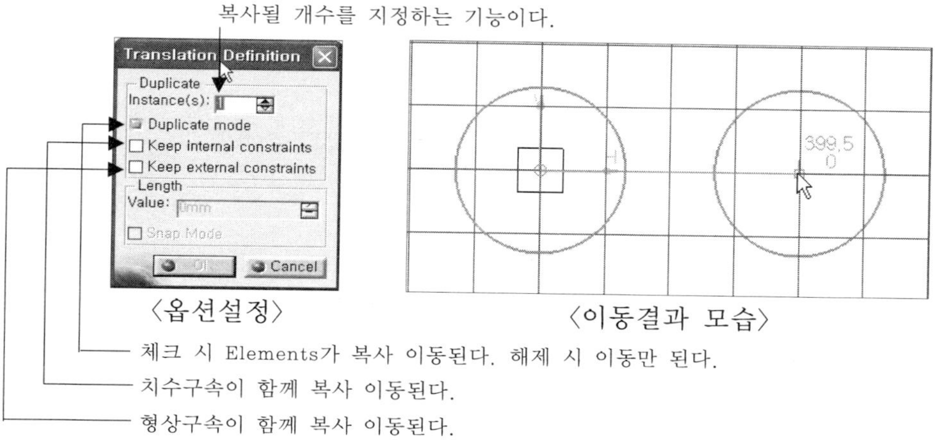

〈옵션설정〉 〈이동결과 모습〉

4 Rotate

선택된 Element를 임의의 축을 중심으로 회전시키거나 회전복사 하는 기능이다. 부여된 치수구속을 함께 회전복사가 가능하다.

① Rectangle 아이콘을 이용하여 아래 그림과 같이 임의의 직사각형을 드로잉한다.

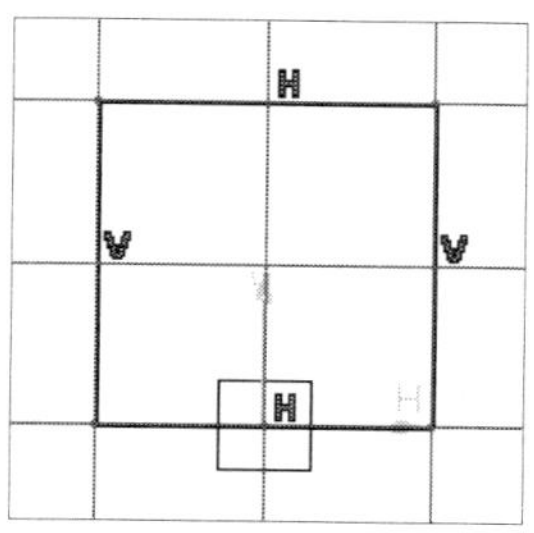

② 아래 그림과 같이 Rotate될 요소에 대하여 Ctrl Key를 사용하여 지정한다.

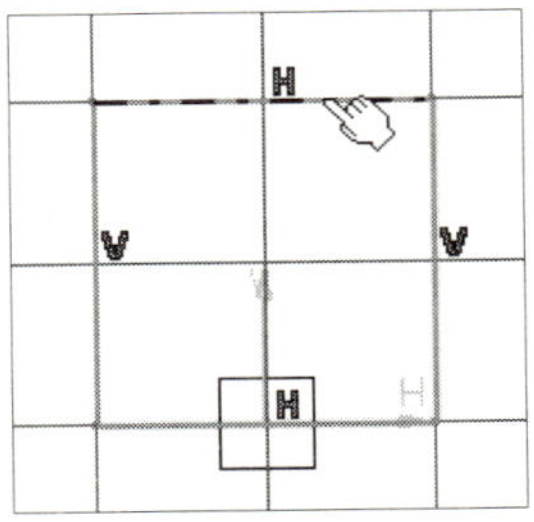

③ Rotate 아이콘을 클릭하면 Rotate Definition Box가 활성화된다. 활성화된 Rotate Definition Box에서 복사할 개수, 길이 치수에 대한 구속 조건을 설정한다. (Instance : 복사될 개수 지정, Duplicate mode : 복사의 경우에 사용, Conservation : 이동의 경우에 사용, Angle : 회전각을 지정, Snap Mode : 5deg 간격으로 일정하게 회전)

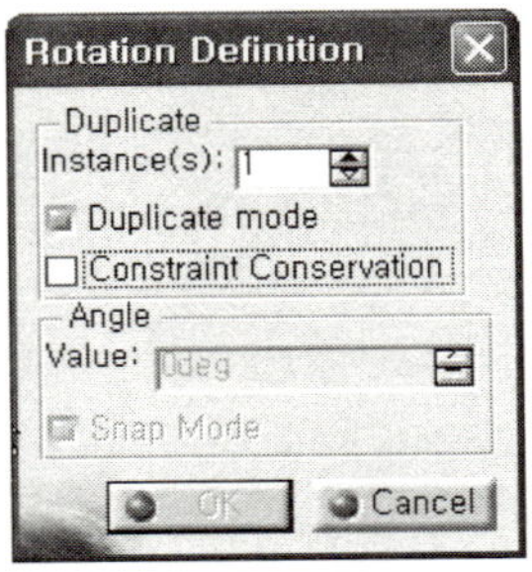

④ 아래 그림과 같이 회전축을 지정한다.

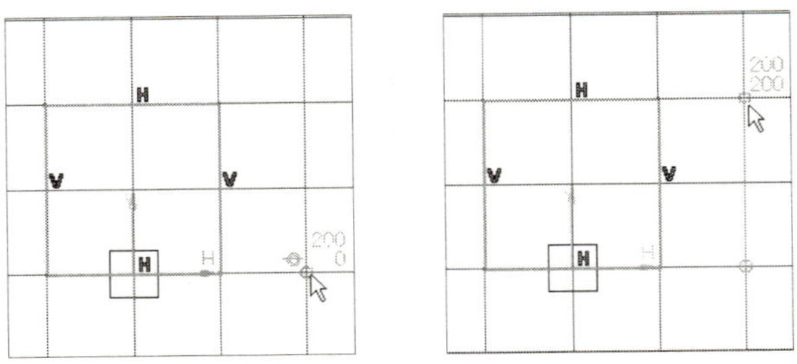

⑤ 회전축을 중심으로 아래 그림과 같이 마우스를 이동시킨다.

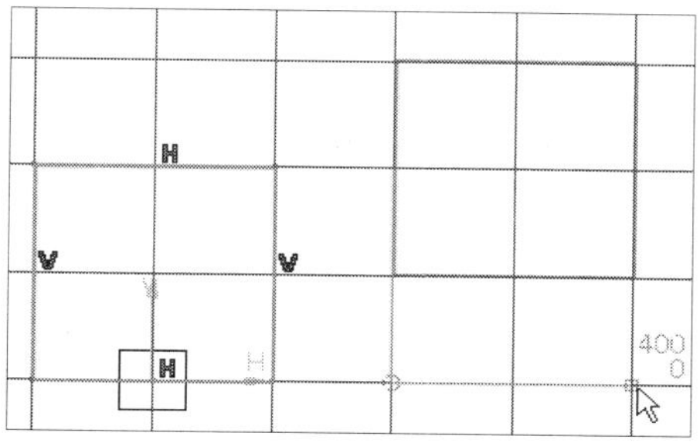

⑥ 마우스를 클릭하면 아래 그림과 같이 축을 중심으로 270deg로 Rotate 된 개체가 생성된다.

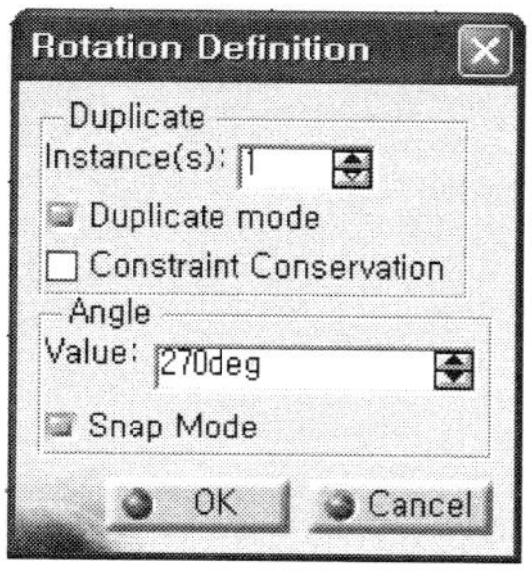

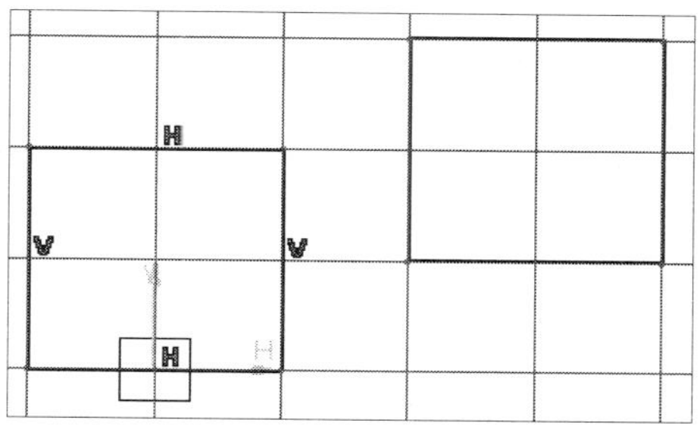

5 Scale

선택된 Element를 임의의 점을 중심으로 확대 또는 축소하는 기능이다.
(1을 중심으로 "1"보다 작으면 축소, "1"보다 크면 확대)

① Rectangle 아이콘을 이용하여 아래 그림과 같이 임의의 직사각형을 드로잉한다.

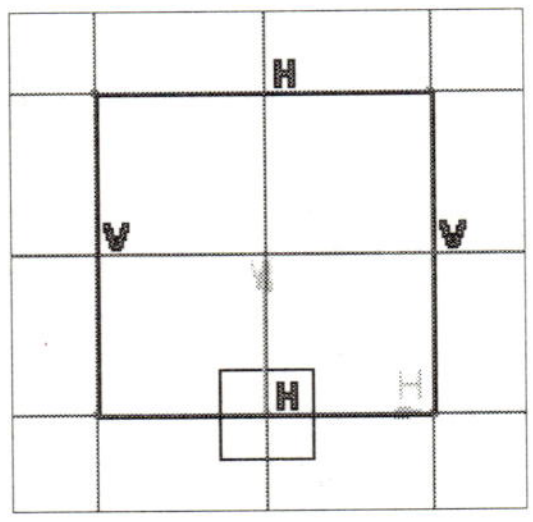

② 아래 그림과 같이 Scale될 요소에 대하여 Ctrl Key를 사용하여 지정한다.

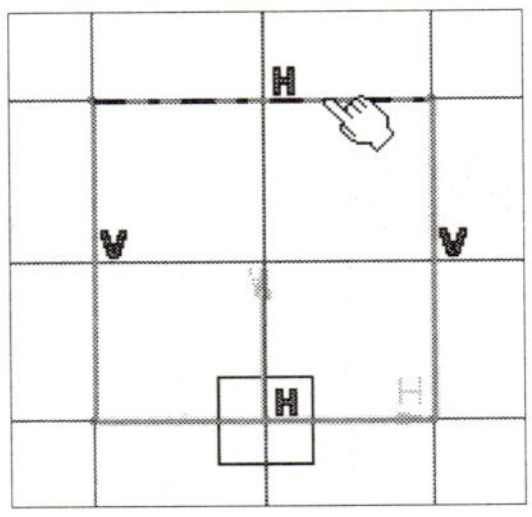

③ Scale 아이콘을 클릭하면 Scale Definition Box가 활성화된다. 활성화된 Scale Definition Box에서 복사할 개수, 길이 치수에 대한 구속 조건을 설정한다. (Duplicate mode : 복사의 경우에 사용, Conservation : 이동의 경우에 사용, Value : Scale값 지정, Snap Mode : 0.1 비율로 일정하게 확대되거나 축소 기능)

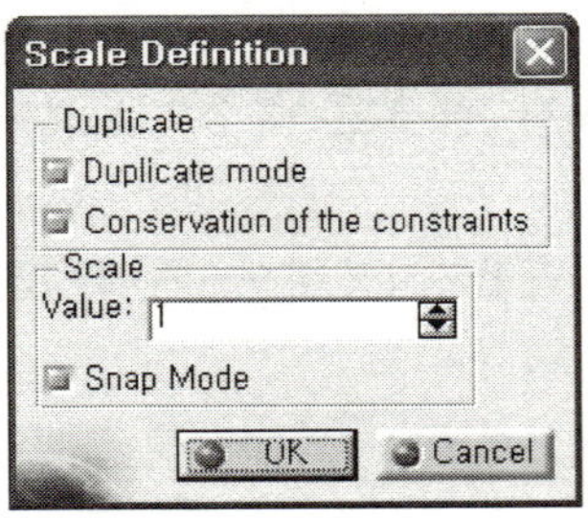

④ 아래 그림과 같이 Scale될 중심축을 선택한다. 그리고 Scale Definition

Box에서 Value를 1.5로 입력한다.

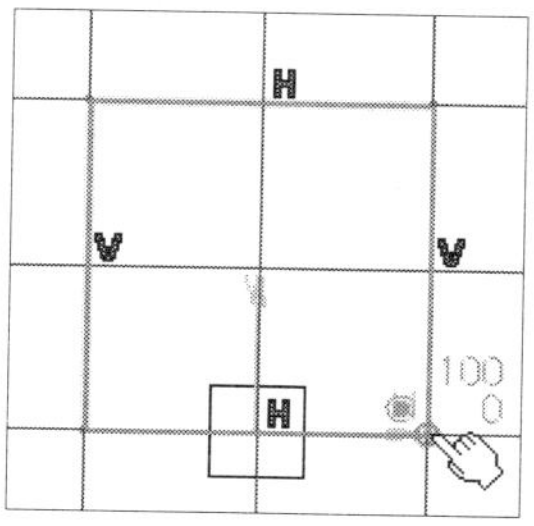

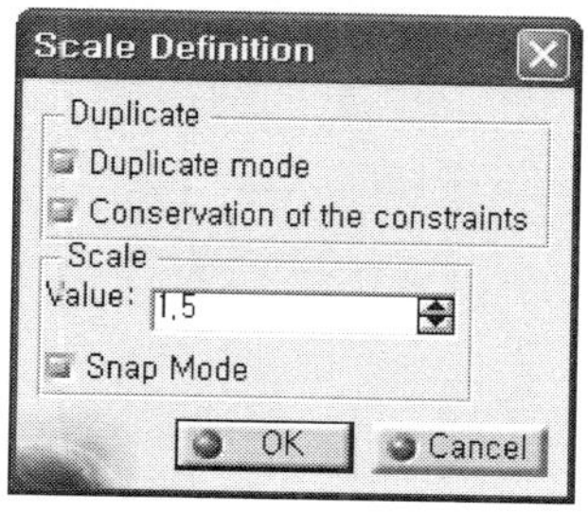

⑤ OK를 클릭하면 아래 그림과 같이 중심축을 기준으로 1.5배 확대된 형상이 생성된다.

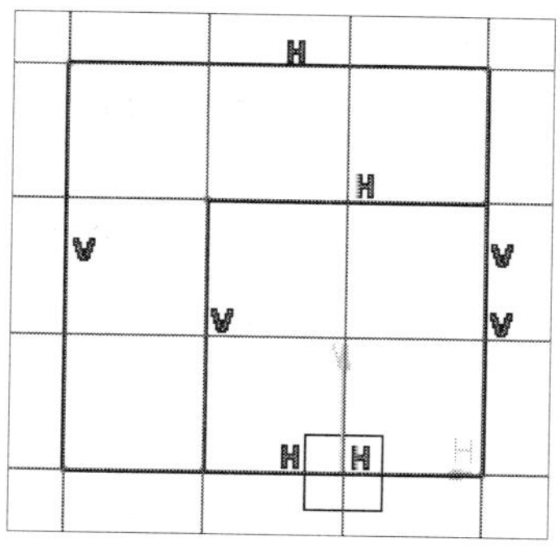

6 Offset

선택된 Element를 일정거리만큼 이동시키는 기능이다. 네 종류의 형태가 있다.

① Offset 아이콘을 실행시키면 Sketch Tools 창이 활성화된다.

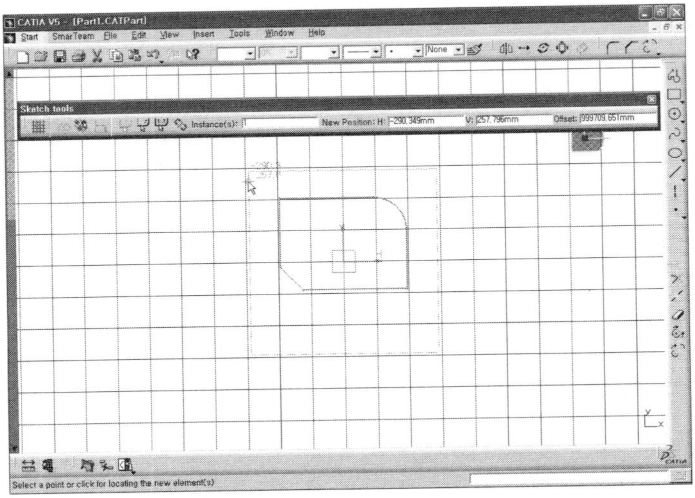

No Propagation ⇒ 

선택 Element만 Offset 하는 기능이다.

① 아래 그림과 같이 형상을 드로잉하고 Offset 아이콘을 클릭한다. 활성화된 Sketch Tools Box에서 No Propagation을 설정하고 Offset될 수직선을 선택한다. 실행 후 단일 요소의 Offset 요소가 생성된다.

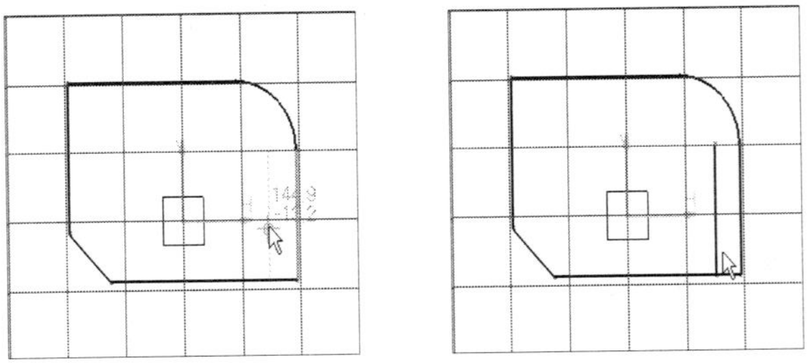

Tangent Propagation ⇒ 

선택 Element에 Tangent한 요소도 함께 Offset 하는 기능이다.

① Offset 아이콘을 클릭하고 활성화된 Sketch Tools Box에서 Tangent Propagation을 설정한다. 아래 그림과 같이 Offset될 Arc를

선택하면 Arc와 접하는 두 Line이 같이 Offset된다.

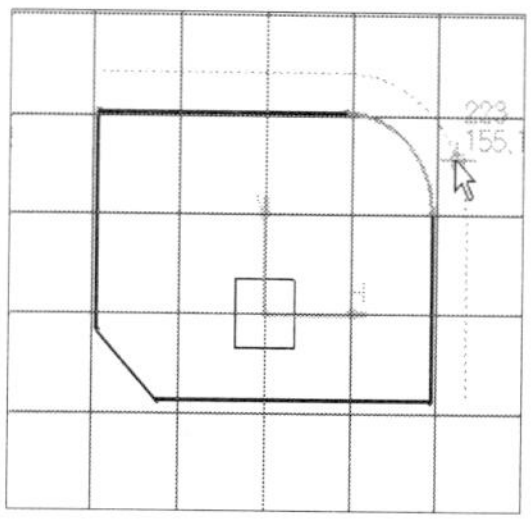

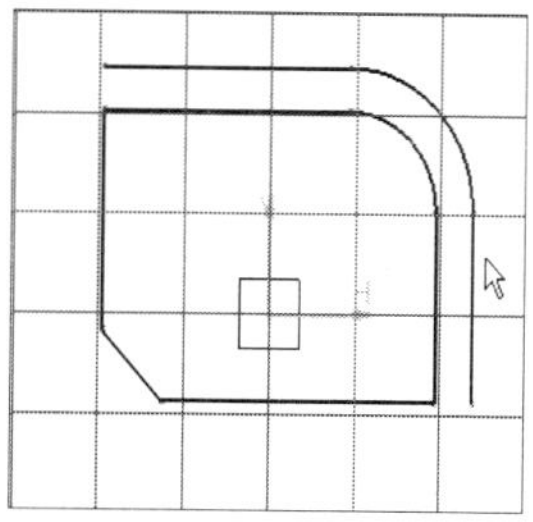

Point Propagation ⇒

선택한 Element에 연결된 모든 Element를 함께 Offset 하는 기능이다.

① Offset 아이콘을 클릭하고 활성화된 Sketch Tools Box에서 Point Propagation을 설정한다. 아래 그림과 같이 Offset될 Line을 선택하면 Line과 연결된 모든 요소들이 Offset된다.

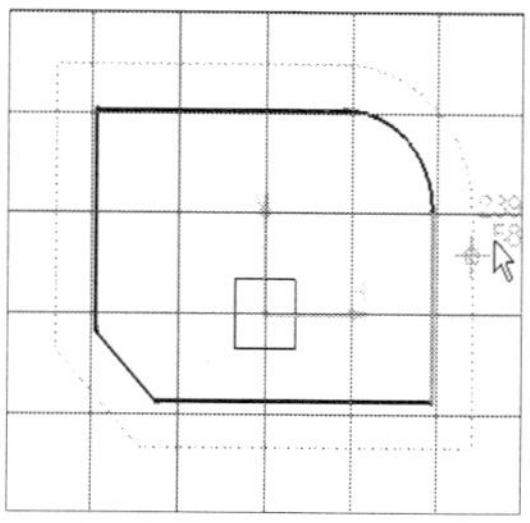

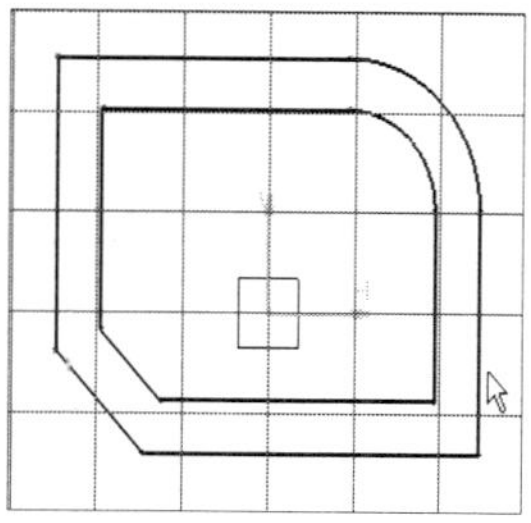

Both Side Offset ⇒

위의 세 가지 형태의 적용이 모두 가능하며, 양 방향으로 Offset 하는 기능이다.

① Offset 아이콘을 클릭하고 활성화된 Sketch Tools Box에서 Both Side Offset을 설정한다. 아래 그림과 같이 Offset될 Line을 선택하면

Line과 연결된 모든 요소들이 양 방향으로 Offset된다.

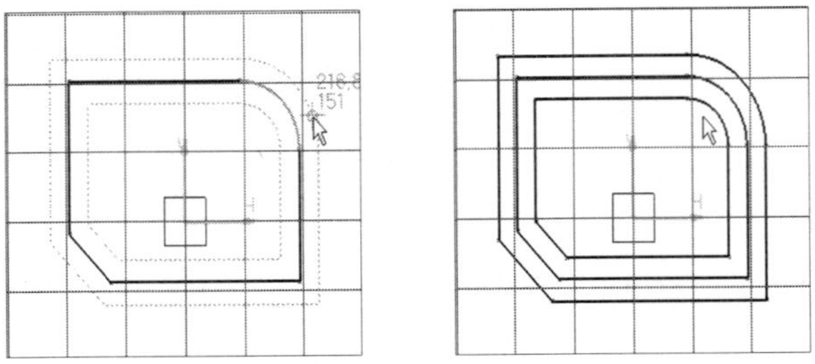

Number of Instance

① Offset 아이콘을 클릭하고 활성화된 Sketch Tools Box에서 Point Propagation을 설정한다. 아래 그림과 같이 Offset될 Line을 선택하고 Sketch Tools의 Instance(s)에서 복사할 수를 3으로 

입력한다. Offset될 위치와 방향을 선택하면 선택된 방향으로 등 간격으로 3개의 요소들이 Offset 된다.

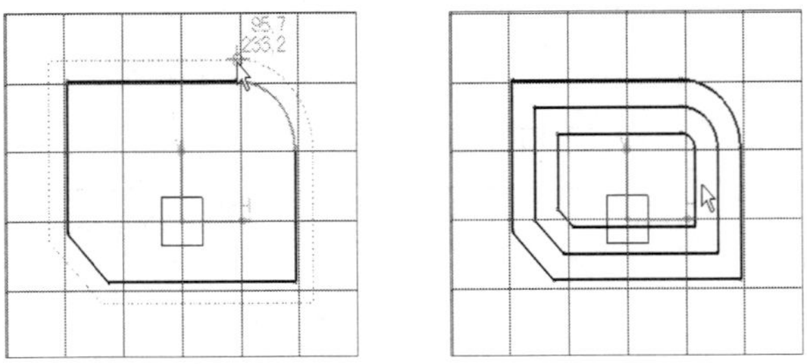

6.5 3D Geometry

3차원 요소를 Sketch Plane에 투영과 교차요소를 생성하는 기능이다.

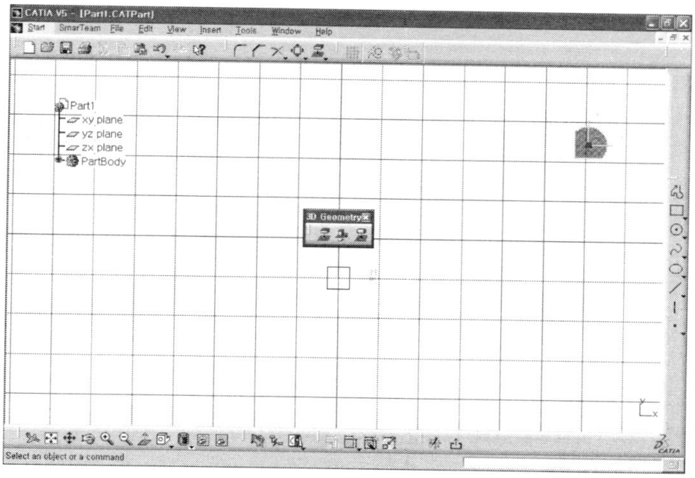

1 Project 3D Elements

솔리드 요소를 Sketch Plane에 Profile로 투영시키는 기능이다. 다시 말해 3D 모델의 단면 Profile을 Sketch Plane으로 추출하는 기능이다.

① 아래 그림과 같이 3차원 형상을 드로잉하고 xy Plane을 선택한다. Sketcher에서 Rotate 아이콘을 이용하여 회전시킨다.

② Project 3D Elements 아이콘을 클릭하고 아래 그림과 같이 Plane에 투영될 면을 선택한다.

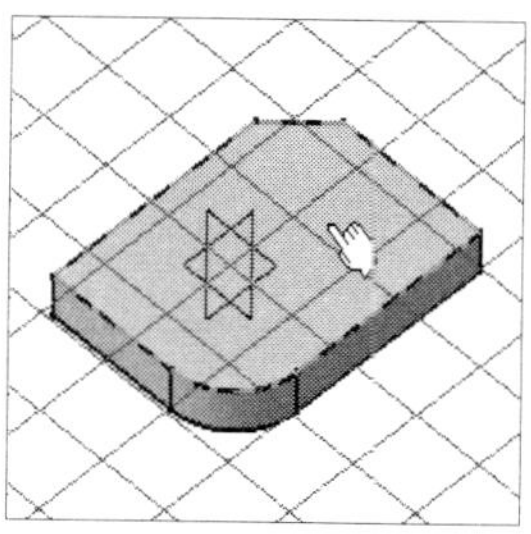

③ 아래 그림과 같이 Sketcher Plane에 투영된 Profile이 생성된다.(노랑색으로 표시된다.) 이것은 면이 아닌 솔리드의 외형선으로 투영된다.

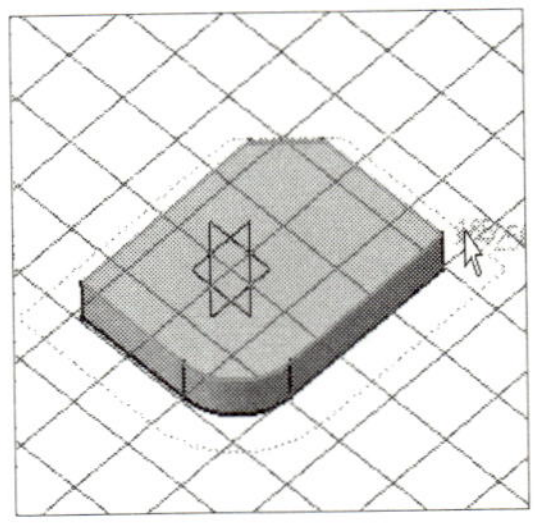

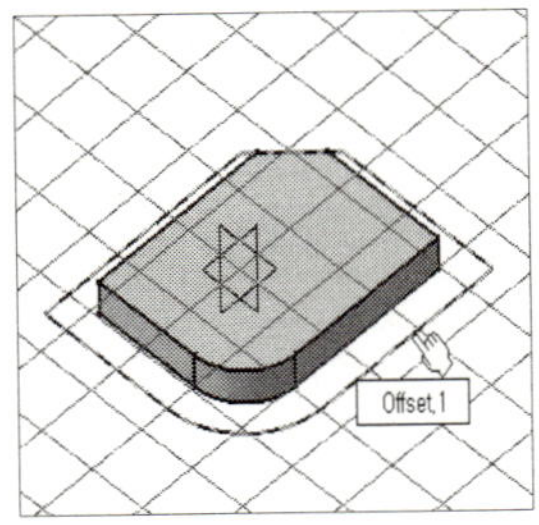

2 Intersecting 3D Elements

선택된 3D Element(Geometry)와 Sketcher Plane의 교차되는 부분에 투영된 Profile을 생성하는 기능이다.

3 Project 3D Silhouette Edges

회전체 모양의 솔리드 윤곽선을 Sketcher Plane에 투영하는 기능이다.

7. Sketcher 연습

7.1 예제 1

아래 드로잉될 예제1은 좌,우 대칭 형상의 도면이다.

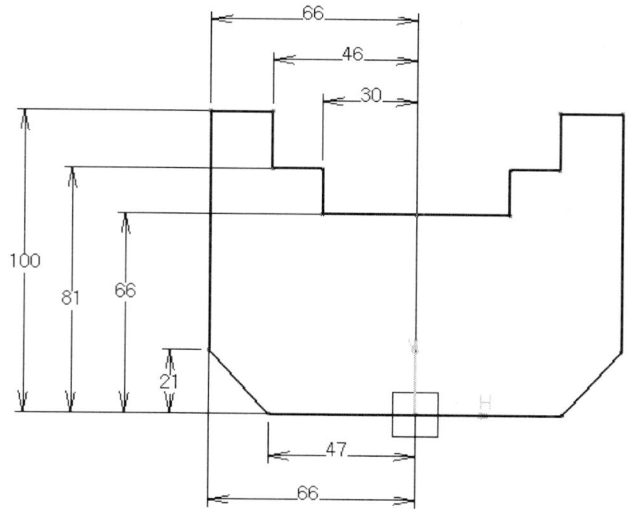

① Pull Down Menu의 Start에서 Mechanical Design, Part Design workbench를 선택한다. xy Plane을 선택하고 Sketcher 아이콘을 클릭한다.

② Sketcher workbench에서 아래 그림과 같이 Sketch tools의 Geometrical Constraints와 Dimensional Constraints를 설정한다.

③ Profile 아이콘을 클릭하고 축을 기준으로 하여 아래 그림과 같이 대략적인 형상을 드로잉한다.

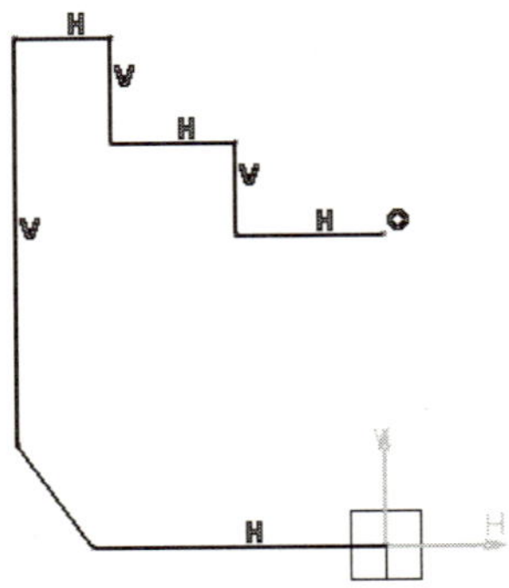

④ Constraint 아이콘( )을 클릭하고 아래 그림과 같이 V축과 Line.3을 선택한다.

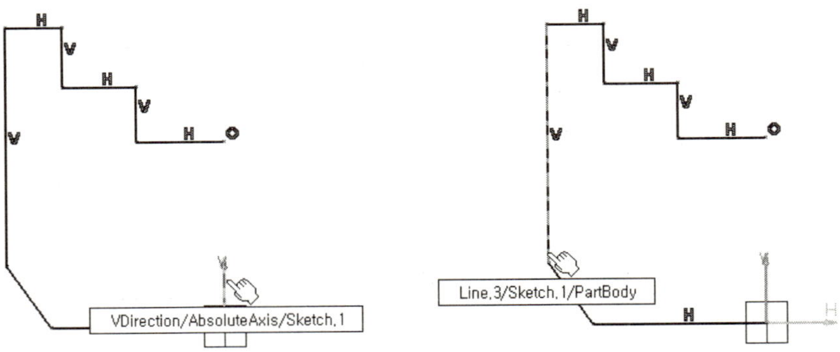

⑤ 아래 그림과 같이 구속 치수가 생성된다.

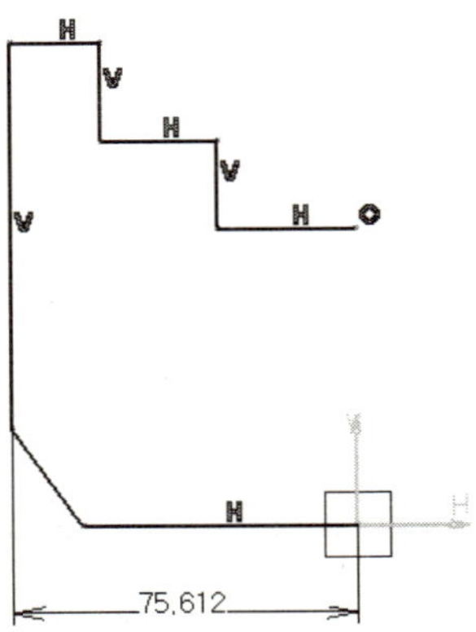

⑥ 생성된 구속 치수를 더블 클릭하면 Constraint Definition Box가 활성화된다. 활성화된 Constraint Definition Box에서 Value를 66mm로 입력한다.

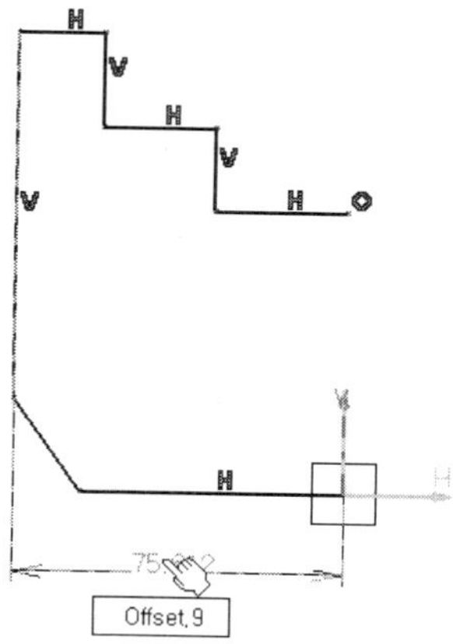

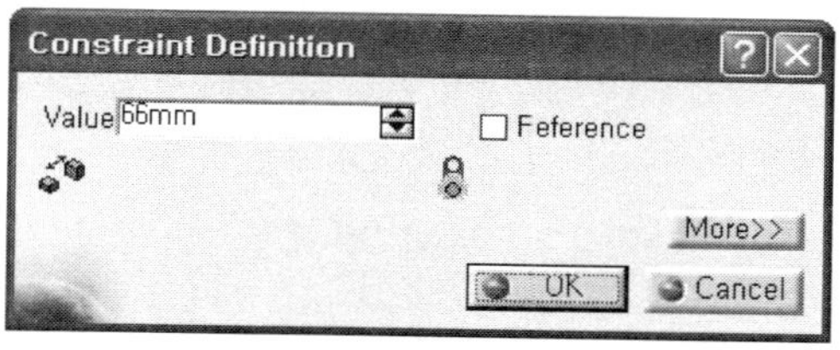

⑦ OK를 클릭하면 아래 그림과 같이 구속 치수가 수정된다.

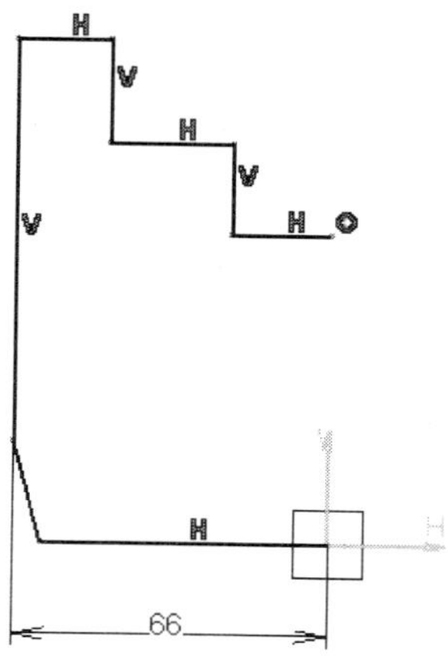

⑧ 위와 같은 방법으로 예제 1의 치수에 대하여 Constraint 아이콘을 이용하여 구속 치수를 아래 그림과 같이 생성시킨다.

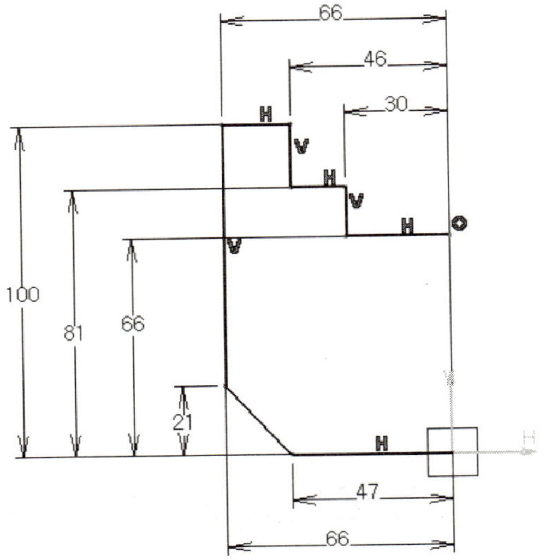

⑨ 아래 그림과 같이 드로잉된 개체 전체를 선택하고 Symmetry 아이콘을 클릭한다.

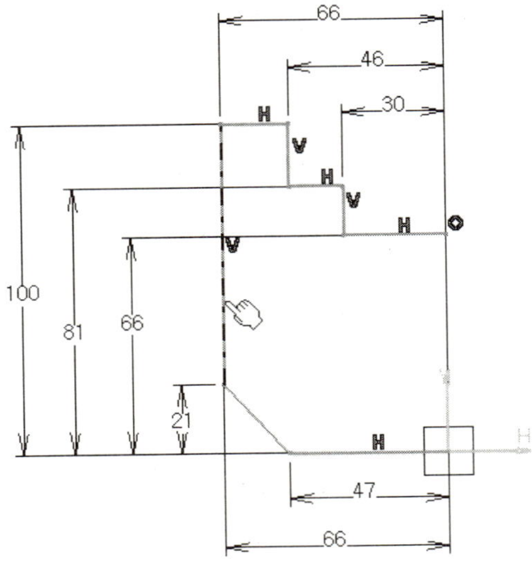

⑩ 아래 그림과 같이 대칭될 축을 V축으로 선택한다.

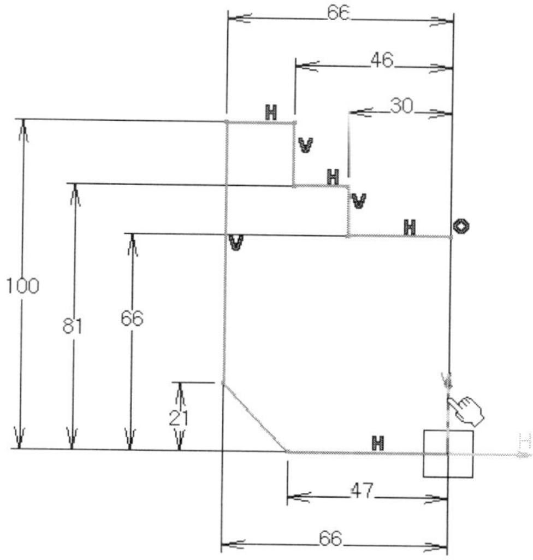

⑪ 아래 그림과 같이 Symmetry된 형상이 생성된다.

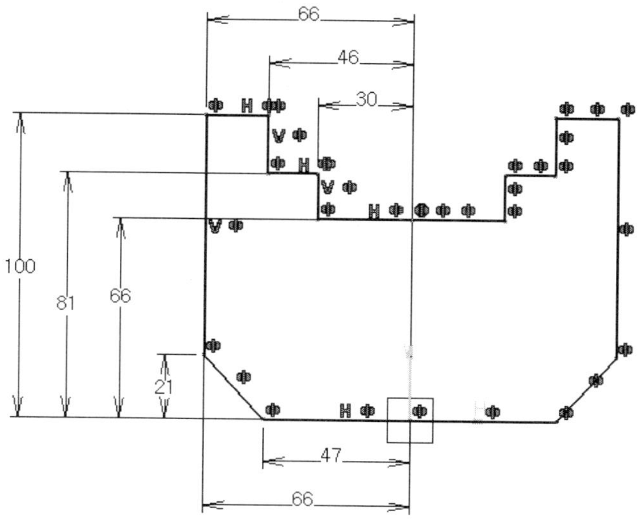

7.2 예제 2

아래 드로잉될 예제 2는 좌,우 대칭 형상의 도면이다.

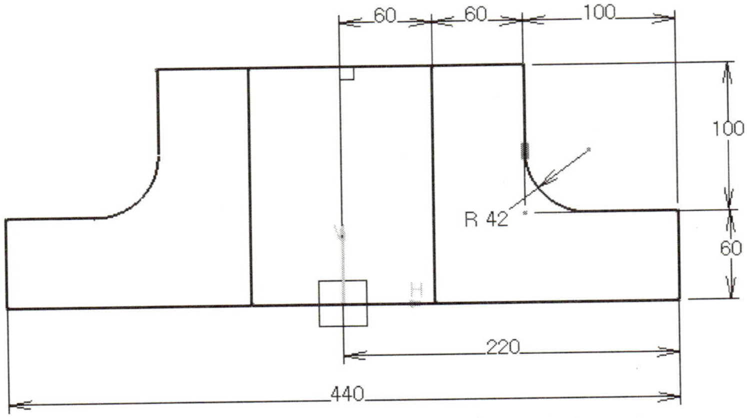

① Pull Down Menu의 Start에서 Mechanical Design, Part Design workbench를 선택한다. xy Plane을 선택하고 Sketcher 아이콘을 클릭한다.

② Sketcher workbench에서 아래 그림과 같이 Sketch tools의 Geometrical Constraints와 Dimensional Constraints를 설정한다.

③ Profile 아이콘을 클릭하고 축을 기준으로 하여 아래 그림과 같이 대략적인 형상을 드로잉한다.

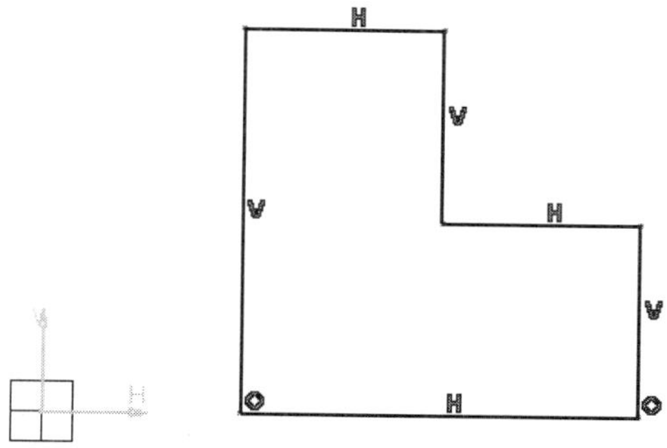

④ 아래 그림과 같이 드로잉된 개체 전체를 선택한다.

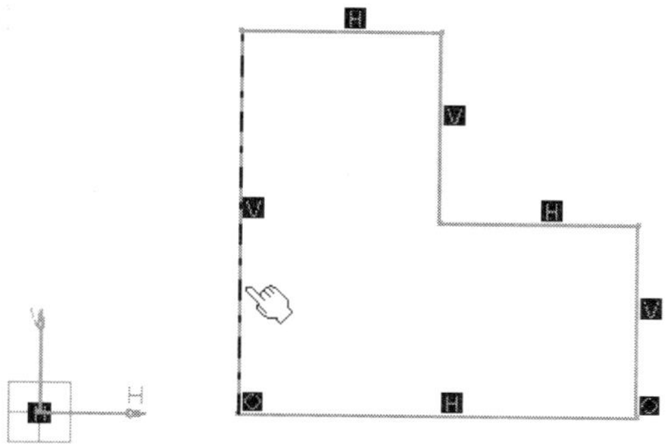

⑤ Auto Constraint 아이콘( )을 클릭하면 Auto Constraint Box가 활성화 되고 Elements to be constrained가 6 Lines으로 확인된다.

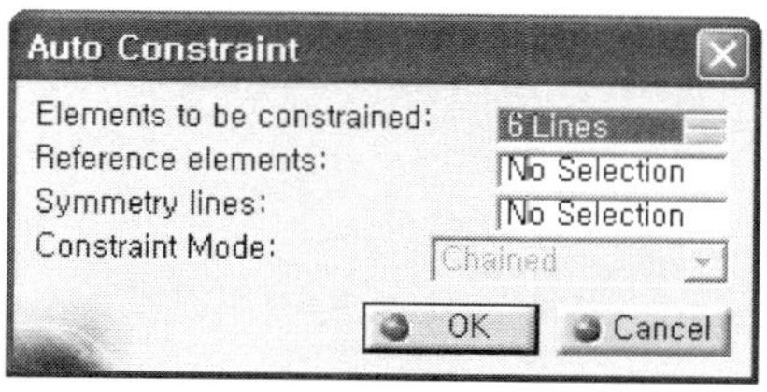

⑥ OK를 클릭하면 아래 그림과 같이 드로잉된 축을 기준으로 전체 구속 치수가 생성된다.

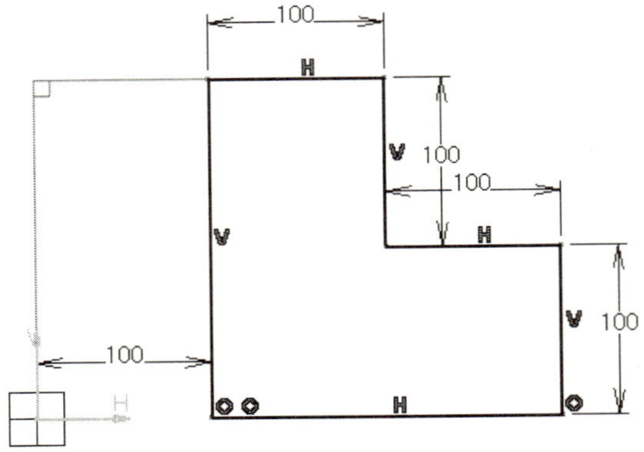

⑦ 치수를 수정하기 위하여 아래 그림과 같이 치수를 더블 클릭하면 Constraint Definition Box가 활성화된다. 활성화된 Constraint Definition Box에서 Value를 60mm로 입력한다.

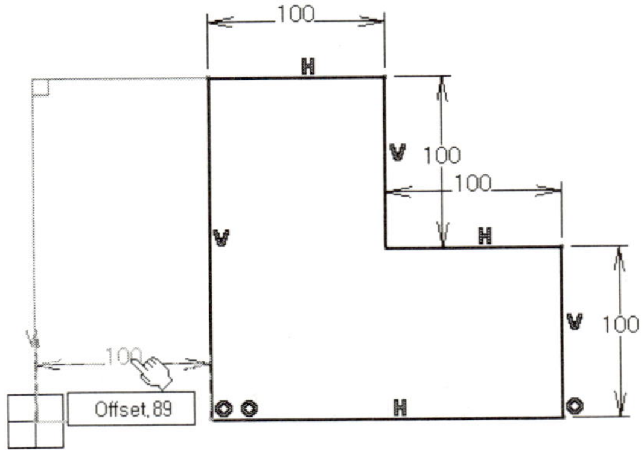

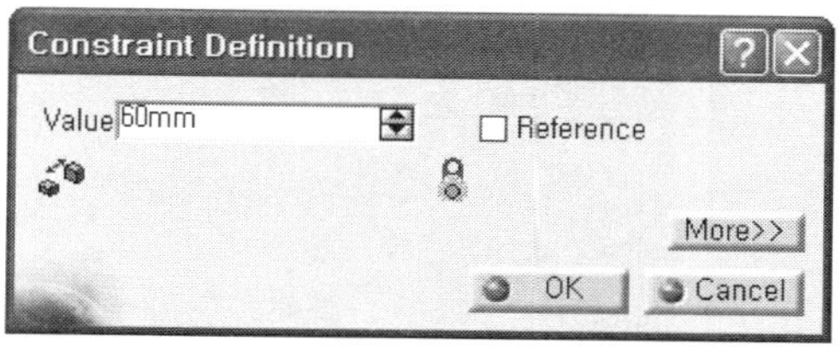

⑧ OK를 클릭하면 아래 그림과 같이 선택된 치수가 수정된다.

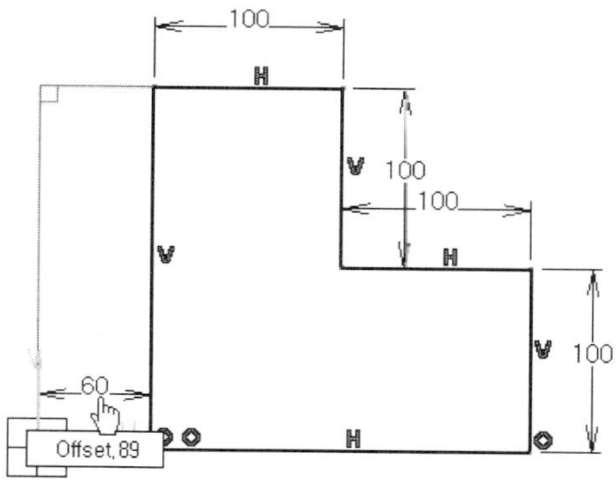

⑨ 위와 같은 방법으로 예제 2의 치수를 수정한다.

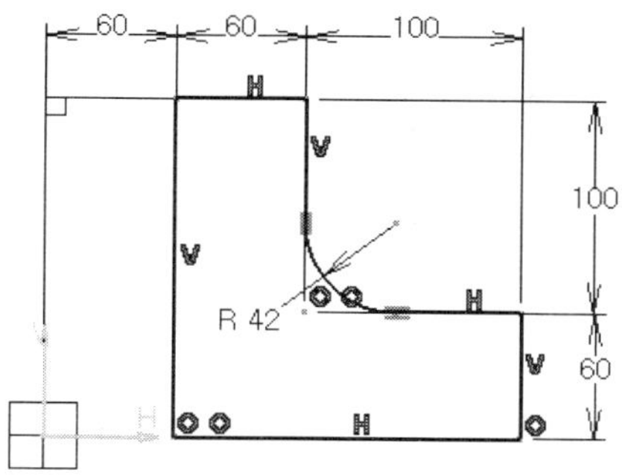

⑩ 아래 그림과 같이 드로잉된 개체 전체를 선택하고 Symmetry 아이콘을 클

릭한다.

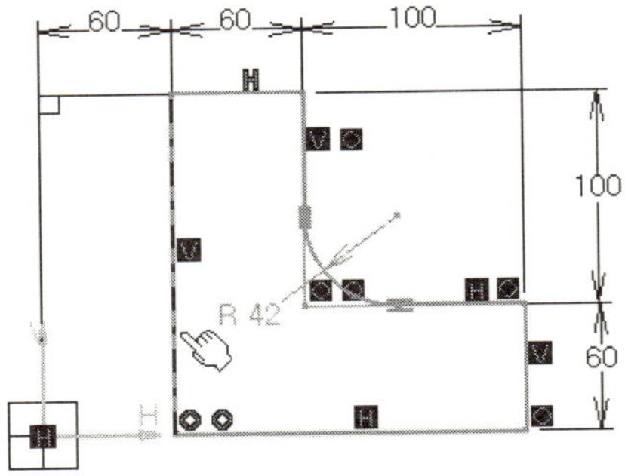

⑪ 아래 그림과 같이 대칭될 축을 V축으로 선택한다.

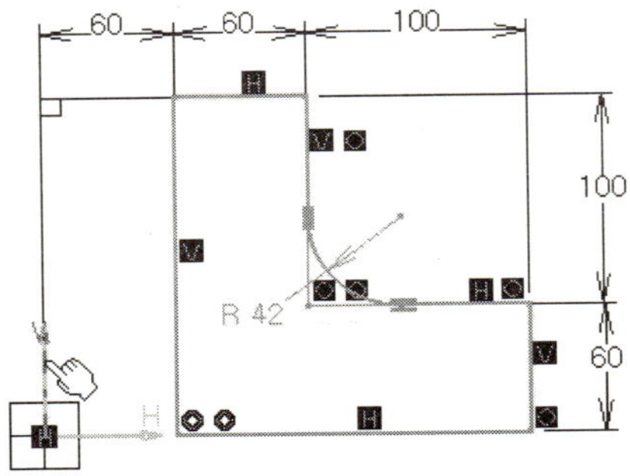

⑫ 아래 그림과 같이 Symmetry된 형상이 생성된다.

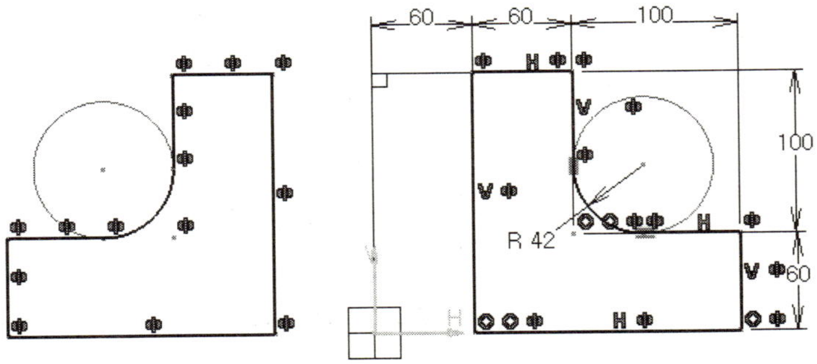

Chapter 4.

Part Design

Chapter 4.

▶▶▶▶ Part Design

1. 개 요

Sketcher에서 작업한 Profile에 대하여 2차원 Element를 3차원 Solid로 모델링 하는 작업 툴을 Part Design이라고 한다. 솔리드로 생성하기 위해서는 다섯 가지 기본 Tool bar인 Sketcher-Based Feature, Dress-up Feature, Surface-Based Feature Transformation Feature, Boolean operation과 다른 툴바로 이루어져있다.

2. Part Design의 시작

Pull Down Menu의 Start에서 Mechanical Design, Part Design을 순서대로 시작하면 Part Design 창이 활성화된다. 그리고 다른 방법은 Pull Down Menu의 Start에서 File의 New 아이콘을 실행하면 New Box가 활성화된다.

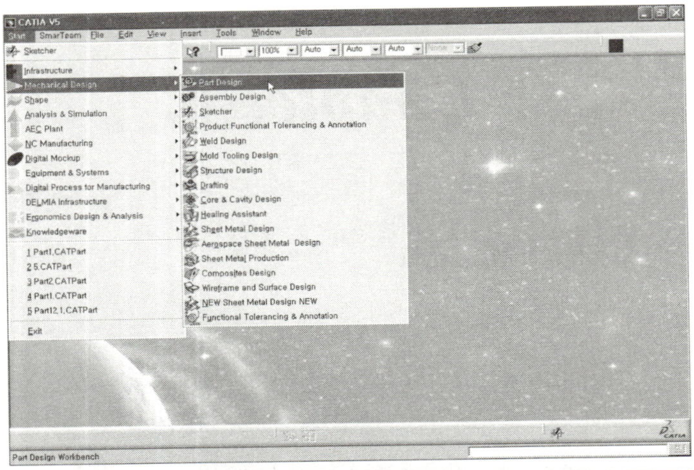
CATIA V5
Start SmarTeam File Edit View Insert Tools Window Help
Sketcher
Infrastructure
Mechanical Design
Shape
Analysis & Simulation
AEC Plant
NC Manufacturing
Digital Mockup
Equipment & Systems
Digital Process for Manufacturing
DELMIA Infrastructure
Ergonomics Design & Analysis
Knowledgeware
1 Part1.CATPart
2 5.CATPart
3 Part2.CATPart
4 Part1.CATPart
5 Part12.1.CATPart
Exit
Part Design
Assembly Design
Sketcher
Product Functional Tolerancing & Annotation
Weld Design
Mold Tooling Design
Structure Design
Drafting
Core & Cavity Design
Healing Assistant
Sheet Metal Design
Aerospace Sheet Metal Design
Sheet Metal Production
Composites Design
Wireframe and Surface Design
NEW Sheet Metal Design NEW
Functional Tolerancing & Annotation
Part Design Workbench

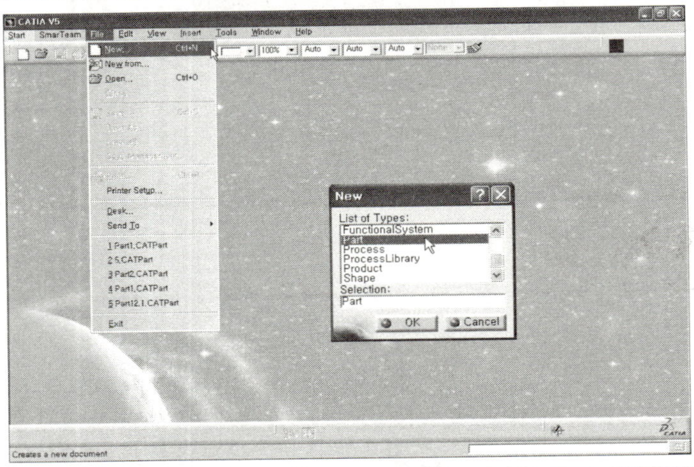
CATIA V5
Start SmarTeam File Edit View Insert Tools Window Help
New... Ctrl+N
New from...
Open... Ctrl+O
Printer Setup...
Desk...
Send To
1 Part1.CATPart
2 5.CATPart
3 Part2.CATPart
4 Part1.CATPart
5 Part12.1.CATPart
Exit
New
List of Types:
FunctionalSystem
Part
Process
ProcessLibrary
Product
Shape
Selection:
Part
OK
Cancel
Creates a new document

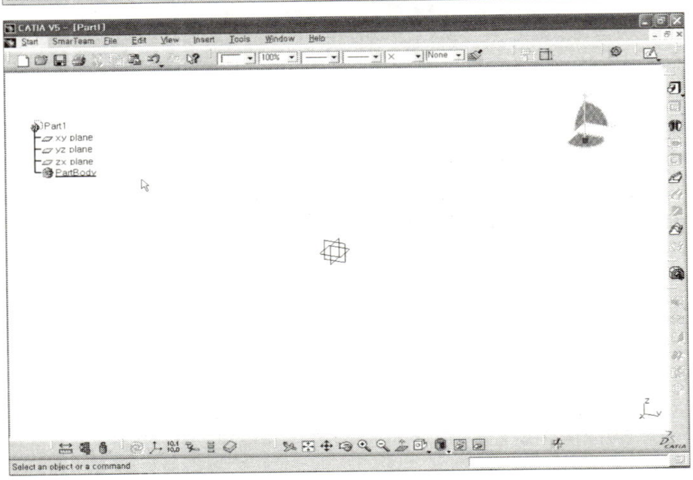
CATIA V5 - [Part1]
Start SmarTeam File Edit View Insert Tools Window Help
Part1
xy plane
yz plane
zx plane
PartBody
Select an object or a command

3. Sketch-Based Features

Sketch-Based Features는 2차원으로 드로잉된 Profile에 대하여 3차원적인 형상을 부여하는 기능들이다.

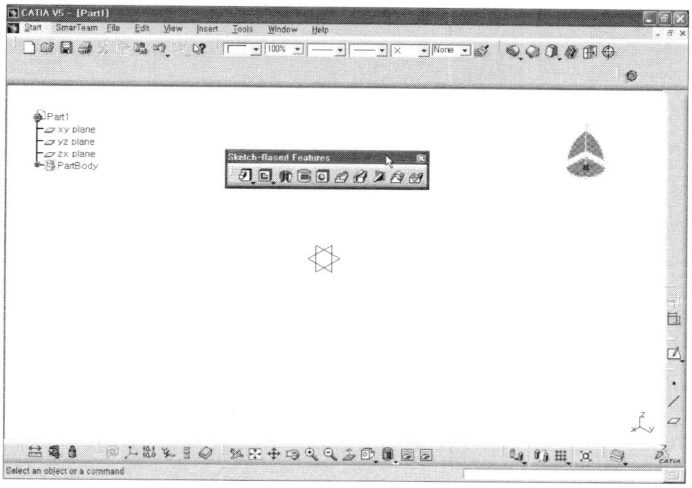

3.1 Pad

Pad는 2차원 평면에서 sketch에 두께를 부여하여 3차원의 Solid 형상을 생성시키는 기능이다.

① xy Pane을 선택하고 Sketcher 아이콘을 실행한다. Sketcher에서 Profile 아이콘을 이용하여 아래 그림과 같이 Sketch.1을 드로잉한다.

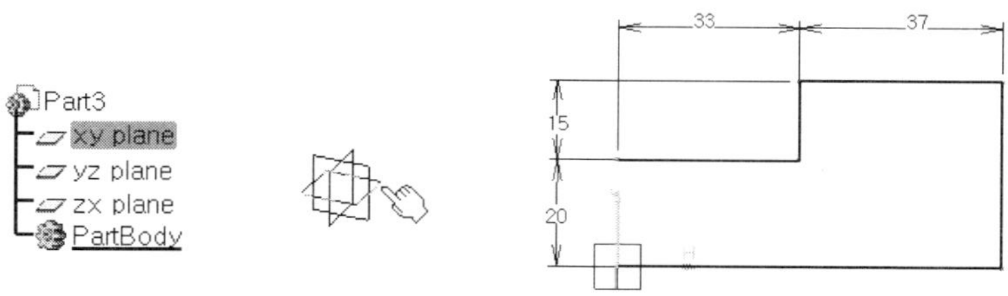

② 드로잉된 개체 모두를 선택한 후 Symmetry 아이콘을 클릭한다. 그리고 대칭시킬 Axis는 Vertical Axis로 지정한다.

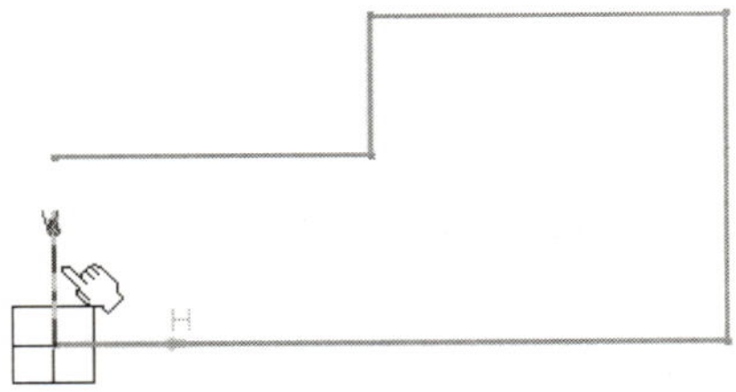

③ Vertical Axis로 Symmetry된 Sketch.1의 형상이 생성된다.

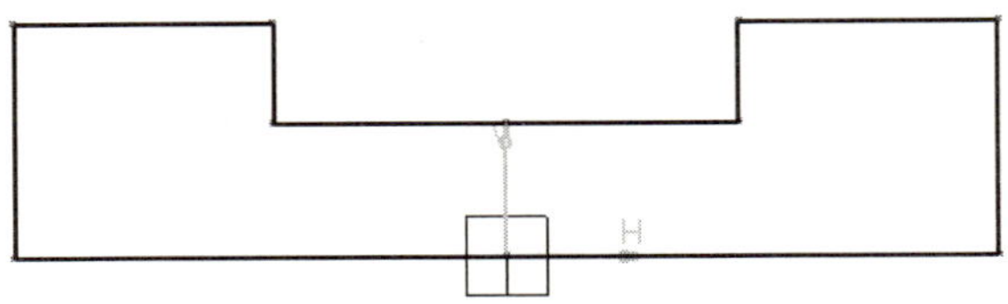

④ Exit workbench 아이콘을 실행한 후 3차원 작업창이 활성화되면 Tree에 Sketch.1이 생성된다.

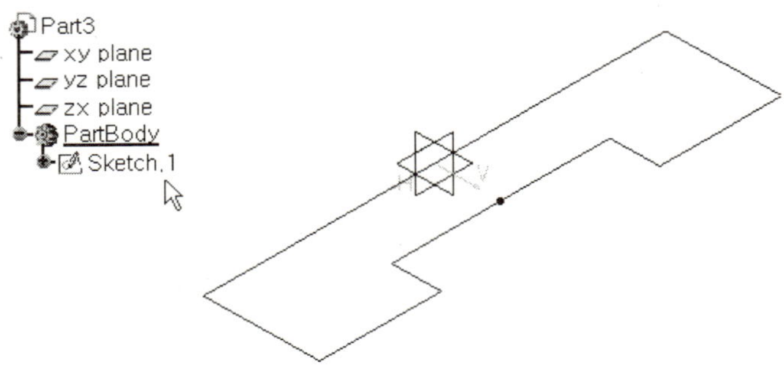

⑤ Pad 시키기 위해 Sketch.1을 지정한다.

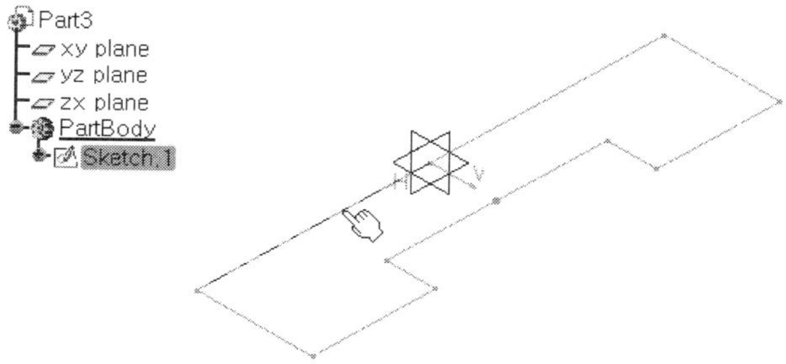

⑥ Pad 아이콘을 실행시킨다. 활성화된 Pad Definition Box에서 Type은 Dimension, Length는 60mm를 입력을 하고 OK를 클릭한다.

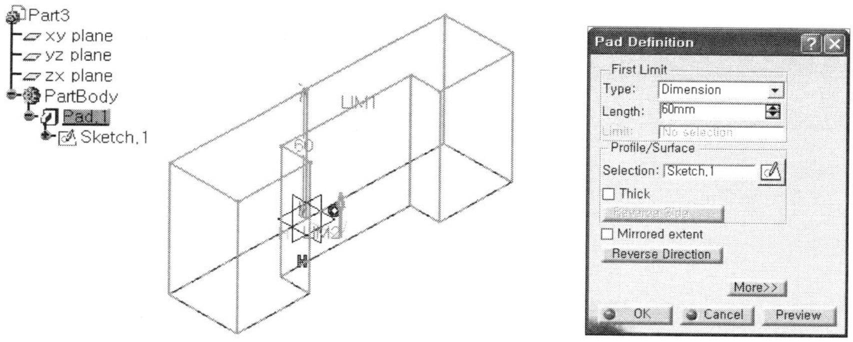

⑦ Specification Tree에서 Pad.1이 생성되고, z축 방향으로 60mm로 Pad된 Sketch.1의 형상이 생성된다.

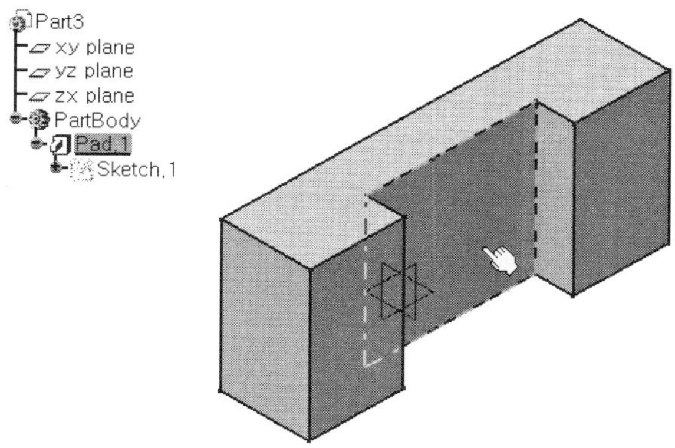

1 Pad의 기능별 설명

① xy Plane을 지정한 후 Sketcher에서 아래 그림과 같이 Sketch.1을 드로잉한다.

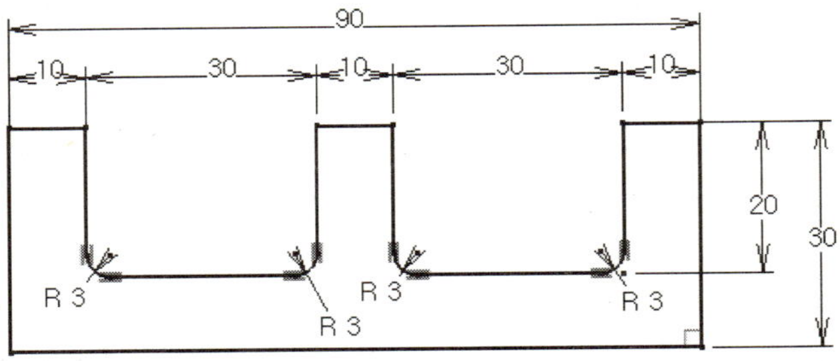

② Exit workbench 아이콘을 실행한 후 3차원 작업창이 활성화되면 Specification Tree에 Sketch.1이 생성된다.

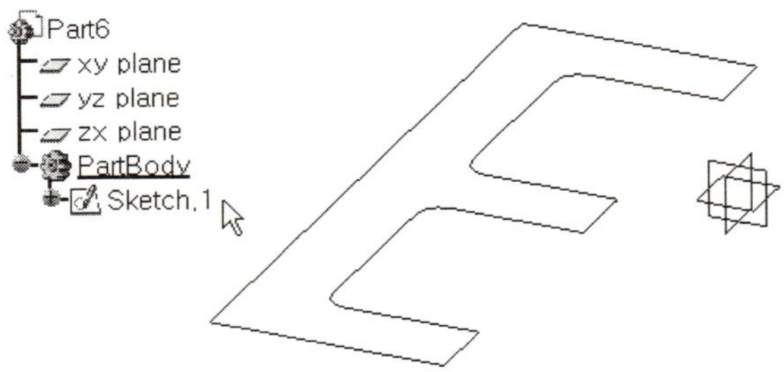

③ Pad 아이콘을 실행시킨다. 활성화된 Pad Definition Box에서 Type을 Dimension으로 설정한다. Length 영역에서 15mm를 입력하고 OK를 클릭한다.

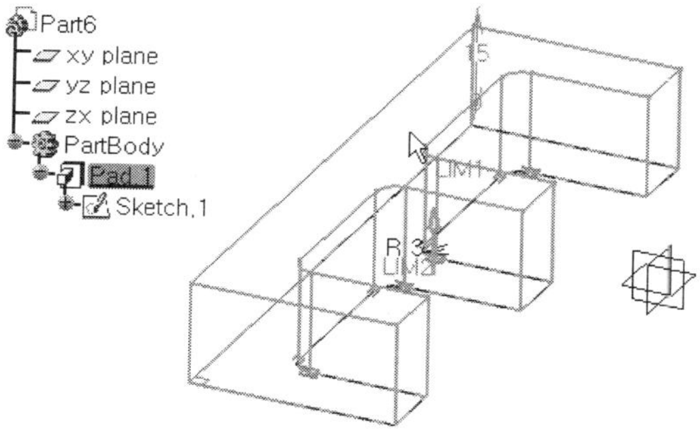

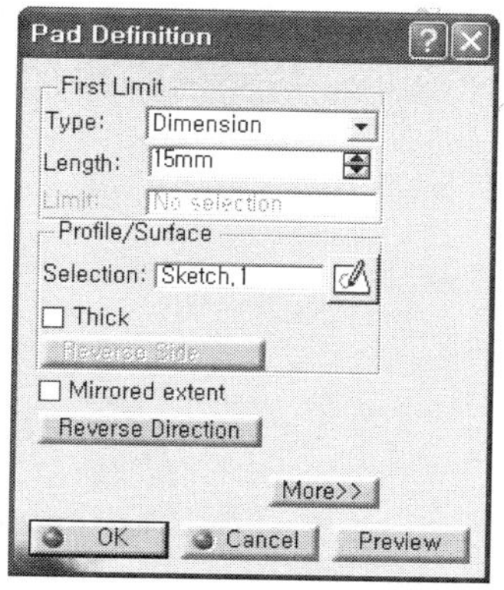

④ Specification Tree에서 Pad.1이 생성되고, 15mm로 Pad된 Sketch.1의 형상이 생성된다.

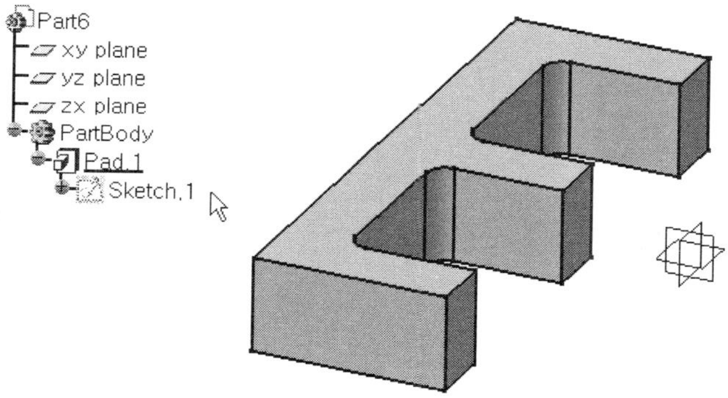

1) Dimension

사용자가 지정한 길이에 대하여 Pad가 생성되는 기능이다.

① 그림과 같이 선택된 면을 Plane으로 지정하고 Sketcher 아이콘을 실행시킨다.

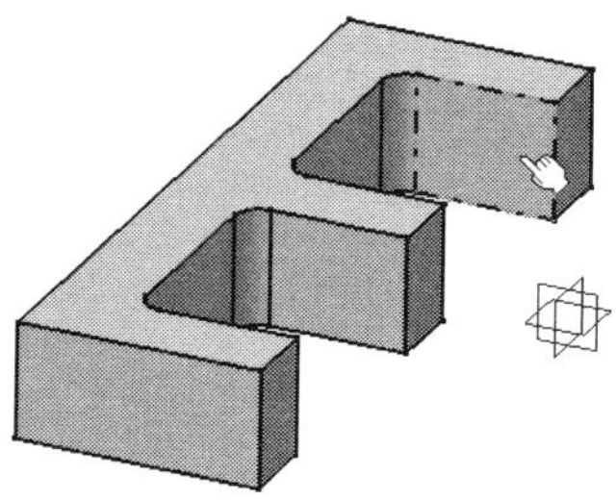

② 지정된 면에 Radius 5mm의 Circle을 드로잉시킨다. Exit workbench 아이콘을 실행한다.

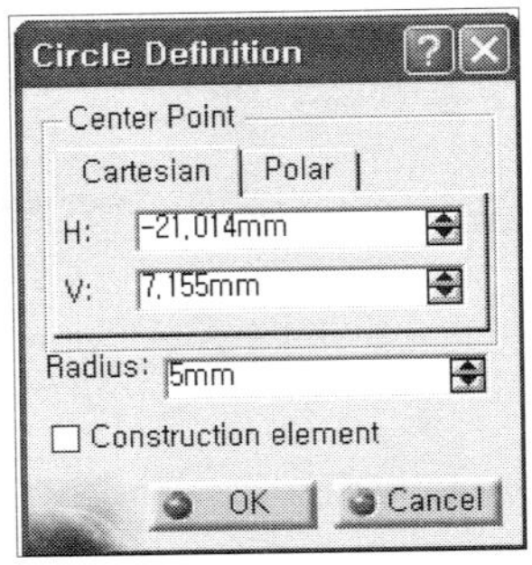

③ 드로잉된 Circle을 선택한 후 Pad 아이콘을 실행시킨다. 활성화된 Pad Definition Box에서 Type은 Dimension, Length는 15mm로 설정하면 아래 그림과 같은 미리 보기가 생성된다.

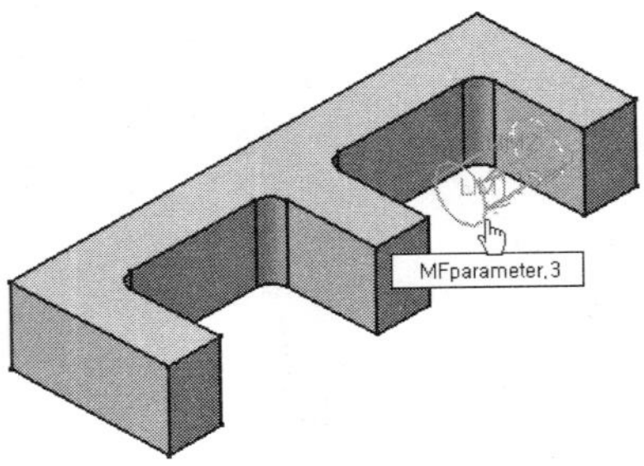

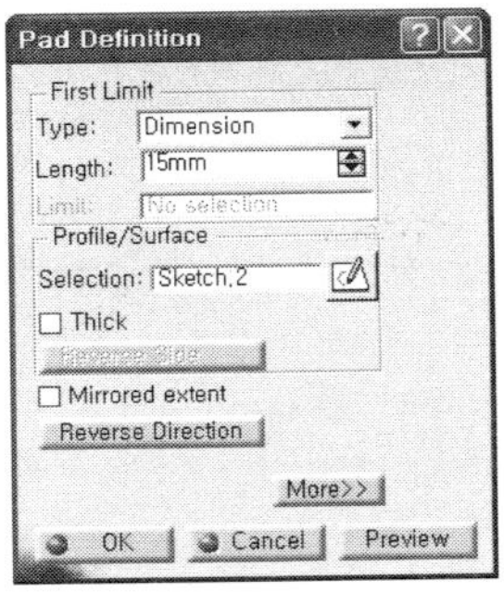

④ OK를 클릭하면 그림과 같은 최종 형상이 생성된다.

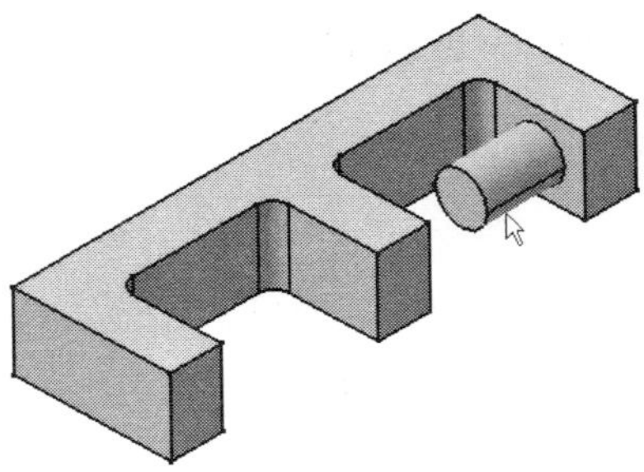

2) Up to next

돌출이 되는 방향으로 다른 Feature가 있을 때 그 Feature의 접촉면까지 모델을 생성하는 기능이다.

① Radius 5mm의 Circle을 선택하고 Pad 아이콘을 실행시킨다.

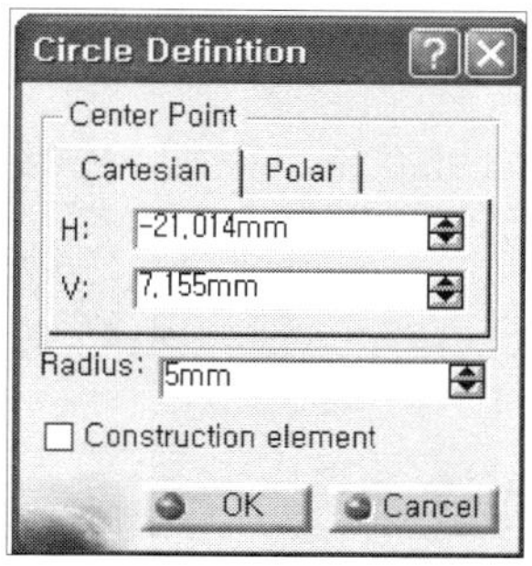

② 활성화된 Pad Definition Box에서 Type을 Up to next를 설정하면 아래 그림과 같이 Pad된 미리 보기가 생성된다.

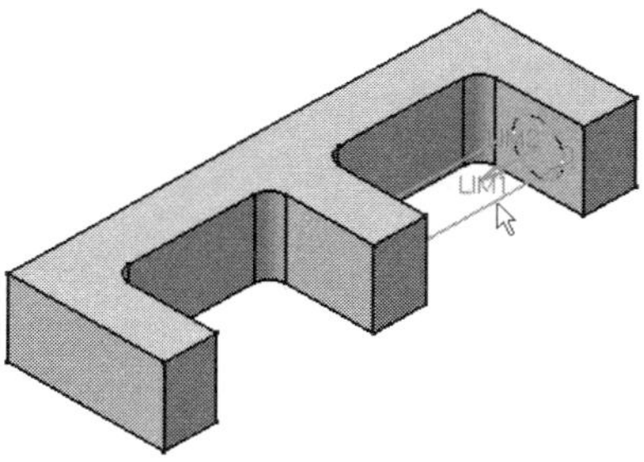

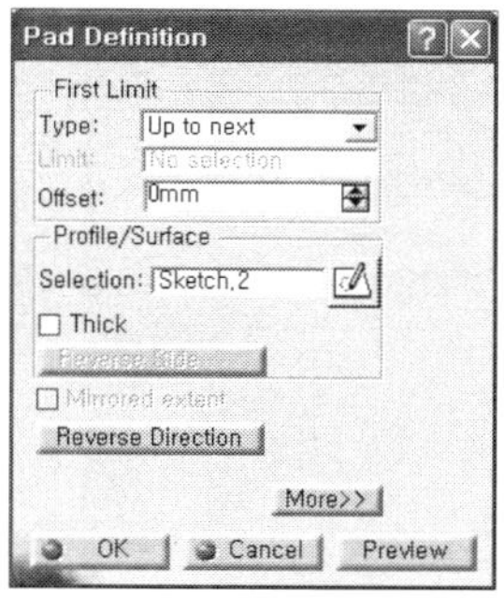

③ OK를 클릭하면 그림과 같이 Up to next로 Pad된 최종 형상이 생성된다.

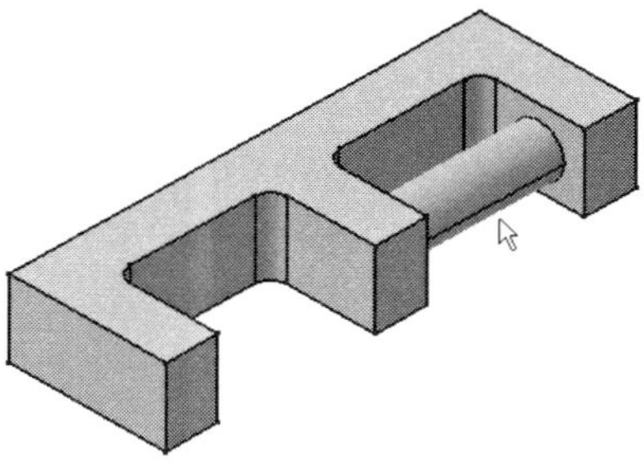

3) Up to last

돌출이 되는 방향으로 여러 개의 Feature가 있을 때 마지막 Feature의 끝 면까지 모델을 형성하는 기능이다.

① Radius 5mm의 Circle을 선택하고 Pad 아이콘을 실행시킨다.

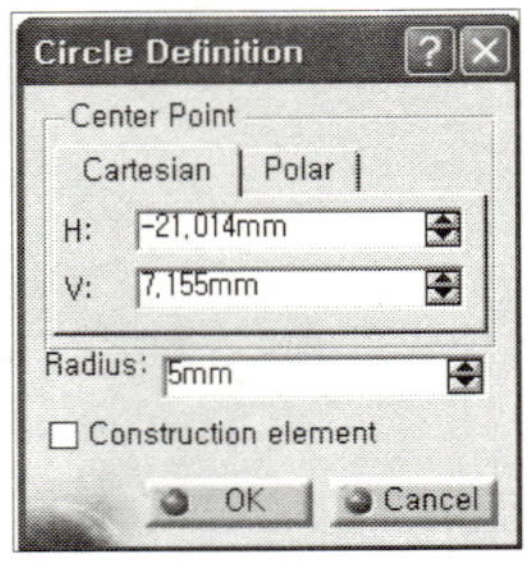

② 활성화된 Pad Definition Box에서 Type을 Up to last를 설정하면 아래 그림과 같이 Pad된 미리 보기가 생성된다.

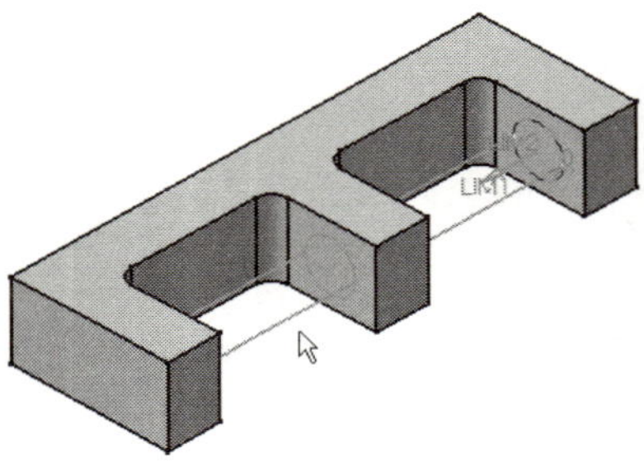

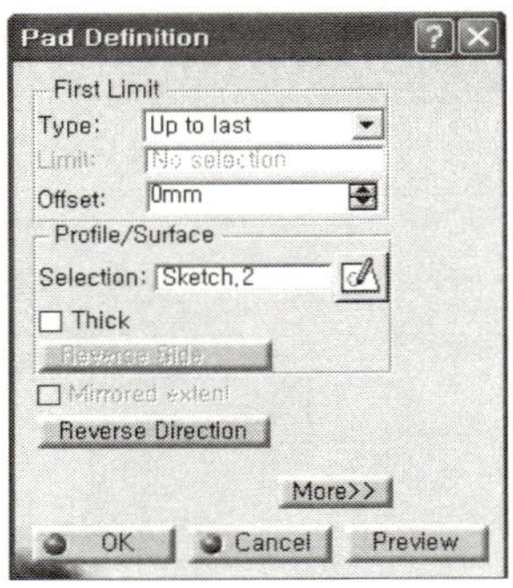

4) Up to plane

사용자가 선택한 Plane까지 Pad를 생성시키는 기능이다.

① Radius 5mm의 Circle을 선택하고 Pad 아이콘을 실행시킨다.

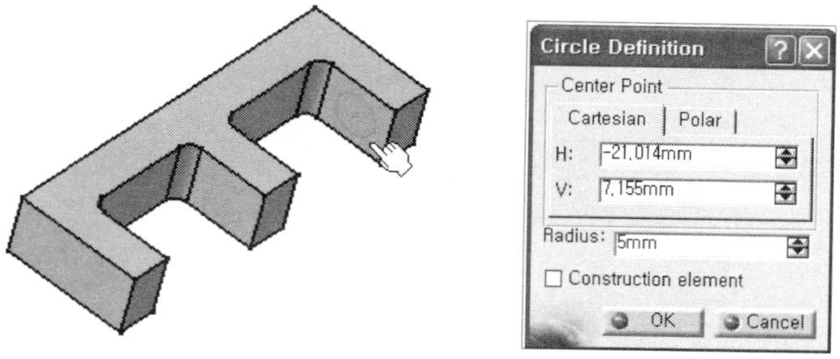

② 화살표 방향을 면으로 지정하고 Plane 아이콘을 실행시킨다. Plane type은 Offset from plane을 설정하고 Offset 값은 10mm로 설정한다.

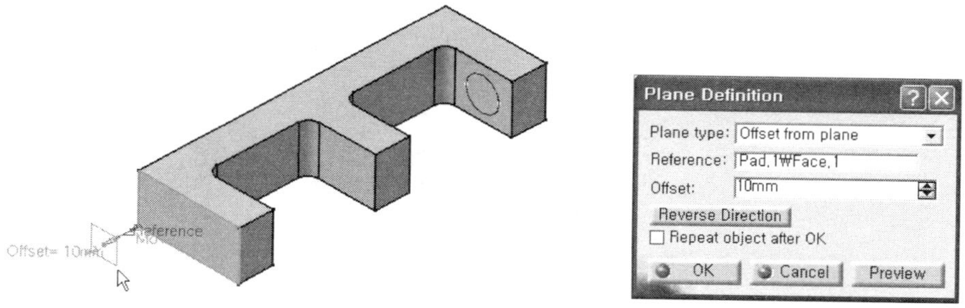

③ OK를 클릭하면 아래 그림과 같이 선택된 면에 Plane이 생성된다.

④ Pad될 Circle을 선택하고 Pad 아이콘을 실행시킨다. 활성화된 Pad Definition Box에서 Type은 Up to plane으로 설정하고 생성된 Plane을 선택하면 아래 그림과 같은 미리 보기가 생성된다.

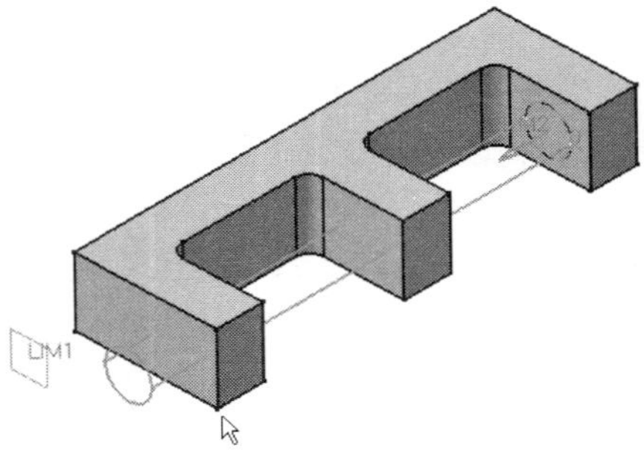

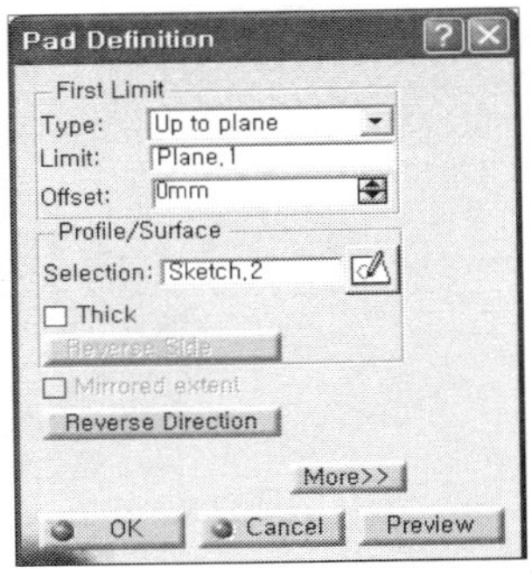

⑤ OK를 클릭하면 아래 그림과 같이 Up to plane으로 Pad된 최종 형상이 생성된다.

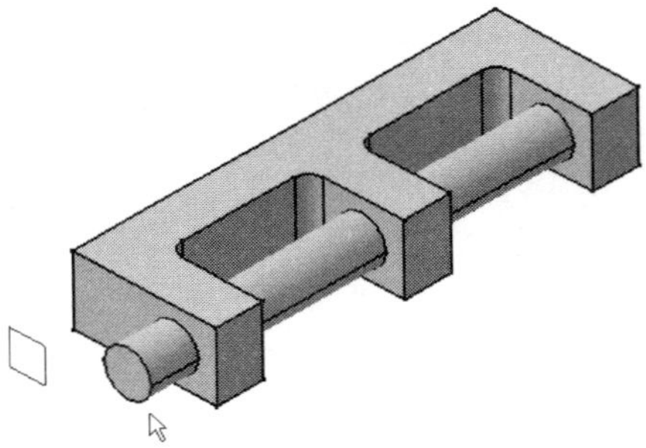

5) Up to surface

사용자가 원하는 surface까지 Pad를 생성하는 기능이다.

① Radius 5mm의 Circle을 선택하고 Pad 아이콘을 실행시킨다.

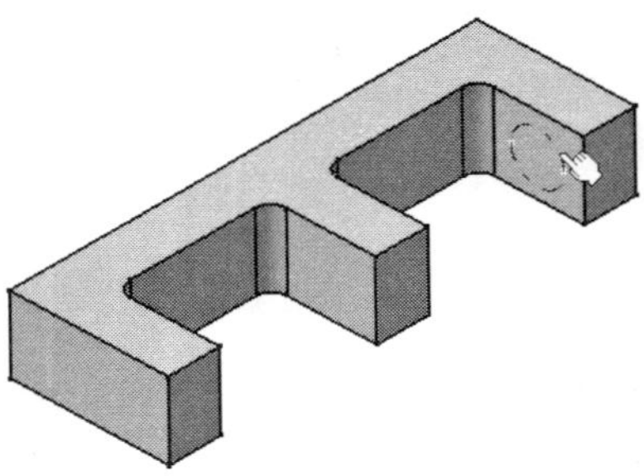

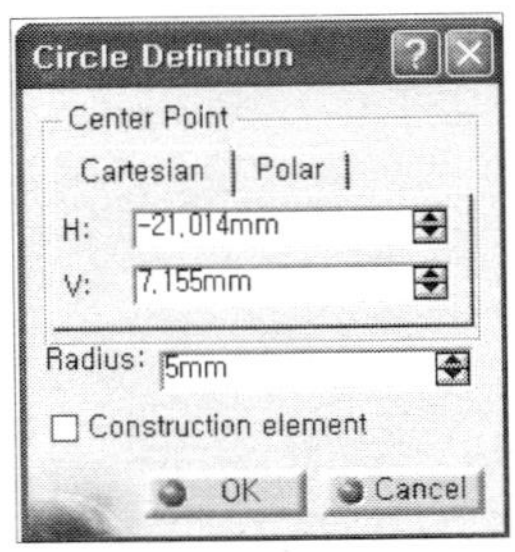

② 활성화된 Pad Definition Box에서 Type은 Up to surface로 설정하

고 아래 그림과 같이 Surface를 선택한다.

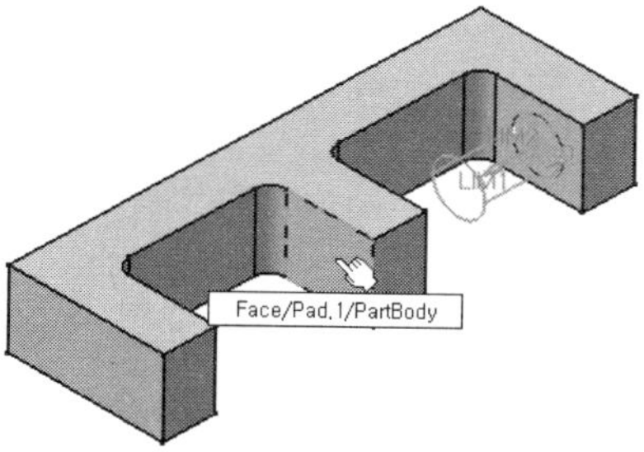

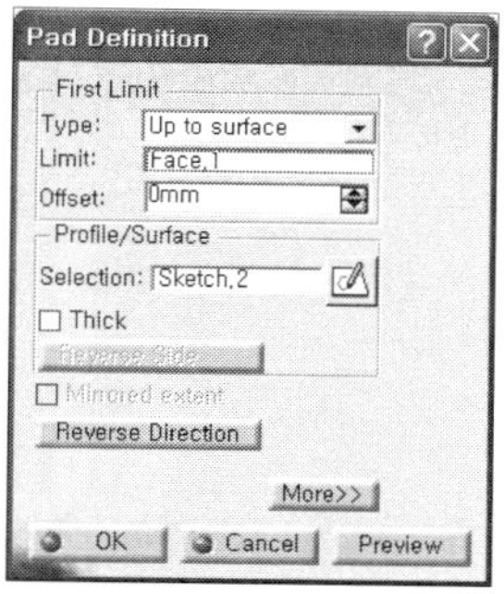

③ OK를 클릭하면 아래 그림과 같이 Up to surface로 Pad된 최종 형상이 생성된다.

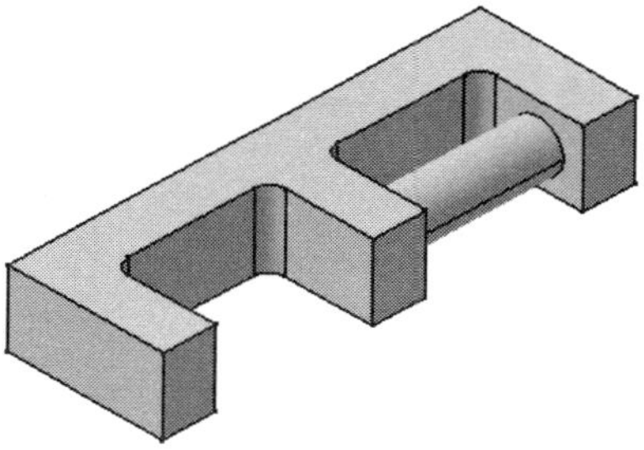

6) Pad from Surface

Surface로부터 지정된 방향으로 Pad를 수행하는 기능이다.

① Pull Down Menu의 Start, Mechanical Design에서 Wireframe and Surface Design workbench를 실행시킨다. xy Plane을 선택하고 Sketcher에서 Spline 아이콘을 이용하여 아래 그림과 같이 임의의 Sketch.1을 드로잉한다.

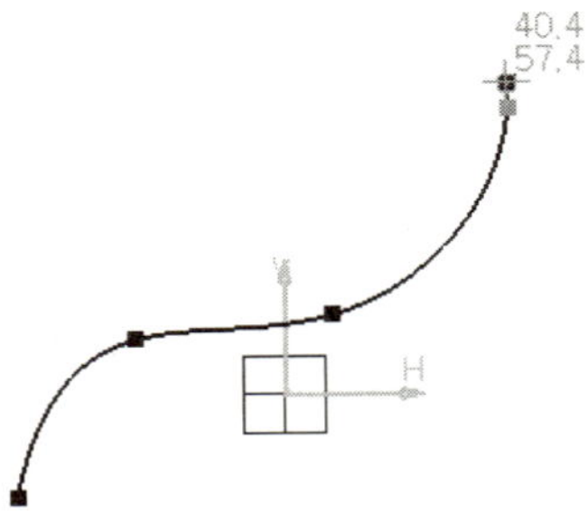

② Exit workbench를 실행시킨 후, Spline을 선택하고 Extrude 아이콘 ( )을 실행시킨다. 활성화된 Extrude Surface Definition Box에서 Limit 1은 20mm, Limit 2는 0mm로 설정한다.

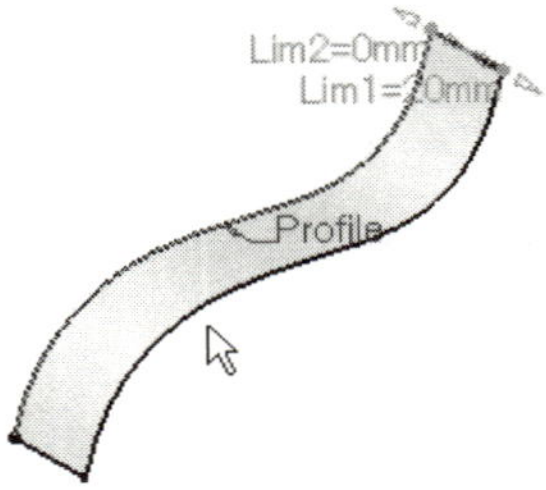

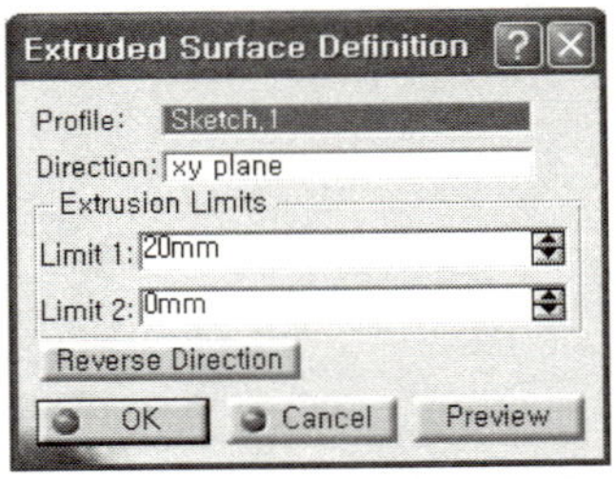

③ 다시 Part Design workbench를 활성화시키고 Pad 아이콘을 클릭한다. 그러면 다음과 같은 Error 메시지 창이 나타난다. 이 Error 메시지 창은 Extrusion의 방향을 지정해야 한다는 메시지이며 방향 선택은 Pad Definition Box에서 지정할 수 있다. "예"를 선택한다.

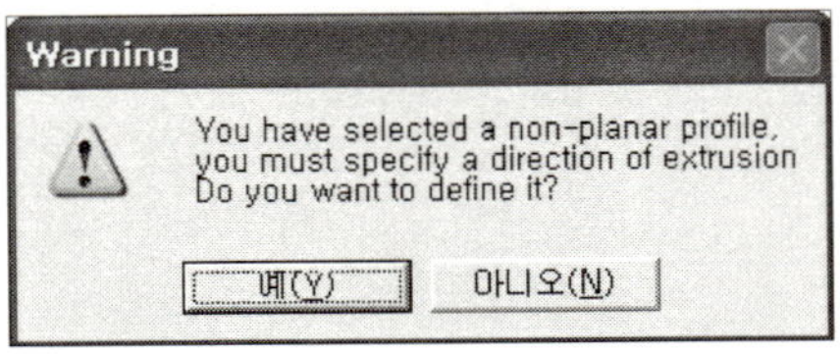

④ Spline을 선택하고 Pad 아이콘을 실행시킨다. Pad Definition Box에서 First Limit의 길이를 20mm, Second Limit의 길이를 0mm로 설정

한다. Direction은 yz Plane을 선택한다. 그러면 아래 그림과 같은 미리 보기가 생성된다.

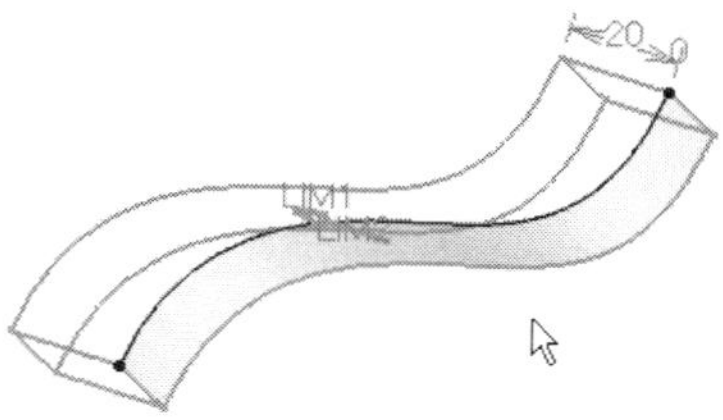

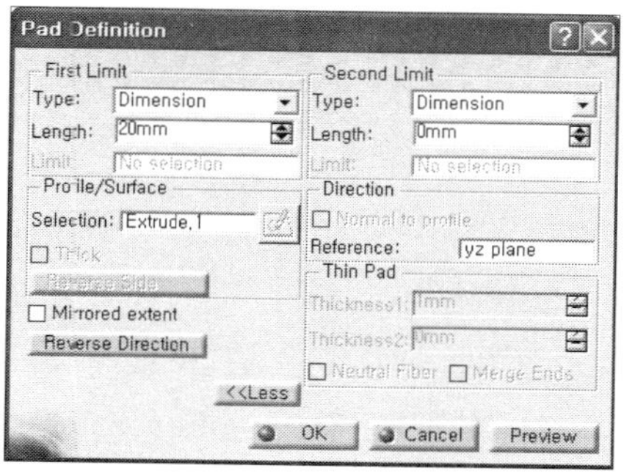

⑤ OK를 클릭하면 아래 그림과 같이 Pad from Surface로 Pad된 최종 형상이 생성된다.

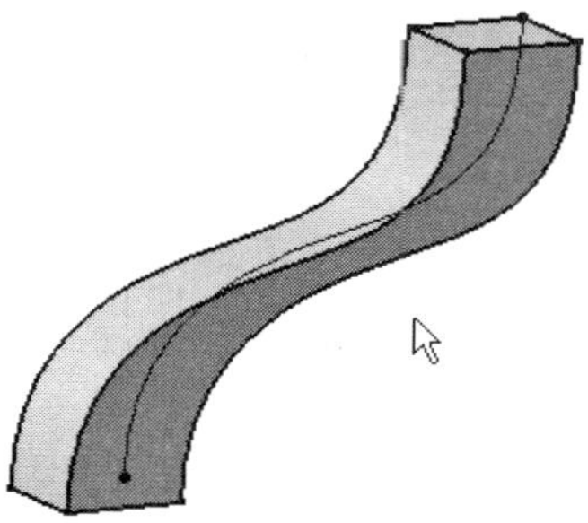

3.2 Drafted Filleted Pad

Pad를 생성하면서 동시에 모서리 부분의 Fillet과 Draft를 함께 정의하는 기능이다.

① xy Plane을 선택하고 Sketcher에서 Rectangle 아이콘을 이용하여 아래 그림과 같이 Sketch.1을 드로잉한다. Exit workbench를 실행시킨 후 15mm로

Pad시킨다.

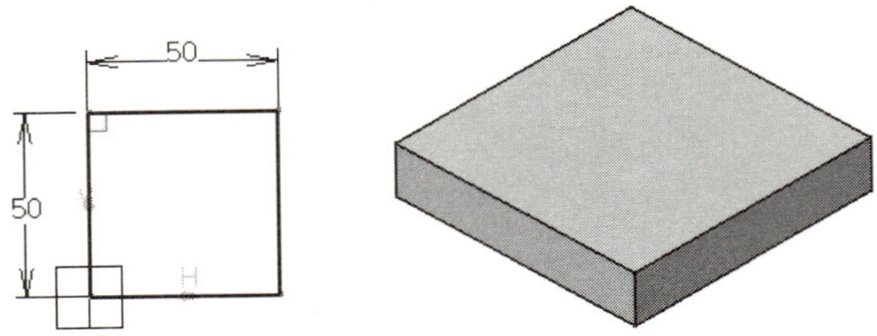

② 윗면을 Plane으로 선택하고 Sketcher에서 Hexagon 아이콘을 이용하여 아래 그림과 같이 Sketch.2를 드로잉한다. Exit workbench를 클릭한 후 Drafted Filleted Pad 아이콘을 실행시킨다.

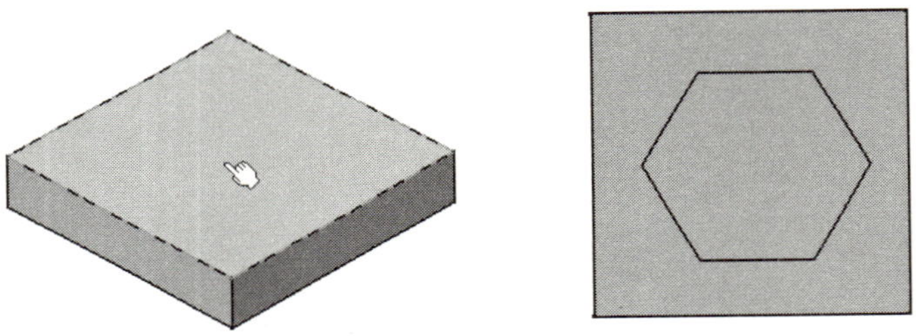

③ Drafted Filleted Pad Definition Box에서 First Limit의 길이를 30mm로 설정한다.

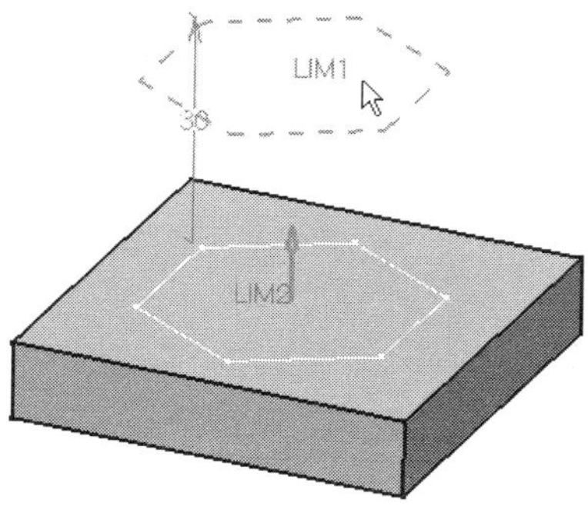

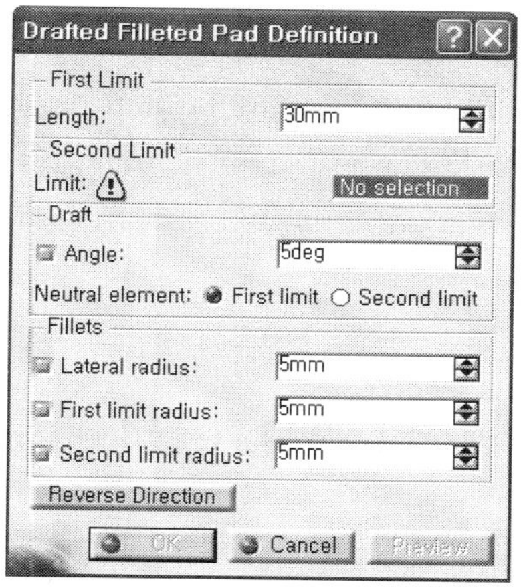

④ Second Limit를 Face. 1로 설정한다.

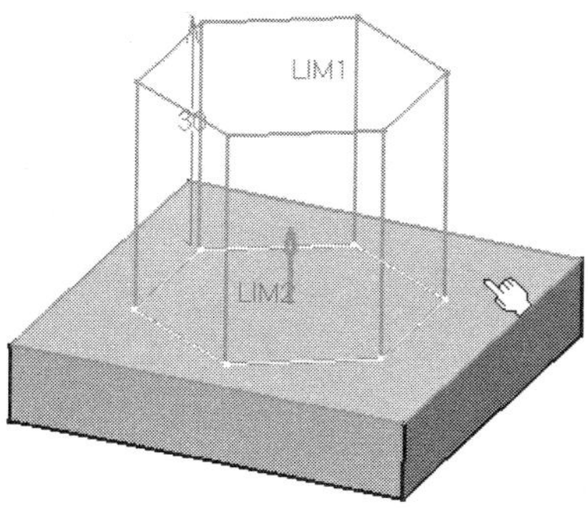

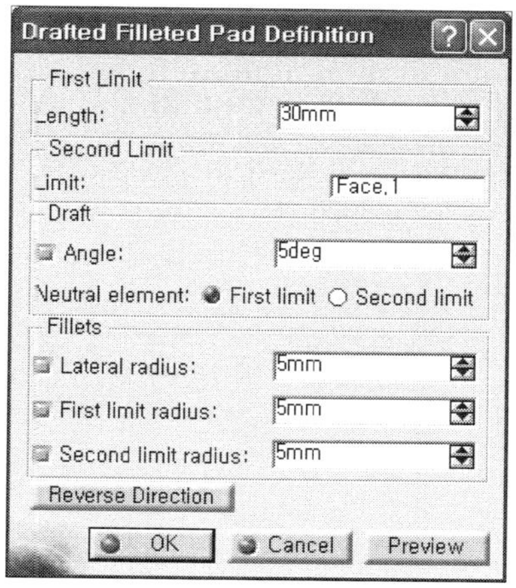

⑤ OK를 클릭하면 그림과 같이 Angle 5deg로 Drafted Filleted Pad된 최종 형상이 생성된다.

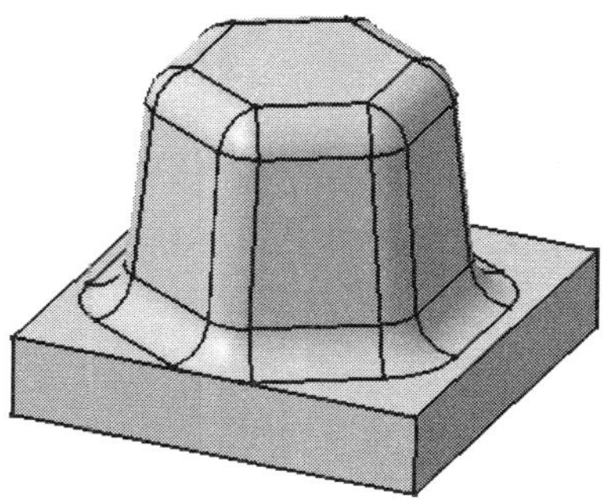

Reverse는 선택한 Second Limit를 기준면으로 Draft의 방향을 반대로 바꿔주고, 주의할 점은 Reverse시 솔리드의 두께와 Draft Pad의 Length가 같을 때는 에러가 발생한다. 즉 Length의 길이를 솔리드의 두께보다 크게 설정해야 한다.

3.3 Multi-Pad

동일한 Profile의 Sketch에서 Pad의 길이를 다르게 지정하여 한번에 Pad를 수행하는 기능이다.

① xy Plane을 지정하고 Sketcher에서 Rectangle 아이콘을 이용하여 아래 그림과 같이 Sketch.1을 드로잉한다. Exit workbench를 실행시킨 후 Pad 아이콘을 클릭하고 20mm로 Pad시킨다. Fillet은 5mm로 설정한다.

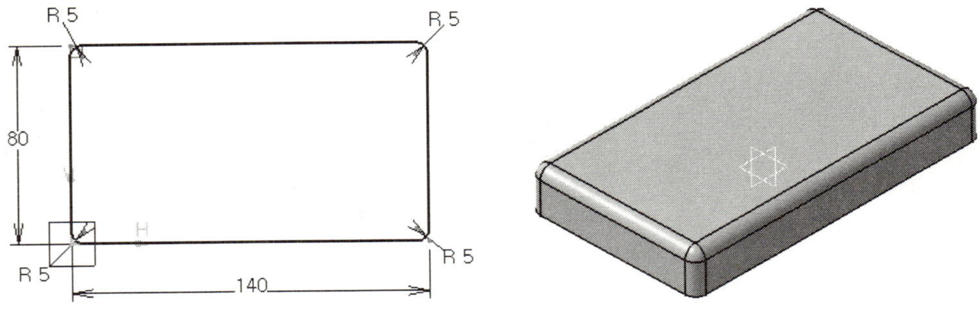

② 윗면을 Plane으로 선택하고 Sketcher에서 Rectangle, Circle 아이콘을 이용하여 그림과 같이 Sketch.2를 드로잉한다.

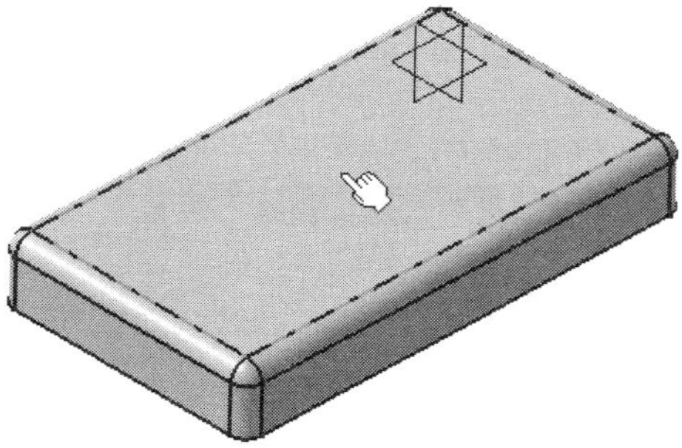

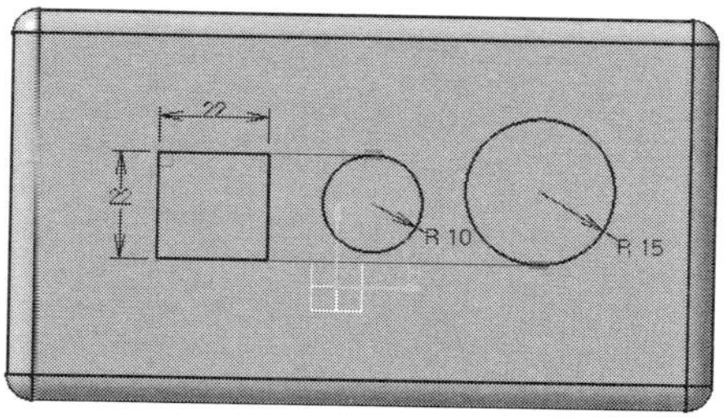

③ Exit workbench를 실행시킨 후 Pad 아이콘을 클릭한다. Multi-Pad Definition Box가 활성화되고 아래 그림과 같이 세 개의 개체가 지정된다.

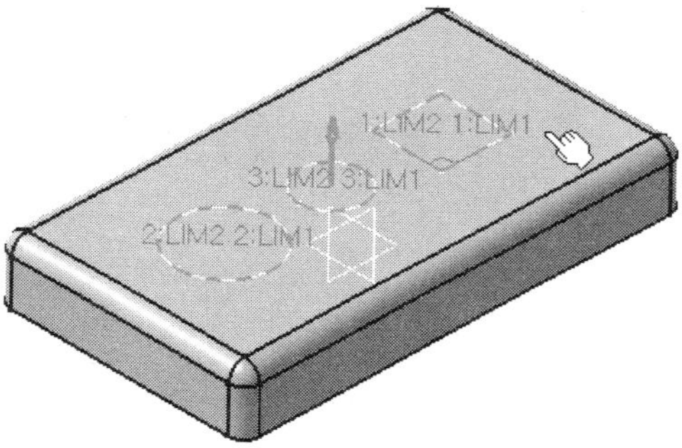

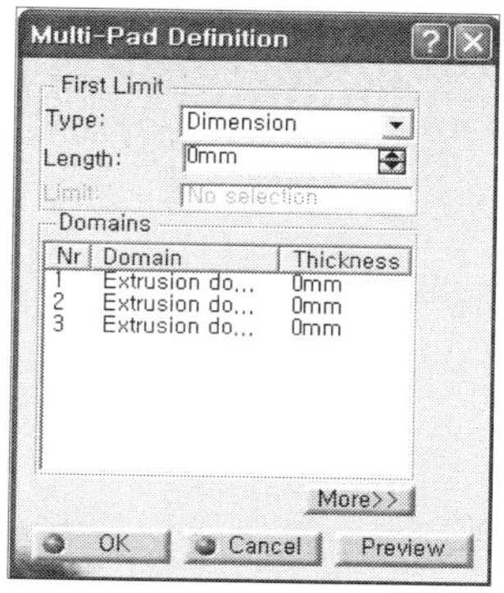

④ Multi-Pad Definition Box에서 Domains의 1을 선택하고 Pad 길이를 20mm로 설정한다.

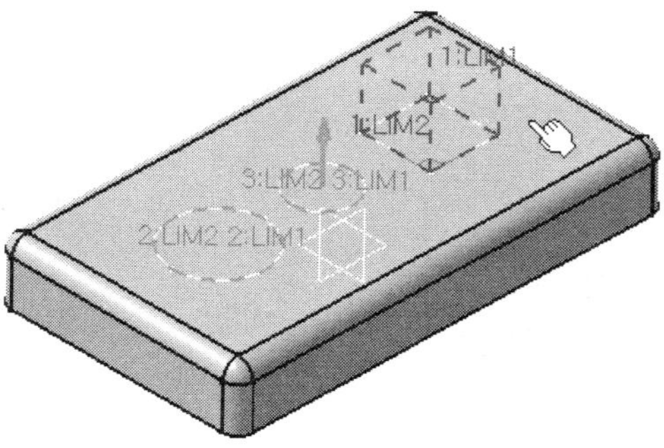

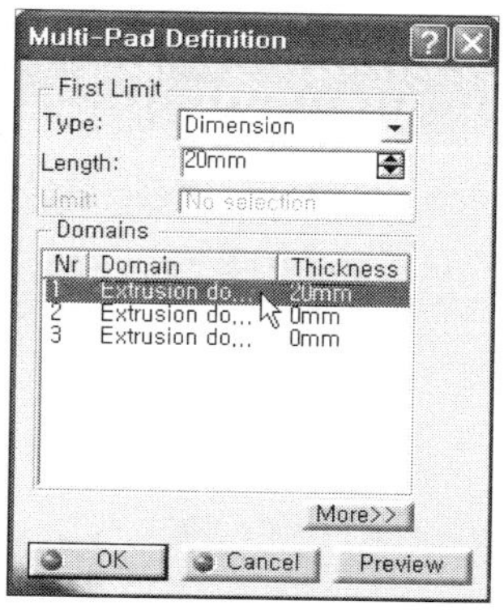

⑤ Multi-Pad Definition Box에서 Domains의 2를 선택하고 Pad 길이를 40mm로 설정한다.

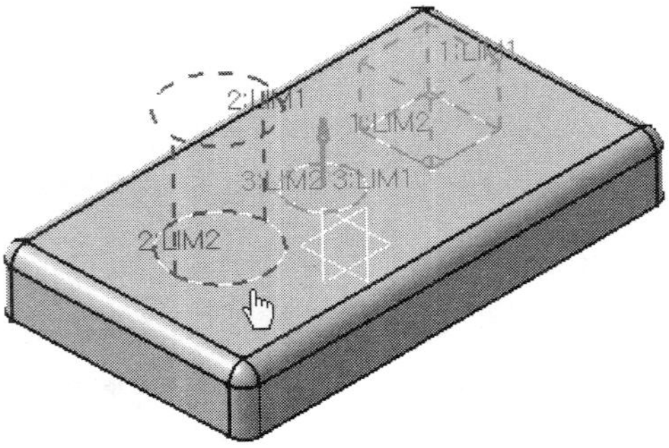

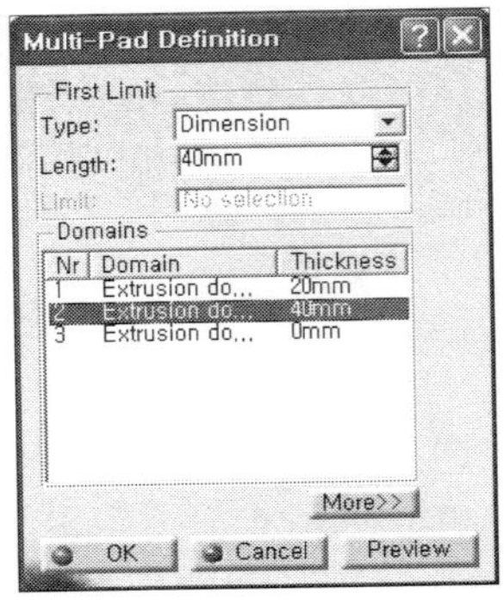

⑥ Multi-Pad Definition Box에서 Domains의 3을 선택하고 Pad 길이를 30mm로 설정한다.

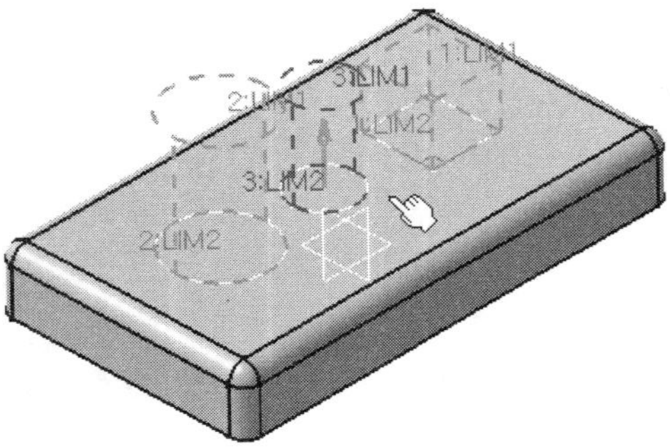

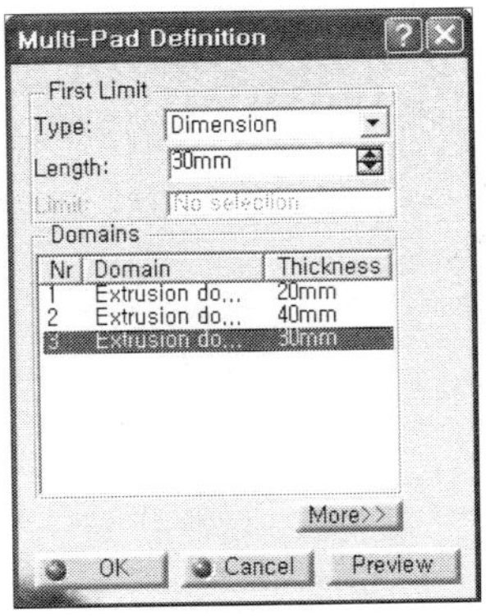

⑦ OK를 클릭하면 그림과 같이 Multi-Pad된 최종 형상이 생성된다.

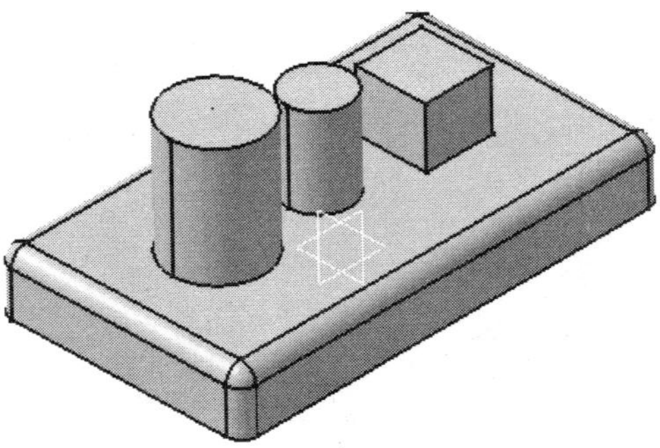

3.4 Pocket

Sketch 형상대로 일정한 방향으로 솔리드를 빼내는 기능이다. 다시 말해 일정 모양의 홈을 만들 때 사용된다. 이 기능을 사용하기 위해서는 기본 Base가 되는 Solid가 있어야한다.(상세 내용은 Pad와 동일하다.)

① xy Plane을 선택하고 Sketcher에서 Line과 Circle 아이콘을 이용하여 아래 그림과 같이 Sketch.1을 드로잉한다. Exit workbench를 실행시킨 후 Pad 아이콘을 클릭하고 40mm로 Pad시킨다.

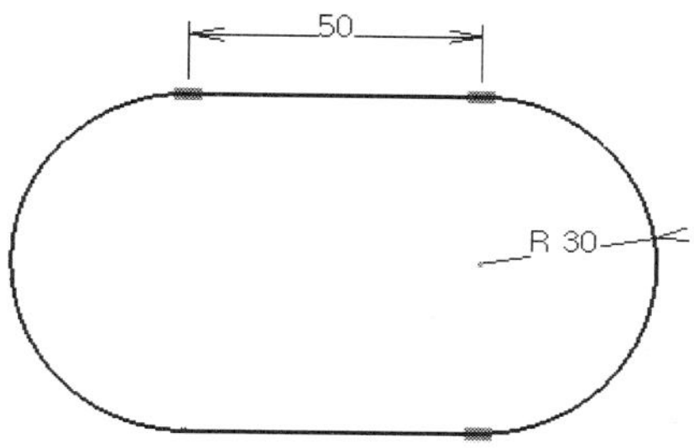

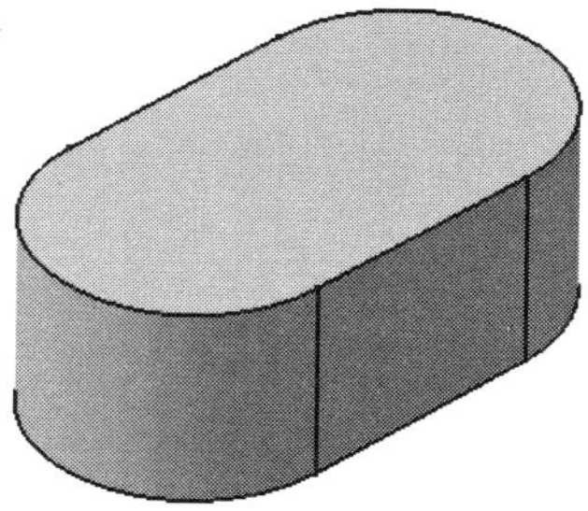

② 윗면을 Plane으로 지정하고 Sketcher에서 Circle 아이콘을 이용하여 Radius 15mm의 Sketch.2를 드로잉한다.

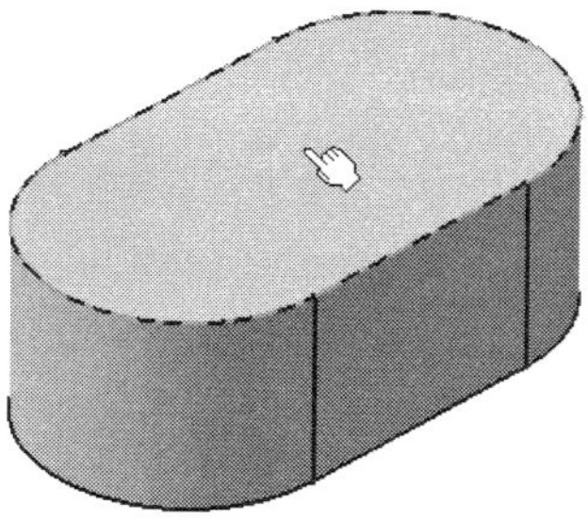

〈기본 Base가 되는 Solid〉

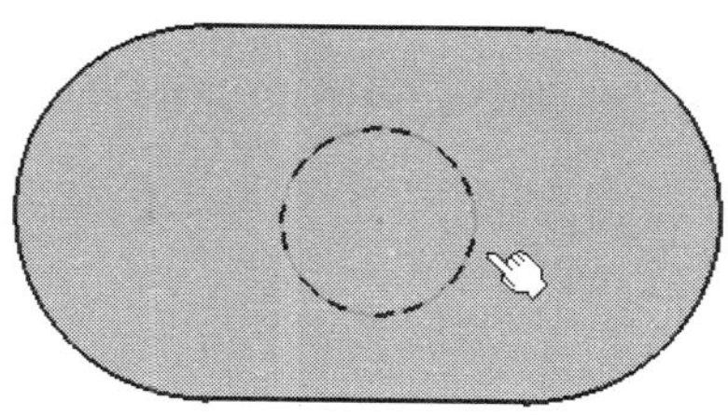

〈2D에서 Sketch 작업〉

③ Exit workbench를 실행시킨 후 Circle을 지정하고 Pocket 아이콘을 실행시킨다. 활성화된 Pocket Definition Box에서 Depth를 40mm로 설정한다.

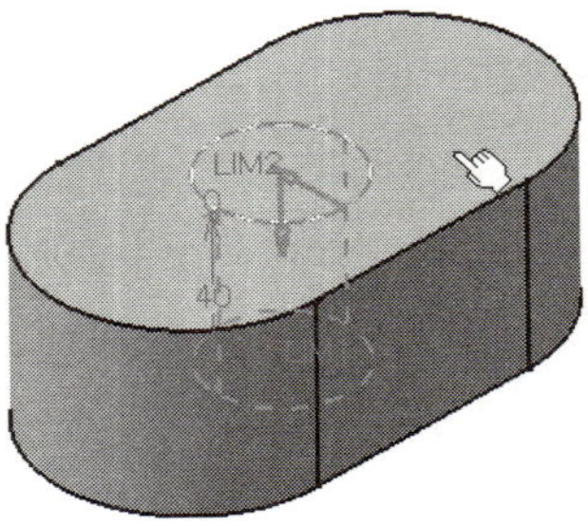

〈3D 상으로 빠져나온 모습〉

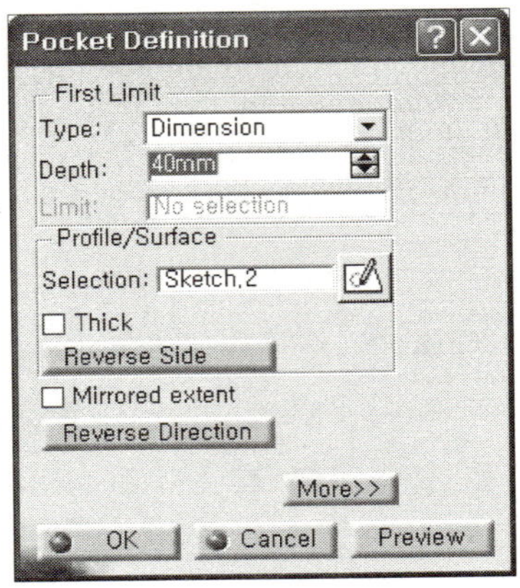

〈Pocket Definition〉

④ OK를 클릭하면 40mm로 Pocket된 최종 형상이 생성된다.

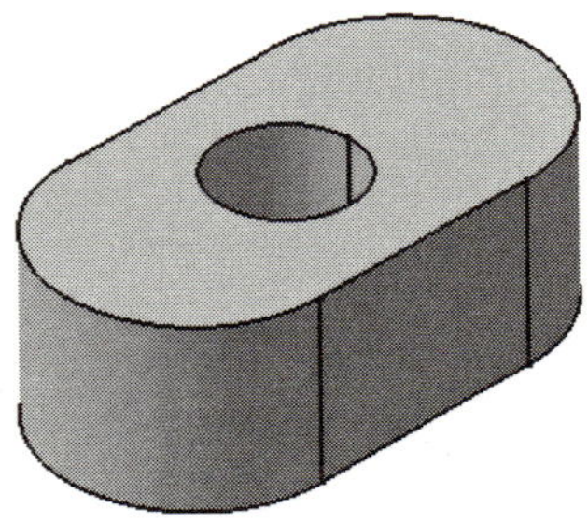

〈모델 완성〉

Pocket의 옵션인 Dimension, Up to next, Up to last, Up to Plane, Up to surface는 Pad의 옵션의 반대라고 생각하면 쉽게 이해할 수 있다.

3.5 Drafted Filleted Pocket

Drafted Filleted Pocket 기능은 Pocket을 생성하면서 동시에 모서리 부분의 Fillet의 부여와 옆면의 각도를 부여하여 원하는 형태의 Pocket을 생성시키는 기능이다.

① xy Plane을 지정하고 Sketcher에서 Rectangle 아이콘을 이용하여 50×50mm의 정사각형인 Sketch.1을 드로잉한다. Exit workbench를 실행시킨 후 Pad 아이콘을 클릭하고 15mm로 Pad시킨다.

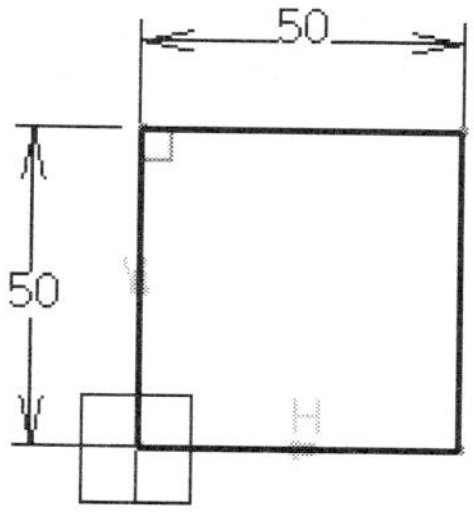

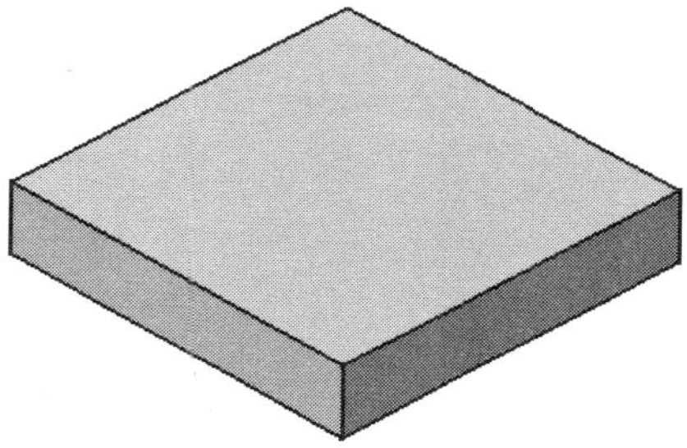

② 윗면을 Plane으로 선택하고 Sketcher에서 Hexagon 아이콘을 이용하여 아래 그림과 같이 Sketch.2를 드로잉한다. Exit workbench를 클릭한 후 Drafted Filleted Pocket 아이콘을 실행시킨다.

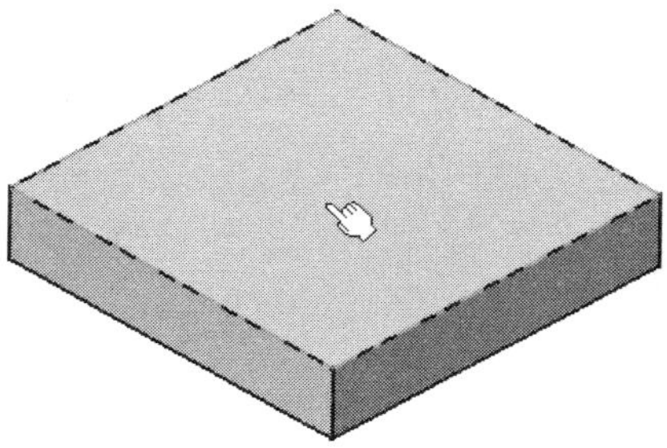

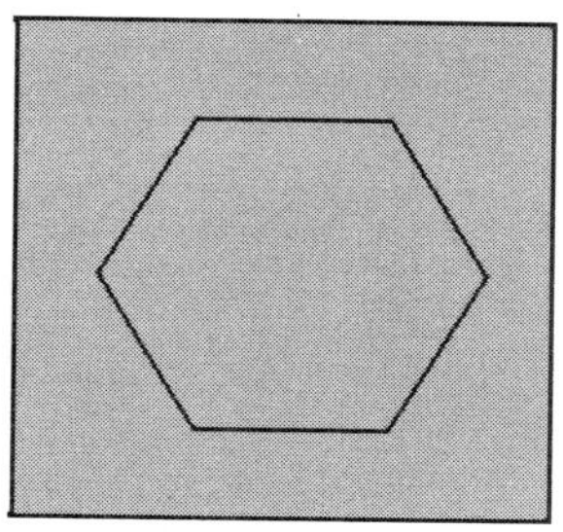

③ Drafted Filleted Pocket Definition Box에서 First Limit의 길이를 5mm

로 설정한다.

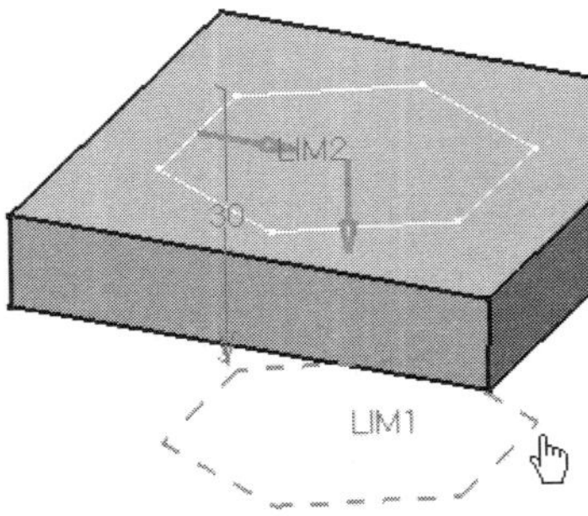

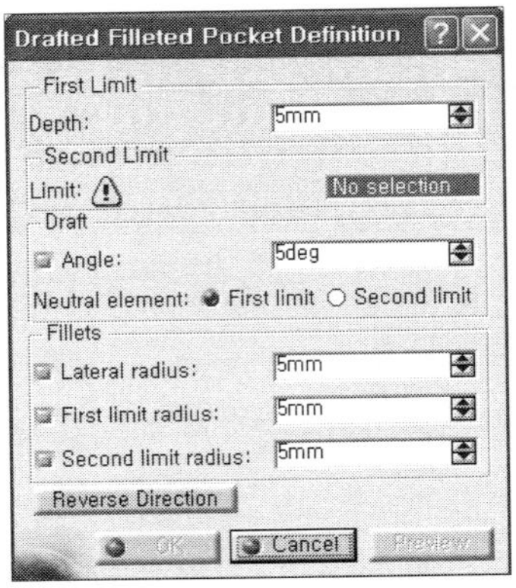

④ Second Limit를 Face. 9로 설정한다.

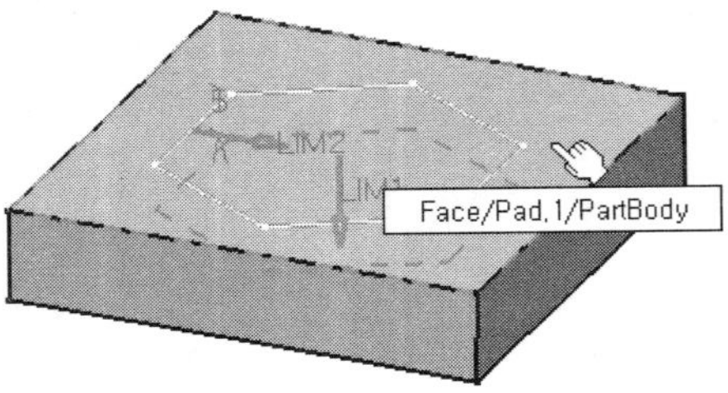

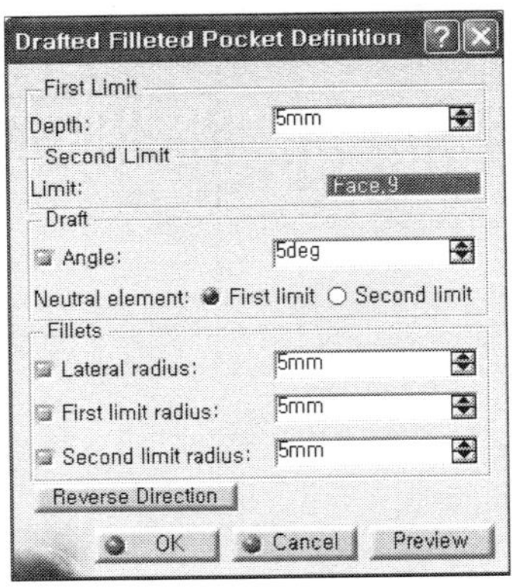

⑤ OK를 클릭하면 아래 그림과 같이 Drafted Filleted Pocket된 최종 형상이 생성된다.

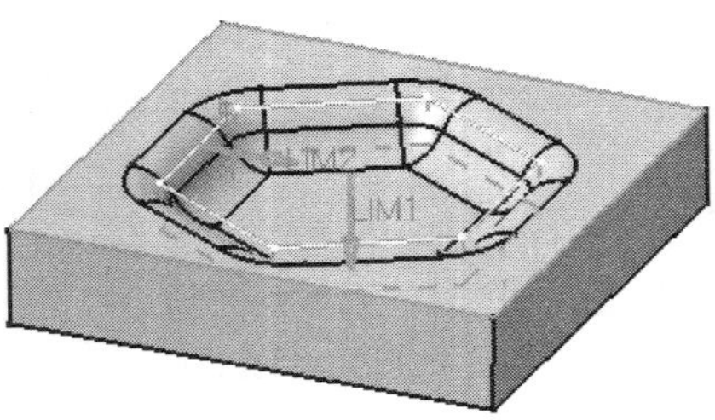

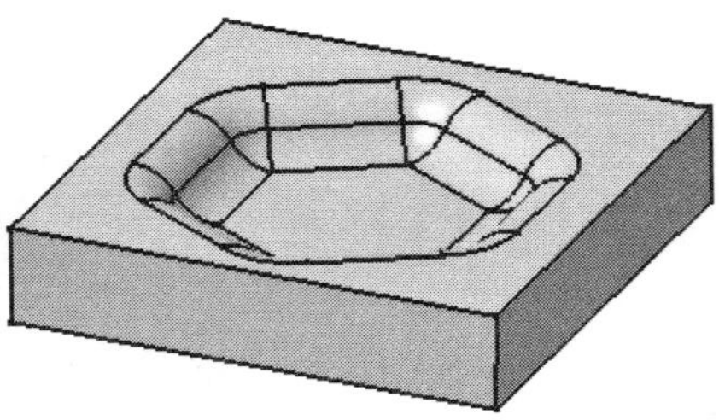

3.6 Multi-Pocket

Multi-Pad 기능과 동일한 방법으로 Profile의 Sketch에서 Pocket의 길이를 다르게 지정하여 한번에 Pocket을 수행할 수 있는 기능이다.

① 3.3의 Multi-Pad 예제를 활용하여 기본 드로잉과정은 생략하였다. Exit workbench를 실행시킨 후 Pocket 아이콘을 선택한다. Multi-Pocket Definition Box가 활성화되고 아래 그림과 같이 세 개의 개체가 지정된다.

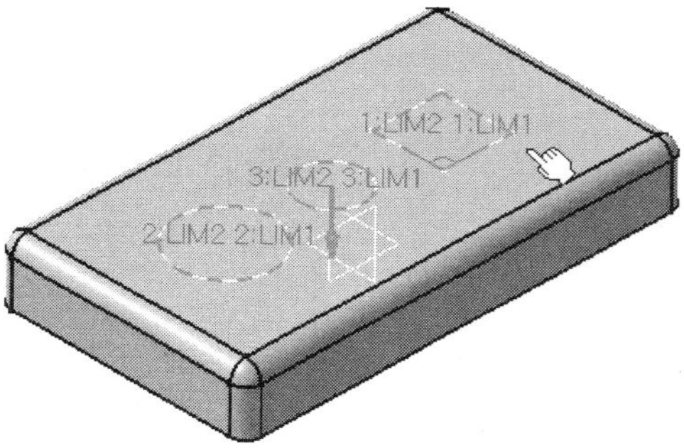

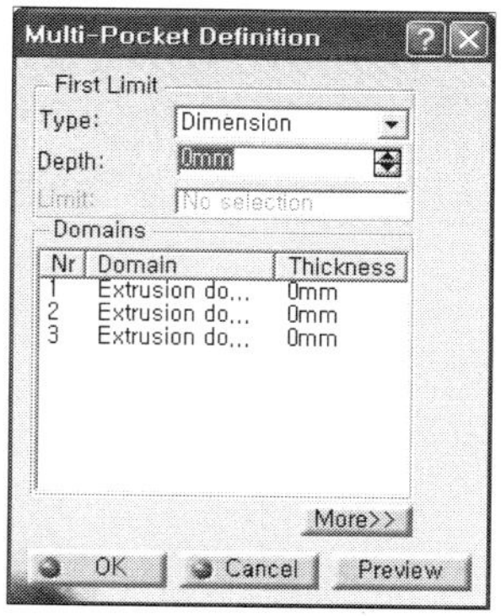

② Multi-Pocket Definition Box에서 Domains의 1을 선택하고 Pocket의 길이를 5mm로 설정한다.

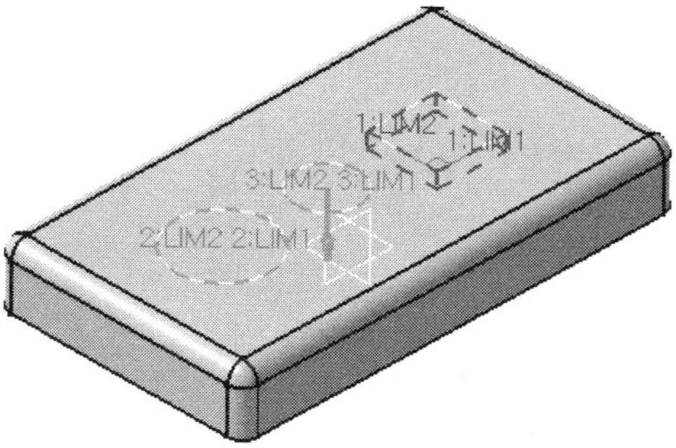

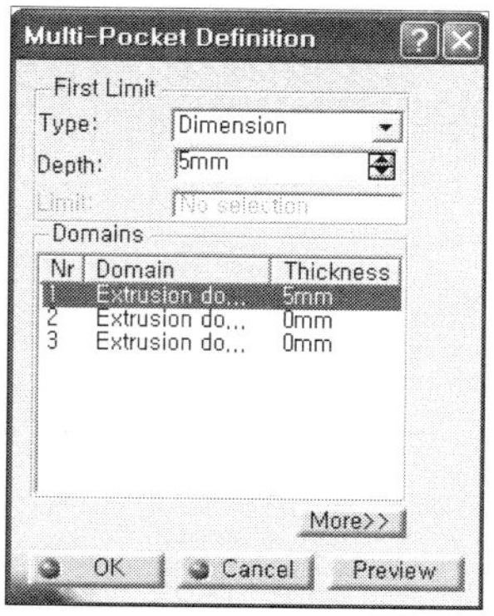

③ Multi-Pocket Definition Box에서 Domains의 2를 선택하고 Pocket의 길이를 8mm로 설정한다.

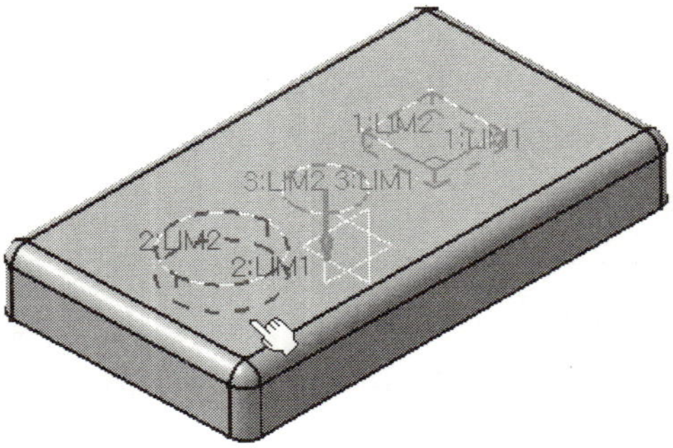

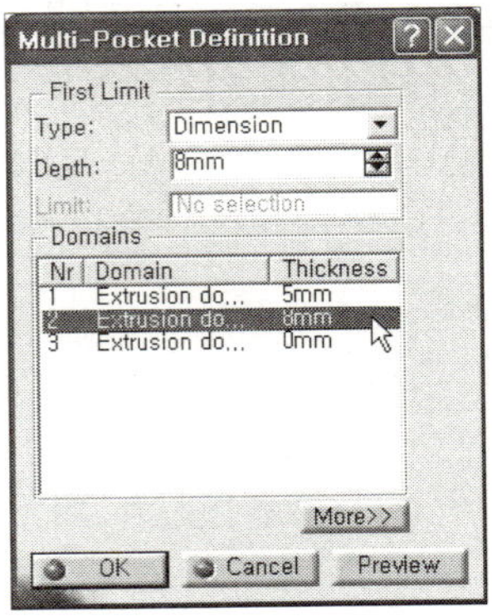

④ Multi-Pocket Definition Box에서 Domains의 3을 선택하고 Pocket의 길이를 10mm로 설정한다.

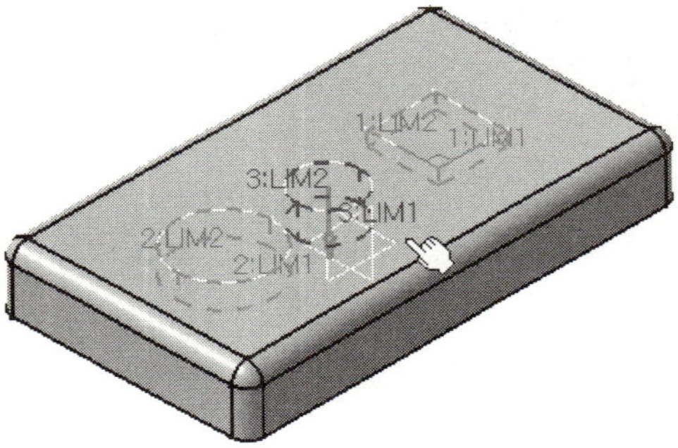

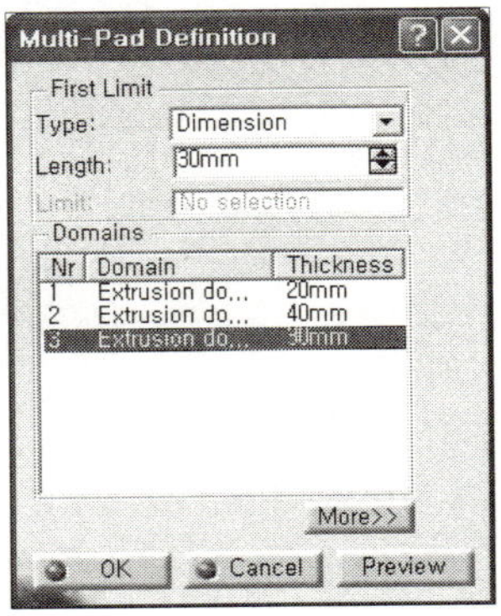

⑤ OK를 클릭하면 아래 그림과 같이 Multi-Pocket된 최종 형상이 생성된다.

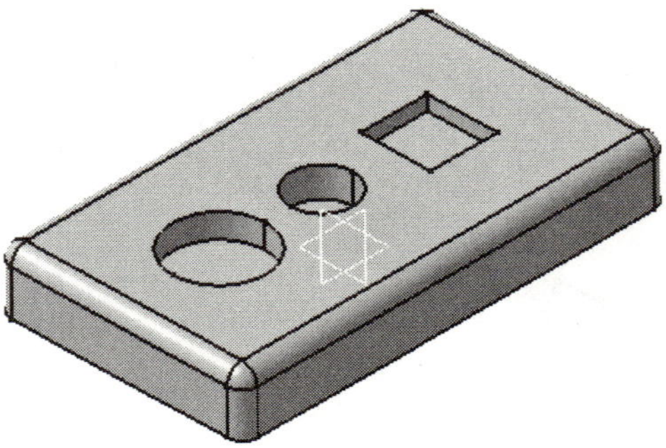

3.7 Shaft

Profile을 회전시켜 3차원의 형상을 생성하는 기능이다.

① xy Plane을 선택하고 Sketcher에서 Profile 아이콘을 이용하여 아래 그림과 같이 Sketch.1을 드로잉한다.

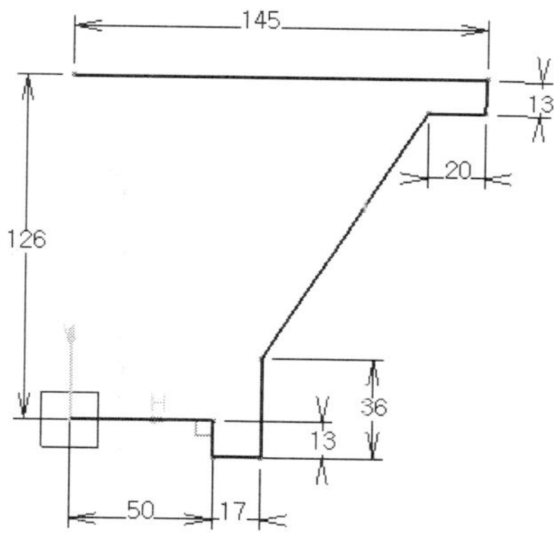

〈2D에서 Sketch〉

② Exit workbench를 실행시킨 후 Shaft 아이콘을 클릭한다.

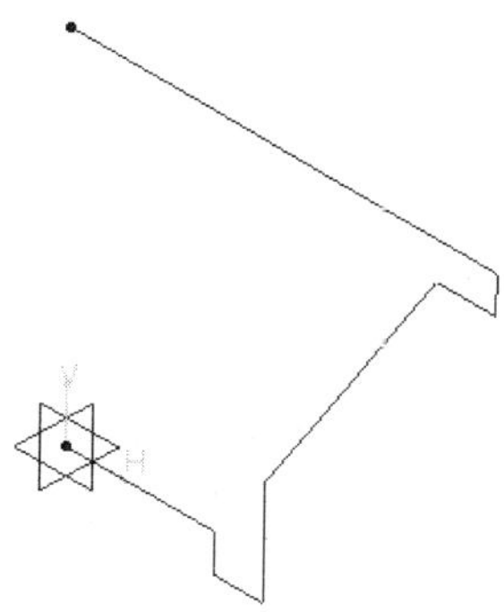

〈3D에서 본 모습〉

③ Shaft 아이콘을 실행시키면 Shaft Definition BOX가 활성화된다. First Angle은 0~360°사이에서 설정할 수 있으며, 본 예제에서는 360°를 지정하였다. 그리고 Preview를 선택하면 아래와 같은 미리보기가 실행된다. Shaft Definition Box에서 Axis는 VDirection으로 지정한다.

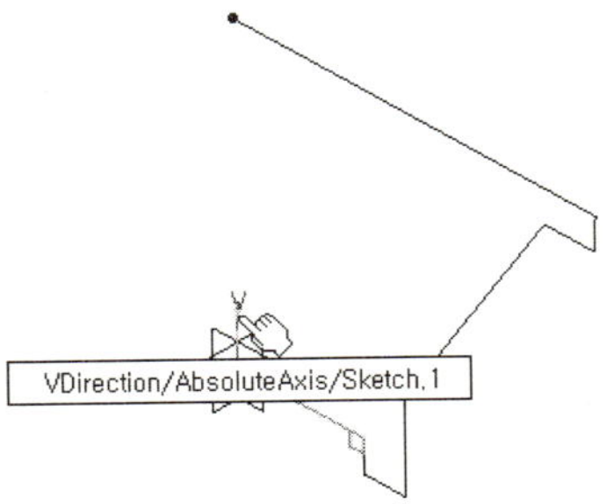

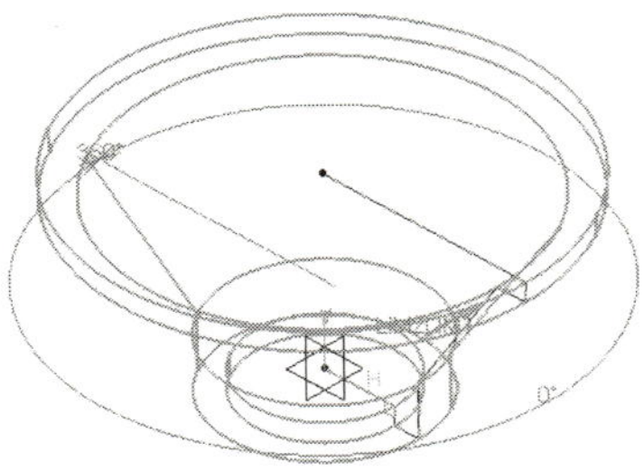

〈Shaft 아이콘 클릭시〉

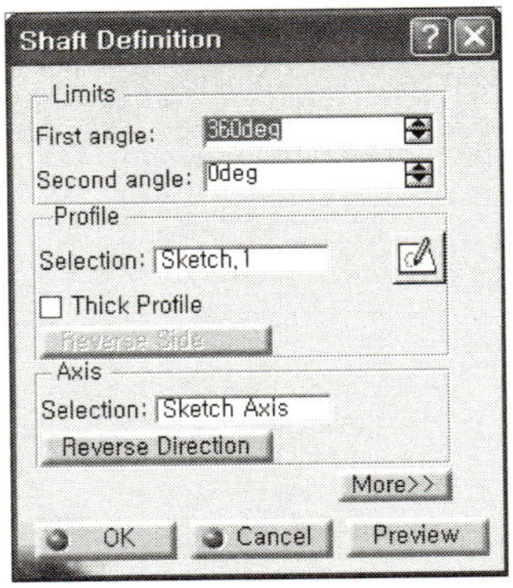

〈Shaft Definition〉

④ OK를 선택하면 아래 그림과 같은 Shaft된 Sketch.1의 최종 형상이 생성된다.

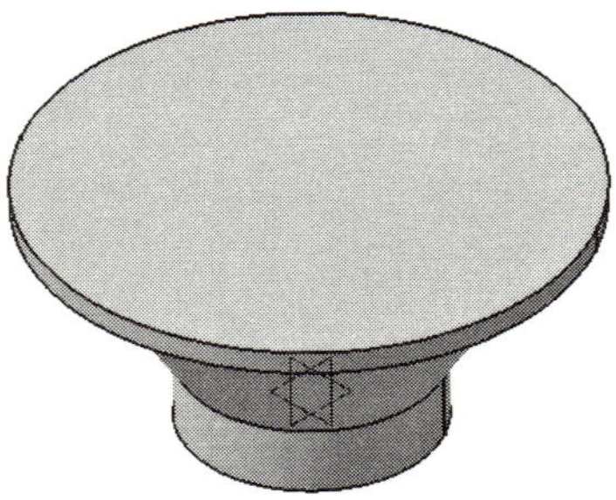

〈완성된 모습〉

3.8 Groove

기존의 Base가 되는 Solid가 있어야 사용할 수 있다. 이 기능은 기존 모델에 회전 형상의 홈을 생성하는 기능이다.

① xy Plane을 지정하고 Sketcher에서 Hexagon을 클릭하여 길이를 45mm로 드로잉한다. Exit workbench 아이콘을 실행한 후 Pad 아이콘을 클릭하고 25mm로 Pad시킨다.

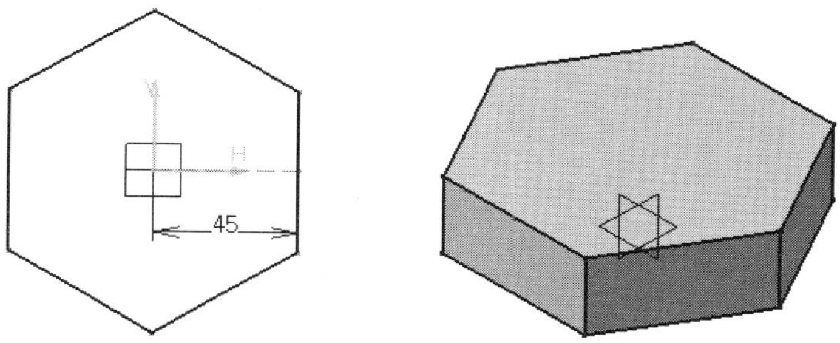

② yz Plane을 선택하고 Sketcher에서 아래 그림과 같이 Groove될 Sketch.2를 드로잉한다.

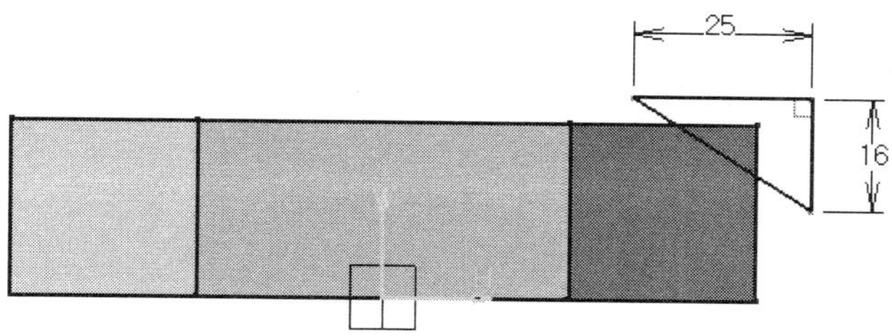

③ Exit workbench 아이콘을 실행시키고 Groove 아이콘을 클릭한다. 활성화된 Groove Definition Box에서 First Angle은 0~360°사이에서 설정할 수 있으며, 본 예제에서는 360°를 지정하였다. Profile의 Selection은 Sketch.2,

Axis는 VDirection을 선택한다.

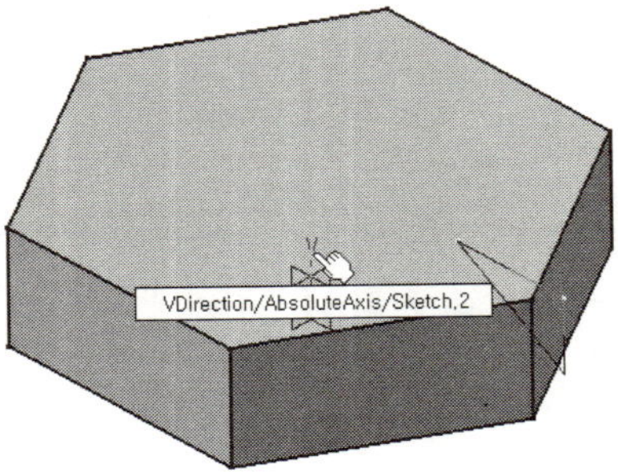

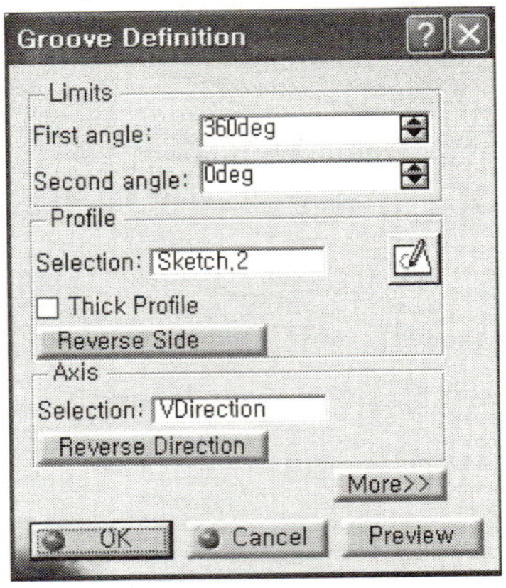

④ Preview를 클릭하면 Groove될 형상을 보여준다.

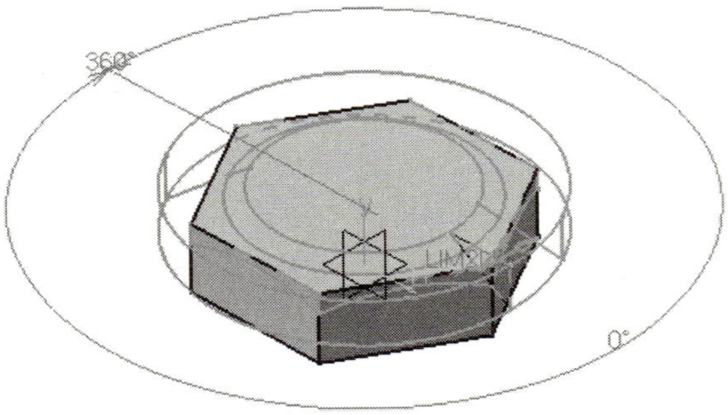

⑤ OK를 선택하면 아래 그림과 같은 Groove된 최종 형상이 생성된다.

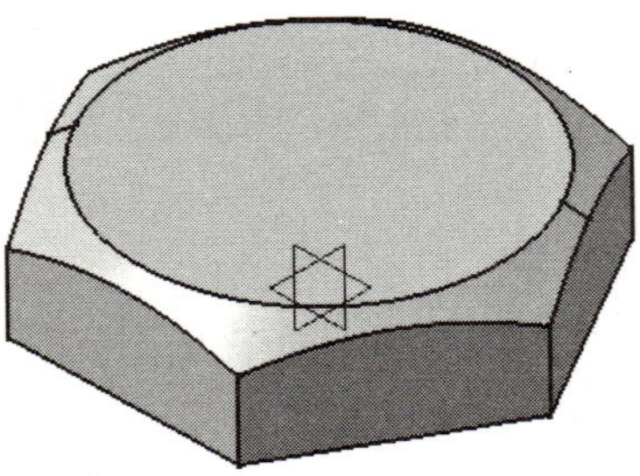

Groove 기능을 이용하여 형상 제거

① Groove 기능과 동일하며 활성화된 Grcove Definition Box에서 Reverse Side를 클릭한다.

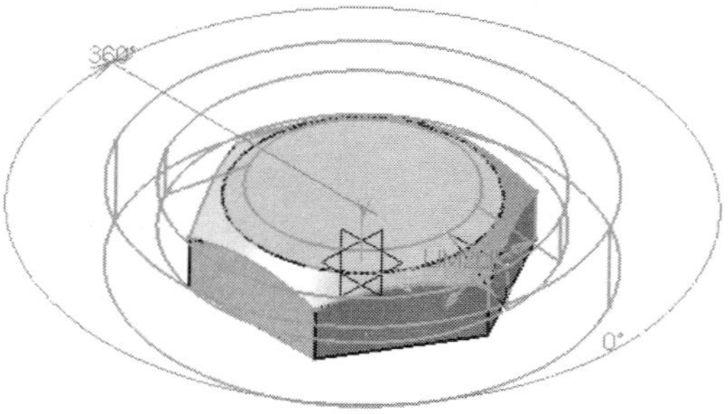

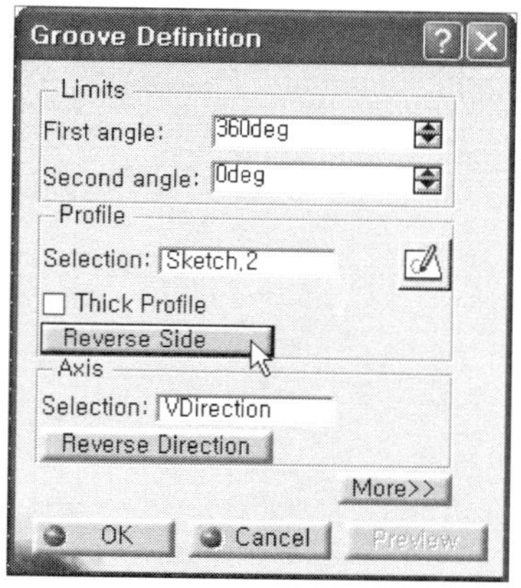

② Preview를 클릭하면 Reverse Side에 의해 제거된 형상이 생성된다.

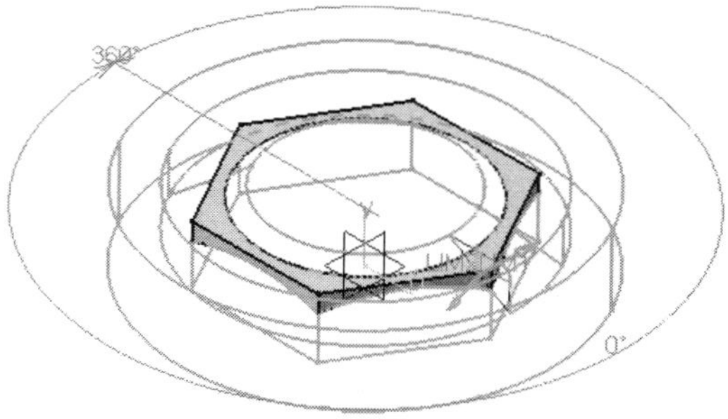

③ OK를 클릭하면 그림과 같이 Reverse Side로 Groove된 최종 형상이 생성된다.

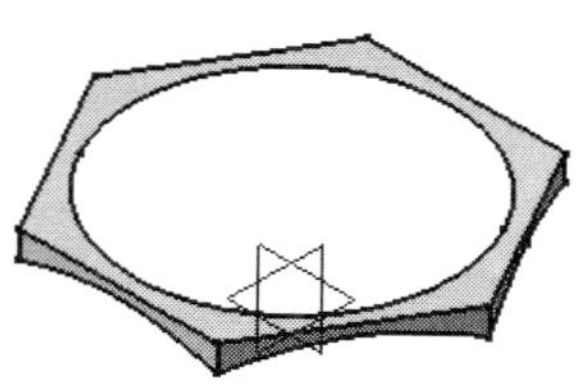

3.9 Hole

Model에 원하는 형상의 Hole을 생성하는 기능이다.

① xy Plane을 지정하고 Sketcher에서 아래 치수에 대하여 드로잉한다. Exit workbench 아이콘을 실행한 후 Pad 아이콘을 클릭하여 40mm로 Pad시킨다.

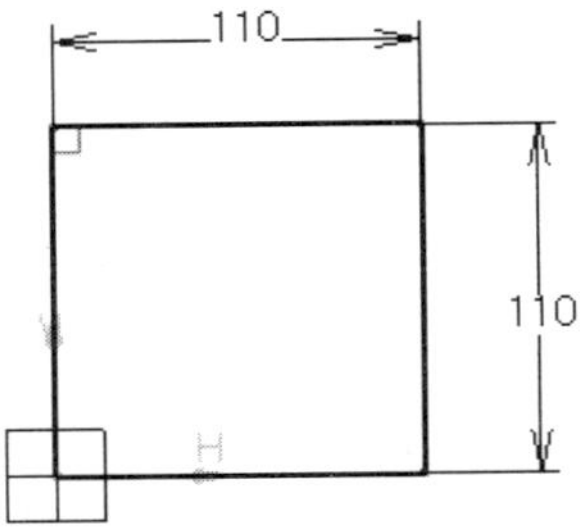

② Hole 작업을 위해 Pad 시킨 형상에 대하여 Ctrl Key를 누르면서 두 모서리를 선택한다. 그리고 윗면을 선택하면 Hole Definition Box가 활성화된다.

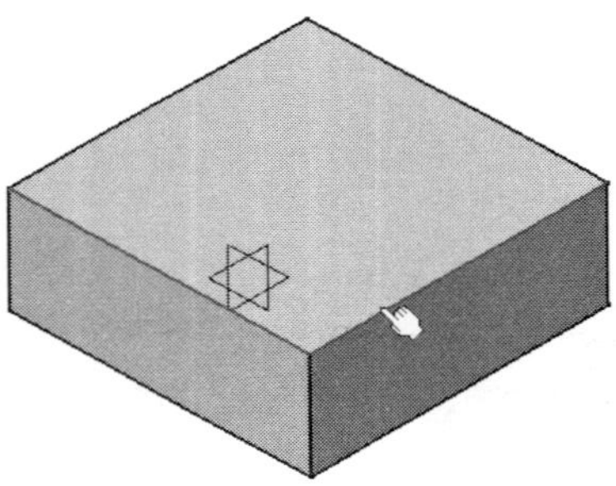

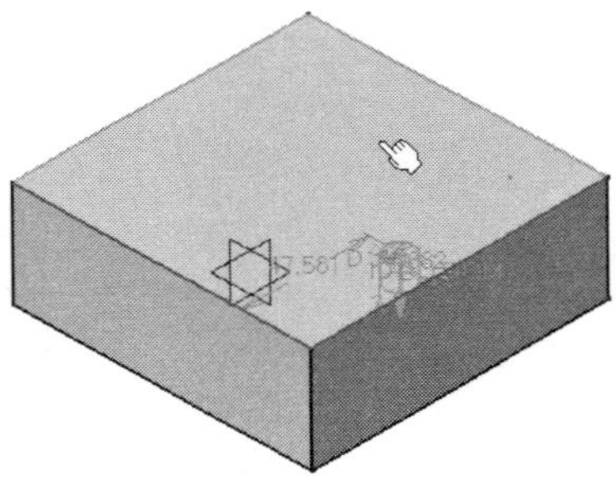

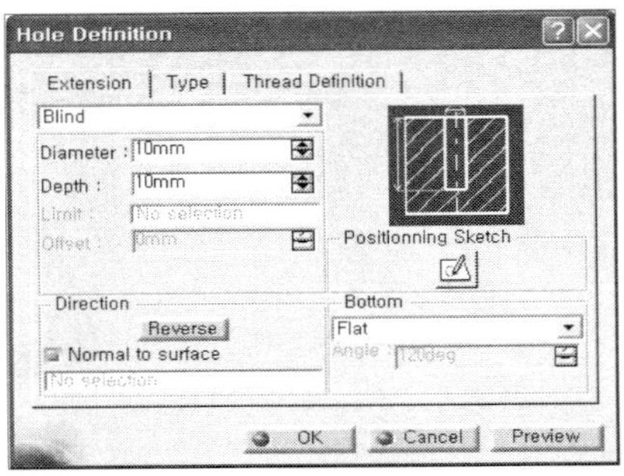

③ 윗면의 치수를 더블 클릭하면 Constraint Definition Box가 활성화된다. Box에서 원하는 Value를 설정한 후 OK하면 Hole의 중심이 이동된다.

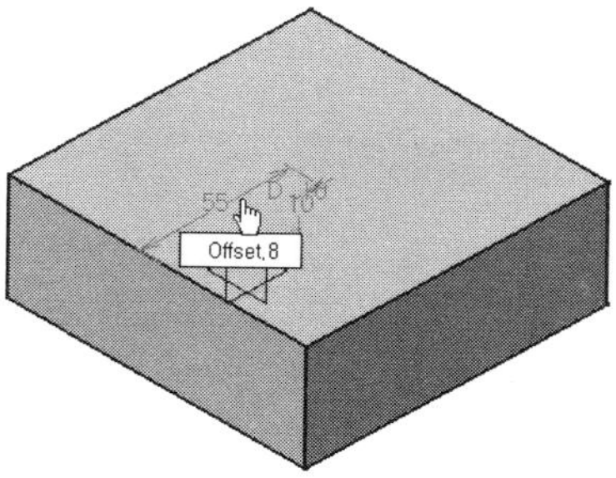

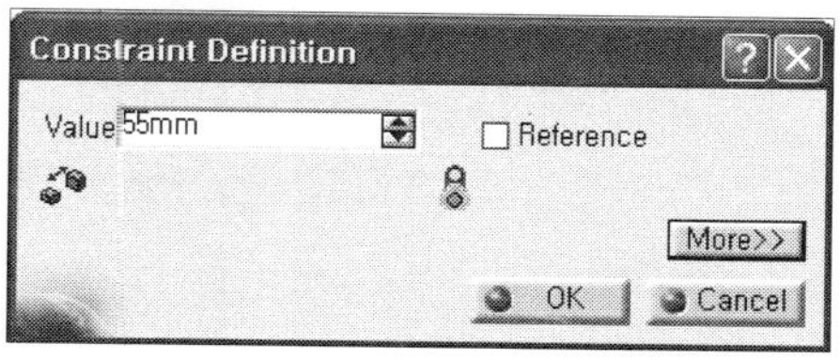

④ Hole Definition Box에서 Diameter 18mm, Depth 18mm로 설정한다.

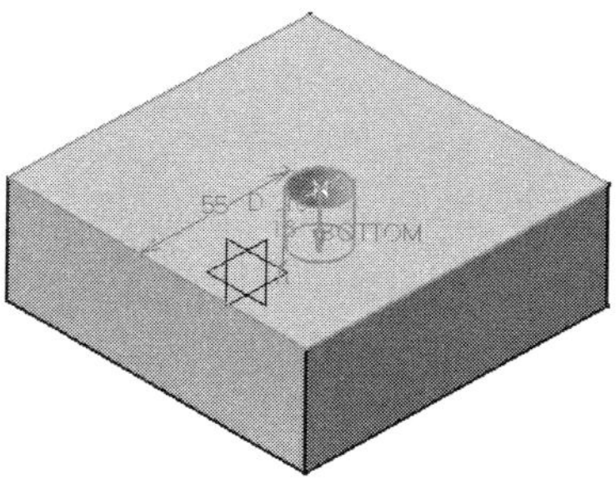

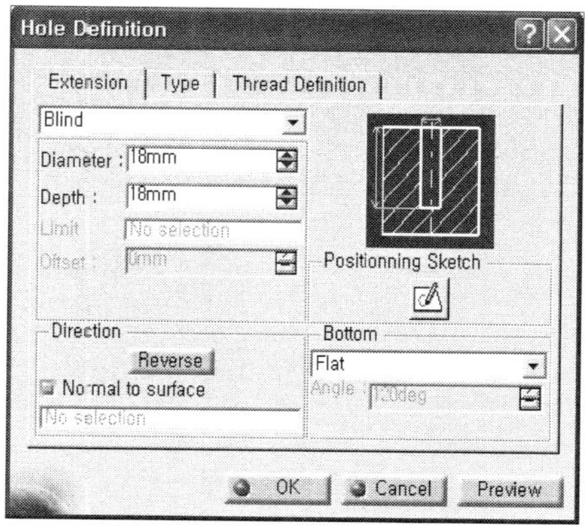

⑤ OK를 클릭하면 Diameter 18mm, Depth 18mm의 최종 형상이 생성된다.

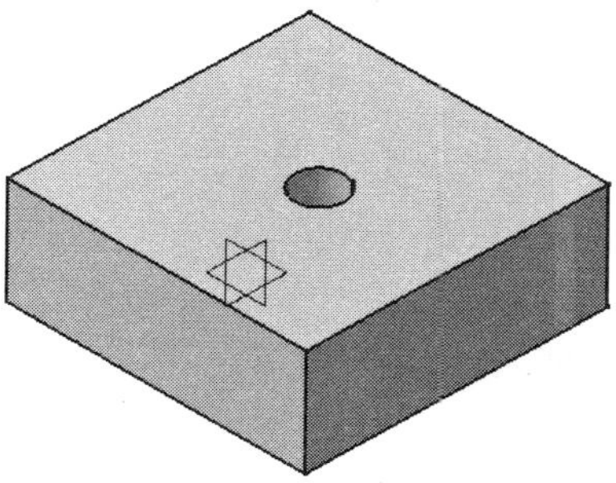

1 Extension

Hole의 깊이와 지름을 설정하기 위한 Tap의 기능이다.

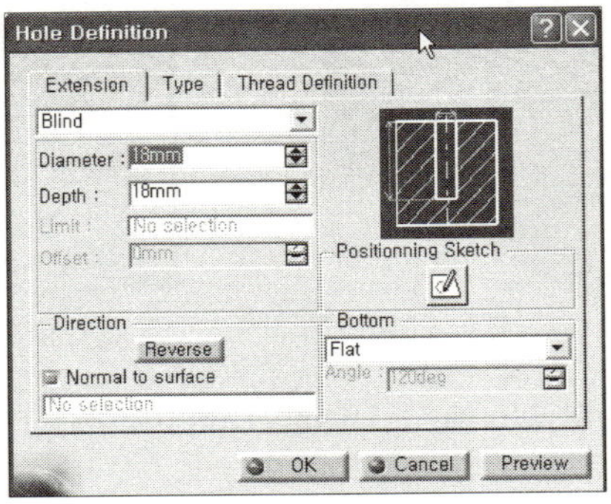

1) Bind type

: 지름과 깊이 값을 입력하여 Hole을 생성한다.

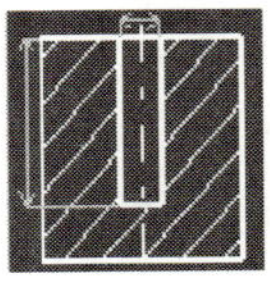

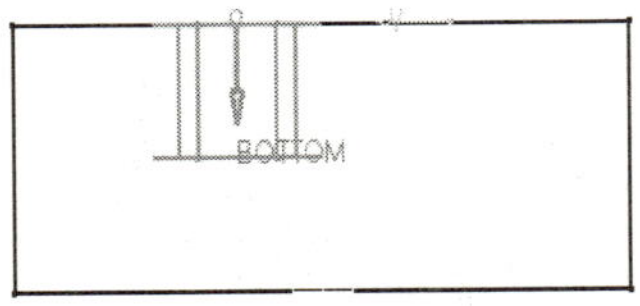

① Bottom : 평면(Flat)의 Hole 끝 모양 생성

② V 모양(V-Bottom)의 Hole 끝 모양 생성

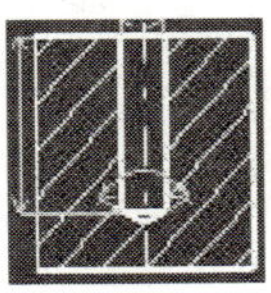

③ Positioning Sketch : Sketcher mode로 전환시켜 Hole의 위치 수정

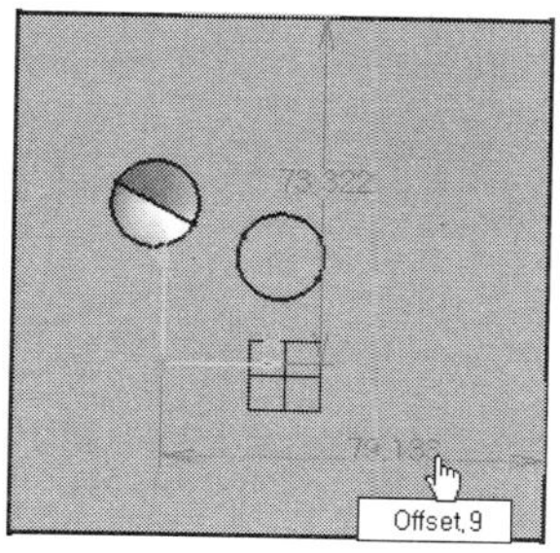

2) Up to Next type

: Hole을 생성하기 위하여 지정한 면으로부터 바로 다음 면까지 Hole을 생성한다.

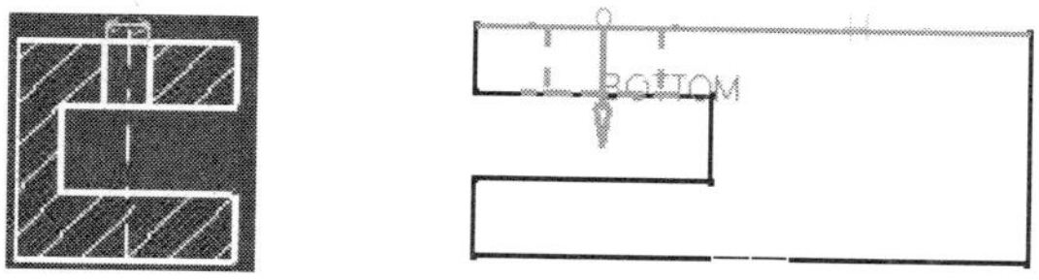

3) Up to Last type : 모델의 마지막 면까지 Hole을 생성한다.

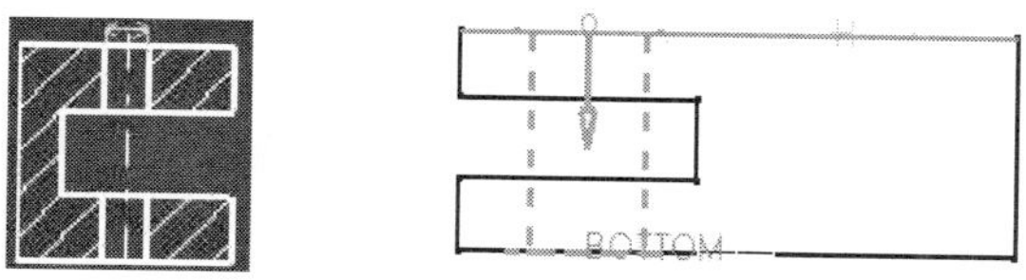

4) Up to Plane : 지정한 Plane까지 Hole을 생성한다.

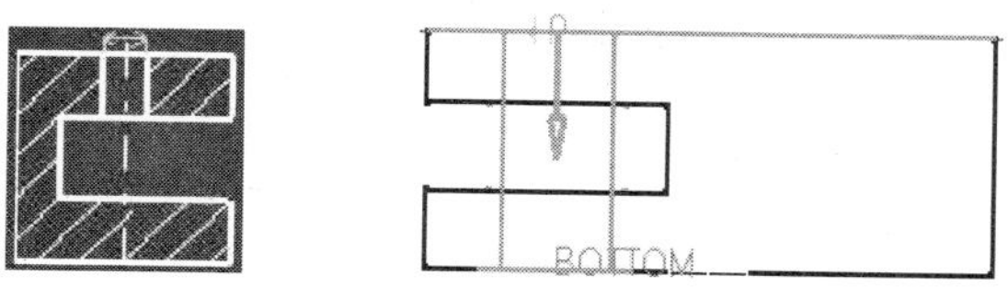

5) Up to Surface : 지정한 Surface까지 Hole을 생성한다.

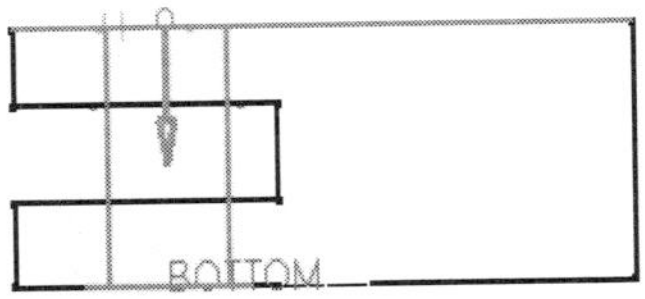

2 Hole Type

Hole의 Type을 설정하기 위한 Tap의 기능이다. Hole Definition Box의 Extension에서 Blind를 선택하고 Type에서 Simple을 선택한다.

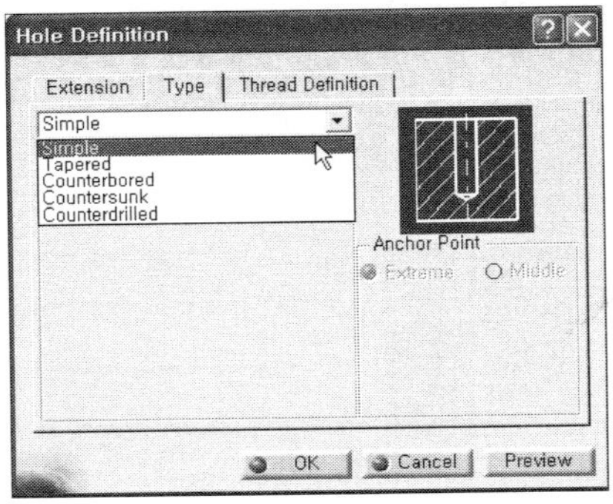

1) Simple type

단순한 Hole을 생성하는 기능이다.

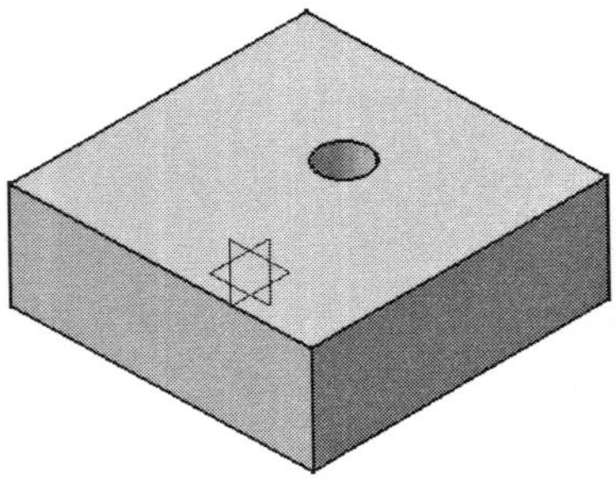

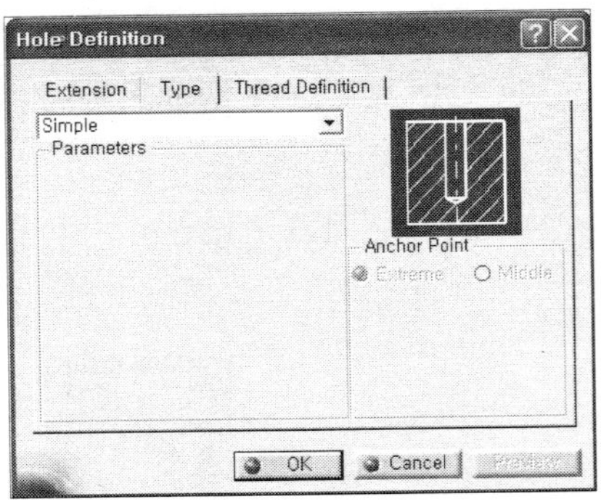

2) Tapered Type

Hole의 옆면에 경사를 부여하는 기능이다.

- Angle 값을 90deg 부여한다.
- 아래 그림과 같이 70deg의 각도로 깊이 20mm의 Hole이 생성된다.

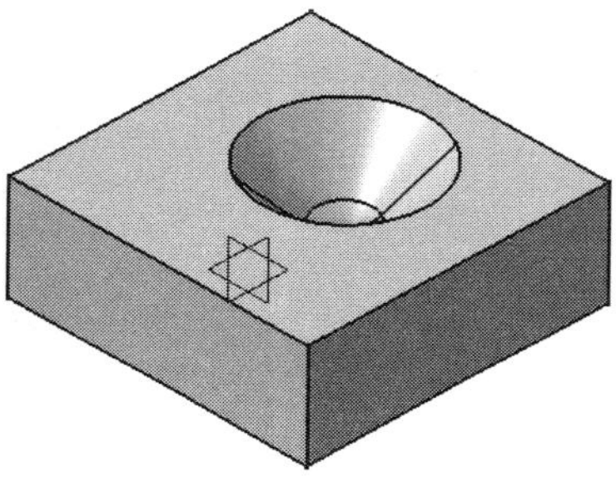

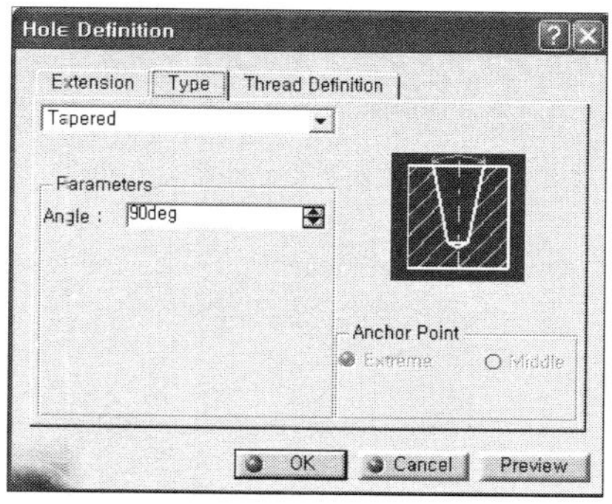

3) Counterbored type

나사머리를 포함한 Hole을 생성하는 기능이다.

- Diameter field에 나사머리 지름을 입력한다.(40mm)
- Depth field에 나사머리 깊이를 입력한다.(5mm)

아래의 그림과 같이 Diameter field 40mm, Depth field 5mm의 나사머리 형태의 Hole이 생성된다.

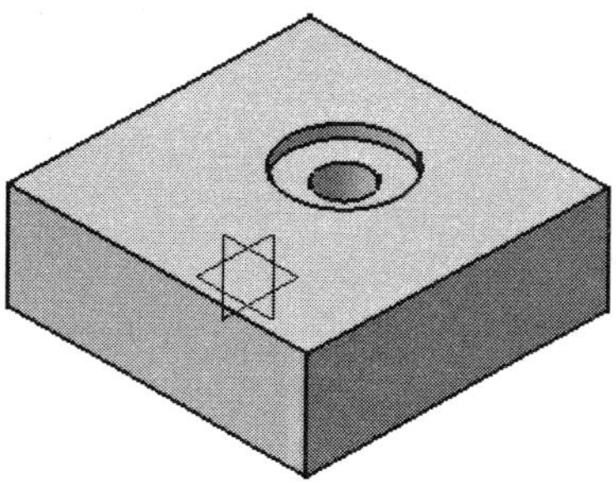

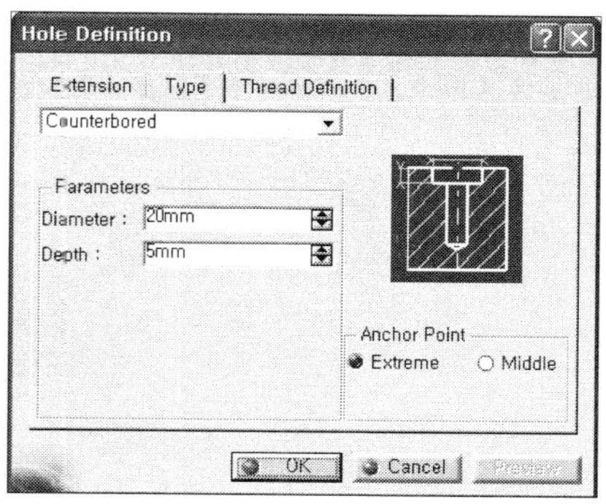

4) Conutersunk type

접시머리 나사자리를 포함한 Hole을 생성하는 기능이다.

- Diameter field에 깊이를 입력한다.(5mm)
- Angle field에 각도를 입력한다.(90deg)

아래의 그림과 같이 접시머리나사 자리를 포함한 Hole이 생성된다.

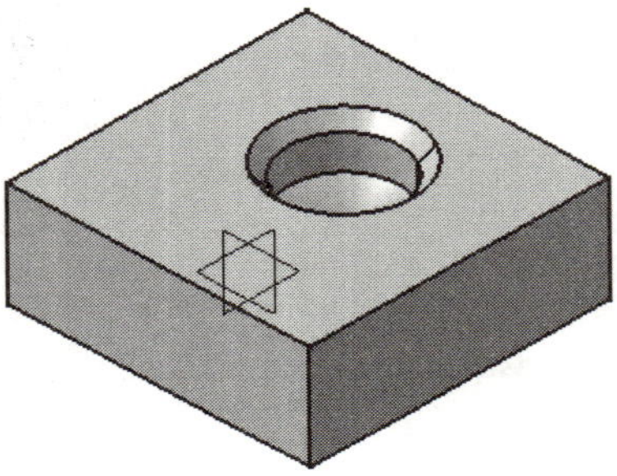

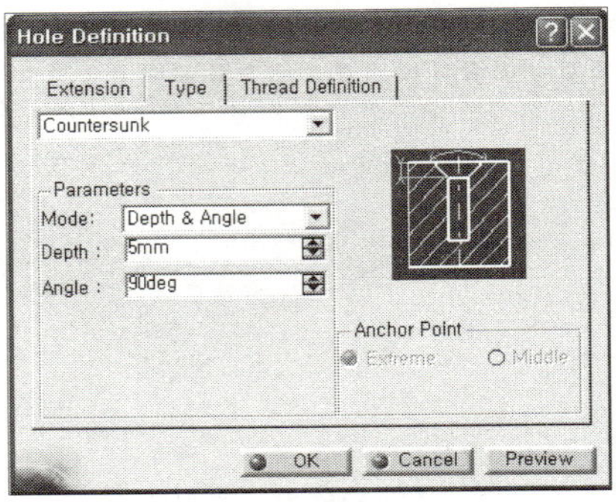

5) Counterdriled type

나사자리를 포함한 Hole을 생성하는 기능이다.

- Diameter field에 지름 값을 입력한다.(40mm)
- Depth field에 깊이 값을 입력한다.(5mm)
- Angle field에 각도를 입력한다.(90deg)
- 아래 그림과 같은 나사자리를 포함한 Hole이 생성된다.

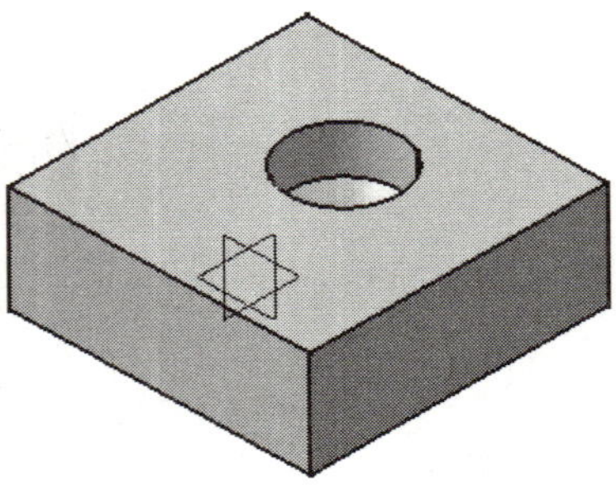

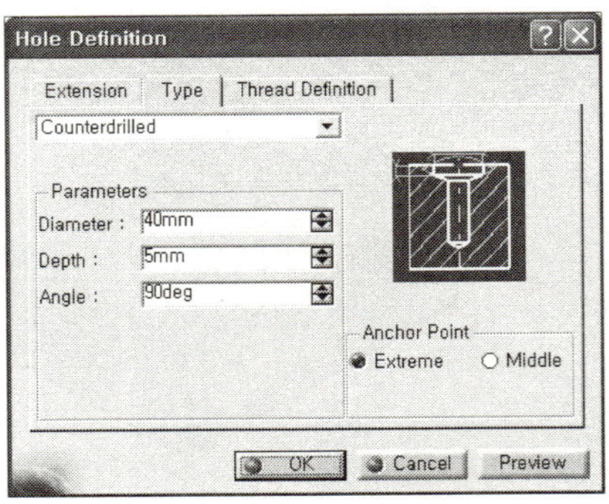

3 Thread Definition

나사 가공된 Hole을 생성하기 위한 조건을 부여하는 기능이다.

- Type : 사용자가 임의의 치수 값을 설정하는 곳이다.
- Type에서 Metric Thin Pitch(가는 나사), Metric Thick Pitch(보통나사) AFNOR 국제표준에 의해 값이 설정된다.

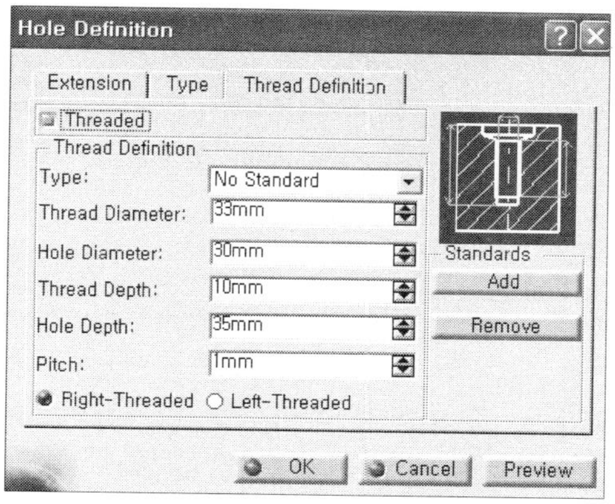

① Hole Definition의 Thread Definition에서 Thread Description M48, Thread Depth 10mm, Hole Depth 20mm로 설정한 다음 OK 버튼을 클릭한다. 그러면 아래 그림과 같이 나사산이 포함된 Hole이 생성된다.

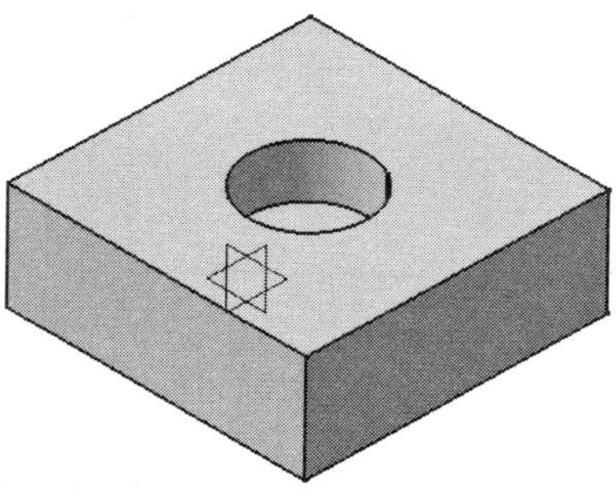

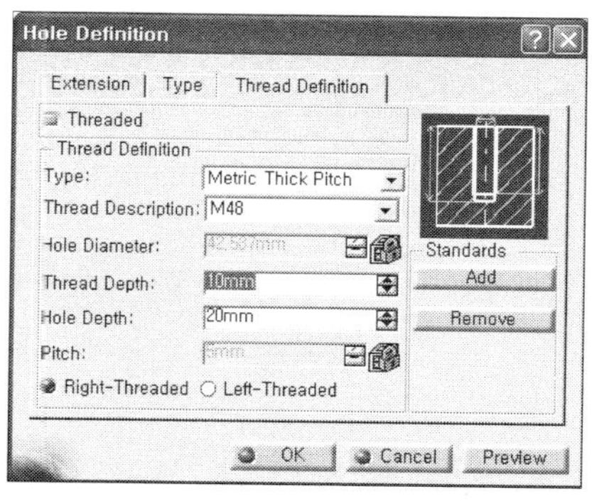

② 위의 완성된 그림에서는 나사가 표현되지 않았지만 Drafting workbench 에서 도면을 생성하면 다음과 같이 나사임을 표시해 준다.

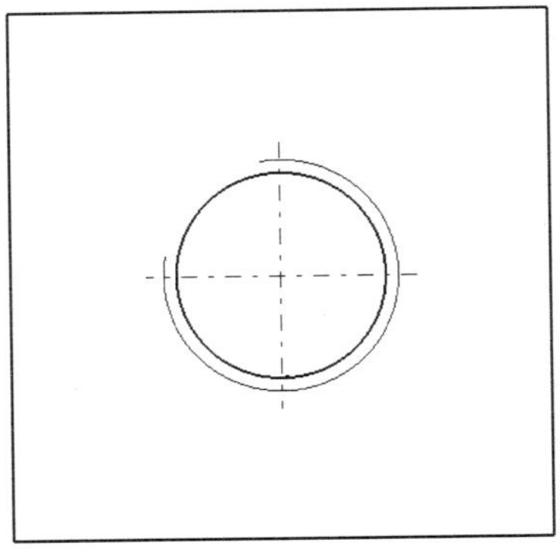

3.10 Rib

특정 단면 Profile을 중심선에 따라 Sweep 하여 Solid를 생성하는 기능이다. 단, 단면 Profile와 Center Curve는 서로 수직인 평면에 Sketch를 해야 한다. 이 기능은 곡률이 심한 경우에는 작업이 수행되지 않는다.

① xy Plane을 선택하고 Sketcher에서 Rectangle 아이콘을 이용하여 아래 그림과 같이 Sketch.1을 드로잉한다.

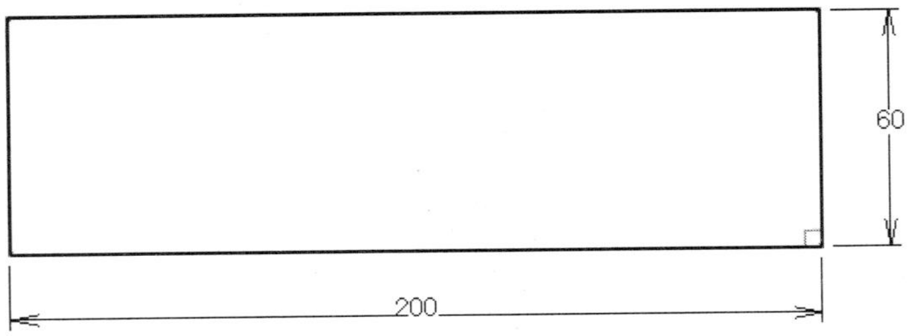

② Exit workbench 아이콘을 실행한 후 Pad 아이콘을 클릭하여 30mm로

Pad시킨다.

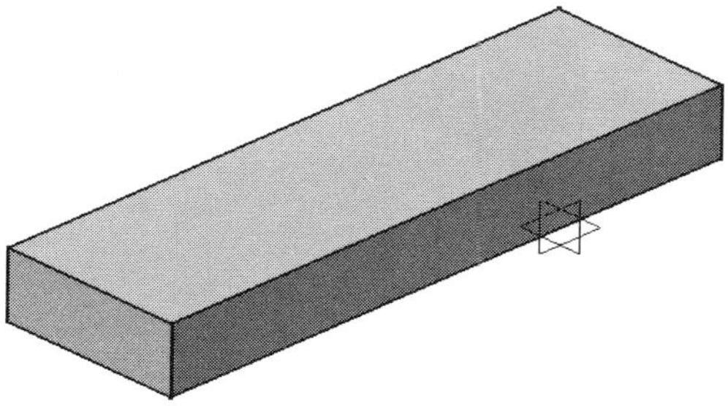

③ 윗면을 지정하고 Sketcher에서 Spline을 이용하여 임의의 Spline인 Sketch.2를 드로잉한다.

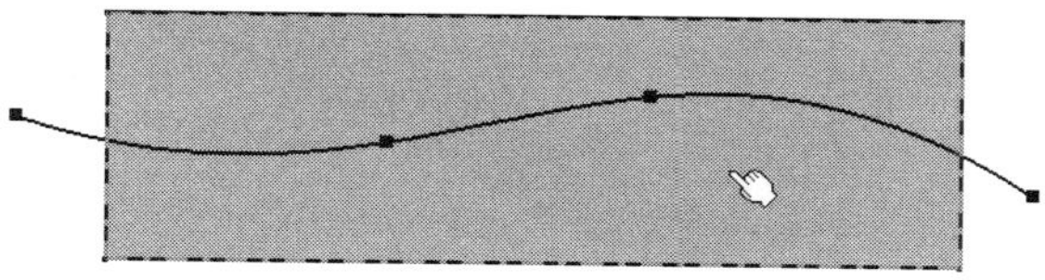

④ Exit workbench 아이콘을 실행하고 Plane 아이콘을 클릭한다. 활성화된 Plane Definition Box에서 Plane type(Normal to curve), Curve(Spline), Point(Plane이 위치할 점) 등을 선택한 후 OK한다.

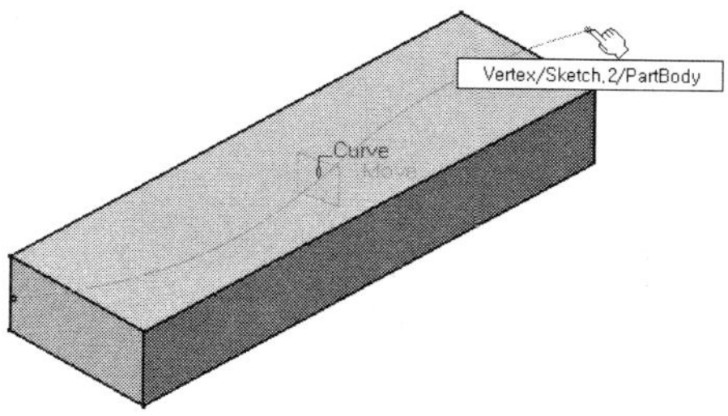

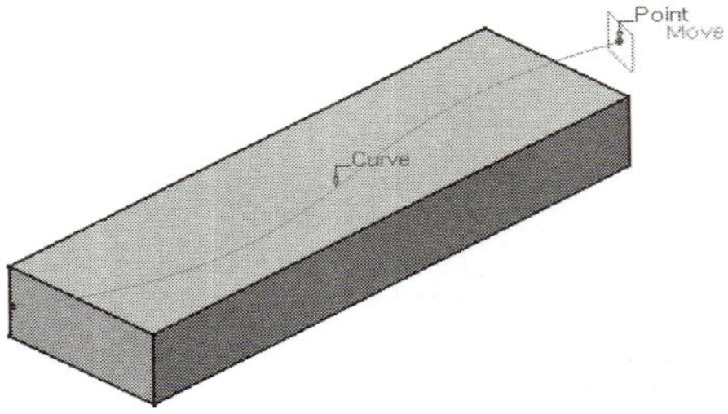

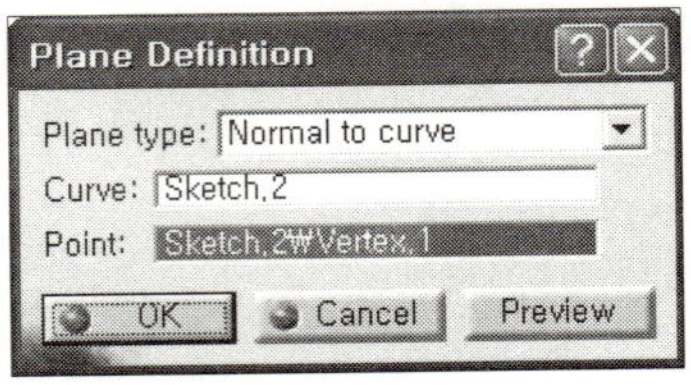

⑤ OK를 클릭하면 Rib될 Plane이 생성된다.

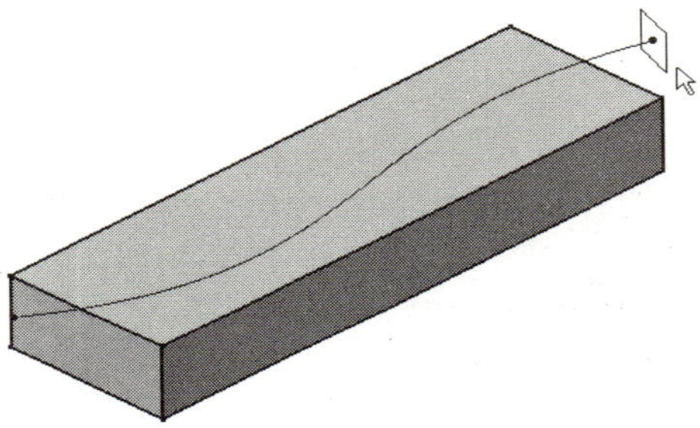

⑥ 생성된 Plane을 선택하고 Sketcher에서 Circle 아이콘을 이용하여 10mm의 Circle을 Plane에 드로잉시킨다.

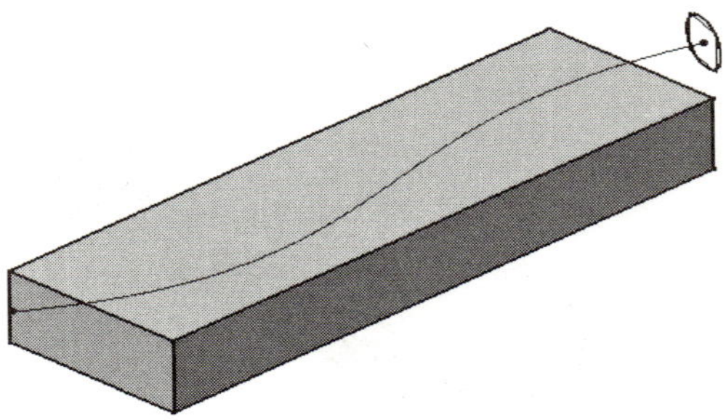

⑦ Exit workbench 아이콘을 실행하고 Rib 아이콘을 클릭한다. 활성화된 Rib Definition Box에서 Profile은 Rib영역인 Circle을 선택한다. Center curve는 Spline를 선택한다. Profile control Field에서 Keep angle(Profile과 Center Curve가 이루는 각이 항상 일정)을 선택한다.

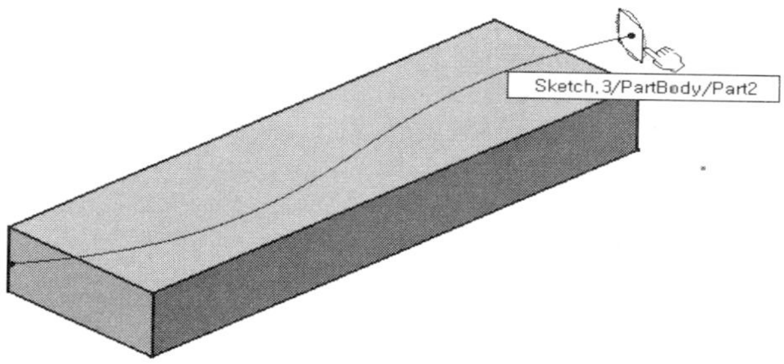

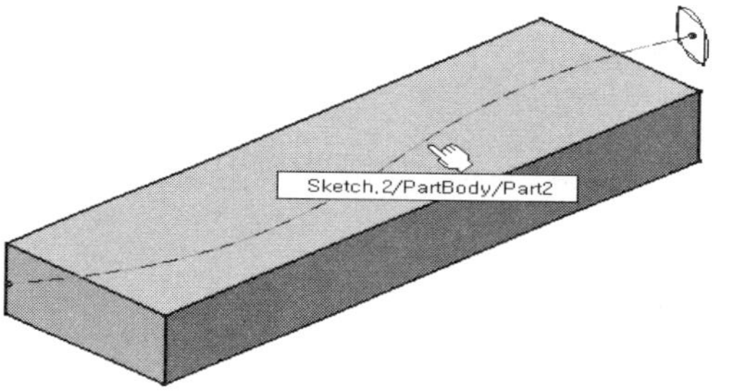

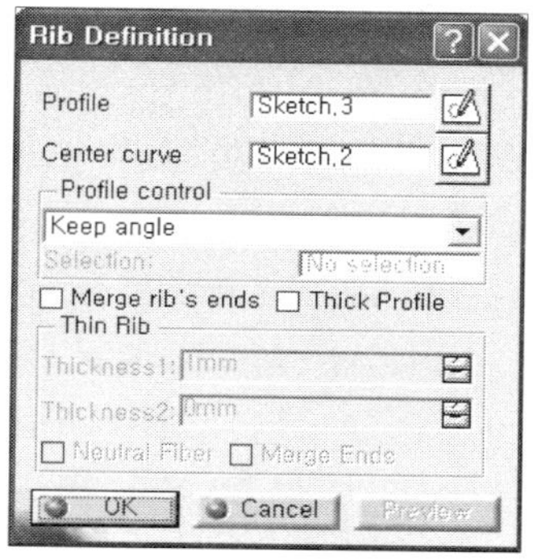

⑧ Preview 와 OK를 클릭하면 Rib된 최종 형상이 생성된다.

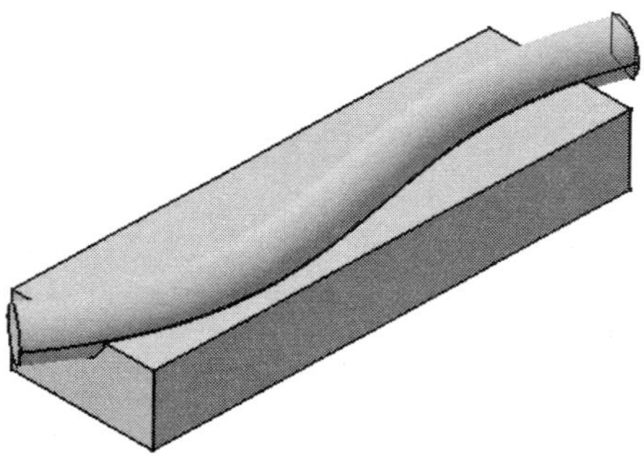

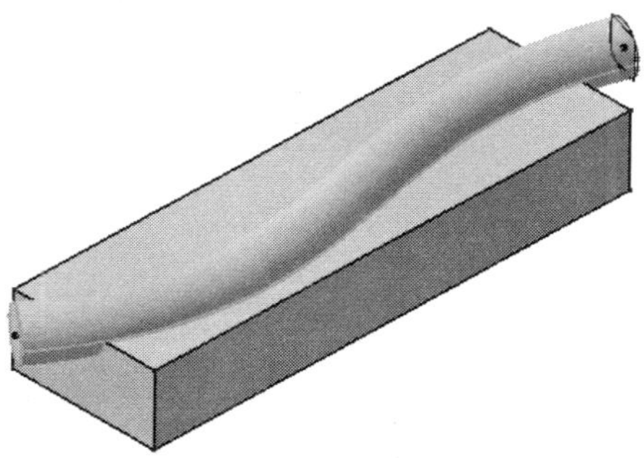

Profile Control 옵션에 대한 설명은 아래와 같다.

① Keep Angle : Center curve와 Profile로 사용된 Sketch Plane과 Center curve cure의 Tangent Angle Value를 유지한다.

② Pulling Direction : Specified Direction에 대한 Profile을 Sweep한다. Direction을 Define하기 위해 Plane이나 Edge를 선택할 수 있다. 예로

Center curve가 Helix라면 Helix Axis를 Pulling Direction으로 사용할 수 있다.

③ Reference Surface : Axis와 Reference Surface 사이의 Angle Value가 일정하다.

3.11 Slot

기존 모델의 임의의 중심선을 따라 Sweep하는 형상으로 홈을 생성하는 기능이다. Rib와의 반대의 기능이다.

① Rib의 예제파일을 Open한 후 Slot 아이콘을 선택한다. 활성화된 Slot Definition Box에서 Profile은 Slot 영역인 원을 선택한다. 그리고 Center curve는 Spline을 선택한 후 OK를 선택한다.

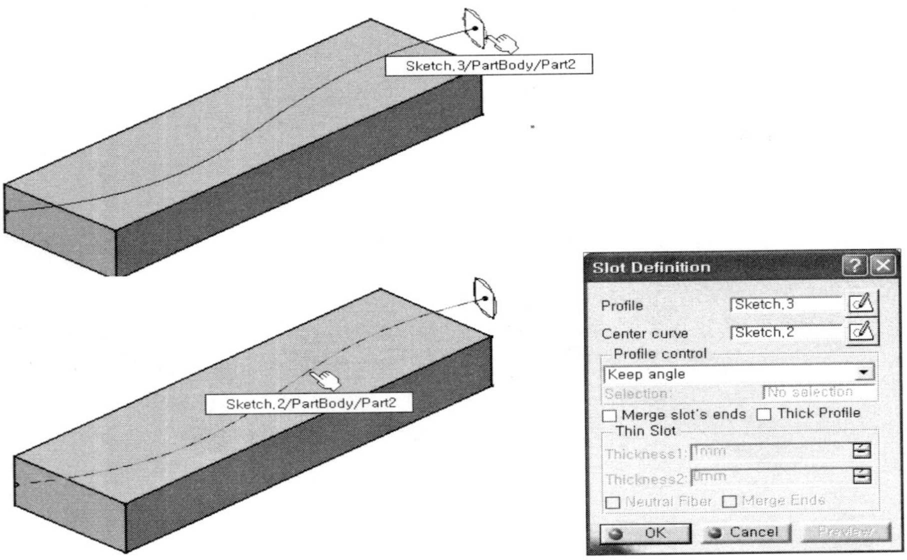

② Preview 와 OK를 클릭하면 Slot된 최종 형상이 생성된다.

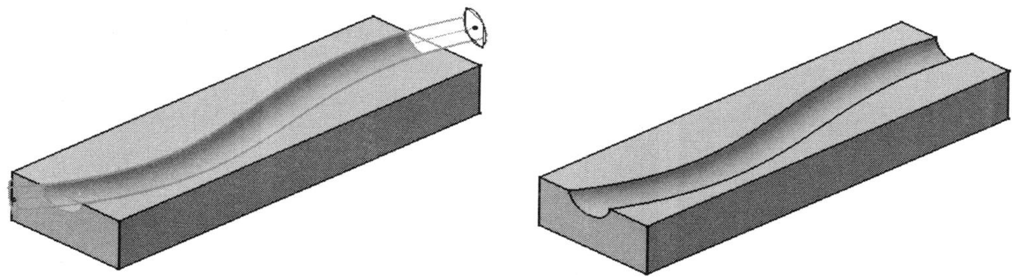

◈ 앞에서 실습한 "Rib"의 반대기능이다. Profile control 옵션은 Rib와 동일하다.

3.12 Creating Stiffener

Part위의 보강재를 생성하는 기능이다. 보강재를 생성할 Profile은 대략적인 형상으로 Sketch해도 된다. 양끝 모델이 접촉하지 않아도 연장선까지 보강재로 생성해 준다.

① zx Plane을 선택하고 Sketcher에서 Profile과 Corner 아이콘을 이용하여 아래 그림과 같이 Sketch.1을 드로잉한다.

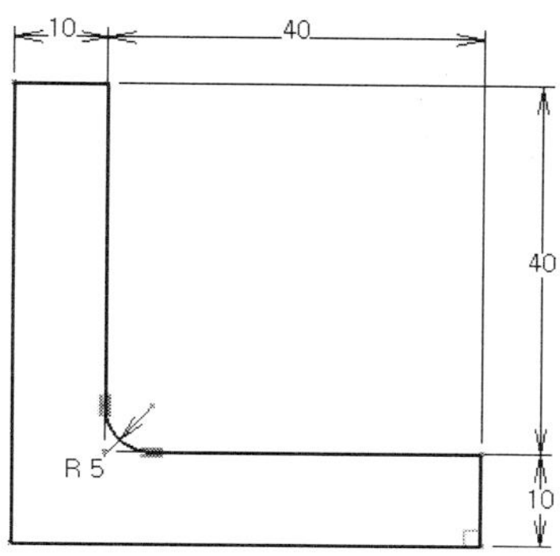

② Exit workbench 아이콘을 실행한 후 Pad 아이콘을 클릭 하여 20mm로 Pad시킨다. Profile의 가운데 Stiffener를 위해 Pad Definition Box에서 Mirrored extent로 지정한다.

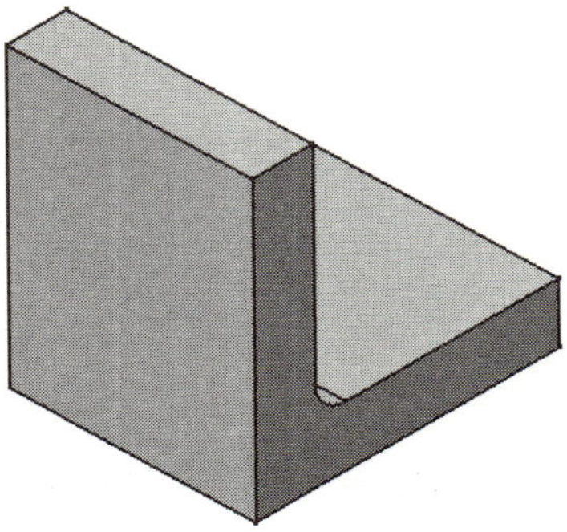

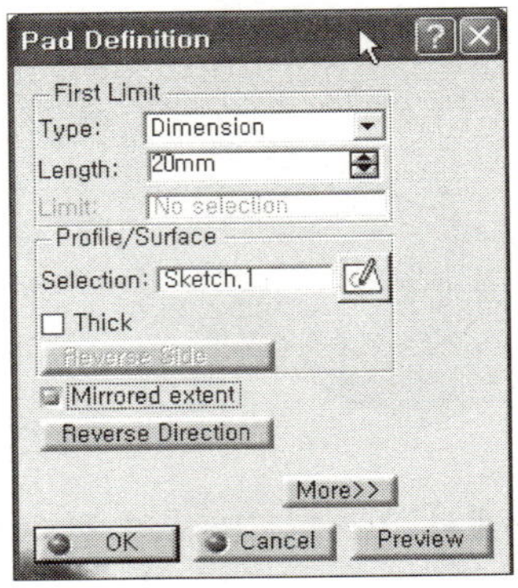

③ zx Plane을 지정하고 Sketcher에서 Line 아이콘을 이용하여 Stiffener할 Sketch.2를 드로잉한다.

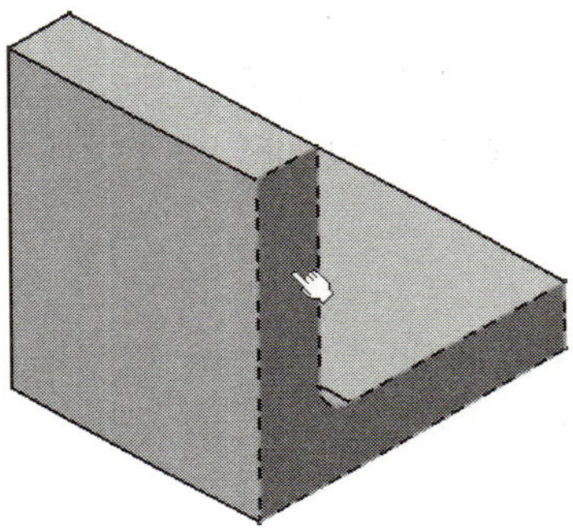

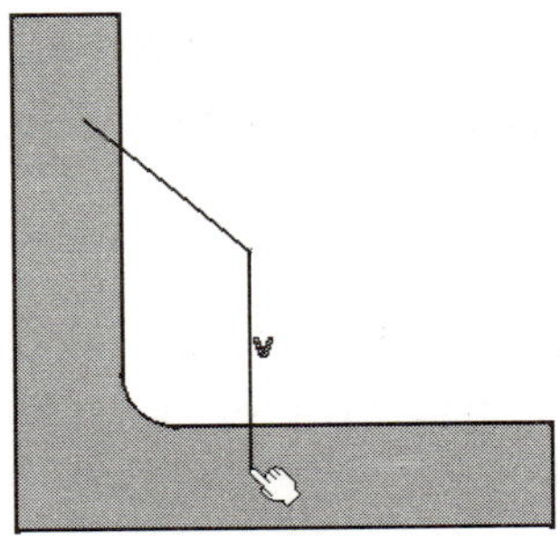

③ Exit workbench 아이콘을 실행한 후 Stiffener 아이콘을 클릭한다. 활성화된 Stiffener Definition Box에서 Mode는 From Side, Thickness 1은 5mm로 설정한다.

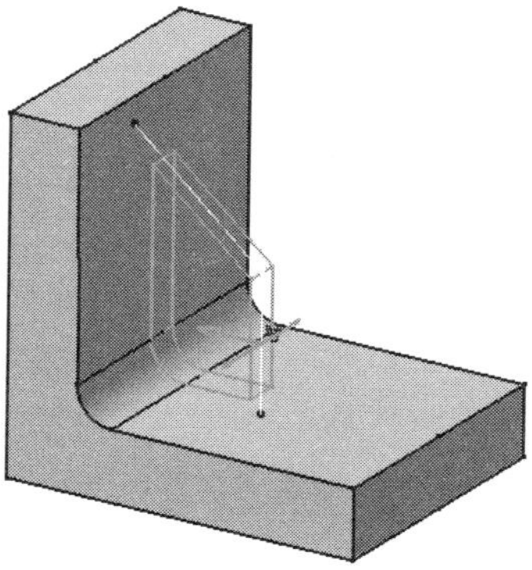

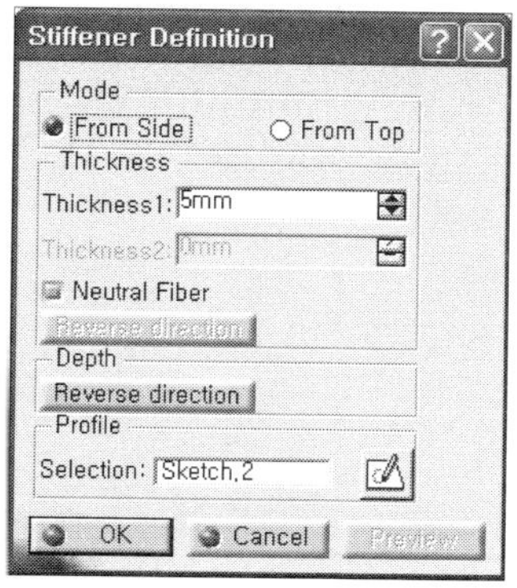

④ OK를 클릭하면 Stiffener된 최종 형상이 생성된다.

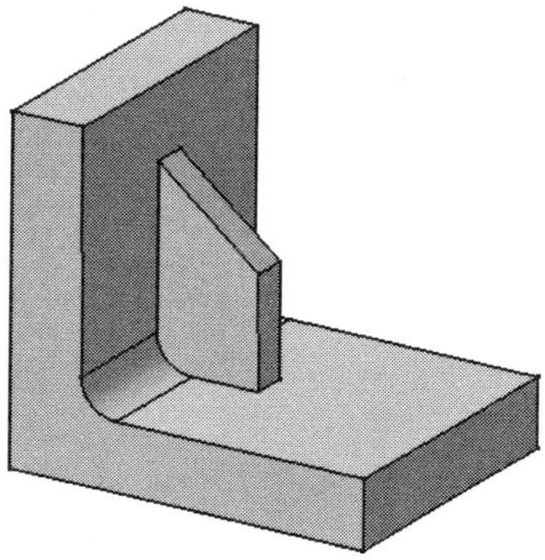

3.13 Loft

Multi-Sections Solid라고도 한다. 크기와 형상이 다른 두 요소 또는 그 이상의 요소에 대하여 Guide Line(or Spline)을 따라 연결하여 Solid 개체를 생성 또는 제거 하는 기능이다.

1) Guides

두 개 이상의 요소를 연결하고자 할 때 Closing Point가 선택되어진 Guide Line에 의하여 Loft가 생성되는 기능이다. 이때 Guide Line은 구성된 요소들과 접해 있어야 에러 없이 Loft가 실행된다.

① xy Plane을 선택하고 Sketcher에서 Circle을 이용하여 Radius 40mm의 Sketch.1을 드로잉한다. 그리고 Point by Clicking 아이콘을 실행하여 아

래 그림과 같이 Point를 생성시킨다.

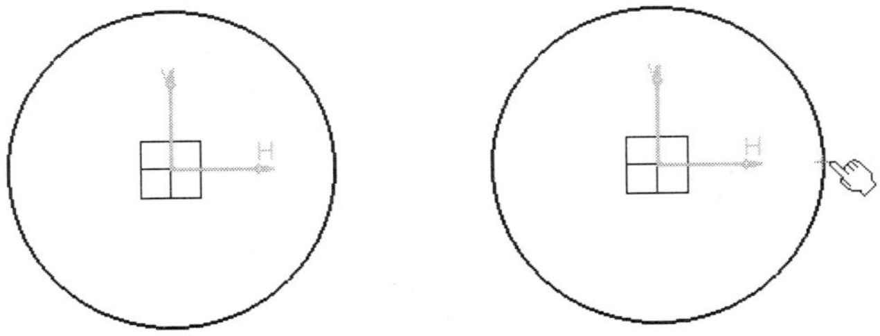

② Exit workbench 아이콘을 실행시킨 후 다시 zx Plane을 선택한다. Sketcher에서 Spline 아이콘을 이용하여 아래 그림과 같이 Point와 접하는 임의의 Splined인 Sketch.2를 드로잉한다.

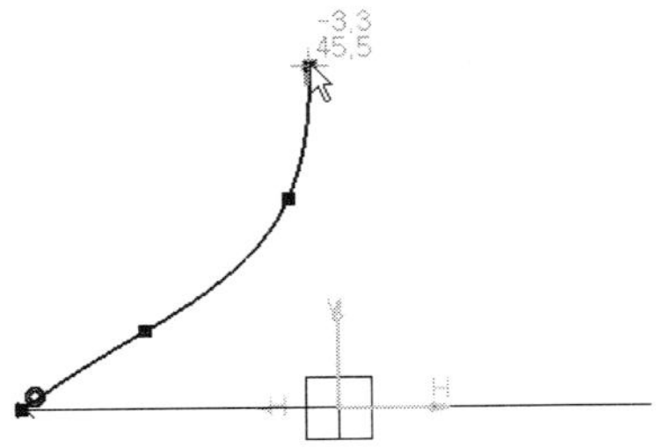

③ 정확한 접선을 연결시키기 위하여 화면을 확대시킨다. 확대된 화면에서 Ctrl Key를 사용하여 Spline의 끝점과 Point를 선택한다. 그리고 Constraint에서 Constraints Defined in Dialog Box를 활성화 시킨 후 Coincidence를 지정한다.

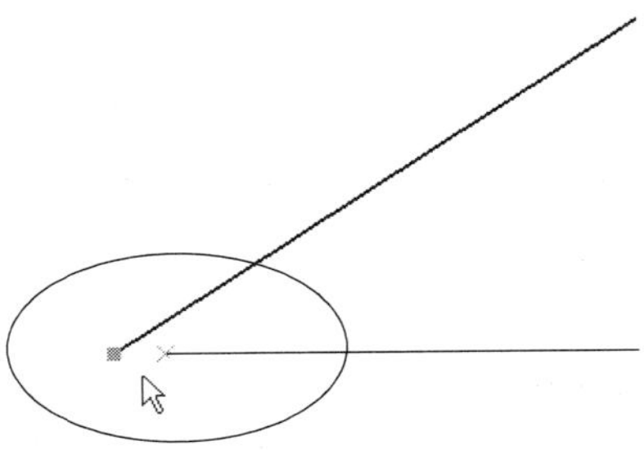

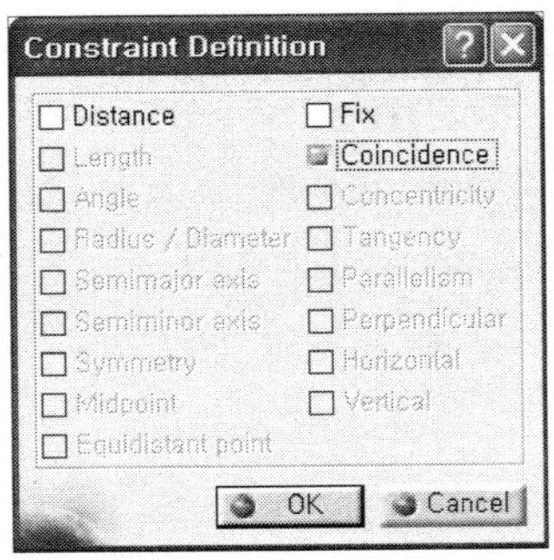

④ OK를 클릭하면 아래 그림과 같이 Spline의 끝점과 Point가 정확하게 연결된 형상이 생성된다.

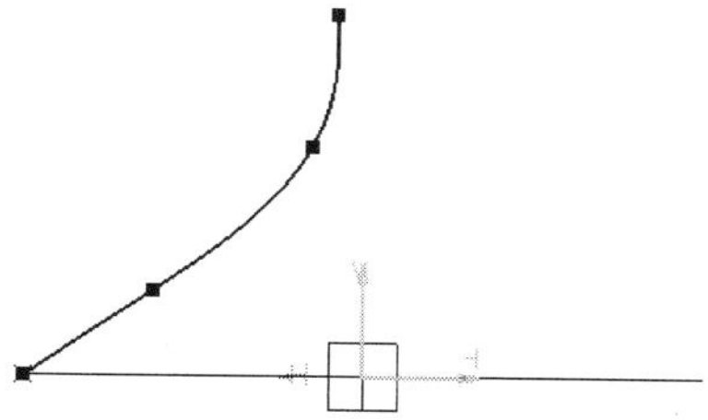

⑤ Exit workbench 아이콘을 실행한 후 Spline의 상부 Point를 선택하고 Plan 아이콘을 실행시킨다.

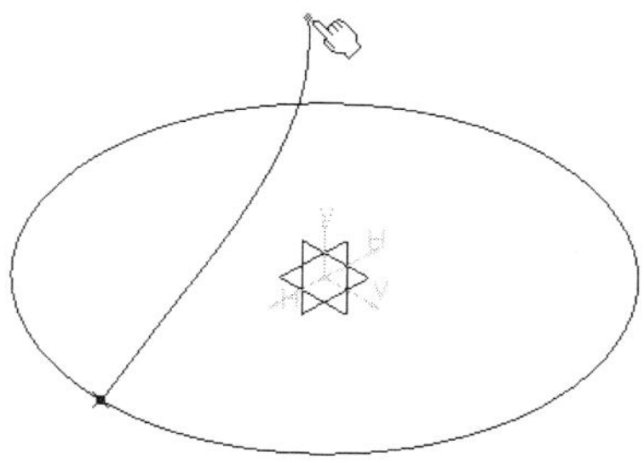

⑥ 활성화된 Plane Definition Box에서 Plane type은 Parallel through point, Reference는 xy Plane를 지정한다.

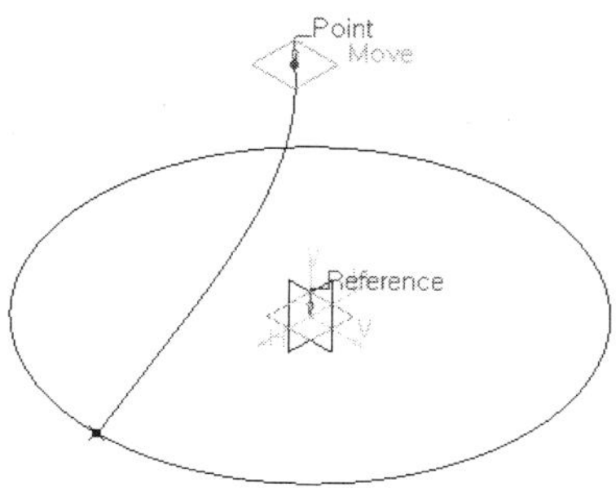

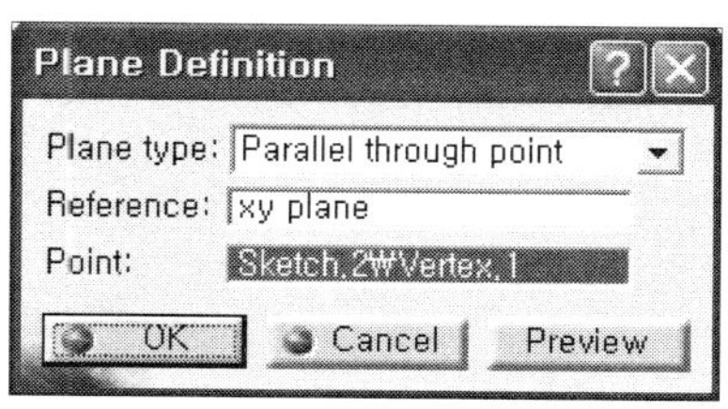

⑦ OK를 클릭하면 아래 그림과 같이 Spline의 상부 Point에 Plane이 생성된다.

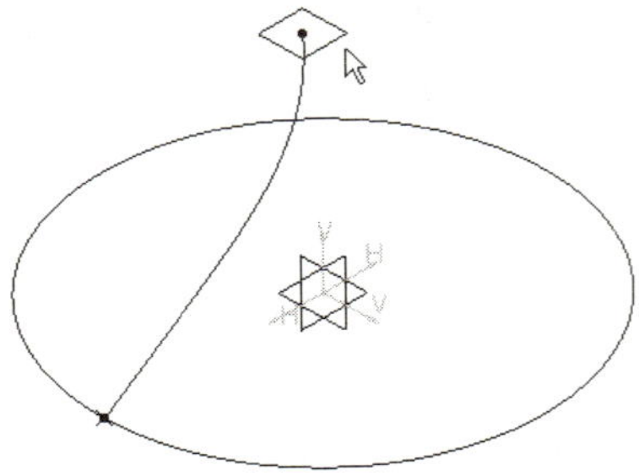

⑧ Plan을 선택하고 Sketcher에서 Circle 아이콘을 이용하여 Radius 10mm의 Sketch.3을 드로잉한다. 정확한 접선을 연결시키기 위하여 화면을 확대시킨다. 확대된 화면에서 Ctrl Key를 사용하여 Radius 10mm의 Circle과 Spline의 끝점을 선택한다. 그리고 Constraint에서 Constraints Defined in Dialog Box를 활성화 시킨 후 Coincidence를 지정하고 OK를 클릭한다.

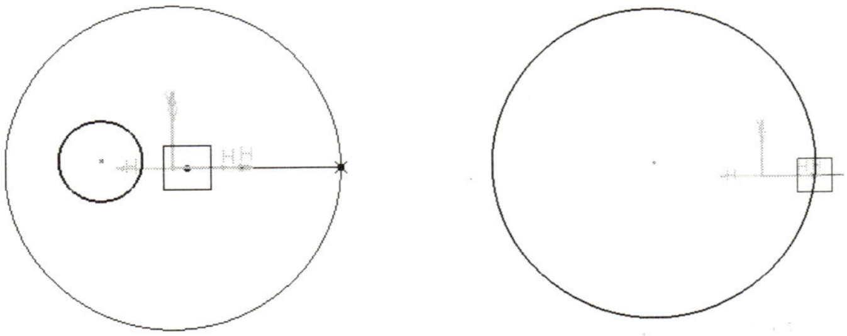

⑨ Exit workbench 아이콘을 실행하면 아래 그림과 같이 Loft될 최종 형상이 생성된다.

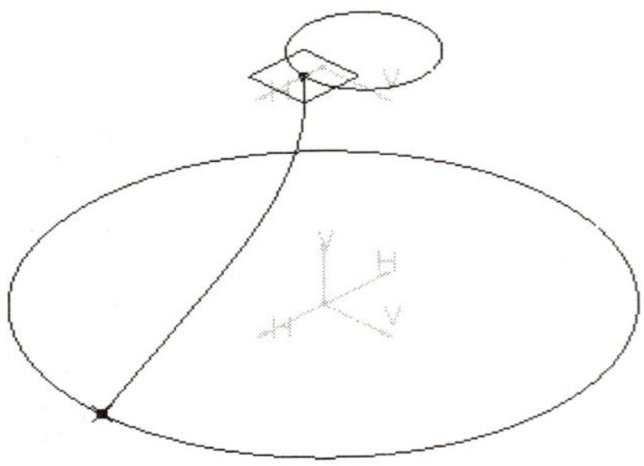

⑩ Loft 아이콘을 클릭하고 활성화된 Loft Definition Box에서 Closing

Point1, 2 및 Guides는 Guide1을 선택한다.

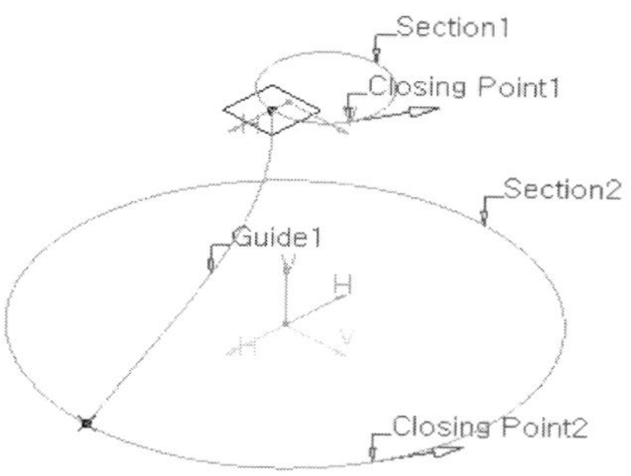

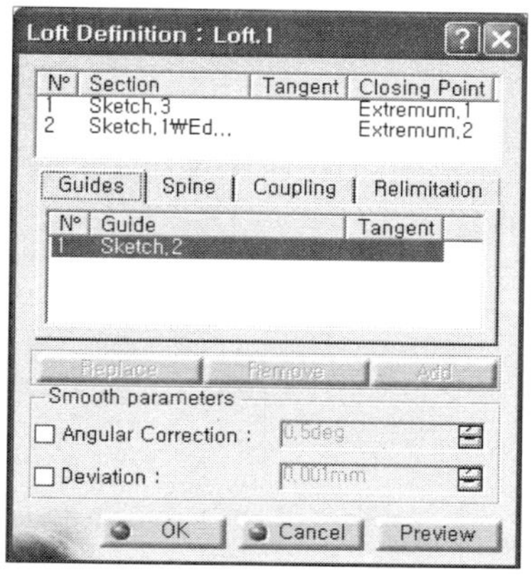

⑪ Preview 및 OK를 클릭하면 Guide Curve로 Loft된 최종 형상이 생성된다.

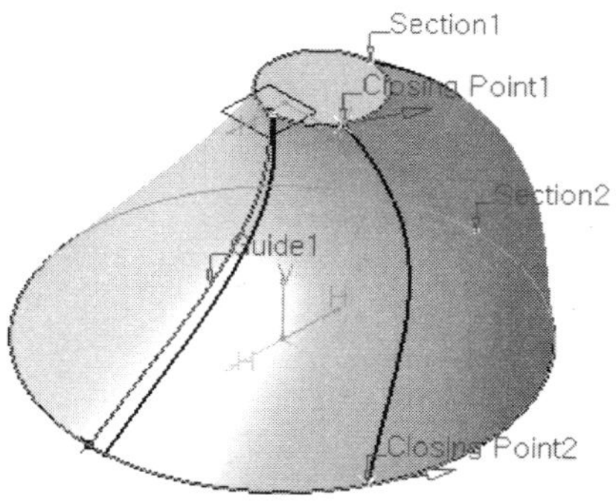

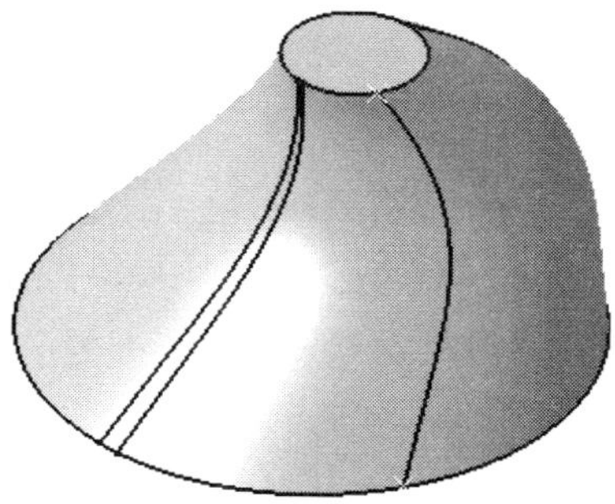

2) Spline

두 개 이상의 요소를 연결하고자 할 때 선택되어진 Curve, Spline의 Geometry를 따라 연결함으로써 원하는 Loft의 형상을 생성시키는 기능이다.

① xy Plane을 지정하고 Sketcher에서 Circle을 이용하여 Radius 30mm의 Sketch.1을 드로잉 한다. 그리고 Point by Clicking 아이콘을 실행하여 아래 그림과 같이 Point를 생성시킨다.

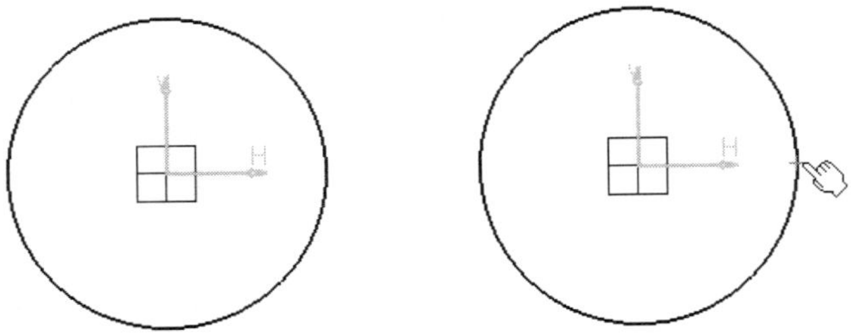

② Exit workbench 아이콘을 실행시키고 다시 yz Plane을 선택하고 Sketcher에서 Spline 아이콘을 이용하여 임의의 Spline인 Sketch.2를 드로잉한다.

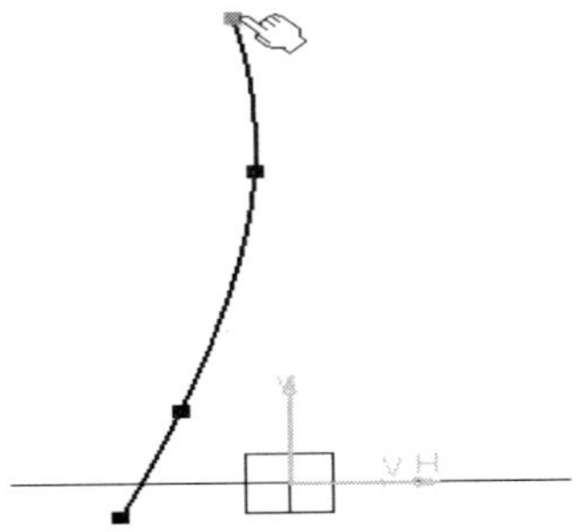

③ Exit workbench 아이콘을 실행한 후 Spline의 상부 Point를 선택하고 Plan 아이콘을 실행시킨다.

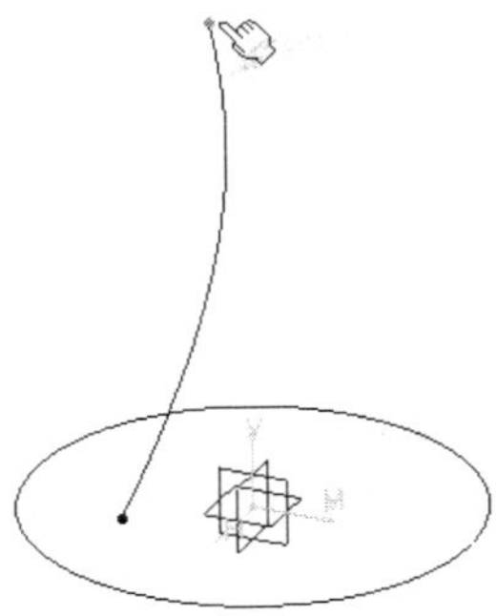

④ 활성화된 Plane Definition Box에서 Plane type은 Parallel through point, Reference는 xy Plane를 지정한다.

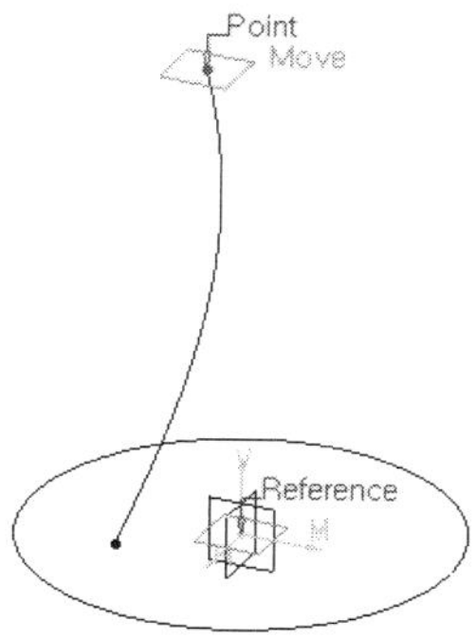

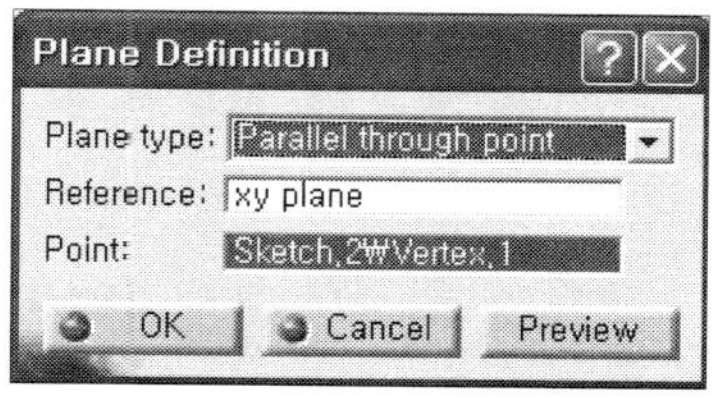

⑤ OK를 클릭하면 아래 그림과 같이 Spline의 상부 Point에 Plane이 생성된다.

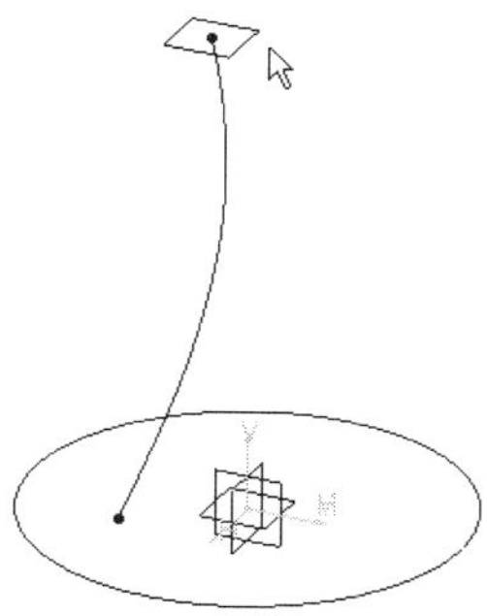

⑥ Plan을 선택하고 Sketcher에서 Circle 아이콘을 이용하여 Radius 20mm의 Sketch.3을 드로잉한다.

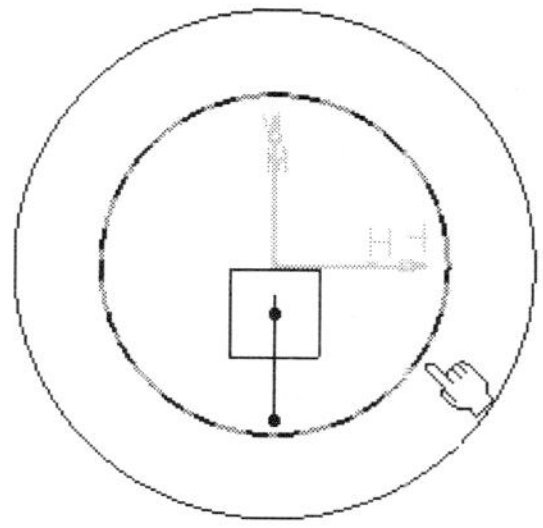

⑦ Exit workbench 아이콘을 실행하면 Spline으로 Loft될 최종 형상이 생성된다.

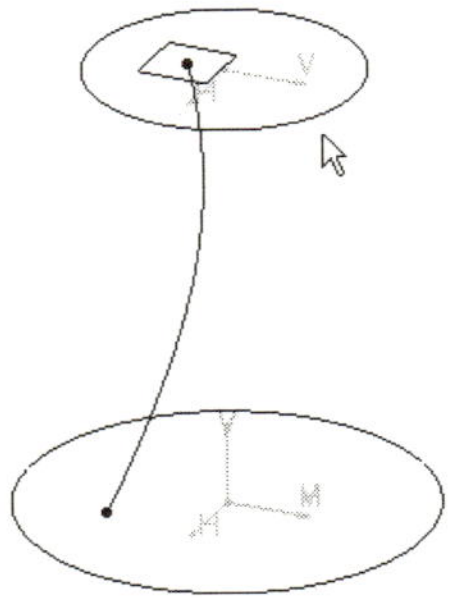

⑩ Loft 아이콘을 실행한 후 활성화된 Loft Definition Box에서 Closing Point1, 2와 Spline을 선택한다.

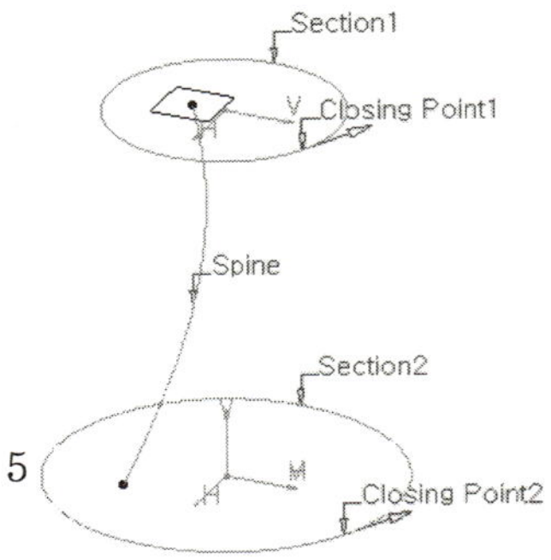

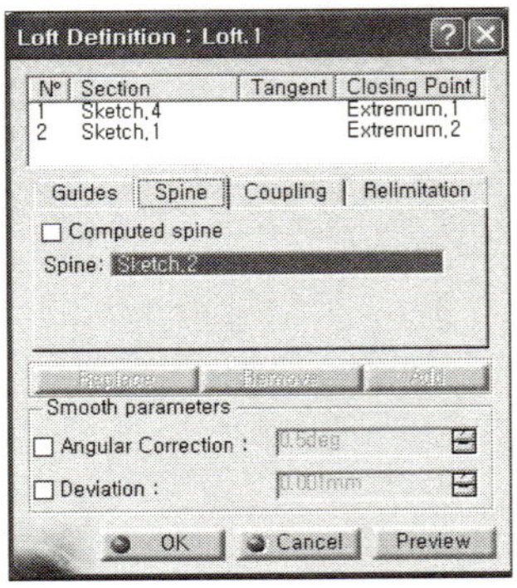

⑪ Preview 및 OK를 클릭하면 Spline으로 Loft된 최종 형상이 생성된다.

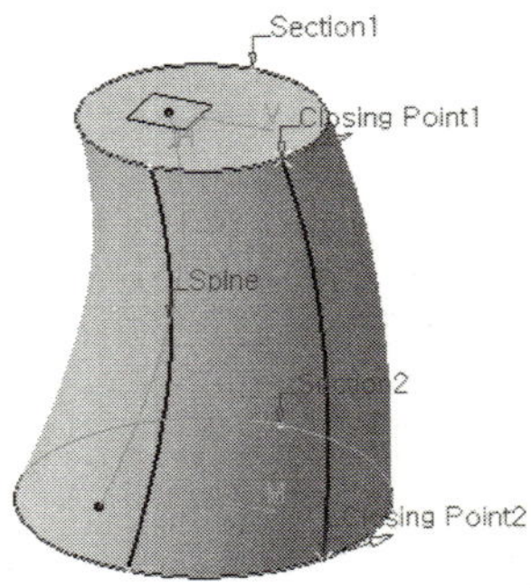

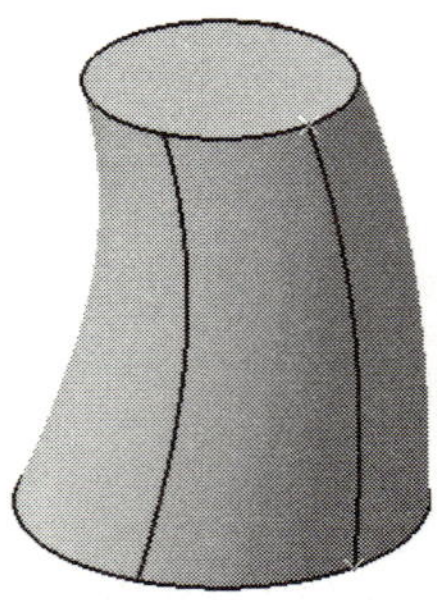

3) Coupling

Point의 개수와 형상이 다를 경우에 두 개 이상의 요소를 연결하고자 할 때 요소의 꼭지점을 지정하고 생성된 Coupling에 의하여 원하는 Loft의 형상을 생성시키는 기능이다.

① yz Plane을 지정하고 Sketcher에서 Arc, Line을 이용하여 아래 그림과 같이 임의의 형상인 Sketch.1을 드로잉한다.

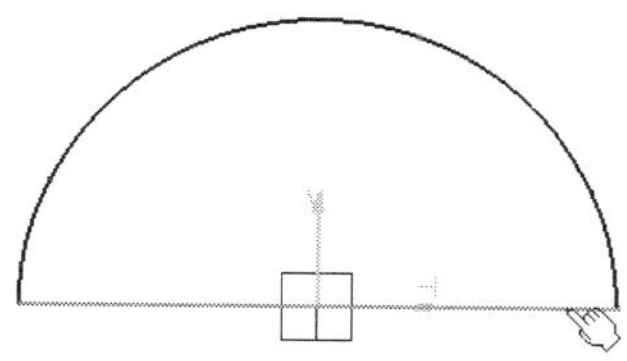

② Exit workbench 아이콘을 실행시키면 Sketch.1이 생성된다.

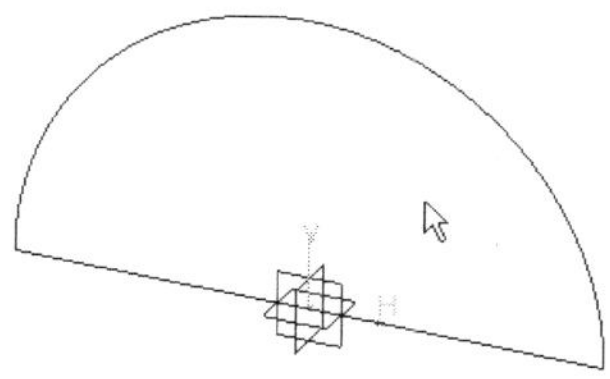

③ Plane 아이콘을 실행시키고 Plane type은 Offset from plane, Reference는 yz Plane, Offset은 40mm로 지정한다.

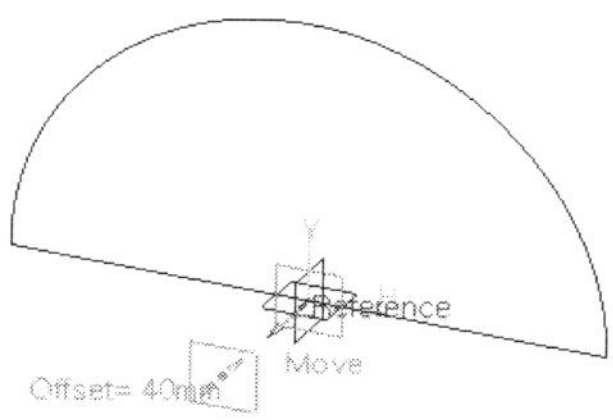

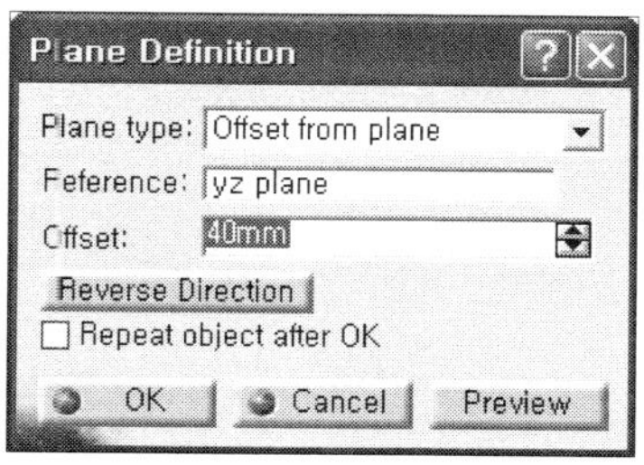

④ 생성된 Plane.1을 선택하고 Sketcher 아이콘을 실행시킨다.

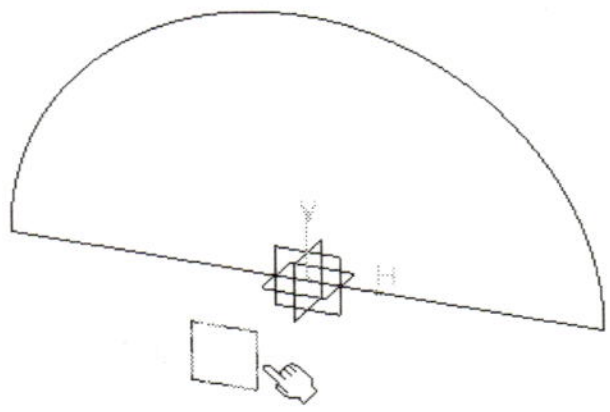

⑤ Sketcher에서 Profile 아이콘을 이용하여 아래 그림과 같이 임의의 형상인 Sketch.2를 드로잉한다.

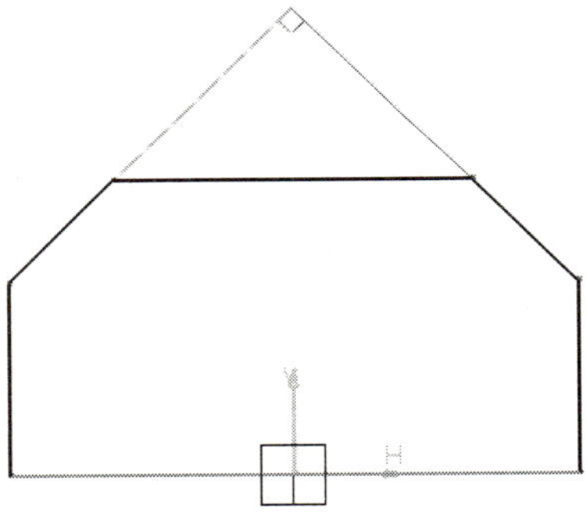

⑥ Exit workbench 아이콘을 실행시키면 아래 그림과 같이 Sketch.1, 2가 생성된다.

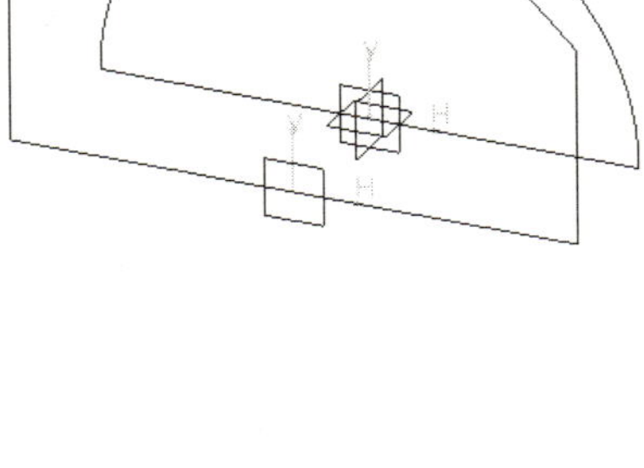

⑦ Plane 아이콘을 실행시키고 Plane type은 Offset from plane, Reference는 yz Plane, Offset은 80mm로 지정한다.

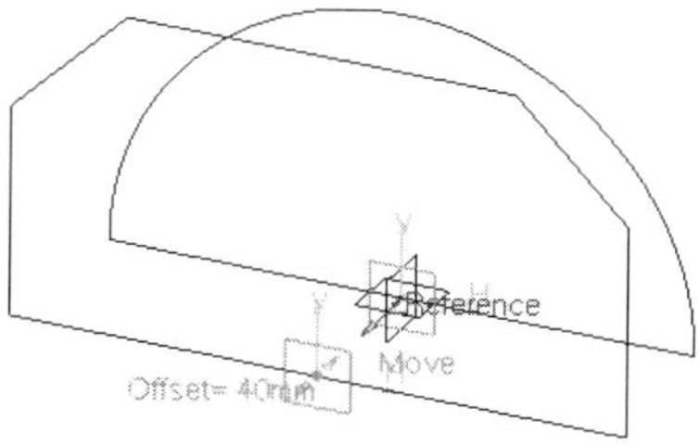

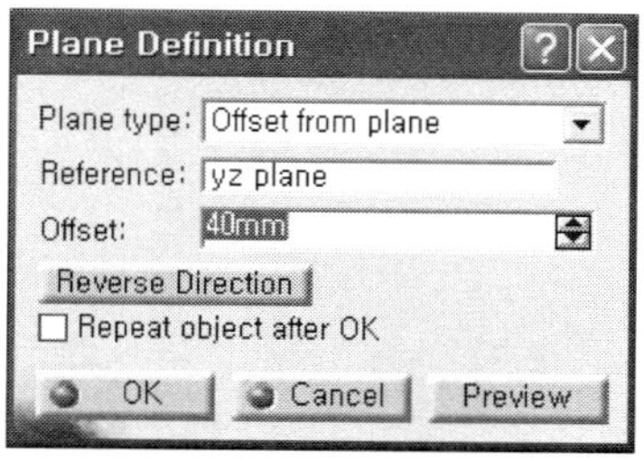

⑧ 생성된 Plane.2를 선택하고 Sketcher 아이콘을 실행시킨다.

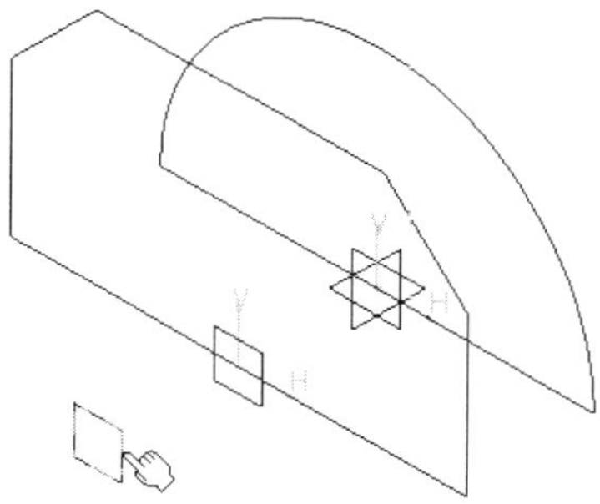

⑨ Sketcher에서 Rectangle 아이콘을 이용하여 아래 그림과 같이 직사각형 형상의 Sketch.3을 드로잉한다.

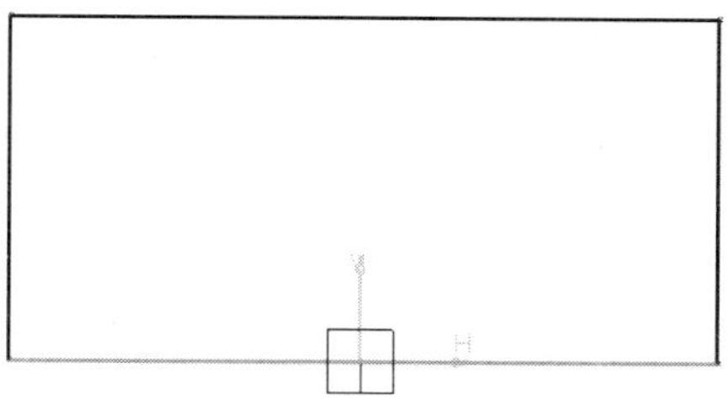

⑩ Exit workbench 아이콘을 실행시키면 Sketch.1, 2, 3이 생성된다.

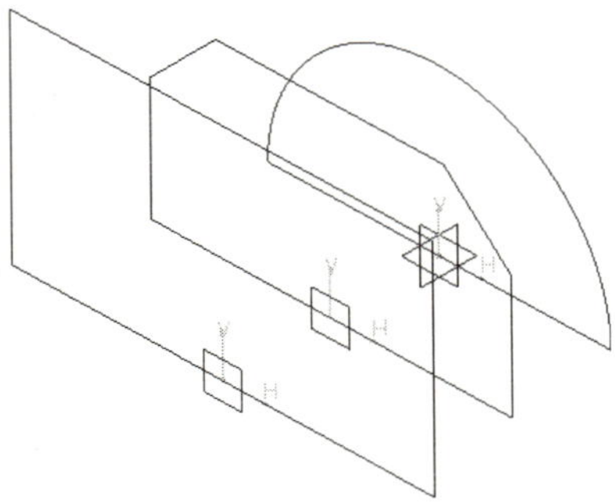

⑪ Loft 아이콘을 실행한 후 Loft Definition Box에서 드로잉된 순서대로 Sketch.1, 2, 3을 선택한다.

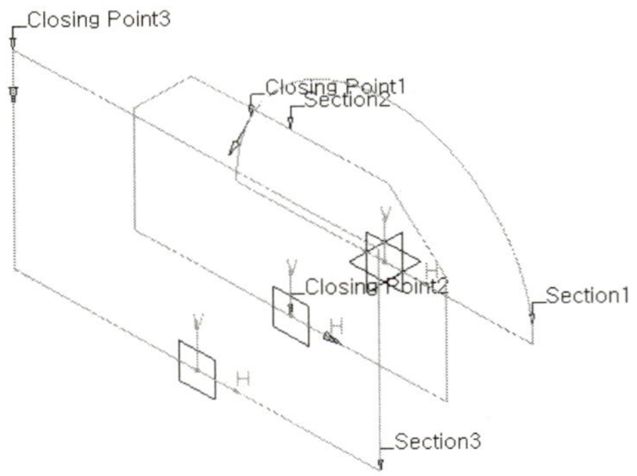

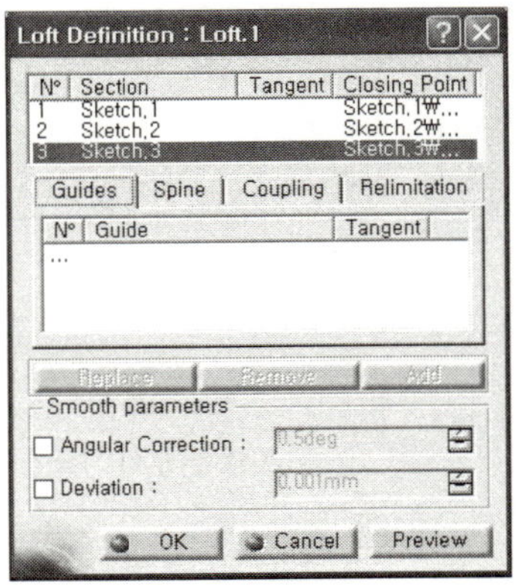

⑫ Coupling Loft를 실행시키기 위해서는 먼저 Closing Point를 동일한 방향으로 지정해야한다. Closing Point를 지정하기 위해 다음 그림과 같이 Closing Point3 글자위에 마우스를 위치시키고 오른쪽 마우스 버튼을 누른다. 활성화된 Box에서 Replace를 선택한다. 드로잉된 Sketch.1, 2, 3에 대하여 동일한 Closing Point를 지정한다.

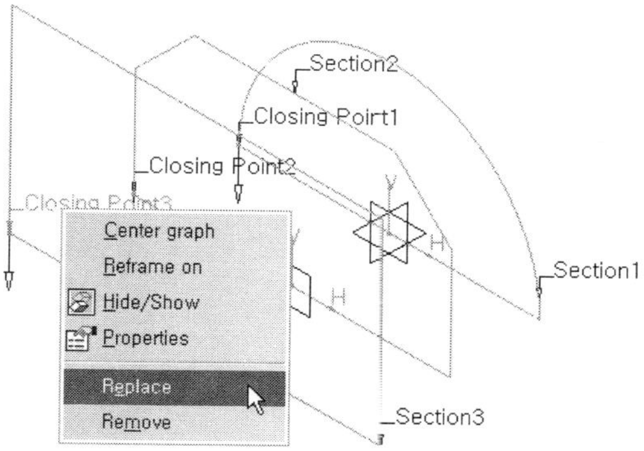

⑬ Coupling Tap을 선택하고 Section Coupling Field에서 Ratio를 지정한다. 그리고 아래 Loft Definition Box에서 Add를 클릭하면 Coupling Box가 활성화된다.

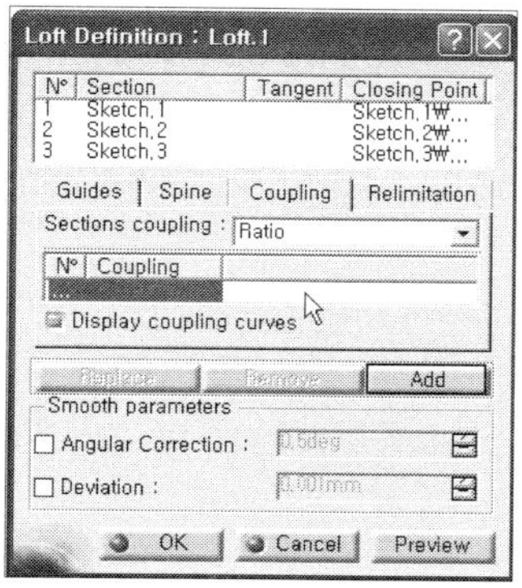

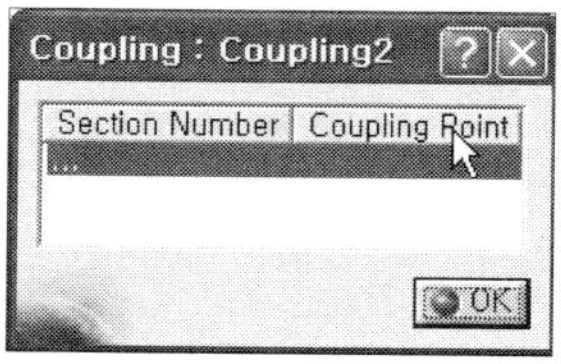

⑭ 아래 그림과 같이 먼저 오른쪽 Coupling Point를 Sketch 순서대로 지정한다.

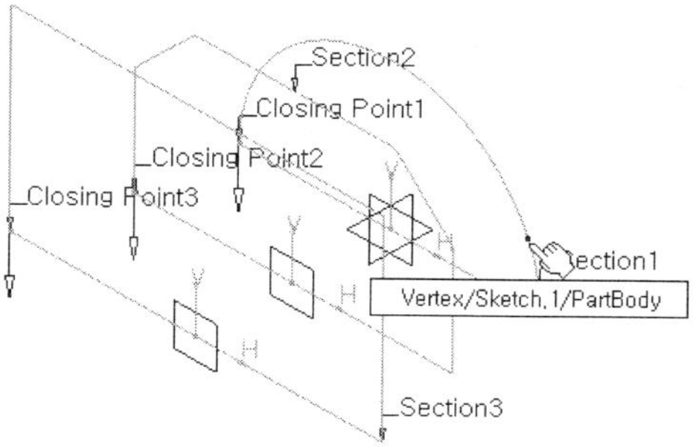

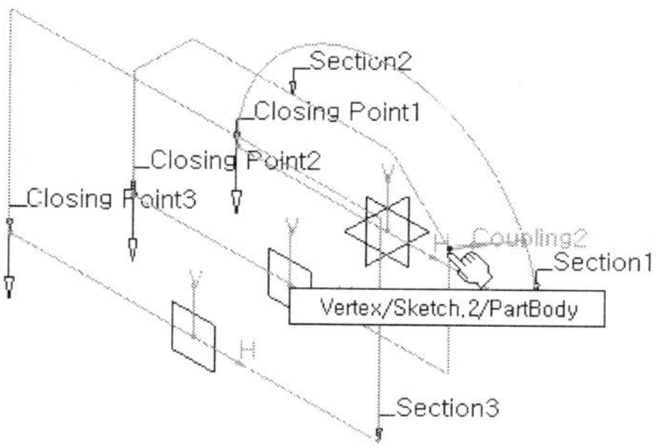

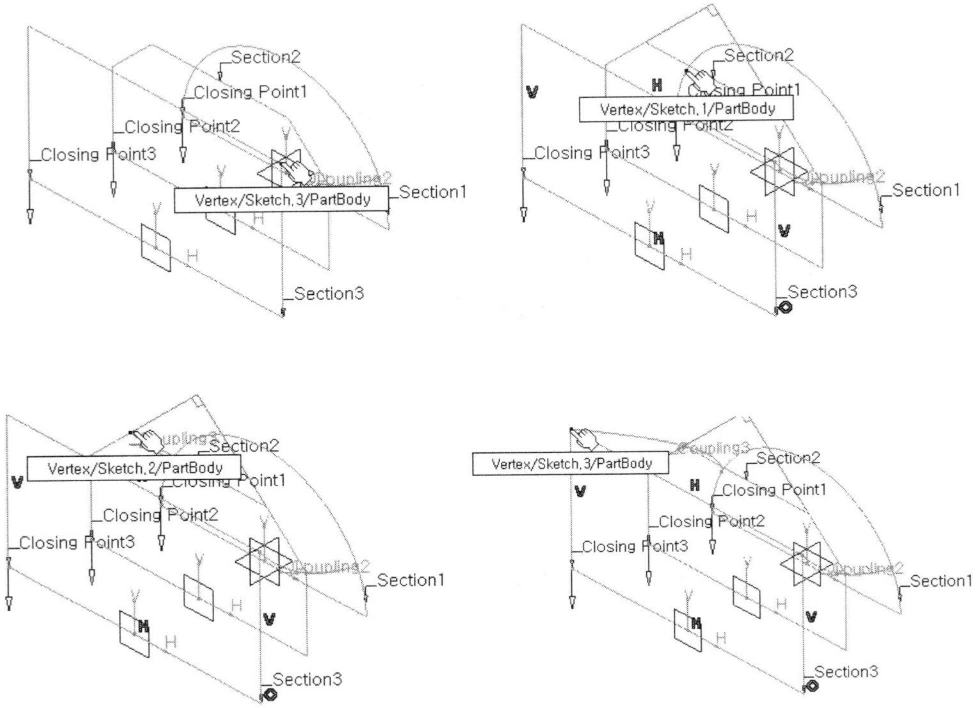

⑮ 오른쪽, 왼쪽 Coupling Point의 여섯 점을 선택하고 Preview를 클릭하면 Coupling Loft된 예비 형상과 OK를 클릭하면 최종 형상이 생성된다.

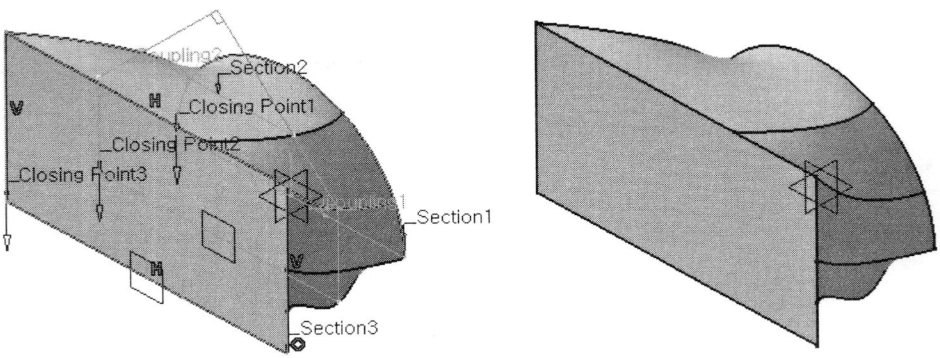

3.14 Remove Loft

Remove Loft는 두 개 이상의 단면곡선을 이용하여 Spine 또는 안내곡선을 따라, Sweep한 Removed Loft를 생성한다.

① Remove Loft에서는 예제 3.13.3의 Coupling Sketch1, 2, 3을 사용하였다. 먼저 Plan.3을 선택하고 Sketcher 아이콘을 실행한다.

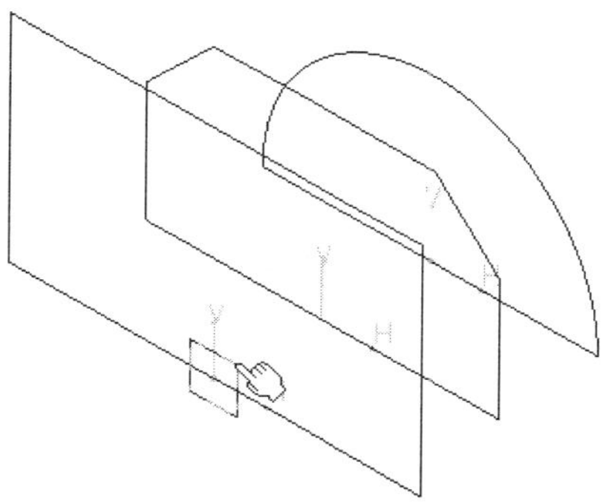

② Sketcher에서 Rectangle 아이콘을 이용하여 아래 그림과 같이 직사각형의 Sketch.4를 드로잉한다.

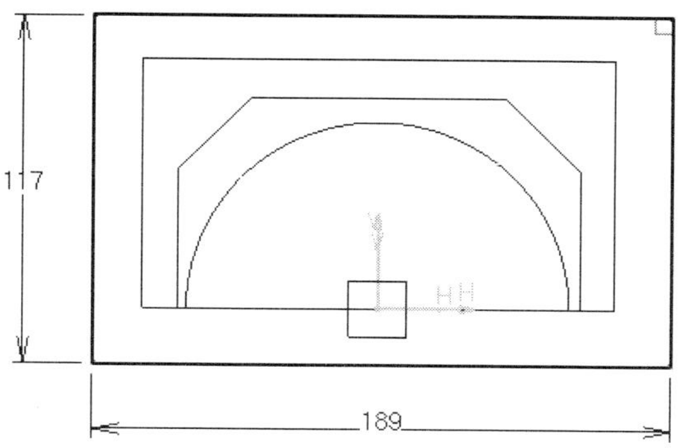

③ Exit workbench 아이콘을 실행한 후 Pad 아이콘을 클릭한다. 드로잉된 직사각형을 선택하고 Reverse Direction으로 90mm Pad시킨다.

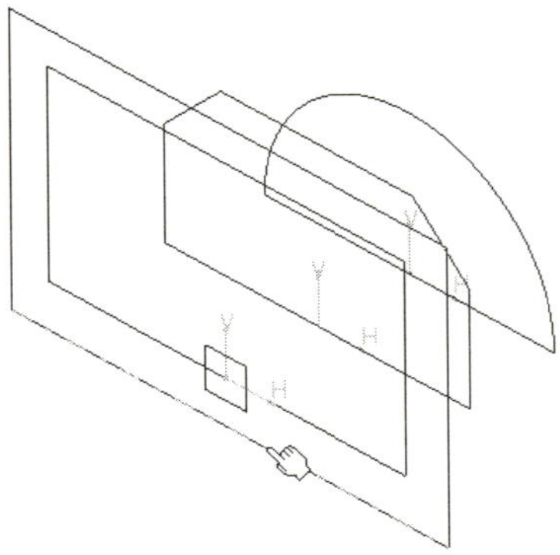

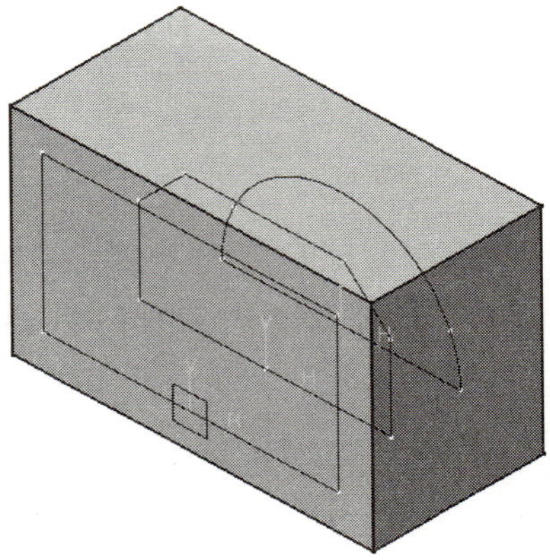

④ Remove Loft를 실행시키기 위해서는 먼저 Closing Point를 동일한 방향으로 지정해야한다. Closing Point를 지정하기 위해 아래 그림과 같이 Closing Point3 글자위에 마우스를 위치시키고 오른쪽 마우스 버튼을 누른다. 활성화된 Box에서 Replace를 선택한다. 드로잉된 Sketch.1, 2, 3에 대하여 동일한 Closing Point를 지정한다.

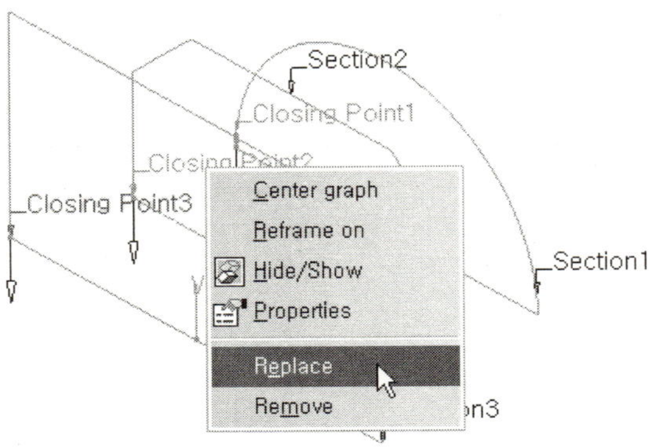

⑤ 활성화된 Removed Loft Definition Box에서 Coupling Tap을 선택하고 Section Coupling Field에서 Ratio를 지정한다. 그리고 아래 Removed Loft Definition Box에서 Add를 클릭하여 Coupling 1~4를 지정한다.

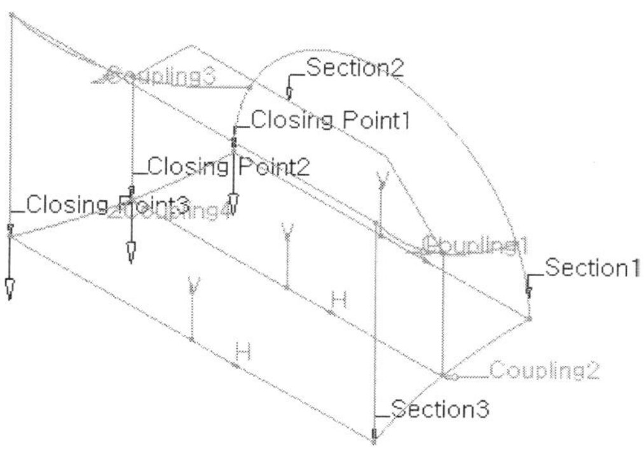

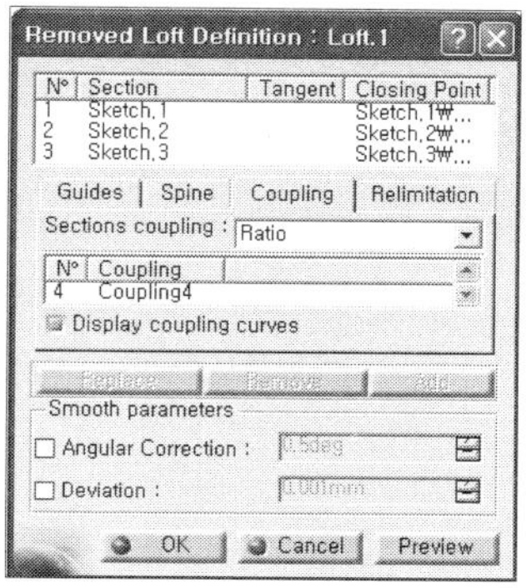

⑥ 오른쪽, 왼쪽 Coupling을 지정하고 Preview를 클릭하면 Removed Loft된 예비 형상과 OK를 클릭하면 최종 형상이 생성된다.

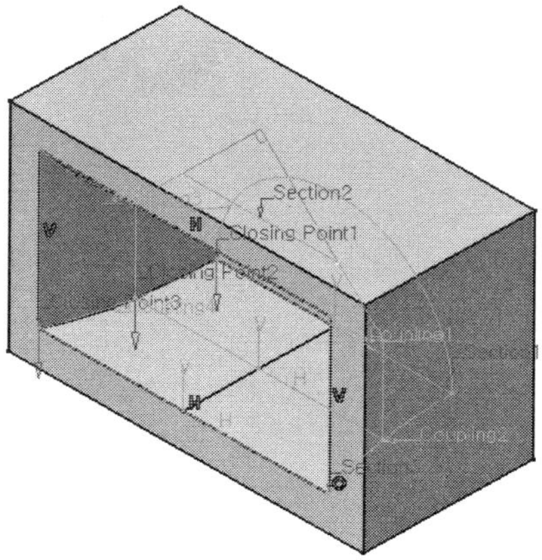

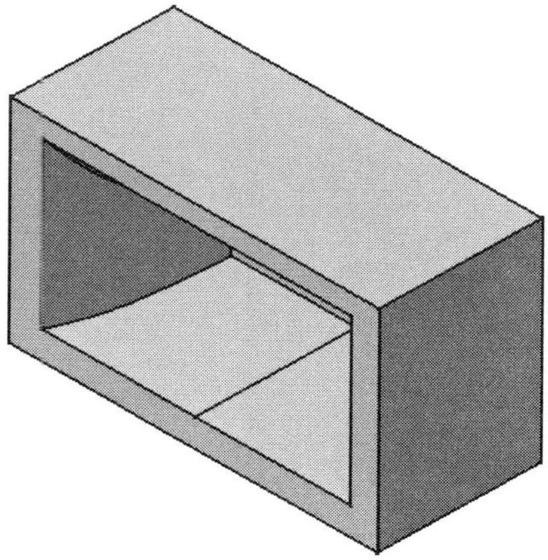

4. Dress-Up Features

Sketch-Based Features에서 3차원 형상으로 정의된 Profile에 대하여 편집 작업을 수행하는 기능이다. 기능들에 대한 구성은 Edge Fillet, Chamfer, Draft Angle, Shell, Thickness, Thread/Tap 등으로 되어있다.

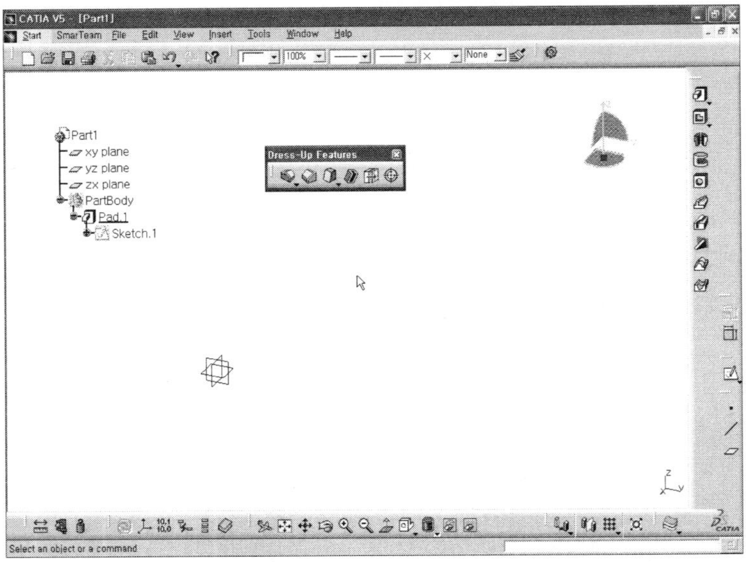

4.1 Fillets

Part의 모서리에 단순한 곡면을 생성하는 기능이다.

1 Edge Fillet

생성할 Solid의 모서리에 라운드를 생성하는 기능이다.

① xy Plane을 선택하고 Sketcher에서 Rectangle 아이콘을 이용하여 아래 그림과 같이 Sketch.1을 드로잉한다.

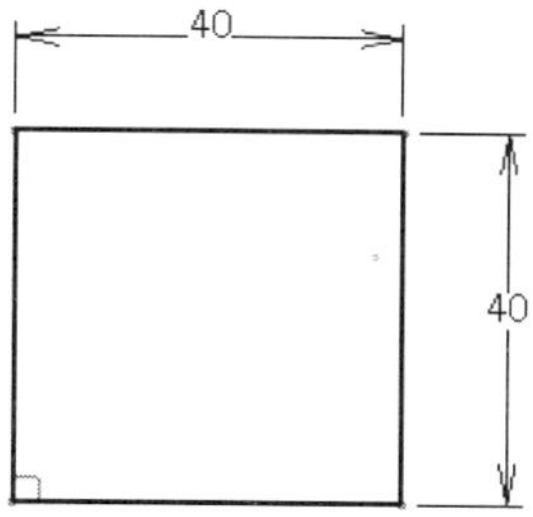

② Exit workbench 아이콘을 실행한다. Pad 아이콘을 클릭하여 20mm로 Pad시킨다.

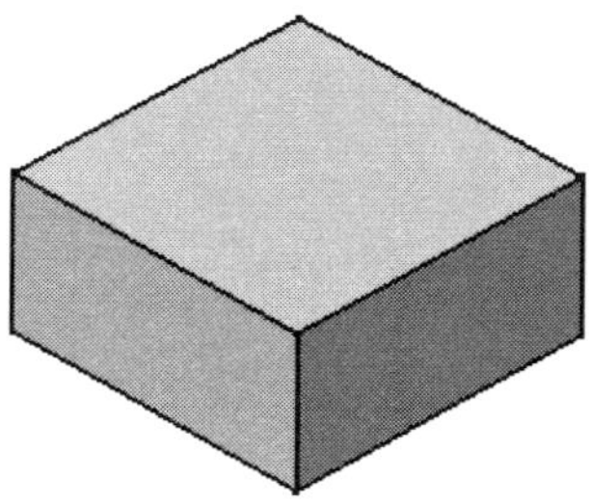

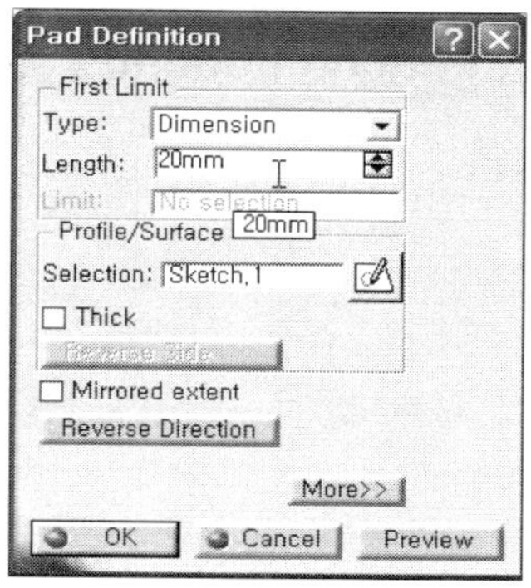

③ Edge fillet 아이콘을 실행하고 아래 그림과 같이 면을 지정한다. 활성화된 Edge Fillet Definition Box에서 Radius를 5mm로 지정한다.

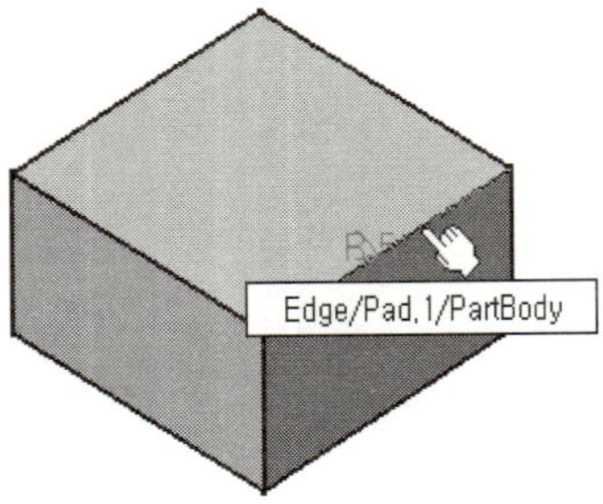

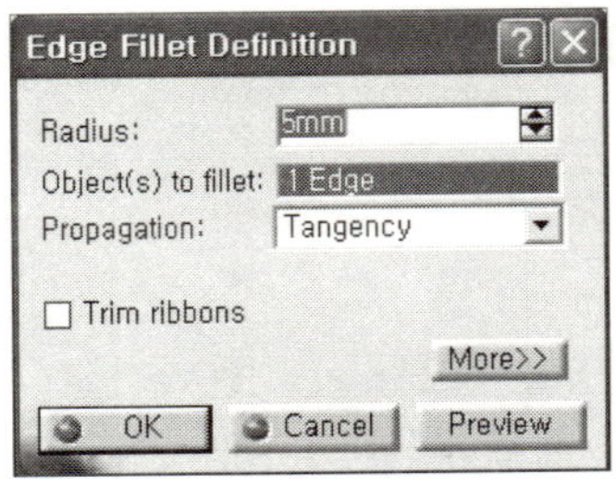

④ OK를 클릭하면 5mm로 Edge fillet된 최종 형상이 생성된다.

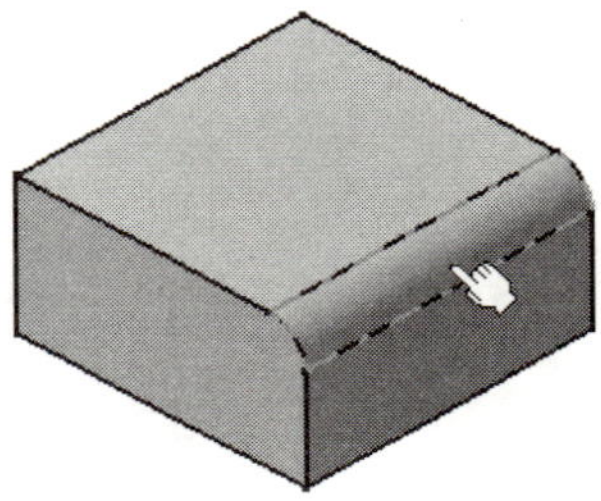

2 Trimming Ribbons

두 Fillet이 접하는 면을 매끄럽게 형상을 만들어주는 기능이다.

① xy Plane을 선택하고 Sketcher에서 Rectangle 아이콘을 이용하여 아래 그림과 같이 Sketch.1을 드로잉한다.

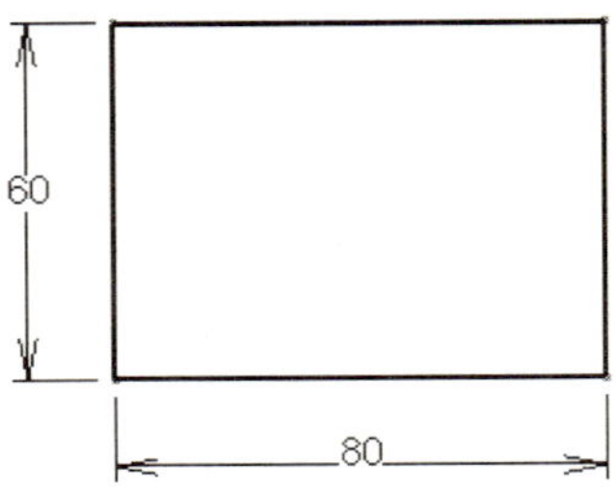

② Exit workbench 아이콘을 실행한 후 Pad 아이콘을 클릭하여 20mm로 Pad시킨다.

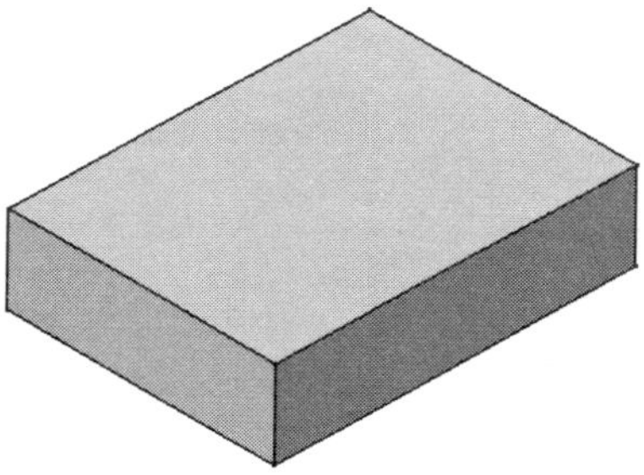

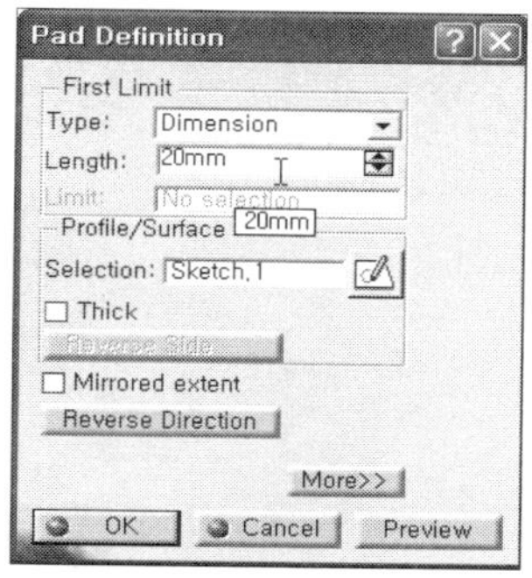

③ 윗면을 Plane으로 지정하고 Sketcher 아이콘을 실행시킨다. Rectangle, Circle을 아이콘을 이용하여 직사각형(20×20mm)와 Radius 10mm의 Sketch.2를 드로잉한다.

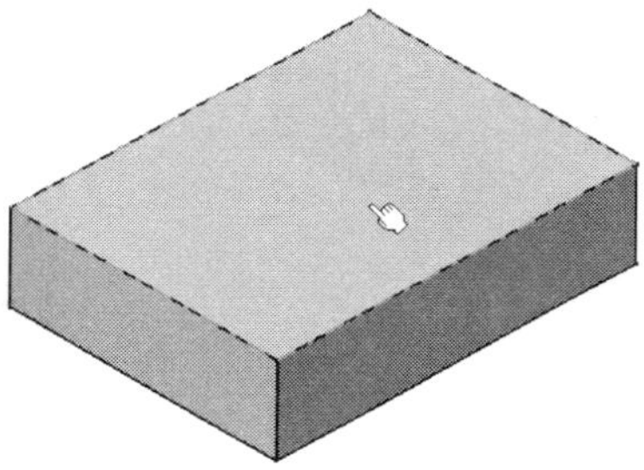

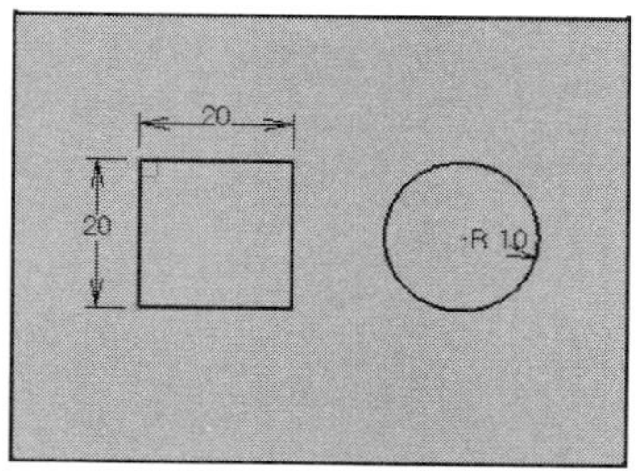

④ Exit workbench 아이콘을 실행하고 Pad 아이콘을 선택한다. 드로잉된 Circle과 Rectangle을 지정하여 20mm로 Pad시킨다.

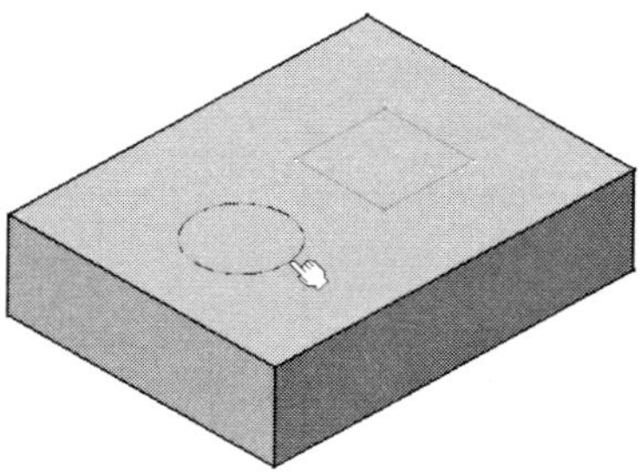

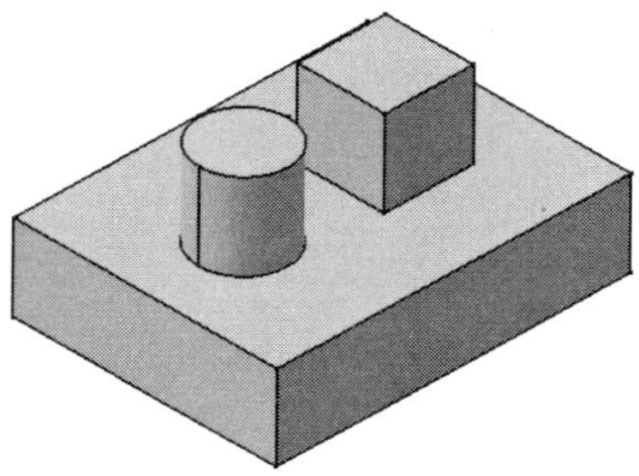

⑤ Trimming Ribbons Fillet할 Circle과 Rectangle의 하단부의 5 Edges를

지정한다.

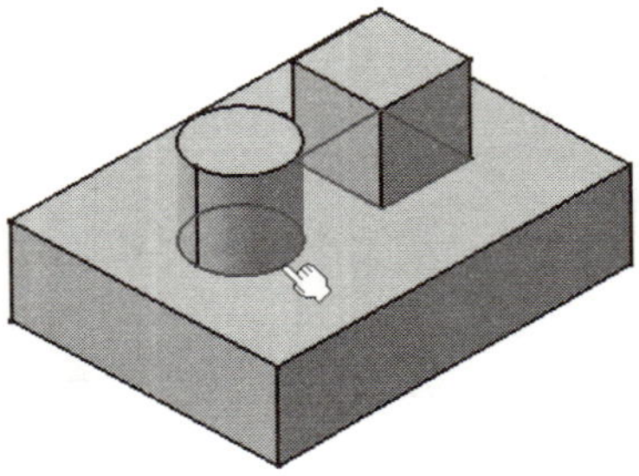

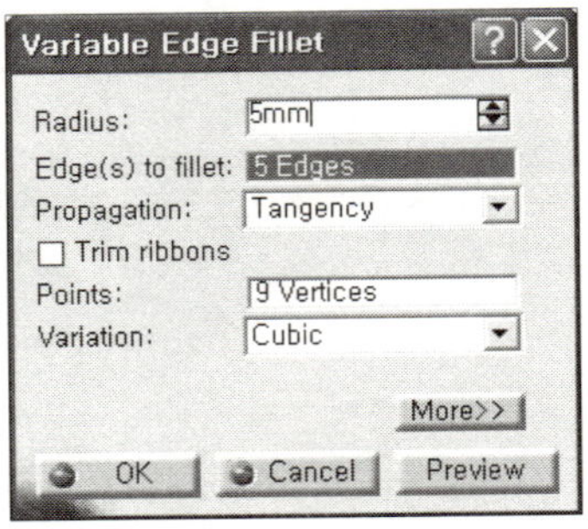

⑥ OK를 클릭하면 Trimming Ribbons Fillet된 최종 형상이 생성된다.

3 Variable Radius Fillet

가변되는 Fillet을 생성하는 기능이다.

① xy Plane을 선택하고 Sketcher에서 Rectangle 아이콘을 이용하여 아래 그림과 같이 Sketch.1을 드로잉한다.

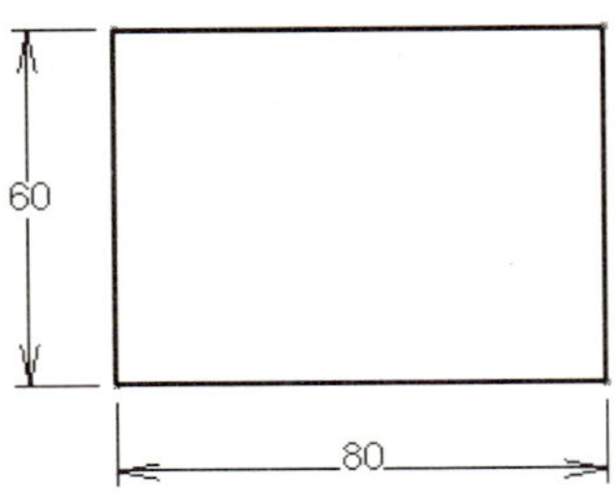

② Exit workbench 아이콘을 실행한다. Pad 아이콘을 클릭하고 30mm로 Pad시킨다.

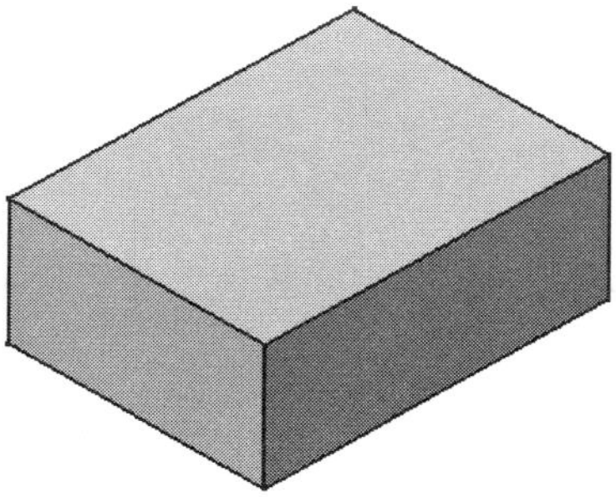

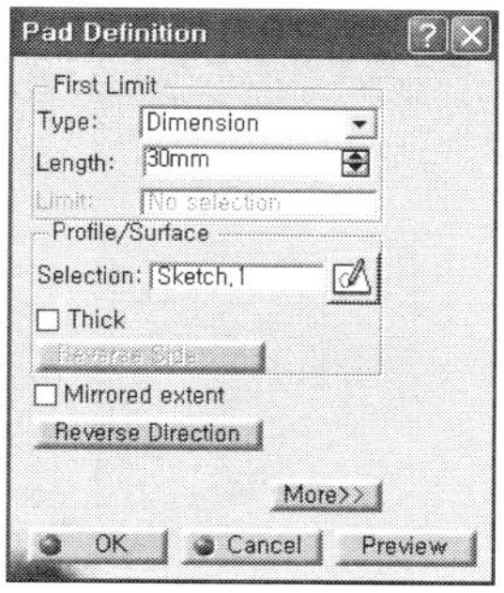

③ Variable Radius Fillet 아이콘을 실행한 후 아래 그림과 같이 직사각형의 Edge를 선택한다.

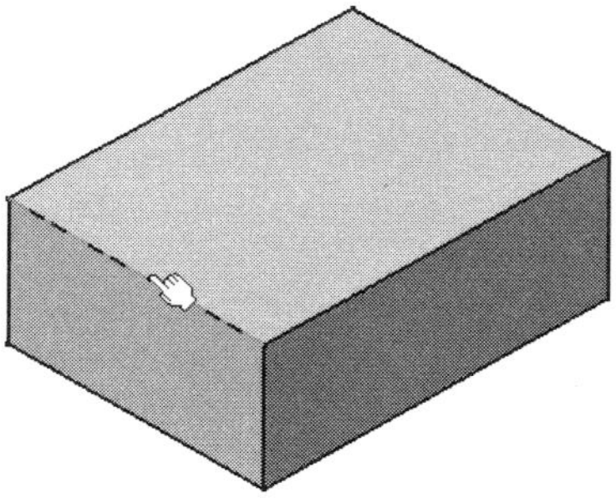

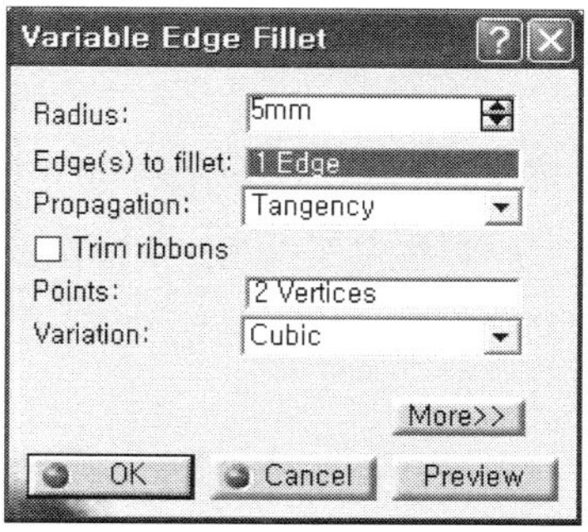

④ 아래 그림과 같이 하단부의 치수를 더블 클릭하여 Parameter Definition Box에서 Value를 20mm로 설정한다.

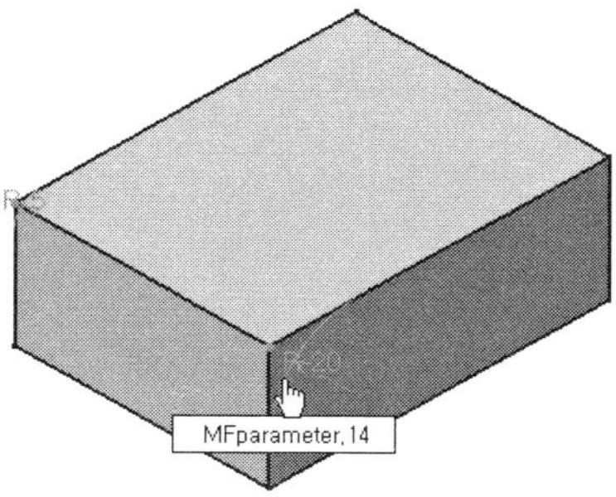

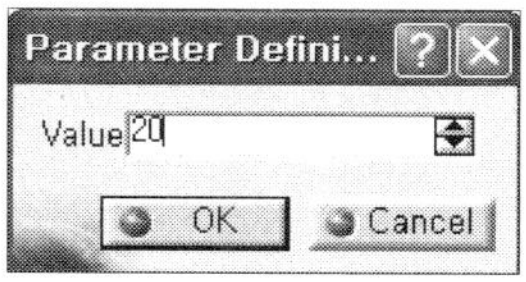

⑤ Preview와 OK를 클릭하면 Variable Radius Fillet된 최종 형상이 생성된다.

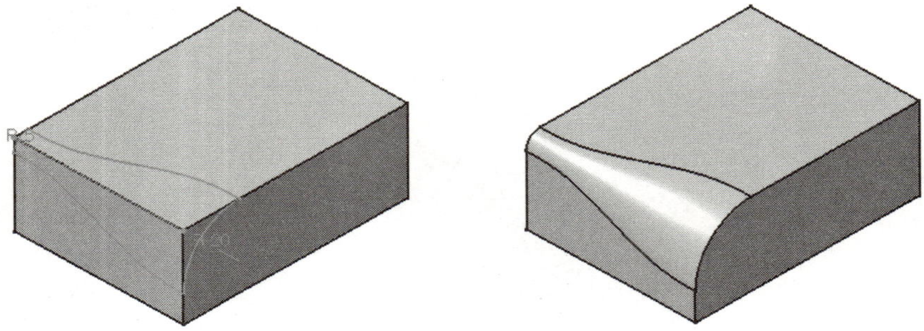

4 Face-Face Fillet

미 Fillet 리
능이다.

① xy Plane을 선택하고 Sketcher에서 Profile 아이콘을 이용하여 아래 그림과 같이 Sketch.1을 드로잉한다.

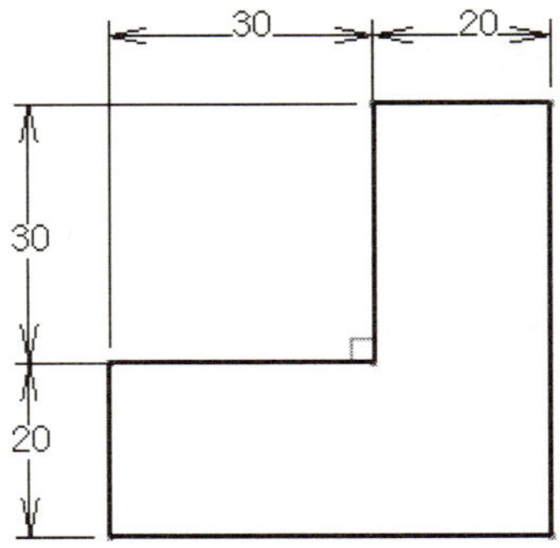

② Exit workbench 아이콘을 실행한 후 Pad 아이콘을 클릭하여 Sketch.1을 50mm로 Pad시킨다.

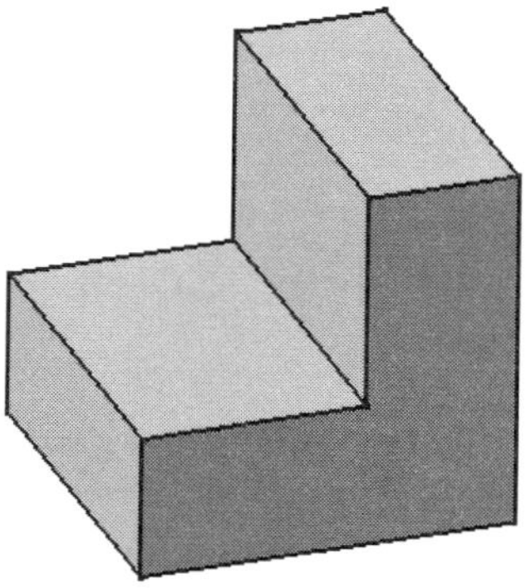

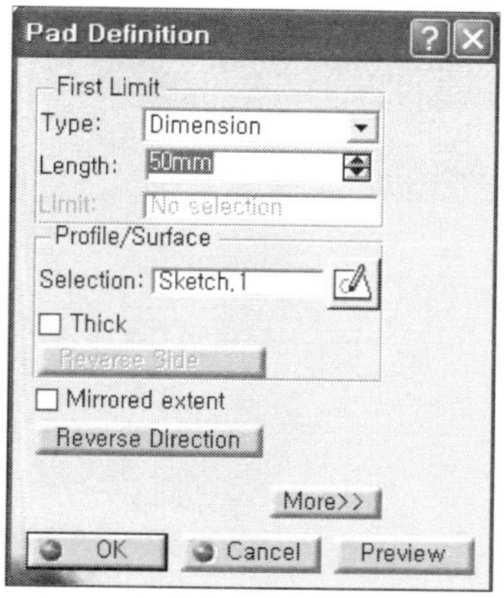

③ 아래 그림과 같이 수직면과 수평면을 선택하고 Face-Face Fillet 아이콘을 실행한다. 활성화된 Face-Face Fillet Definition Box에서 Radius를 20mm로 지정한다.

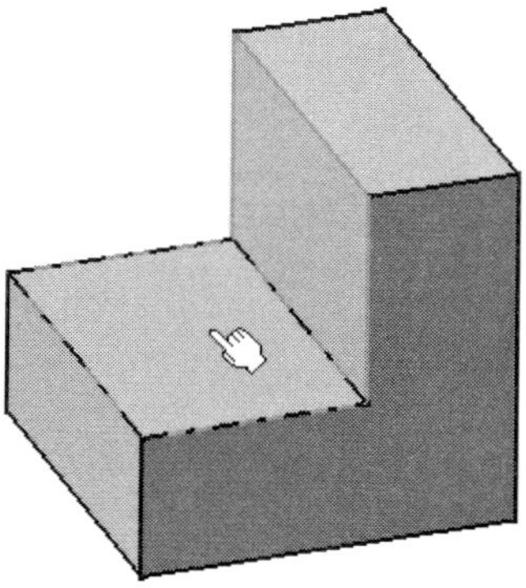

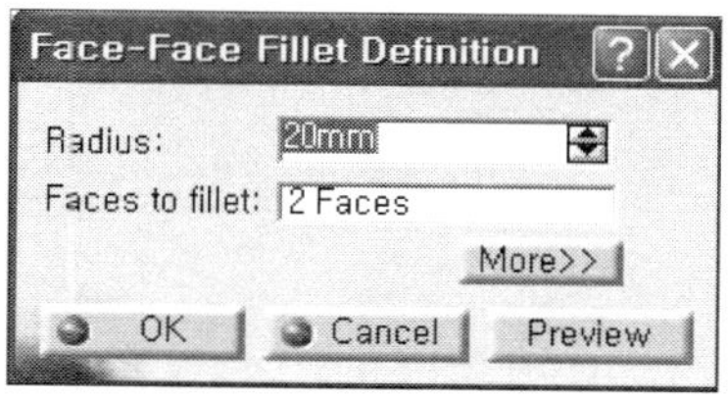

④ Preview와 OK를 클릭하면 Face-Face Fillet된 최종 형상이 생성된다.

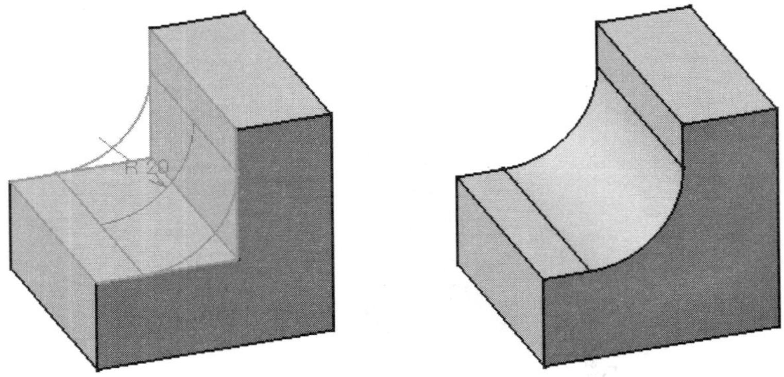

5 Tritangent Fillet

세면이 만나는 곳에서 한 면을 제거하면서 부드럽게(Fillet) 연결되는 기능이다. 세면을 선택할 때 Fillet될 두 면을 먼저 선택한 후 마지막에 제거될 면을 선택한다.

① xy Plane을 선택하고 Sketcher에서 Profile 아이콘을 이용하여 아래 그림과 같이 Sketch.1을 드로잉한다.

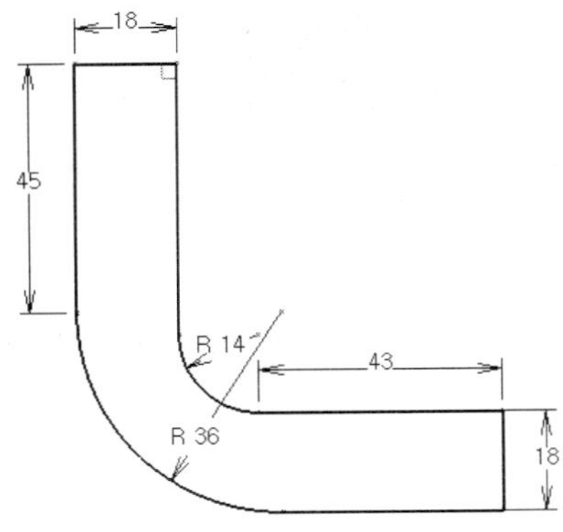

② Exit workbench 아이콘을 실행한 후 Pad 아이콘을 클릭하여 Sketch.1을 20mm로 Pad시킨다.

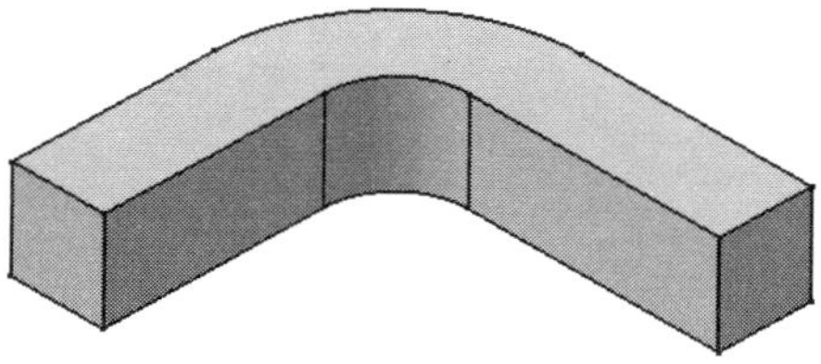

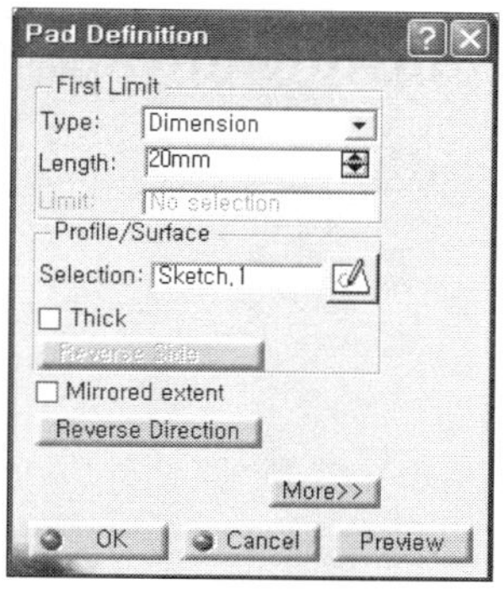

③ 먼저 두면을 지정하고 Tritangent Fillet 아이콘을 실행시킨다.

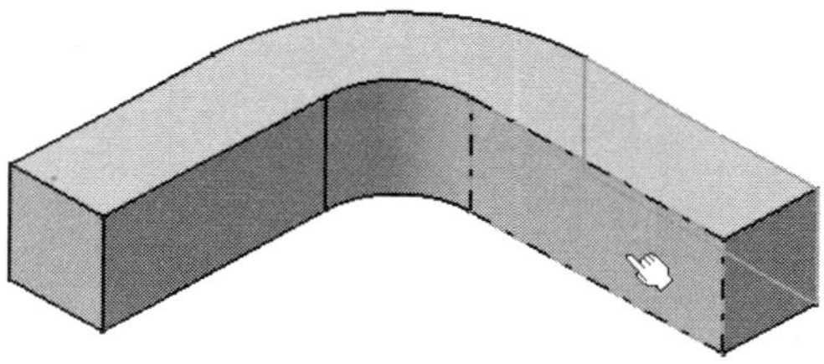

④ 아래 그림과 같이 활성화된 Tritangent Fillet Definition Box에서 Faces to fillet(2 Faces)될 두 면과 Faces to remove(1 remove face)될 한 면을 선택한다.

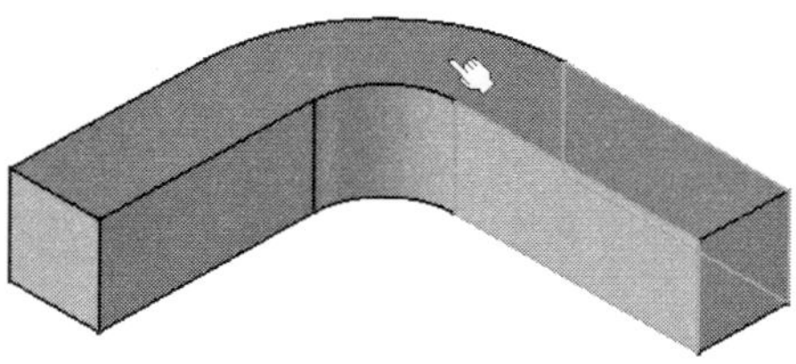

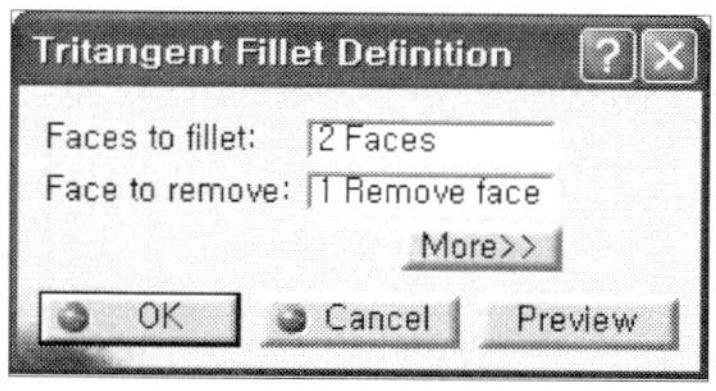

⑤ Tritangent Fillet Definition Box에서 Limiting element를 yz Plane으로 지정하고 Preview를 클릭하면 Tritangent Fillet면이 미리 생성된다.

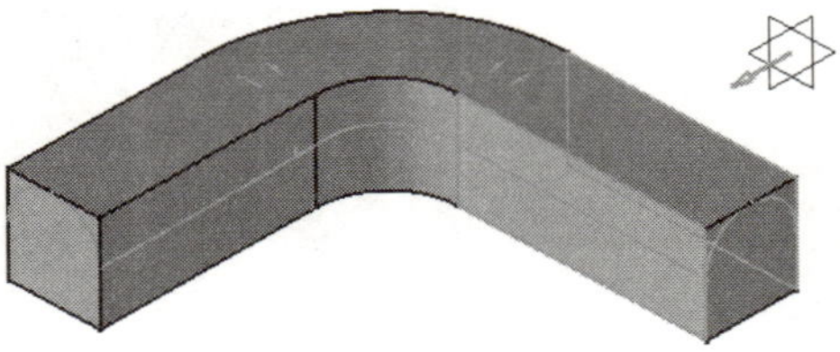

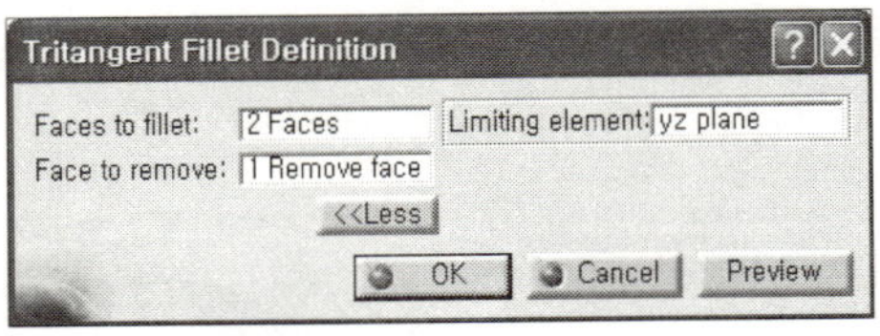

⑥ OK를 클릭하면 Tritangent Fillet된 최종 형상이 생성된다.

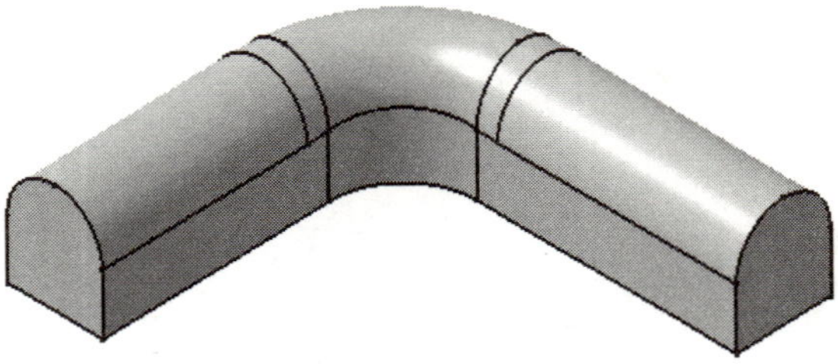

4.2 Chamfer

Part에서 모서리를 경사면을 처리하는 기능이다.(모따기)

① xy Plane을 선택하고 Sketcher에서 Rectangle 아이콘을 이용하여 아래 그림과 같이 Sketch.1을 드로잉한다.

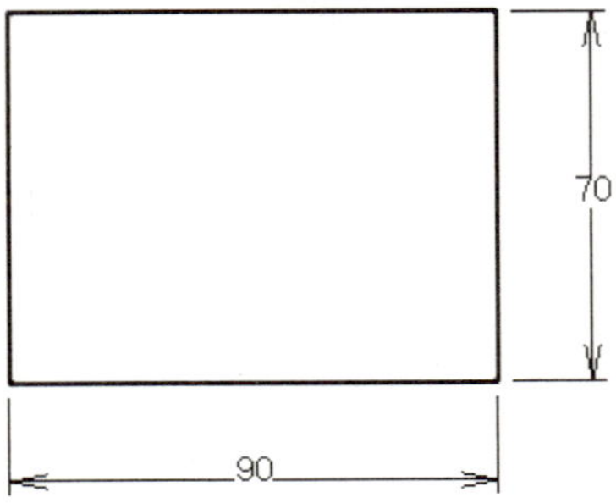

② Exit workbench 아이콘을 실행한다. Pad 아이콘을 클릭하고 Sketch.1을 40mm로 Pad시킨다.

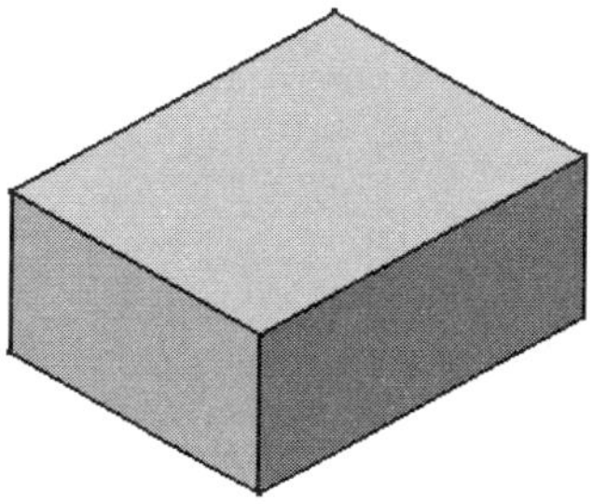

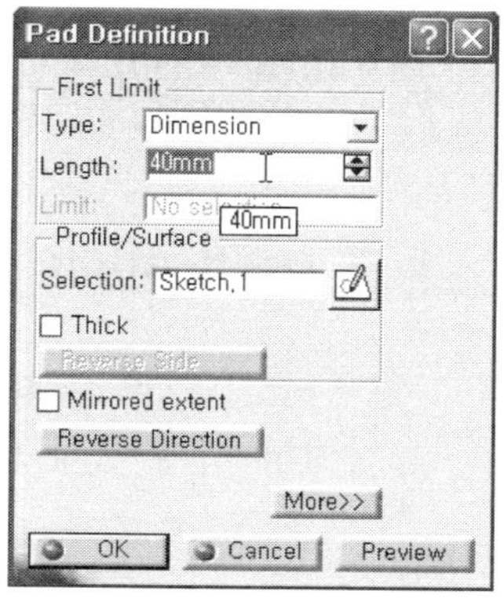

③ Chamfer 아이콘을 실행하고 아래 그림과 같이 면을 지정한다. 활성화된 Chamfer Definition Box에서 Length 1을 2mm로 지정한다.

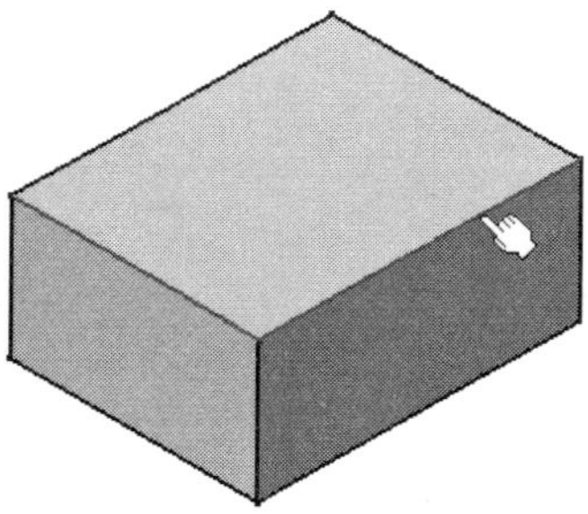

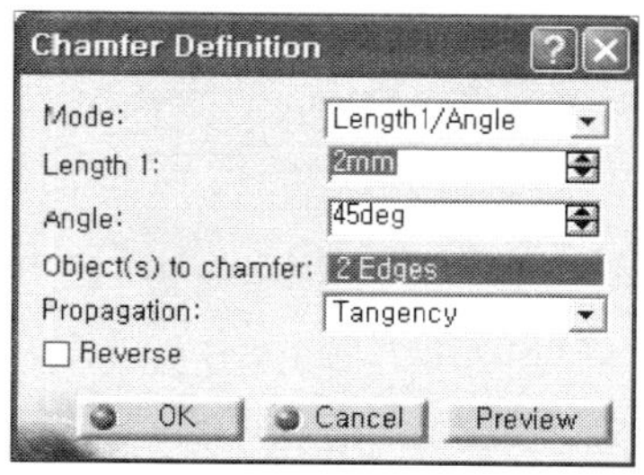

④ OK를 클릭하면 2mm로 Chamfer된 최종 형상이 생성된다.

4.3 Drafts

Part에서 원하는 경사면을 생성하는 기능이다.

1 Draft angle

솔리드 면에 각도 구배를 주는 기능이다 이는 Feature를 사출금형, Press금형 등의 공정에서 쉽게 뽑아낼 수 있도록 추출방향으로 구배를 준다.

① xy Plane을 선택하고 Sketcher에서 Circle 아이콘을 이용하여 아래 그림과 같이 Sketch.1을 드로잉 한다.

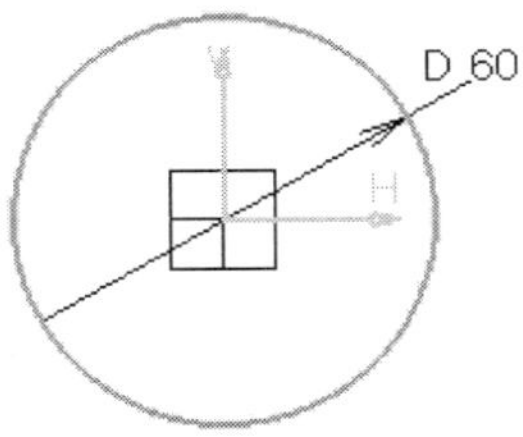

② Exit workbench 아이콘을 실행한다. Pad 아이콘을 클릭하여 Sketch.1을 60mm로 Pad시킨다.

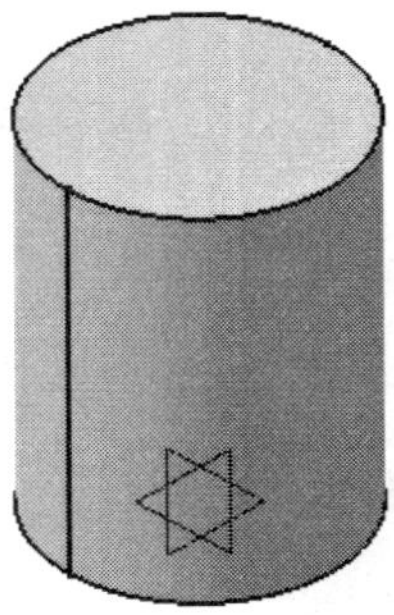

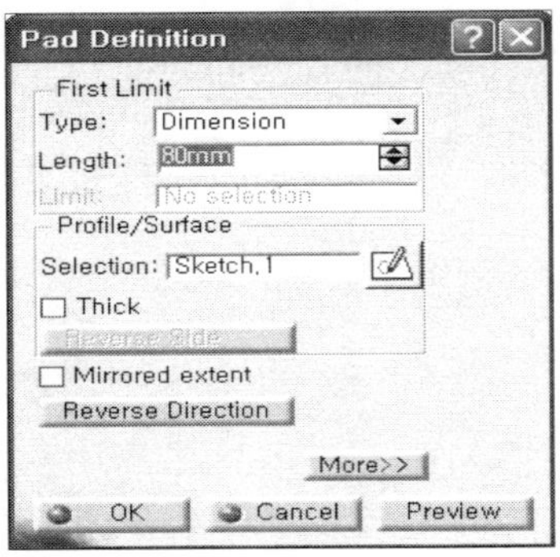

③ Draft Angle 아이콘을 실행하고 활성화된 Draft Definition Box에서

Draft Type을 Constant, Angle은 10deg, Face to draft는 면을 지정한다.

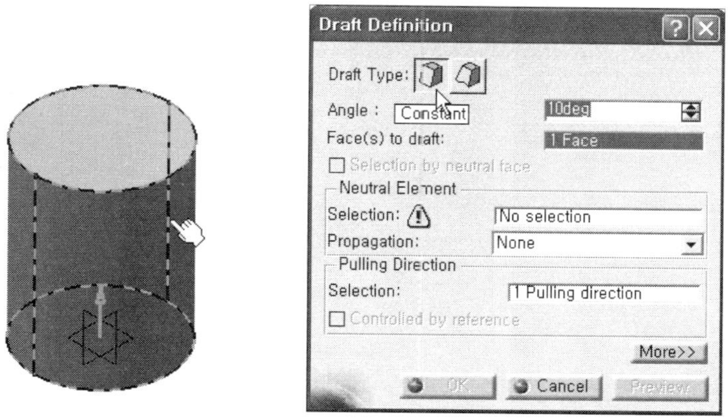

④ Neutral Element에서 Selection은 아래 그림과 같이 상부 면을 지정한다.

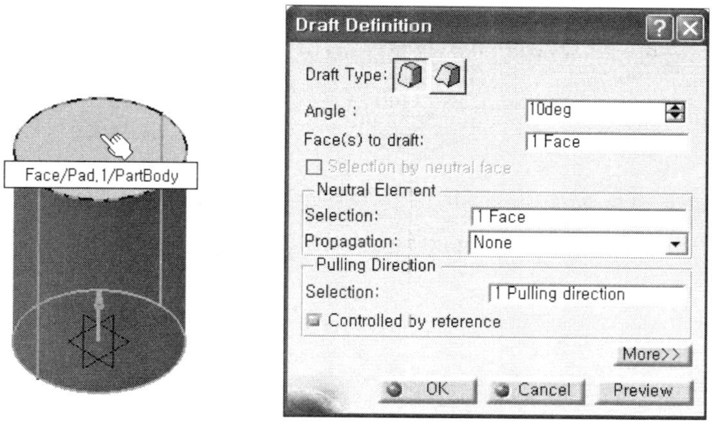

⑤ Preview와 OK를 클릭하면 Angle 10deg로 Draft된 최종 형상이 생성된다.

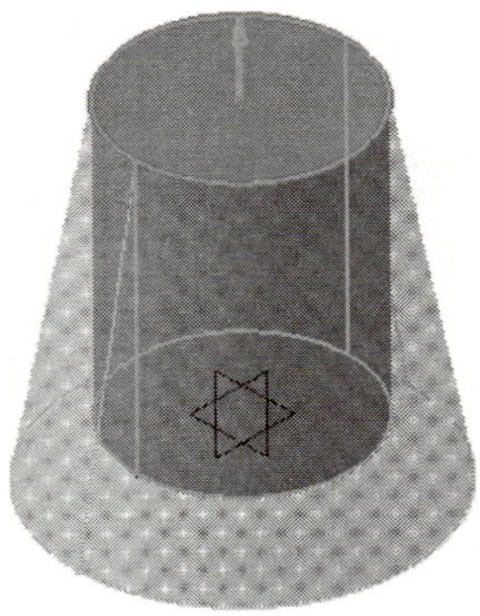

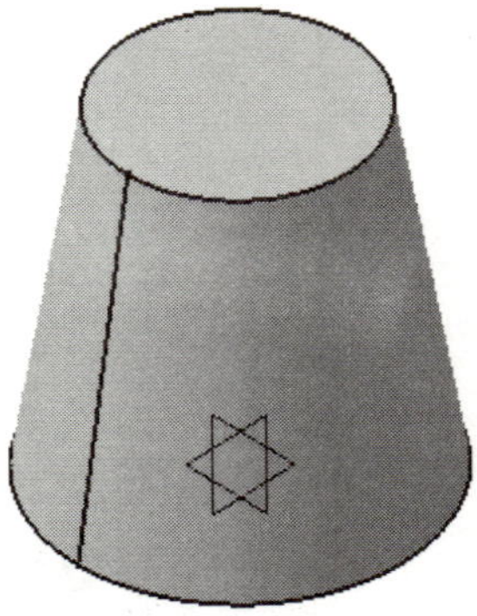

Angle : 구배 각도를 부여하는 곳이다.

Face(s) to draft : 구배 각도를 부여할 면을 선택하는 곳이다.

Neutral Element : 중립면을 선택하는 곳이다.

2 Draft Reflect Line

경사가 되어있는 부분에 대하여 Draft를 생성하는 기능이다.

① xy Plane을 선택하고 Sketcher에서 Rectangle과 Fillet 아이콘을 이용하여 아래 그림과 같이 Sketch.1을 드로잉한다.

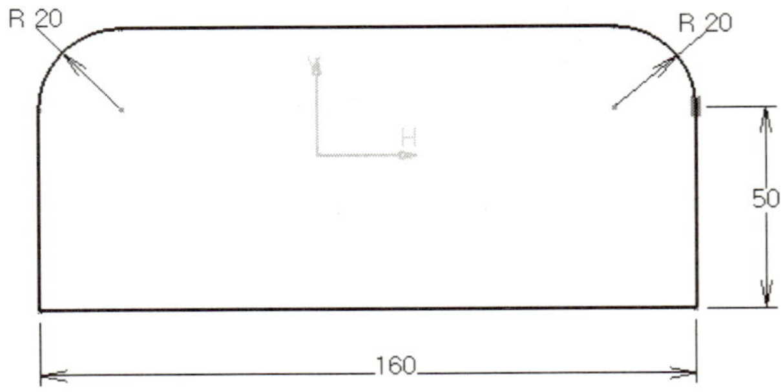

② Exit workbench 아이콘을 실행한다. Shaft 아이콘을 클릭하고 활성화

된 Shaft Definition Box에서 First Angle은 180deg, Second Angle은 0deg, Shaft할 Axis는 아래 그림과 같이 지정한다.

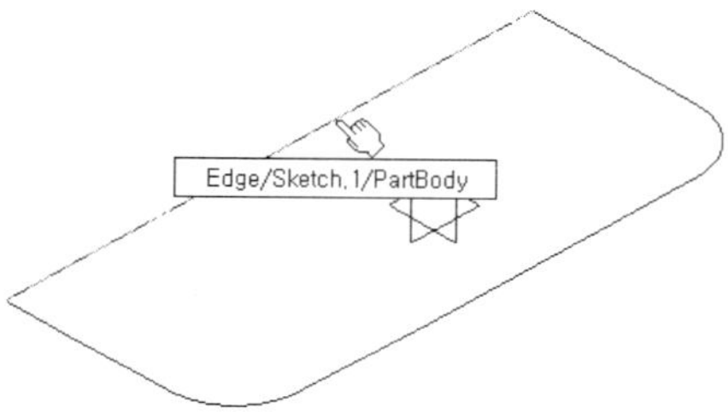

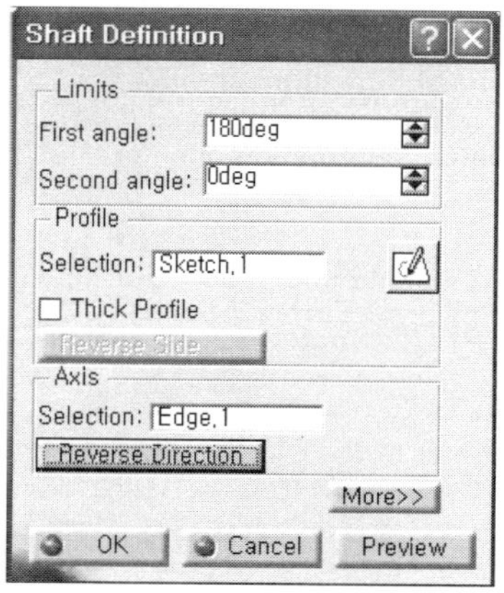

③ Preview와 OK를 클릭하면 Shaft된 최종 형상이 생성된다.

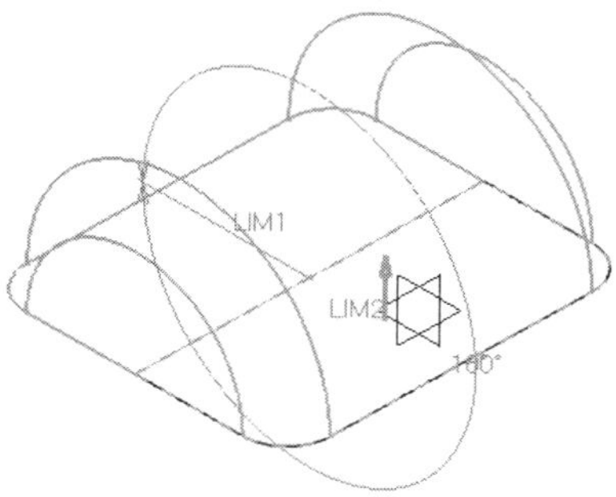

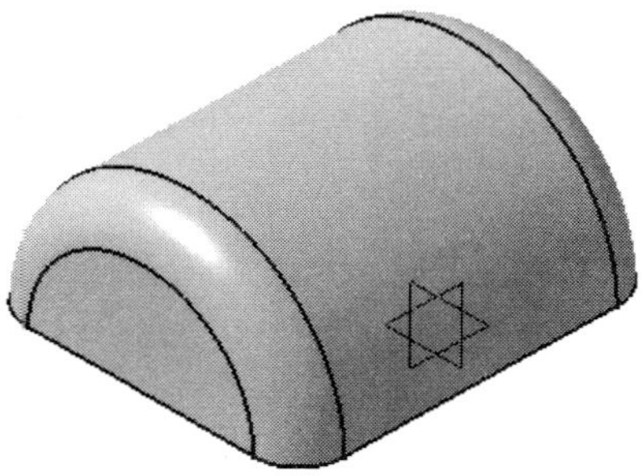

④ Draft Reflect Line 아이콘을 클릭하고 활성화된 Draft Reflect Line Definition Box에서 Angle은 5deg, Draft Reflect Line될 면에 대하여 아래 그림과 같이 순서대로 지정한다.

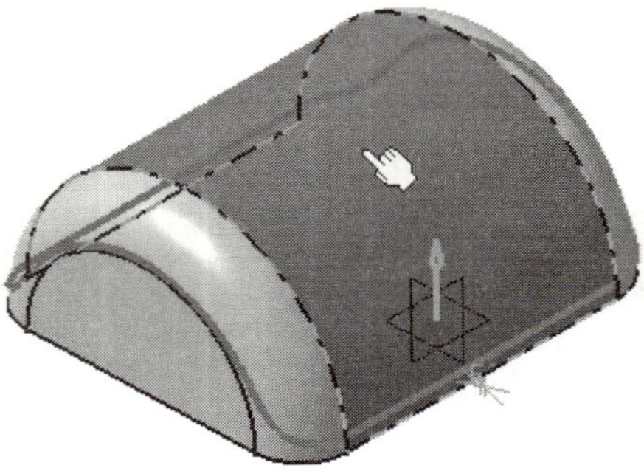

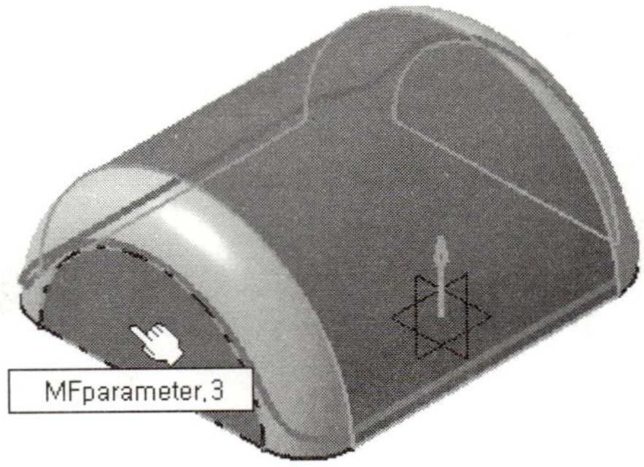

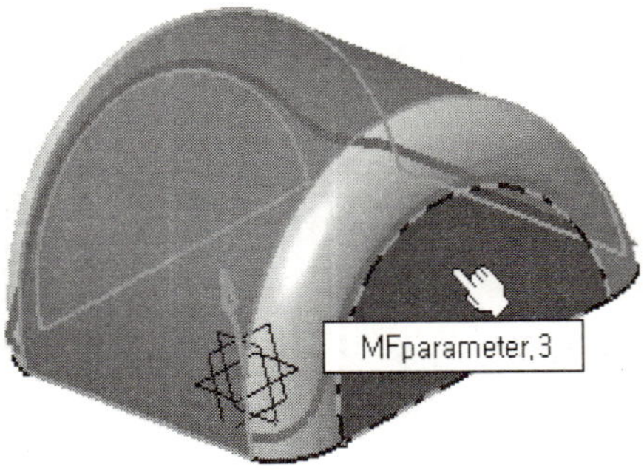

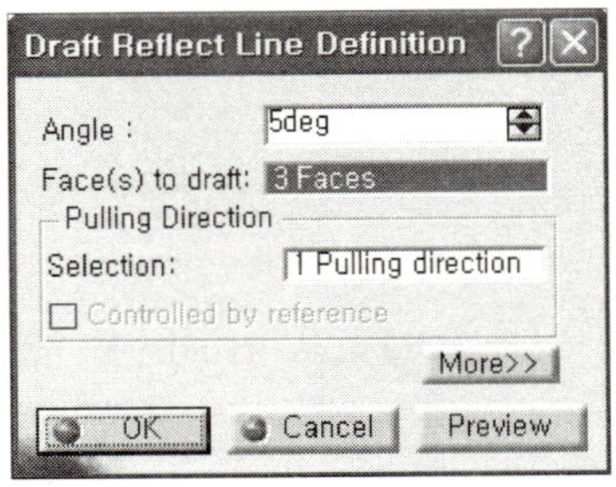

⑤ Preview와 OK를 클릭하면 Draft Reflect Line된 최종 형상이 생성된다.

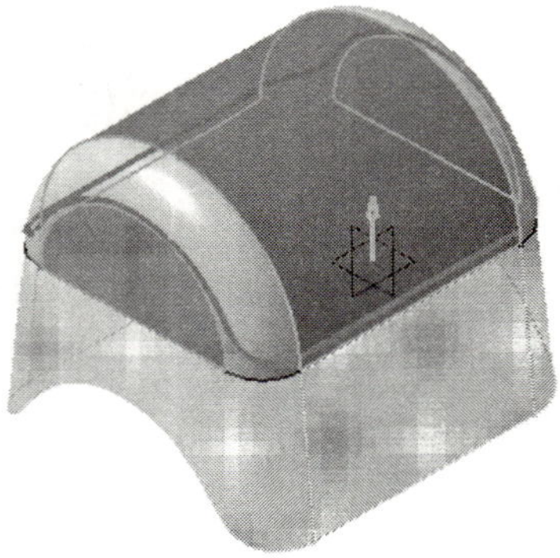

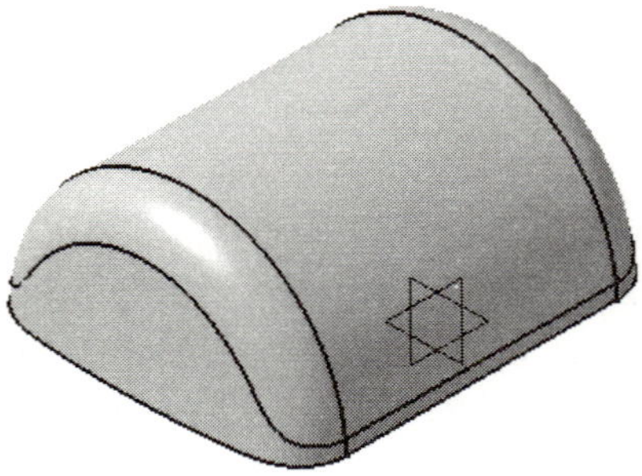

3 Variable Angle Draft

여러 각도로 생성된 임의의 면과 일치하는 경사면을 생성시키는 기능이다.

① xy Plane을 선택하고 Sketcher에서 Rectangle 아이콘을 이용하여 아래 그림과 같이 Sketch.1을 드로잉한다.

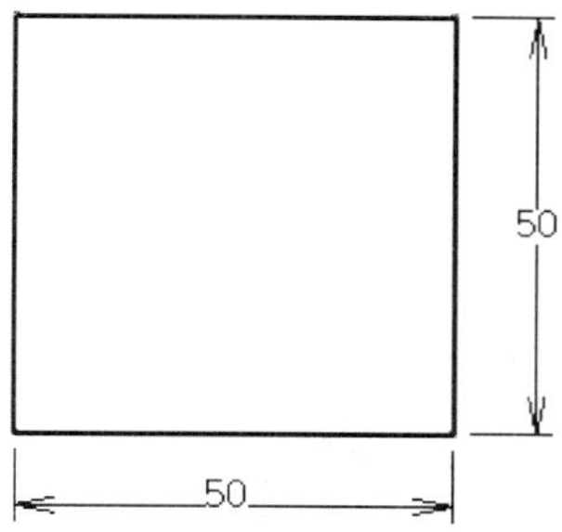

② Exit workbench 아이콘을 실행한 후 Pad 아이콘을 클릭하여 Sketch.1을 20mm로 Pad시킨다.

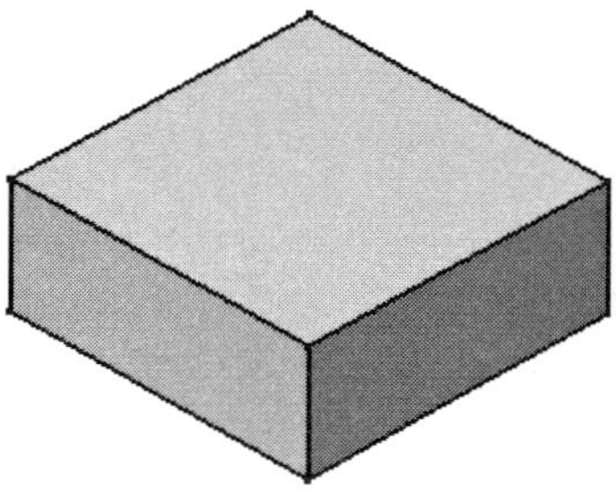

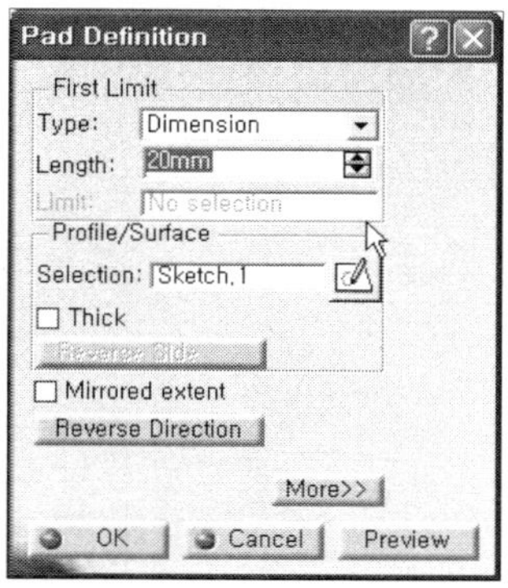

③ Variable Angle Draft 아이콘을 실행시키고 활성화된 Draft Definition Box에서 Draft type을 Variable로 지정한다. 그리고 먼저 아래 그림과 같이 한 면을 선택한다.

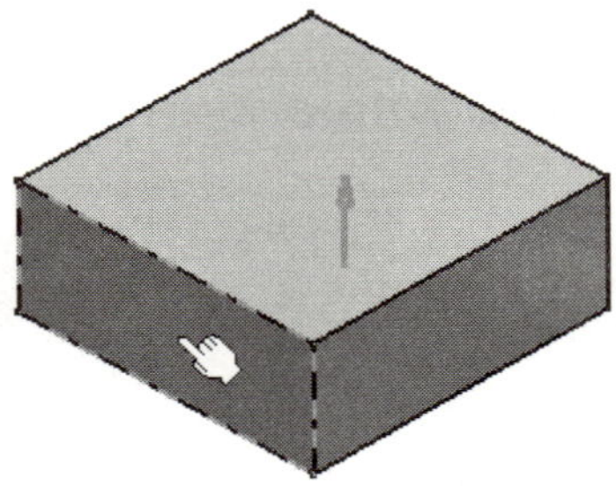

④ 그리고 Neutral Element의 Selection을 아래 그림과 같이 윗면을 지정한다.

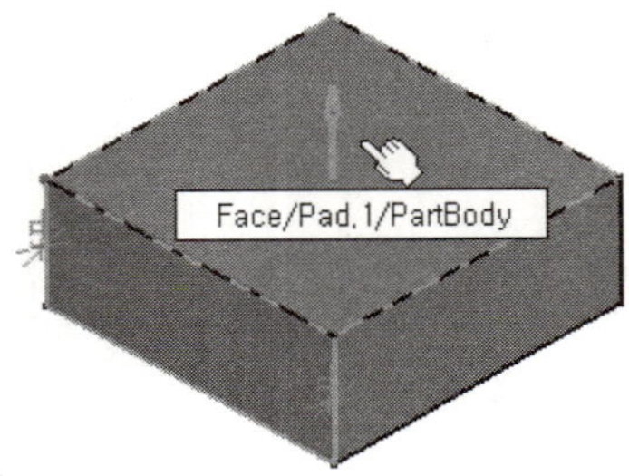

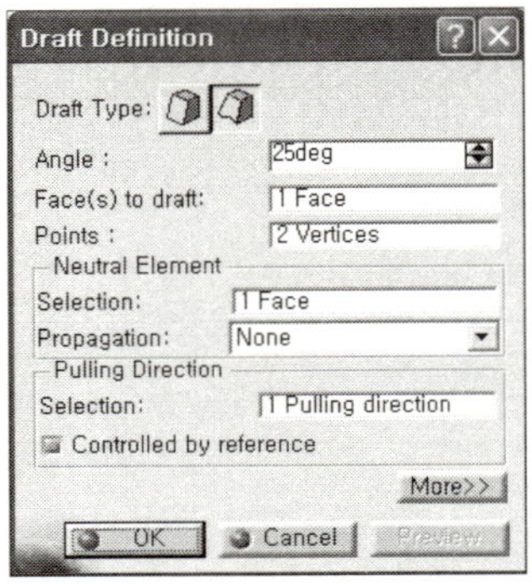

⑤ Preview와 OK를 클릭하면 Angle 25deg의 Variable Angle Draft된 최종 형상이 생성된다.

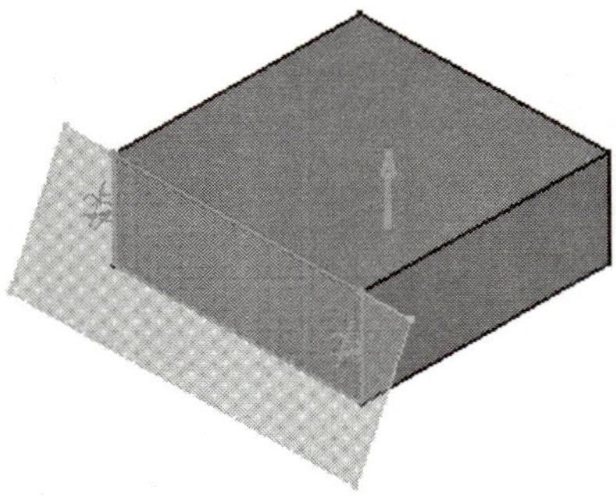

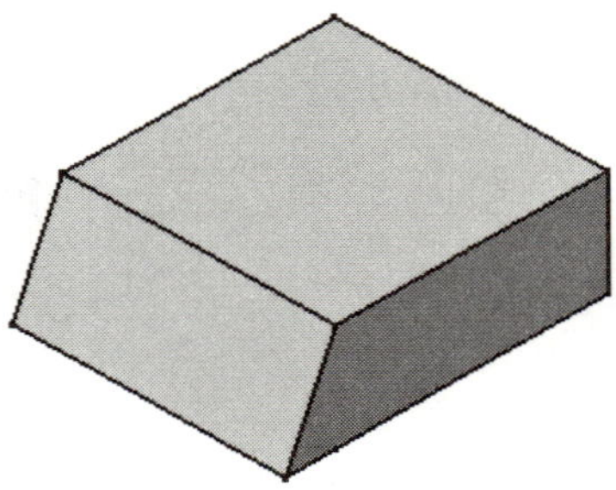

4.4 Shell

기존에 있는 형태에서 원하는 두께의 외관을 남기고 내부의 Solid를 제거하는 기능이다.

① xy Plane을 선택하고 Sketcher에서 Profile 아이콘을 이용하여 아래 그림과 같이 Sketch.1을 드로잉 한다.

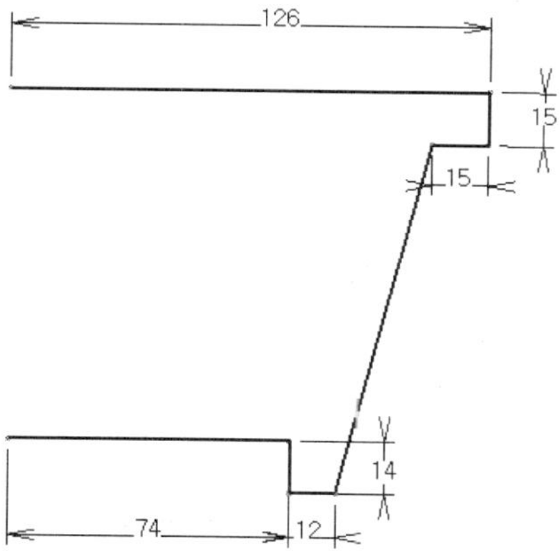

② Exit workbench 아이콘을 실행한다. Shaft 아이콘을 클릭하여 First Angle은 360deg, Second Angle은 0deg, Axis는 VDirection으로 선택한다.

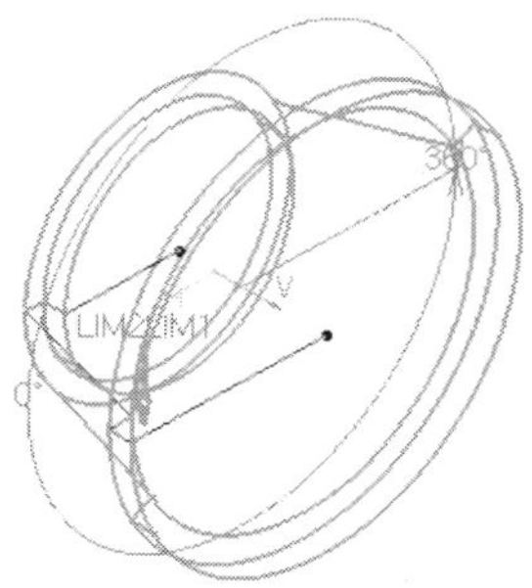

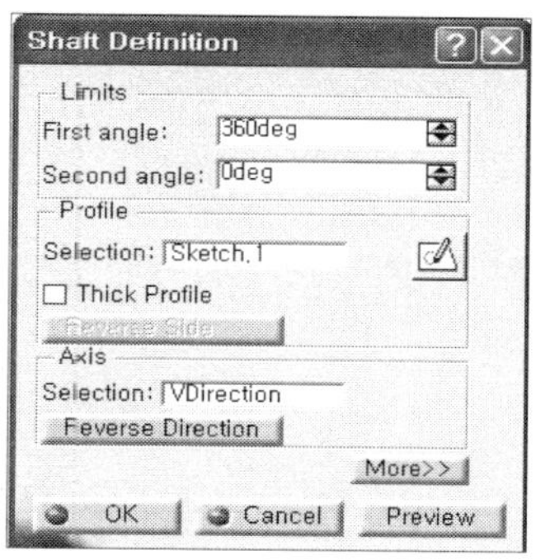

③ Preview와 OK를 클릭하면 360deg로 Shaft된 최종 형상이 생성된다.

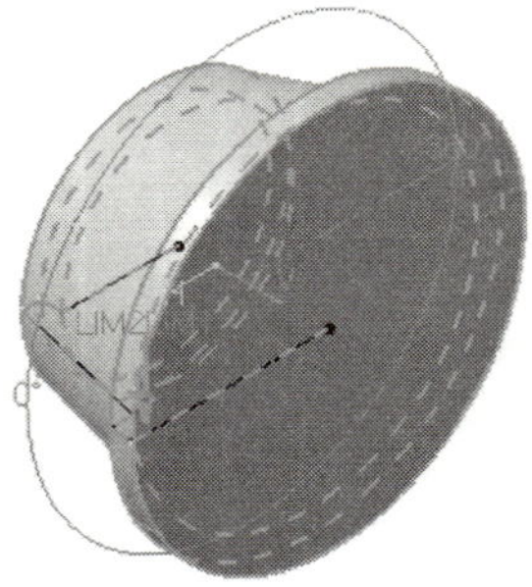

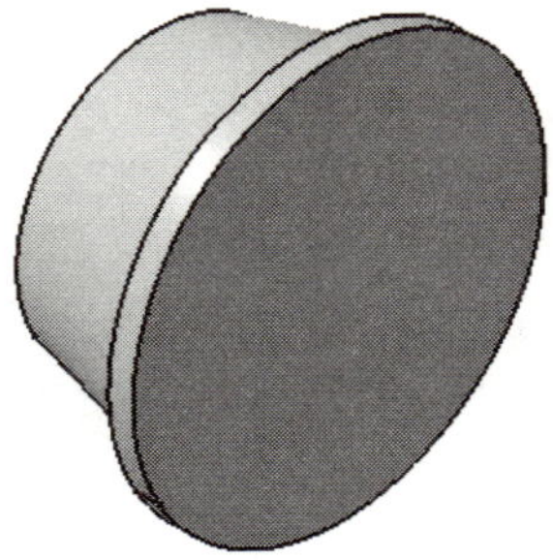

④ Shell 아이콘을 실행한 후 윗면을 선택하고 Shell Definition Box에서 내부 두께는 3mm로 설정한다.

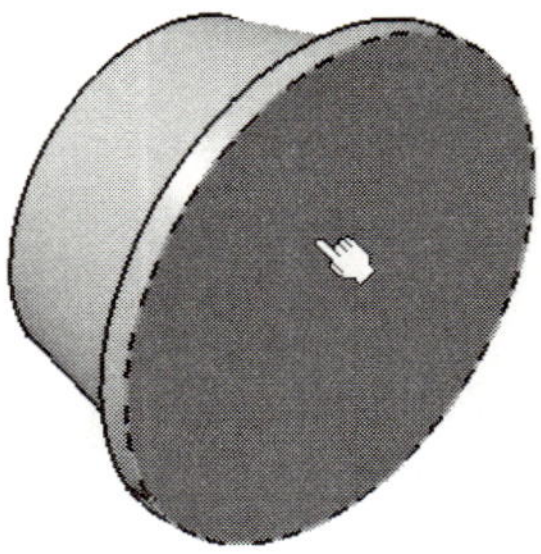

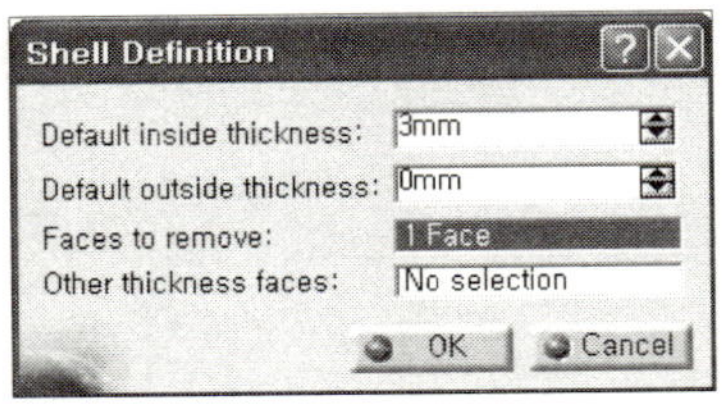

※ Default inside thickness : 현재 모델에서 안쪽으로 남길 치수

※ Default outside thickness : 현재 모델에서 바깥쪽으로 남길 치수

※ Other thickness faces : Shell을 생성한 후 특정면의 두께를 변경하고자 할 때 사용

⑤ OK를 클릭하면 3mm로 Shell된 최종 형상이 생성된다.

4.5 Thickness

기존에 드로잉된 Solid에 두께를 덧붙여주는 기능이다.

① xy Plane을 선택하고 Sketcher에서 Rectangle 아이콘을 이용하여 아래 그림과 같이 Sketch.1을 드로잉한다.

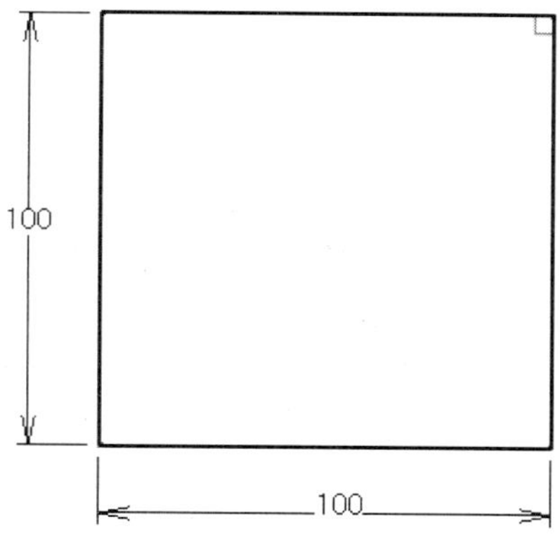

② Exit workbench 아이콘을 실행한다. Pad 아이콘을 클릭하여 Sketch.1을 20mm로 Pad시킨다.

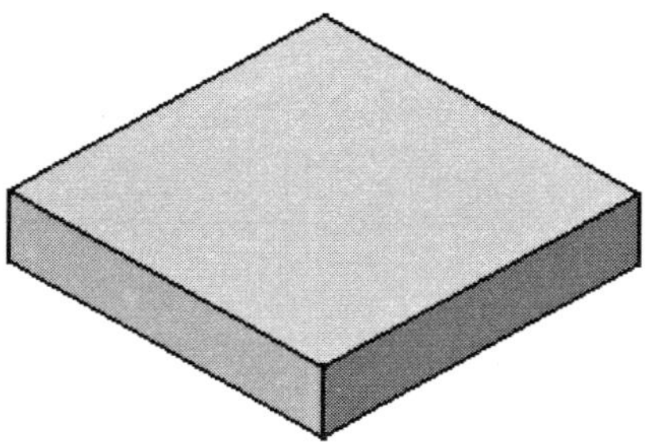

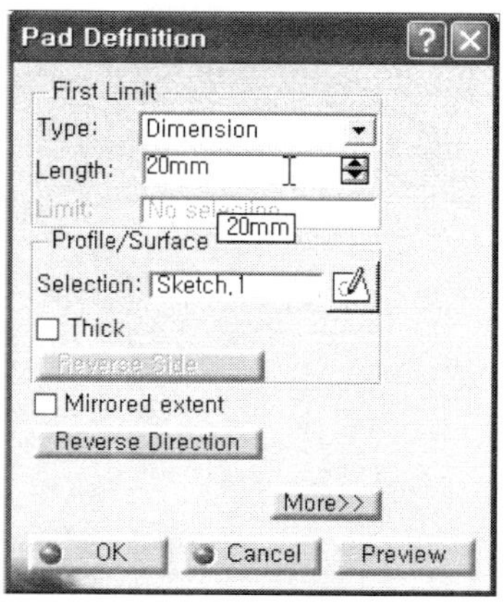

③ Shell 아이콘을 실행한 후 2mm로 Shell시킨다.

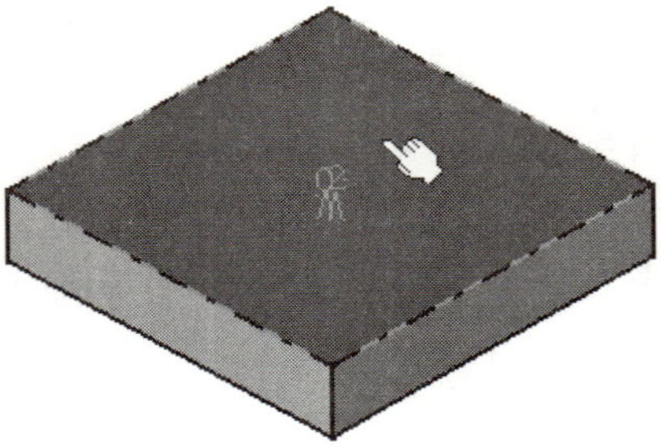

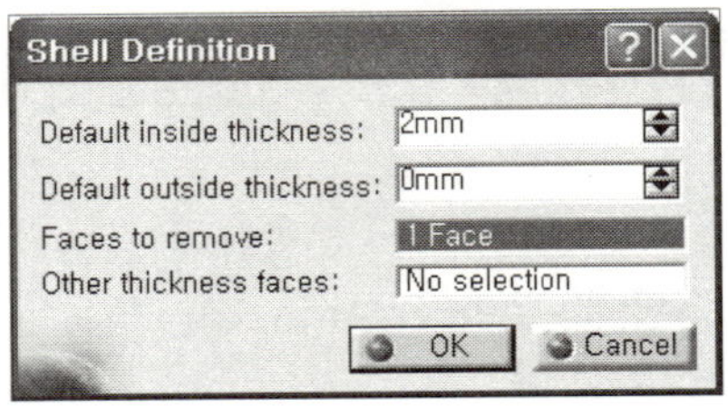

④ OK를 클릭하면 2mm로 Shell된 최종 형상이 생성된다.

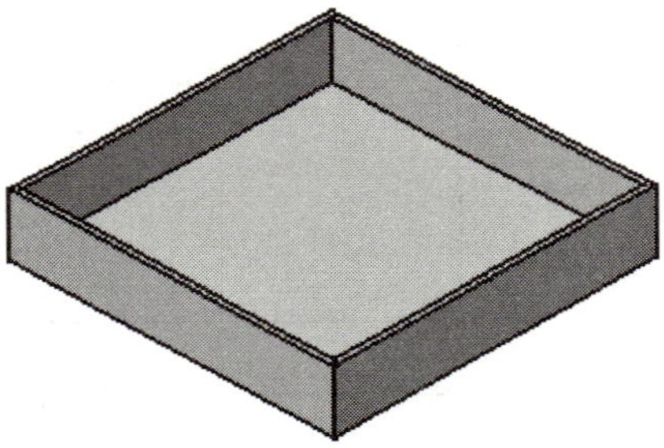

⑤ Thickness 아이콘을 실행한 후 활성화된 Thickness Definition Box에서 Default thickness를 10mm, Default thickness faces는 바닥 면을 지정한다.

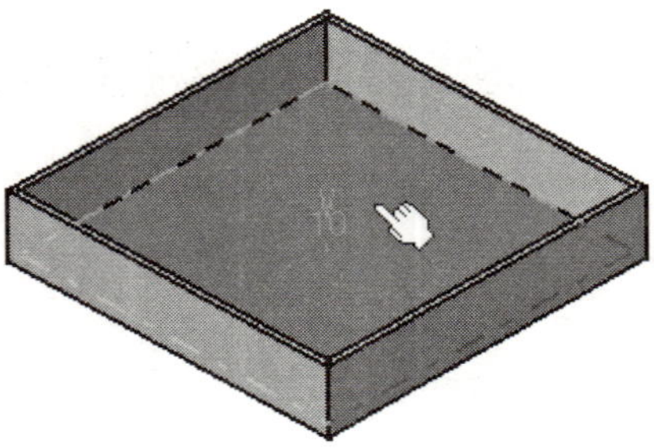

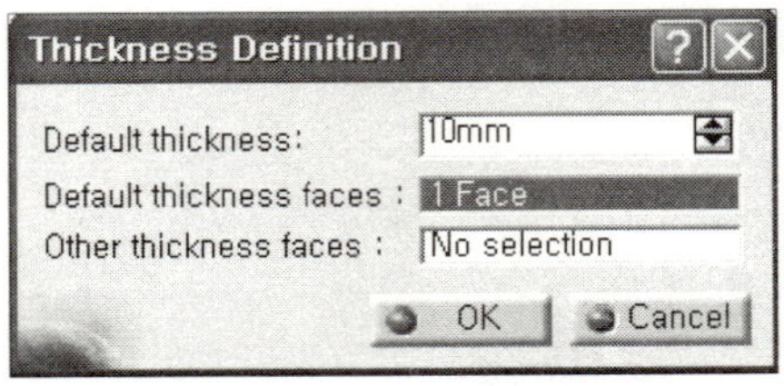

⑥ OK를 클릭하면 10mm로 Thickness된 최종 형상이 생성된다.

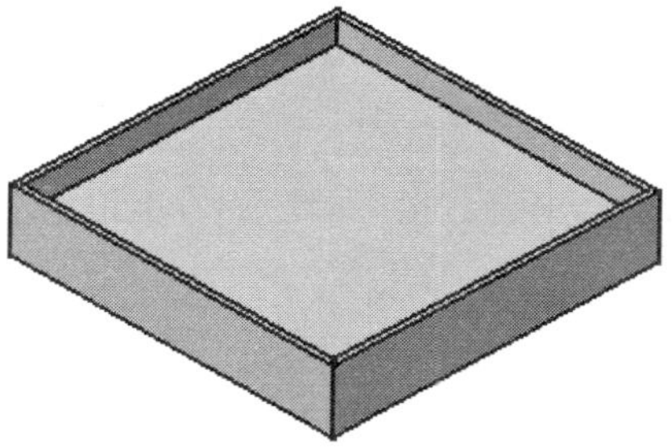

4.6 Thread/Tap

나사산을 생성시키는 기능이다.

① xy Plane을 선택하고 Sketcher에서 Hexagon과 Circle 아이콘을 이용하여 임의의 볼트인 Sketch.1을 드로잉한다. Exit workbench 아이콘을 실행시키고 Pad 아이콘을 클릭한다. Hexagon은 20mm, Circle부는 60mm로 설정하여 Pad시킨다.

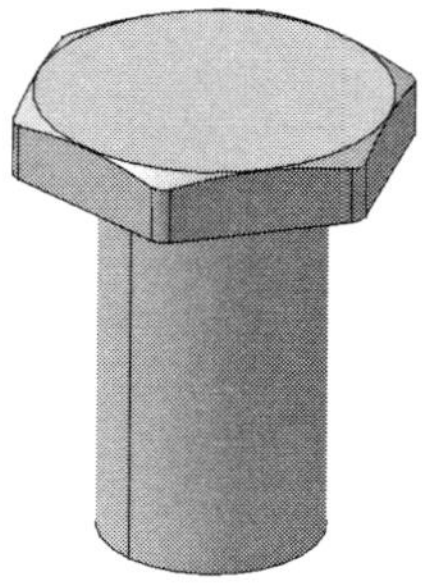

② Thread/Tap 아이콘을 실행한 후 활성화된 Thread/Tap Definition Box에서 Lateral Face는 원기둥, Limit Face는 원기둥의 바닥 면을 선택한다.

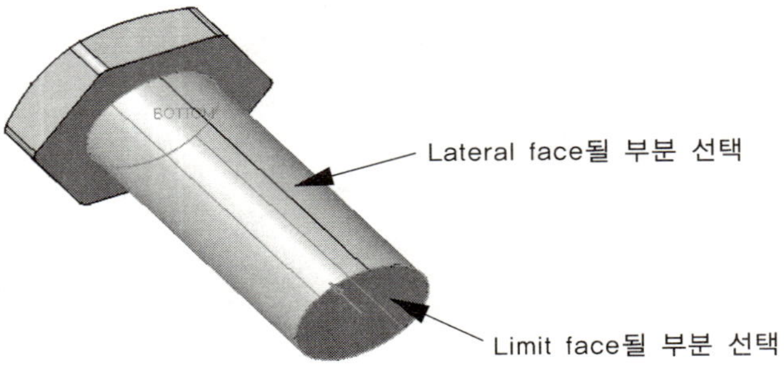

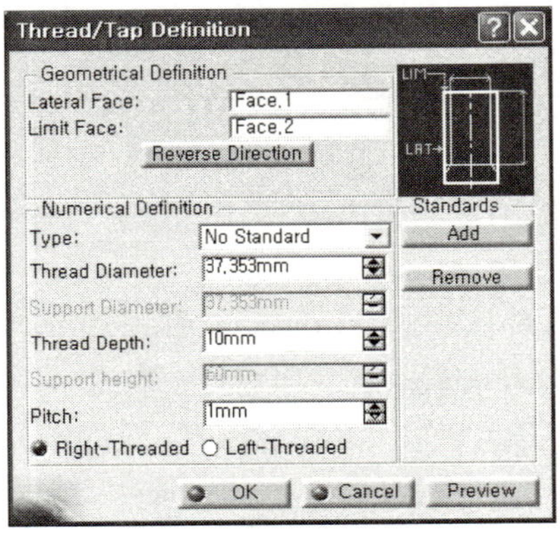

③ 화면상에서는 나사의 형태가 나타나지 않지만 Drafting에서는 나사의 표시가 나타난다.

5. Surface-Based Feature

Surface 모델을 Solid로 채우거나 원하는 부분의 Solid를 제거하는 기능들이다.

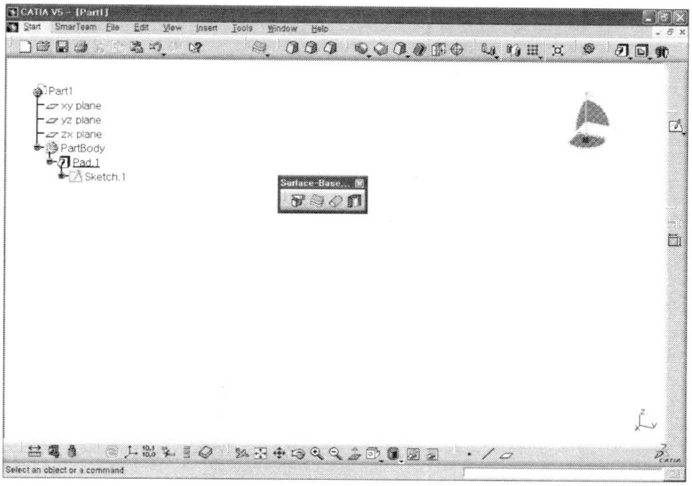

5.1 Split

솔리드 모델을 Plane 또는 Surface를 이용하여 절단하는 기능이다.

① xy Plane을 선택하고 Sketcher에서 Circle 아이콘을 이용하여 아래 그림과 같이 Sketch.1을 드로잉한다.

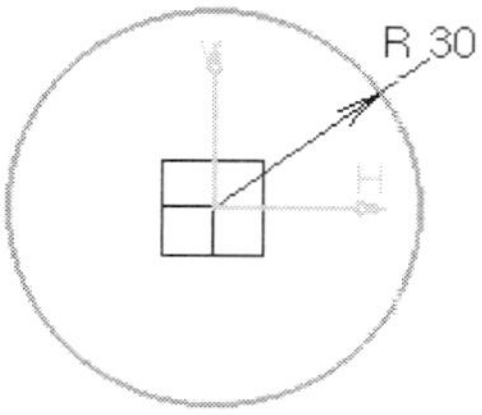

② Exit workbench 아이콘을 실행한 후 Pad 아이콘을 클릭하여 Sketch.1을 80mm로 Pad시킨다.

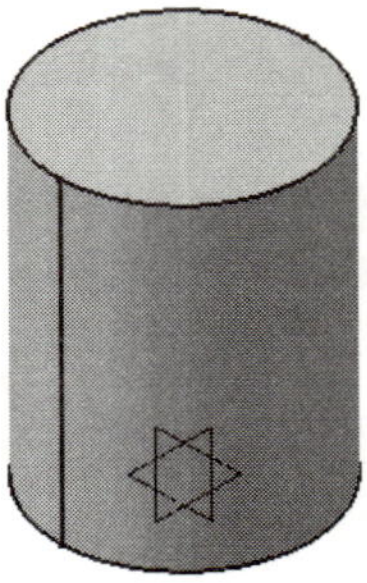

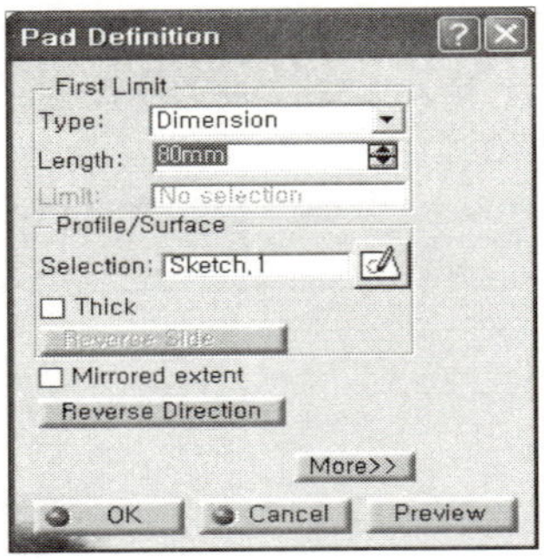

③ yz Plane을 지정하고 Sketcher에서 Spline 아이콘을 이용하여 임의의 Spline인 Sketch.2를 드로잉한다.

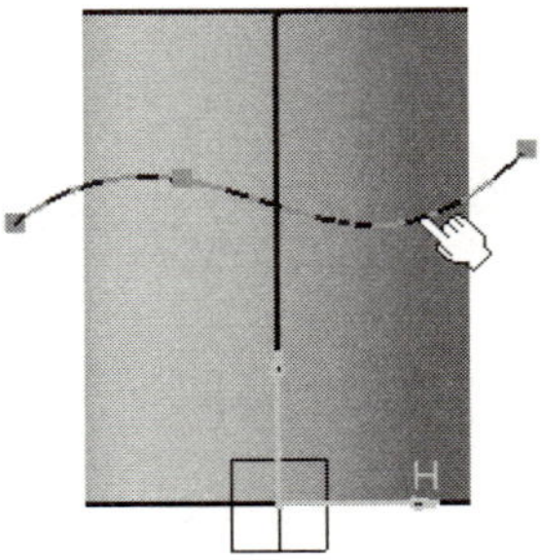

④ Surface면 생성을 위하여 Start, Mechanical Design, Wire frame and Surface Design workbench를 실행시킨다. Extrude 아이콘을 클릭하고 활성화된 Extrude Surface Definition Box에서 Sketch.2를 선택한다. 그리고 Extrusion Limits에서 Limit 1은 30mm, Limit 2는 30mm로 지정한다.

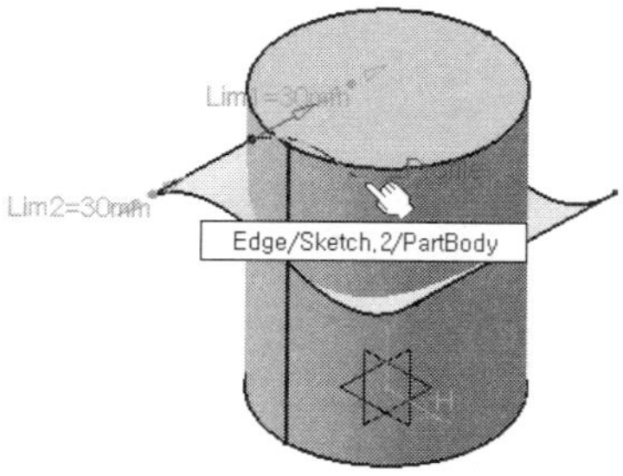

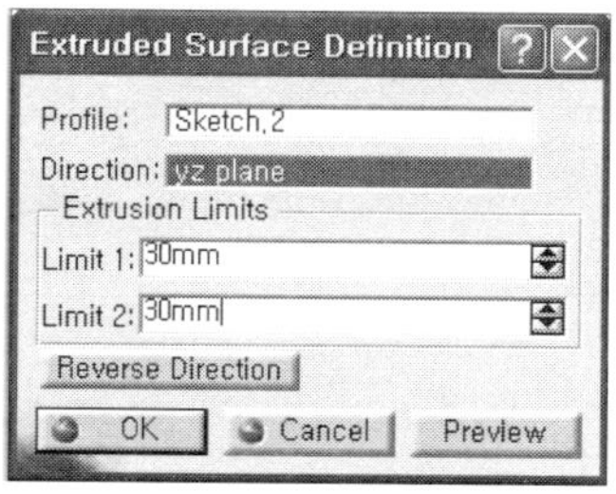

⑤ OK를 클릭하면 Surface된 최종 형상이 성성된다.

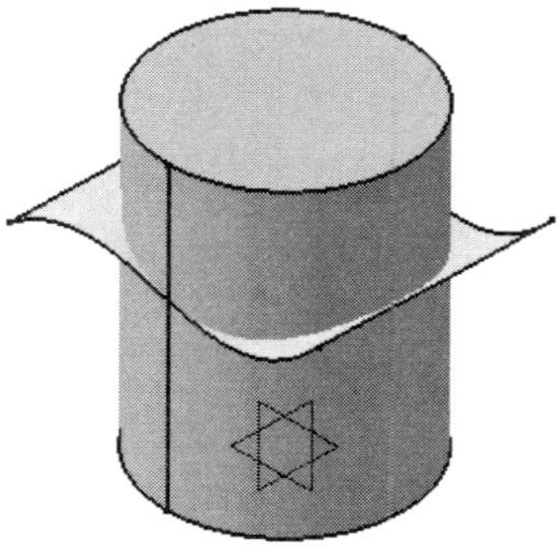

⑥ Split를 하기 위하여 다시 Start, Mechanical Design, Part Design workbench를 실행시킨다. Split 아이콘을 실행시키고 생성된 Surface를 선택하면 Split Definition Box가 활성화된다. 아래 그림에서 화살표는 제거될 Solid의 방향을 나타낸다.

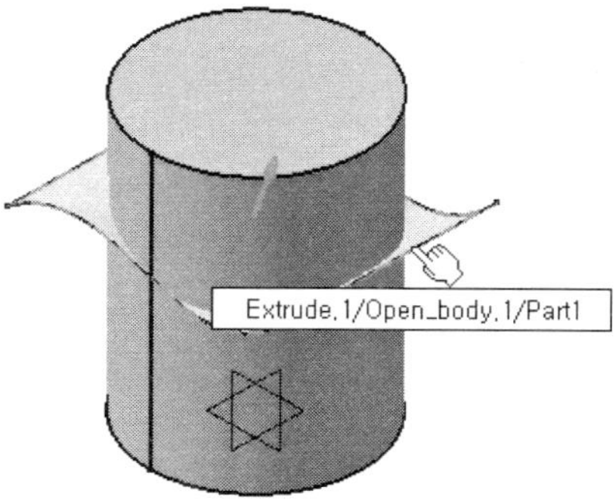

⑦ 마우스로 제거될 Solid의 방향을 아래로 설정한 후 OK를 클릭하면 상부 형

상이 제거된 형상이 생성된다.

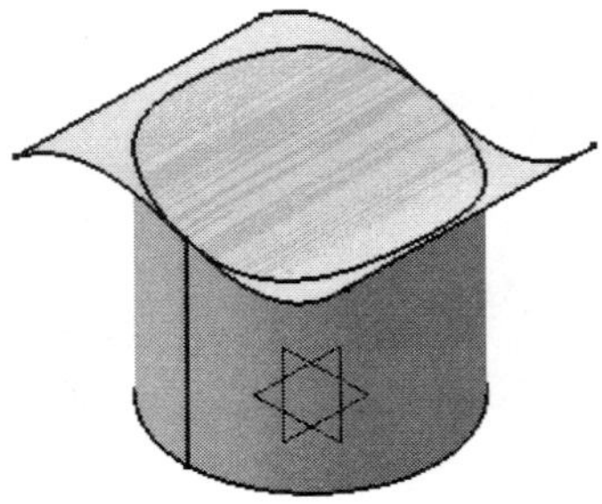

5.2 Thick Surface

생성되는 Surface에 두께 값을 부여하여 Solid 모델을 생성하는 기능이다.

① xy Plane을 선택하고 Sketcher에서 Spline 아이콘을 이용하여 아래 그림과 같이 임의의 Spline인 Sketch.1을 드로잉한다.

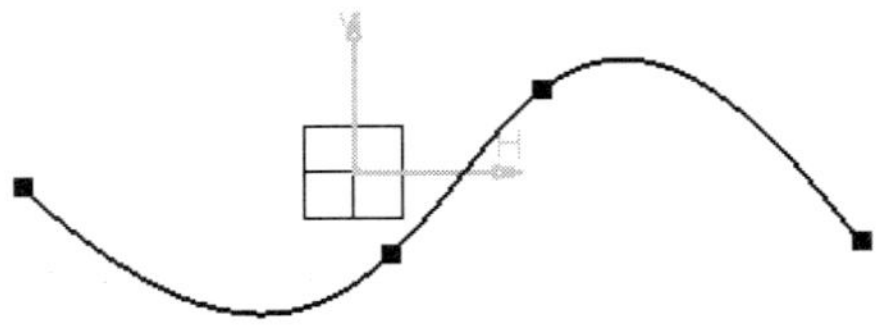

② Surface면을 생성하기 위하여 Start, Mechanical Design, Wire frame and Surface Design workbench를 실행시킨다. Extrude 아이콘을 실행시키고 활성화된 Extrude Surface Definition Box에서 Sketch.1을 선택한다. 그리고 Extrusion Limits에서 Limit 1은 20mm, Limit 2는 20mm로 지정한다.

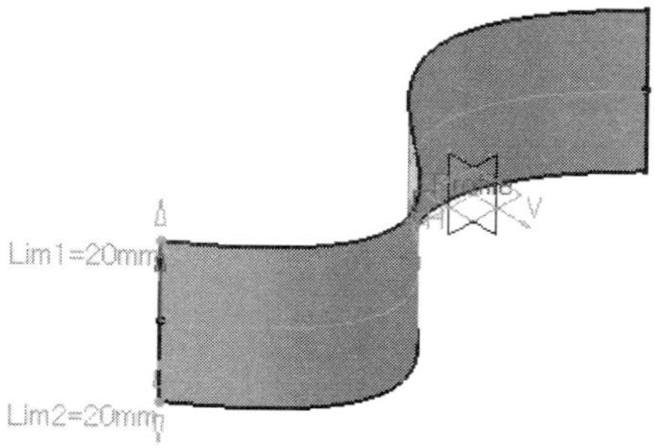

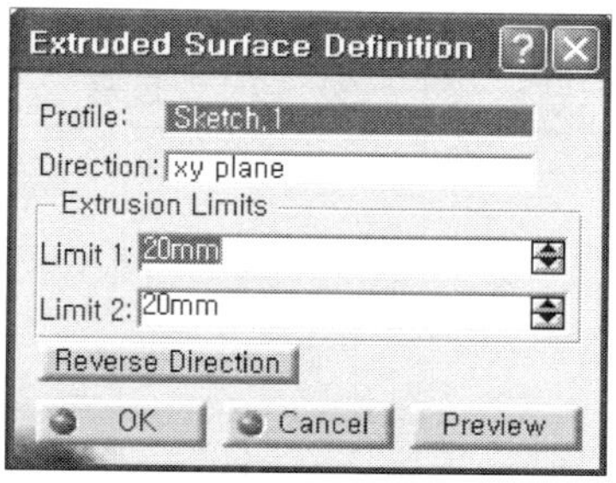

③ Thick Surface를 하기 위하여 다시 Start, Mechanical Design, Part Design workbench를 실행시킨다. Thick Surface 아이콘을 실행시키고 생성된 Surface를 선택하면 Thick Surface Definition Box가 활성화된다. Box에서 First Offset은 2mm, Second Offset은 2mm로 설정한다.

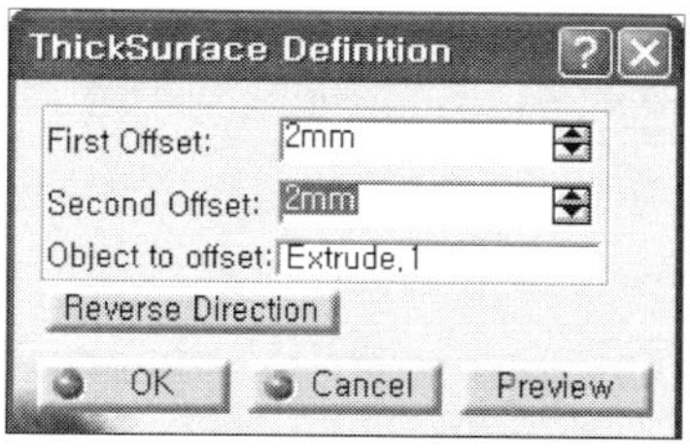

④ Preview 와 OK를 클릭하면 10mm로 Thick Surface된 최종 형상이 생성된다.

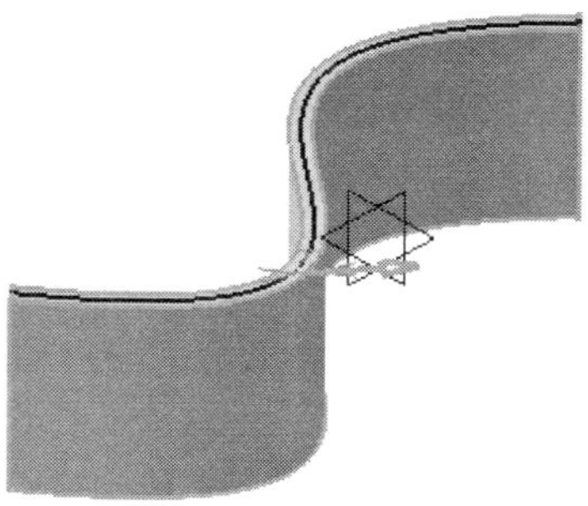

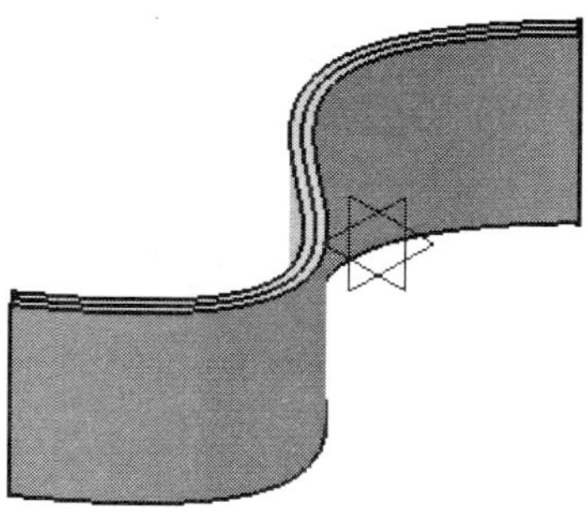

5.3 Close Surface

Open된 Surface를 이용하여 채워진 Feature를 생성하는 기능이다.

① xy Plane을 선택하고 Sketcher에서 Keyhole Profile 아이콘을 이용하여 아래 그림과 같이 Sketch.1을 드로잉한다.

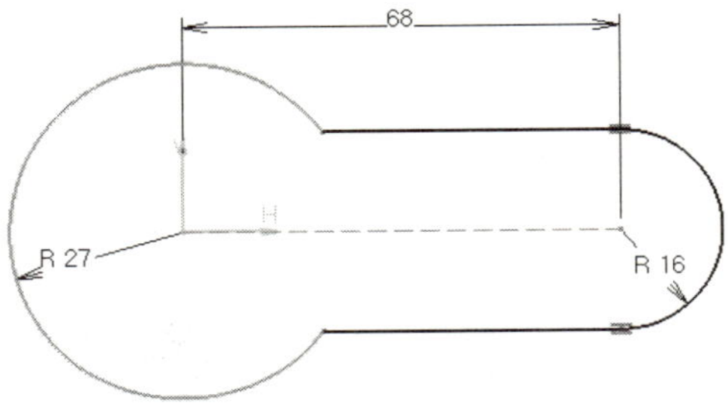

② Surface면을 생성하기 위하여 Start, Mechanical Design, Wire frame and Surface Design workbench를 실행시킨다. Extrude 아이콘을 실행시키고 활성화된 Extrude Surface Definition Box에서 Sketch.1을 선택한다. 그리고 Extrusion Limits에서 Limit 1은 20mm, Limit 2는 0mm로 지정한다.

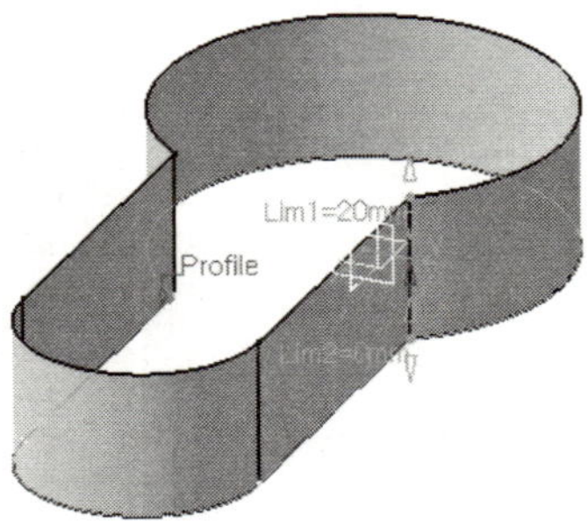

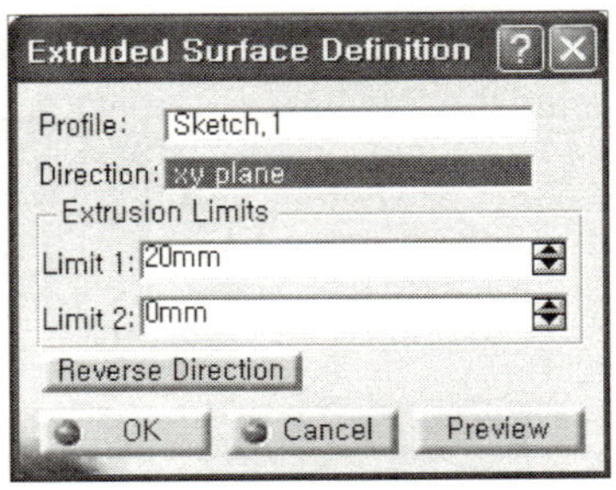

③ Close Surface를 하기 위하여 다시 Start, Mechanical Design, Part Design workbench를 실행시킨다. Close Surface 아이콘을 실행시키고 Solid될 안쪽 면을 선택하면 Close Surface Definition Box가 활성화된다.

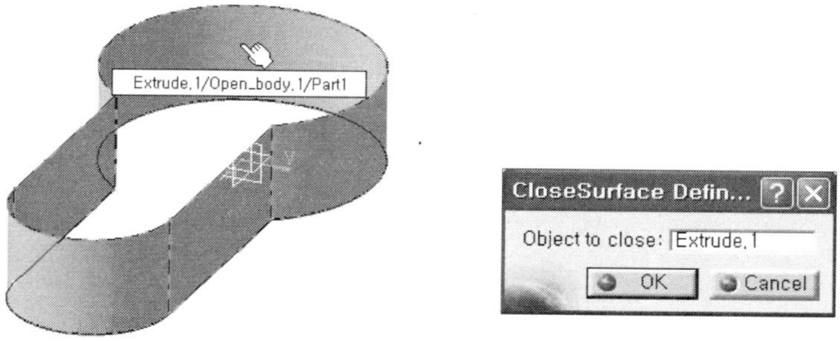

④ OK를 클릭하면 Close Surface된 최종 형상이 생성된다.

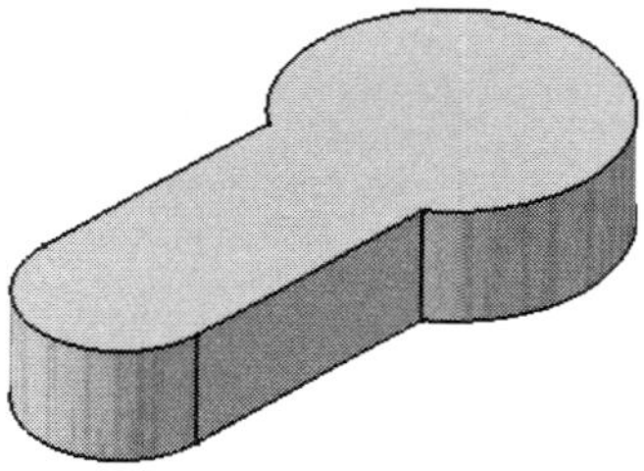

5.4 Sew Surface

Part Body와 Surface를 연결하는 기능으로서 선택된 Surface를 기준으로 Solid의 공간을 채워주고, 제거하는 기능이다.

① xy Plane을 선택하고 Sketcher에서 Hexagon 아이콘을 이용하여 한 변의 길이가 39mm인 6각형의 Sketch.1을 드로잉한다.

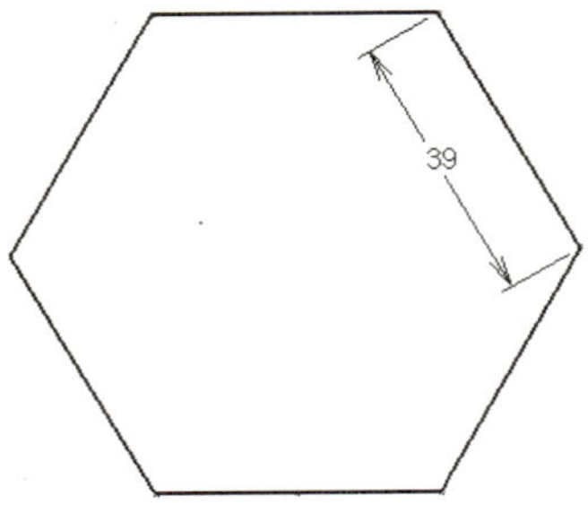

② Exit workbench 아이콘을 실행한 후 Pad 아이콘을 클릭하여 선택하여 Sketch.1을 60mm로 Pad시킨다.

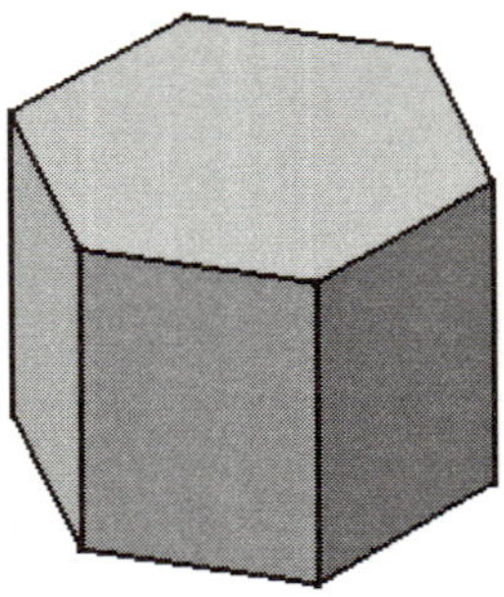

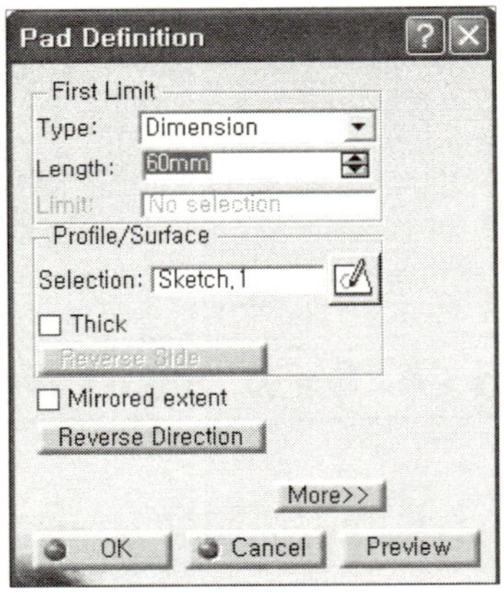

③ Shell 아이콘을 실행한 후 아래 그림과 같이 윗면을 지정하고 2mm로 Shell 시킨다.

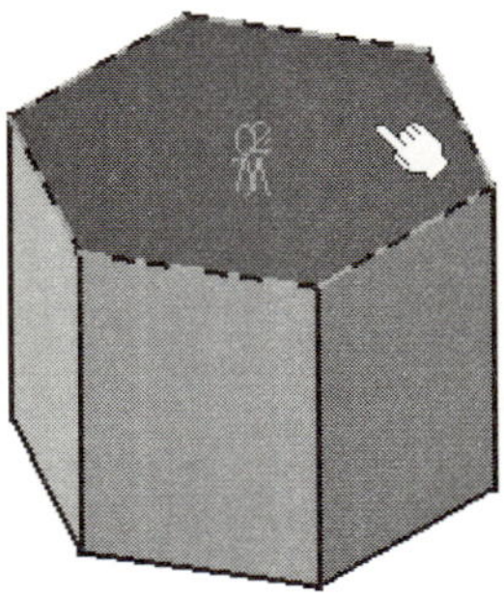

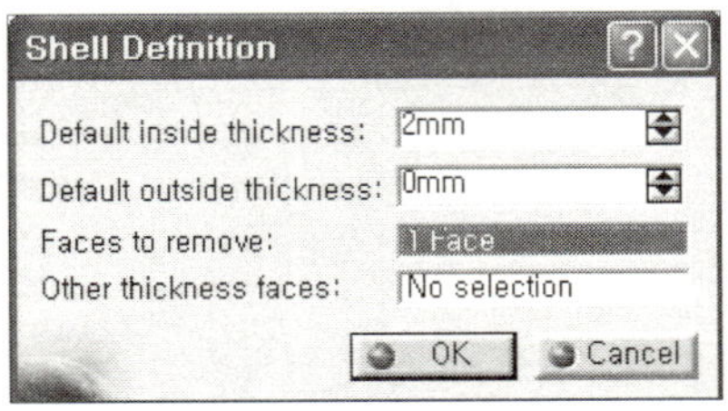

④ OK를 클릭하면 2mm로 Shell된 최종 형상이 생성된다.

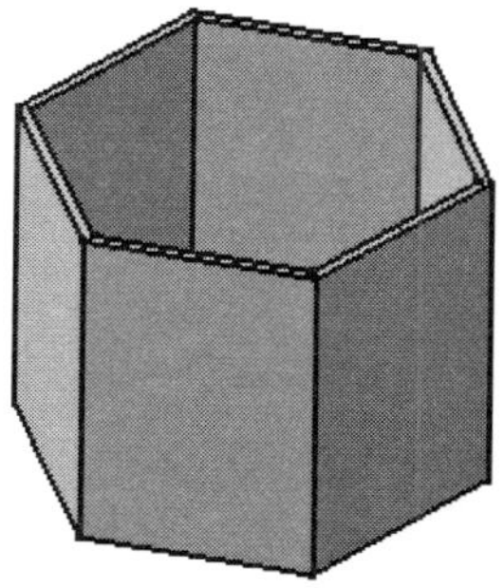

⑤ yz Plane을 선택하고 Sketcher에서 Arc 아이콘을 이용하여 아래 그림과 같이 임의의 Arc인 Sketch.2를 드로잉한다.

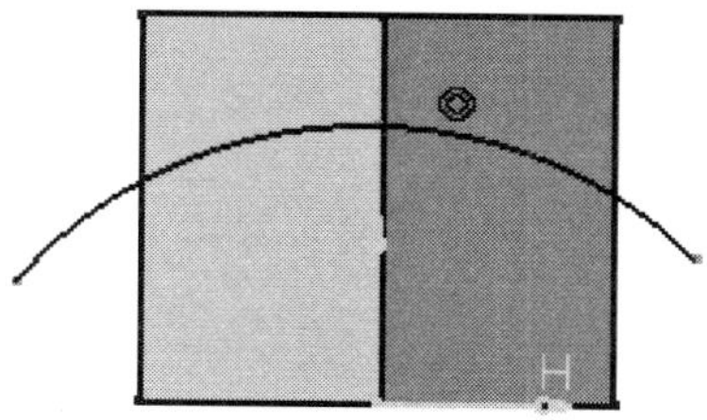

⑥ Surface면 생성을 위하여 Start, Mechanical Design, Wire frame and Surface Design workbench를 실행시킨다. Extrude 아이콘을 실행시키고 활성화된 Extrude Surface Definition Box에서 Sketch.2를 선택한다. 그리고 Extrusion Limits에서 Limit 1은 100mm, Limit 2는 0mm로 지정한다.

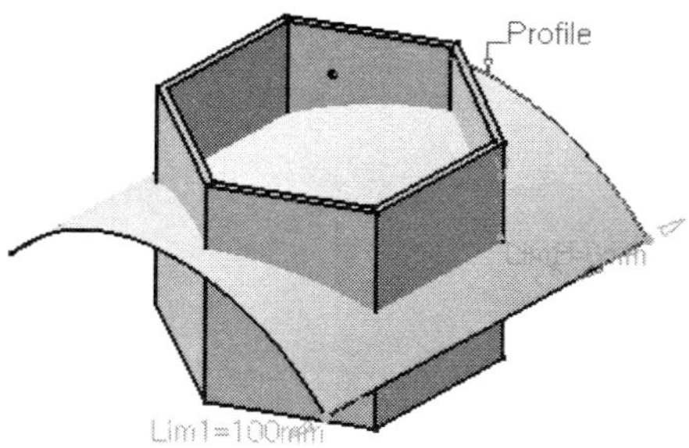

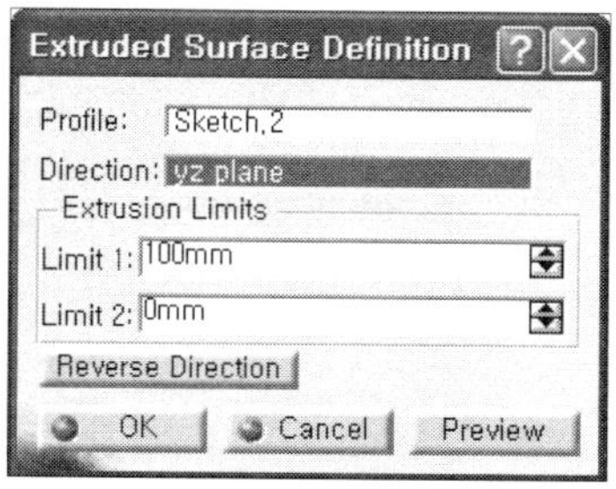

⑦ Sew Surface를 하기 위하여 다시 Start, Mechanical Design, Part Design workbench를 실행시킨다. Sew Surface 아이콘을 실행시키고 Surface를 선택하면 Sew Surface Definition Box가 활성화된다. Box에서 Intersect body를 지정한다.

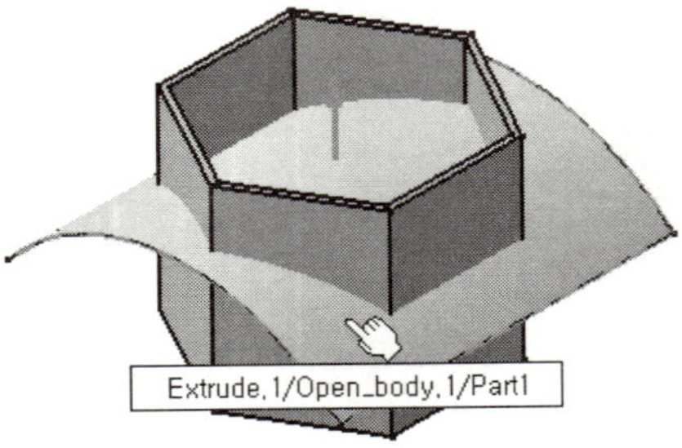

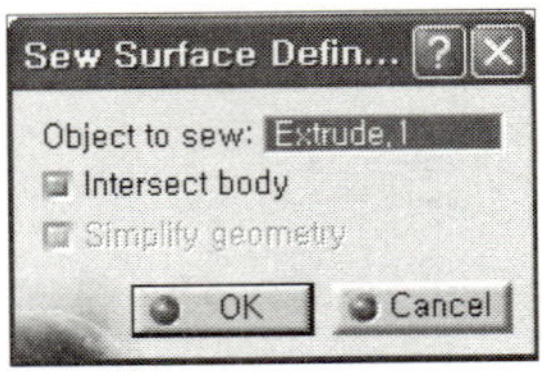

⑧ OK를 클릭하면 Sew Surface된 최종 형상이 생성된다.

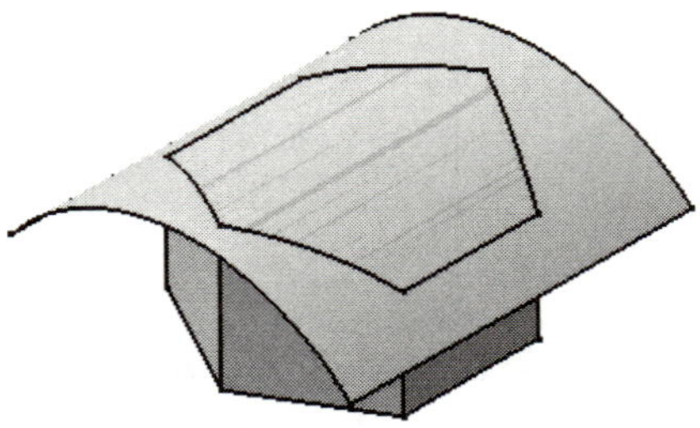

6. Transformation Features

Surface 모델의 위치, 회전, 대칭이동, 대칭복사, 배열 등을 수행하는 기능들이다.

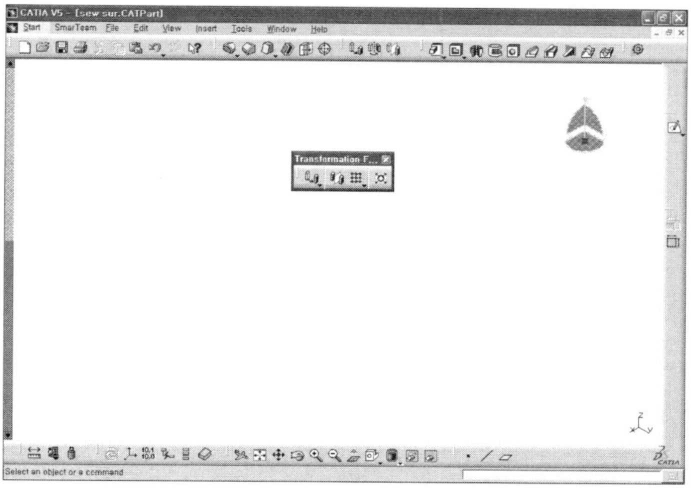

6.1 Transformation

1 Translation

대상물을 일정 방향으로 이동시키는 기능이다.

① xy Plane을 선택하고 Sketcher에서 Arc 아이콘을 이용하여 Radius 28mm의 Arc인 Sketch.1을 드로잉한다.

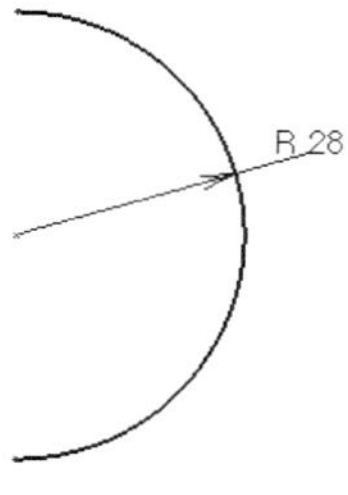

② Exit workbench 아이콘을 실행한다. Shaft 아이콘을 클릭하고 활성화된 Shaft Definition Box에서 First Angle은 360deg, Second Angle은 0deg, Selection은 Sketch.1을 지정한다.

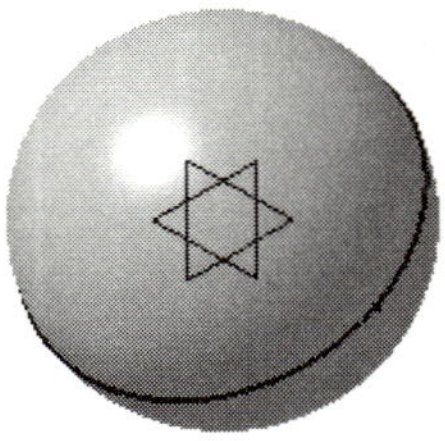

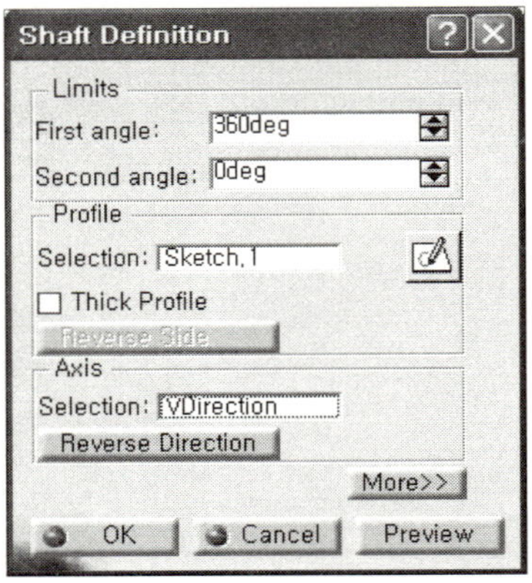

③ Translation 아이콘을 선택하면 아래와 같은 메시지가 나타난다. 여기에서 "예"를 클릭한다.

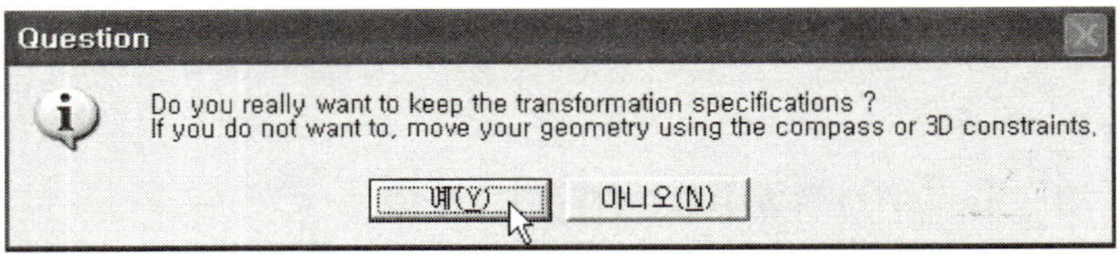

④ Translate Definition Box가 활성화되고 Box에서 Vector Definition은 Direction, Distance로 설정하면 된다. 아래 그림에서 Direction은 zx Plane, Distance는 80mm로 설정하였다.

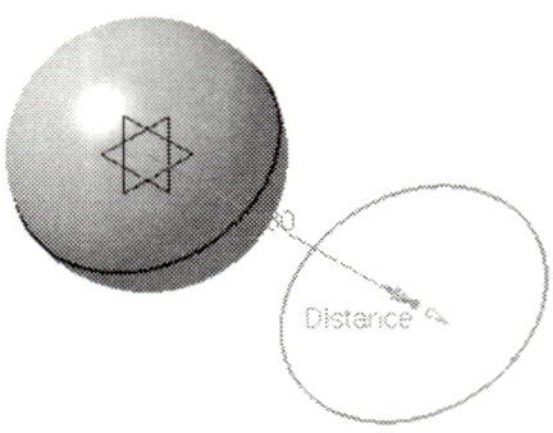

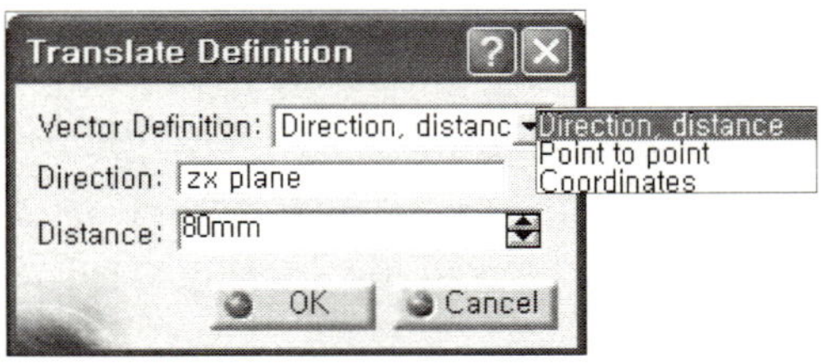

※ Direction, distance : 이동방향과 거리 값으로 이동하는 기능
※ Point to point : start 및 end point로 이동하는 기능
※ Coordinates :좌표 값을 지정하여 이동하는 기능

⑤ OK를 클릭하면 원점에서 80mm로 Translate된 최종 형상이 생성된다.

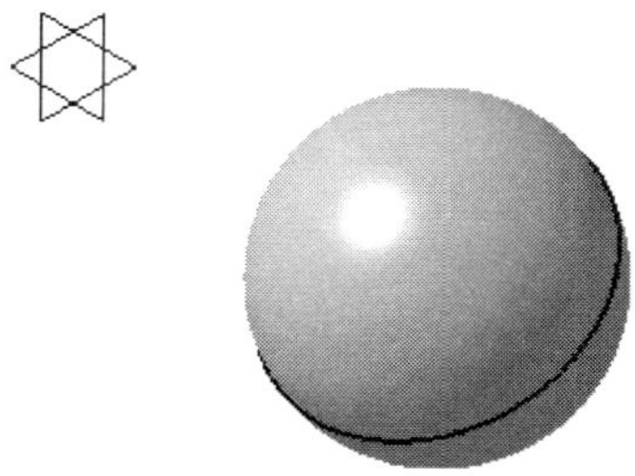

2 Rotation

지정한 축을 중심으로 Body를 회전시켜 위치를 이동시키는 기능이다.

① xy Plane을 선택하고 Sketcher에서 Arc 아이콘을 이용하여 Radius 28mm의 Arc인 Sketch.1을 드로잉한다.

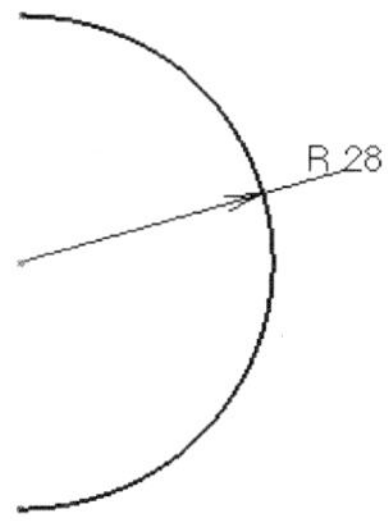

② Exit workbench 아이콘을 실행한다. Shaft 아이콘을 클릭하고 활성화된 Shaft Definition Box에서 First Angle은 360deg, Second Angle은 0deg, Selection은 Sketch.1을 지정한다.

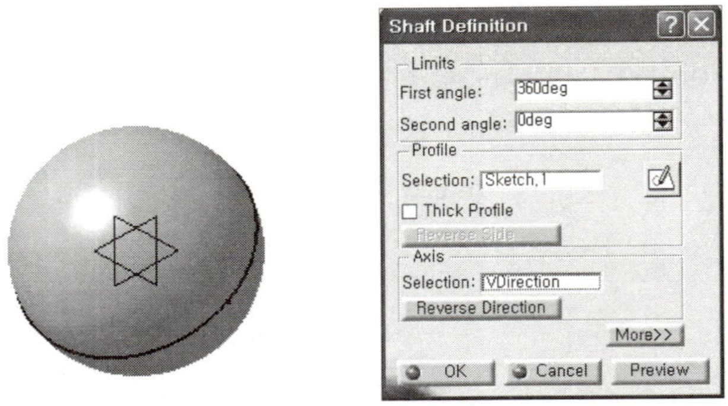

③ Rotation 아이콘을 선택하면 아래와 같은 메시지가 나타난다. 여기에서 "예"를 클릭한다.

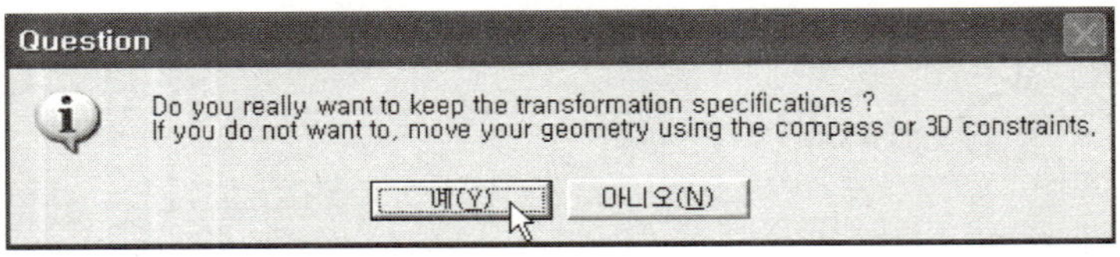

④ Rotate Definition Box가 활성화되고 Direction은 H, Angle은 180deg로 설정한다.

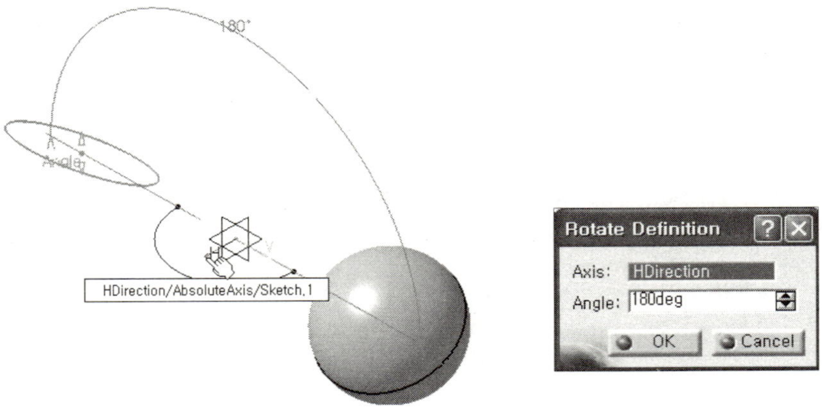

⑤ OK를 클릭하면 원점에서 180deg Rotate된 최종 형상이 생성된다.

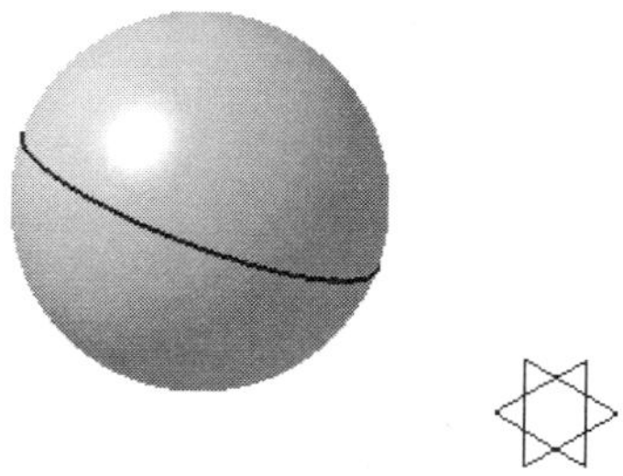

3 Symmetry

지정한 면을 기준으로 하여 Body를 대칭 이동시키는 기능이다.

① xy Plane을 선택하고 Sketcher에서 Arc 아이콘을 이용하여 Radius 28mm의 Arc인 Sketch.1을 드로잉한다.

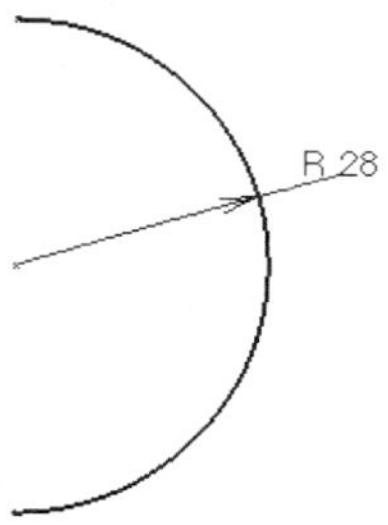

② Exit workbench 아이콘을 실행한다. Shaft 아이콘을 클릭하고 활성화된 Shaft Definition Box에서 First Angle은 360deg, Second Angle은 0deg, Selection은 Sketch.1을 지정한다.

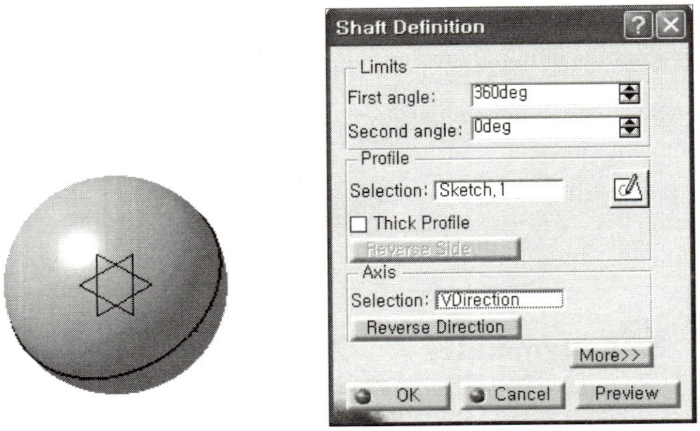

③ Symmetry 아이콘을 선택하면 아래와 같은 메시지가 나타난다. 여기에서 "예"를 클릭한다.

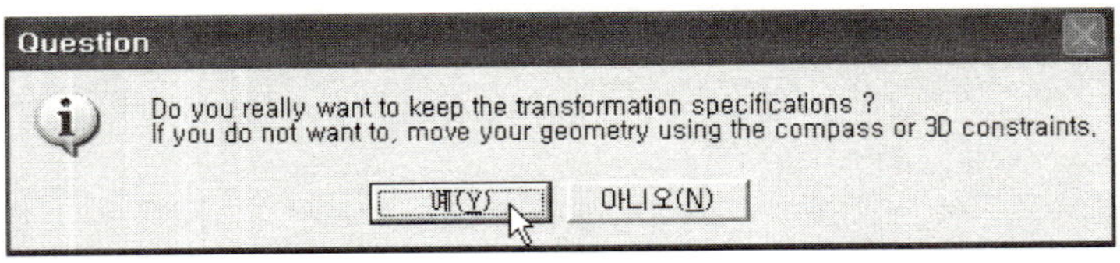

④ Symmetry Definition Box가 활성화되고 Reference를 zx Plane으로 지정하면 Symmetry될 위치가 Preview된다.

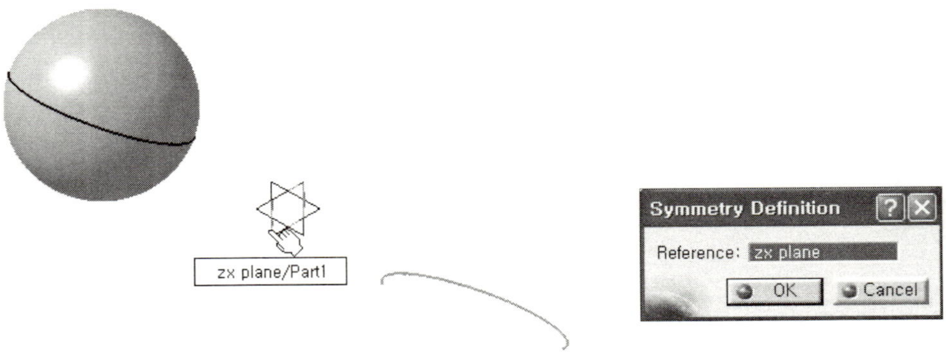

⑤ OK를 클릭하면 원점에서 180deg로 Rotate된 최종 형상이 생성된다.

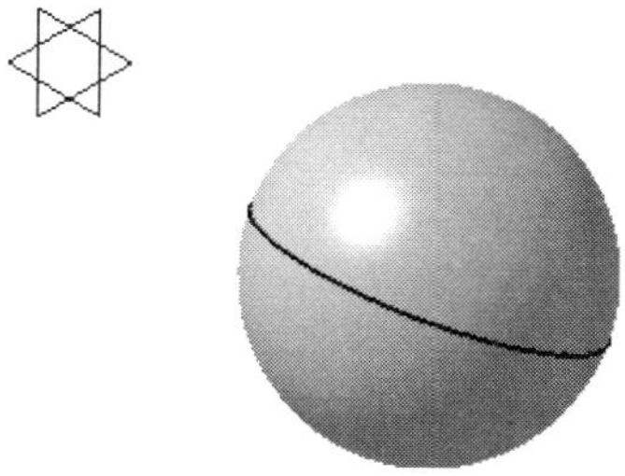

6.2 Mirror

대상물을 임의의 Plane이나 Face를 기준으로 대칭 복사하는 기능이다.

① xy Plane을 선택하고 Sketcher에서 Profile 아이콘을 이용하여 아래 그림과 같이 Sketch.1을 드로잉 한다.

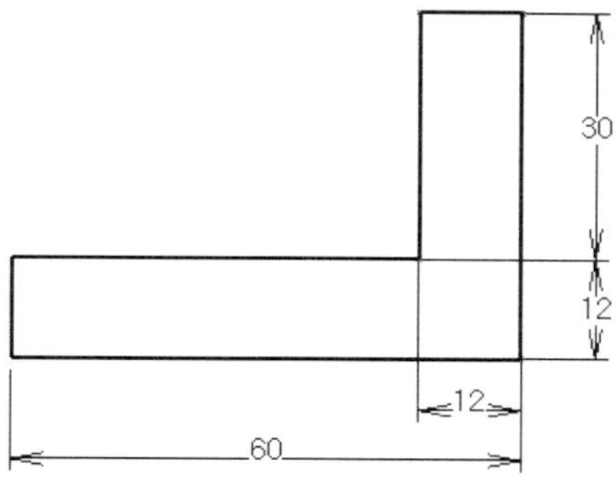

② Exit workbench 아이콘을 실행한다. Pad 아이콘을 클릭하여 Sketch.1을 20mm로 Pad시킨다.

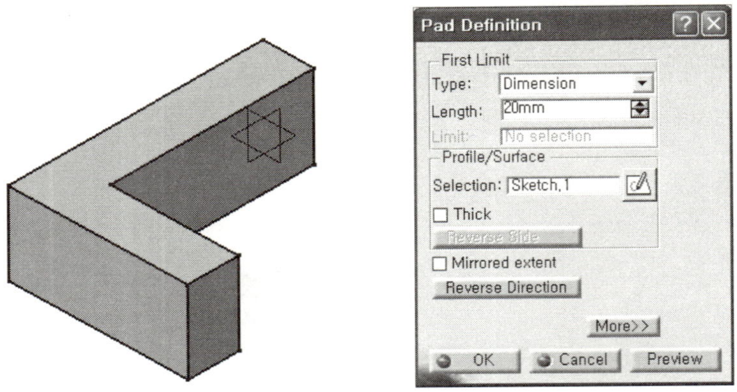

③ Edge Fillet 아이콘을 실행한다. Edge Fillet될 두 면을 지정하고 Edge Fillet Definition Box에서 Radius는 10mm로 설정한다.

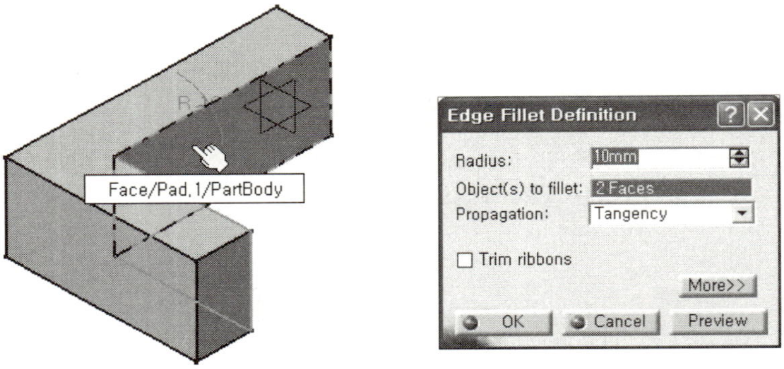

④ OK를 클릭하면 10mm로 Edge Fillet된 최종 형상이 생성된다.

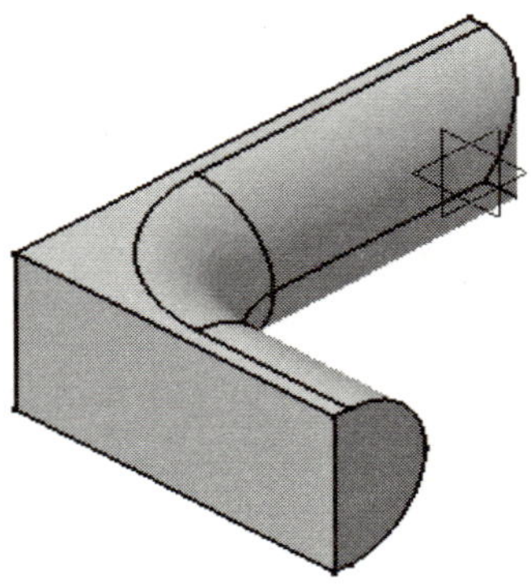

⑤ Mirror 아이콘을 실행한다. 그리고 아래 그림과 같이 Mirror될 면을 선택한다.

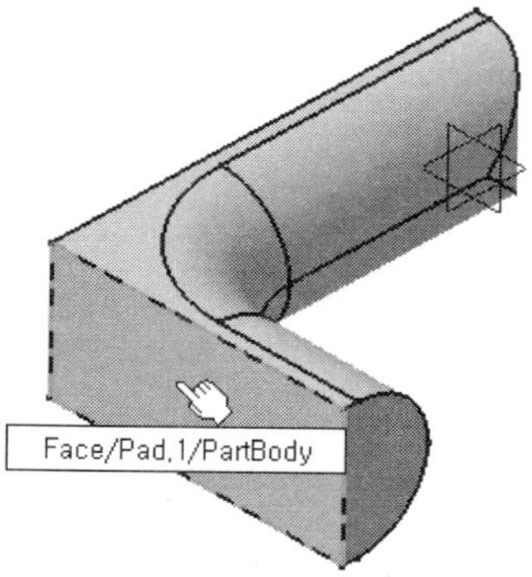

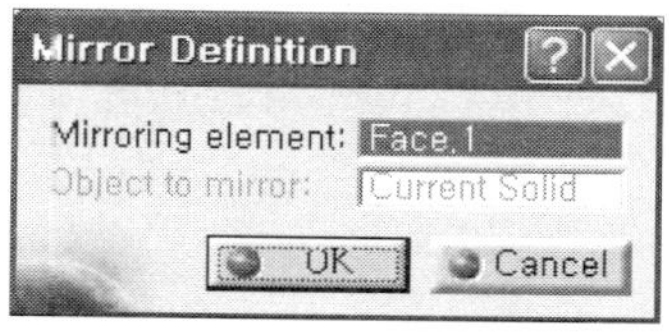

⑥ OK를 클릭하면 Mirror된 최종 형상이 생성된다.

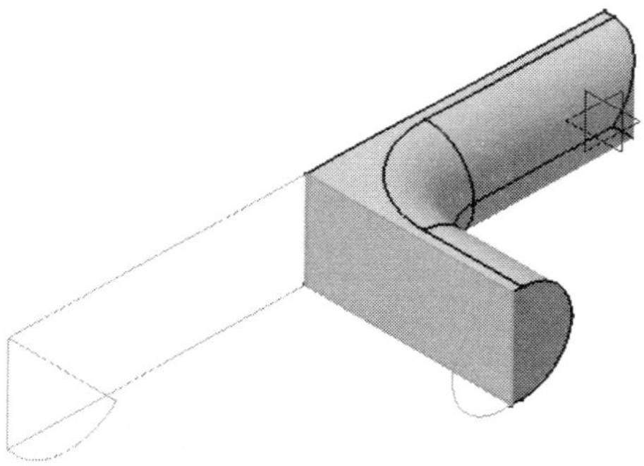

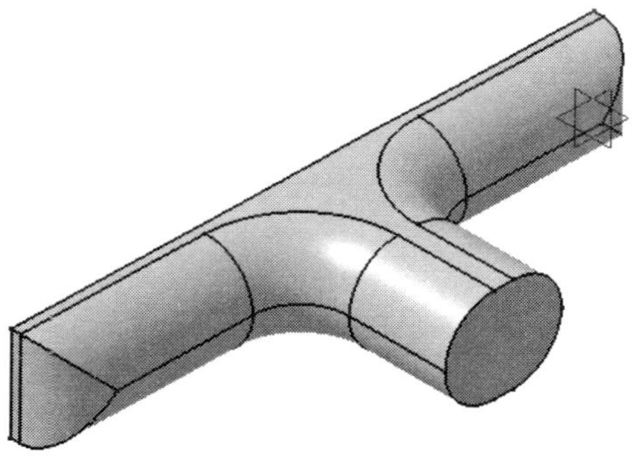

6.3 Patterns

1 Rectangular Pattern

지정된 형상을 사각형 형태로 일정한 거리만큼 규칙적으로 배열하는 기능이다.

① xy Plane을 선택하고 Sketcher에서 Rectangle 아이콘을 이용하여 아래 그림과 같이 Sketch.1을 드로잉한다.

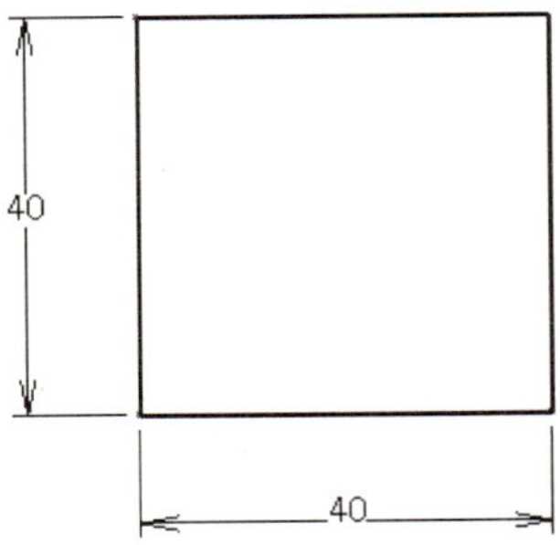

② Exit workbench 아이콘을 실행한다. Pad 아이콘을 클릭하여 Sketch.1을 20mm로 Pad시킨다.

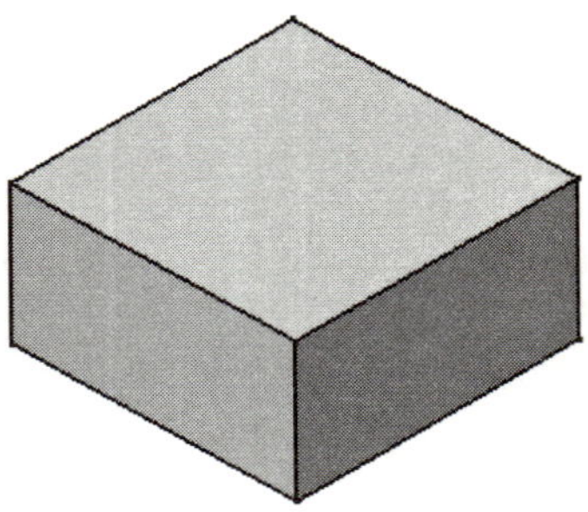

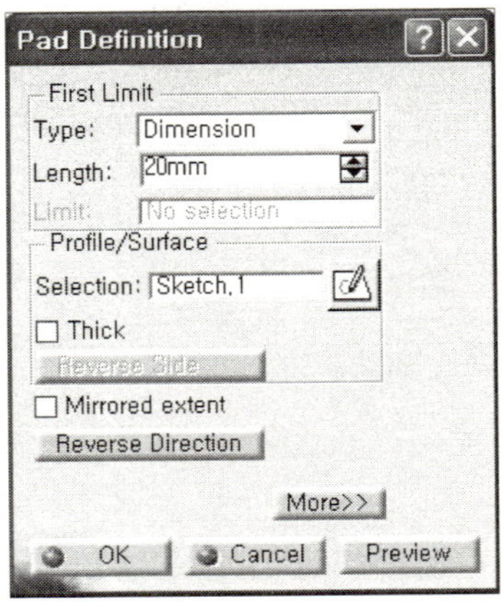

③ Rectangular Pattern 아이콘을 실행한다. 활성화된 Rectangular Pattern

Definition Box에서 먼저 First Direction의 값을 설정한다. Instance(s)는 4, Spacing은 60mm, Reference element는 xy Plane을 설정한다.

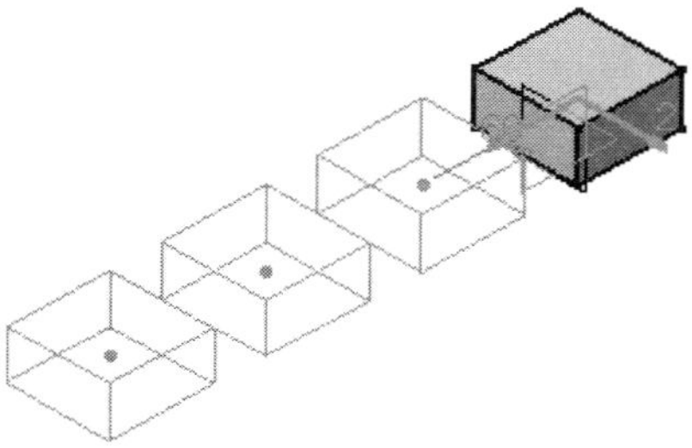

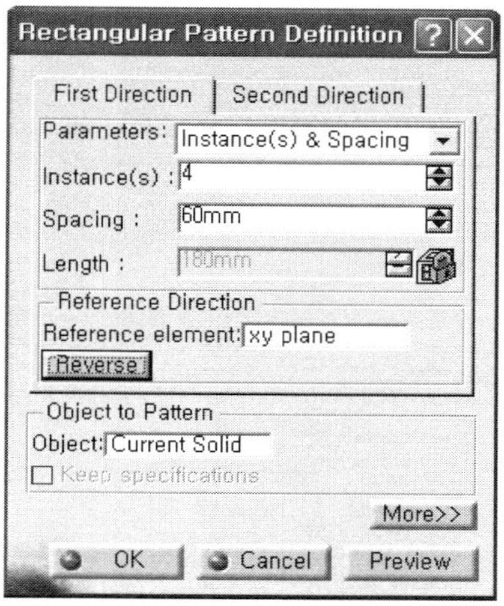

④ 다시 활성화된 Rectangular Pattern Definition Box에서 Second Direction의 값을 설정한다. Instance(s)는 4, Spacing은 60mm, Reference element는 xy Plane을 설정한다. 설정이 완료되면 아래 그림과 같이 Rectangular Pattern된 Preview 형상이 생성된다.

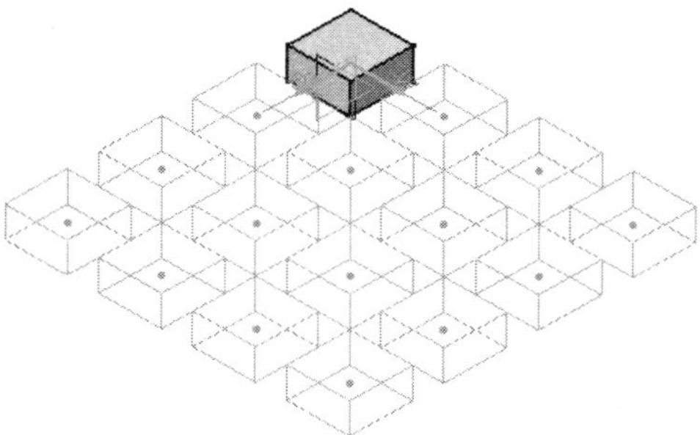

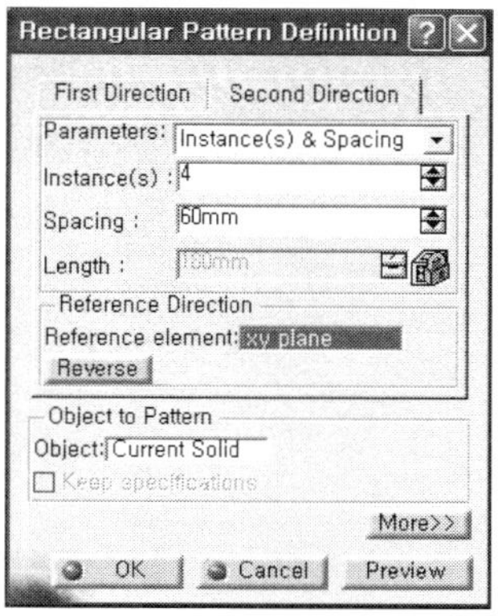

⑤ OK를 클릭하면 Rectangular Pattern된 최종 형상이 생성된다.

2 Circular Pattern

선택한 Feature를 원형방향으로 규칙적인 배열하는 기능이다.

① xy Plane을 선택하고 Sketcher에서 Arc 아이콘을 이용하여 Radius 28mm의 Arc인 Sketch.1을 드로잉한다.

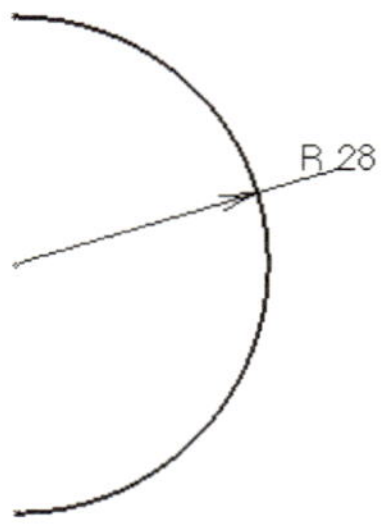

② Exit workbench 아이콘을 실행한다.Shaft 아이콘을 클릭하고 활성화된 Shaft Definition Box에서 First Angle은 360deg, Second Angle은 0deg, Selection은 Sketch.1을 지정한다.

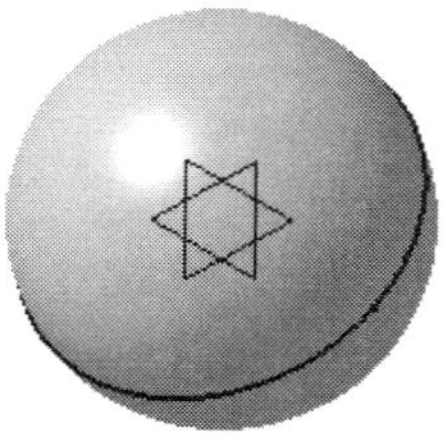

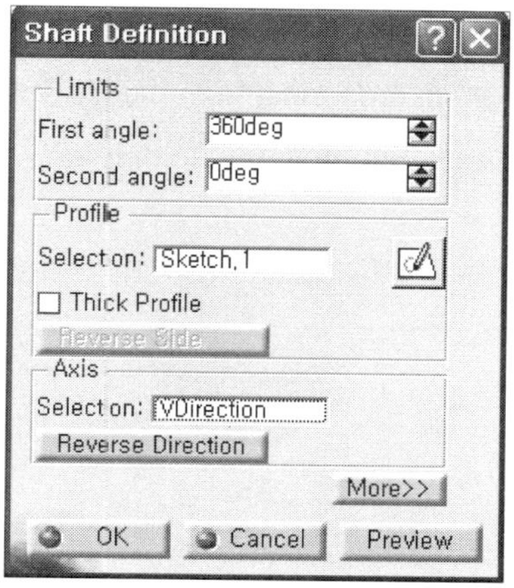

③ Translation 아이콘을 선택하면 아래와 같은 메시지가 나타난다. 여기에서 "예"를 클릭한다.

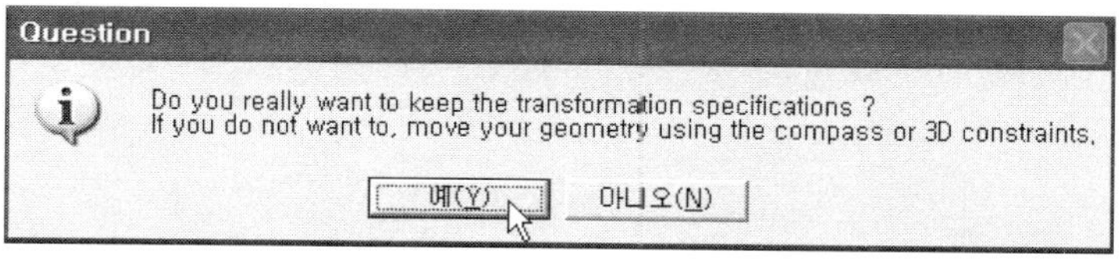

④ 활성화된 Translate Definition Box에서 Direction은 xy Plane, Distance는 60mm로 설정하여 이동시킨다.

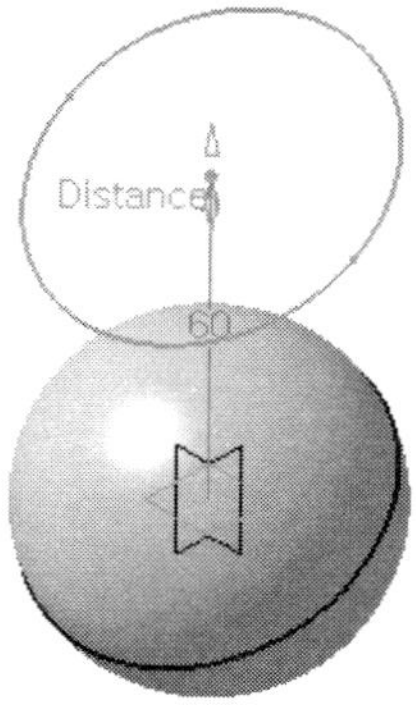

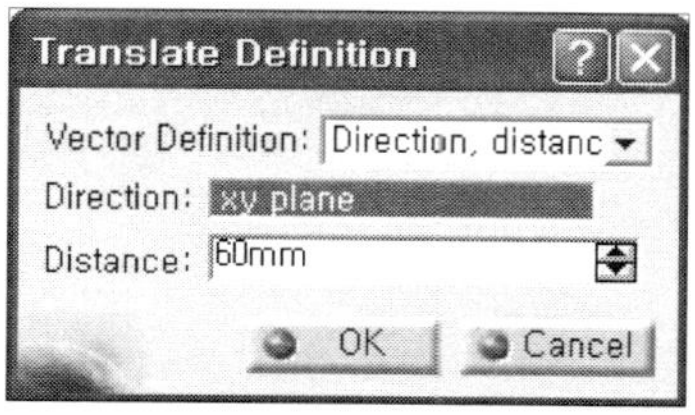

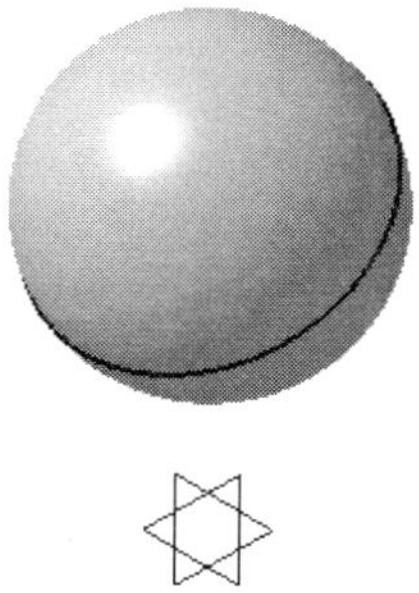

⑤ Circular Pattern 아이콘을 실행시킨다. Circular Pattern Definition Box에서 Instance는 6, Angular spacing은 60deg, Reference element는 zx Plane을 선택한다.

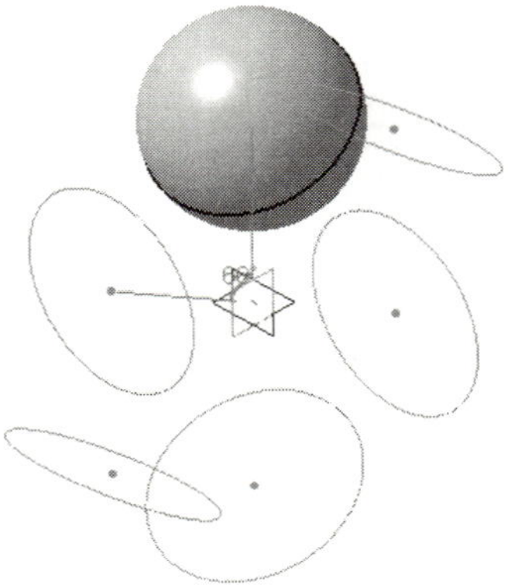

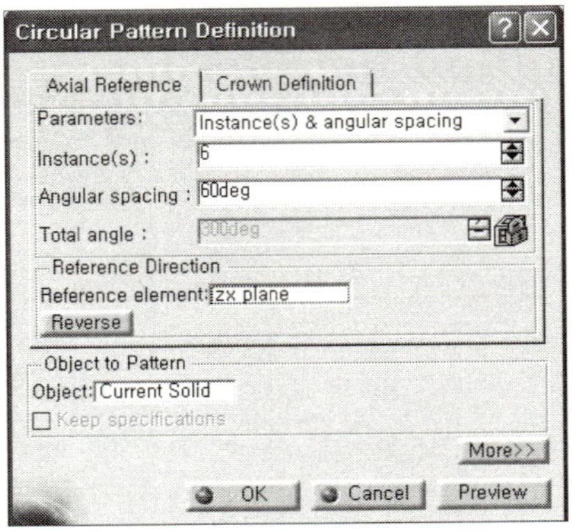

⑥ OK를 클릭하면 Circular Pattern된 최종 형상이 생성된다.

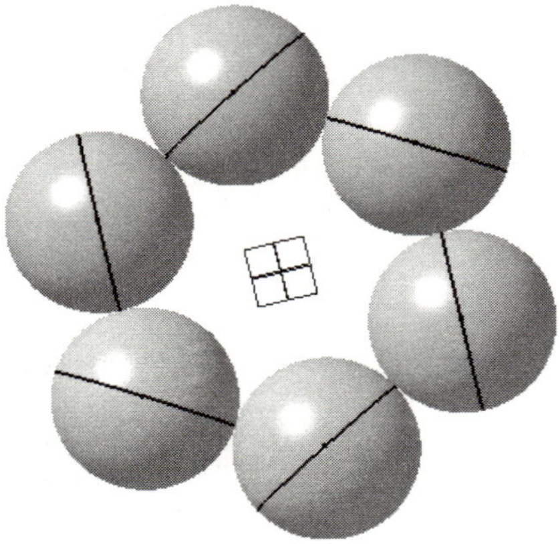

3 User Pattern

지정된 형상을 사용자가 원하는 Point에 복사하여 배열하는 기능이다.

① xy Plane을 선택하고 Sketcher에서 Rectangle 아이콘을 이용하여 아래 그림과 같이 Sketch.1을 드로잉한다.

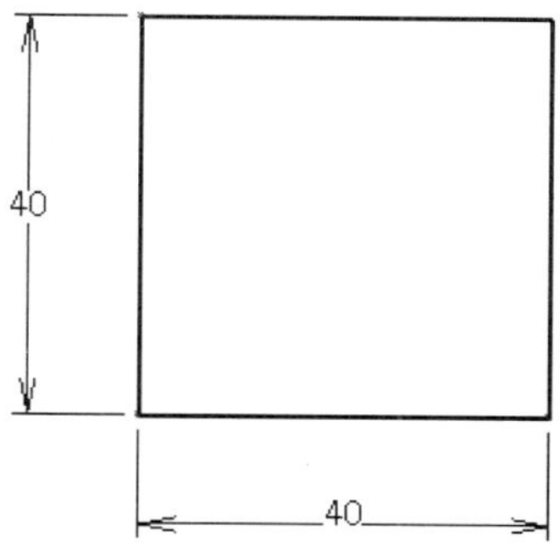

② Exit workbench 아이콘을 실행한다. Pad 아이콘을 클릭하여 Sketch.1을 20mm로 Pad시킨다.

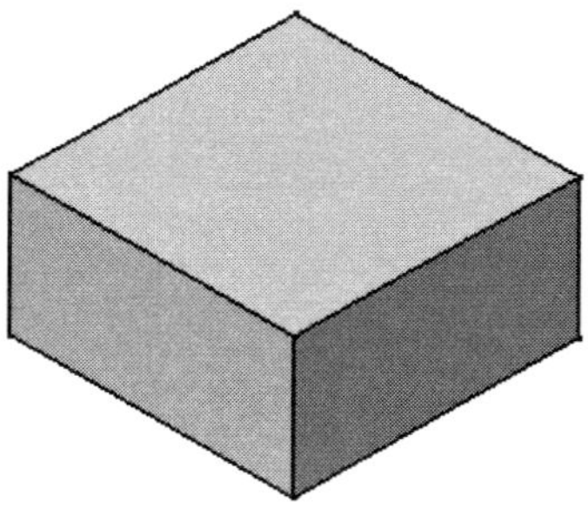

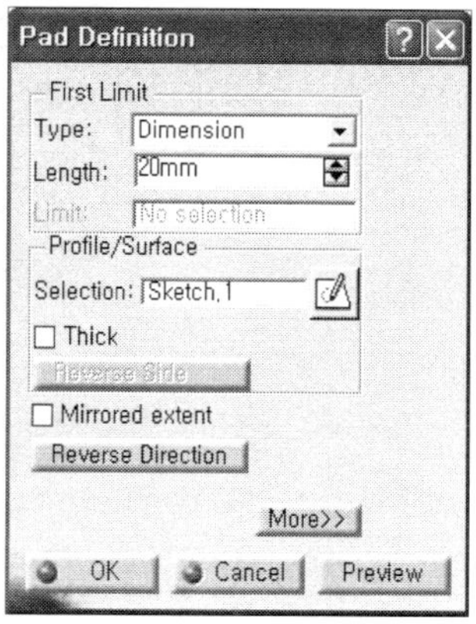

③ 윗면을 Plane으로 지정하고 Sketcher에서 Point 아이콘을 클릭하여 2개의 Point를 생성시킨다. Exit workbench 아이콘을 실행한 후 윗면을 Plane으로 지정하고 다시 Sketcher에서 Circle 아이콘을 클릭하여 Radius 5mm의 Circle인 Sketch.2를 드로잉한다.

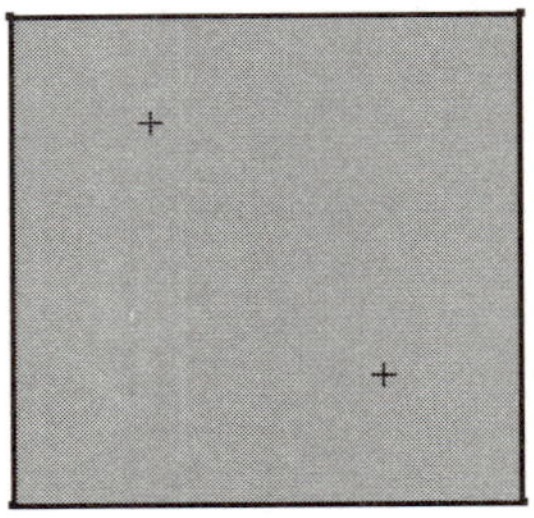

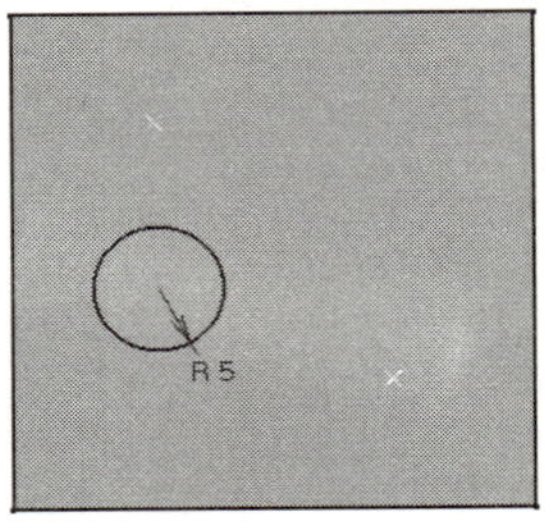

④ Exit workbench 아이콘을 실행한다. Pad 아이콘을 클릭하여 Sketch.2를 10mm로 Pad시킨다.

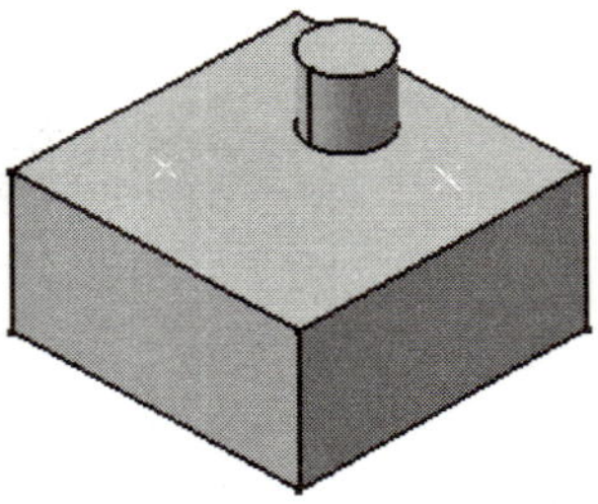

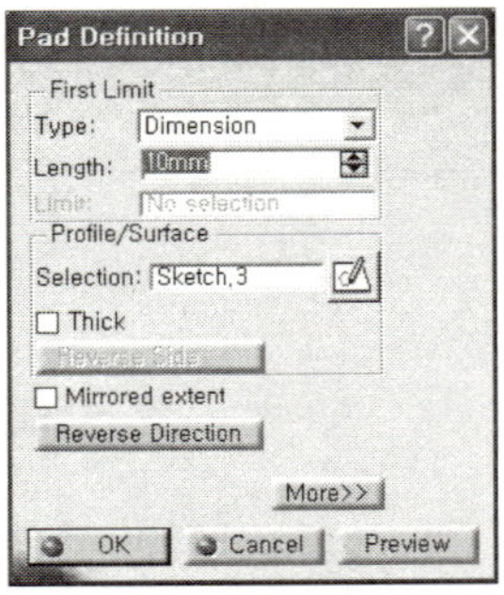

⑤ Pad된 원기둥을 지정하고 User Pattern 아이콘을 실행시킨다. 활성화된 User Pattern Definition Box에서 복사할 개체의 Positions은 Point를 선택한다.

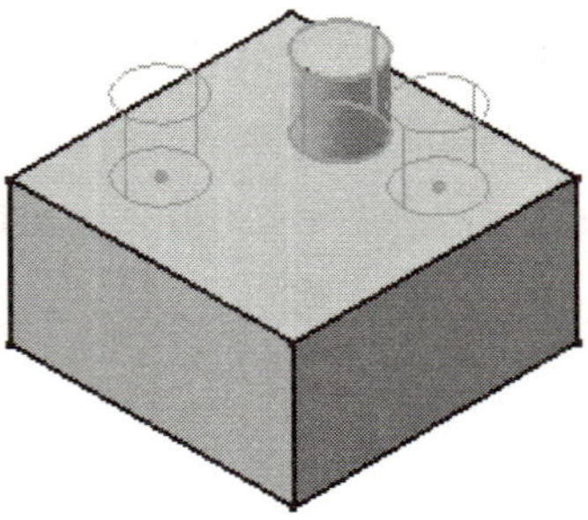

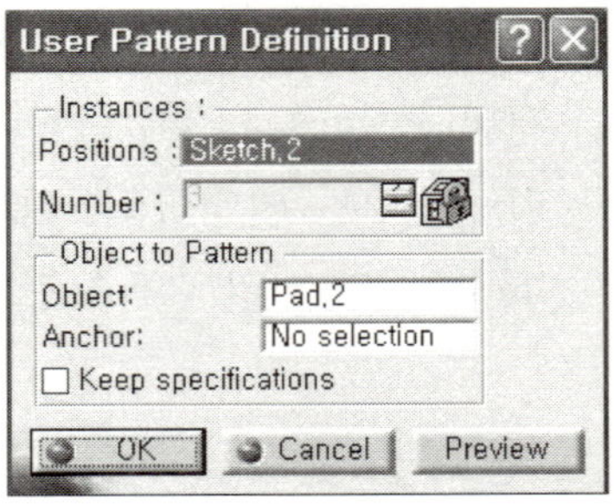

⑥ OK를 클릭하면 User Pattern된 최종 형상이 생성된다.

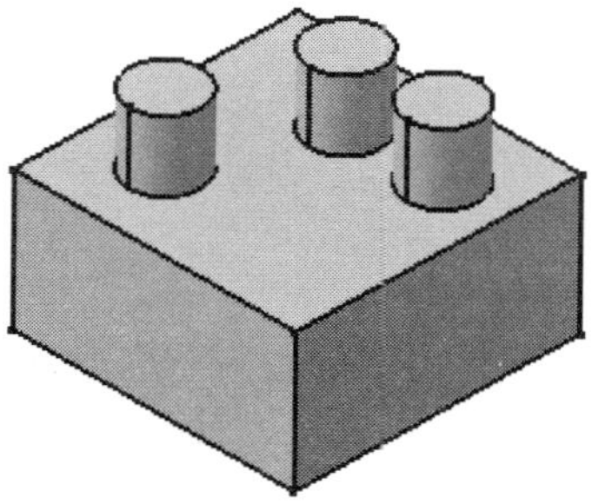

4 Scaling

Point 또는 Plane을 기준으로 Feature를 확대 또는 축소시키는 기능이다.

① Scaling의 예제는 6.3.3을 사용하였다. 그림과 같이 기준이 되는 면을 먼저 선택한 후 Scaling 아이콘을 실행한다. 활성화된 Scaling Definition Box에서 Ratio를 설정한다. (단, CATIA 프로그램에서 기준은 “1”이고 “1”이상이면 확대, “1”이하면 축소가 된다.)

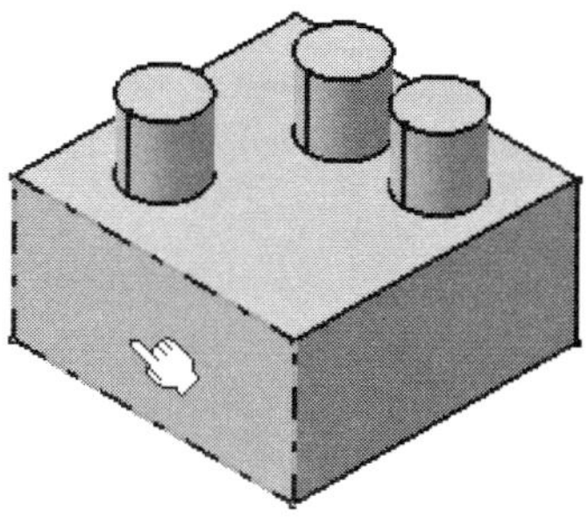

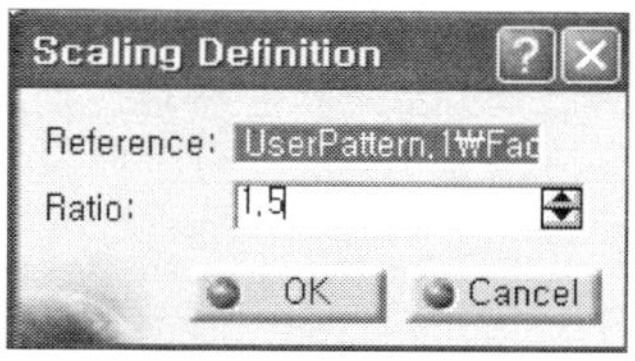

② OK를 클릭하면 1.5배 Scaling된 최종 형상이 생성된다.

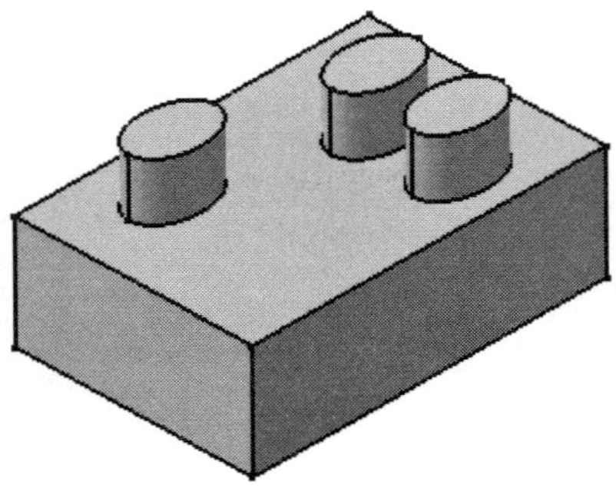

7. Boolean Operations

Body와 Body를 결합, 합체, 제거 등의 기능들이다.

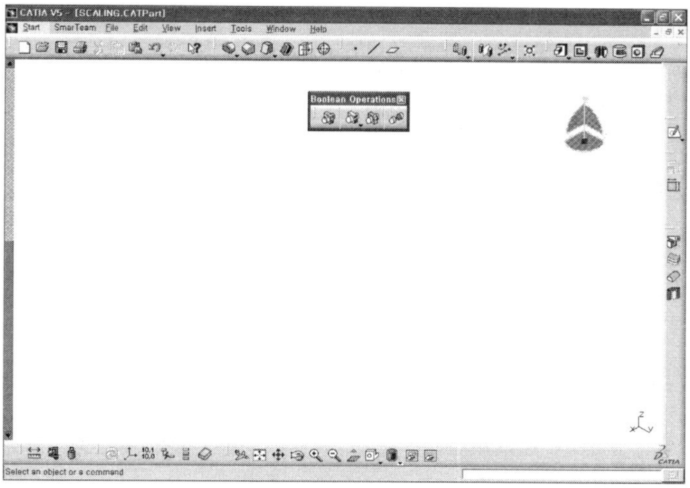

7.1 Assemble

Body와 Body를 결합시켜 새로운 솔리드를 생성하고, Part의 속성을 지닌 상태로 결합되는 기능이다.

① xy Plane을 선택하고 Sketcher에서 Rectangle 아이콘을 이용하여 그림과 같이 Sketch.1을 드로잉한다.

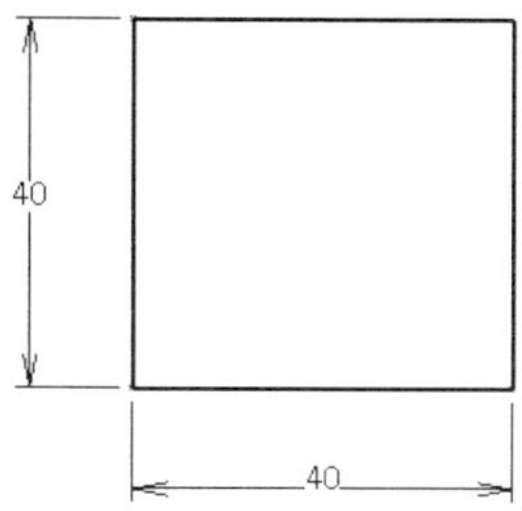

② Exit workbench 아이콘을 실행한다. Pad 아이콘을 클릭하여 Sketch.1을 20mm로 Pad시킨다.

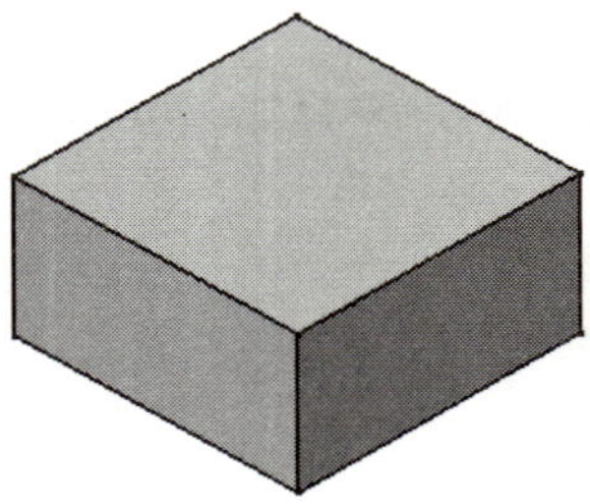

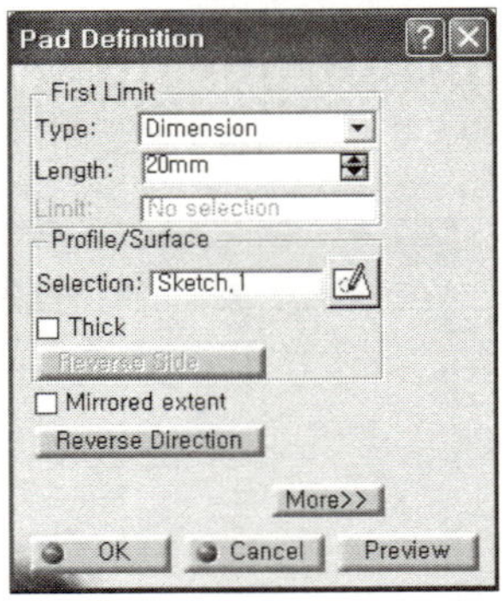

③ Pull Down Menu의 View에서 Insert를 클릭하면 아래의 Tree에 Body.2가 생성된다. 한 면을 Plane으로 선택하고 Sketcher에서 Rectangle 아이콘을 클릭하여 아래 그림과 같이 Sketch.2를 드로잉한다.

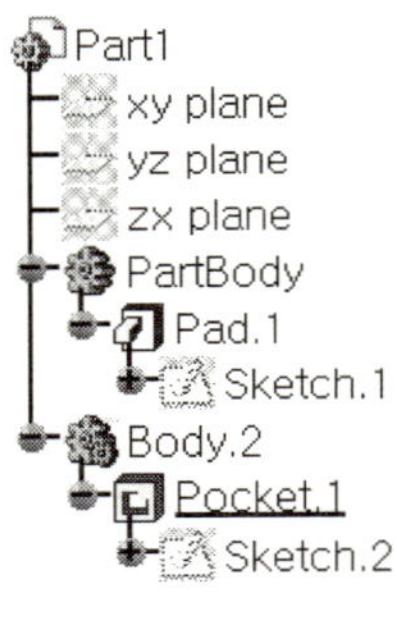

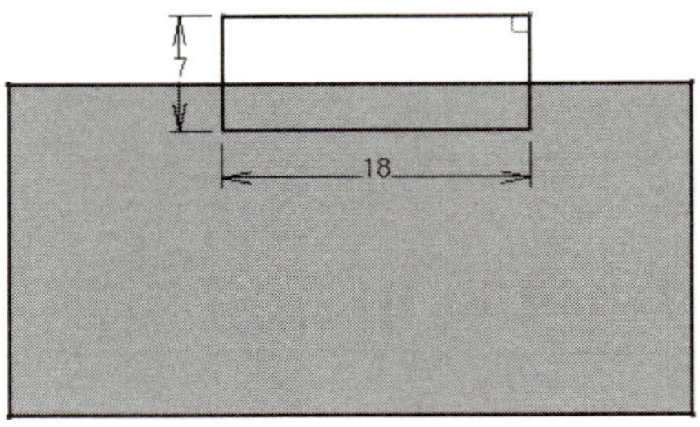

④ Pocket 아이콘을 실행시킨 후 Sketch.2를 20mm로 Pocket시킨다.

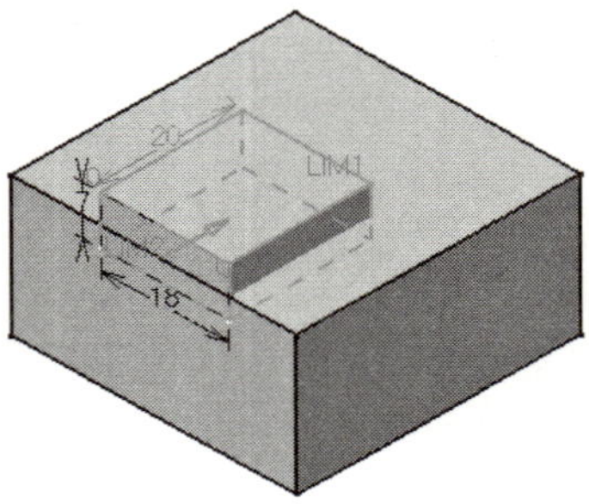

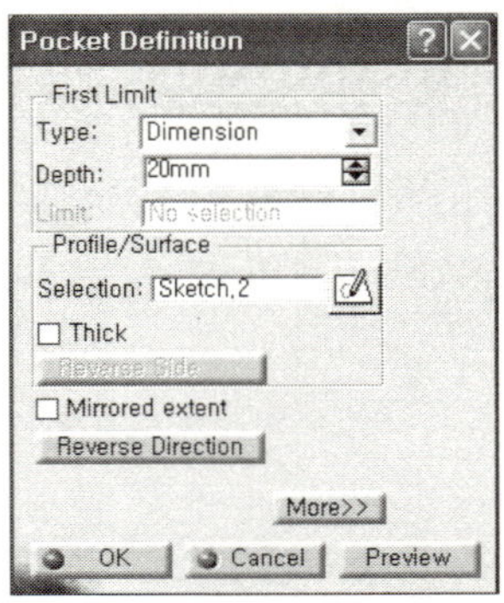

⑤ 마우스를 Tree의 Body.2에 위치시키고 마우스 오른쪽 버튼을 클릭한다. 그리고 Body.2 Object에서 Assemble을 선택한다.

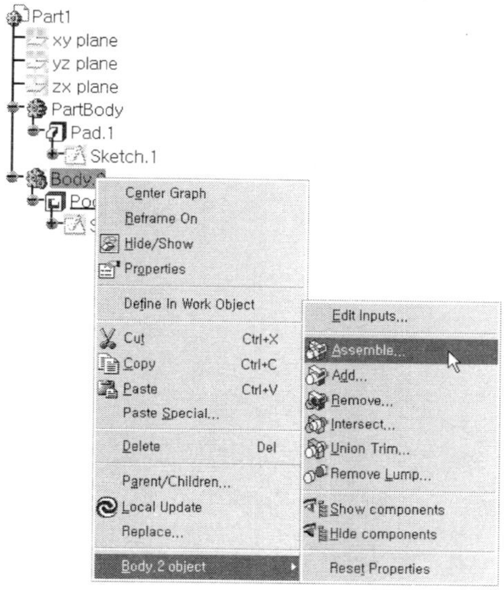

⑥ 활성화된 Assemble Box에서 Assemble될 Body.2를 선택한다.

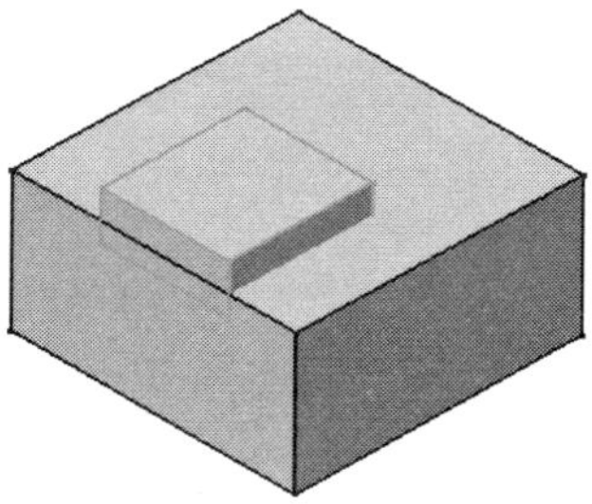

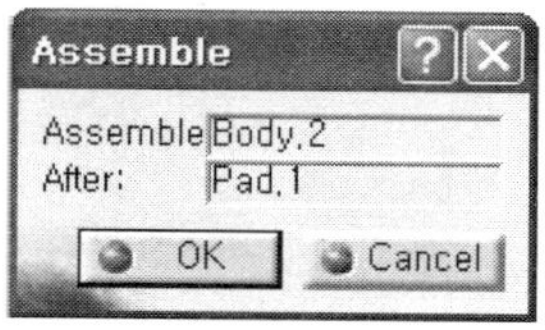

⑦ OK를 클릭하면 Body와 Body가 Assemble된 최종 형상이 생성된다.

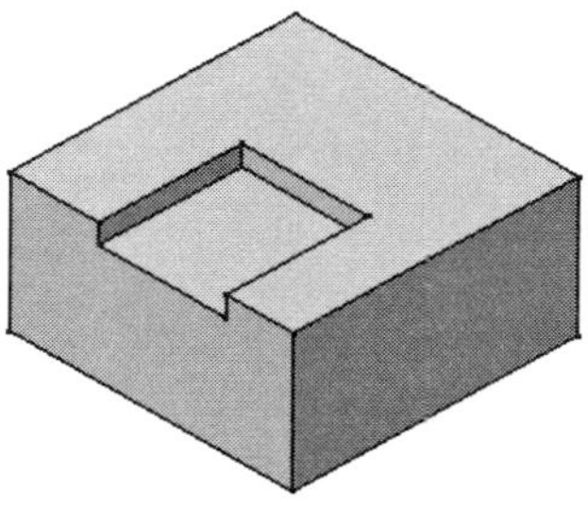

7.2 Intersect

서로 다른 Body에서 드로잉된 작업의 겹치는 부분을 표현하는 기능이다.

① 7.1 Assemble에 설명된 예제의 윗면을 Plane으로 지정하고 Sketcher에서 Circle 아이콘을 클릭하여 Radius 12mm의 Circle을 아래 그림과 같이 드로잉한다.

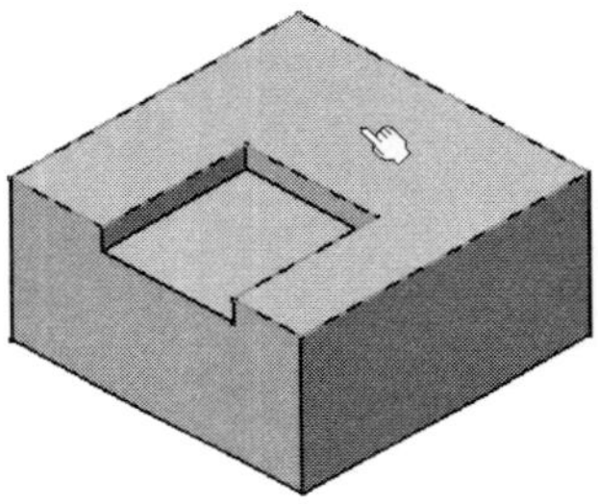

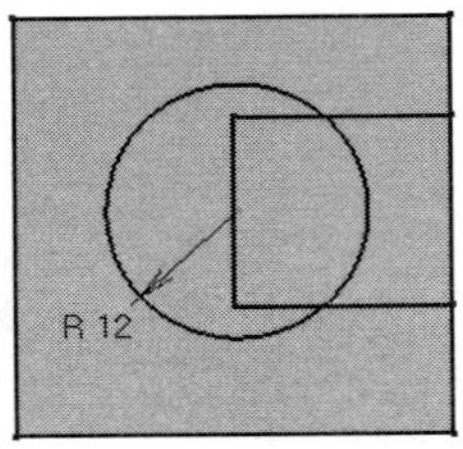

② Exit workbench 아이콘을 실행한다. Pad 아이콘을 클릭하여 Reverse Direction으로 20mm Pad시킨다.

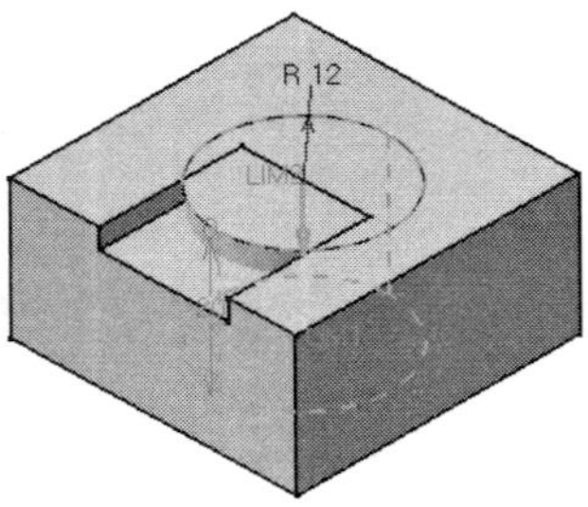

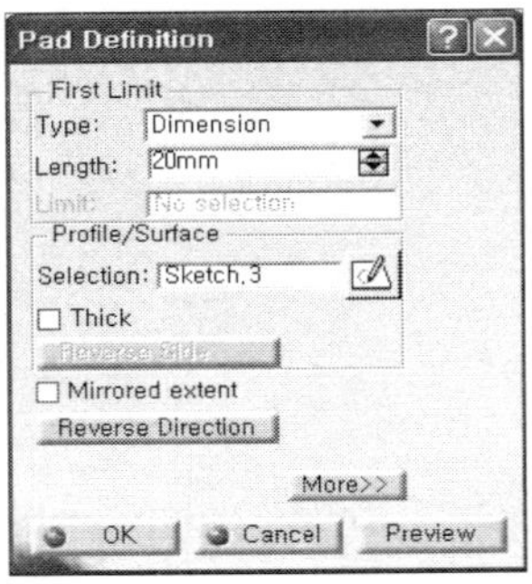

③ OK를 클릭하면 Pad된 최종 형상이 생성된다.

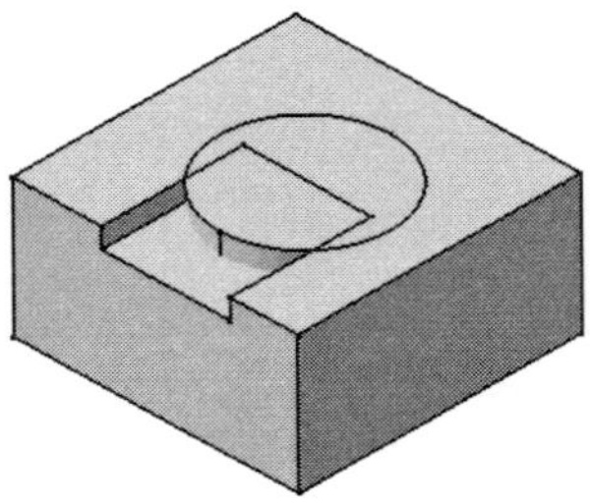

④ Intersect시키기 위해 Specification Tree에서 마우스를 이동시키고 Body.3을 마우스 오른쪽 버튼으로 클릭한다. 그리고 Body.3 Object에서 Intersect를 선택한다.

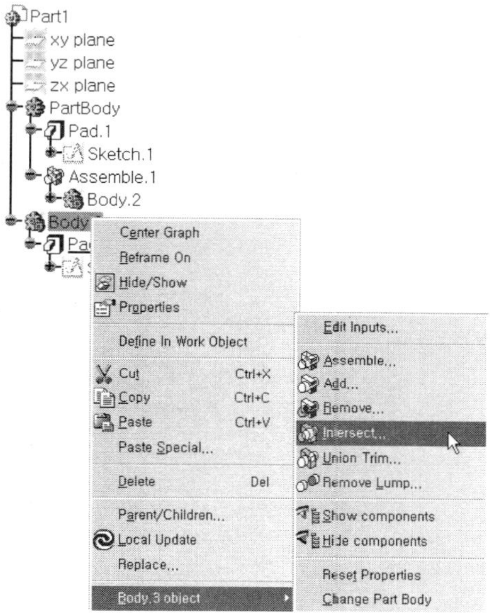

⑤ 활성화된 Intersect Box에서 Intersect될 Body.3을 나타낸다.

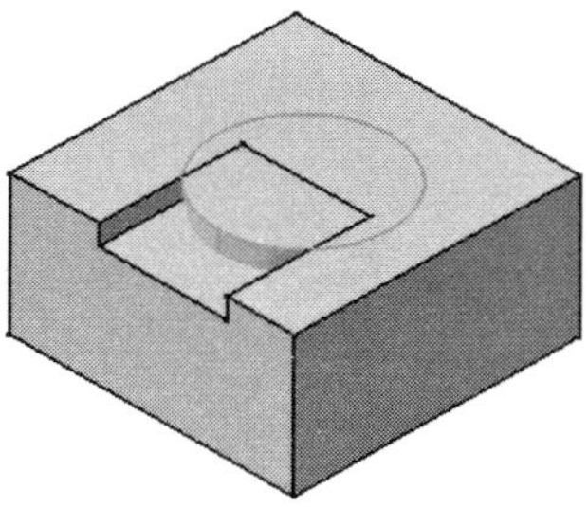

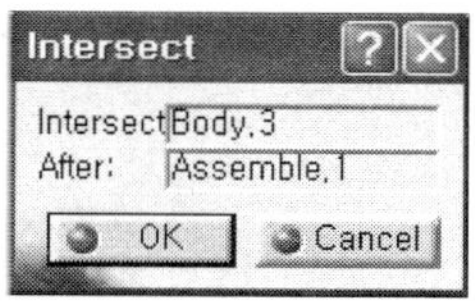

⑥ OK를 클릭하면 Body와 Body가 Intersect된 최종 형상이 생성된다.

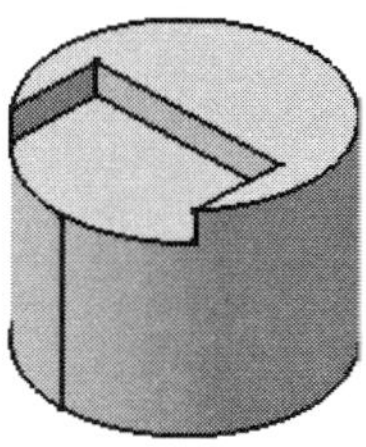

7.3 Add

하나의 Body에서 드로잉된 모델과 다른 Body의 모델을 서로 합치는 기능이다.

① 7.2 Intersect에 설명된 예제를 사용하고 드로잉될 Plane은 zx Plane으로 지정한다. Sketcher에서 Rectangle 아이콘을 이용하여 아래 그림과 같이 드로잉한다.

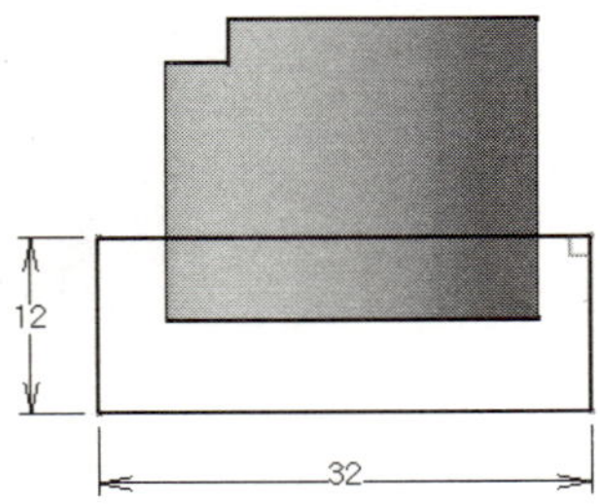

② Exit workbench 아이콘을 실행한다. Pad 아이콘을 클릭하여 Mirrored extent로 지정하고 20mm로 Pad시킨다.

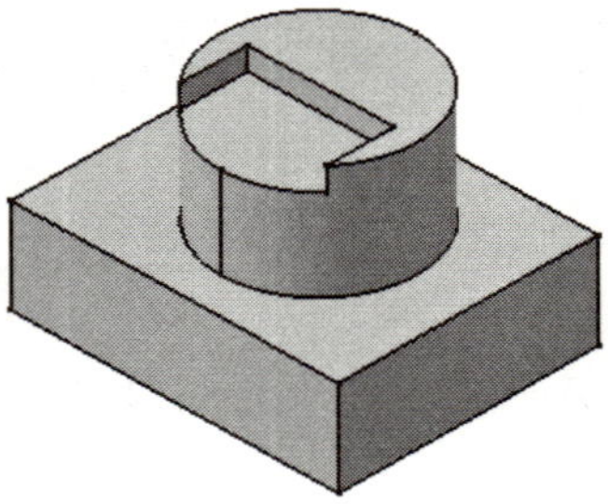

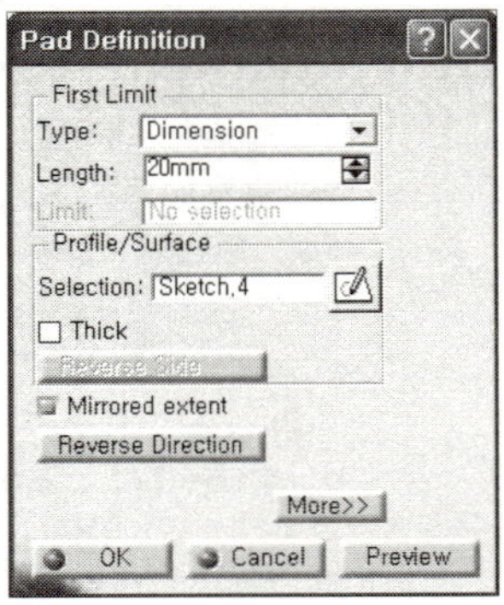

③ Add시키기 위해 Specification Tree의 Body.4를 마우스 오른쪽 버튼으로 클릭한다. 그리고 Body.4 Object에서 Add를 선택한다.

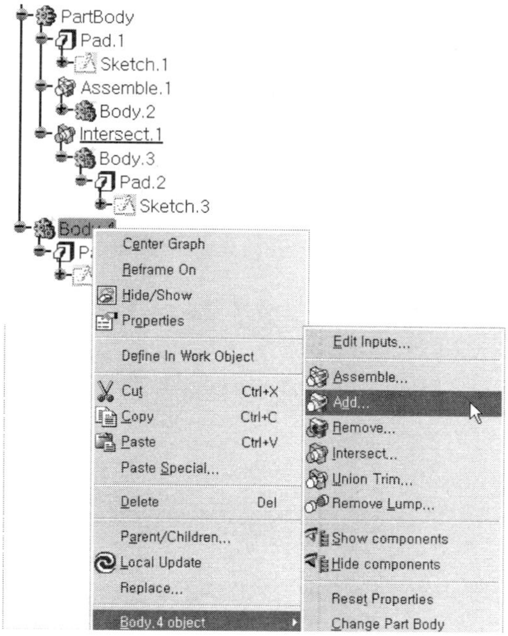

④ 활성화된 Add Box에서 Add될 Body.4가 나타난다.

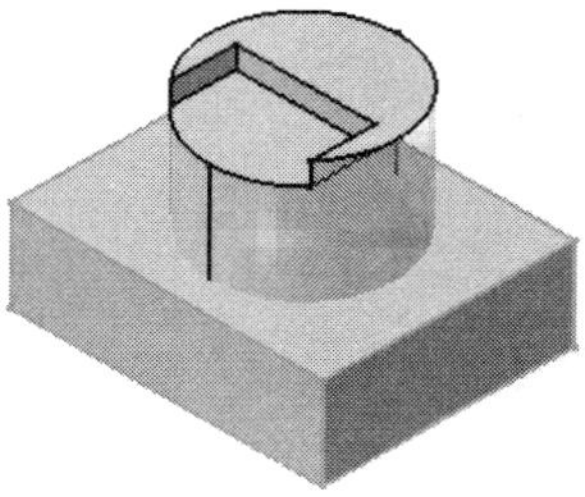

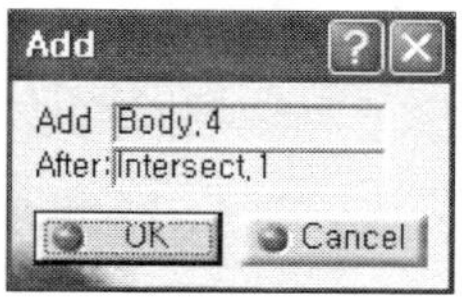

⑤ OK를 클릭하면 Body와 Body가 Add된 최종 형상이 생성된다.

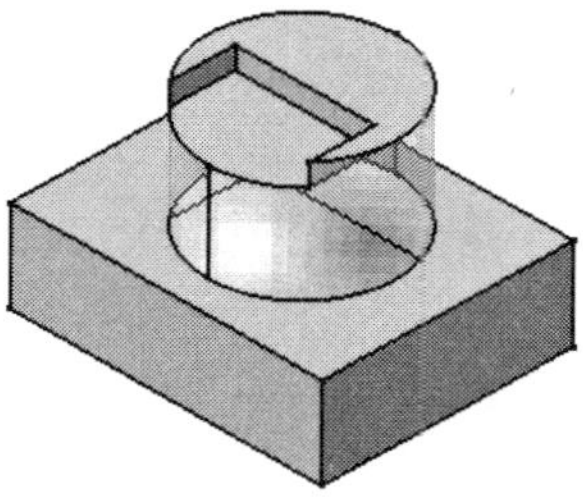

7.4 Remove

하나의 Body에서 드로잉된 모델과 다른 Body의 모델과 겹치는 부분을 제거하는 기능이다.

① 7.3 Add에 설명된 예제를 사용한다. 먼저 Pull Down Menu의 View, Insert를 선택하여 Body.5를 생성시킨다. 아래 그림과 같이 지정된 면을 Plane으로 하여 Sketcher에서 Circle 아이콘을 이용하여 Radius 3mm의 Circle을 드로잉한다.

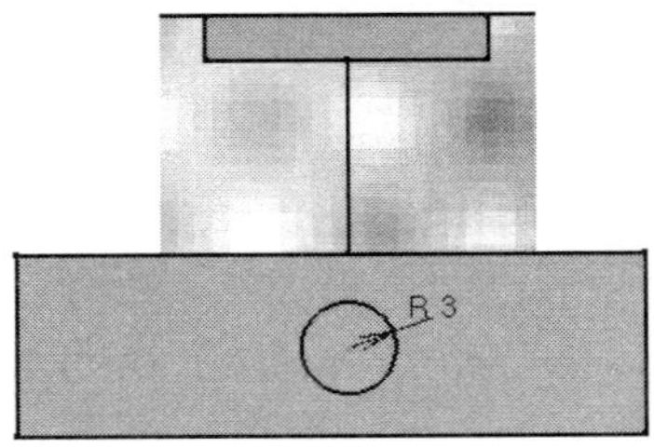

② Exit workbench 아이콘을 실행한다. Pad 아이콘을 선택하여 Mirrored extent로 지정하고 20mm로 Pad시킨다.

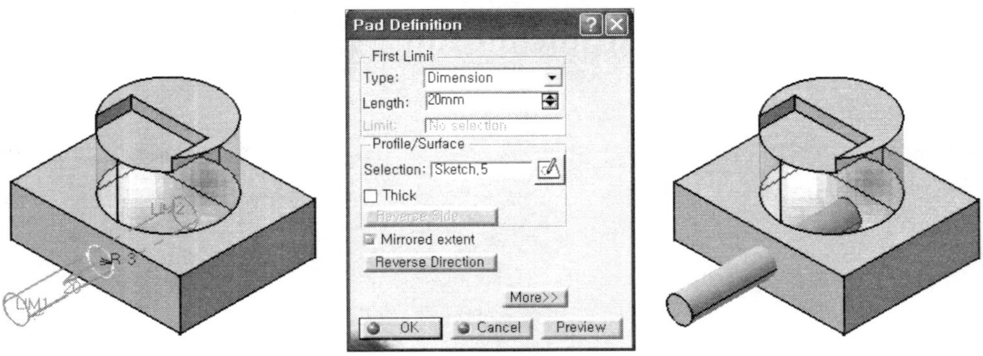

③ Remove시키기 위해 Specification Tree의 Body.5를 마우스 오른쪽 버튼으로 클릭한다. 그리고 Body.5 Object에서 Remove를 선택한다.

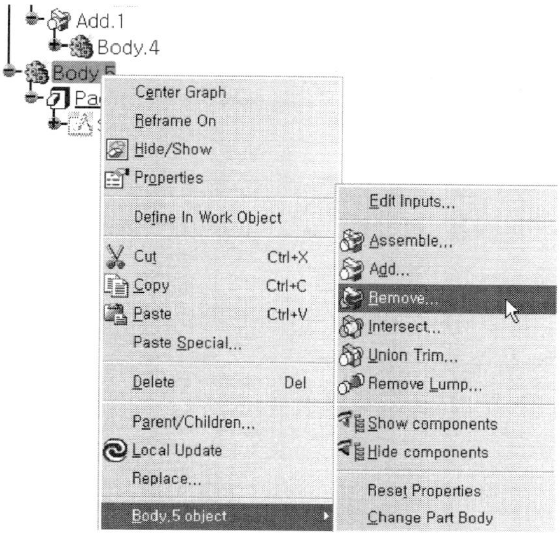

④ 활성화된 Remove Box에서 Remove될 Body.5가 나타난다.

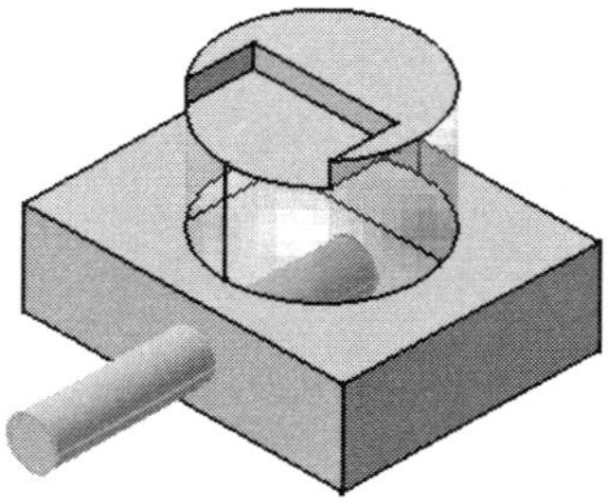

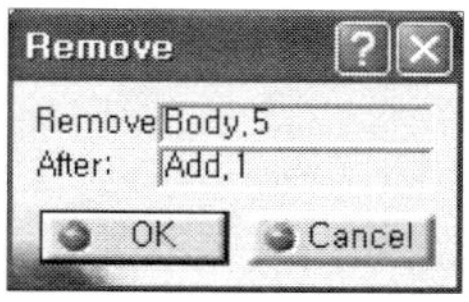

⑤ OK를 클릭하면 Body와 Body가 Remove된 최종 형상이 생성된다.

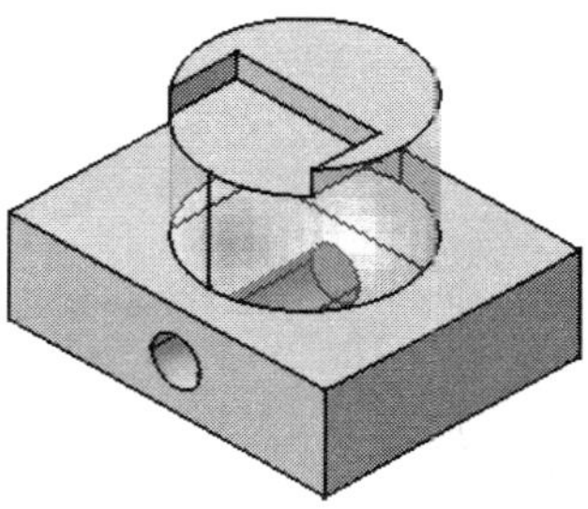

7.5 Union Trim

기능은 제거할 부분과 남길 부분을 선택하여 Boolean 연산을 수행하는 기능이다. Faces to remove는 제거할 면, Faces to keep은 남길 부분의 면을 선택하는 기능이다.

① xy Plane을 선택하고 Sketcher에서 Rectangle 아이콘을 이용하여 아래 그림과 같이 Sketch.1을 드로잉한다.

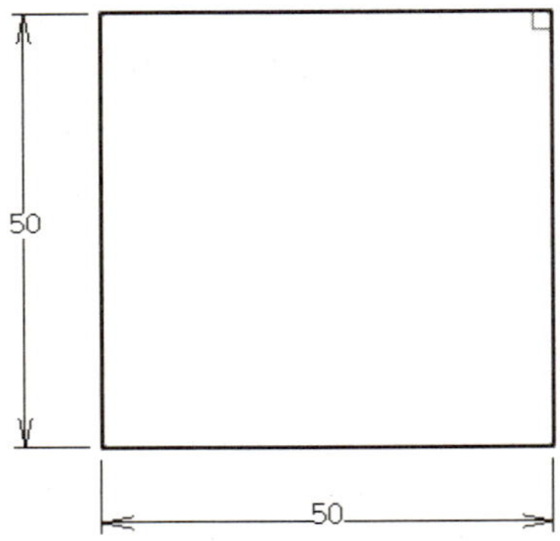

② Exit workbench 아이콘을 실행한다. Pad 아이콘을 클릭하여 Sketch.1을 10mm로 Pad시킨다.

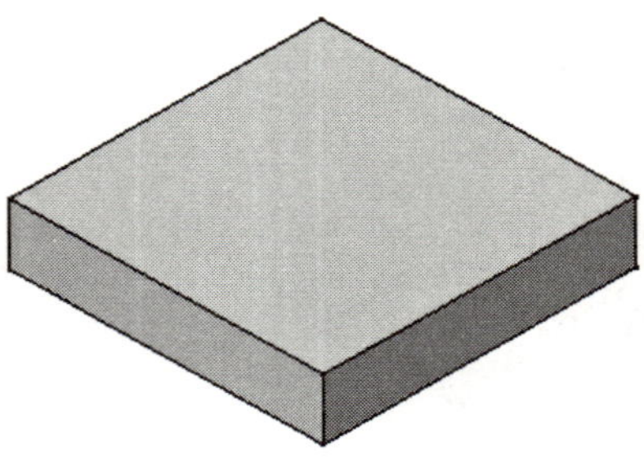

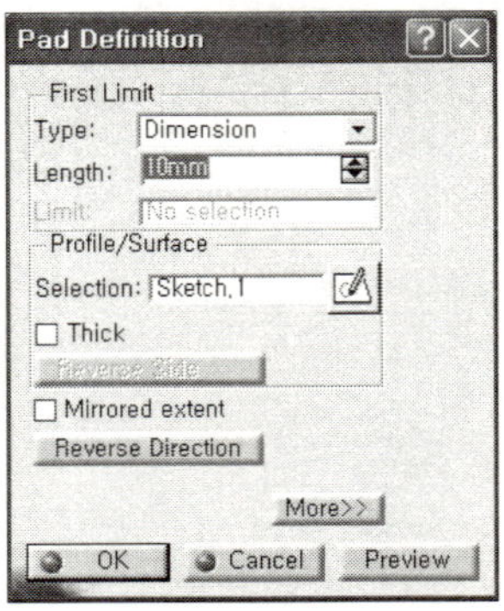

③ 윗면을 선택하고 Shell 아이콘을 실행한 후 1mm로 Shell시킨다.

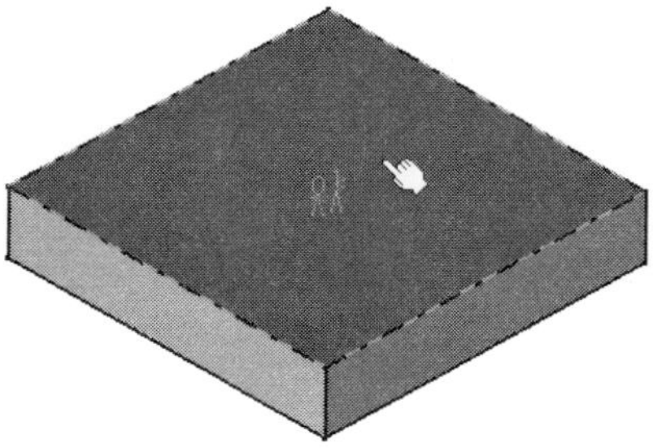

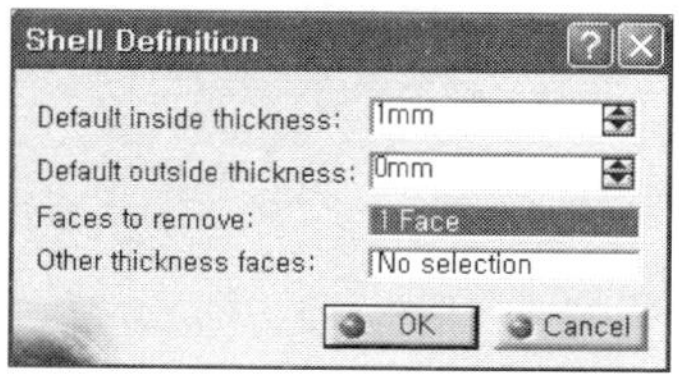

④ OK를 클릭하면 Shell된 최종 형상이 생성된다.

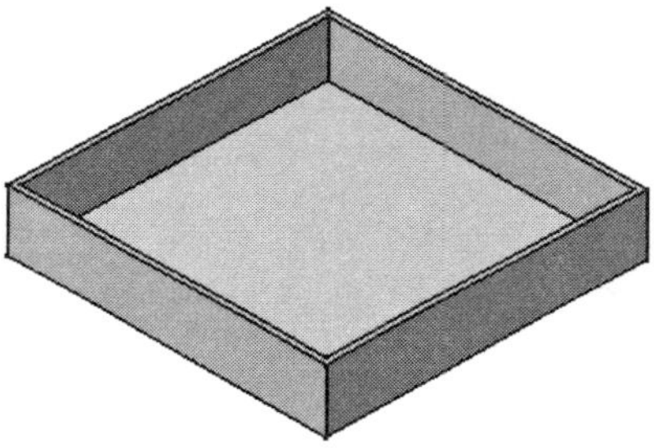

⑤ Body.2를 생성시키기 위해 Pull Down Menu의 View, Insert를 선택한다. 아래 그림과 같이 지정된 면을 Plane으로 Sketcher에서 Rectangle 아이콘을 이용하여 아래 그림과 같이 Sketch.2를 드로잉한다.

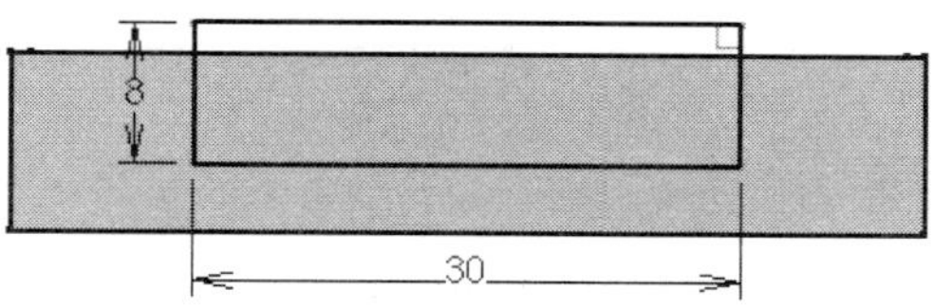

⑥ Exit workbench 아이콘을 실행한다. Pocket 아이콘을 클릭하고 Mirrored extent로 지정하고 25mm로 Pocket시킨다.

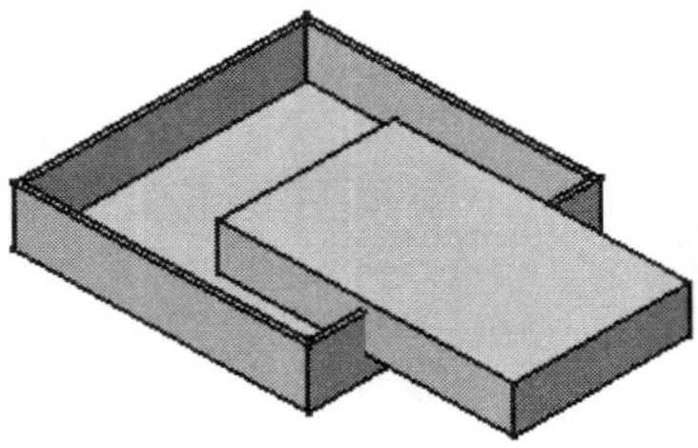

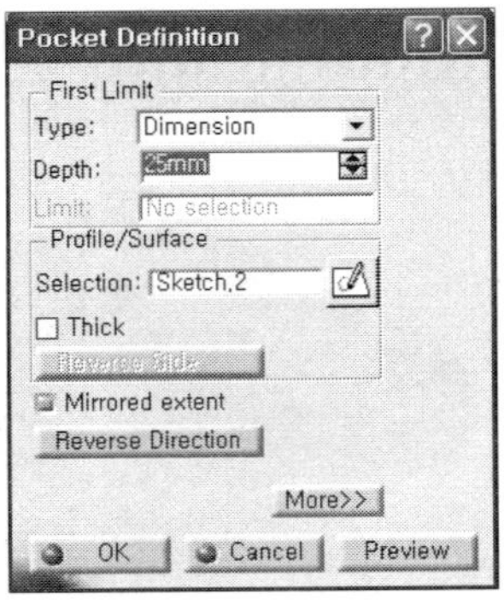

⑦ 윗면을 선택하고 Shell 아이콘을 실행한 후 1mm로 Shell시킨다.

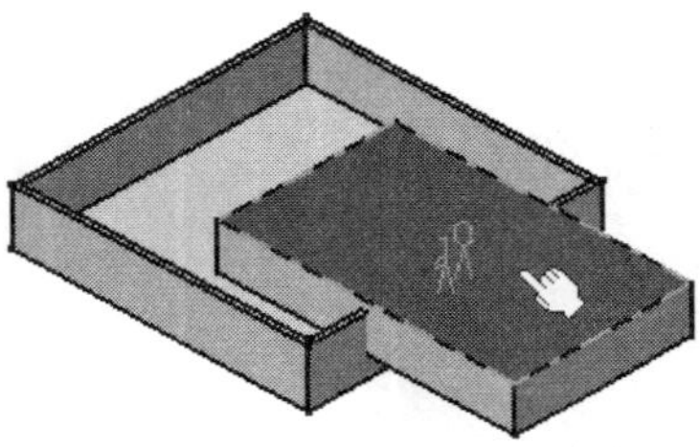

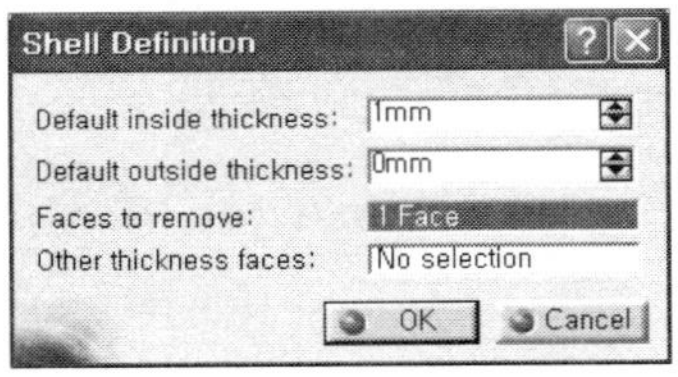

⑧ OK를 클릭하면 Shell된 최종 형상이 생성된다.

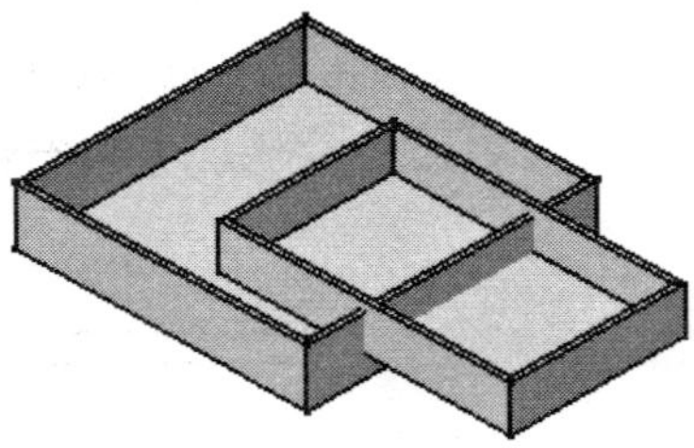

⑨ Union Trim시키기 위해 Specification Tree의 Body.2를 마우스 오른쪽 버튼으로 클릭한다. 그리고 Body.2 Object에서 Union Trim을 선택한다.

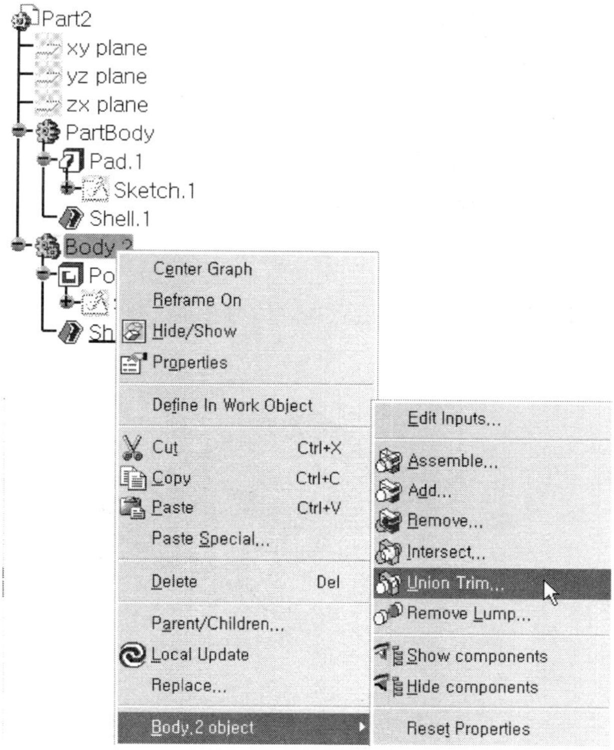

⑩ 활성화된 Union Trim Box에서 Faces to remove를 선택하고, 아래 그림과 같이 큰 정사각형의 바닥 면을 선택한다.

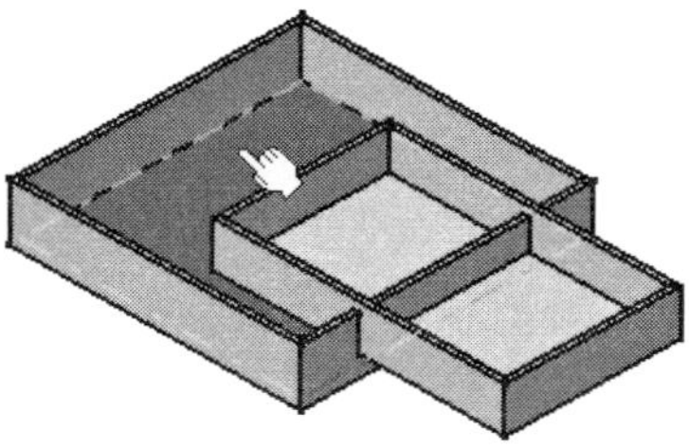

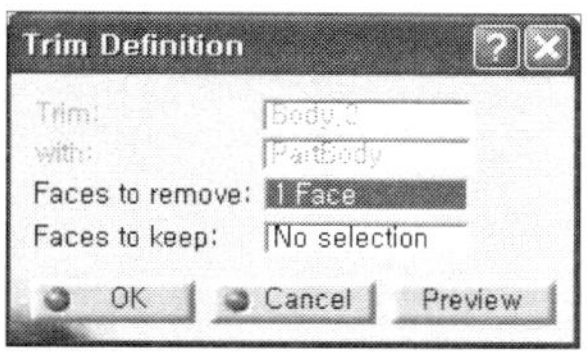

⑪ 다시 활성화된 Union Trim Box에서 Faces to keep을 선택하고, 아래 그림과 같이 작은 직사각형의 바닥 면을 선택한다.

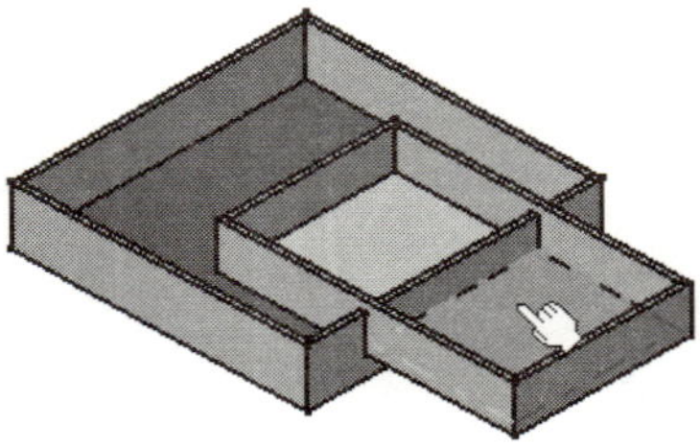

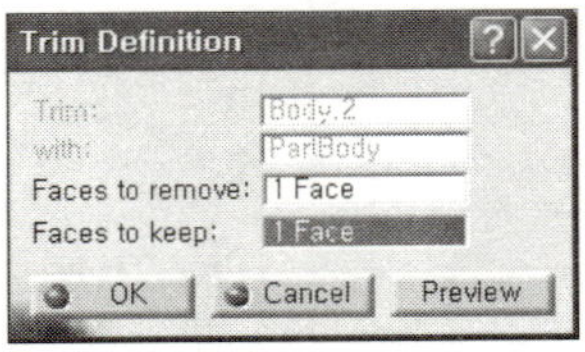

⑫ OK를 클릭하면 Union Trim된 최종 형상이 생성된다.

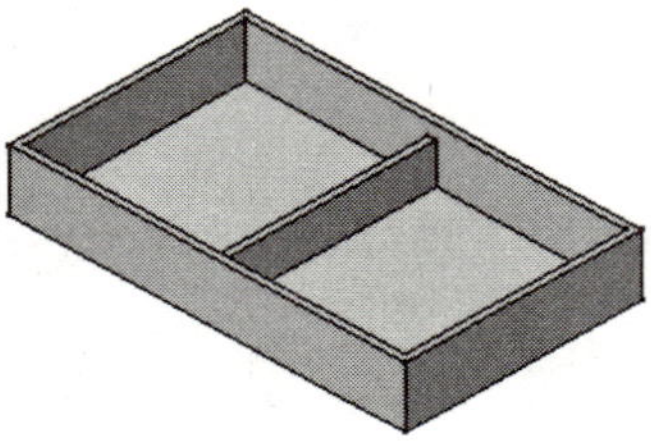

8. Part Design의 연습

예제 1

① xy Plane을 선택하고 Sketcher에서 Circle 아이콘을 이용하여 Radius 21mm의 Sketch.1을 드로잉한다.

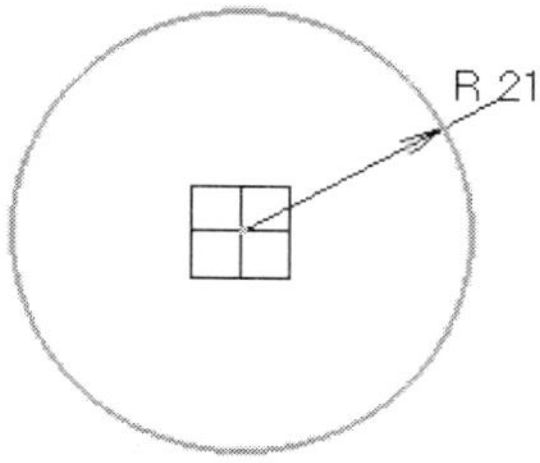

② Exit workbench 아이콘을 실행한다. Pad 아이콘을 클릭하여 Sketch.1을 24mm로 Pad시킨다.

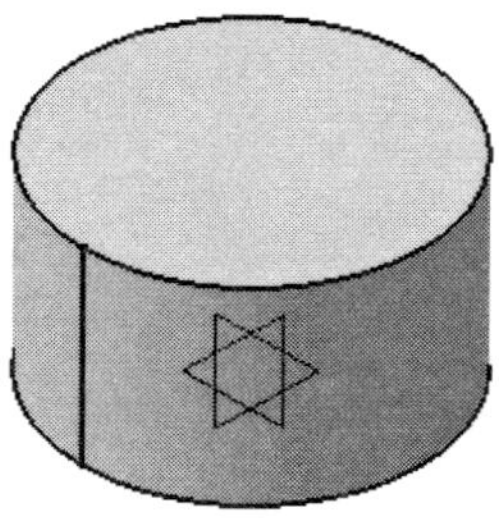

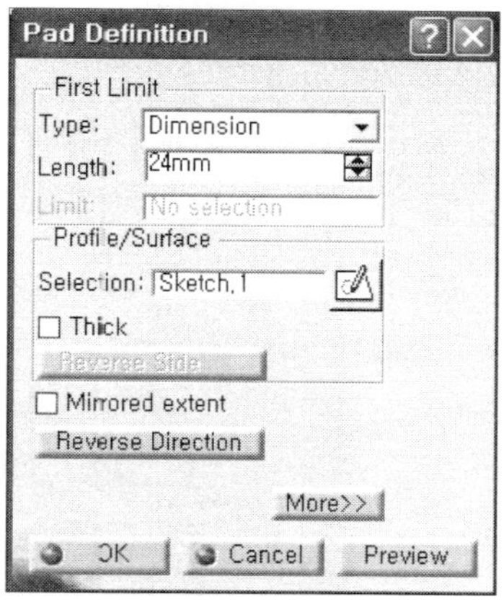

③ Pad된 윗면을 Plane으로 선택하고 Sketcher에서 Circle 아이콘을 이용하여 Radius 17mm의 Sketch.2를 드로잉한다.

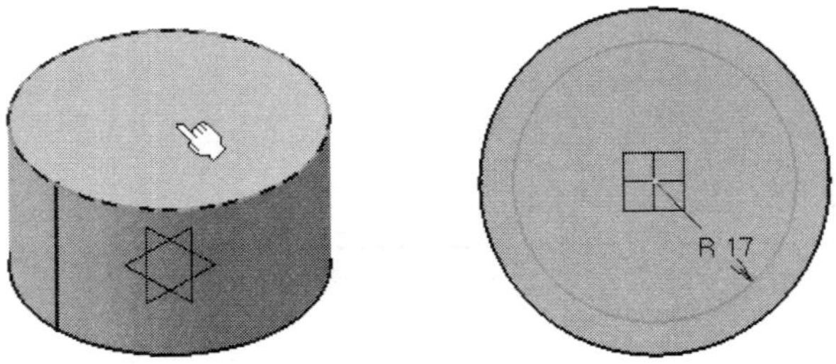

④ Exit workbench 아이콘을 실행한다. Pad 아이콘을 클릭하여 Sketch.2를 4.5mm로 Pad시킨다.

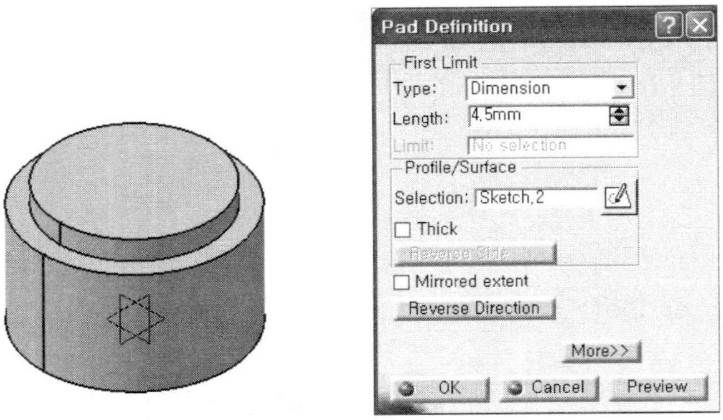

⑤ Pad된 윗면을 Plane으로 선택하고 Sketcher에서 Circle 아이콘을 이용하여 Radius 18mm의 Sketch.3을 드로잉한다.

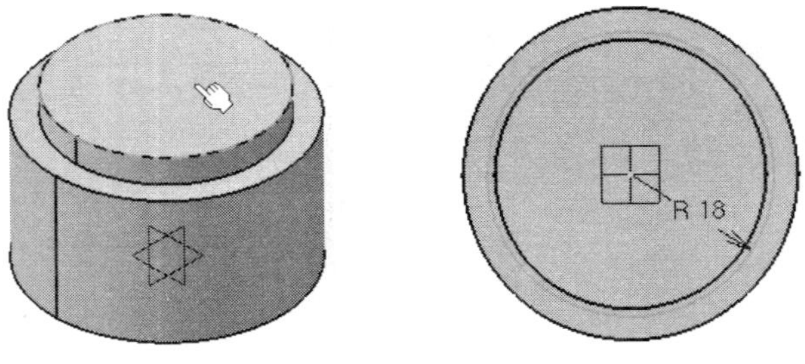

⑥ Exit workbench 아이콘을 실행한다. Pad 아이콘을 클릭하여 Sketch.3을 2mm로 Pad시킨다.

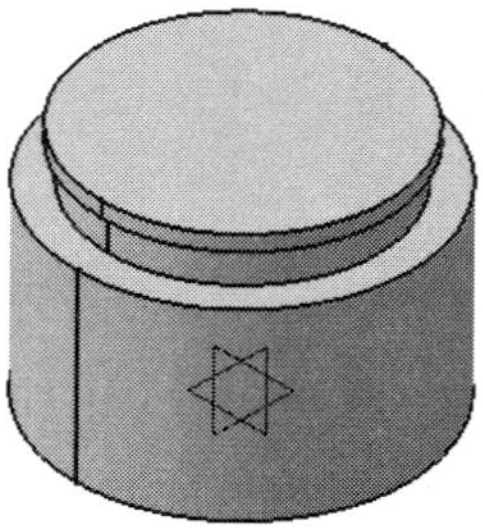

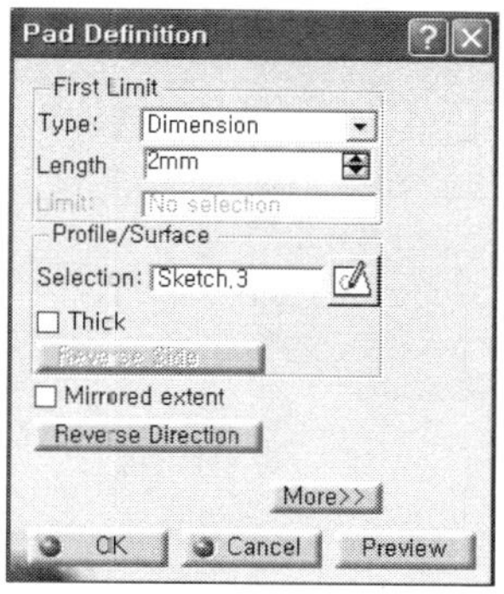

⑦ Pad된 윗면을 Plane으로 선택하고 Sketcher에서 Circle 아이콘을 이용하여 Radius 15mm의 Sketch.4를 드로잉한다.

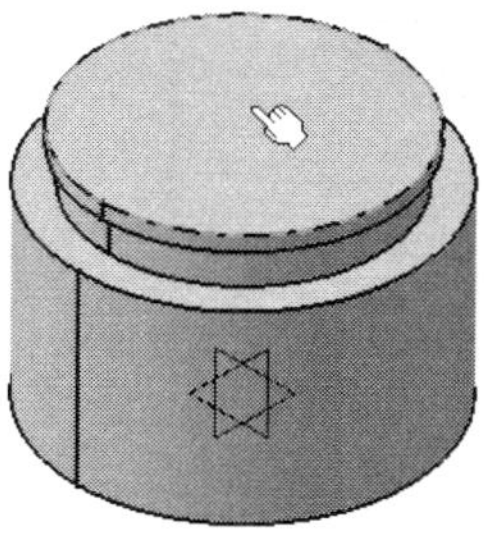

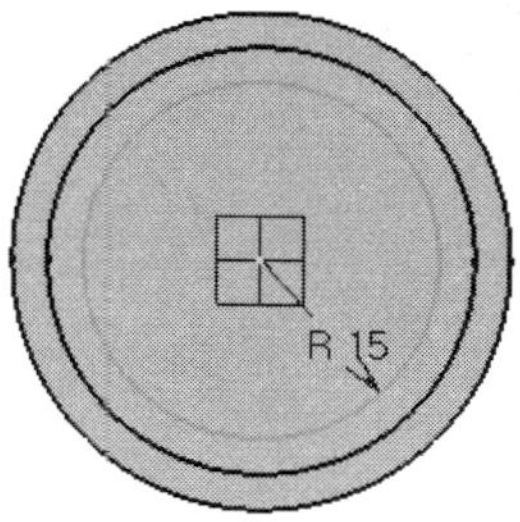

⑧ Exit workbench 아이콘을 실행한다. Sketch.4를 선택하고 Pocket 아이콘을 클릭하여 26mm로 Pocket시킨다.

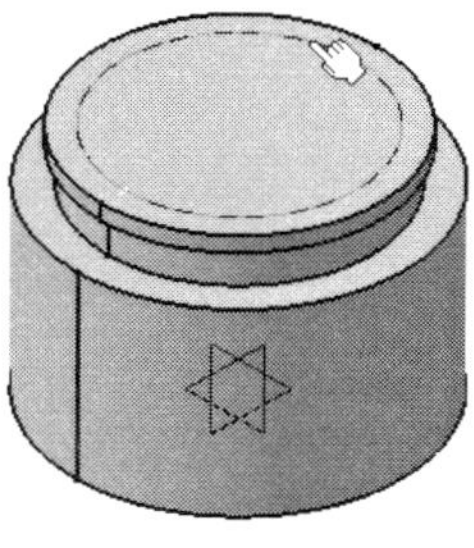

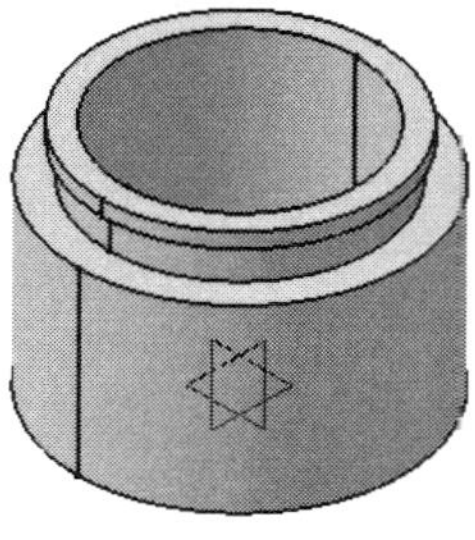

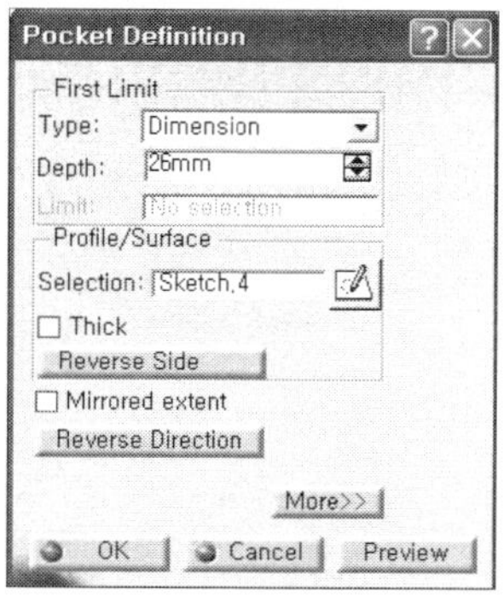

⑨ Sketch.4를 선택하고 Chamfer 아이콘을 클릭하여 1mm로 Chamfer시킨다.

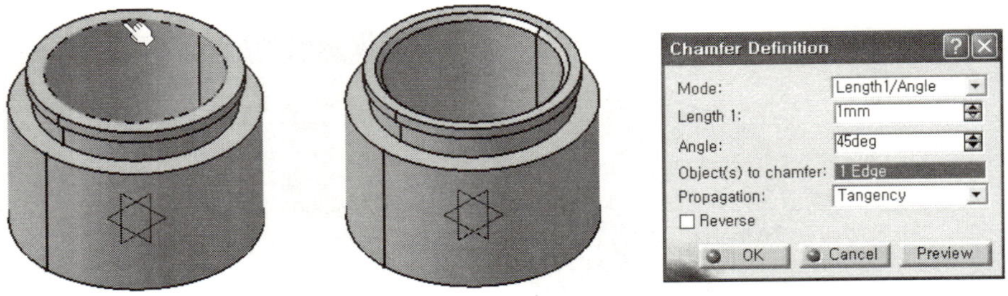

⑩ 아래 그림과 같이 Radius 21mm Circle의 Edge를 선택하고 Chamfer 아이콘을 클릭하여 0.5mm로 Chamfer시킨다.

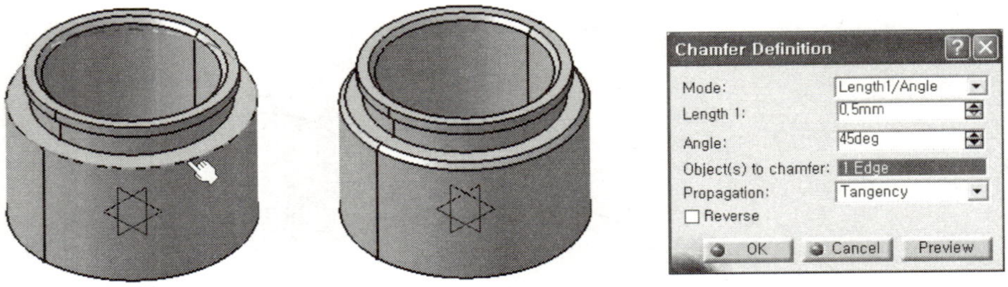

⑪ 아래 그림과 같이 하단의 Radius 21mm Circle을 Edge를 선택하고 Fillet 아이콘을 클릭하여 1mm로 Fillet시킨다.

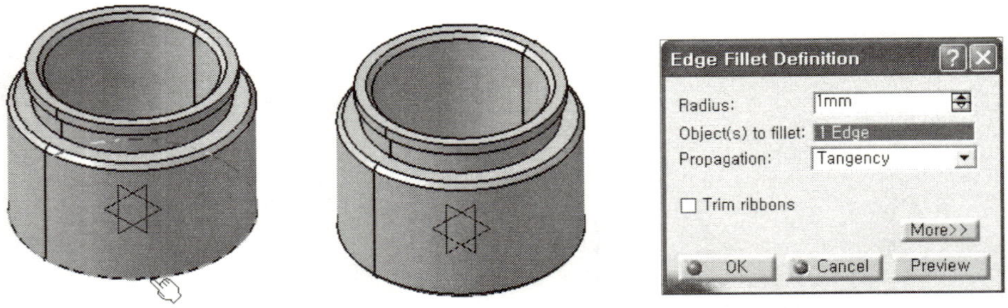

⑫ 다음 그림에서는 피스톤 모델링에 사용된 기능들의 Specification Tree를 나타내었다.

예제 2

① xy Plane을 선택하고 Sketcher에서 Circle 아이콘을 클릭하여 Radius 28mm의 Sketch.1을 드로잉한다.

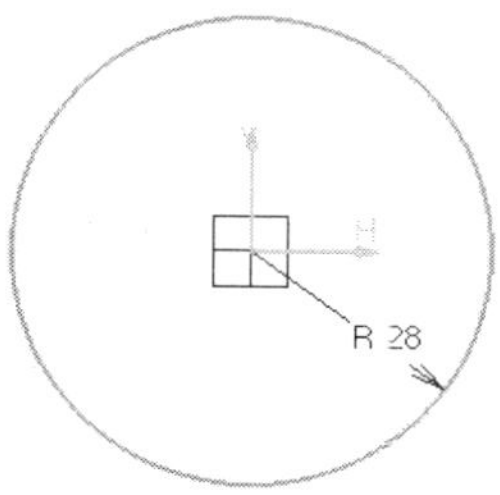

② Exit workbench 아이콘을 실행한다. Pad 아이콘을 클릭하여 Sketch.1을 10mm로 Pad시킨다.

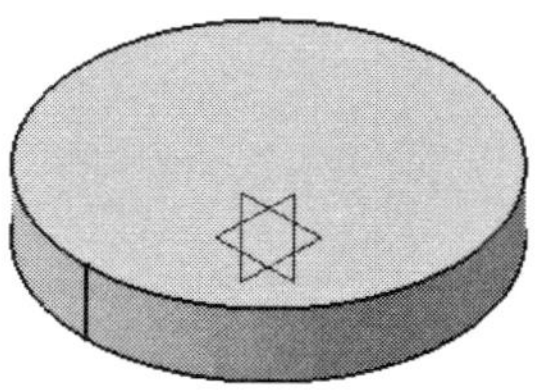

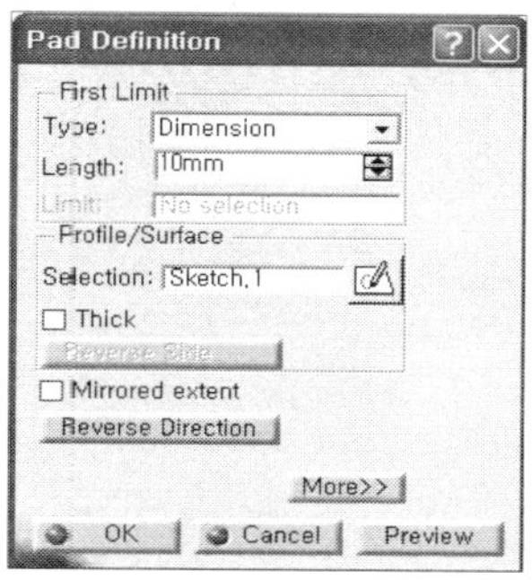

③ Pad된 윗면을 Plane으로 선택하고 Sketcher에서 Circle 아이콘을 이용하여 Radius 17.5mm의 Sketch.2를 드로잉한다.

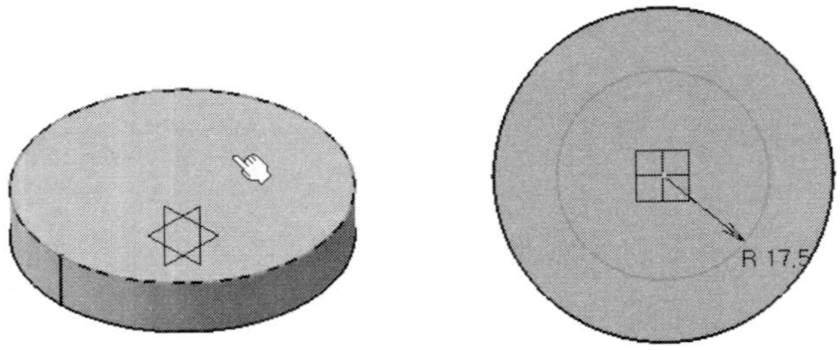

④ Exit workbench 아이콘을 실행한다. Sketch.2를 선택하고 Pad 아이콘을 클릭하여 4mm로 Pad시킨다.

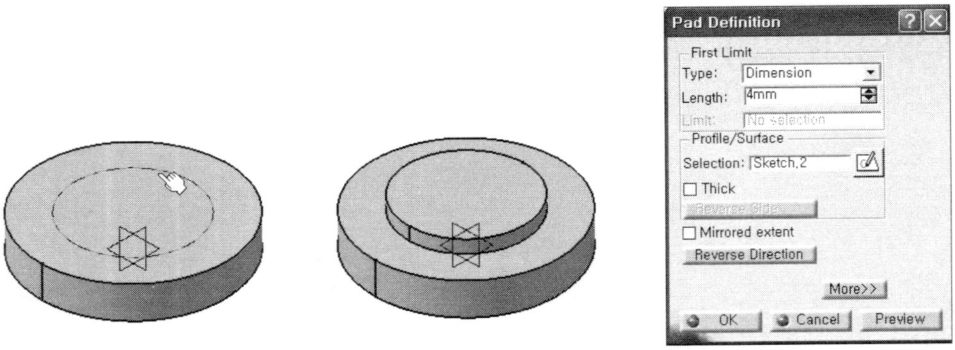

⑤ Quick view에서 Bottom view를 Plane으로 선택하고 Sketcher에서 Circle 아이콘을 이용하여 Radius 24mm의 Sketch.3을 드로잉한다.

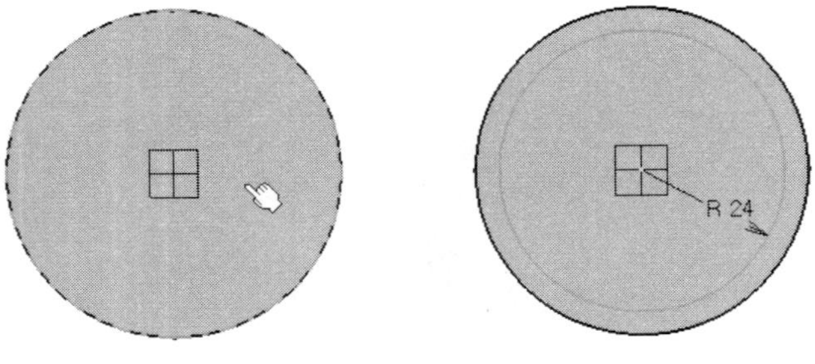

⑥ Exit workbench 아이콘을 실행한다. Sketch.3을 선택하고 Pocket 아이콘을 클릭하여 5mm로 Pocket시킨다.

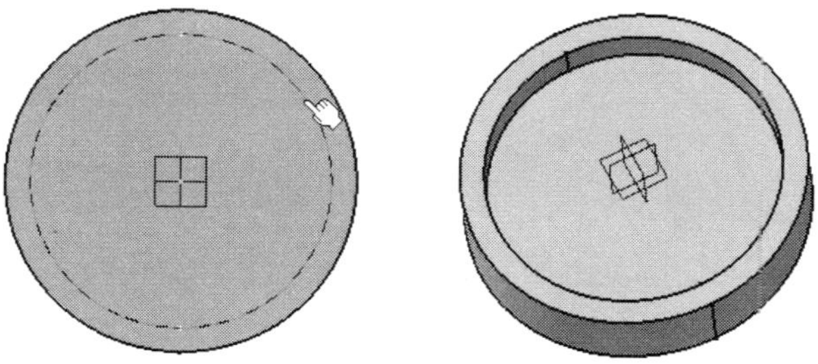

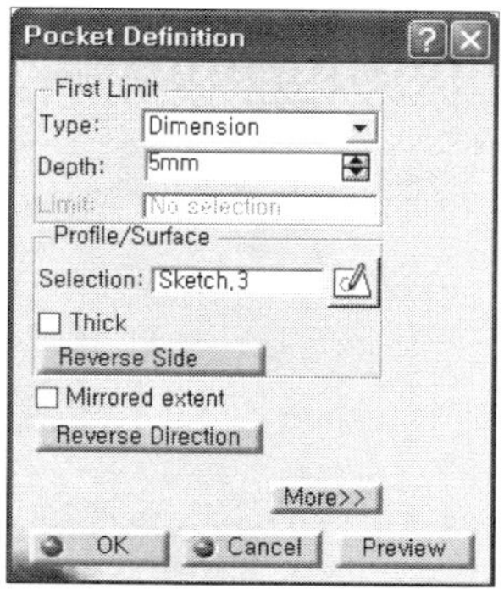

⑦ Pocket된 Sketch.3의 안쪽 면을 Plane으로 선택하고 Sketcher에서 Circle 아이콘을 이용하여 Radius 14mm의 Sketch.4를 드로잉한다.

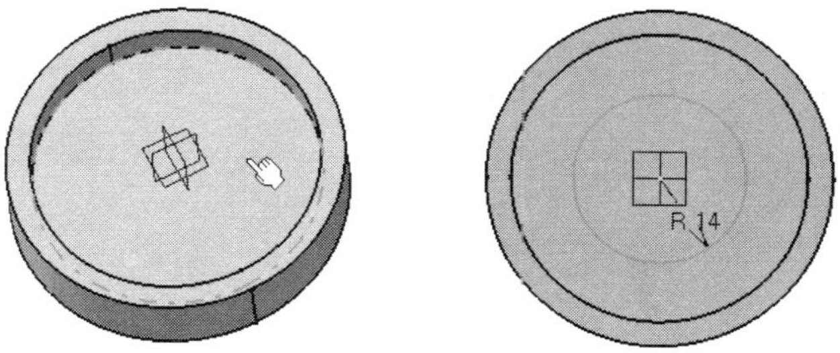

⑧ Exit workbench 아이콘을 실행한다. Radius 14mm의 Sketch.4를 선택하고 Pocket 아이콘을 클릭한다. 활성화된 Focket Definition Box에서 Type을 Up to last로 지정하고Pocket시킨다.(Pocket은 Reverse Direction)

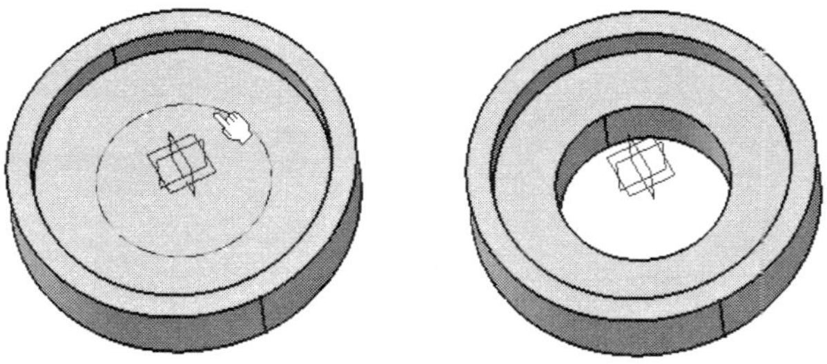

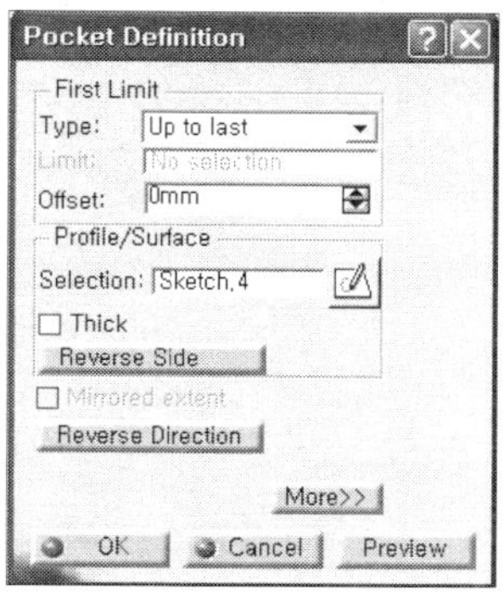

⑨ 아래 그림과 같이 Pocket된 Sketch.4의 Edge를 선택하고 Edge Fillet 아이콘을 클릭하여 2mm로 Fillet시킨다.

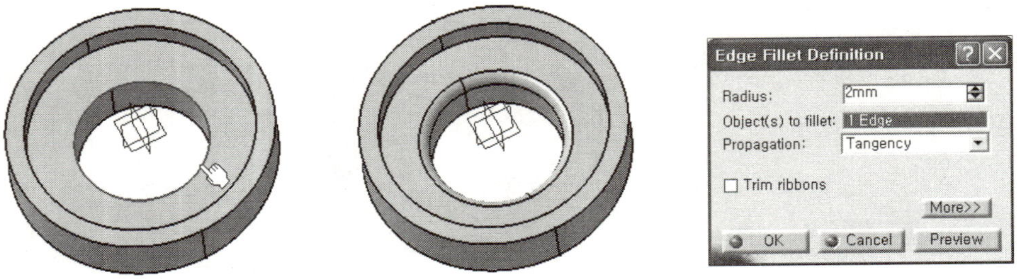

⑩ 아래 그림과 같이 Edge를 선택하고 Edge Fillet 아이콘을 클릭하여 1mm로 Fillet시킨다.

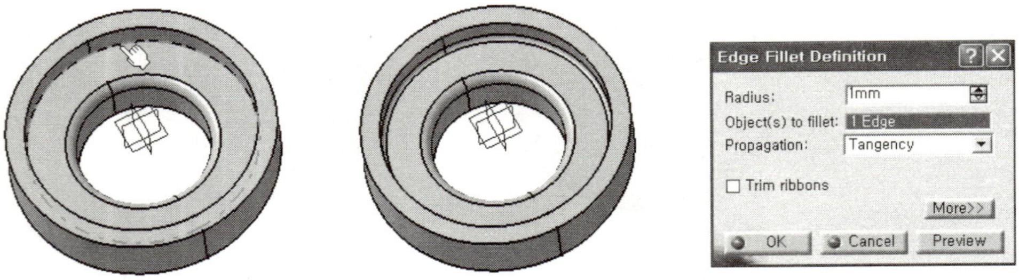

⑪ Quick view에서 Isometric view 선택한다. 아래 그림과 같이 Edge를 선택하고 Edge Fillet 아이콘을 클릭하여 1mm로 Fillet시킨다.

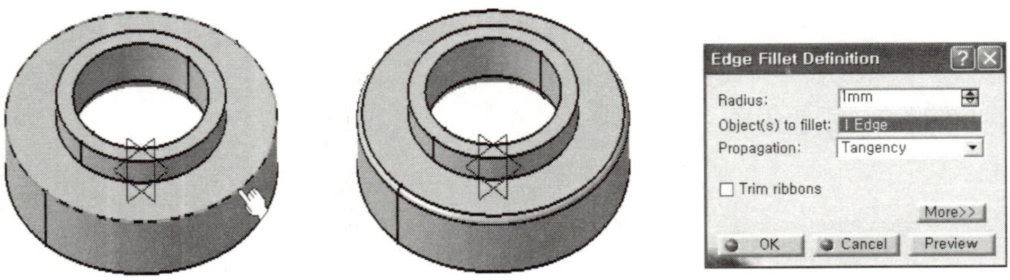

⑫ 다음 그림과 같이 Edge를 선택하고 Edge Fillet 아이콘을 클릭하여 2mm 로 Fillet시킨다.

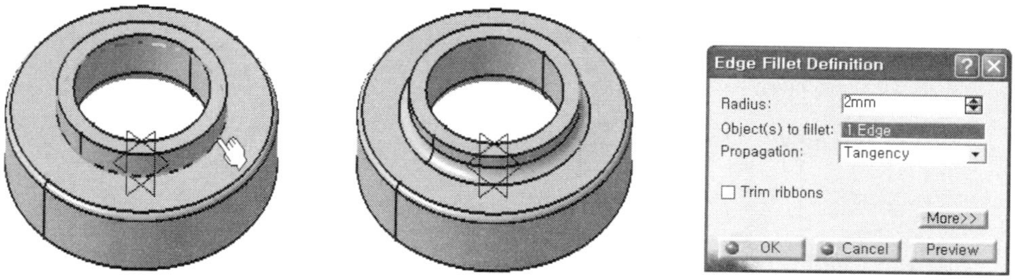

⑫ 아래 그림에서는 캡 모델링에 사용된 기능들의 Specification Tree를 나타 내었다.

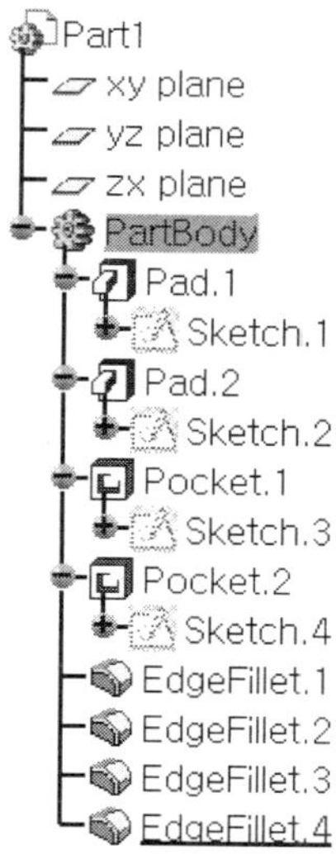

예제 3

① xy Plane을 선택하고 Sketcher에서 Circle 아이콘을 클릭하여 Radius 60mm의 Sketch.1을 드로잉한다.

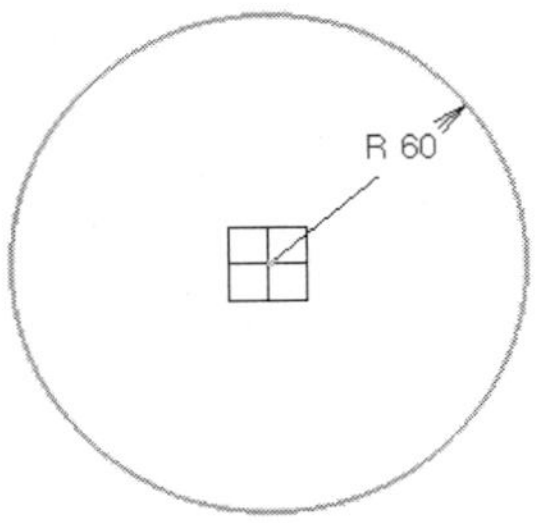

② Exit workbench 아이콘을 실행한다. Pad 아이콘을 클릭하여 Sketch.1을 10mm로 Pad시킨다.

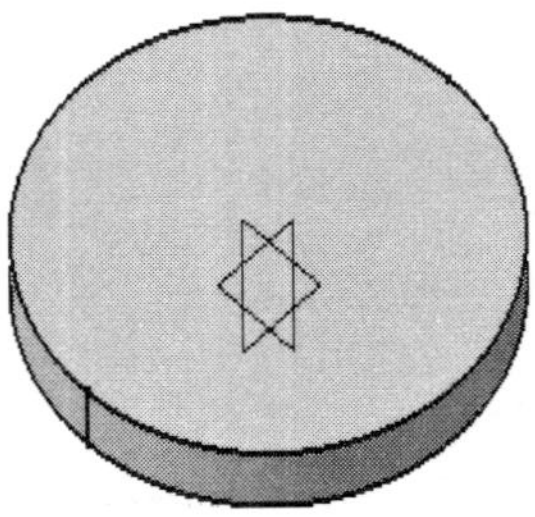

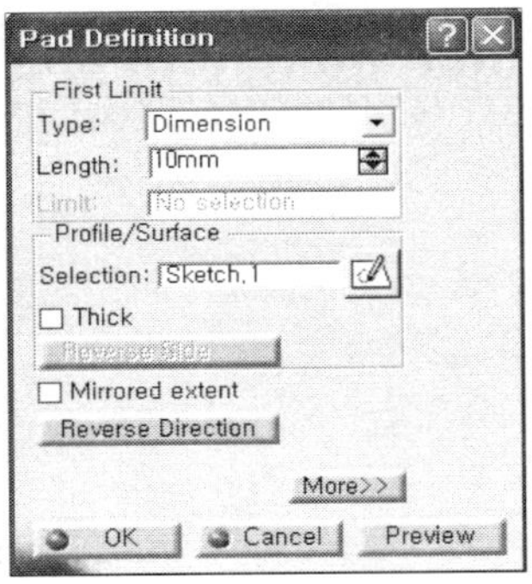

③ Pad된 윗면을 Plane으로 선택하고 Sketcher에서 Circle 아이콘을 이용하여 Radius 40mm의 Sketch.2를 드로잉한다.

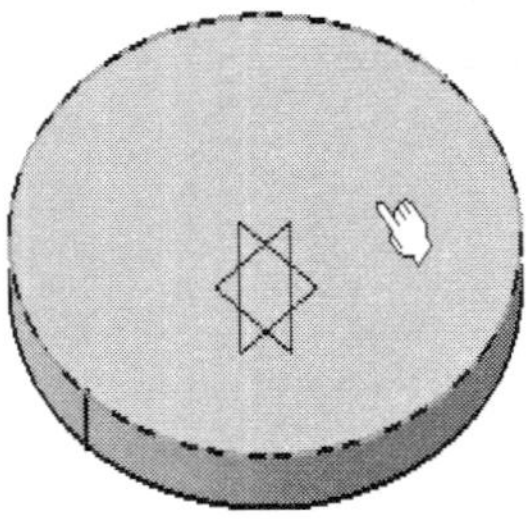

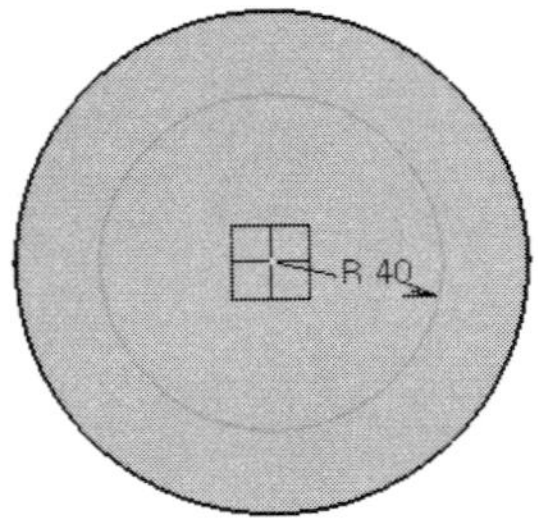

④ Exit workbench 아이콘을 실행한다. Sketch.2를 선택하고 Pad 아이콘을 클릭하여 2mm로 Pad시킨다.

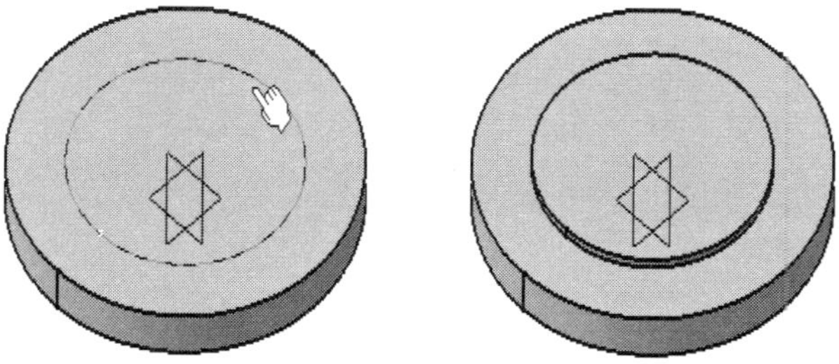

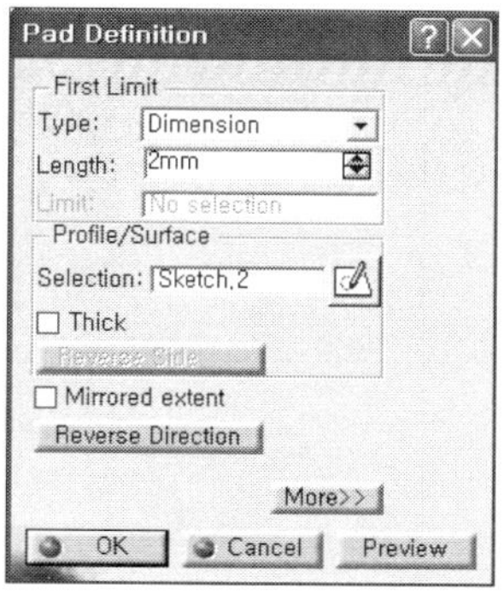

⑤ 윗면을 Plane으로 선택하고 Sketcher에서 Circle 아이콘을 클릭하여 Radius 35mm의 Sketch.3을 드로잉한다.

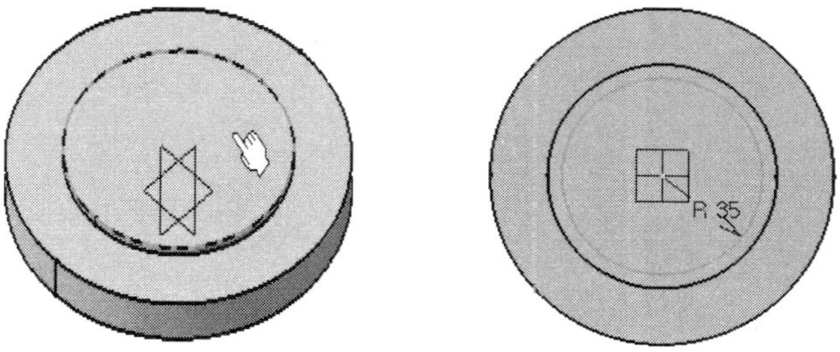

⑥ Exit workbench 아이콘을 실행한다. Sketch.3을 선택하고 Pad 아이콘을 클릭하여 4mm로 Pad시킨다.

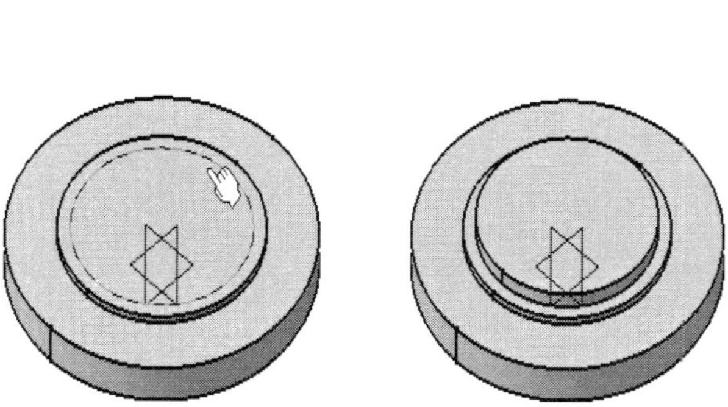

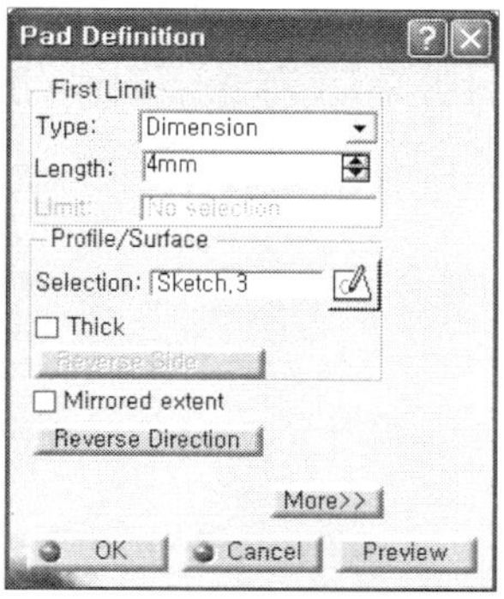

⑦ 윗면을 Plane으로 선택하고 Sketcher에서 Circle 아이콘을 이용하여 Radius 27mm의 Sketch.4를 드로잉한다.

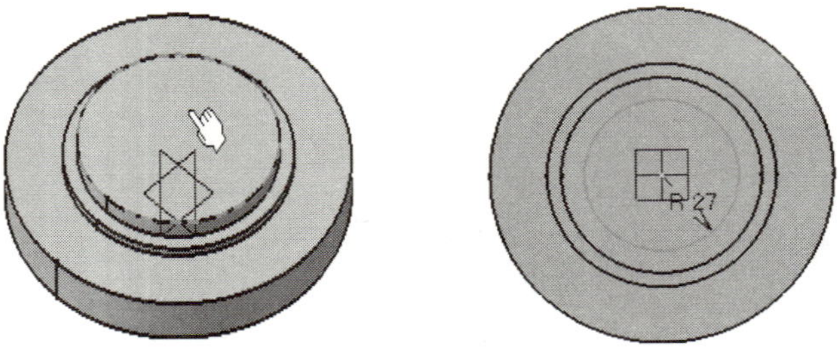

⑧ Exit workbench 아이콘을 실행한다. Sketch.4를 선택하고 Pad 아이콘을 클릭하여 5mm로 Pad시킨다.

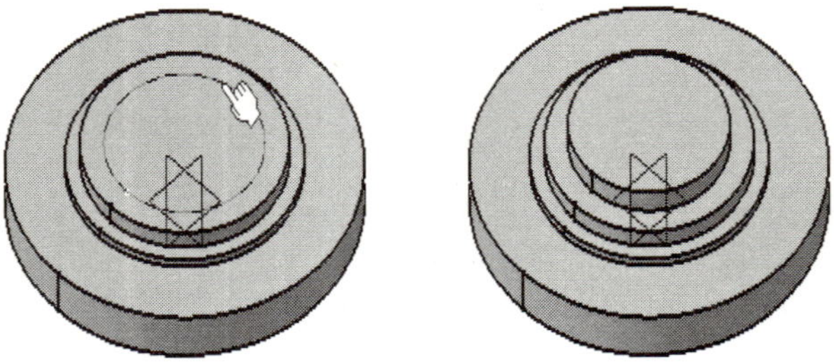

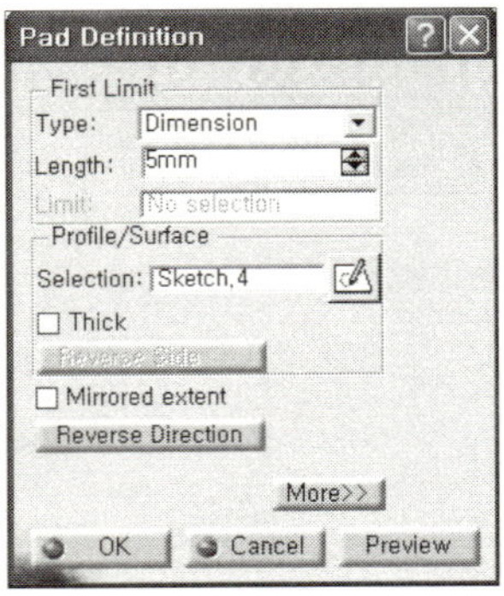

⑨ 윗면을 Plane으로 선택하고 Sketcher에서 Circle 아이콘을 이용하여 Radius 20mm의 Sketch.5를 드로잉한다.

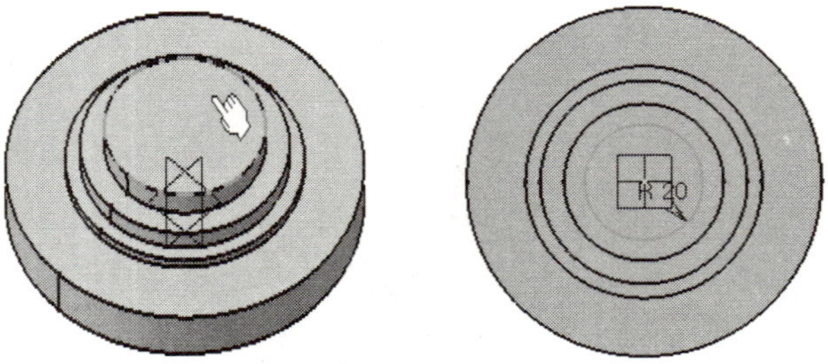

⑩ Exit workbench 아이콘을 실행한다. Sketch.5를 선택하고 Pad 아이콘을 클릭하여 34mm로 Pad시킨다.

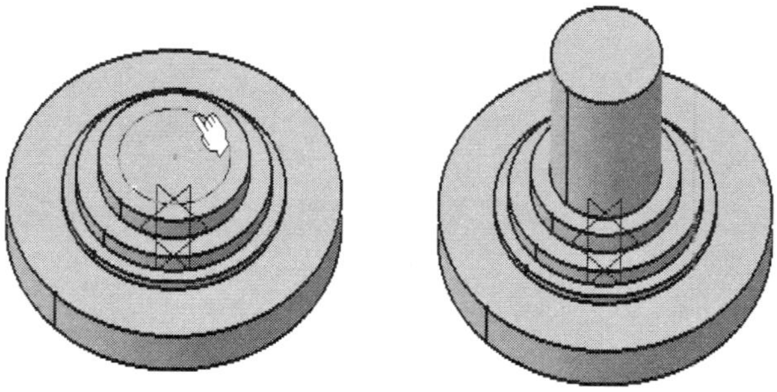

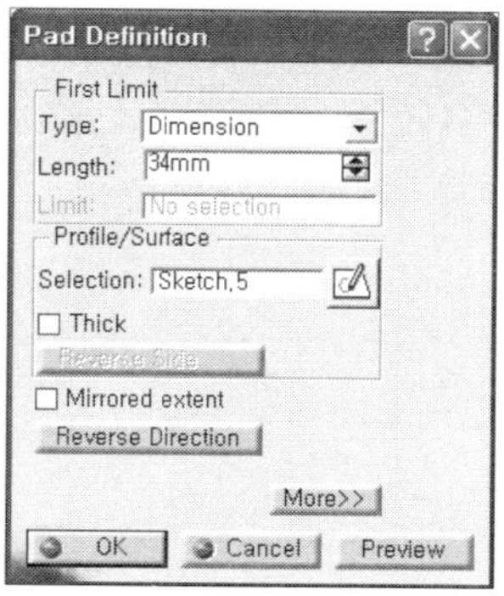

⑪ Quick view에서 Bottom view를 Plane으로 선택하고 Sketcher에서 Circle 아이콘을 이용하여 Radius 32mm의 Sketch.6을 드로잉한다.

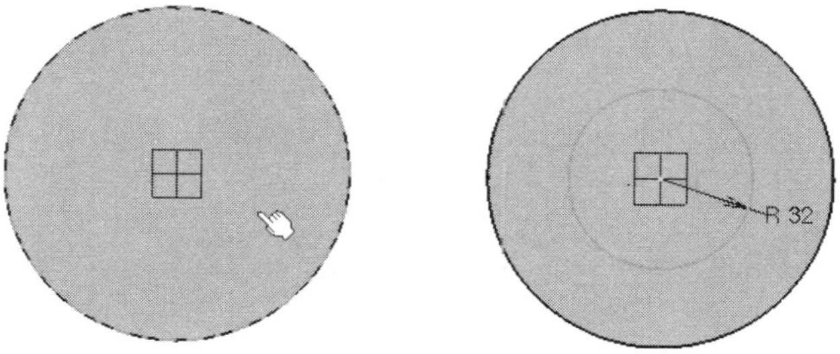

⑫ Exit workbench 아이콘을 실행한다. Sketch.6을 선택하고 Pad 아이콘을 클릭하여 5mm로 Pad시킨다.

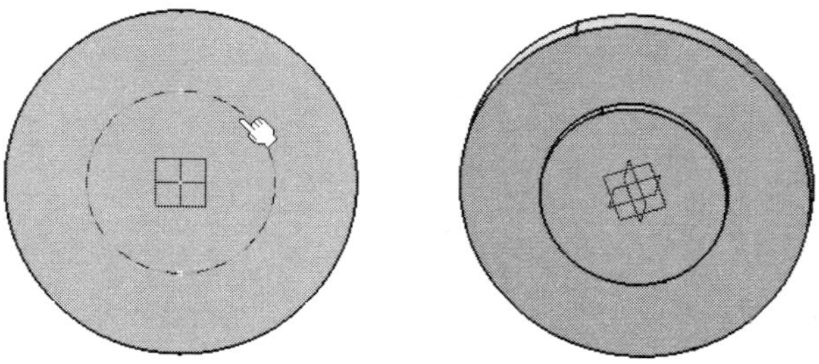

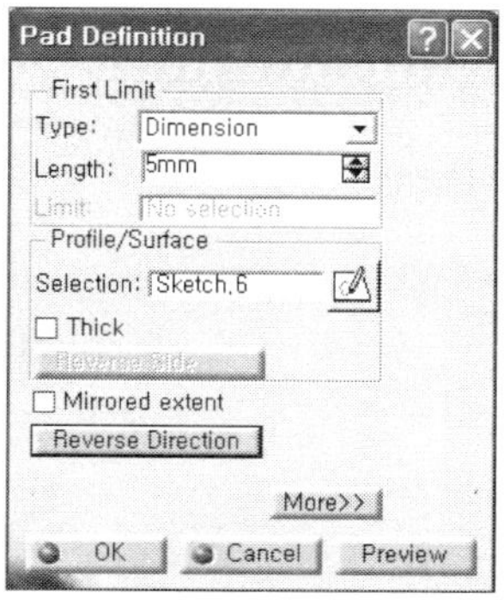

⑬ 아래 그림과 같이 윗면을 Plane으로 선택하고 Sketcher에서 Circle 아이콘을 이용하여 Radius 28.5mm의 Sketch.7을 드로잉한다.

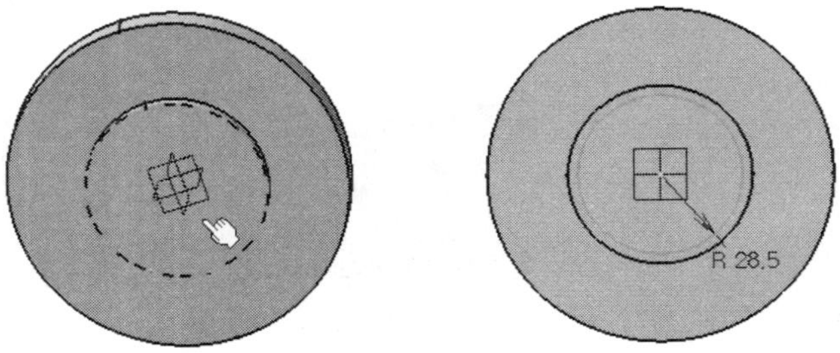

⑭ Exit workbench 아이콘을 실행한다. Sketch.7을 선택하고 Pad 아이콘을 클릭하여 14mm로 Pad시킨다.

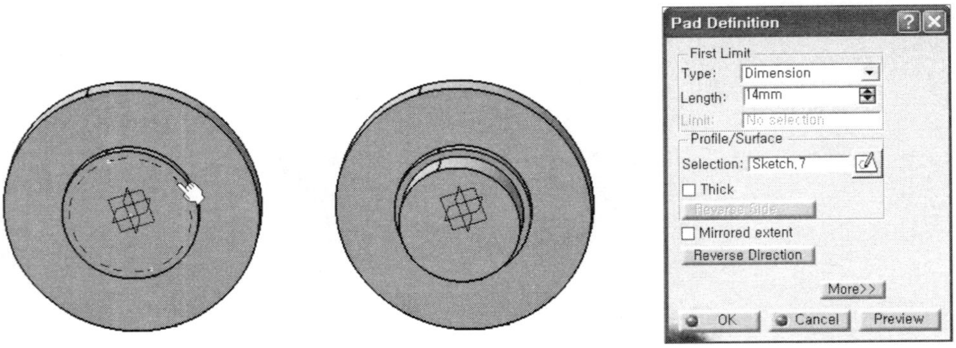

⑮ Quick view에서 Isometric view를 선택한다. 윗면을 Plane으로 선택하고 Sketcher에서 Circle 아이콘을 이용하여 Radius 11mm의 Sketch.8을 드로잉한다.

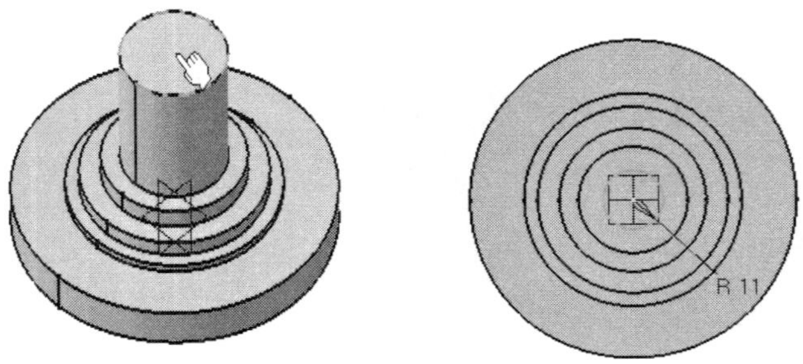

⑯ Sketch.8을 선택하고 Pocket 아이콘을 클릭한다. 활성화된 Pocket Definition Box에서 Type을 Up to last로 설정하고 Pocket시킨다.

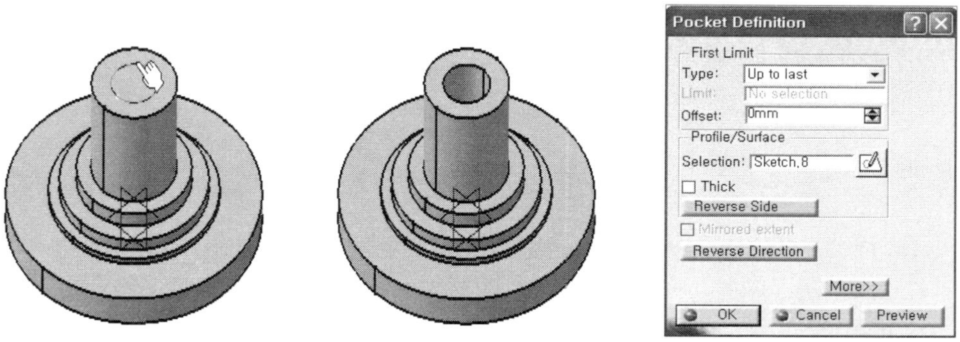

⑰ Quick view에서 Bottom view를 선택한다. Pad된 안쪽 면을 Plane으로 선택하고 Sketcher에서 Circle 아이콘을 이용하여 Radius 25mm의 Sketch.9를 드로잉한다.

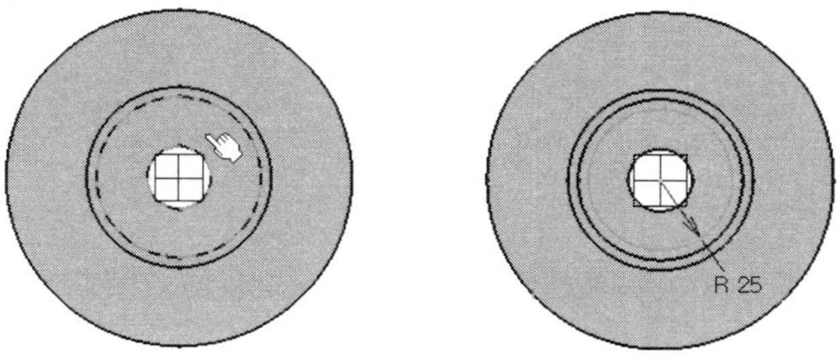

⑱ Sketch.9를 선택하고 Pocket 아이콘을 클릭한다. 활성화된 Pocket Definition Box에서 Type은 Dimension, Depth는 12mm로 지정한 후 Pocket시킨다.

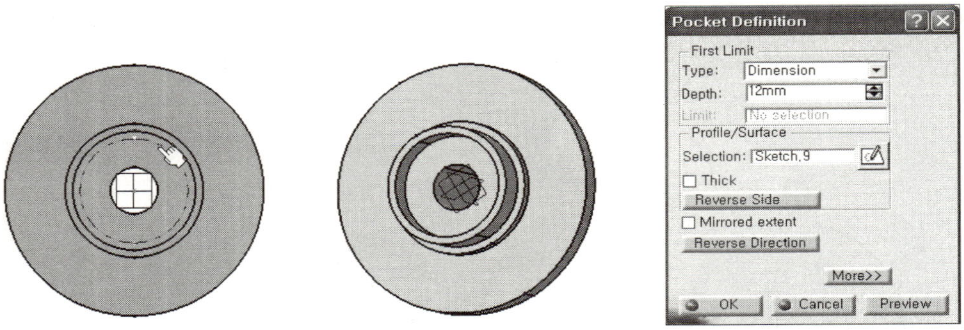

⑲ 아래 그림과 같이 Pocket된 Sketch.9의 안쪽 면을 Plane으로 선택하고 Sketcher에서 Circle 아이콘을 이용하여 Radius 23mm의 Sketch.10을 드로잉한다.

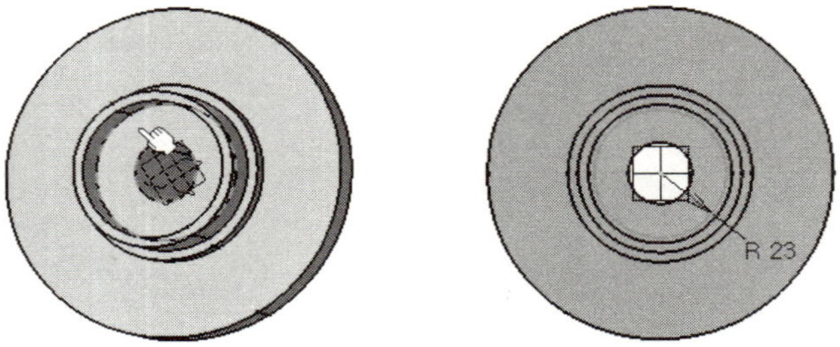

⑳ Sketch.10을 Pocket 아이콘을 클릭한다. 활성화된 Pocket Definition Box에서 Type은 Dimension, Depth는 8mm로 지정한 후 Pocket시킨다.(Pocket은 Reverse Direction으로 지정)

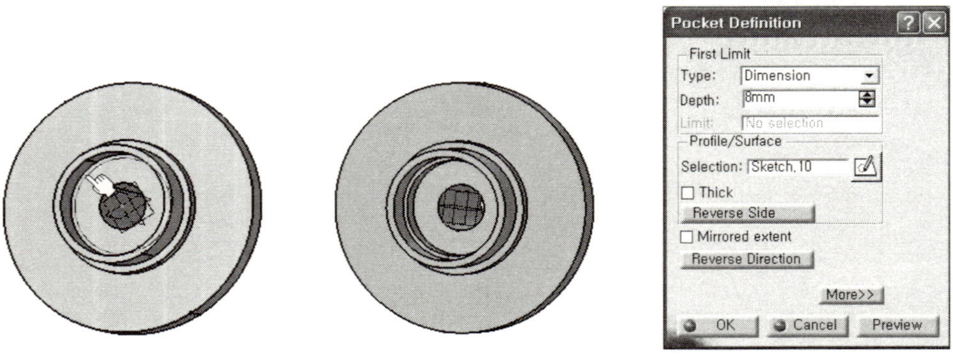

㉑ Pocket된 Sketch.10의 안쪽 면을 Plane으로 선택하고 Sketcher에서 Circle 아이콘을 이용하여 Radius 18mm의 Sketch.11을 드로잉한다.

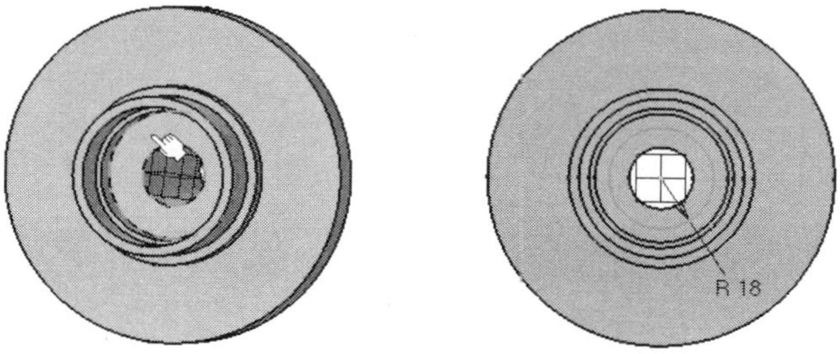

㉒ Sketch.11 선택하고 Pocket 아이콘을 클릭한다. 활성화된 Pocket Definition Box에서 Type은 Dimension, Depth는 3mm로 지정한 후 Pocket시킨다.(Pocket은 Reverse Direction으로 지정)

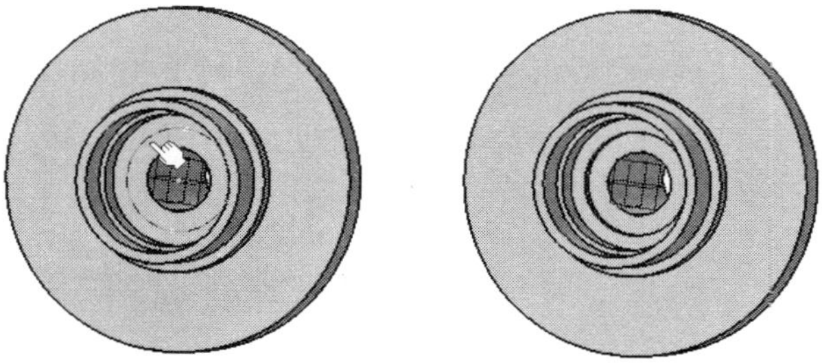

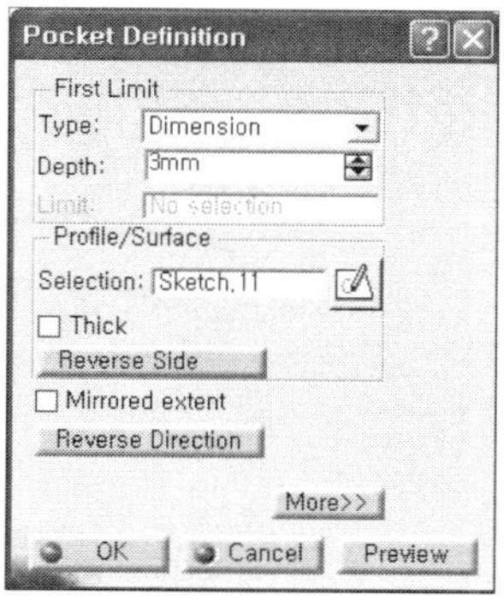

㉓ 아래 그림과 같이 바닥 면을 Plane으로 선택하고 Sketcher에서 Circle 아이콘을 이용하여 Radius 5mm의 Sketch.12를 드로잉한다. 왼쪽 Circle의 좌표 값은 H(-47mm), V(0mm)이며 오른쪽 Circle의 좌표 값은 H(47mm), V(0mm)로 설정한다.

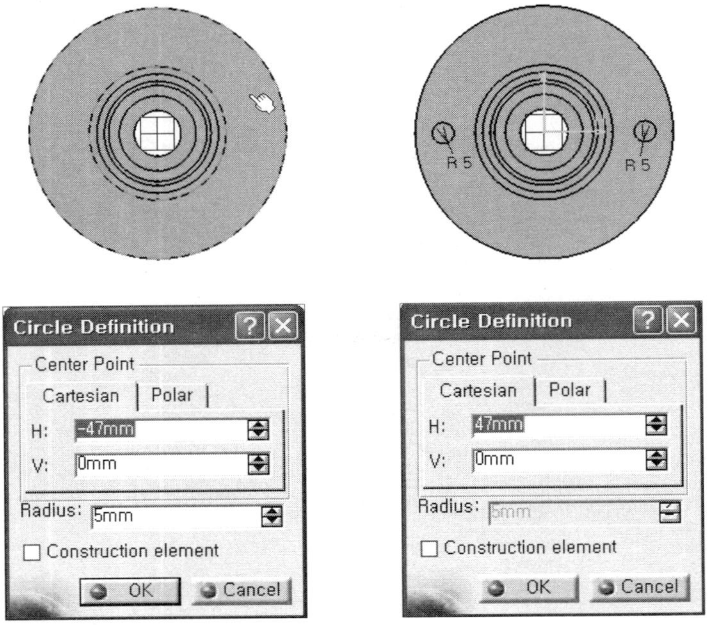

㉔ Exit workbench 아이콘을 실행한다. Sketch.12를 선택하고 Pocket 아이콘을 클릭한다. 활성화된 Pocket Definition Box에서 Type은 Up to last로 지정한 후 Pocket시킨다.(Pocket은 Reverse Direction으로 지정)

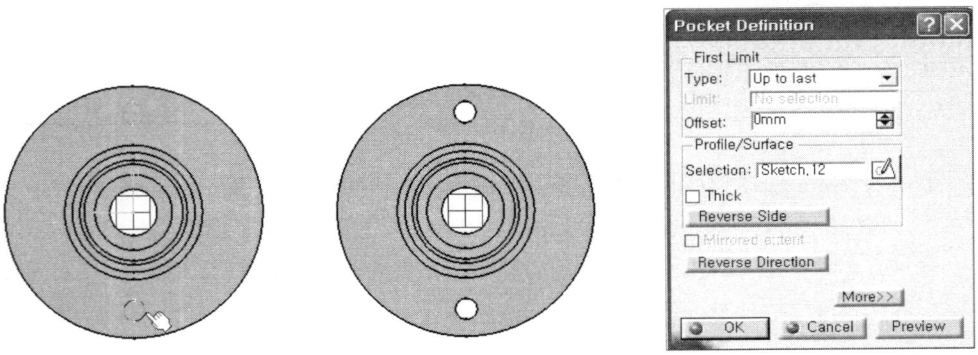

㉕ 아래 그림과 같이 Edge를 선택하고 Chamfer 아이콘을 클릭한다. 활성화된 Chamfer Definition Box에서 Length 1을 5mm로 설정한 후 Chamfer시킨다.

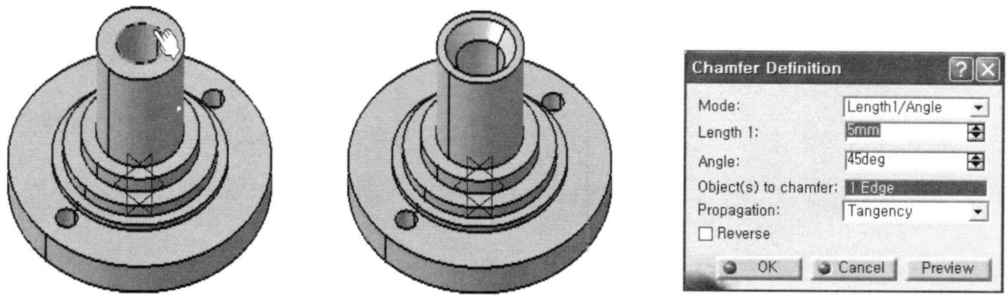

㉖ 아래 그림과 같이 Edge를 선택하고 Chamfer 아이콘을 클릭한다. 활성화된 Chamfer Definition Box에서 Length 1을 2mm로 설정한 후 Chamfer시킨다.

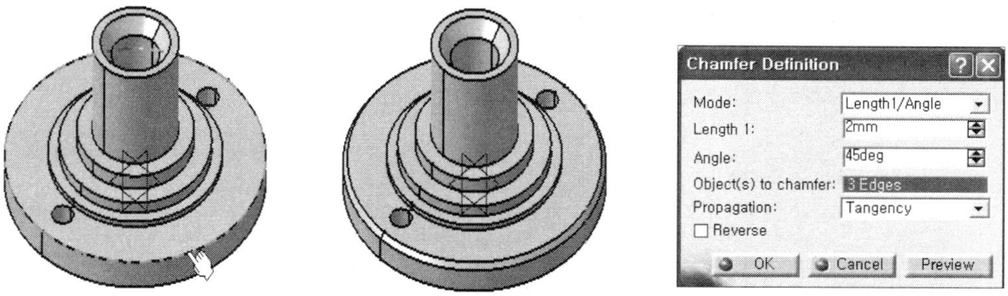

㉗ Fillet하기 쉬운 View로 Rotating 시킨 후 아래 그림과 같이 Edge를 선택하고 Fillet 아이콘을 클릭한다. 활성화된 Fillet Definition Box에서 Radius를 3mm로 설정한 후 Fillet시킨다.

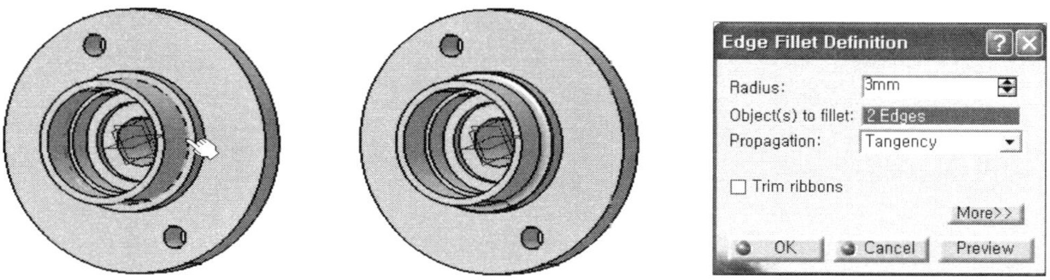

㉘ 아래 그림과 같이 Edge를 선택하고 Fillet 아이콘을 클릭한다. 활성화된 Fillet Definition Box에서 Radius를 3mm로 설정한 후 Fillet시킨다.

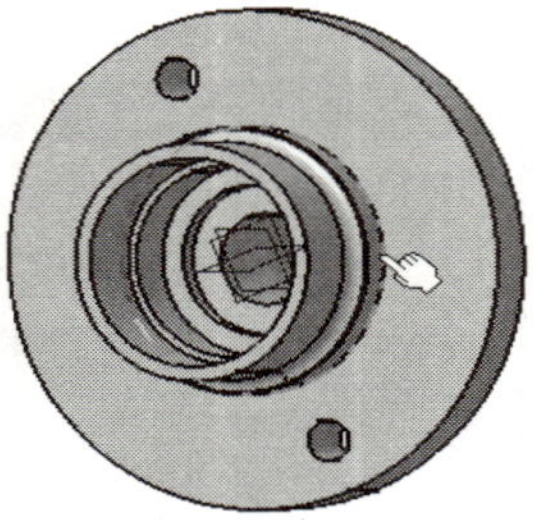

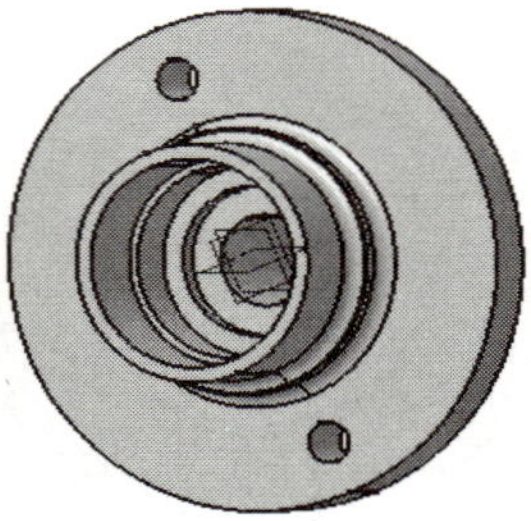

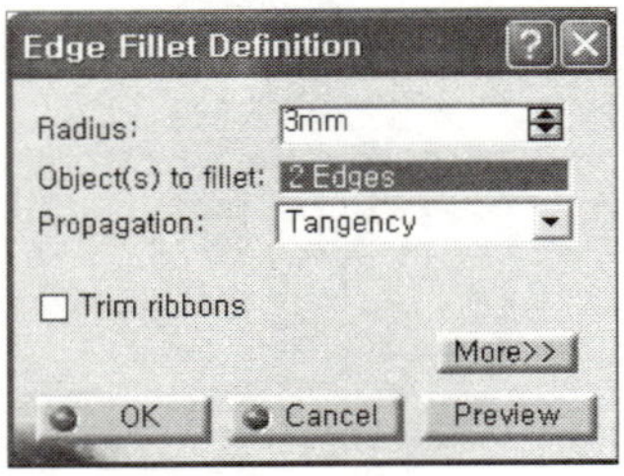

㉙ Quick view에서 Isometric view를 선택한다. 아래 그림과 같이 Fillet될 4 Edge를 순서대로 지정한 후 Fillet 아이콘을 클릭한다. 활성화된 Fillet Definition Box에서 Radius를 1mm로 설정한 후 Fillet시킨다.

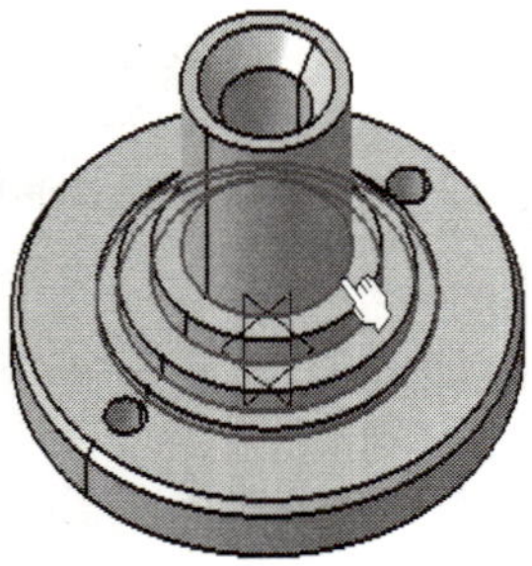

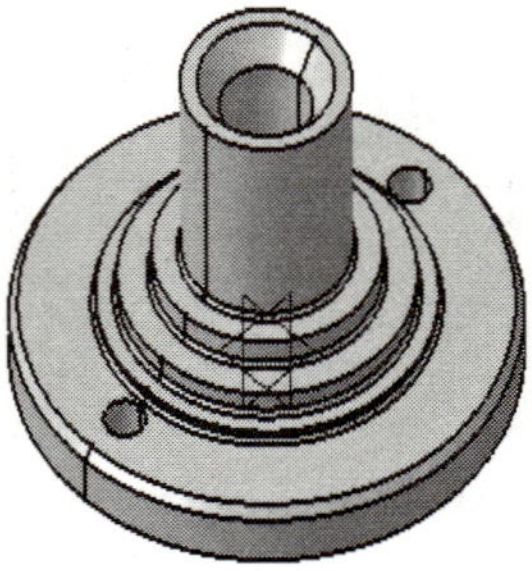

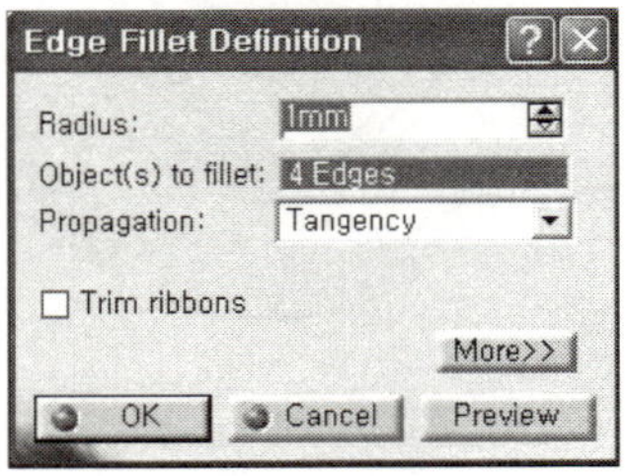

㉚ 아래 그림에서는 플랜지 모델링에 사용된 기능들의 Specification Tree를 나타내었다.

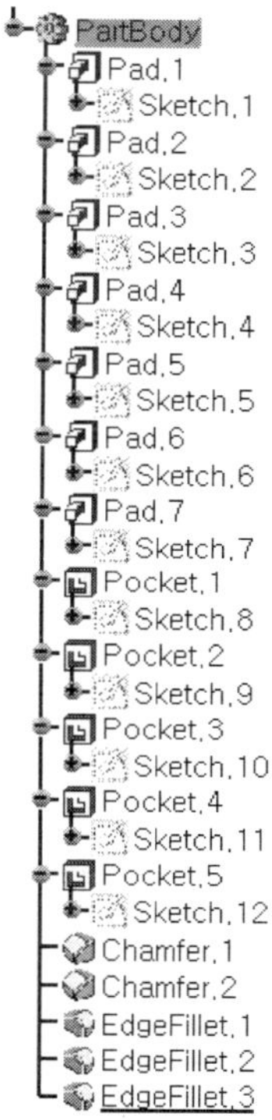

예제 4

① xy Plane을 선택하고 Sketcher에서 Circle 아이콘을 이용하여 Radius 40mm의 Circle인 Sketch.1을 드로잉한다.

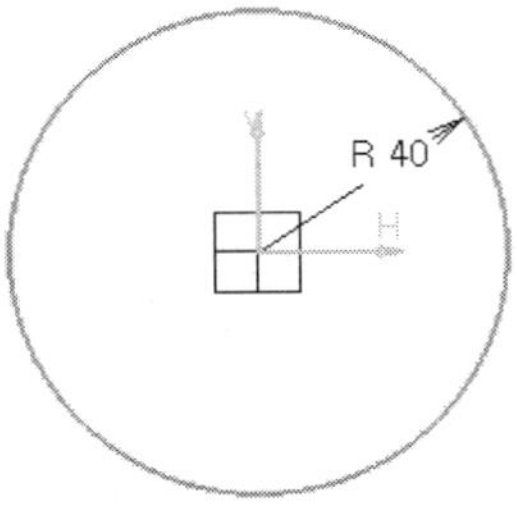

② Exit workbench 아이콘을 실행한다. Pad 아이콘을 클릭하여 Sketch.1을 10mm로 Pad시킨다.

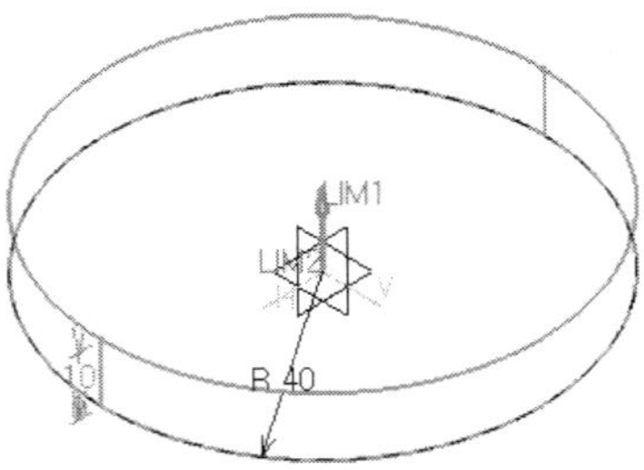

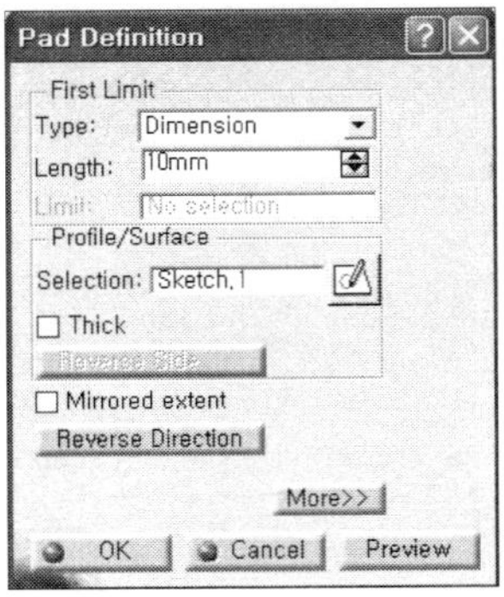

③ OK를 클릭하면 10mm로 Pad된 Sketch.1의 최종 형상이 생성된다.

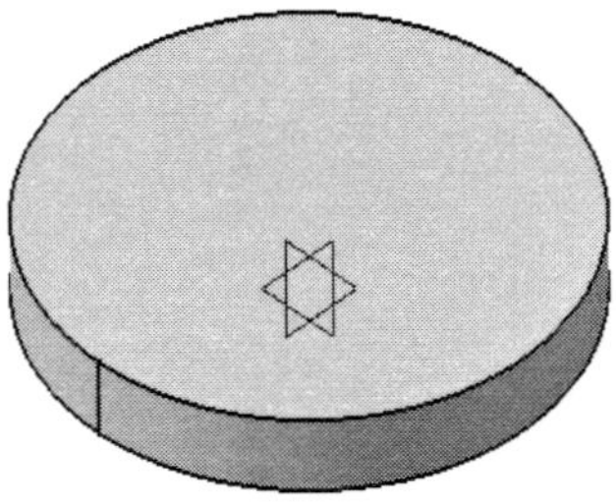

③ Pad된 윗면을 Plane으로 선택하고 Sketcher에서 Circle 아이콘을 클릭하여 Radius 22mm의 Sketch.2를 드로잉한다.

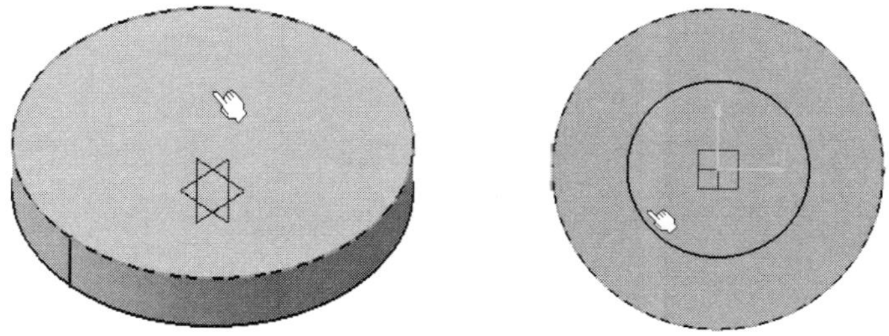

④ Exit workbench 아이콘을 실행한다. Pad 아이콘을 클릭하여 Sketch.2를 20mm로 Pad시킨다.

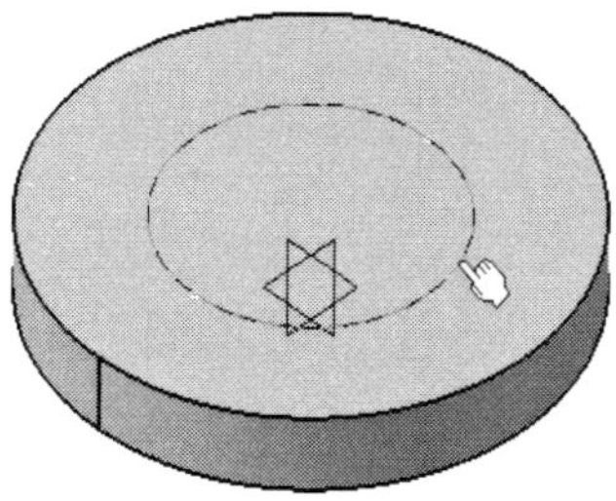

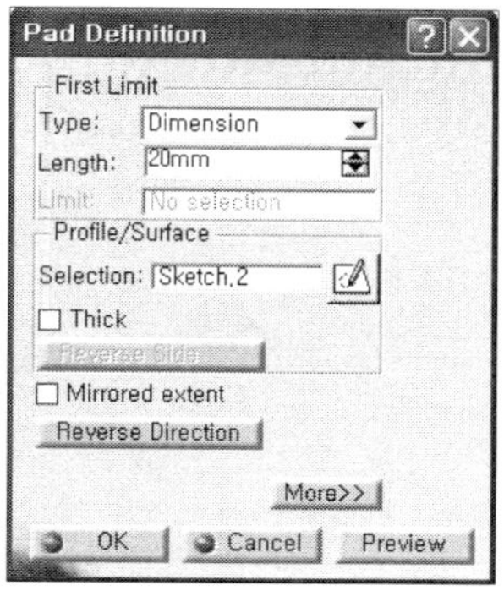

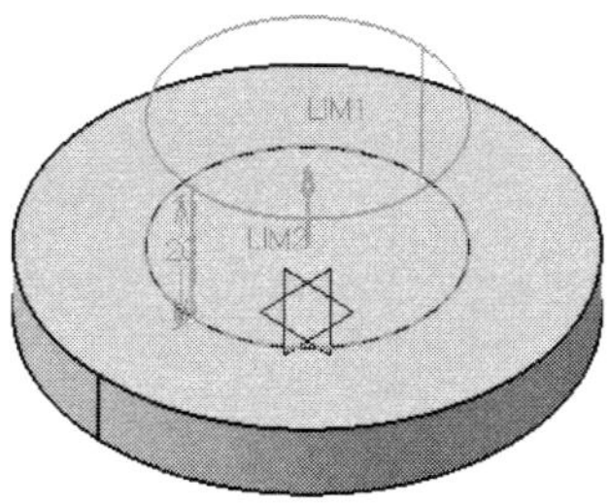

⑤ OK를 클릭하면 20mm로 Pad된 Sketch.2의 최종 형상이 생성된다.

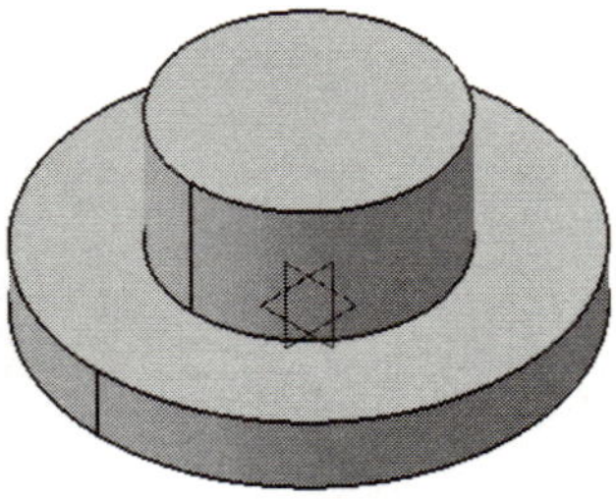

⑥ 아래 그림과 같이 Pad된 Sketch.1의 면을 Plane으로 선택하고 Sketcher에서 Circle 아이콘을 이용하여 Radius 5mm의 Sketch.3를 드로잉한다. Circle의 좌표는 H(31mm), V(0mm)로 설정한다.

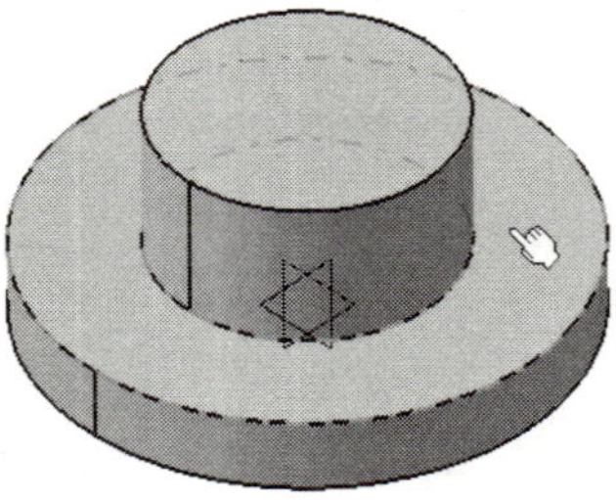

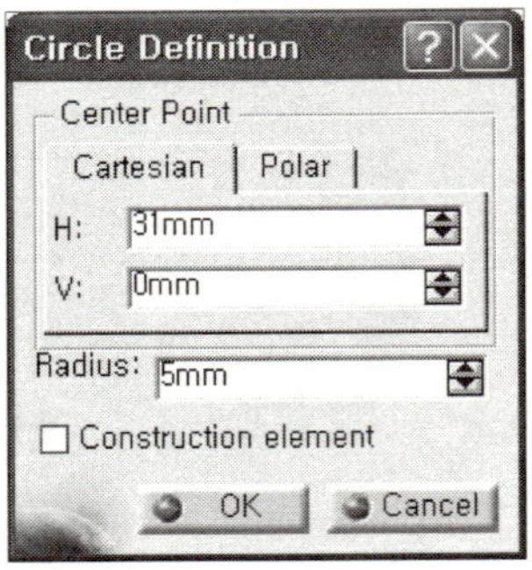

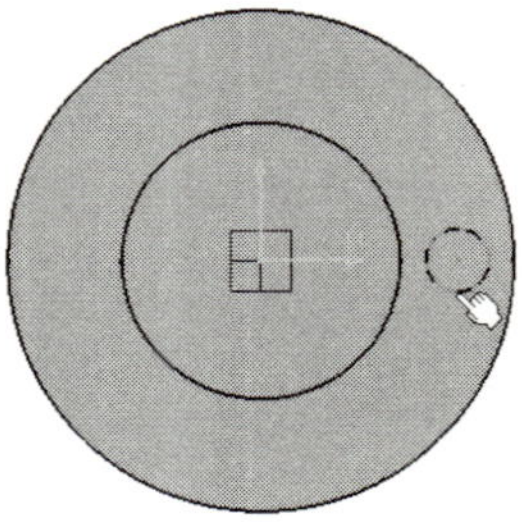

⑦ Exit workbench 아이콘을 실행한다. Pocket 아이콘을 클릭하고 Sketch.3를 선택한 후 10mm로 Pocket시킨다.

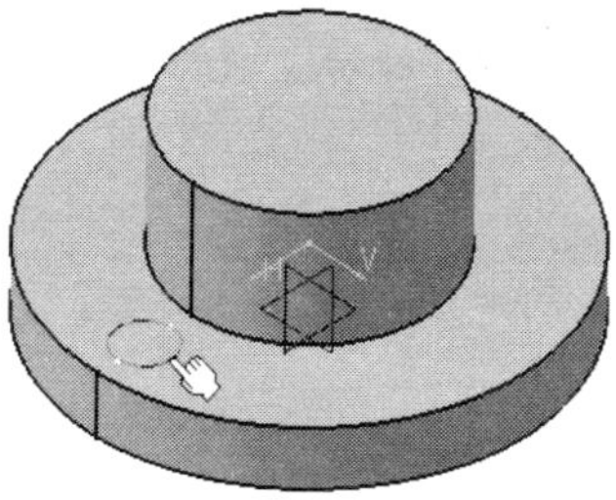

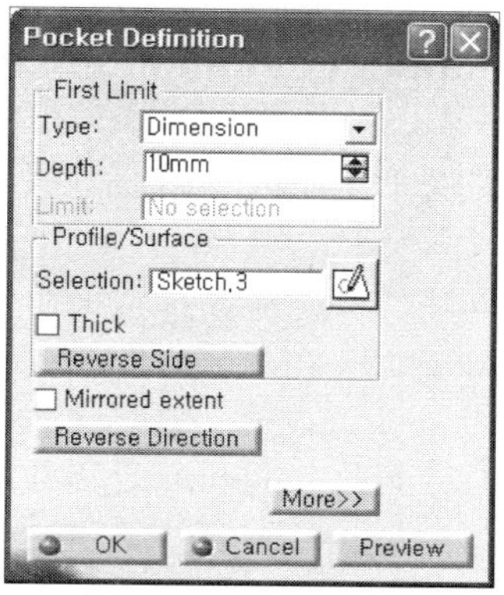

⑧ OK를 클릭하면 10mm로 Pocket된 Sketch.3의 최종 형상이 생성된다.

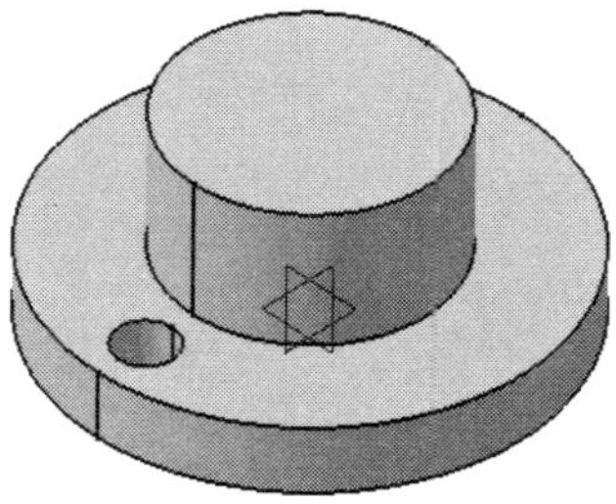

⑨ Circular Pattern 아이콘을 실행시킨다. 활성화된 Circular Pattern Box에서 Parameters는 Instance & angular spacing, Instances는 6, Angular spacing은 60deg, Reference element는 Sketch.2의 Absolute Axis, Object는 Pocket.1을 선택한다.

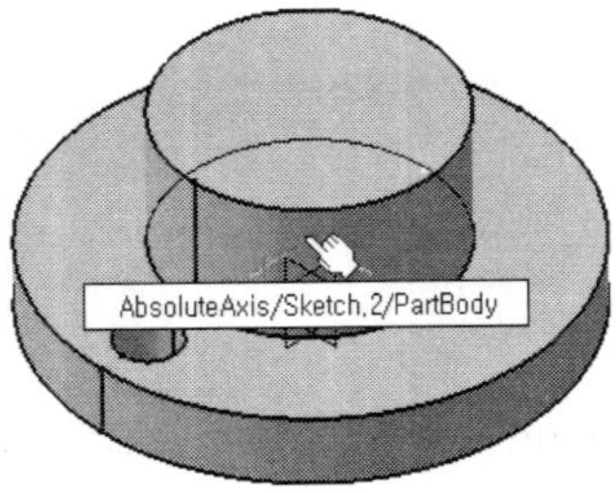

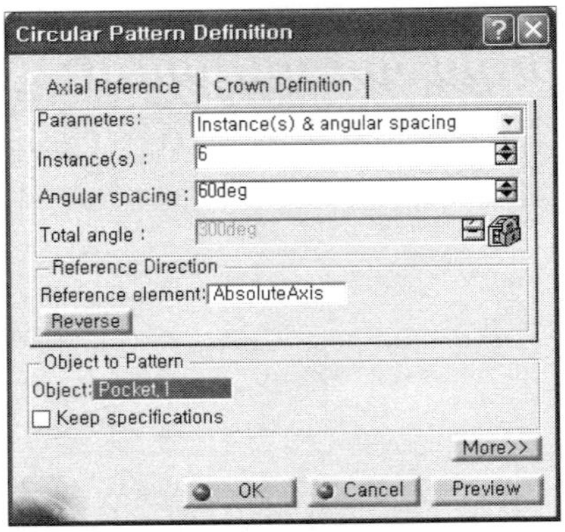

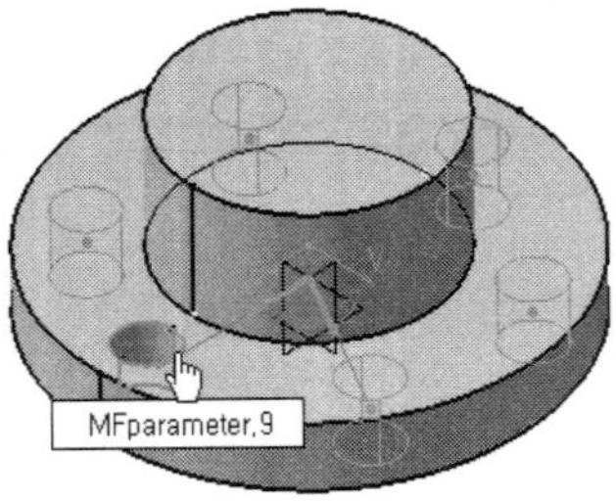

⑩ OK를 클릭하면 Circular Pattern으로 여섯 개로 배열된 최종 형상이 생성된다.

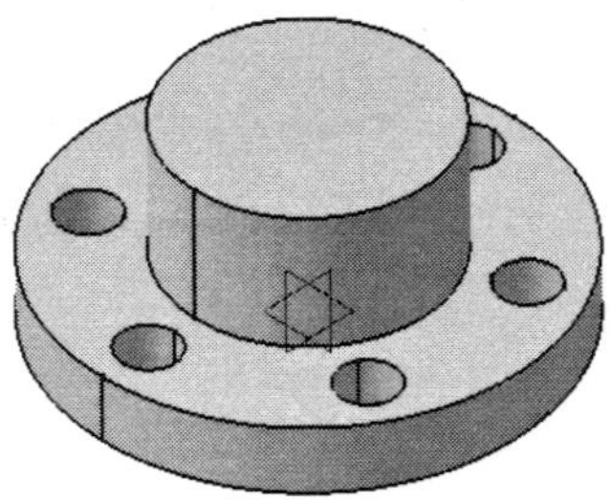

⑪ Pad.2의 윗면을 Plane으로 선택하고 Sketcher에서 Circle 아이콘을 클릭하고 Radius 10mm의 Sketch.4를 드로잉한다.

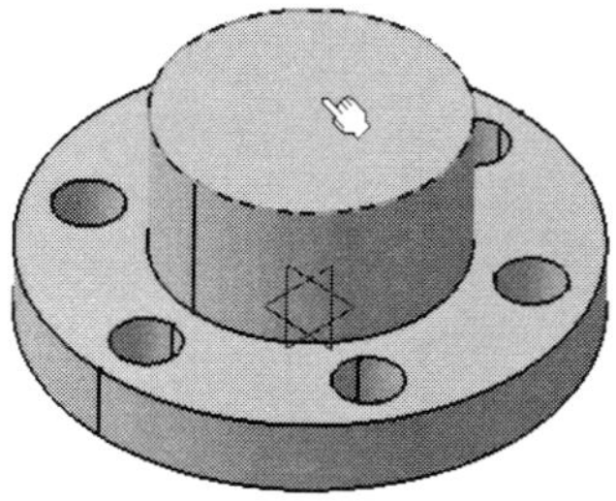

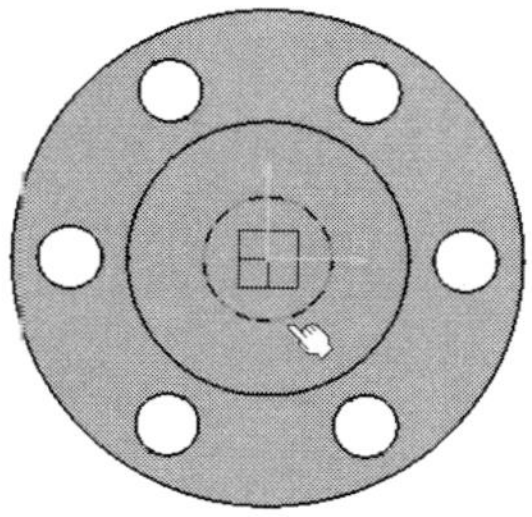

⑫ Exit workbench 아이콘을 실행한다. Pocket 아이콘을 클릭하고 Sketch.4를 선택한다. 활성화된 Pocket Definition Box에서 Type은 Up to last로 설정하고 Pocket시킨다.

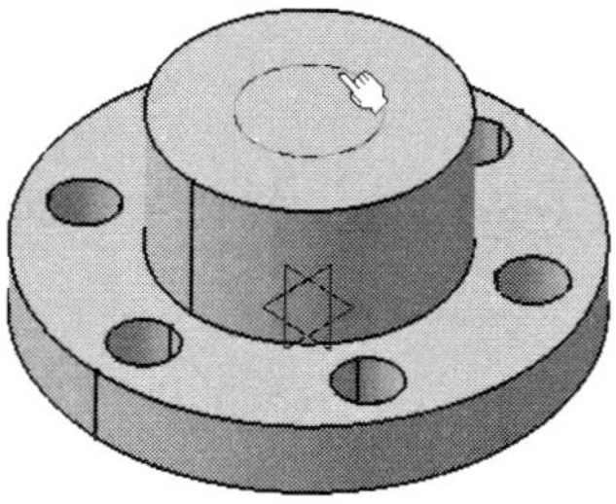

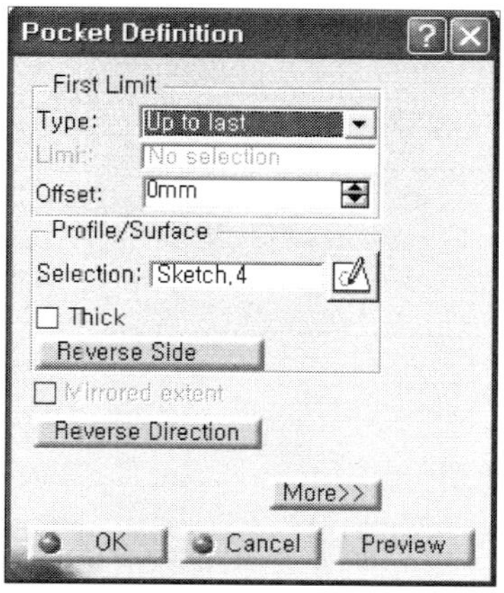

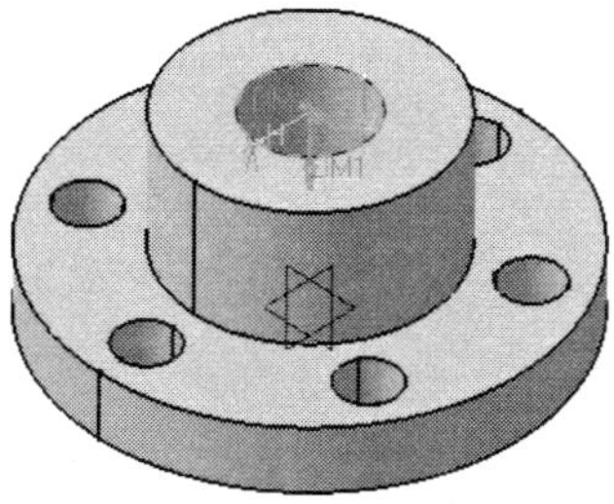

⑬ OK를 클릭하면 Up to last까지 Pocket된 Sketch.4의 최종 형상이 생성된다.

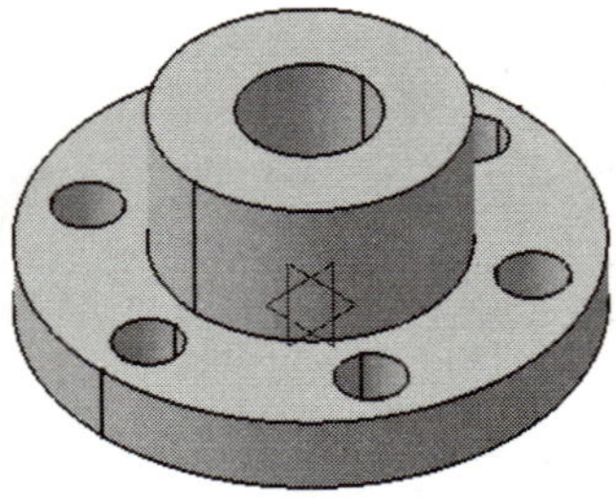

⑭ Edge Fillet 아이콘을 클릭하고 아래 그림과 같이 두 Edge를 선택한다.

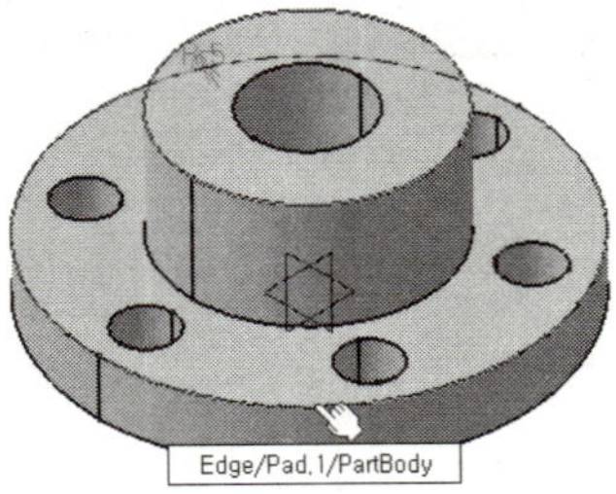

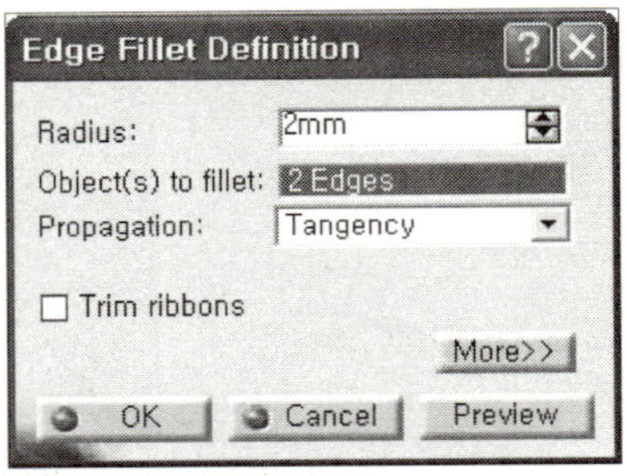

⑮ OK를 클릭하면 2mm로 Edge Fillet된 형상과 최종으로 완성된 커버 플랜지가 생성된다.

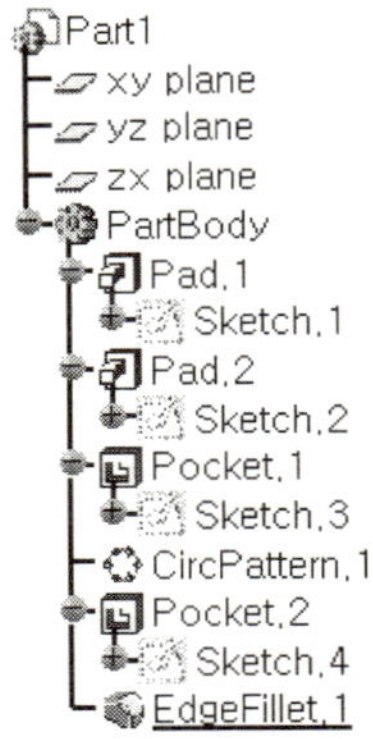

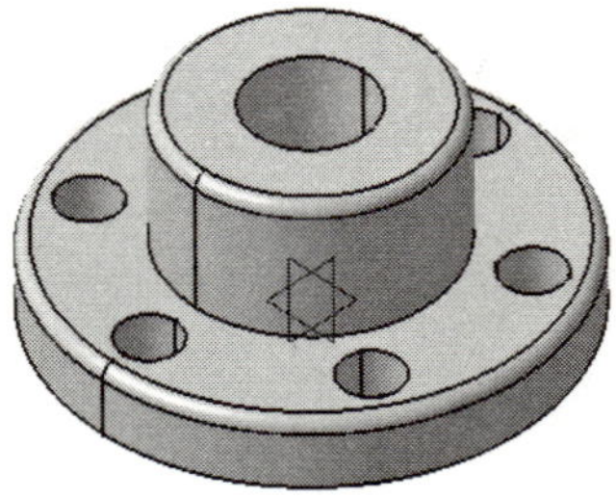

예제 5

① yz Plane을 선택하고 Sketcher에서 Profile 아이콘을 이용하여 아래 그림과 같이 Sketch.1을 드로잉한다.

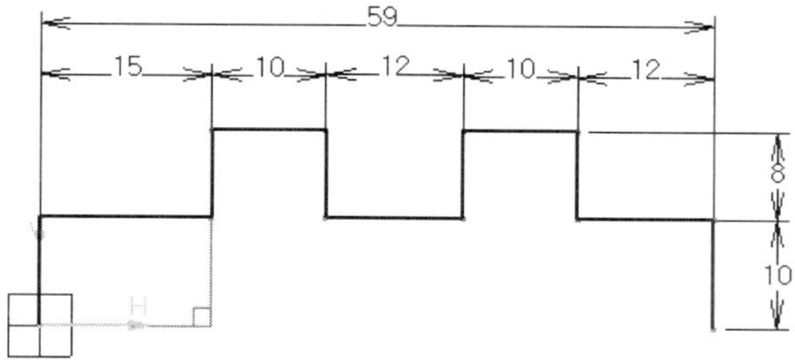

② Exit workbench 아이콘을 실행한다. Shaft 아이콘을 클릭하고 활성화된 Shaft Definition Box에서 Limits는 360~0deg, Profile은 Sketch.1, Axis는 HDirection으로 설정한다.

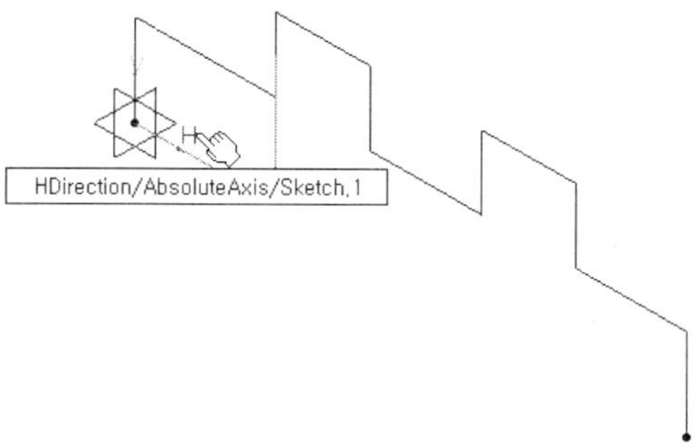

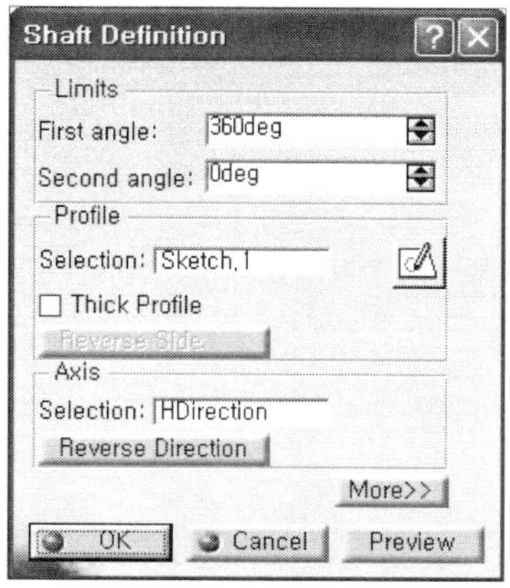

③ OK를 클릭하면 Shaft된 Sketch.1의 최종 형상이 생성된다.

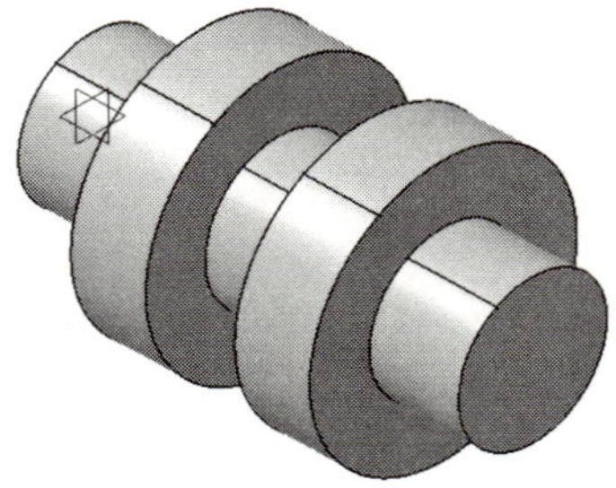

④ 아래 그림과 같이 샤프트의 외경 Edge를 선택하고 Chamfer 아이콘을 클릭한다. 활성화된 Chamfer Definition Box에서 Length 1은 2mm, Angle은 45deg로 설정한다.

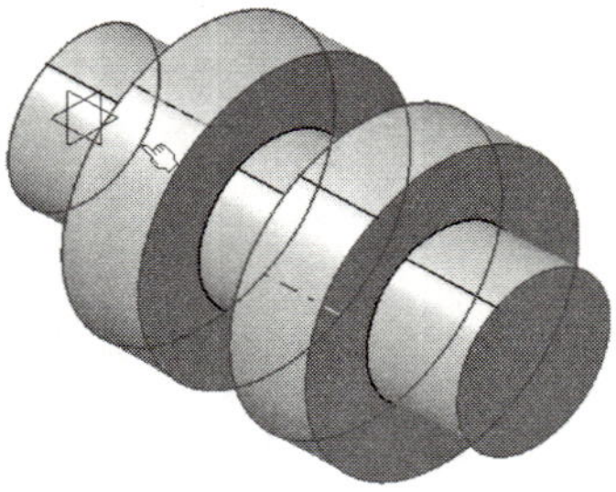

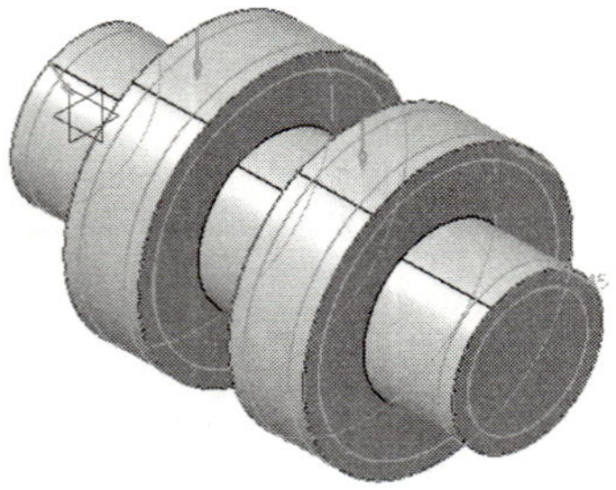

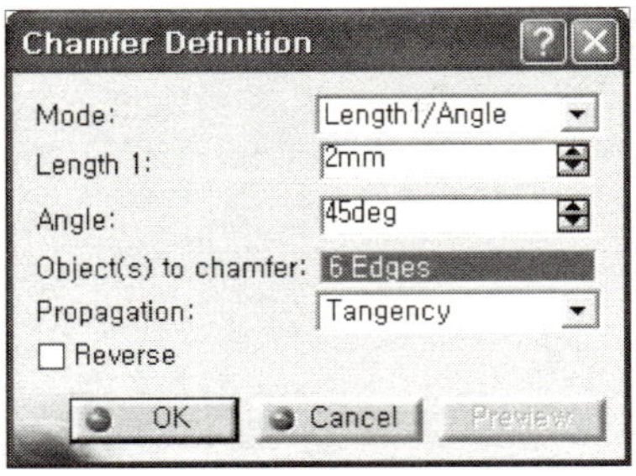

⑤ OK를 클릭하면 Chamfer된 Sketch.1의 최종 형상이 생성된다.

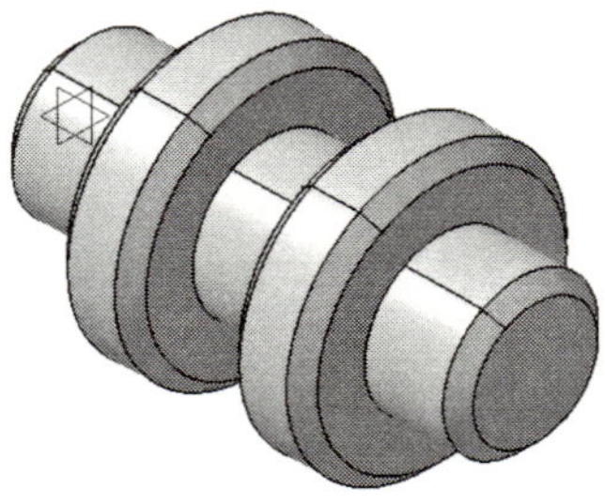

예제 6

① xy Plane을 선택하고 Sketcher에서 Profile 아이콘을 이용하여 아래 그림과 같이 Sketch.1을 드로잉한다.

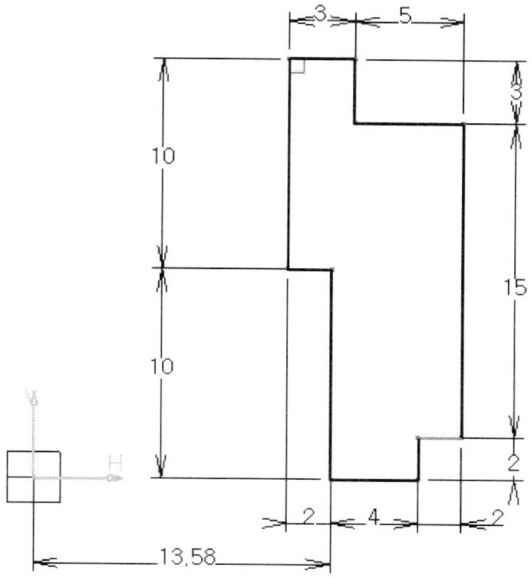

② Exit workbench 아이콘을 실행한다. Shaft 아이콘을 클릭하고 활성화된 Shaft Definition Box에서 Limits는 360~0deg, Profile은 Sketch.1, Axis는 VDirection으로 설정한다.

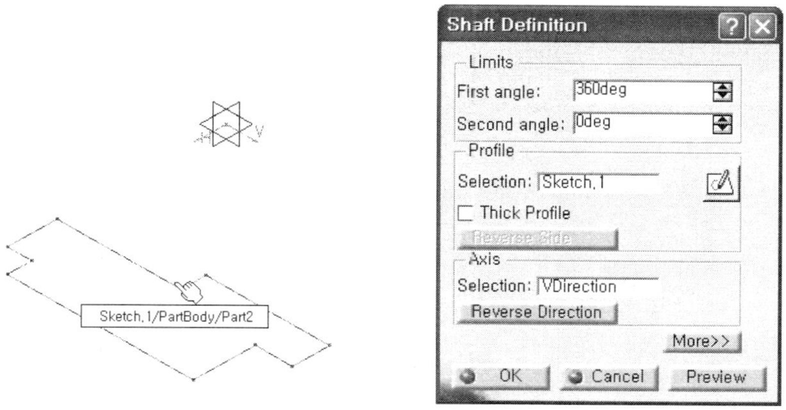

③ OK를 클릭하면 Shaft된 Sketch.1의 최종 형상이 생성된다.

④ 아래 그림과 같이 링의 외경 두 Edge를 선택하고 Chamfer 아이콘을 클릭한다. 활성화된 Chamfer Definition Box에서 Length 1은 1mm, Angle은 45deg로 설정한다.

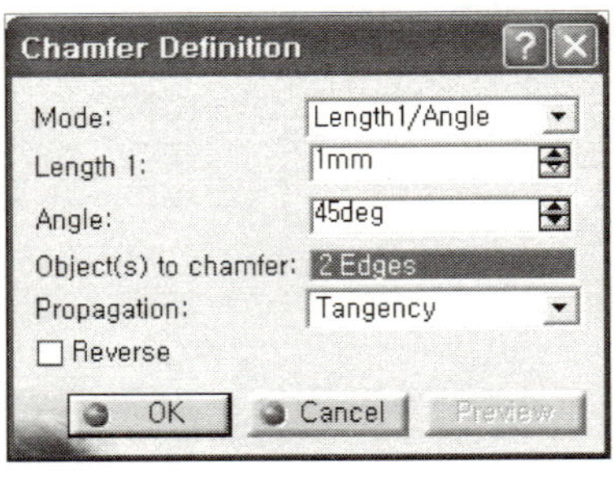

⑤ OK를 클릭하면 Chamfer된 Sketch.1의 최종 형상이 생성된다.

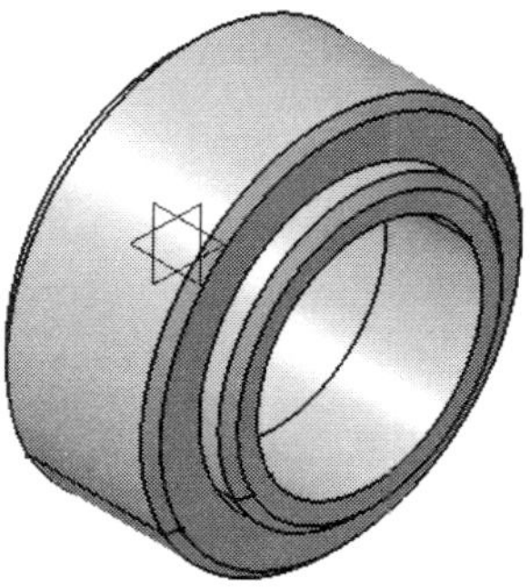

예제 7

① xy Plane을 선택하고 Sketcher에서 Circle과 Bi-Tangent Line 아이콘을 이용하여 Sketch.1을 드로잉한다.

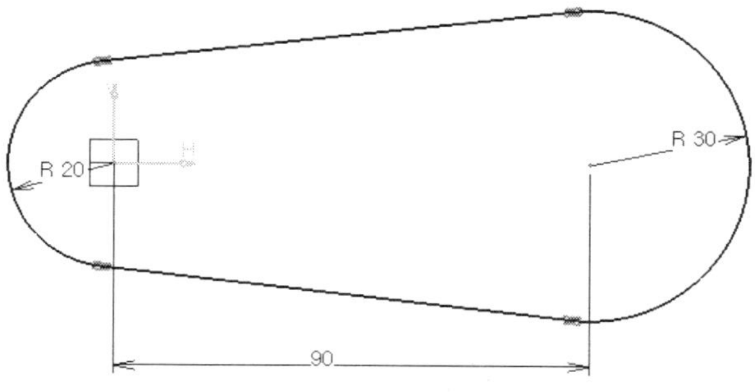

② Exit workbench 아이콘을 실행한다. Pad 아이콘을 클릭하고 20mm로 Pad 시킨다.

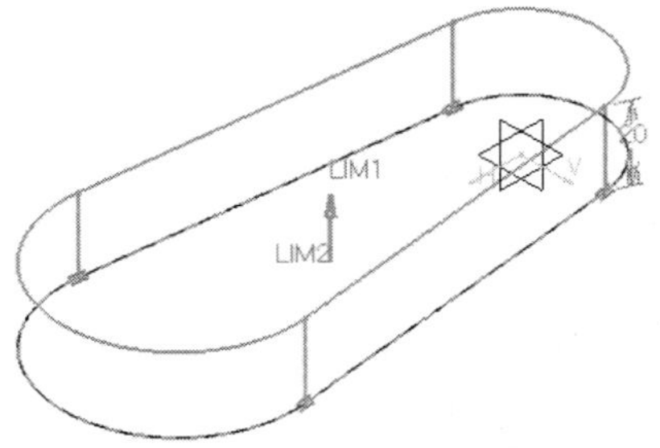

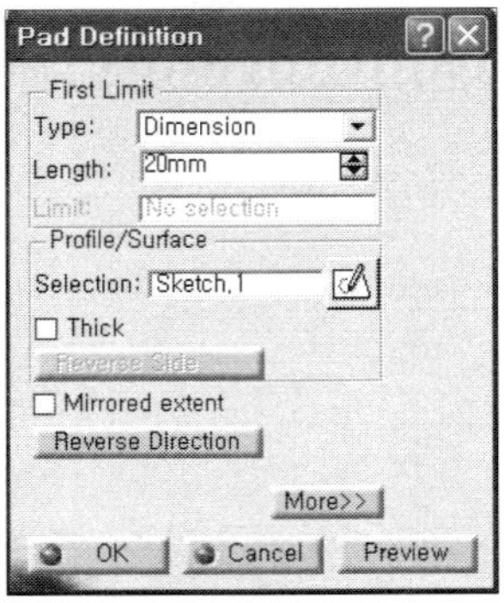

③ OK를 클릭하면 20mm로 Pad된 Sketch.1의 최종 형상이 생성된다.

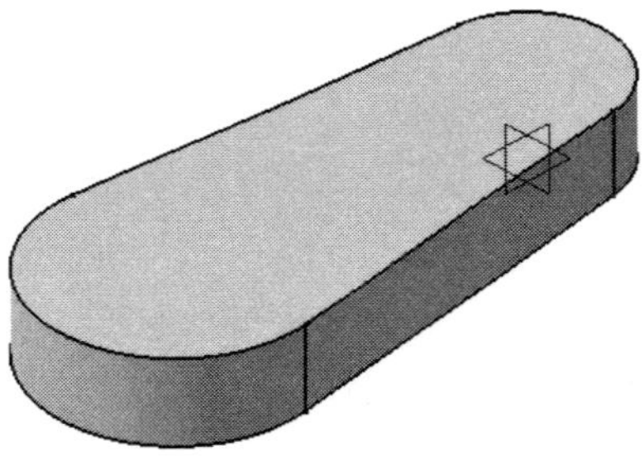

④ Pad된 윗면을 Plane으로 선택하고 Sketcher에서 Circle 아이콘을 클릭하여 Radius 15mm의 Sketch.2를 드로잉한다.

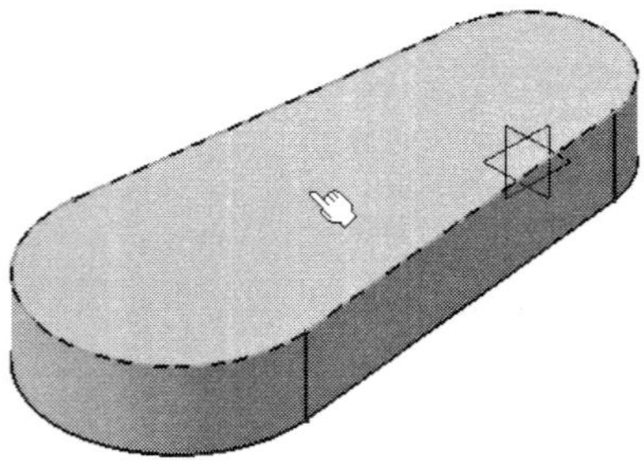

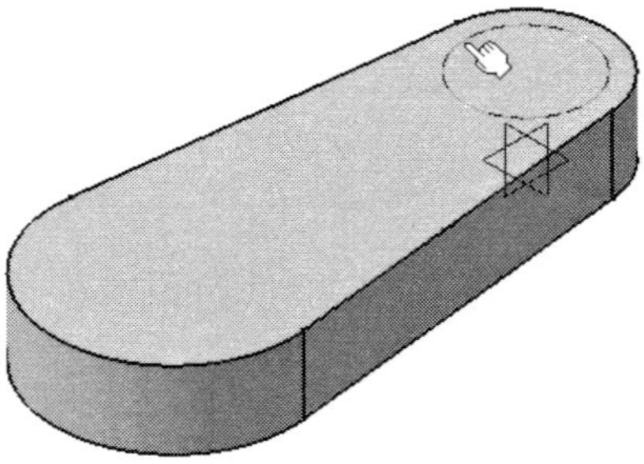

⑤ Exit workbench 아이콘을 실행한다. Pad 아이콘을 클릭하고 Sketch.2를 선택한 후 20mm로 Pad시킨다.

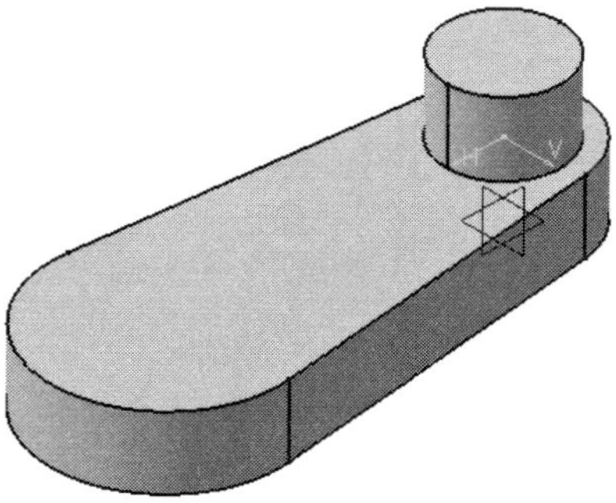

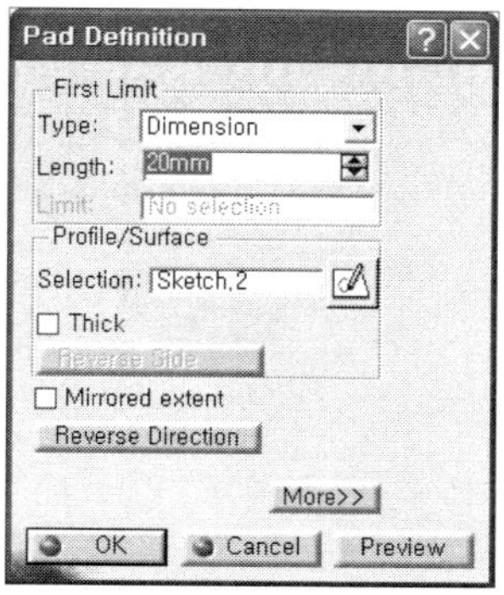

⑥ Rotate 아이콘을 이용하여 아래 그림과 같이 바닥 부를 Plane으로 선택한다. Sketcher에서 Circle 아이콘을 클릭하고 Radius 18mm의 Sketch.3을 드로잉한다.

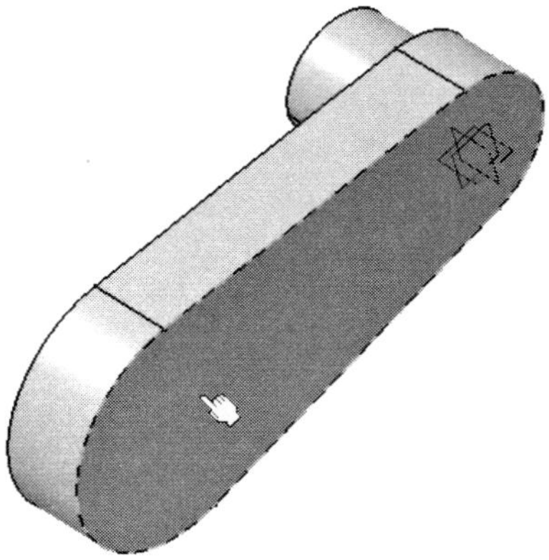

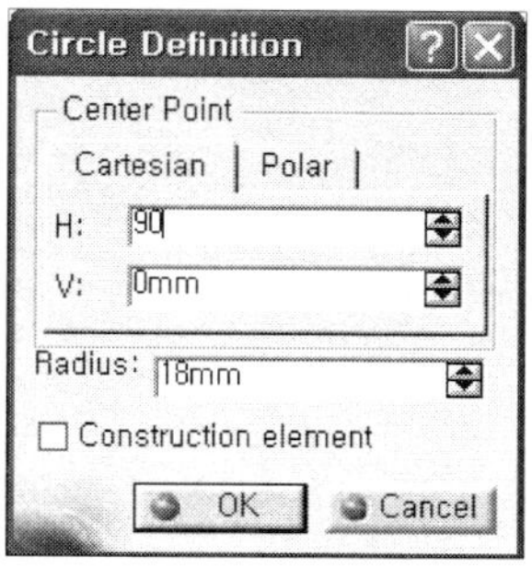

⑦ Pocket 아이콘을 클릭하고 Sketch.3을 선택하여 20mm로 Pocket시킨다.

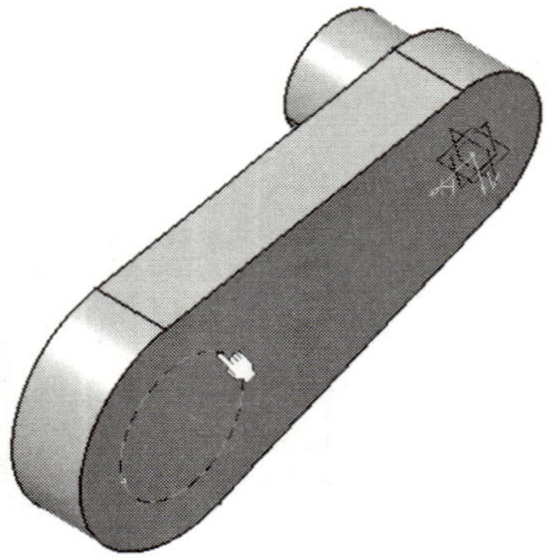

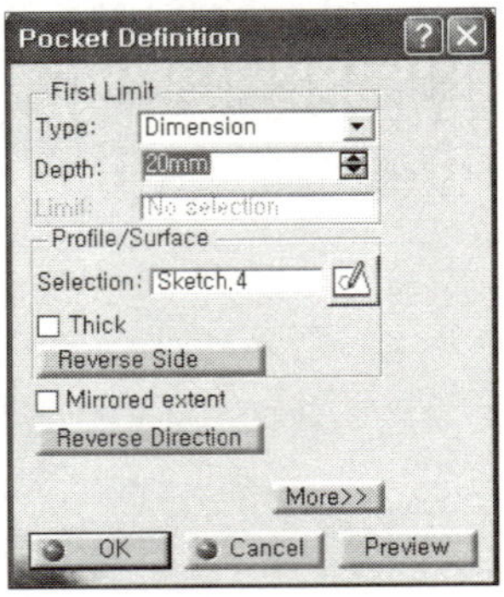

⑧ OK를 클릭하면 20mm로 Pocket된 형상과 링크의 최종 형상이 생성된다.

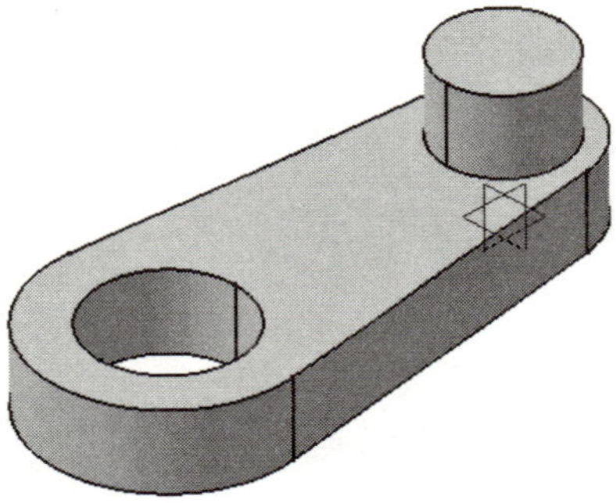

예제 8

① yz Plane을 선택하고 Sketcher에서 Circle, Line, Offset, Quick Trim 아이콘을 이용하여 아래 그림과 같이 Sketch.1을 드로잉한다.

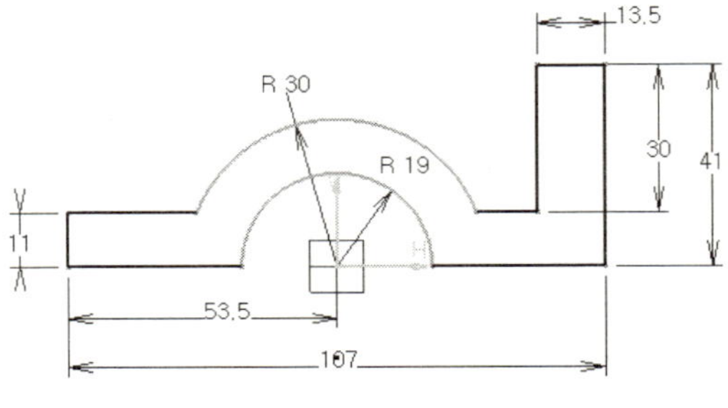

② Exit workbench 아이콘을 실행한다. Pad 아이콘을 클릭하고 Mirrored extent로 설정하고 Sketch.1을 24mm로 Pad시킨다.

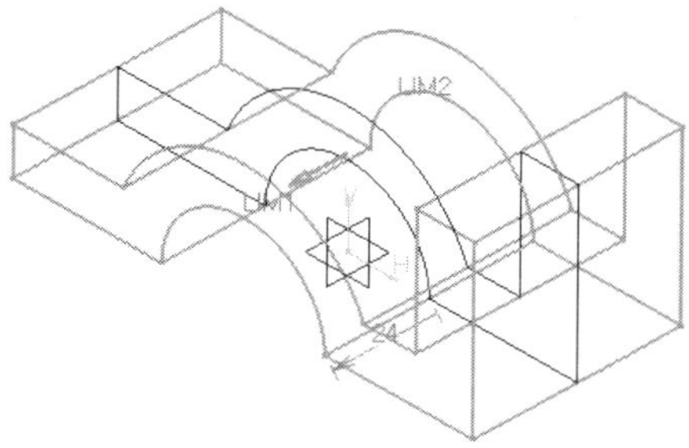

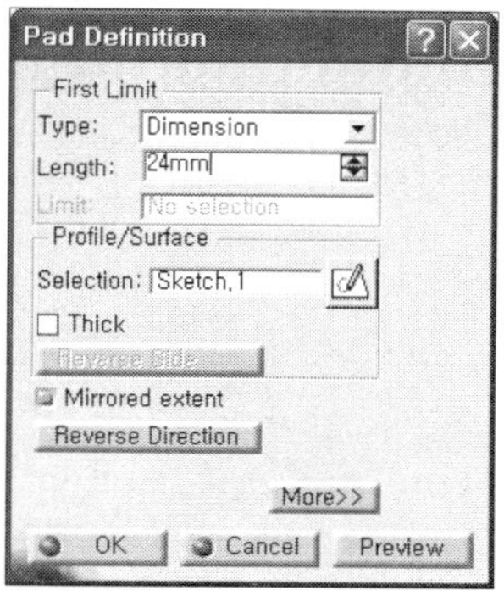

③ OK를 클릭하면 Pad된 Sketch.1의 최종 형상이 생성된다.

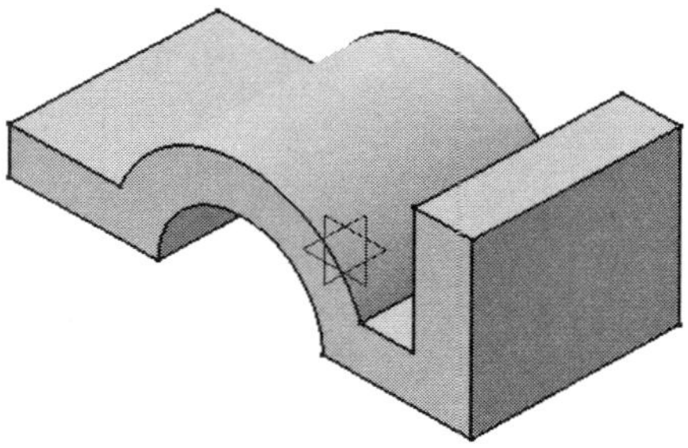

④ 아래 그림과 같이 세 Edge를 선택하고 Edge Fillet 아이콘을 클릭한다. 활성화된 Edge Fillet Definition Box에서 Radius를 3mm로 설정한다.

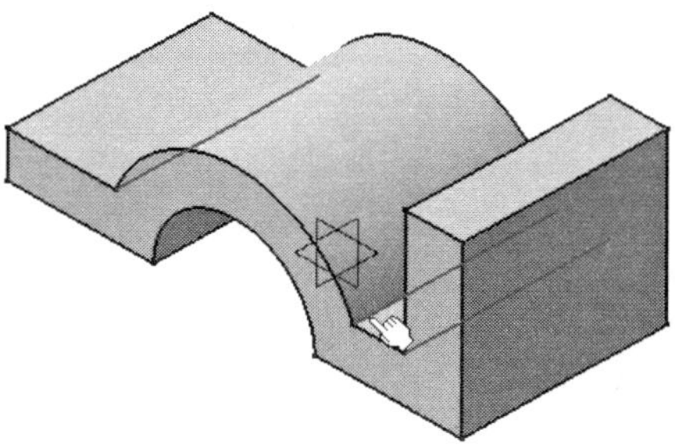

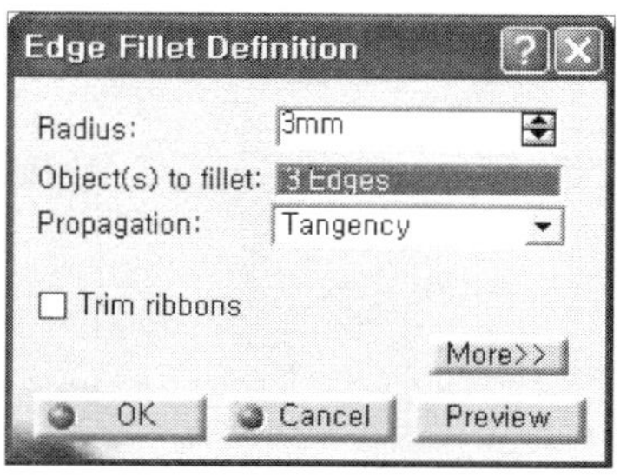

⑤ OK를 클릭하면 세 Edge가 Radius 3mm로 Edge Fillet된 형상이 생성된다.

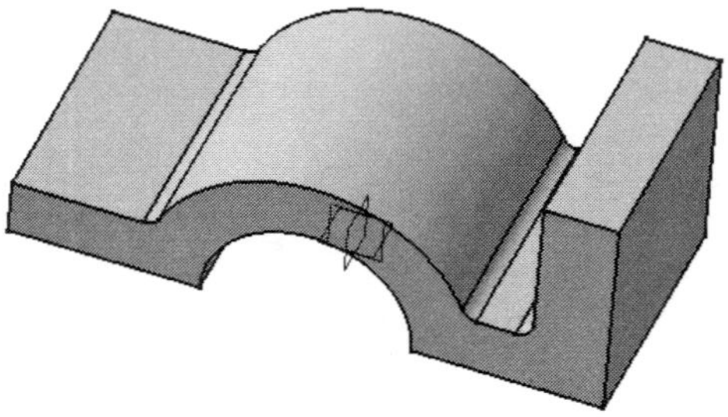

⑥ 아래 그림과 같이 Plane을 선택하고 Sketcher에서 Circle, Line, Quick Trim 아이콘을 이용하여 Sketch.2를 드로잉한다.

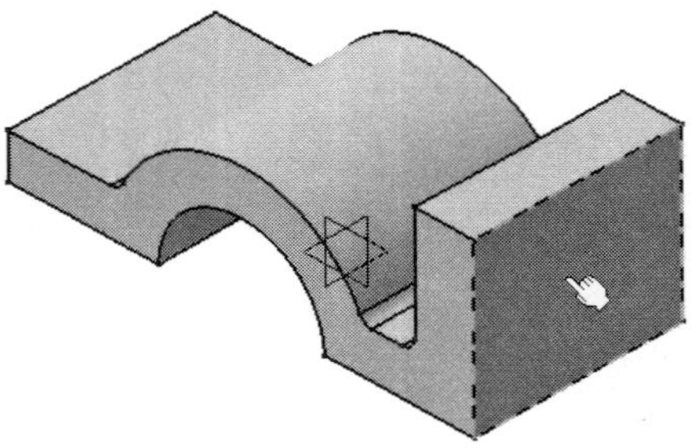

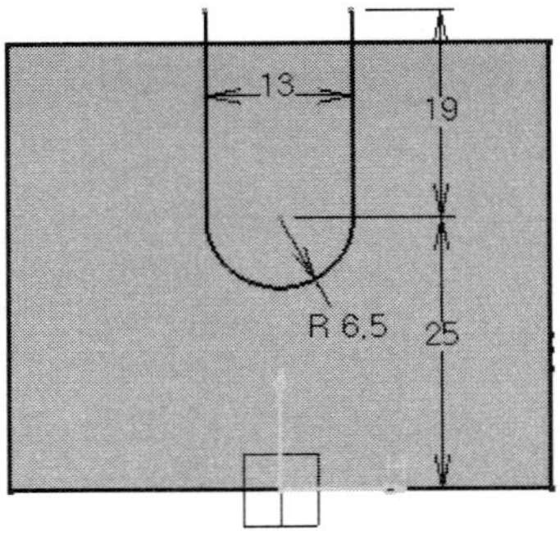

⑦ Exit workbench 아이콘을 실행한다. Pocket 아이콘을 클릭하고 활성화된 Pocket Definition Box에서 Type은 Dimension, Depth는 20mm로 하여 Sketch.2를 Pocket시킨다.

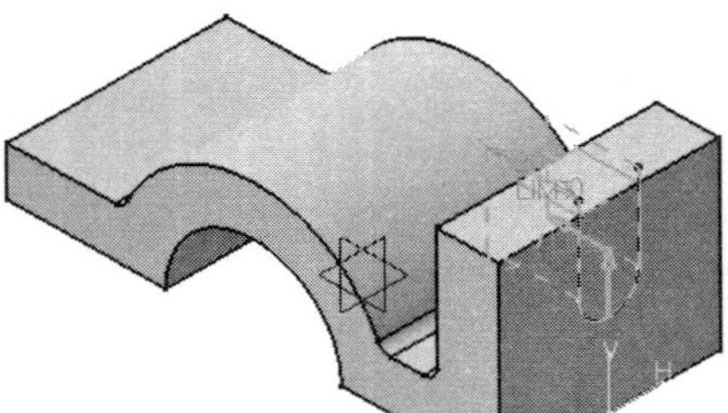

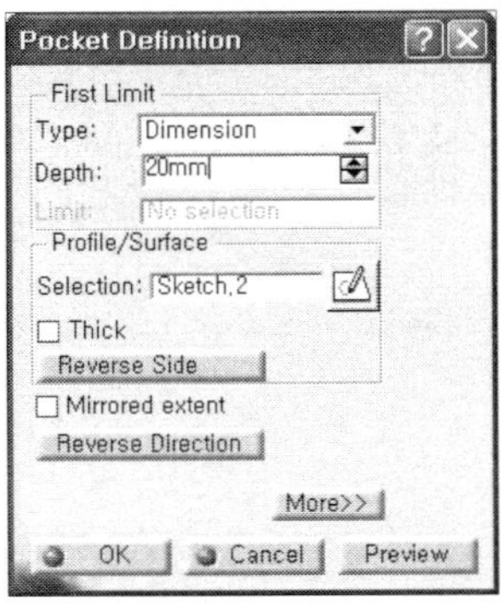

⑧ OK를 클릭하면 Pocket된 Sketch.2의 형상이 생성된다.

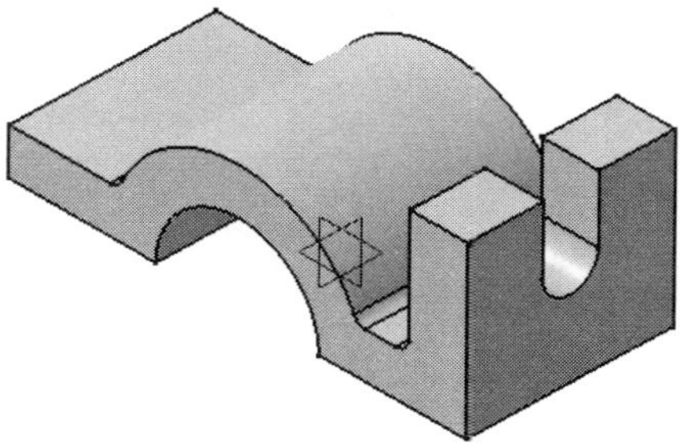

⑨ 아래 그림과 같이 Plane을 선택하고 Sketcher에서 Circle과 Line 아이콘을 이용하여 Sketch.3을 드로잉한다.

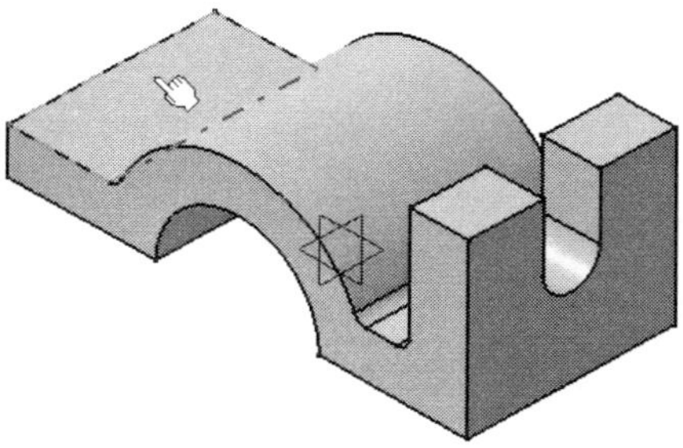

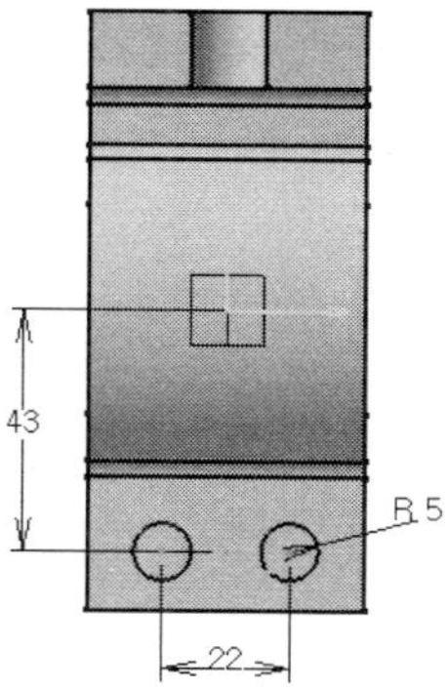

⑩ Exit workbench 아이콘을 실행한다. Pocket 아이콘을 클릭하고 활성화된 Pocket Definition Box에서 Type은 Up to last로 설정하고 Sketch.3를 Pocket시킨다.

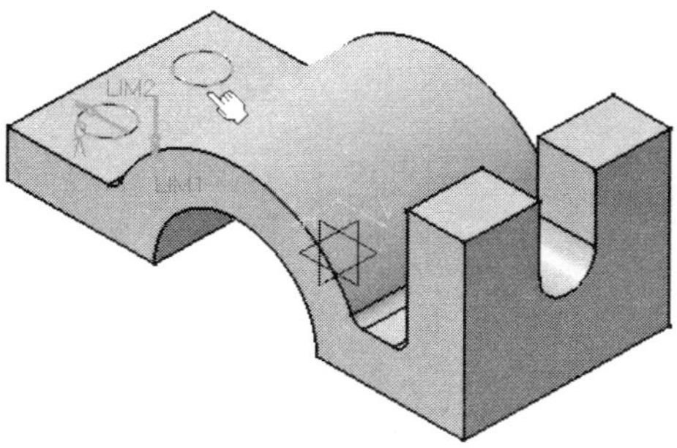

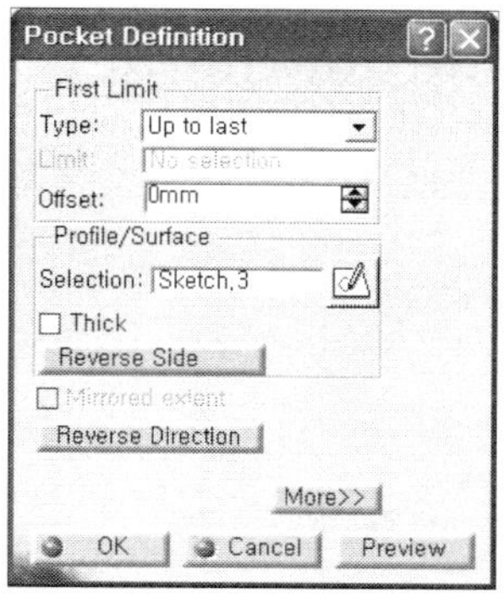

⑪ OK를 클릭하면 Pocket된 Sketch.3의 형상이 생성된다.

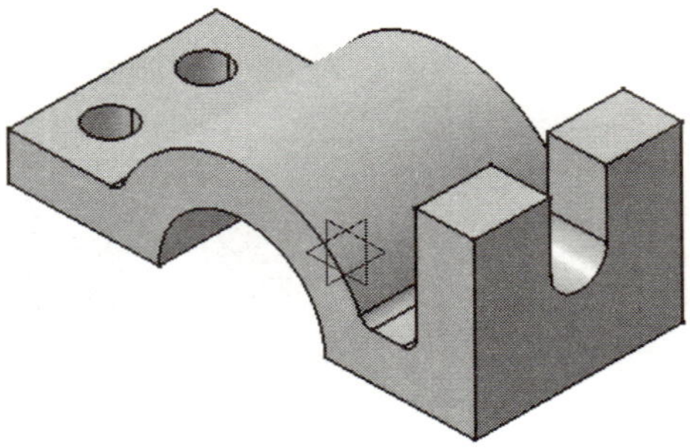

⑫ 아래 그림과 같이 두 Edge를 선택하고 Edge Fillet 아이콘을 클릭한다. 활성화된 Edge Fillet Definition Box에서 Radius를 9mm로 설정한다.

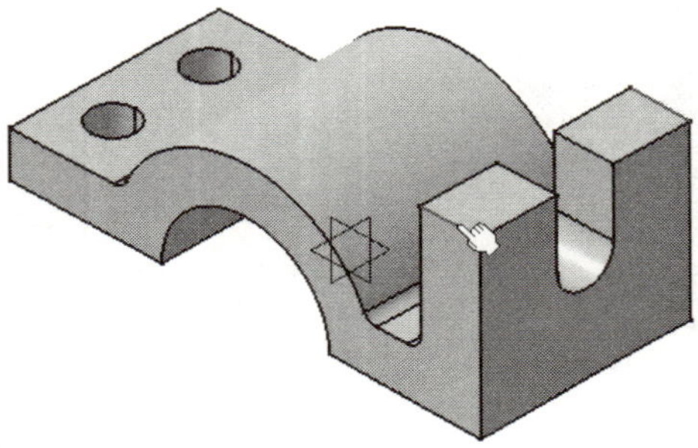

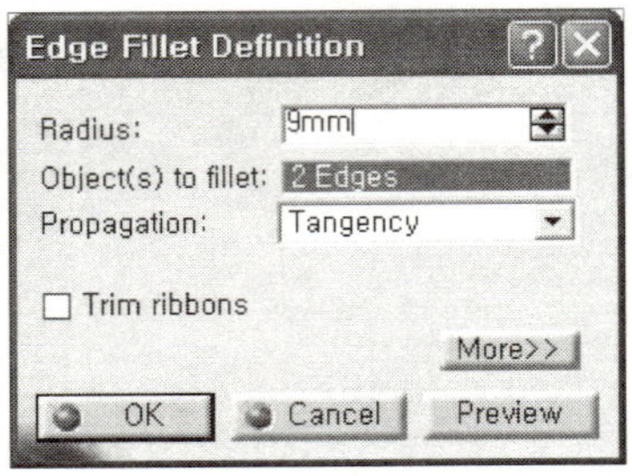

⑬ OK를 클릭하면 두 Edge가 Radius 9mm로 Edge Fillet된 형상이 생성된다.

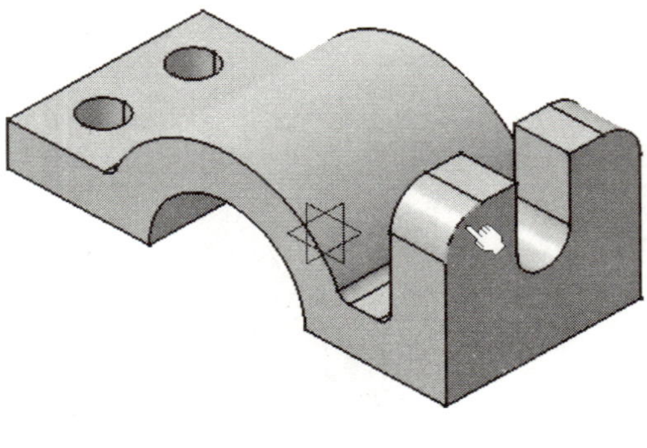

⑭ 아래 그림과 같이 두 Edge를 선택하고 Edge Fillet 아이콘을 클릭한다. 활성화된 Edge Fillet Definition Box에서 Radius를 13mm로 설정한다.

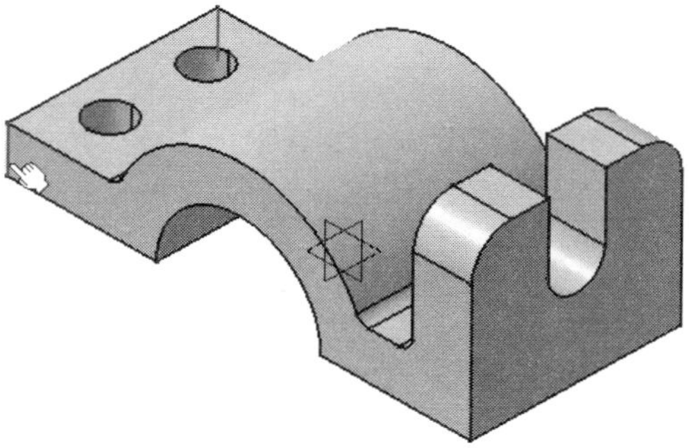

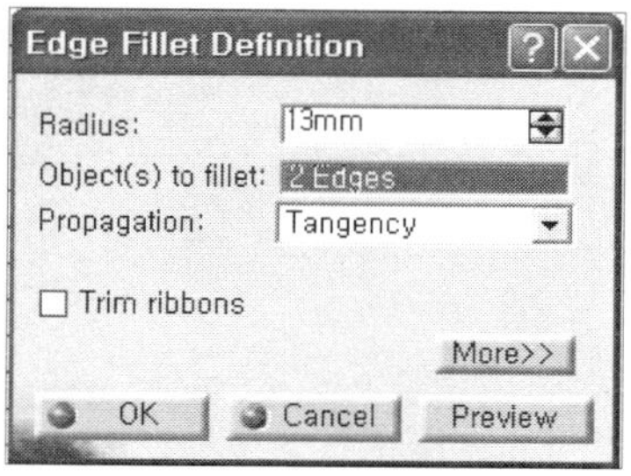

⑮ OK를 클릭하면 두 Edge가 Radius 13mm로 Edge Fillet된 형상이 생성된다.

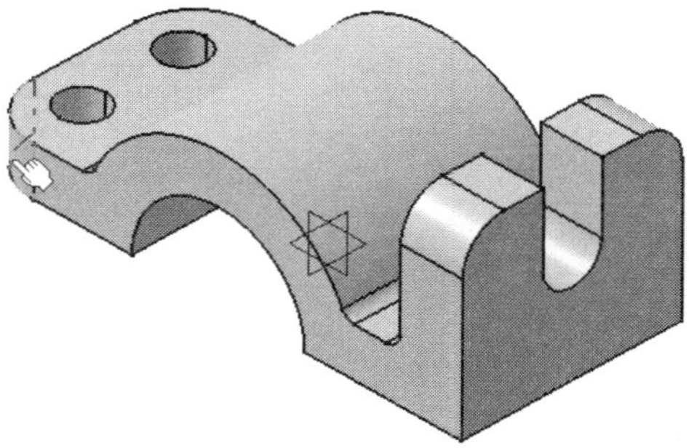

⑯ 아래 그림과 같이 Pocket.2의 두 Edge를 선택하고 Chamfer 아이콘을 클릭한다. 활성화된 Chamfer Definition Box에서 Length1을 2mm로 설정한다.

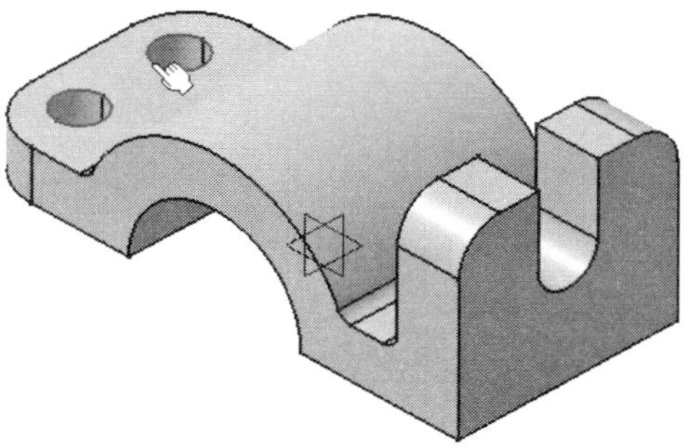

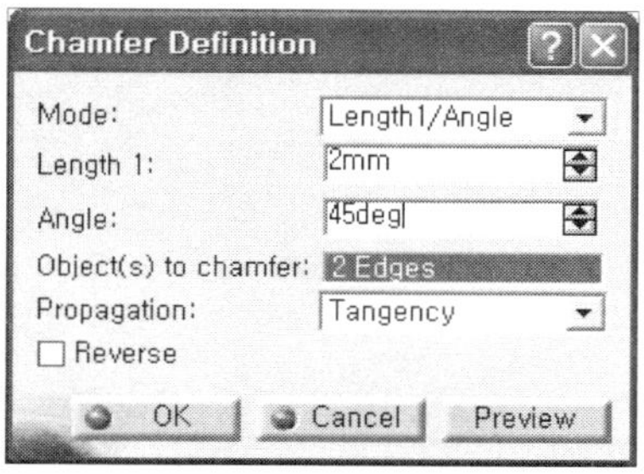

⑰ OK를 클릭하면 Length 2mm로 Chamfer된 형상이 생성된다.

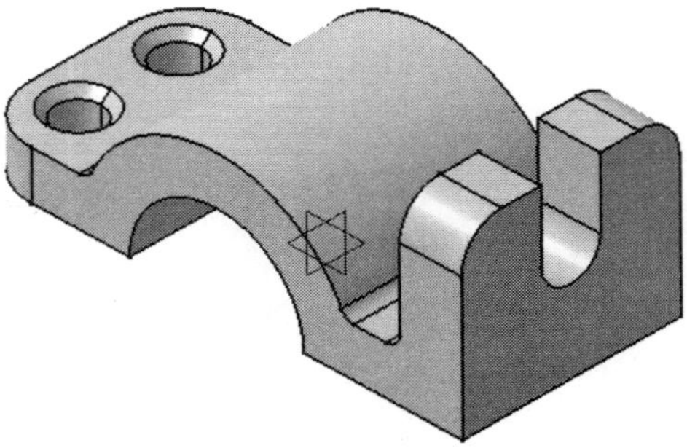

⑱ Mirror 아이콘을 클릭하고 활성화된 Mirror Definition Box에 Mirroring element를 xy Plane으로 지정한다.

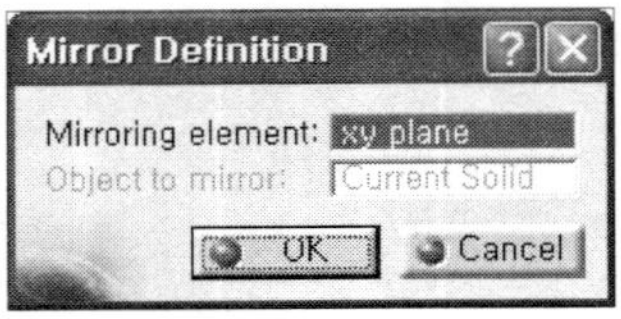

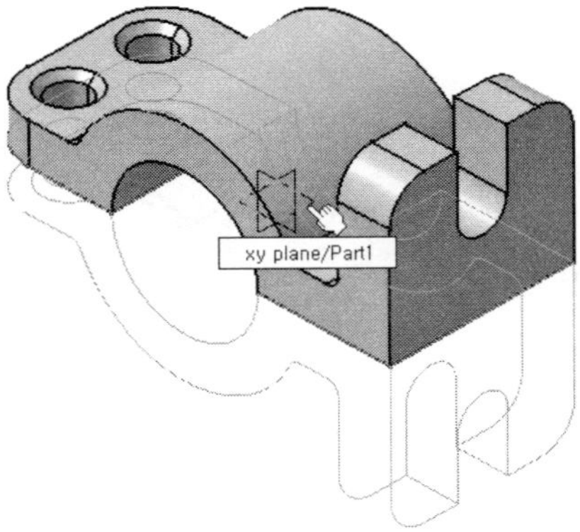

⑲ OK를 클릭하면 Mirror된 최종 브라켓 형상이 생성된다.

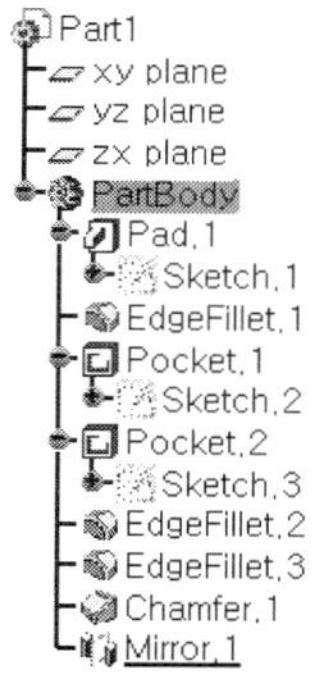

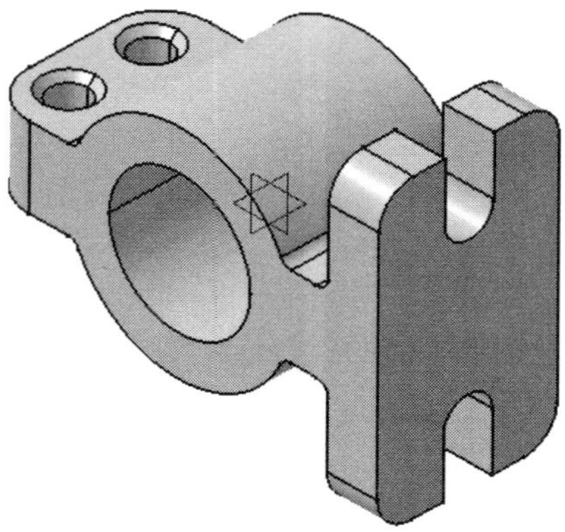

예제 9

① yz Plane을 선택하고 Sketcher에서 먼저 드로잉하기 전에 Sketch Tools의 Geometrical Constraints와 Dimensional Constraints를 설정한다. Profile 아이콘을 이용하여 원점좌표(0,0,0)에서 시작하여 임의의 형상을 드로잉한다. 임의로 드로잉된 개체 모두를 선택하고 Constraint의 Auto Constraint를 클릭한다. 그러면 임의로 드로잉된 개체의 Constraint 치수가 생성된다. 생성된 Constraint 치수를 더블 클릭하여 아래 그림과 같이 정확한 치수를 입력하여 Sketch.1을 드로잉한다.

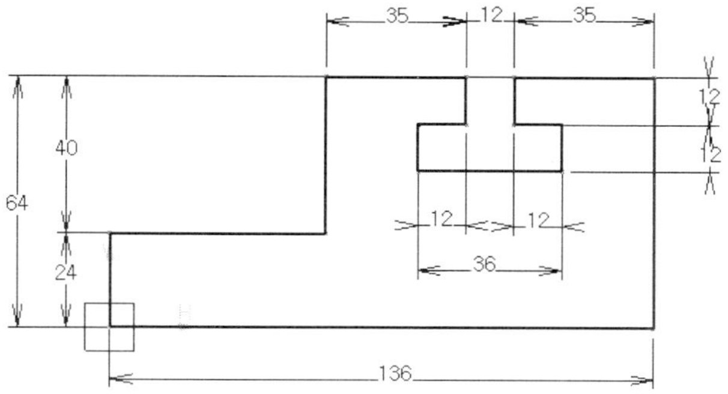

② Exit workbench 아이콘을 실행한다. Pad 아이콘을 클릭하고 Mirrored extent로 설정하고 Sketch.1을 76mm로 Pad시킨다.

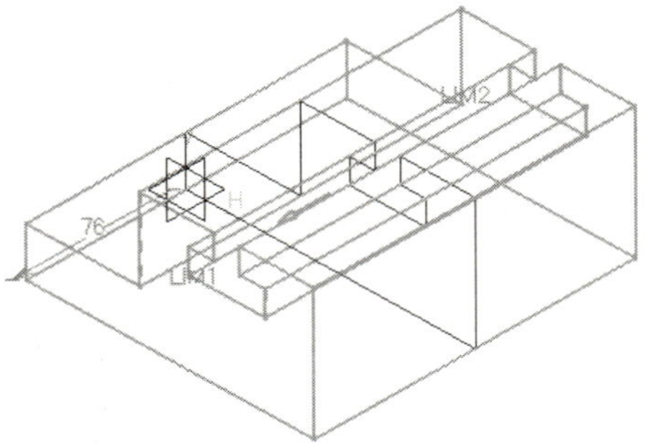

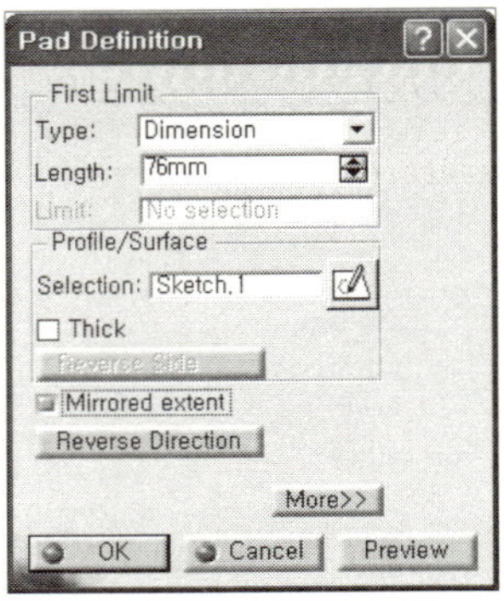

③ OK를 클릭하면 Pad된 Sketch.1의 최종 형상이 생성된다.

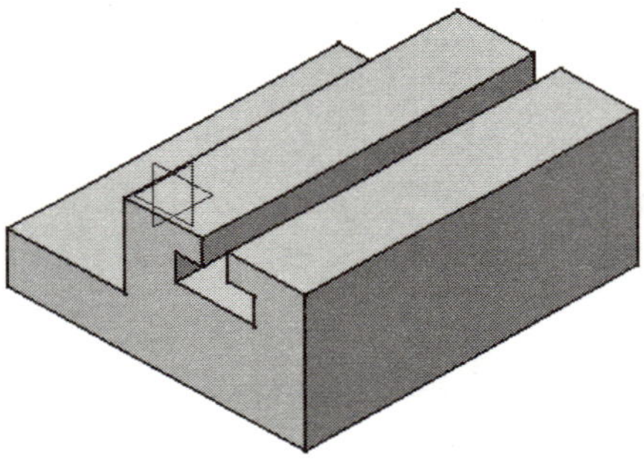

④ 아래 그림과 같이 Plane을 선택하고 Sketcher에서 Circle, Line, Offset, Quick Trim 아이콘을 이용하여 Sketch.2를 드로잉한다.

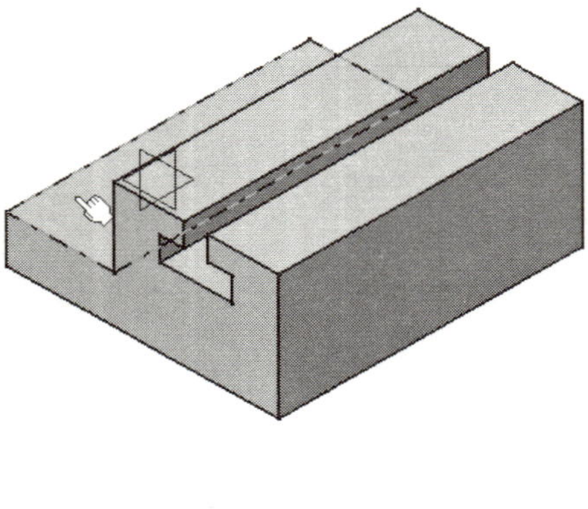

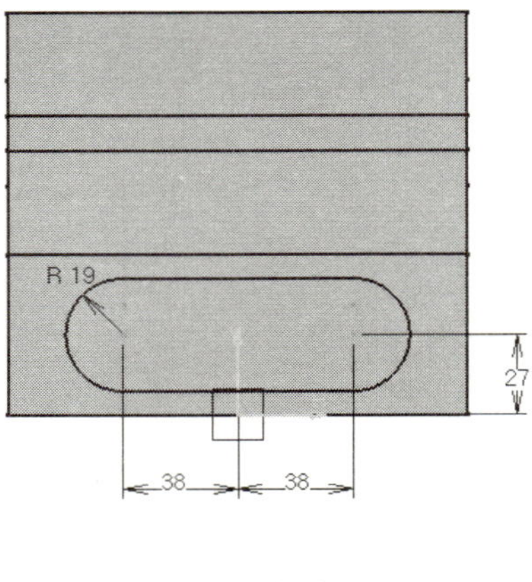

⑤ Exit workbench 아이콘을 실행한다. Pad 아이콘을 클릭하고 Sketch.2를

10mm로 Pad시킨다.

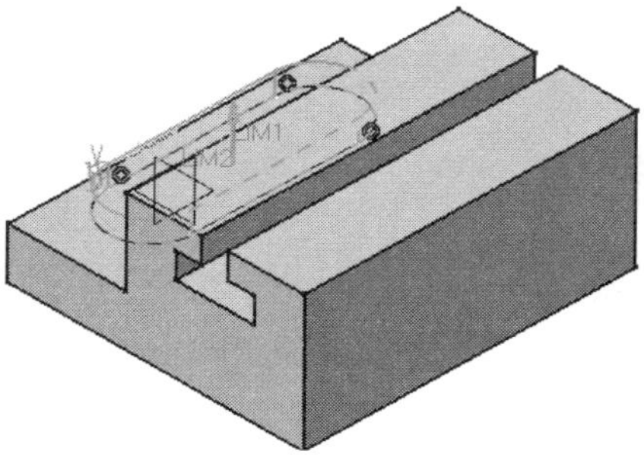

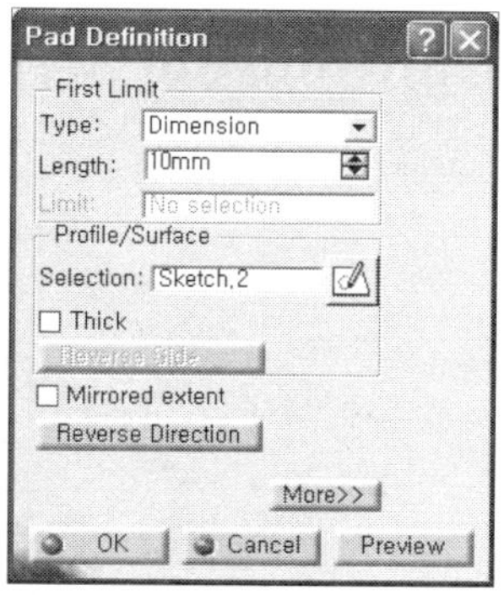

⑥ OK를 클릭하면 Pad된 Sketch.2의 최종 형상이 생성된다.

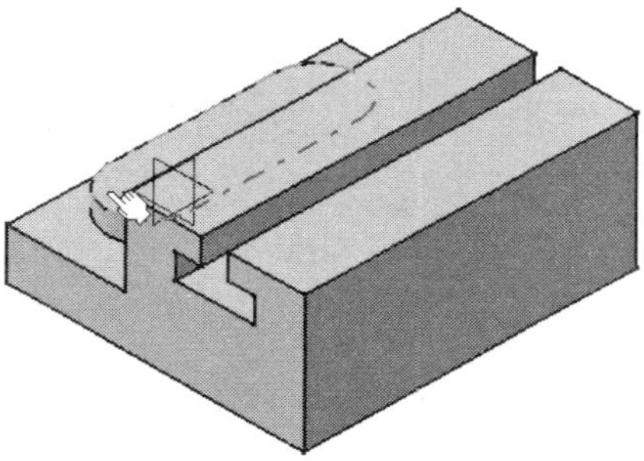

⑦ 아래 그림과 같이 Sketch.2의 윗면을 Plane을 선택하고 Sketcher에서 Circle, Line, Quick Trim 아이콘을 이용하여 Sketch.3을 드로잉한다.

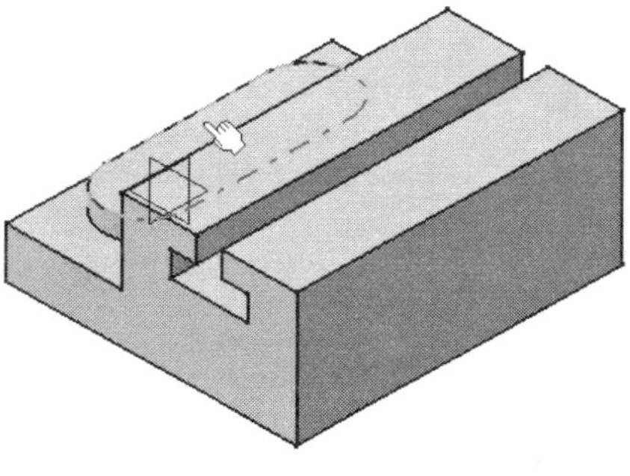

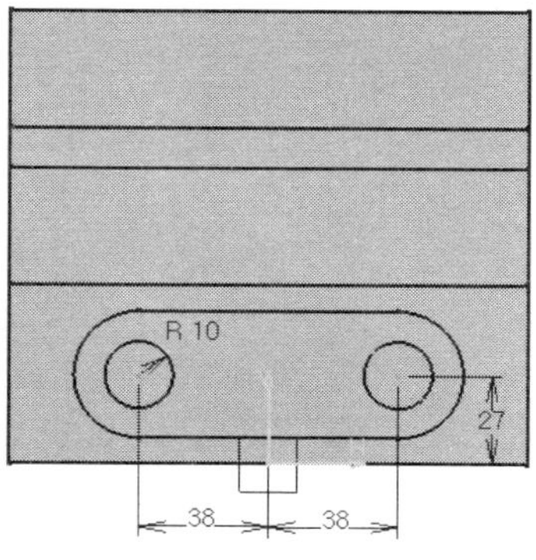

⑧ Exit workbench 아이콘을 실행한다. Pocket 아이콘을 클릭하고 활성화된

Pocket Definition Box에서 Type은 Up to last로 설정하고 Sketch.3를 Pocket시킨다.

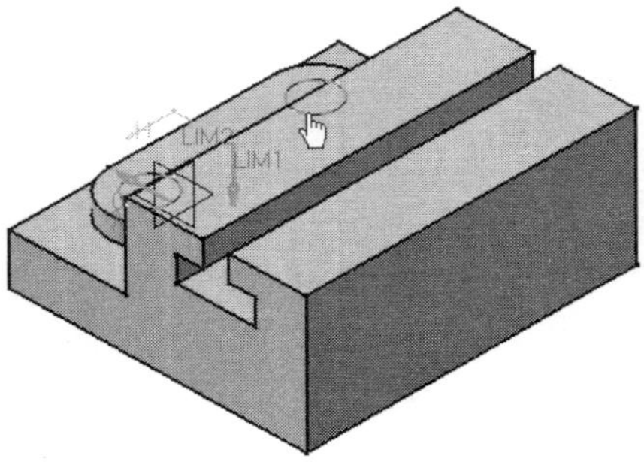

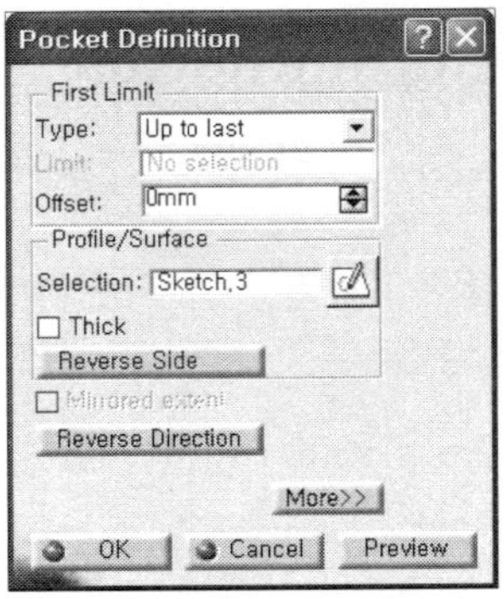

⑨ OK를 클릭하면 Pocket된 Sketch.3의 형상이 생성된다.

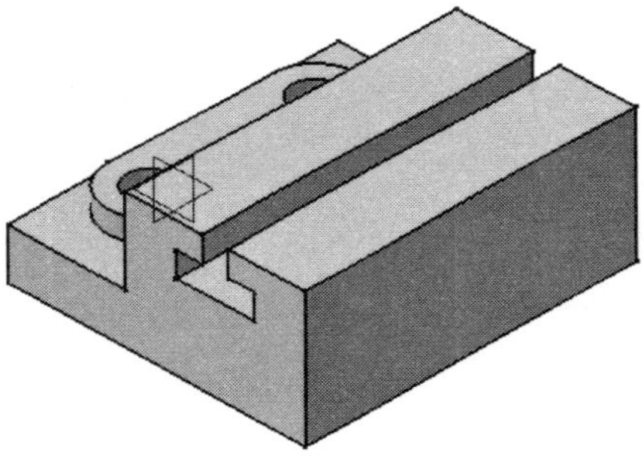

⑫ 아래 그림과 같이 두 Edge를 선택하고 Edge Fillet 아이콘을 클릭한다. 활성화된 Edge Fillet Definition Box에서 Radius를 33mm로 설정한다.

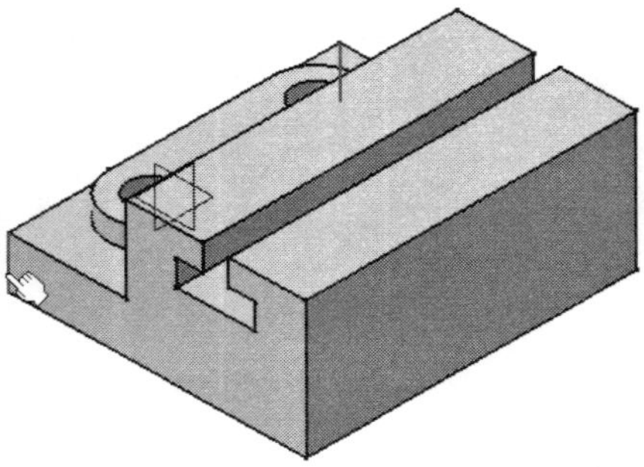

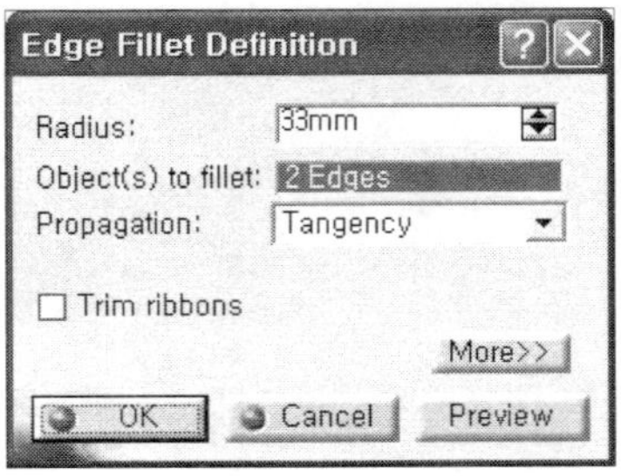

⑬ OK를 클릭하면 두 Edge가 Radius 33mm로 Edge Fillet된 형상이 생성된다.

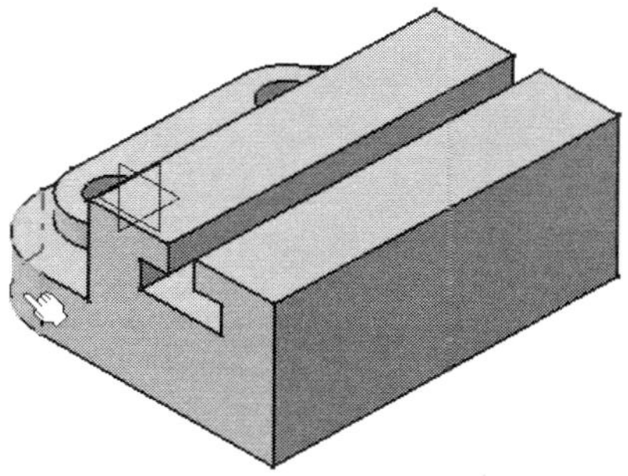

⑭ 아래 그림과 같이 Sketch.3의 Edge를 선택하고 Edge Fillet 아이콘을 클릭한다. 활성화된 Edge Fillet Definition Box에서 Radius를 3mm로 설정한다.

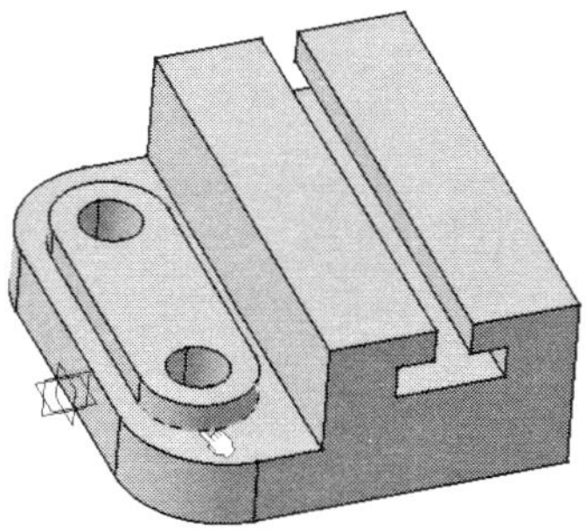

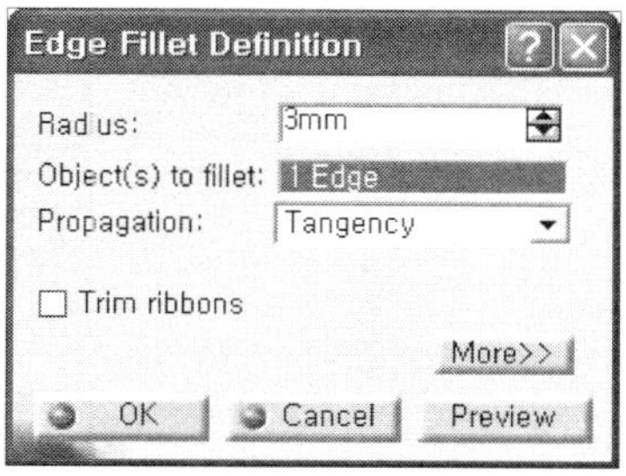

⑮ OK를 클릭하면 Sketch.3의 Edge가 Radius 3mm로 Edge Fillet된 형상이 생성된다.

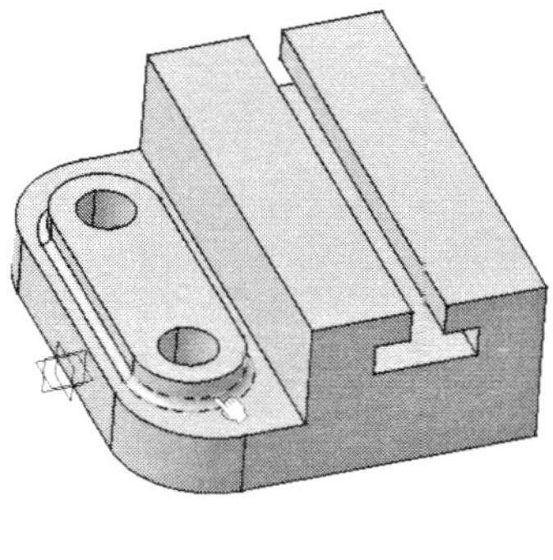

⑯ 아래 그림과 같이 Pad.1의 두 Edge를 선택하고 Chamfer 아이콘을 클릭한다. 활성화된 Chamfer Definition Box에서 Length1을 10mm로 설정한다.

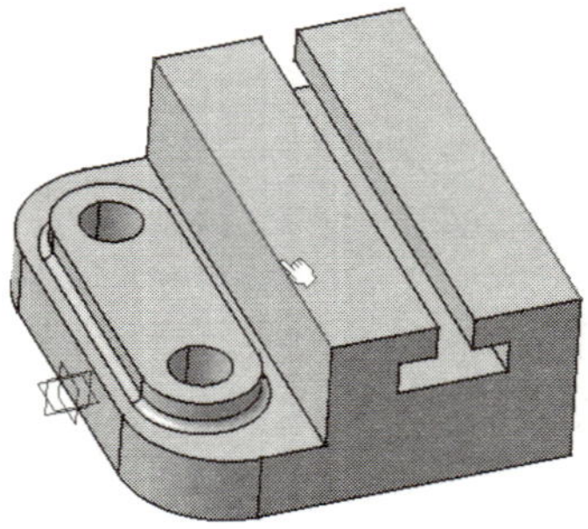

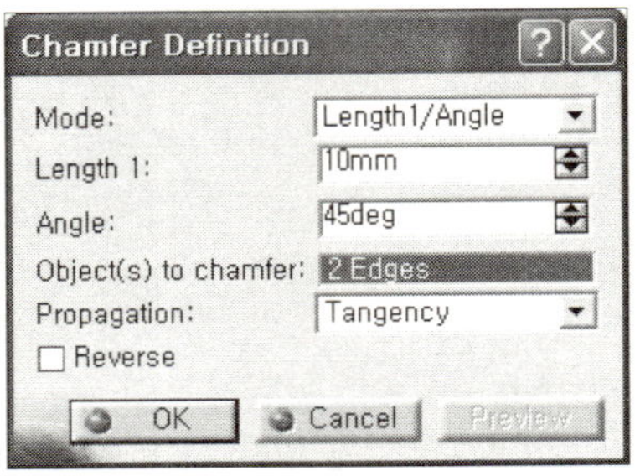

⑰ OK를 클릭하면 Length 10mm로 Chamfer된 형상이 생성된다.

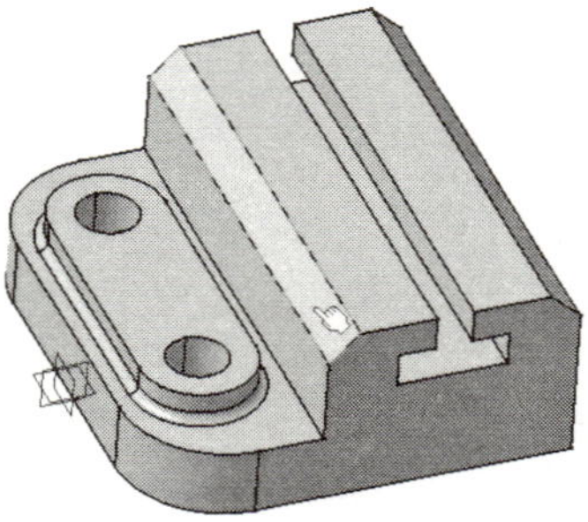

⑱ 아래 그림과 같이 Pocket.1의 두 Edge를 선택하고 Chamfer 아이콘을 클릭한다. 활성화된 Chamfer Definition Box에서 Length1을 3mm로 설정한다.

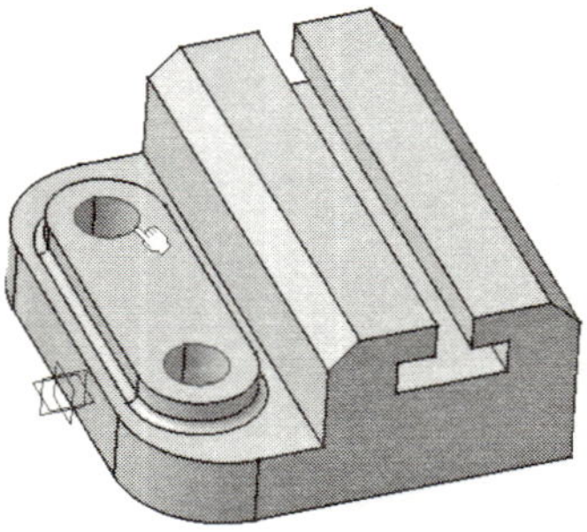

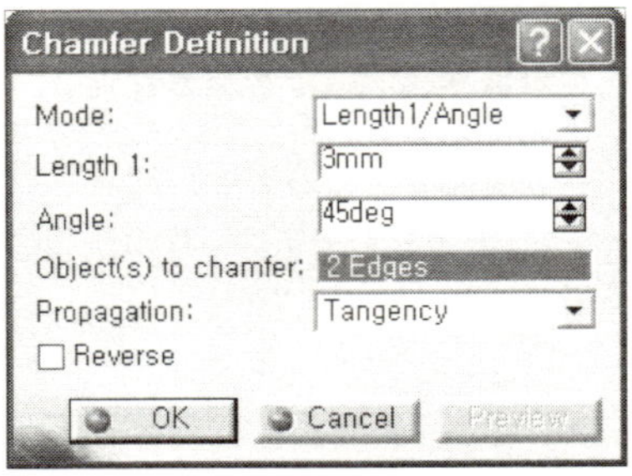

⑲ OK를 클릭하면 Length 3mm로 Chamfer된 형상과 가이드 칼럼의 최종 형상이 생성된다.

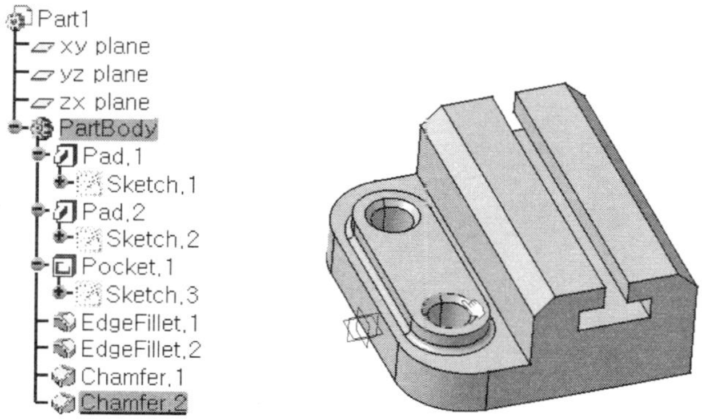

예제 10

① yz Plane을 선택하고 Sketcher에서 먼저 드로잉하기 전에 Sketch Tools의 Geometrical Constraints와 Dimensional Constraints를 설정한다. Profile, Circle, Offset, Quick Trim, Line 아이콘을 등을 이용하여 원점좌표(0,0,0)에서 시작하여 임의의 형상을 드로잉한다. 임의로 드로잉된 개체 모두를 선택하고 Constraint의 Auto Constraint를 클릭한다. 그러면 임의로 드로잉된 개체의 Constraint 치수가 생성된다. 생성된 Constraint 치수를 더블 클릭하여 아래 그림과 같이 정확한 치수를 입력하여 Sketch.1을 드로잉한다.

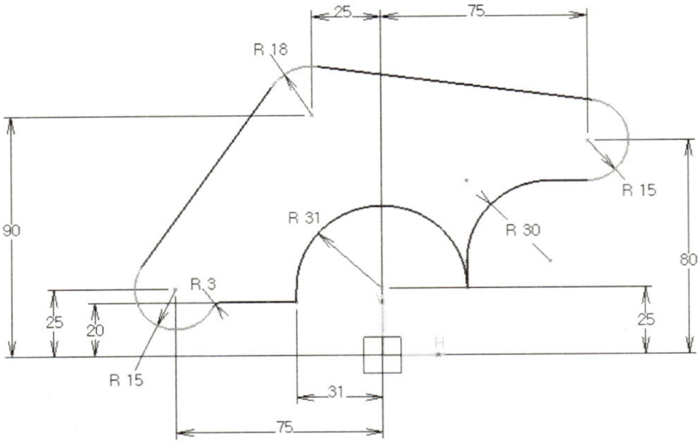

② Exit workbench 아이콘을 실행한다. Pad 아이콘을 클릭하고 Mirrored extent로 설정하고 Sketch.1을 6mm로 Pad시킨다.

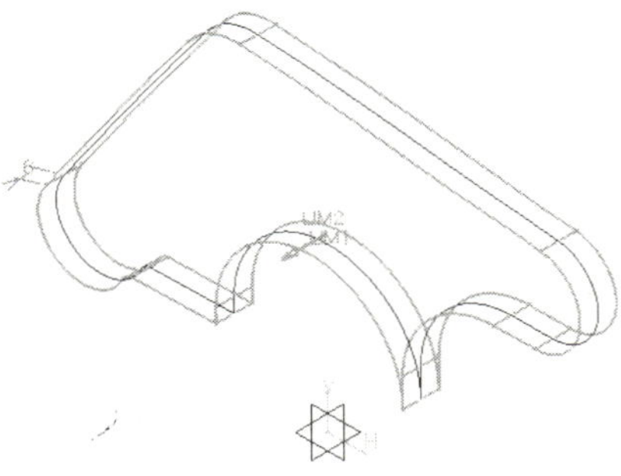

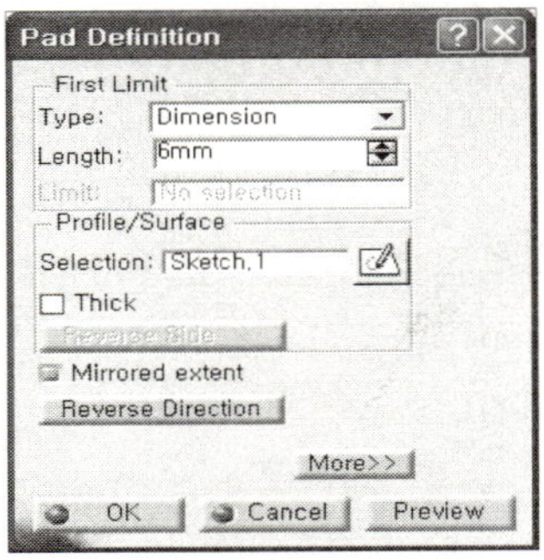

③ OK를 클릭하면 Pad된 Sketch.1의 최종 형상이 생성된다.

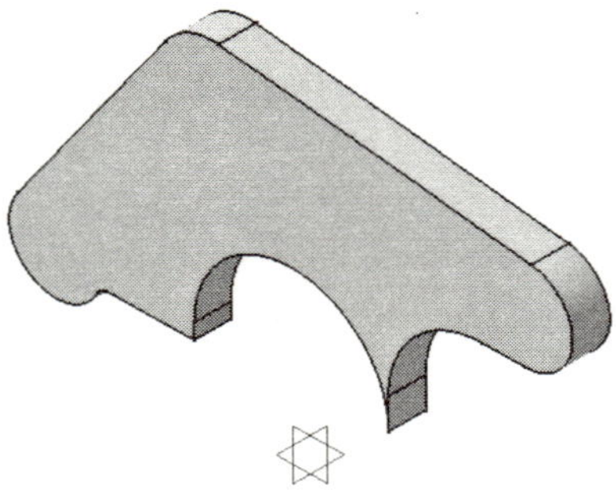

④ 아래 그림과 같이 Plane을 선택하고 Sketcher에서 Circle, Line, Offset,

Quick Trim 아이콘을 이용하여 Sketch.2를 드로잉한다.

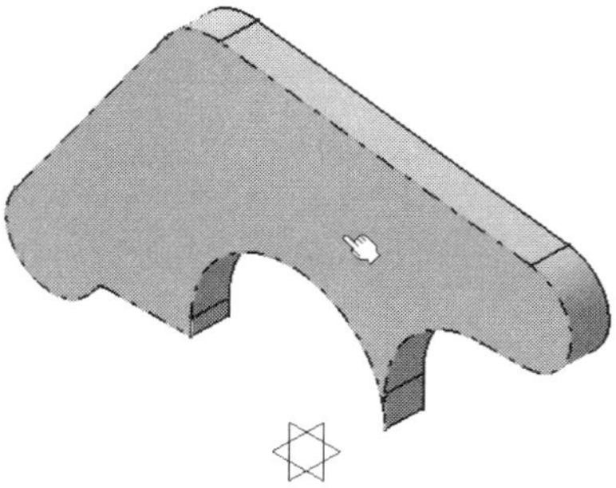

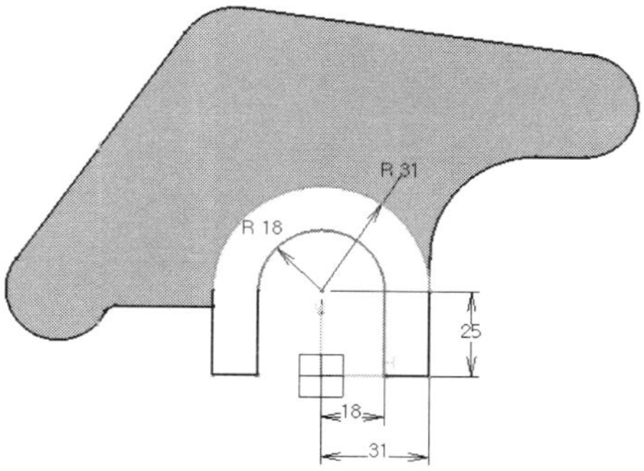

⑤ Exit workbench 아이콘을 실행한다. Pad 아이콘을 클릭하고 Sketch.2에 First Limit Length는 54mm, Second Limit Length는 12mm로 설정하여 Pad시킨다.

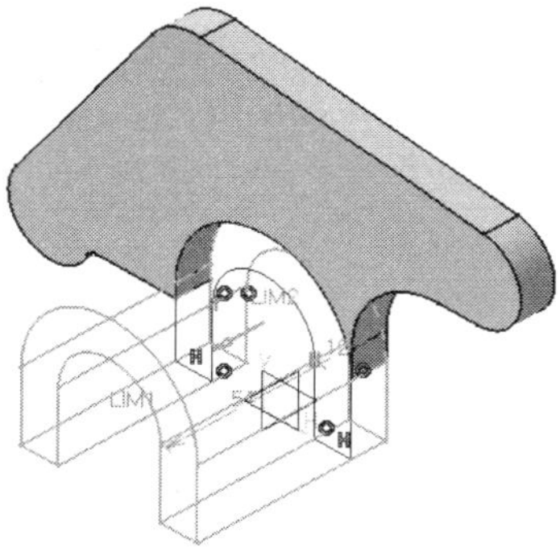

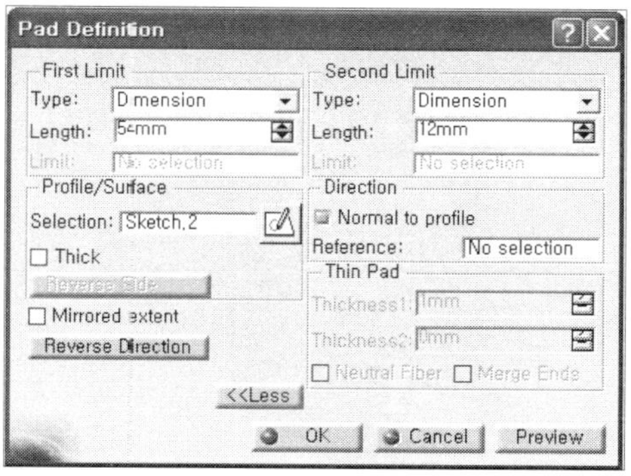

⑥ OK를 클릭하면 Pad된 Sketch.2의 최종 형상이 생성된다.

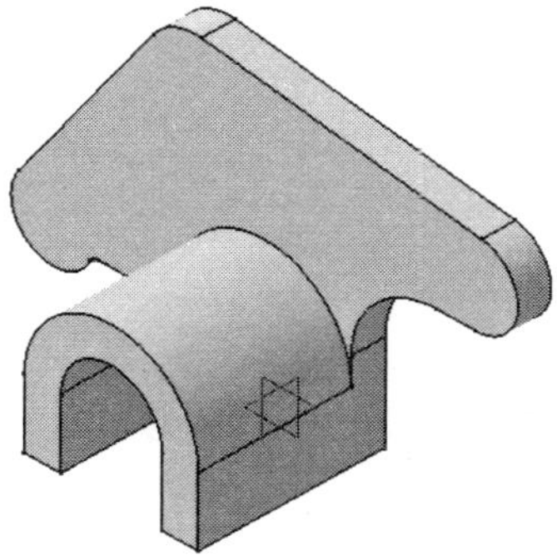

⑦ 아래 그림과 같이 면을 Plane으로 선택하고 Sketcher에서 Circle 아이콘을 이용하여 Sketch.3을 드로잉한다.

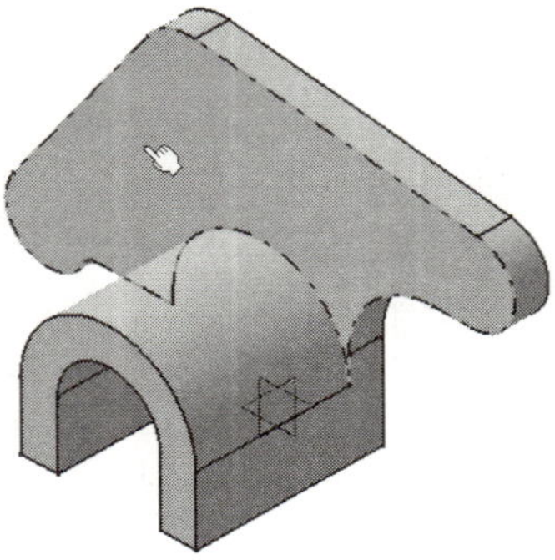

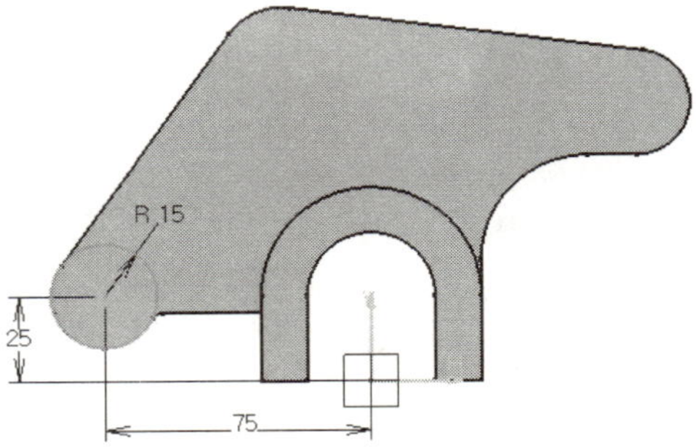

⑧ Exit workbench 아이콘을 실행한다. Pad 아이콘을 클릭하고 Sketch.3에 First Limit Length는 4mm, Second Limit Length는 16mm로 설정하여 Pad시킨다.

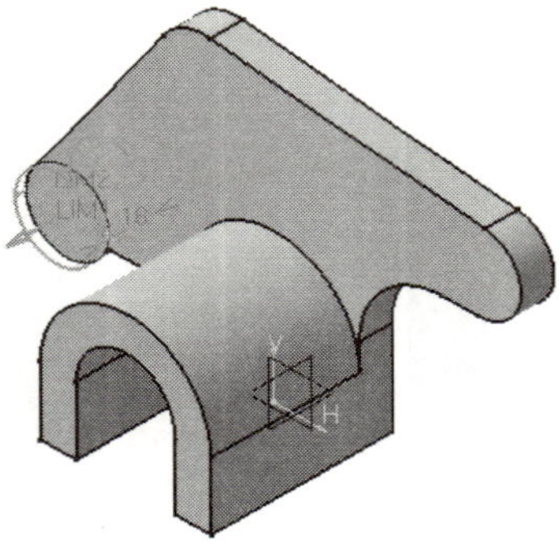

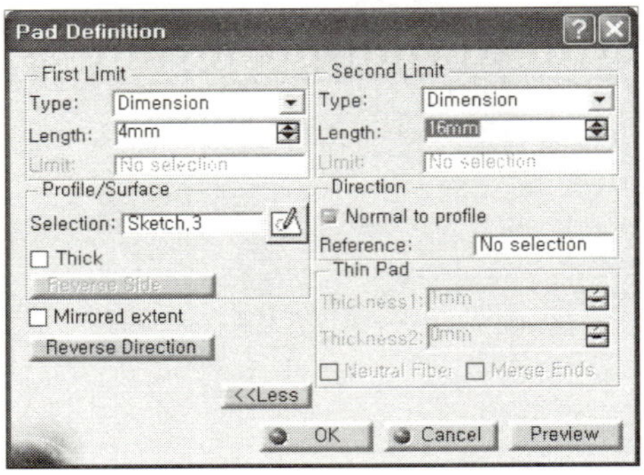

⑨ OK를 클릭하면 Pad된 Sketch.3의 형상이 생성된다.

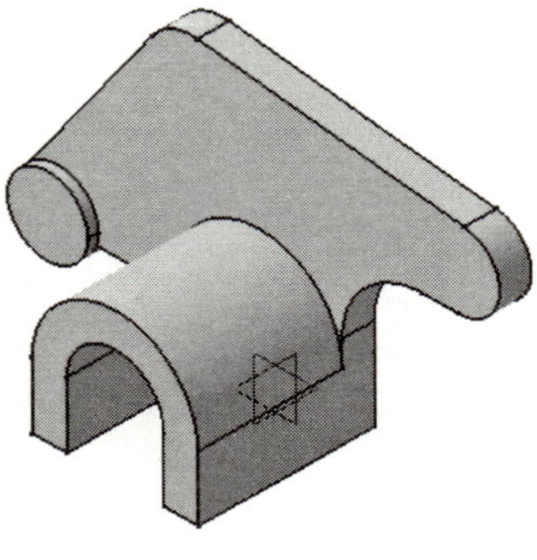

⑩ 아래 그림과 같이 면을 Plane으로 선택하고 Sketcher에서 Circle 아이콘을 이용하여 Sketch.4를 드로잉한다.

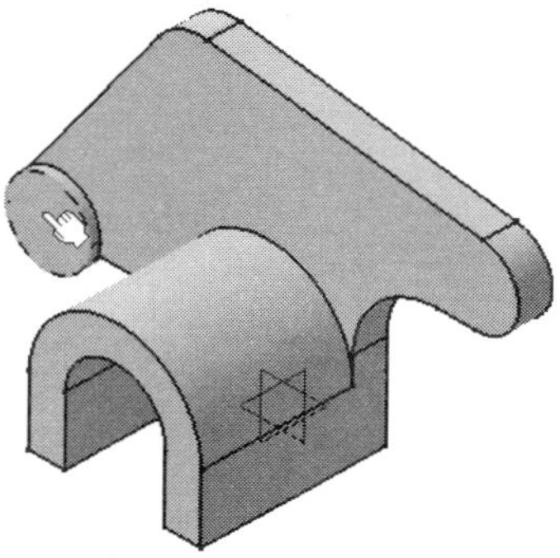

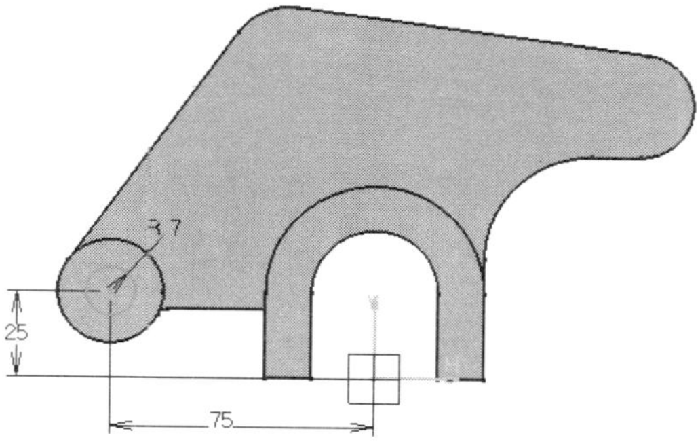

⑪ Exit workbench 아이콘을 실행한다. Pocket 아이콘을 클릭하고 Sketch.4를 선택하고 20mm로 Pocket시킨다.

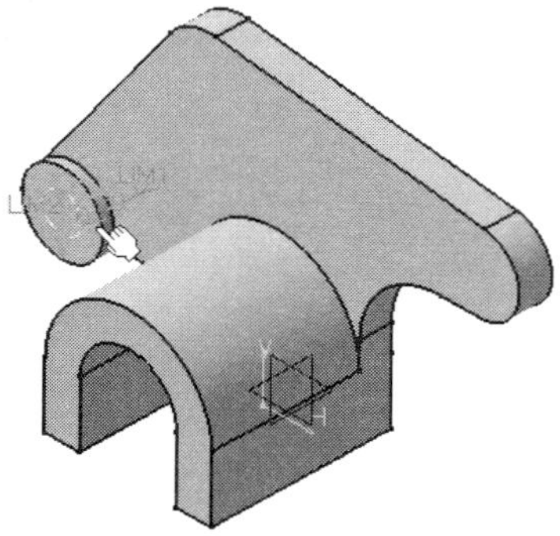

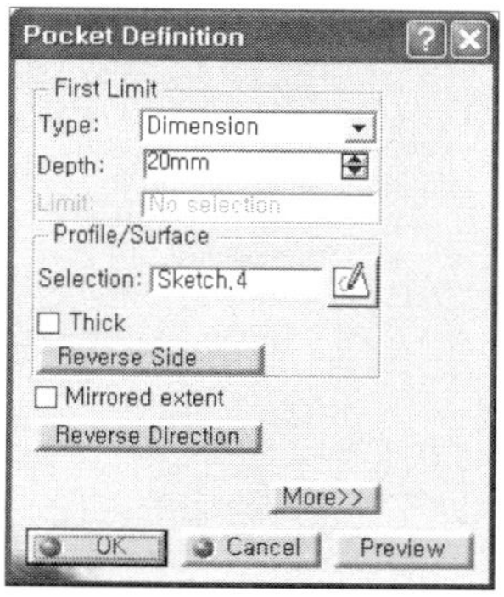

⑫ OK를 클릭하면 Pocket된 Sketch.4의 형상이 생성된다.

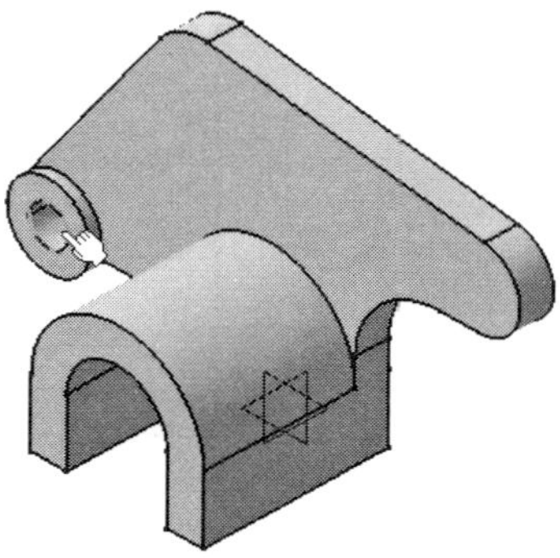

⑬ 아래 그림과 같이 면을 Plane으로 선택하고 Sketcher에서 Circle 아이콘을 이용하여 Radius 18mm와 Radius 15mm인 Sketch.5를 드로잉한다.

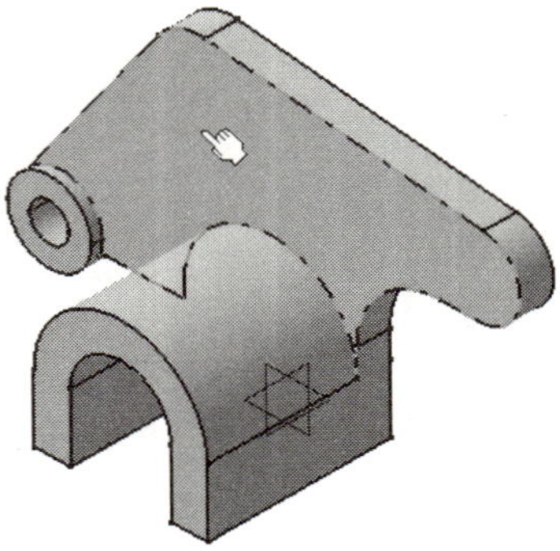

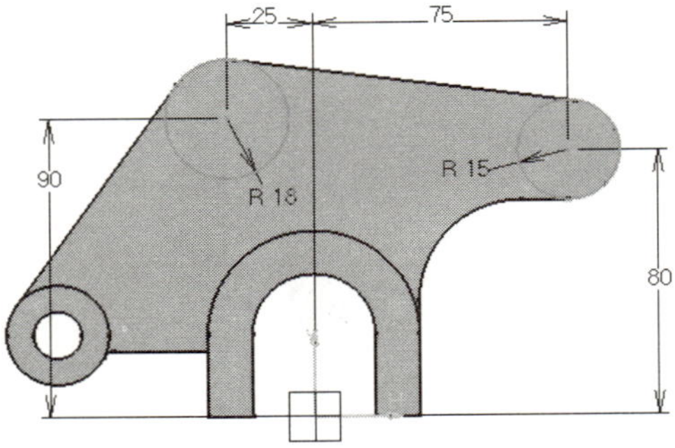

⑭ Exit workbench 아이콘을 실행한다. Multi-Pad 아이콘을 클릭하고 활성화된 Multi-Pad Definition Box와 같이 설정하여 Sketch.5를 Pad시킨다.

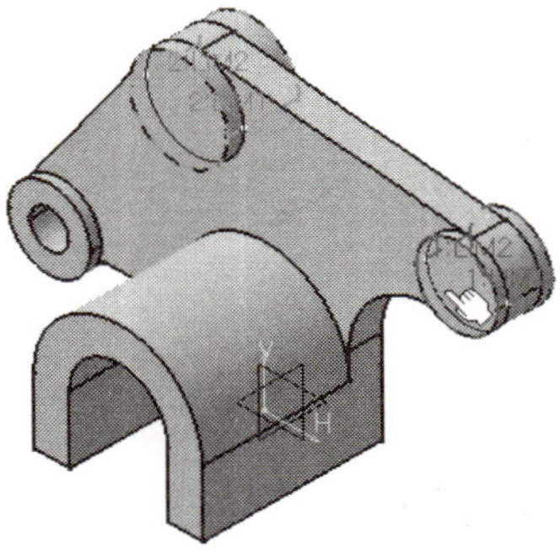

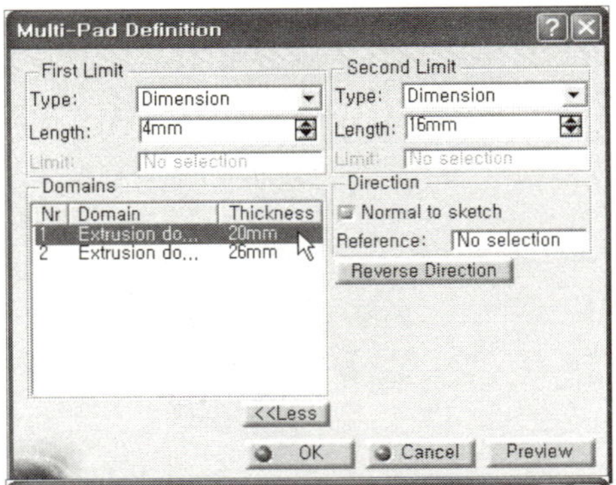

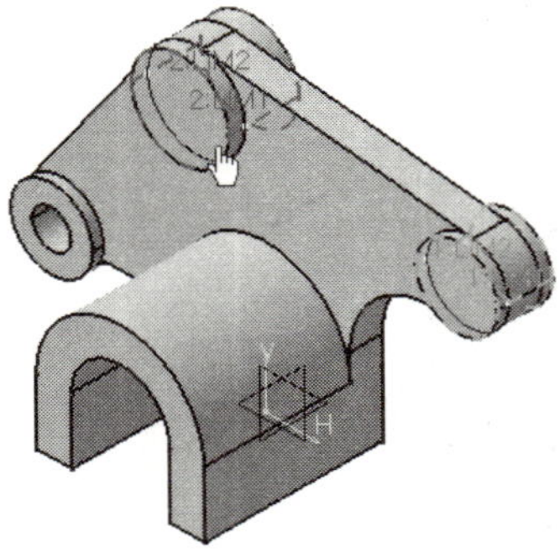

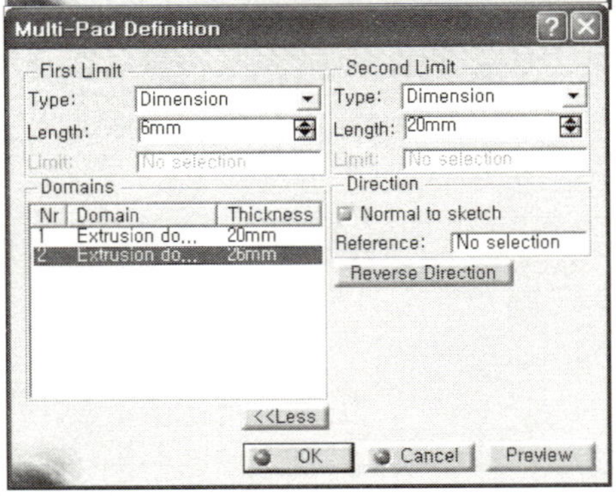

⑮ OK를 클릭하면 Multi-Pad된 Sketch.5의 형상이 생성된다.

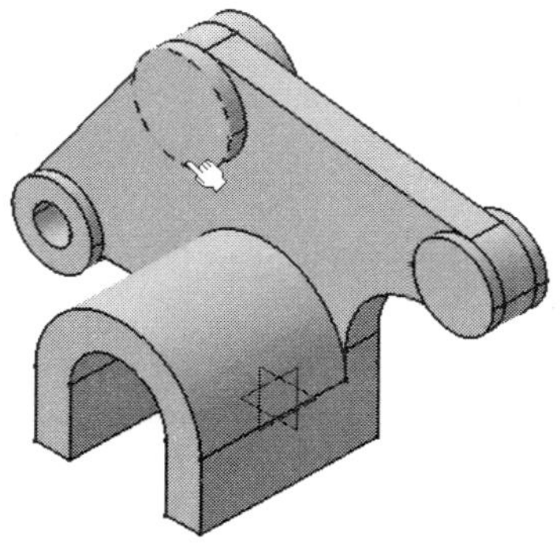

⑯ 아래 그림과 같이 면을 Plane으로 선택하고 Sketcher에서 Circle 아이콘을 이용하여 Radius 8mm와 Radius 7mm인 Sketch.6를 드로잉한다.

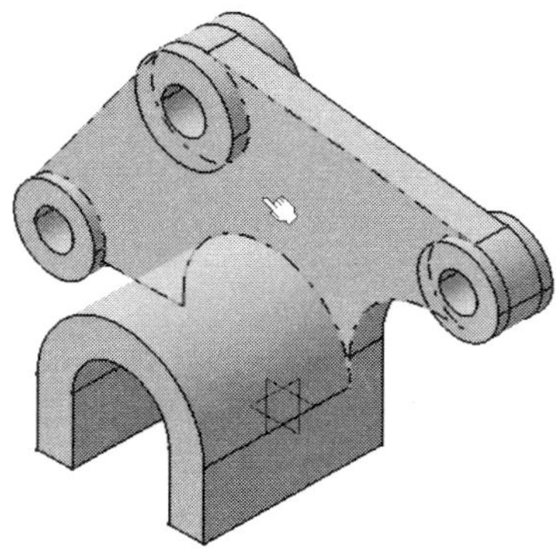

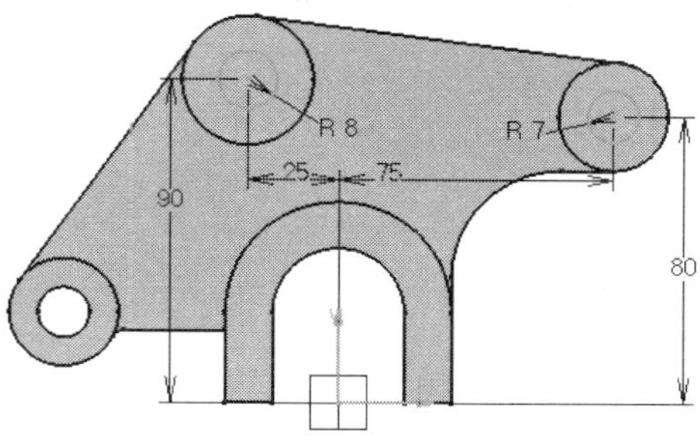

⑰ Exit workbench 아이콘을 실행한다. Multi-Pocket 아이콘을 클릭하고 활성화된 Multi-Pocket Definition Box와 같이 설정하여 Sketch.6을 Pocket 시킨다.

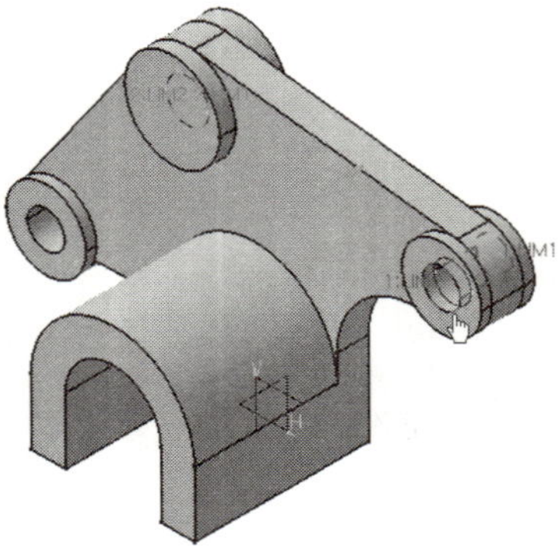

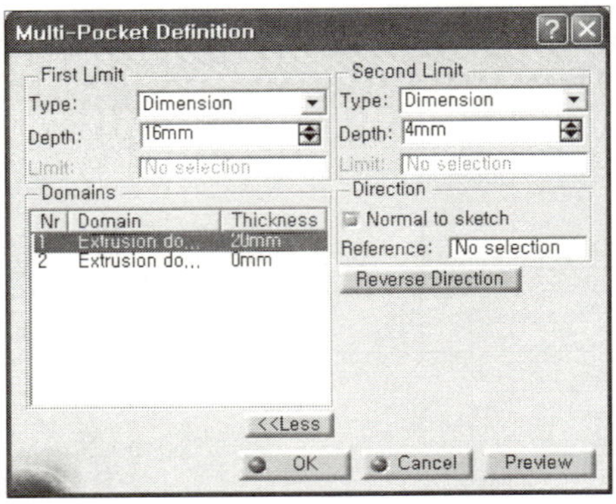

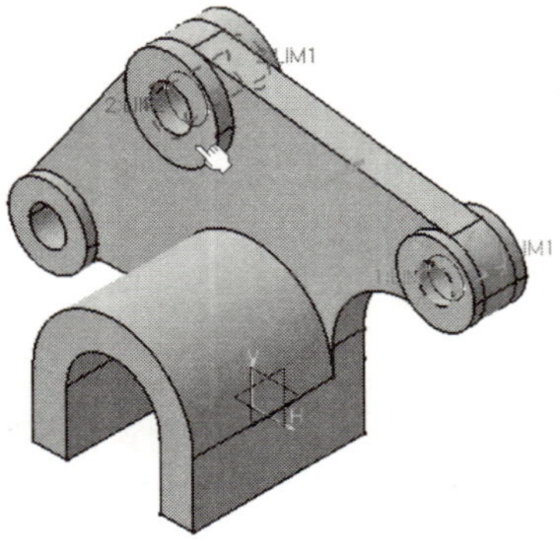

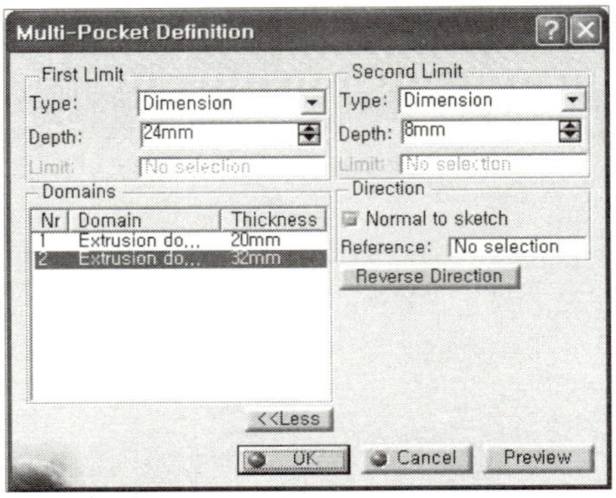

⑱ OK를 클릭하면 Multi-Pocket된 Sketch.6의 형상이 생성된다.

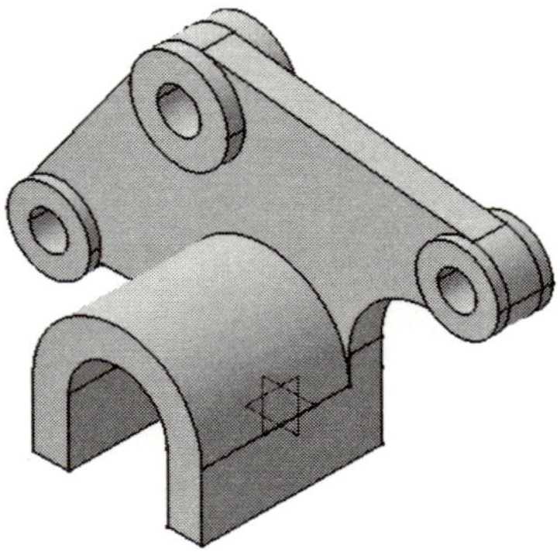

⑲ 아래 그림과 같이 Edge를 선택하고 Edge Fillet 아이콘을 클릭한다. 활성화

된 Edge Fillet Definition Box에서 Radius를 5mm로 설정한다.

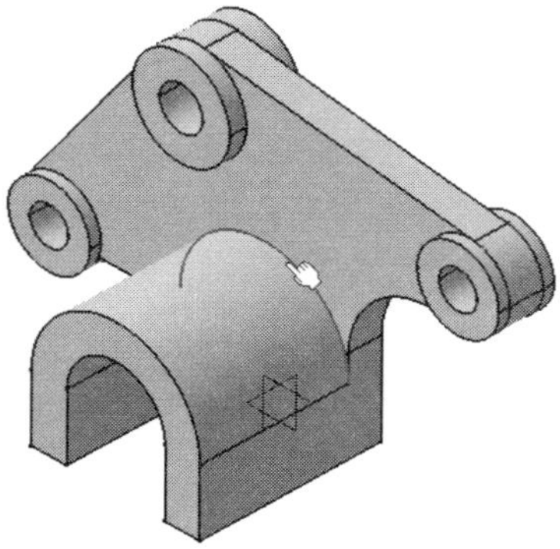

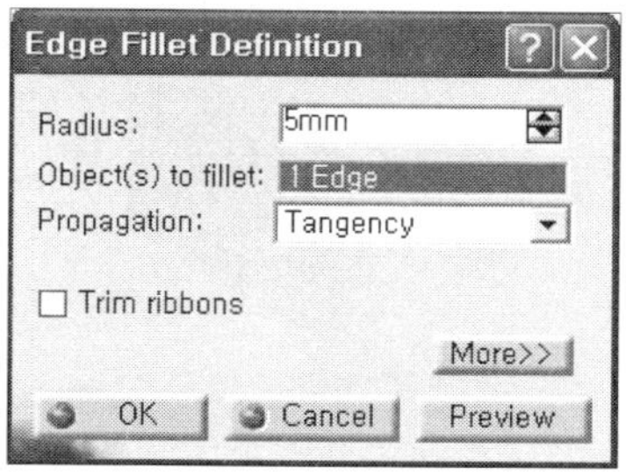

⑳ OK를 클릭하면 Radius 5mm로 Edge Fillet된 형상이 생성된다.

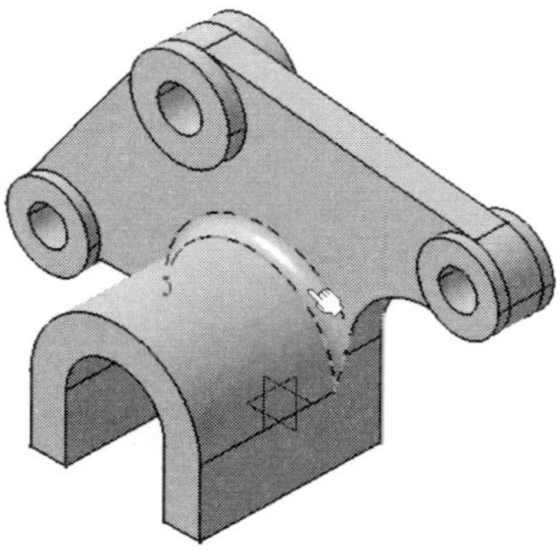

㉑ 다음 그림과 같이 Edge를 선택하고 Chamfer 아이콘을 클릭한다. 활성화된 Chamfer Definition Box에서 Length를 2mm로 설정한다.

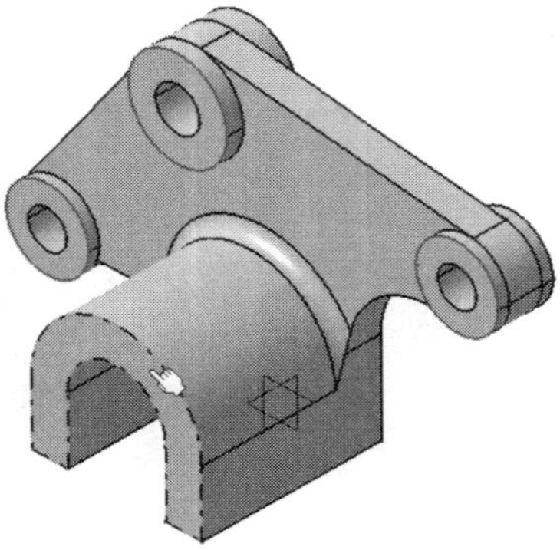

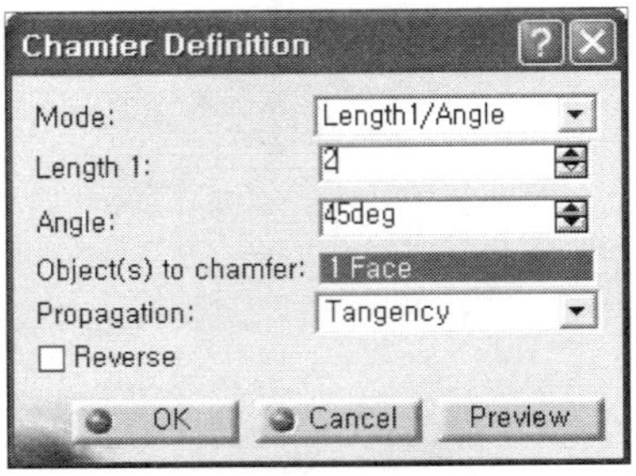

㉒ OK를 클릭하면 Length 2mm로 Chamfer된 형상과 링크 조인트의 최종 형상이 생성된다.

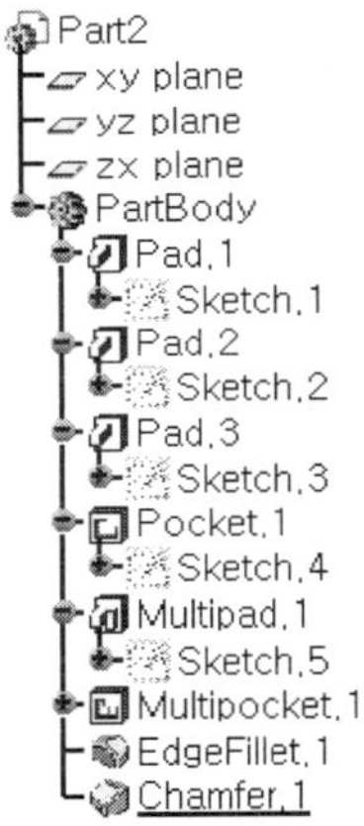

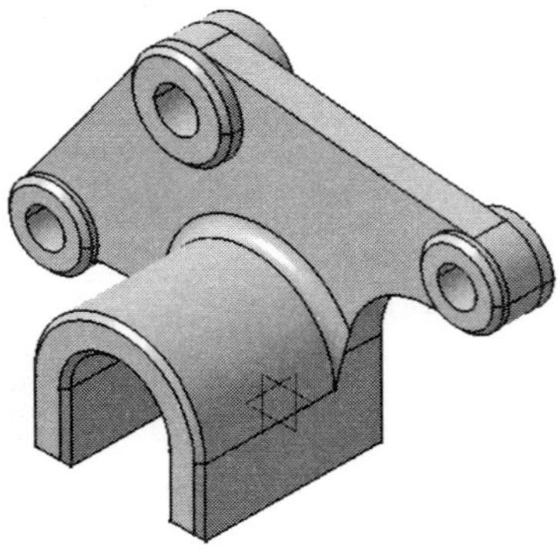

예제 11

① xy Plane을 선택하고 Sketcher에서 먼저 드로잉하기 전에 Sketch Tools의 Geometrical Constraints와 Dimensional Constraints를 설정한다. Line, Edge Fillet, Offset, Quick Trim 아이콘을 등을 이용하여 원점좌표(0,0,0)에서 시작하여 임의의 형상을 드로잉한다. 임의로 드로잉된 개체 모두를 선택하고 Constraint의 Auto Constraint를 클릭한다. 그러면 임의로 드로잉된 개체의 Constraint 치수가 생성된다. 생성된 Constraint 치수를 더블 클릭하여 아래 그림과 같이 정확한 치수를 입력하여 Sketch.1을 드로잉한다.

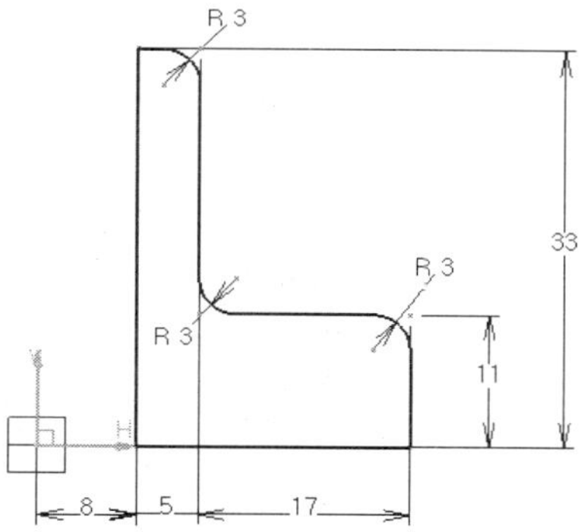

② Exit workbench 아이콘을 실행한다. Shaft 아이콘을 클릭하고 Profile은 Sketch.1, Axis는 VDirection으로 설정한다. VDirection을 설정하면 아래 그림과 같이 Shaft될 예비 형상이 생성된다.

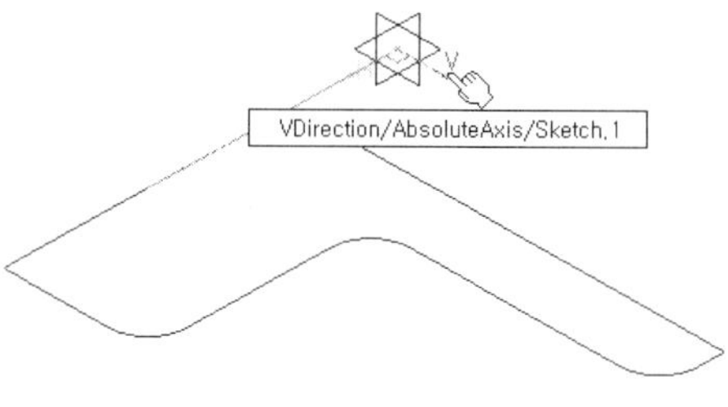

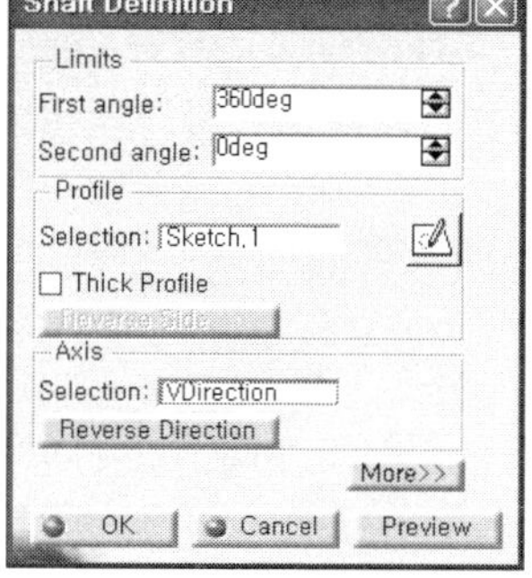

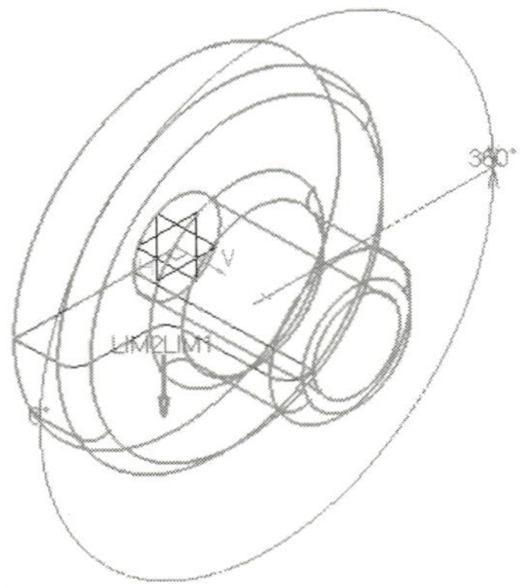

③ OK를 클릭하면 Shaft된 Sketch.1의 형상이 생성된다.

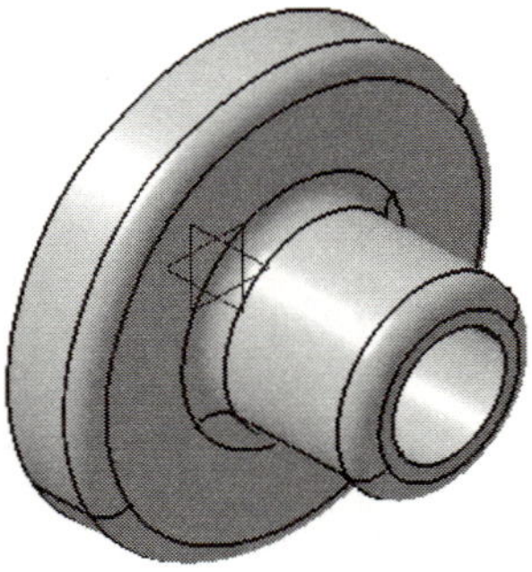

④ 아래 그림과 같이 Plane을 선택하고 Sketcher에서 Circle 아이콘을 이용하여 Radius 4mm의 Sketch.2를 드로잉한다.

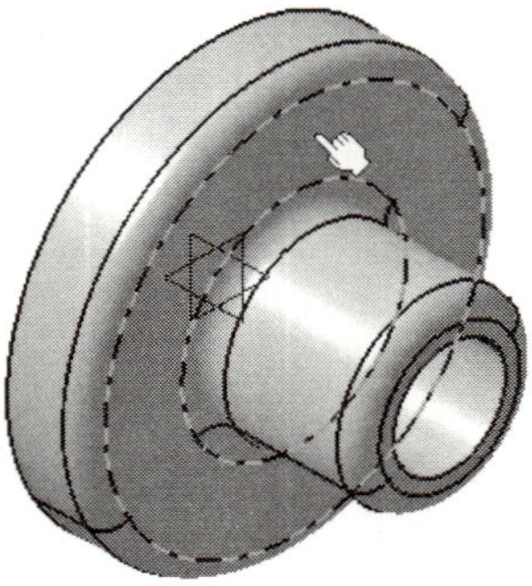

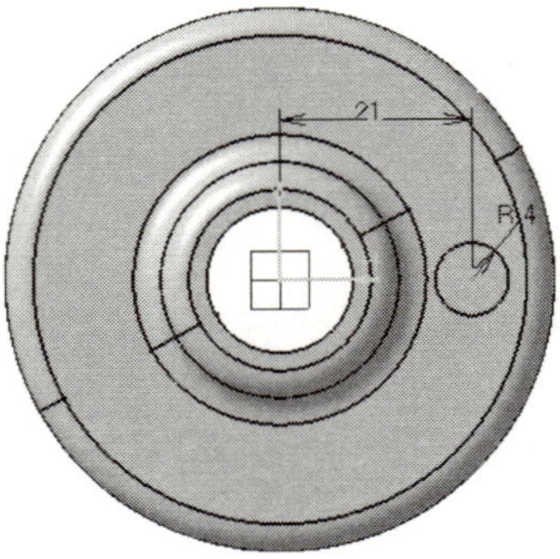

⑤ Exit workbench 아이콘을 실행한다. Pocket 아이콘을 클릭하고 활성화된 Pocket Definition에서 Type을 Up to last로 설정하고 Sketch.2를 Pocket 시킨다.

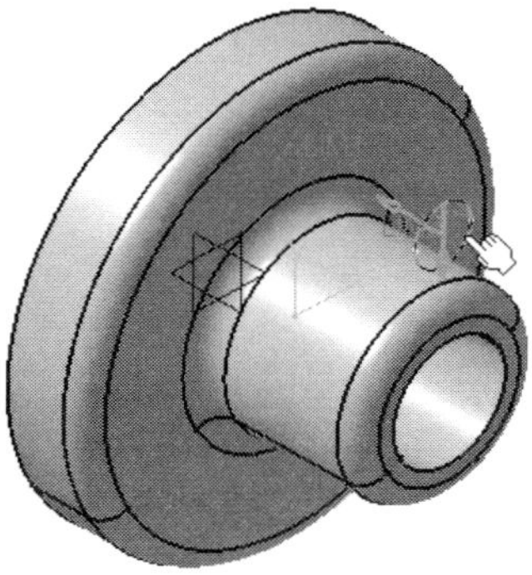

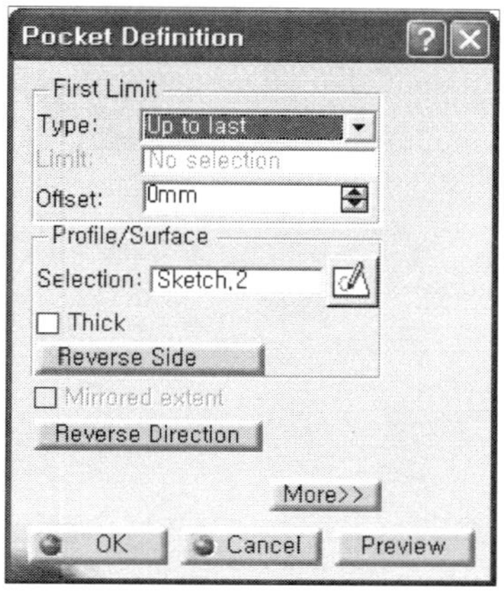

⑥ OK를 클릭하면 Pocket된 Sketch.2의 형상이 생성된다.

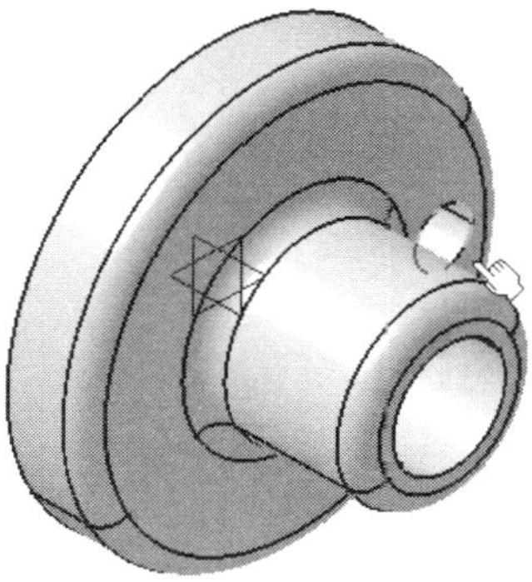

⑦ Circular Pattern 아이콘을 클릭하고 활성화된 Circular Pattern Definition Box에서 Instance(s)는 4, Angular spacing은 90deg, Reference element는 zx Plane, Object는 Pocket.1을 설정한다.

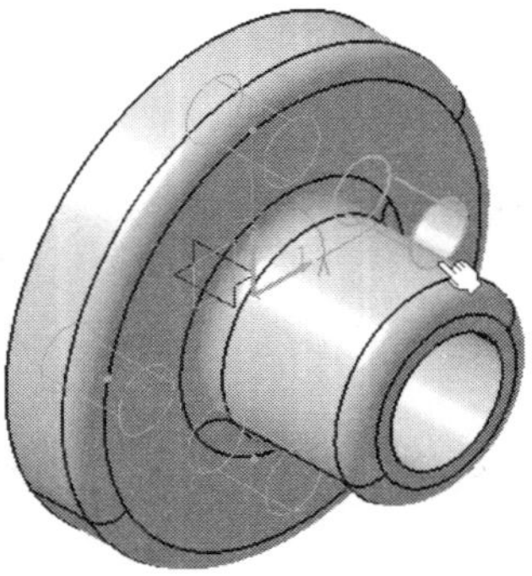

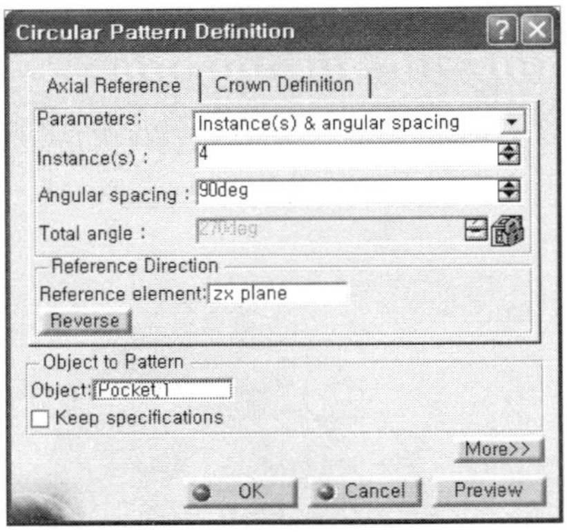

⑧ OK를 클릭하면 Circular Pattern된 Sketch.2의 형상이 생성된다.

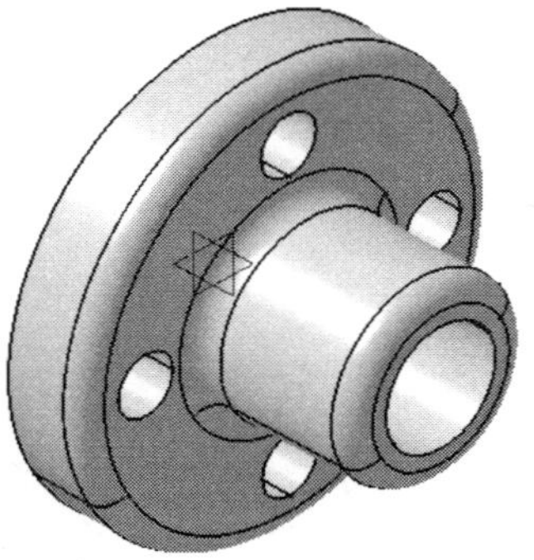

⑨ 아래 그림은 270deg로 Shaft된 형상을 나타내었다.

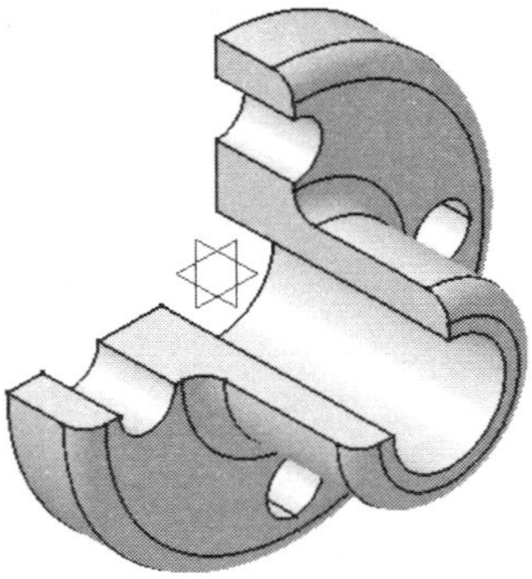

⑩ Mirror 아이콘을 클릭하고 Mirror Definition Box가 활성화되고 아래 그림과 같이 Face.1과 Mirror될 Axis는 zx Plane을 선택한다.

⑪ OK를 클릭하면 zx Plane으로 Mirror된 최종 커플링 형상이 생성된다.

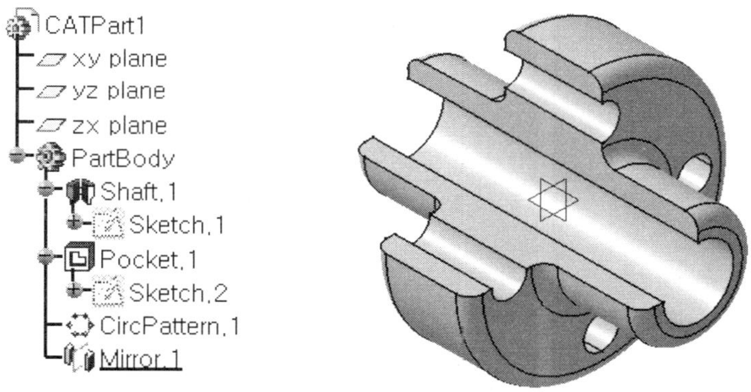

예제 12

① zx Plane을 선택하고 Sketcher에서 먼저 드로잉하기 전에 Sketch Tools의 Geometrical Constraints와 Dimensional Constraints를 설정한다. Line, Edge Fillet, Offset, Quick Trim 아이콘을 등을 이용하여 원점좌표(0,0,0)에서 시작하여 임의의 형상을 드로잉한다. 임의로 드로잉된 개체 모두를 선택하고 Constraint의 Auto Constraint를 클릭한다. 그러면 임의로 드로잉된 개체의 Constraint 치수가 생성된다. 생성된 Constraint 치수를 더블 클릭하여 아래 그림과 같이 정확한 치수를 입력하여 Sketch.1을 드로잉한다.

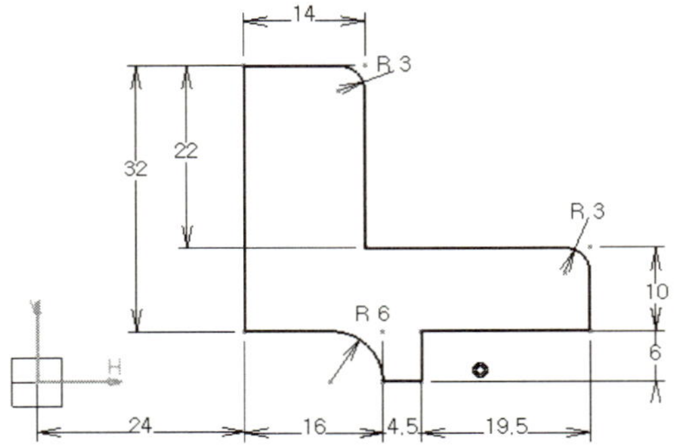

② Exit workbench 아이콘을 실행한다. Shaft 아이콘을 클릭하고 Profile은 Sketch.1, Axis는 VDirection으로 설정한다. VDirection을 설정하면 아래 그림과 같이 Shaft될 예비 형상이 생성된다.

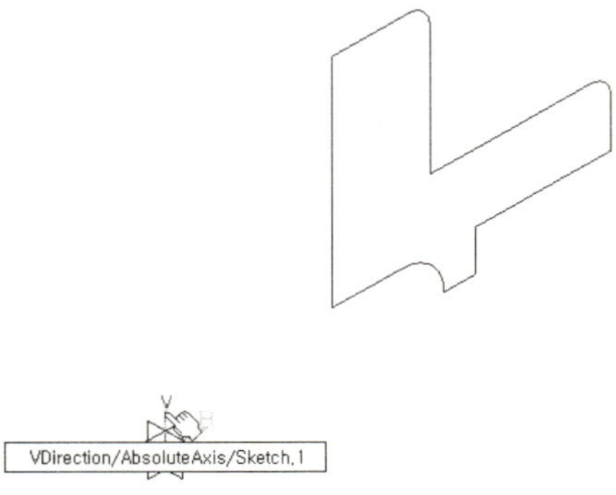

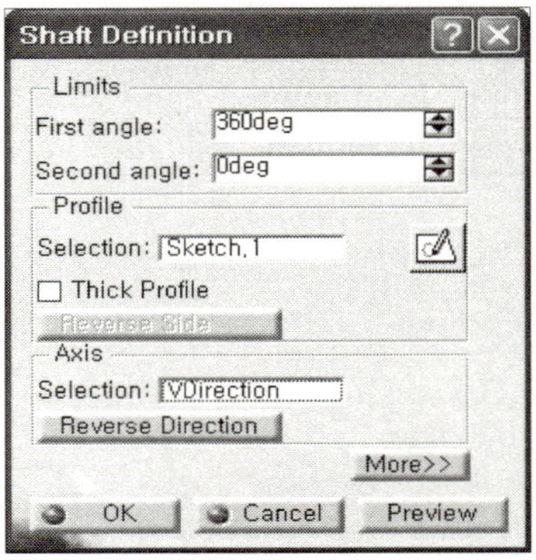

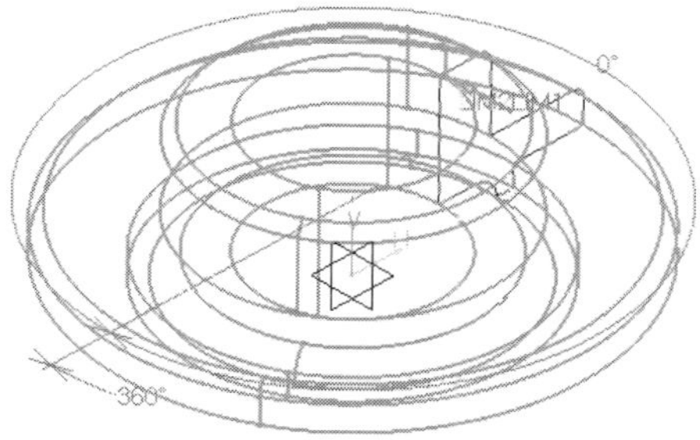

③ OK를 클릭하면 Shaft된 Sketch.1의 형상이 생성된다.

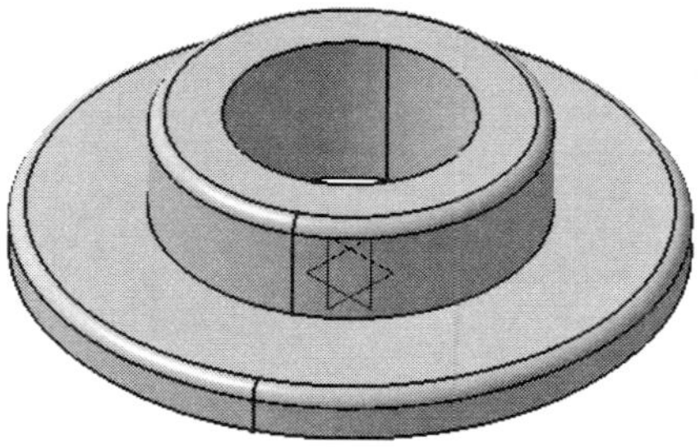

④ 아래 그림과 같이 Plane을 선택하고 Sketcher에서 Circle 아이콘을 이용하여 Radius 5mm의 Sketch.2를 드로잉한다.

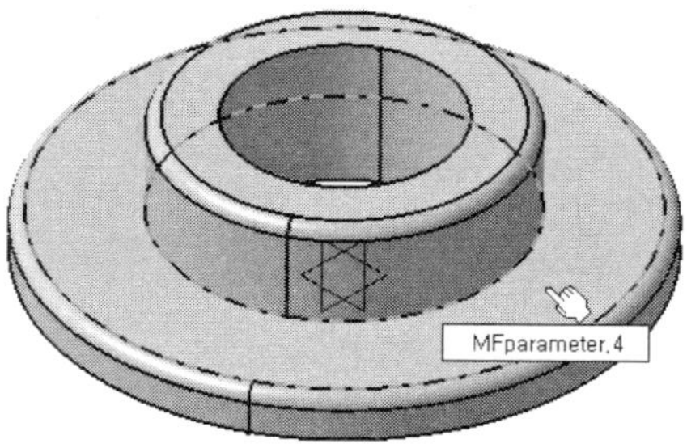

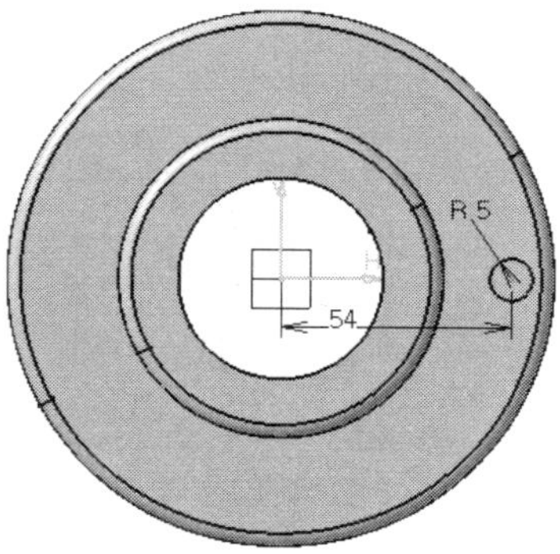

⑤ Exit workbench 아이콘을 실행한다. Pocket 아이콘을 클릭하고 활성화된 Pocket Definition Box에서 Type을 Up to last로 설정하고 Sketch.2를 Pocket시킨다.

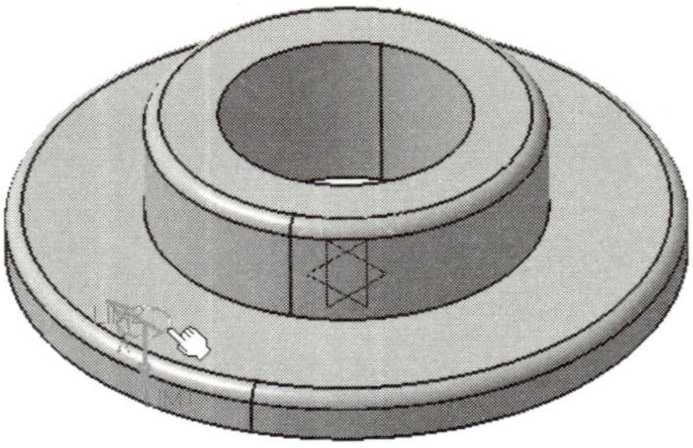

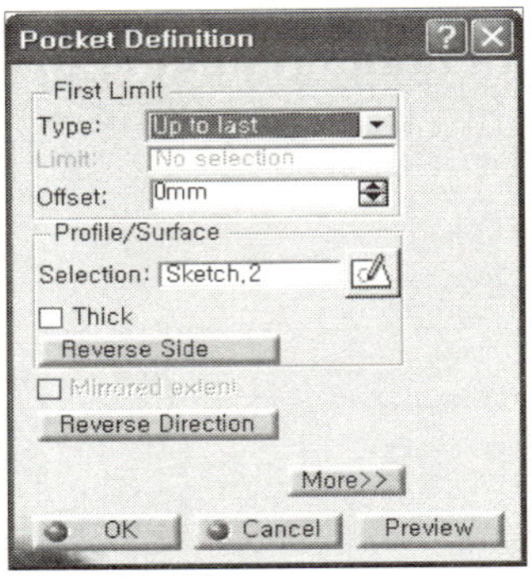

⑥ OK를 클릭하면 Pocket된 Sketch.2의 형상이 생성된다.

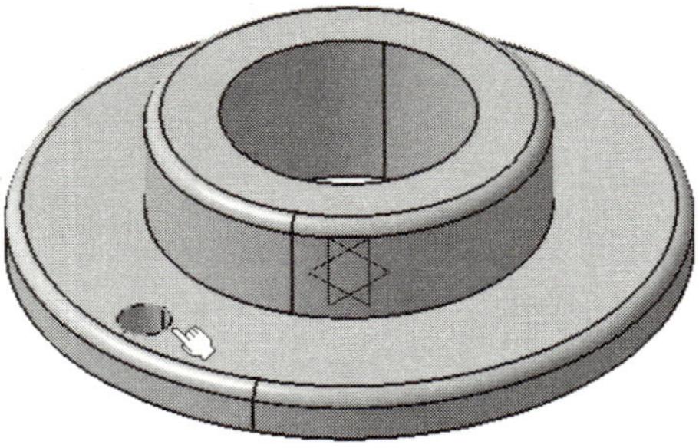

⑦ Circular Pattern 아이콘을 클릭하고 활성화된 Circular Pattern Definition Box에서 Instance(s)는 3, Angular spacing은 120deg, Reference element는 xy Plane, Object는 Pocket.1을 설정한다.

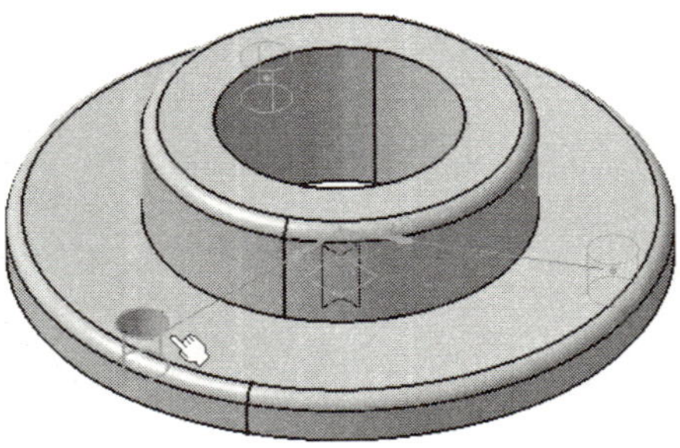

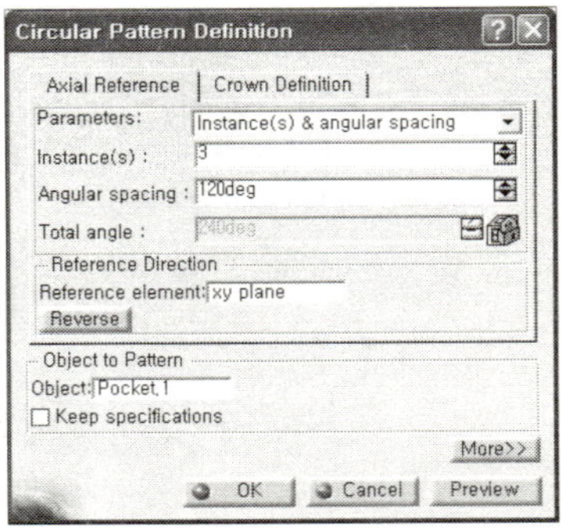

⑧ OK를 클릭하면 Circular Pattern된 Sketch.2의 형상이 생성된다.

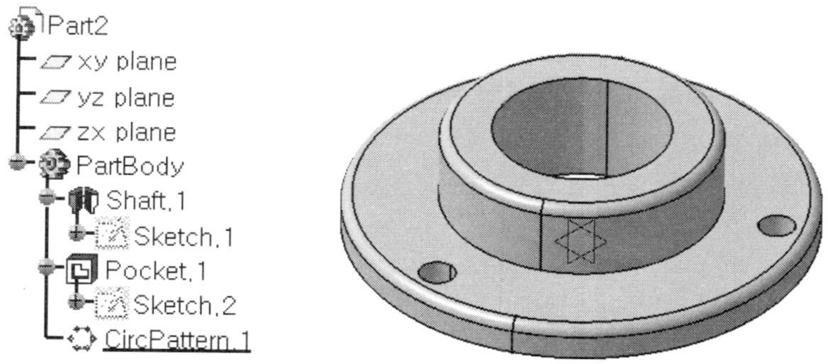

⑨ 아래 그림은 180deg로 Shaft된 형상을 나타내었다.

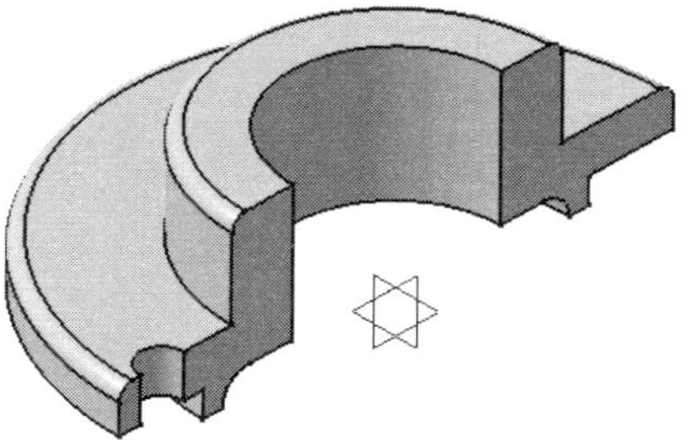

예제 13

① Pull down menu의 Start에서 Mechanical Design ⇒ Part Design에서 xy Plane을 선택한 후 Sketch 아이콘을 실행한다. Sketch 작업창에서 Circle과 Line 아이콘을 이용하여 아래 그림과 같이 Sketch.1을 드로잉한다.

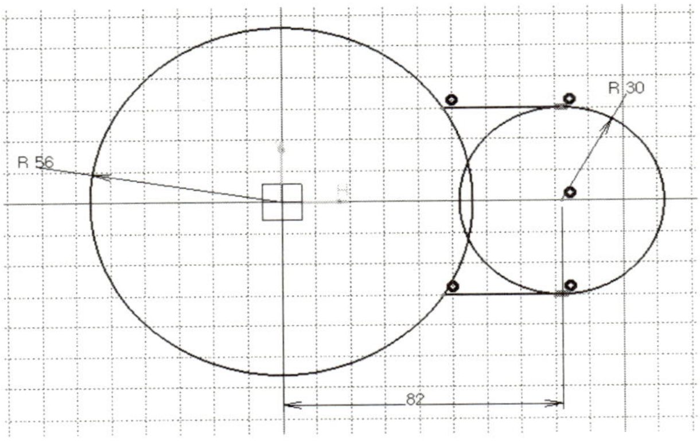

② Corner( )와 Quick Trim( ) 아이콘을 실행하여 아래 그림과 같이 Profile을 생성한다.

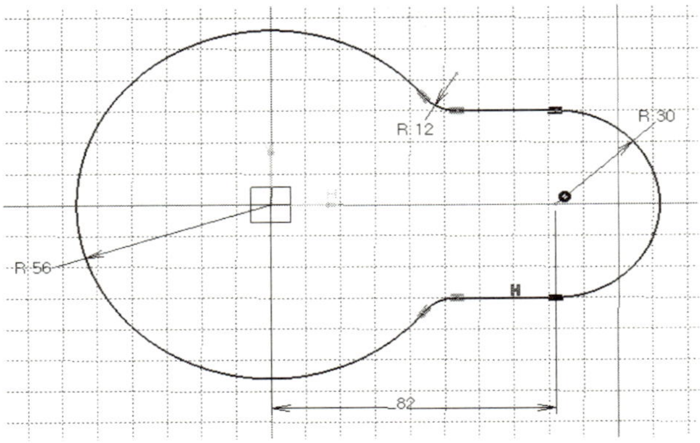

③ Line, Quick Trim, Circle 아이콘을 실행하여 아래 그림과 같이 Profile을 드로잉한다.

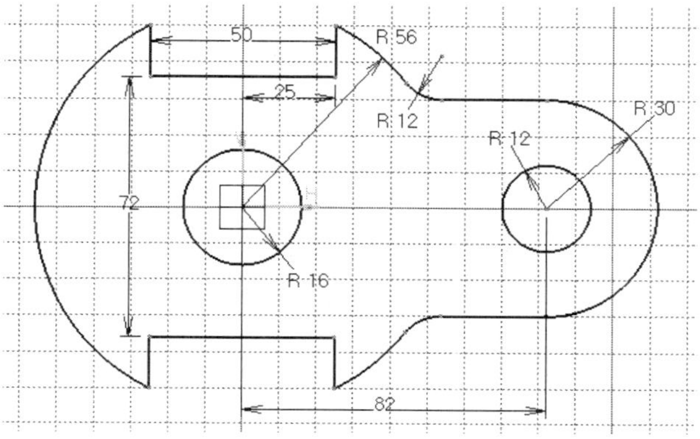

④ Exit Workbench( ) 아이콘을 실행한 후 Pad( ) 아이콘을 이용하여 아래 그림과 같이 26mm로 Pad시킨다.

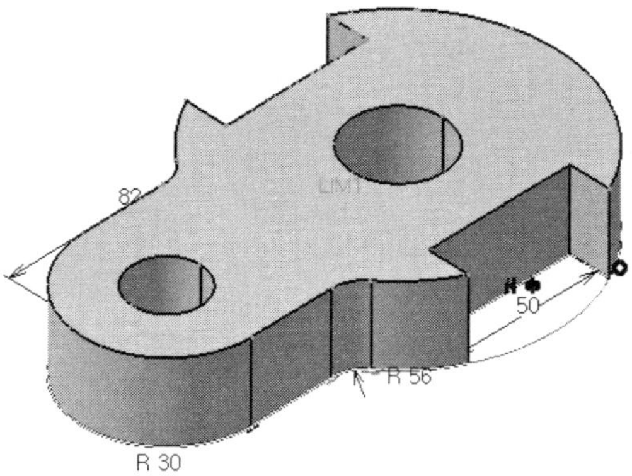

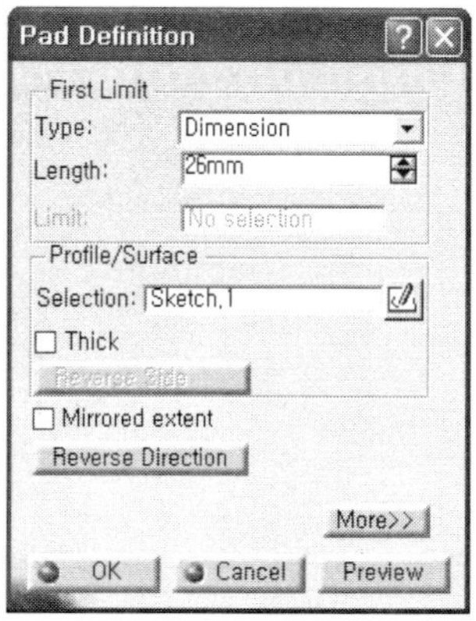

⑤ 아래 그림과 같이 윗면을 Plane으로 선택하고 Sketch 아이콘을 실행한다.

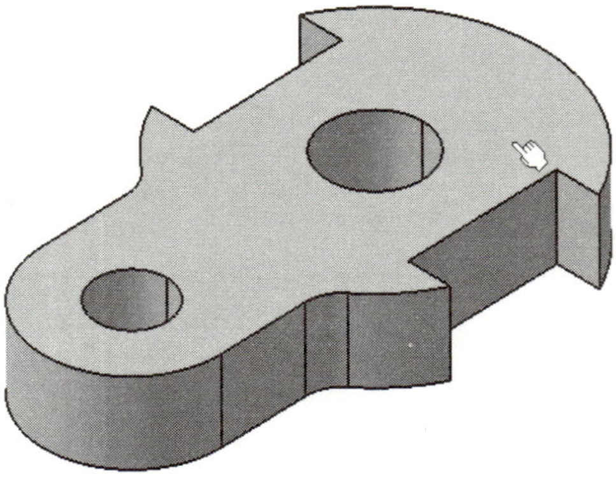

⑥ 아래 그림과 같이 Circle 아이콘을 실행하여 Radius 32mm, Diameter 32mm의 두 개의 Circle을 드로잉한다.

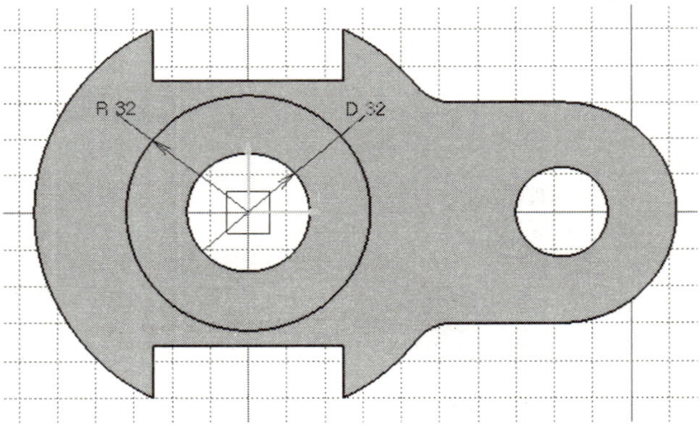

⑦ 다시 Exit workbench 아이콘을 실행한 후 Pad 아이콘을 이용하여 아래 그림과 같이 28mm로 Pad시킨다.

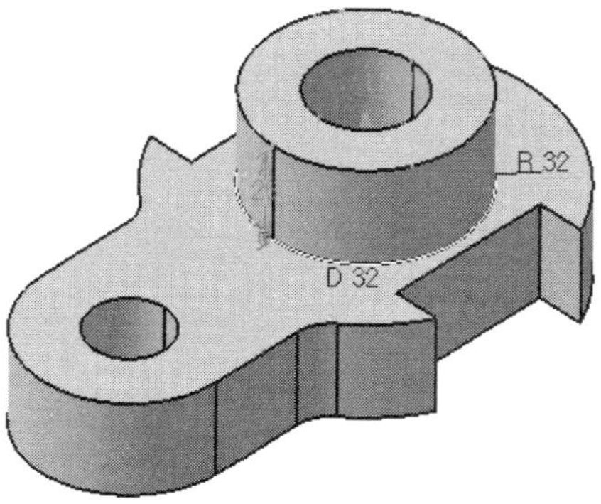

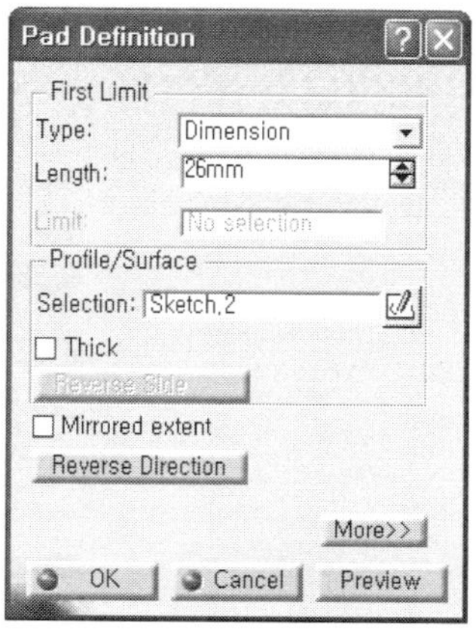

⑧ 아래 그림은 완성된 형상을 Multi-View로 나타낸 것이다.

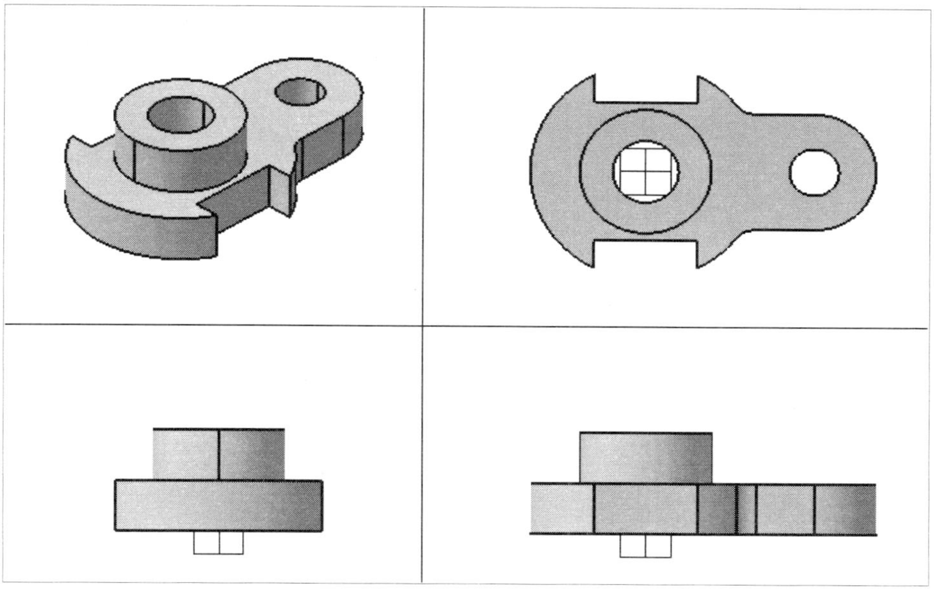

예제 14

① Part Design에서 zx Plane을 선택한 후 Sketch 아이콘을 실행한다. Circle 아이콘을 이용하여 아래 그림과 같이 Sketch.1을 드로잉한다.

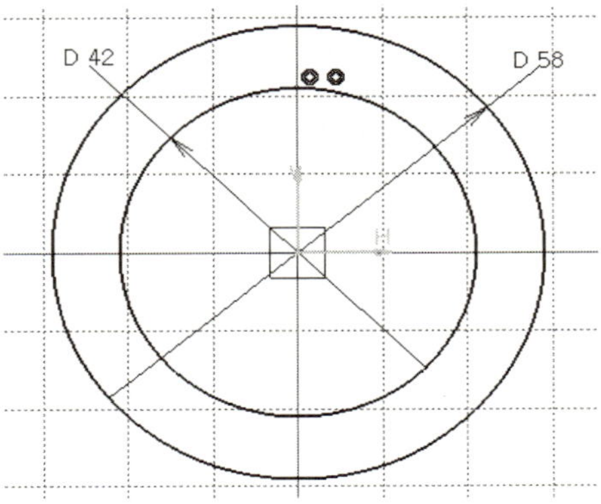

② Exit Workbench 아이콘을 실행한 후 3차원 작업창에서 Pad 아이콘을 이용하여 아래 그림과 같이 Mirrored extend에 체크를 하고 70mm로 Pad시킨다.

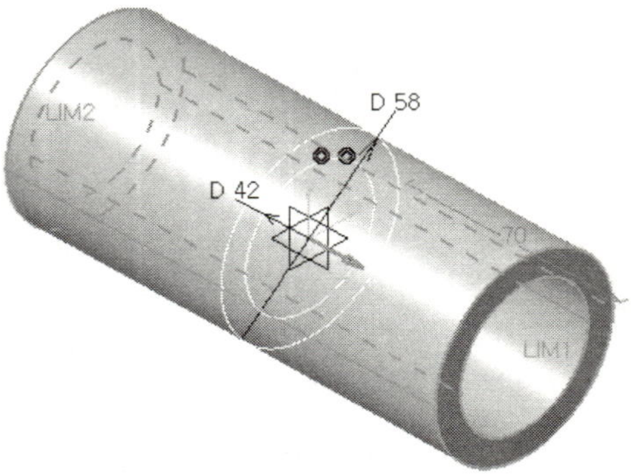

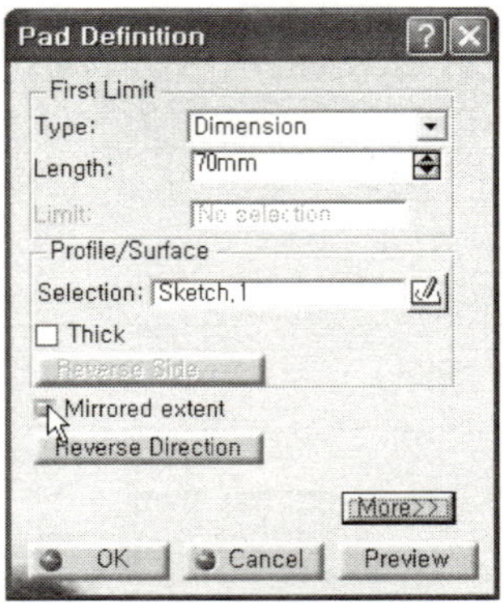

③ 아래 그림과 같이 끝점을 Plane으로 선택하고 Sketch 아이콘을 실행하여 2차원 작업창으로 들어간다.

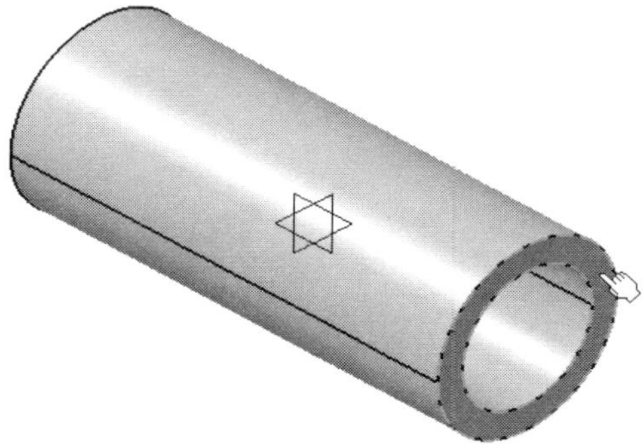

④ Project 3D Elements() 아이콘을 이용하여 바깥 Circle(∅58mm)을 투영 시킨다. Circle 아이콘을 이용하여 ∅72mm의 Circle을 드로잉한다.

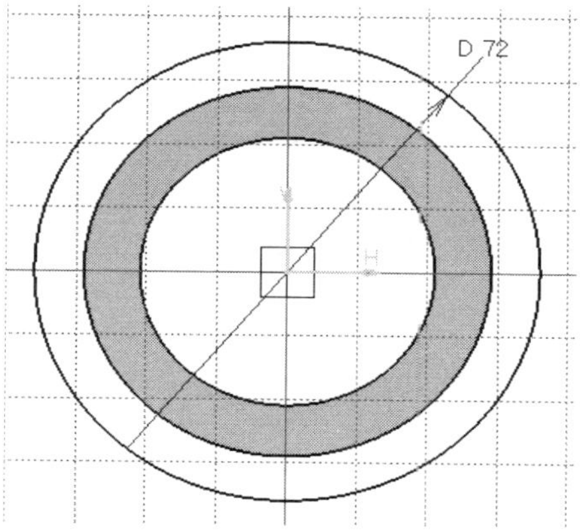

⑤ Exit Workbench 아이콘을 실행한 후 3차원 작업창에서 Pad 아이콘을 클릭한다. 아래 그림과 같이 방향을 Reverse Direction으로 선택하고 12mm로 Pad 시킨다.

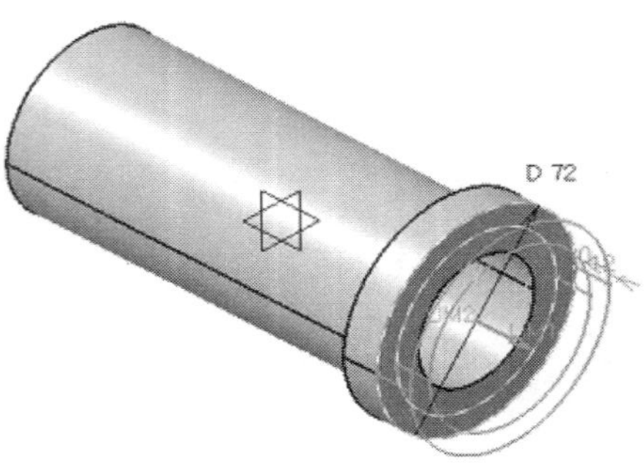

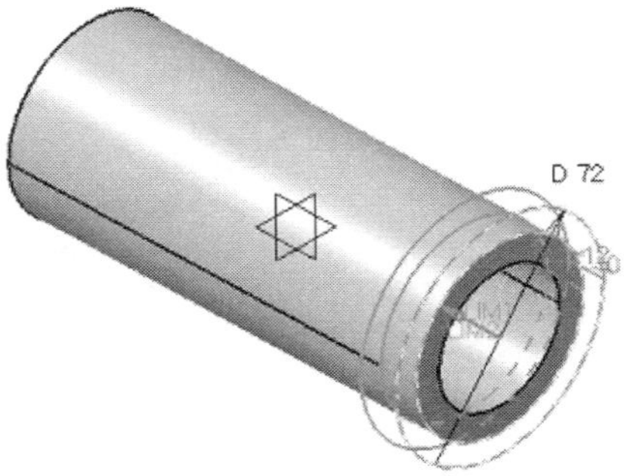

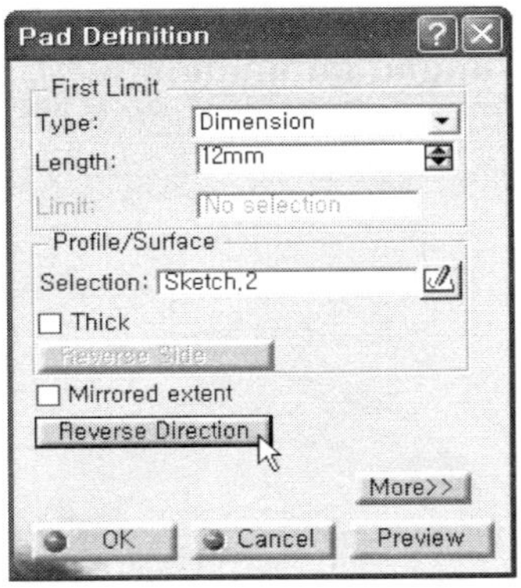

⑥ 12mm로 Pad된 솔리드에서 zx Plane을 중심으로 Mirror( )시킨다.

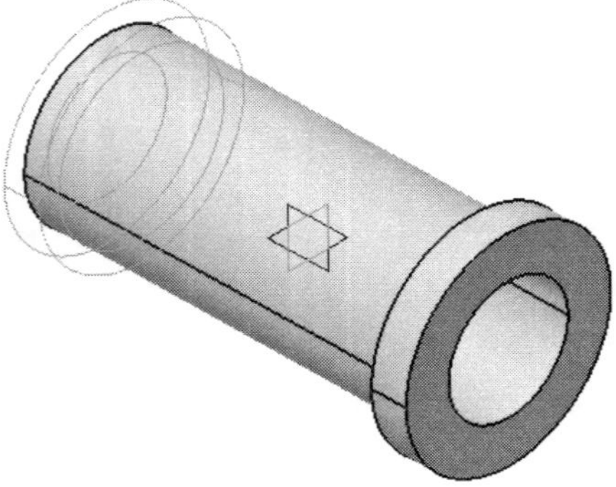

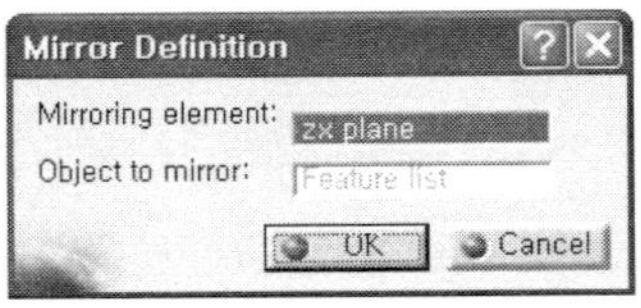

⑦ 다음 형상을 그리기 위해 Plane( ) 아이콘을 실행한다. xy Plane을 기준으로 68mm로 Offset된 New Plane을 생성한다.

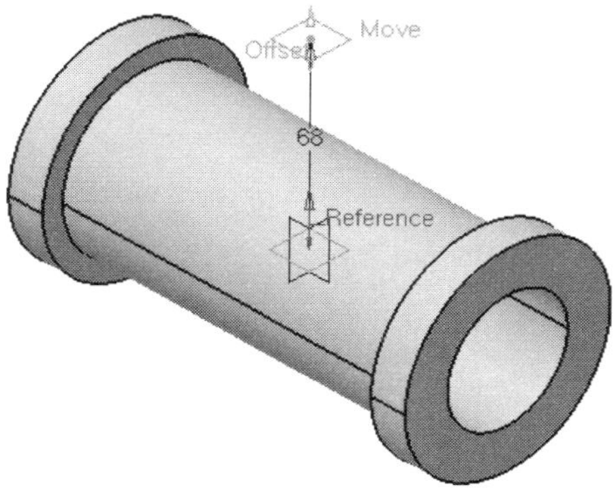

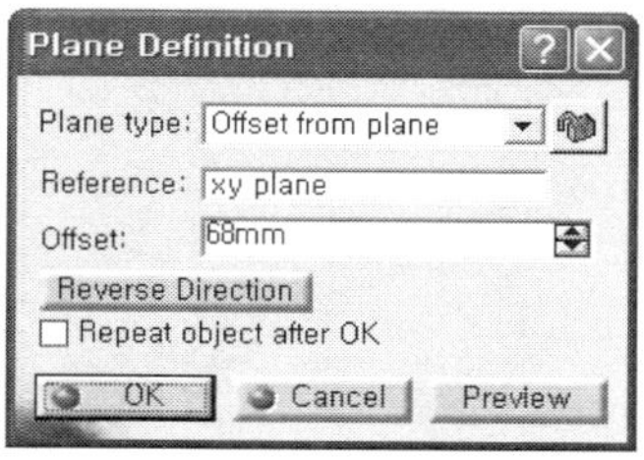

⑧ 68mm Offset된 Plane을 선택하고 Sketch 아이콘을 실행한다. Circle 아이콘을 이용하여 아래 그림과 같이 드로잉한다.

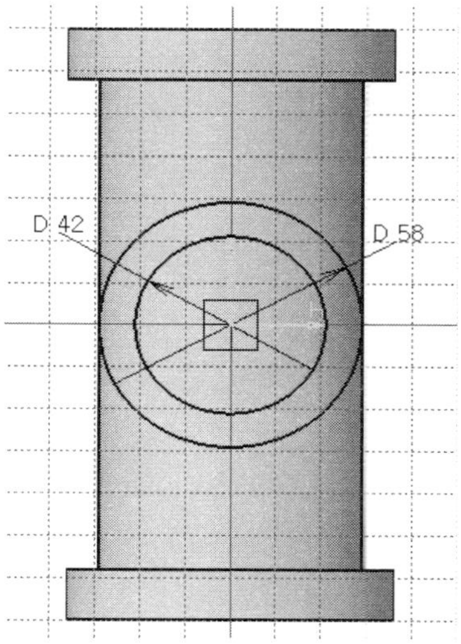

⑨ Exit Workbench 아이콘을 실행한 후 3차원 작업창에서 Pad 아이콘을 이용하여 Type은 Up to next로 지정하고 Pad시킨다.

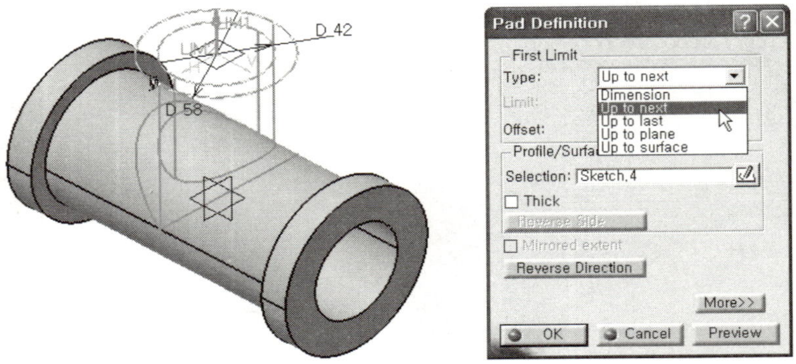

⑩ 아래 그림과 같이 끝점을 Plane으로 선택하고 Sketch 아이콘을 실행한다.

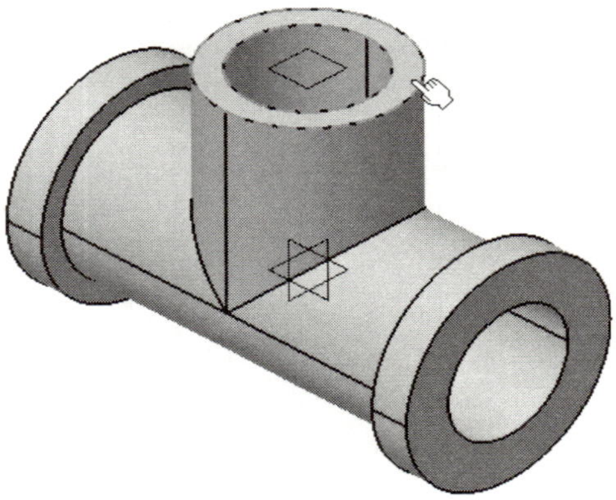

⑪ Project 3D Elements( ) 아이콘을 이용하여 바깥 Circle(∅58mm)을 투영시킨다. Circle 아이콘을 이용하여 ∅72mm의 Circle을 드로잉한다. Exit Workbench 아이콘을 실행한 후 3차원 작업창에서 Pad 아이콘을 클릭한다. 아래 그림과 같이 방향을 Reverse Direction으로 선택하고 12mm로 Pad시킨다.

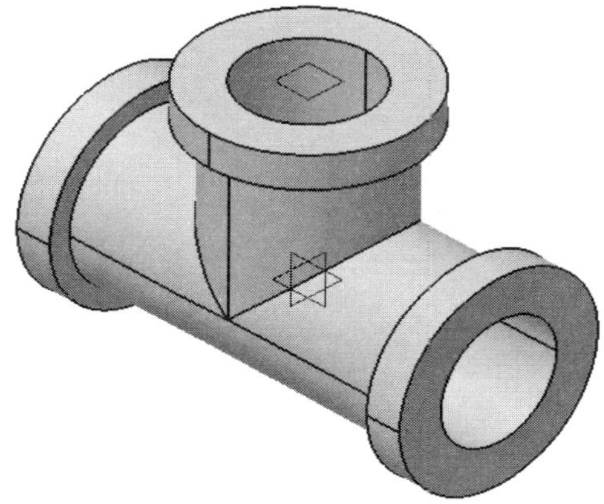

⑫ 아래 그림과 같이 Plane을 선택하고 Sketch 아이콘을 실행한다. Project 3D Elements 아이콘을 이용하여 안쪽 Circle(∅42mm)을 투영시킨다.

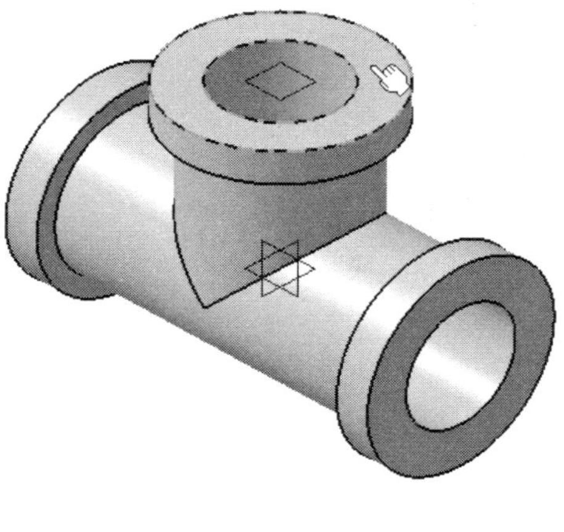

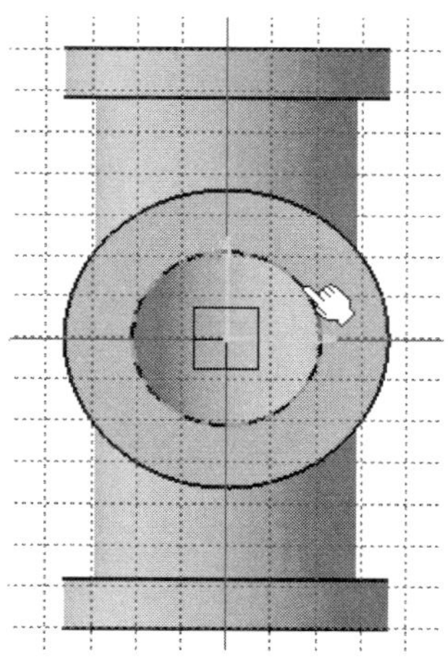

⑬ Exit workbench 아이콘을 실행한 후 3차원 작업창에서 Pocket 아이콘을 클릭한다. Pad와 같이 Type은 Up to next로 지정하고 Pocket시킨다.

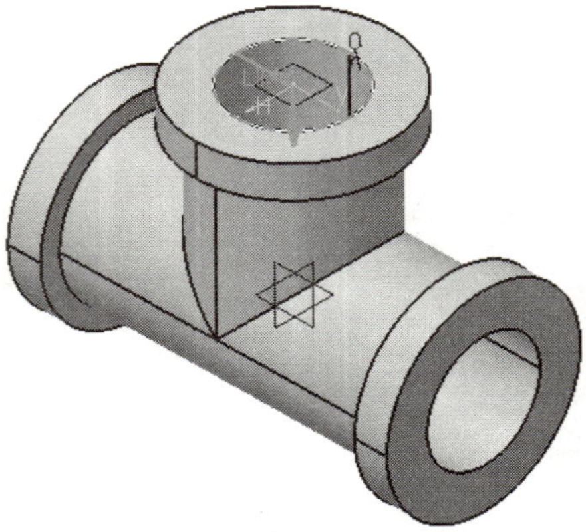

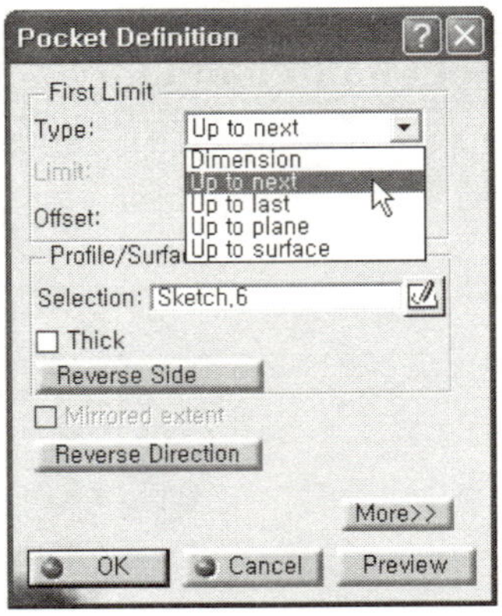

⑭ 위 그림을 단면도로 볼 때 아래와 같은 형상이 생성된다.

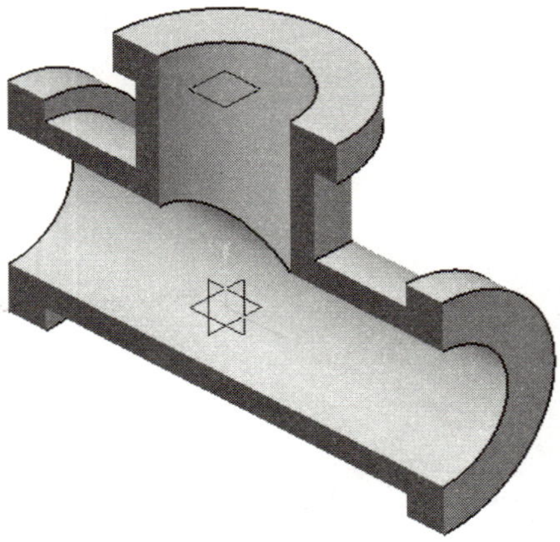

⑮ 아래 그림은 완성된 형상을 Multi-View로 나타낸 것이다.

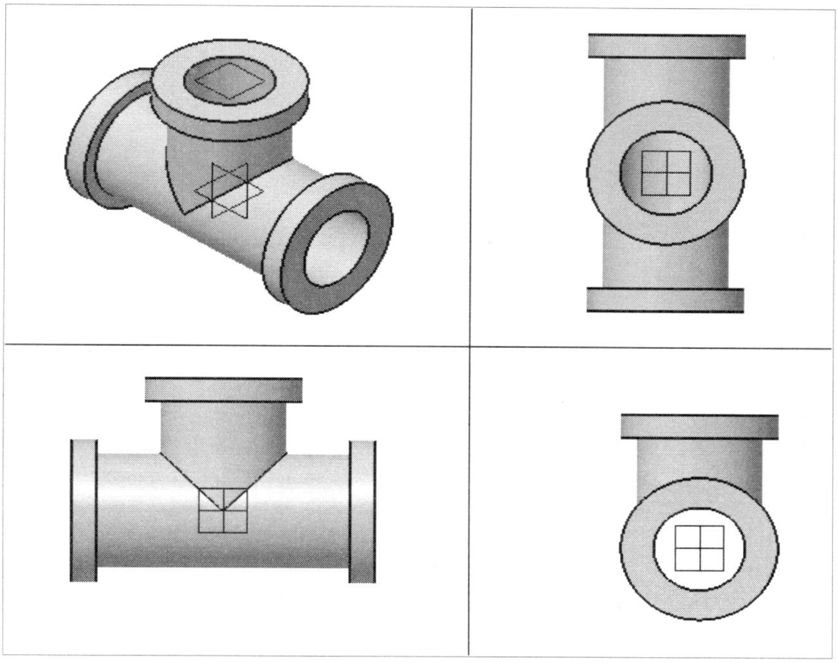

예제 15

① Part Design에서 xy Plane을 선택한 후 Sketch 아이콘을 실행한다. Line과 Mirror 아이콘을 이용하여 아래 그림과 같이 Sketch.1을 드로잉한다.

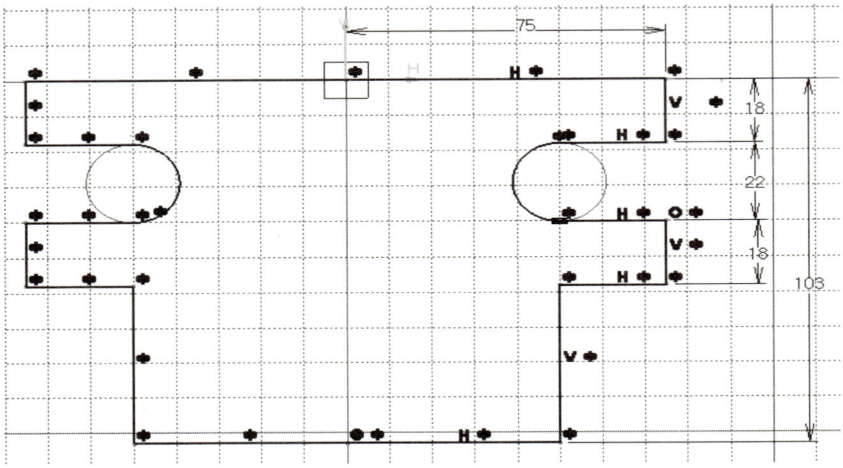

② Exit workbench 아이콘을 실행한 후 3차원 작업창에서 Pad 아이콘을 이용하여 44mm로 Pad시킨다.

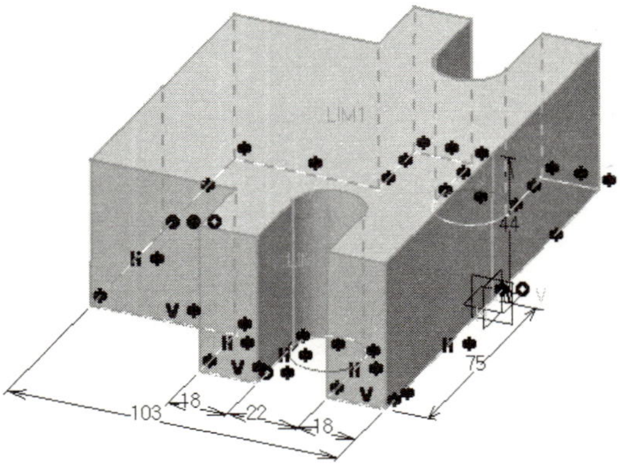

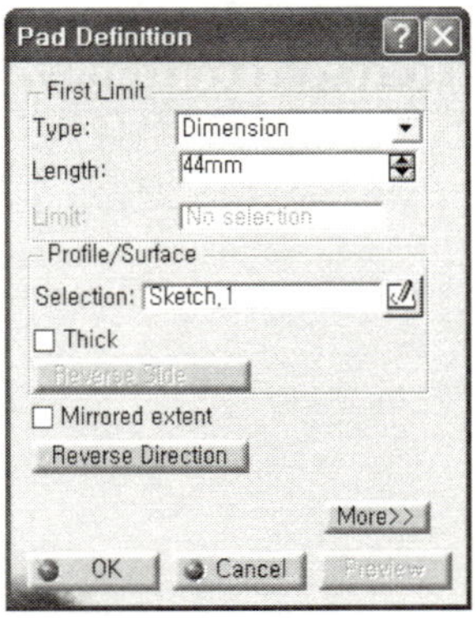

③ 아래 그림과 같이 옆면을 Plane으로 선택하고 Sketch 아이콘을 클릭한다.

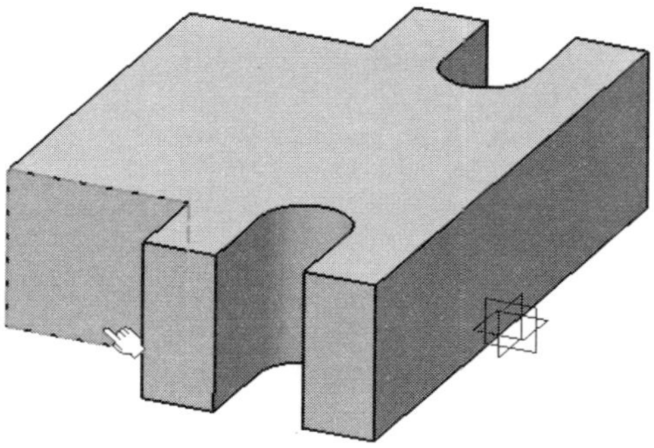

④ 아래 그림과 같이 Arc 아이콘을 이용하여 Radius 11mm의 반원을 그리고 Constraint Definition( ) 아이콘을 이용해 Tangency시킨다.

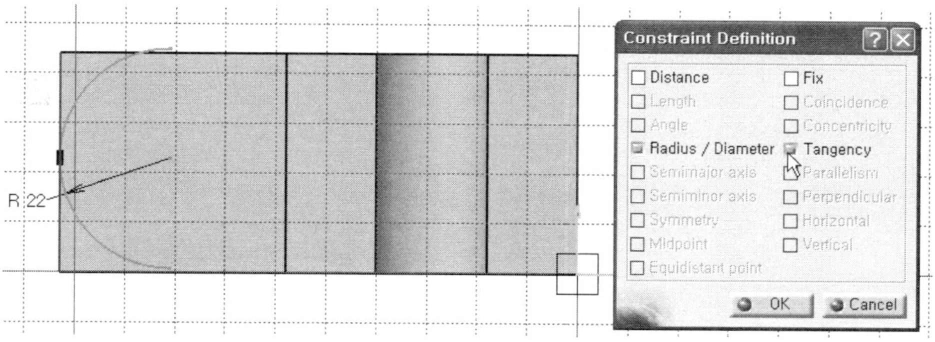

⑤ 다시 Constraint Definition( ) 아이콘을 이용하여 Arc의 끝점과 앞에서 그린 솔리드 끝점을 잡고 Coincidence시킨다.(다른 Circle의 끝점도 같이 병행한다.)

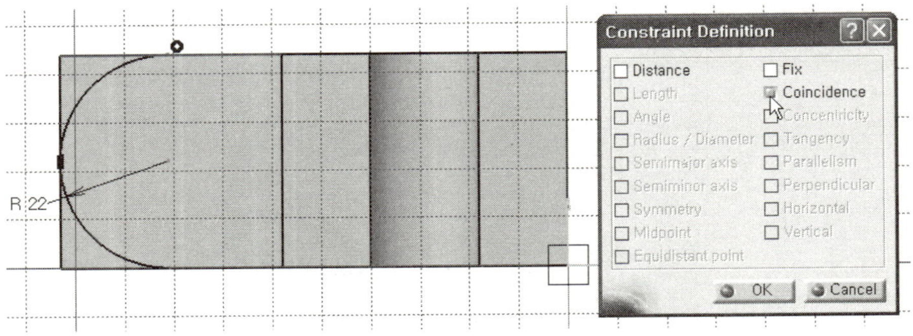

⑥ Exit workbench 아이콘을 실행한 후 3차원 작업창에서 Pocket 아이콘을 클릭한다. 아래 그림과 같이 LIM2 화살표를 클릭한 후 Up to next를 실행한다.

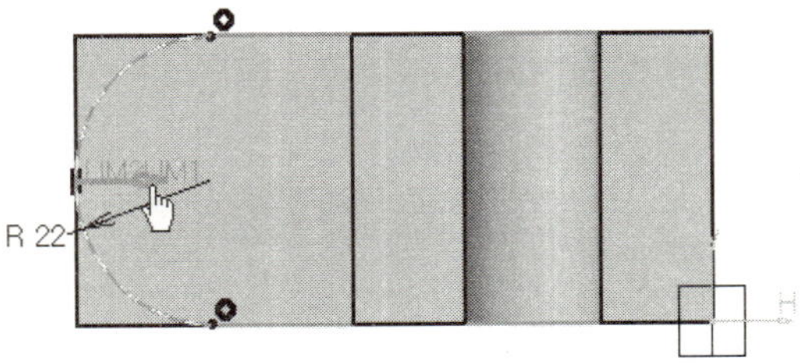

〈클릭 전〉

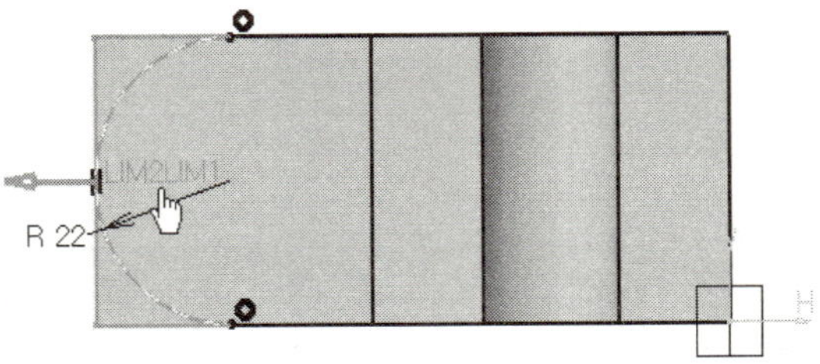

〈클릭 후〉

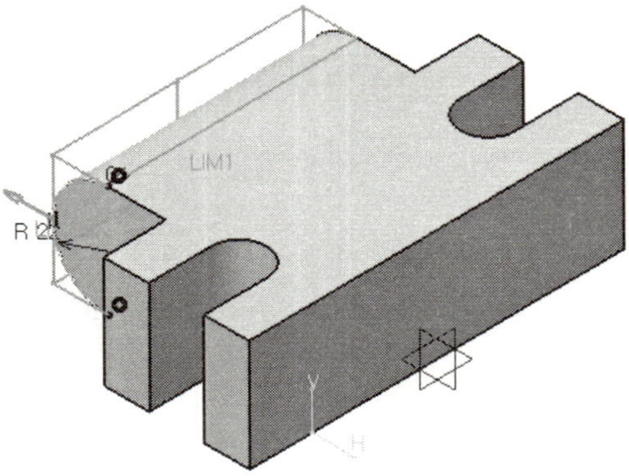

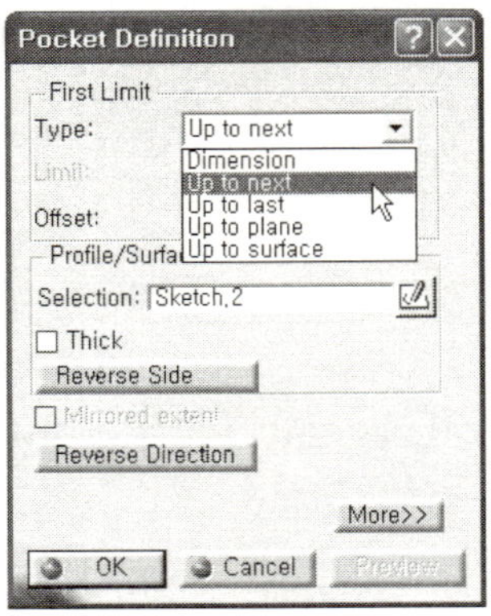

⑦ zx Plane을 선택한 후 Sketch 아이콘을 실행시킨다. Circle, Line, Quick Trim 등의 아이콘을 이용하여 아래 그림과 같이 드로잉한다.

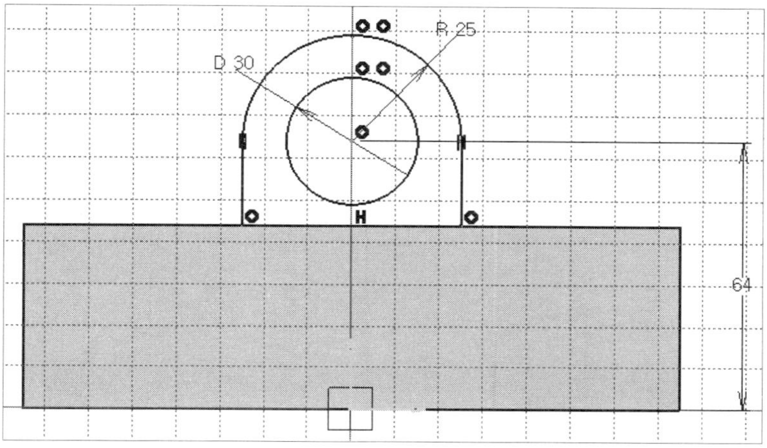

⑧ Exit workbench 아이콘을 실행한 후 3차원 작업창에서 Pad 아이콘을 클릭한다. Pad 방향은 Reverse Direction을 선택하고 58mm로 Pad시킨다.

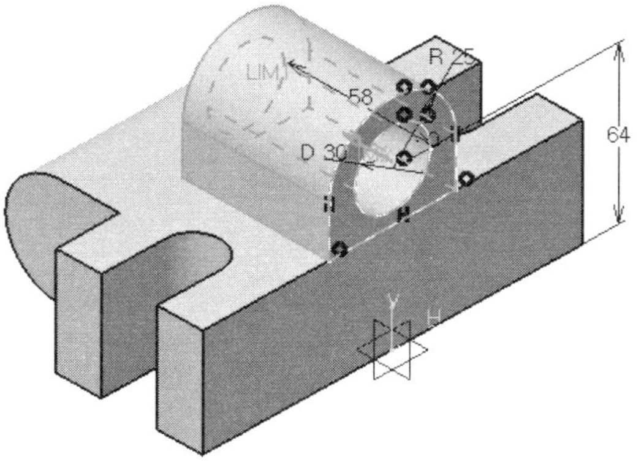

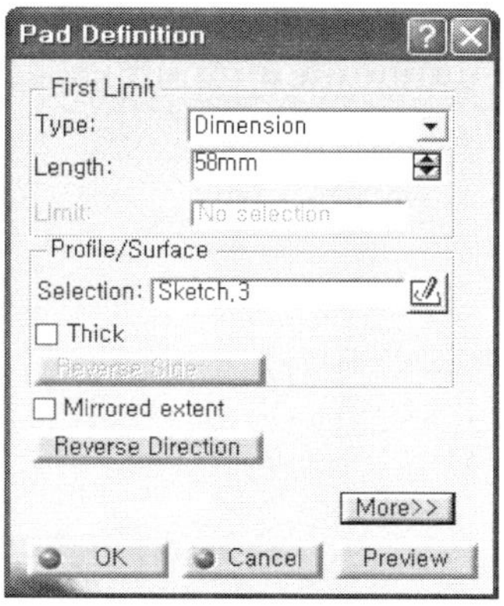

⑨ 아래 그림은 완성된 형상을 Multi-View로 나타낸 것이다.

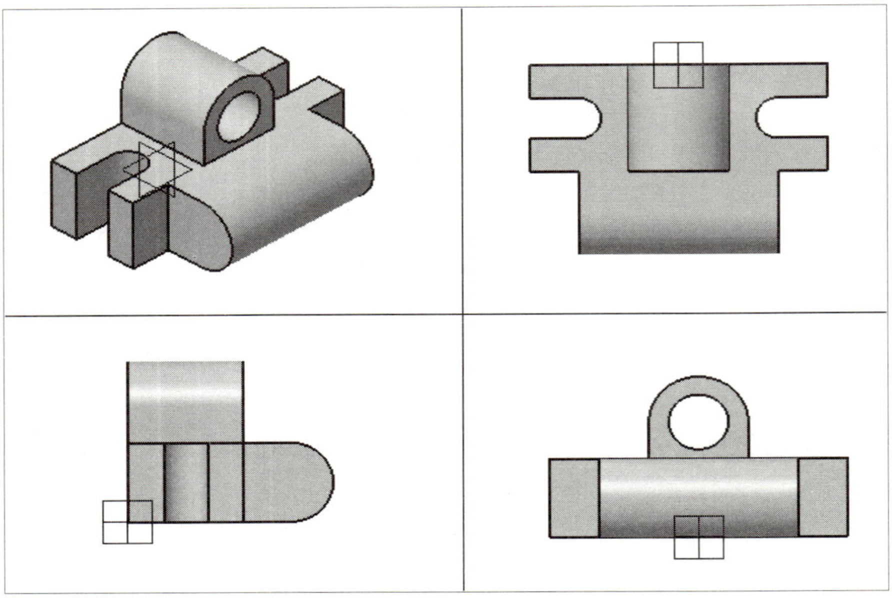

예제 16

① Part Design에서 yz Plane을 선택한 후 Sketch 아이콘을 실행한다. Arc, Line, Quick Trim 등의 아이콘을 이용하여 아래 그림과 같이 Sketch.1을 드로잉 한다.

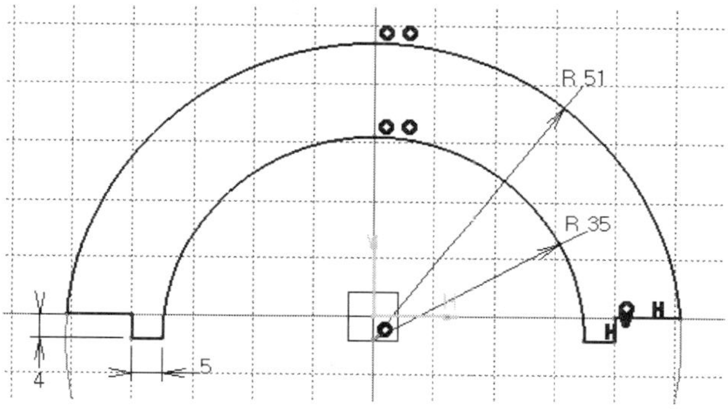

② Exit workbench 아이콘을 실행한 후 3차원 작업창에서 Pad 아이콘을 클릭한다. 아래 그림과 같이 Mirrored extent를 체크하고 52mm로 Pad시킨다.

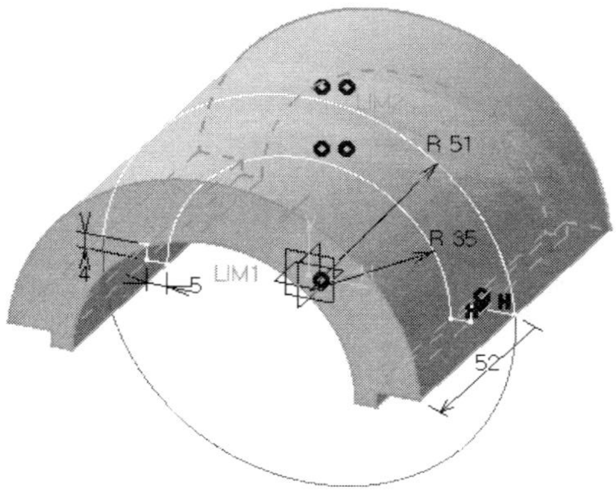

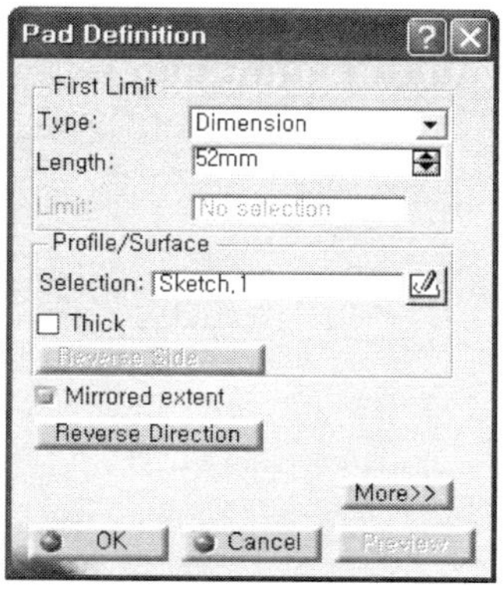

③ xy Plane을 선택한 후 Sketch 아이콘을 실행한다. Circle, Line, Quick Trim 등의 아이콘을 이용하여 아래 그림과 같이 드로잉한다.

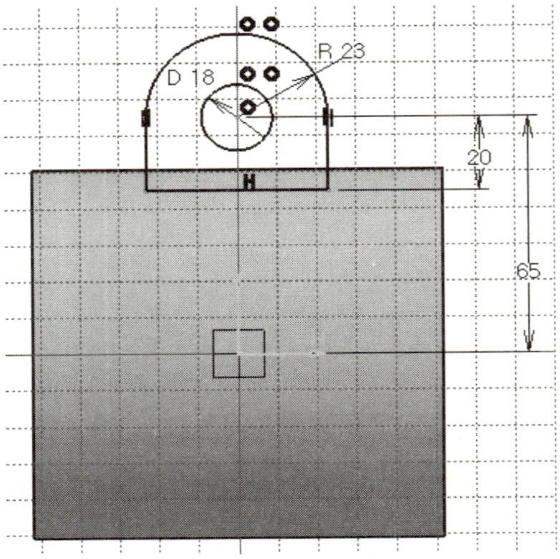

④ Exit workbench 아이콘을 실행한 후 3차원 작업창에서 Pad 아이콘을 이용하여 18mm로 Pad시킨다.

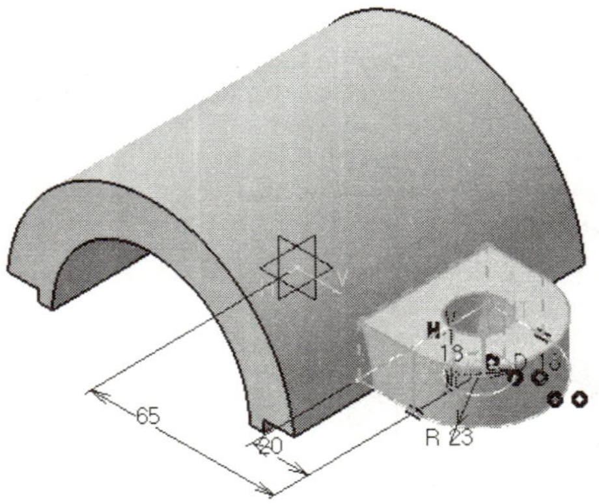

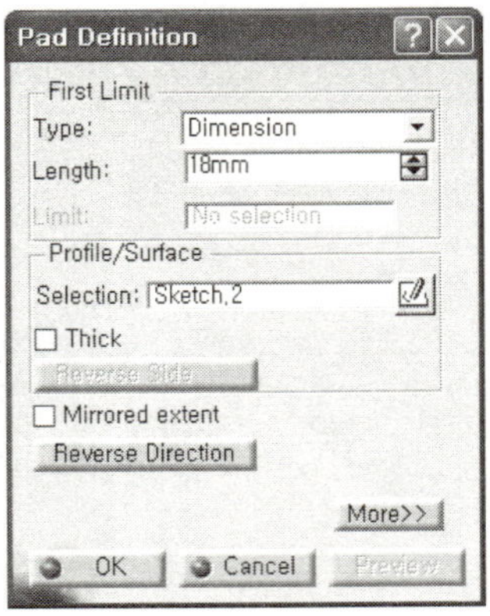

⑤ 18mm로 Pad(Specification Tree에서 Pad.2)된 솔리드를 zx Plane을 중심으로 Mirror( )시킨다.

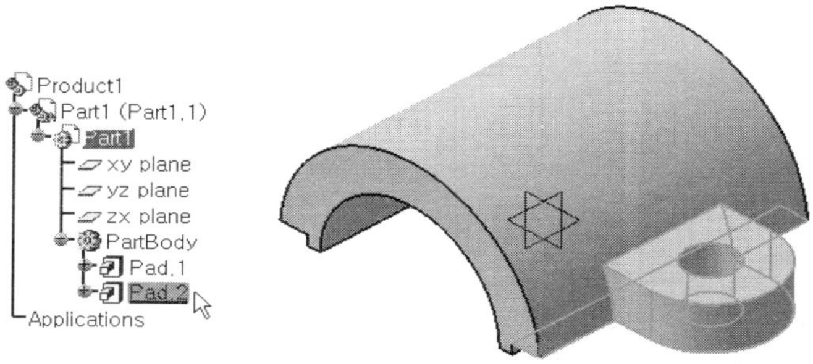

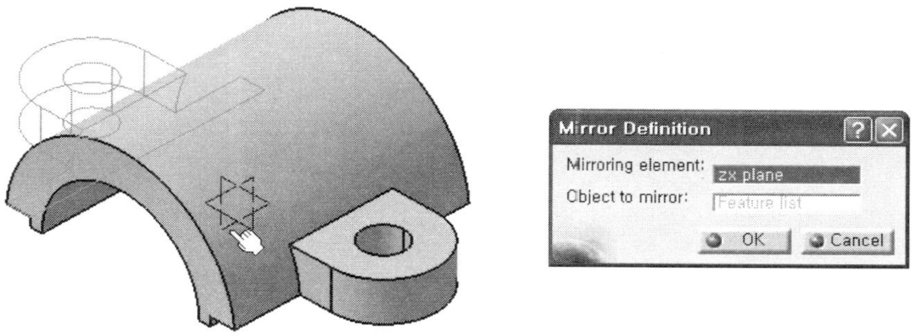

⑥ xy Plane을 선택한 후 Sketch 아이콘을 실행한다. Circle 아이콘 이용하여 아래와 같이 드로잉한다.

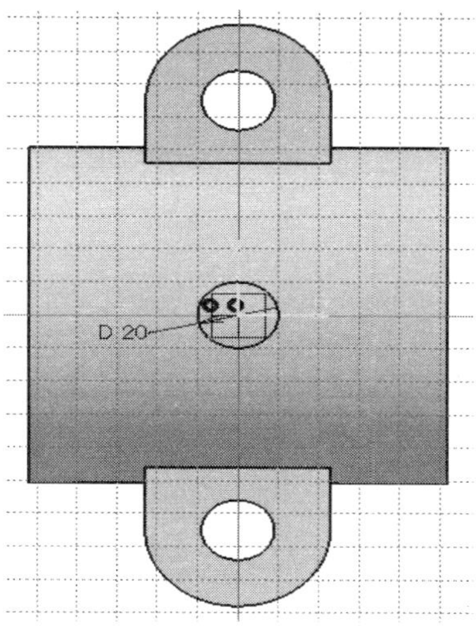

⑦ Exit workbench 아이콘을 실행한 후 3차원 작업창에서 Pocket 아이콘을 클릭한다. 아래 그림과 같이 Up to next로 설정하고 Pocket한다.

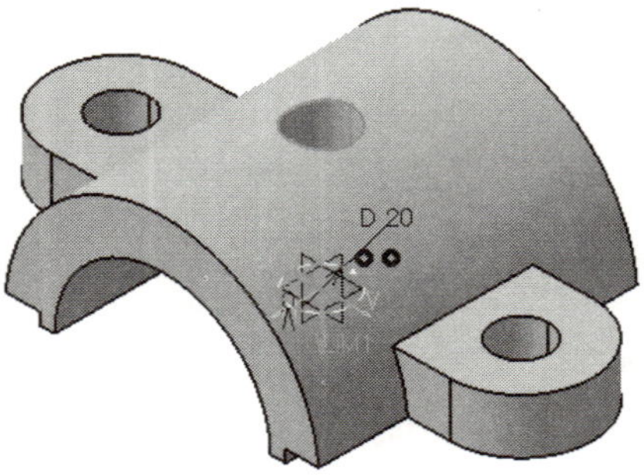

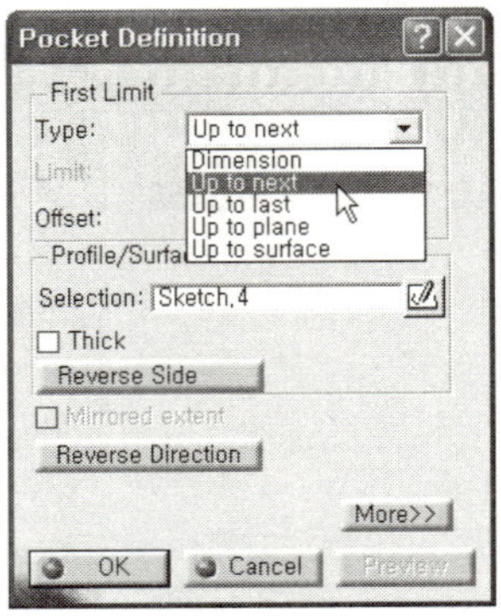

⑧ 아래 그림은 완성된 형상을 Multi-View로 나타낸 것이다.

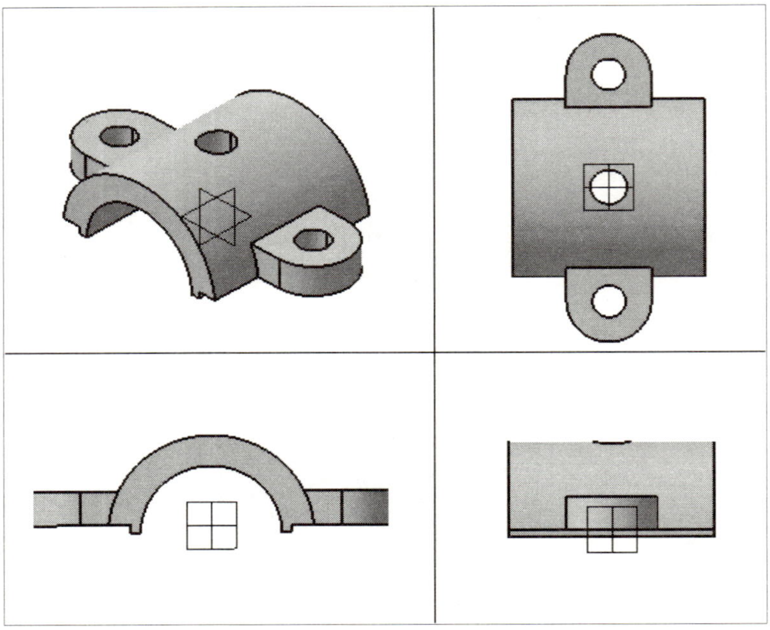

예제 17

① Part Design에서 yz Plane을 선택한 후 Sketch 아이콘을 실행한다. Line 또는 Profile( ) 아이콘을 이용하여 아래 그림과 같이 Sketch.1을 드로잉한다.

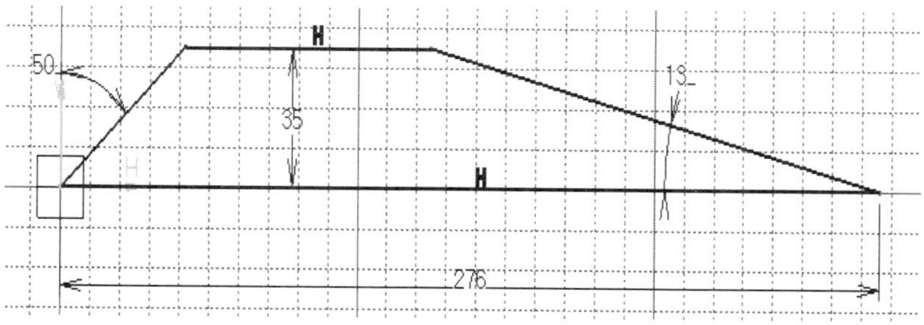

② Exit workbench 아이콘을 실행한 후 3차원 작업창에서 Pad 아이콘을 클릭한다. 아래 그림과 같이 Mirrored extent를 체크하고 81.5mm로 Pad시킨다.

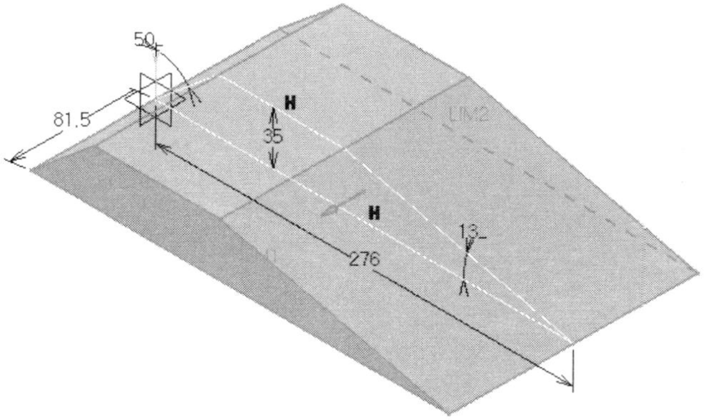

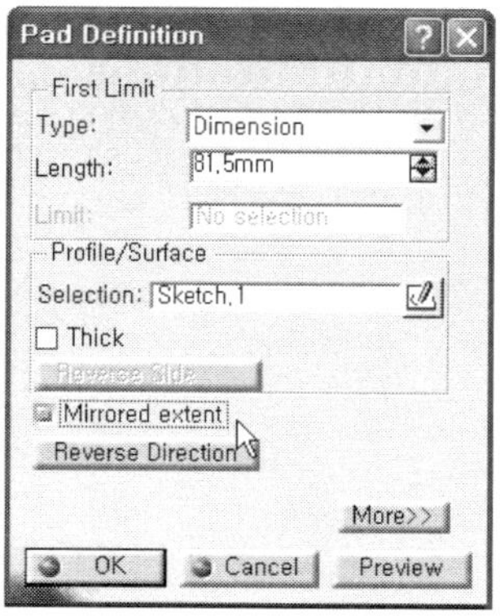

③ 다음 형상을 그리기 위해 Plane( ) 아이콘을 실행하여 xy Plane을 기준으로 New Plane을 132mm로 Offset시킨다.

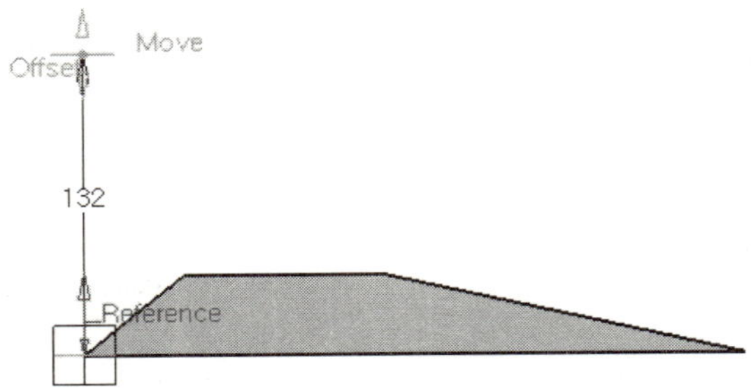

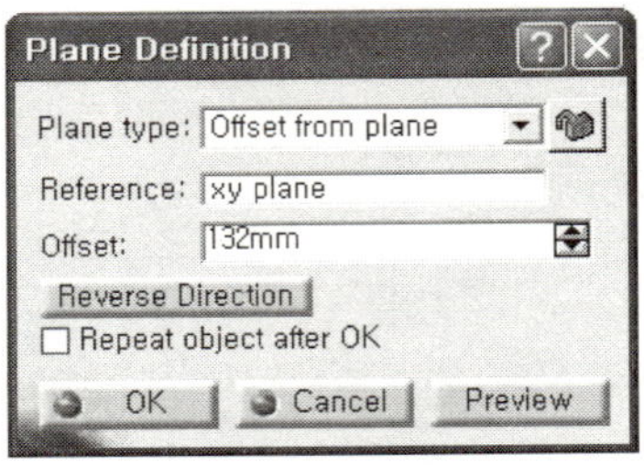

④ 132mm로 Offset된 Plane을 선택하고 Sketch 아이콘을 실행한다. Circle, Line, Quick Trim 등의 아이콘을 이용하여 아래 그림과 같이 드로잉한다.

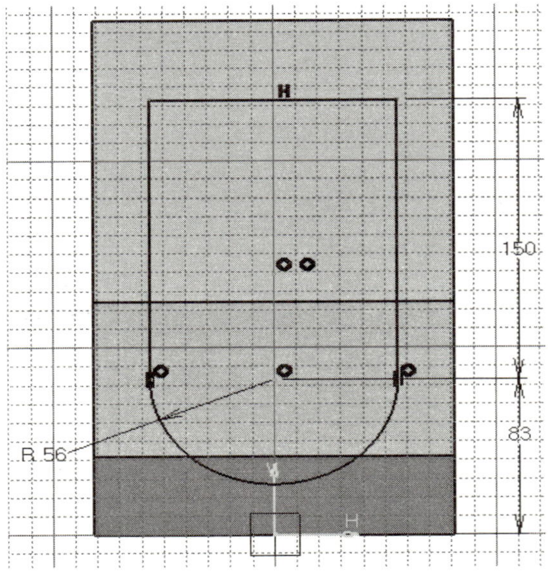

⑤ Exit workbench 아이콘을 실행한 후 3차원 작업창에서 Pad 아이콘을 클릭한다. 아래 그림과 같이 Up to next로 설정하고 Pad시킨다.

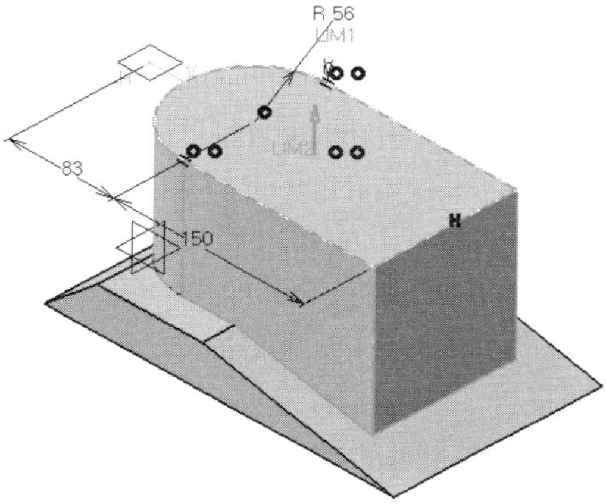

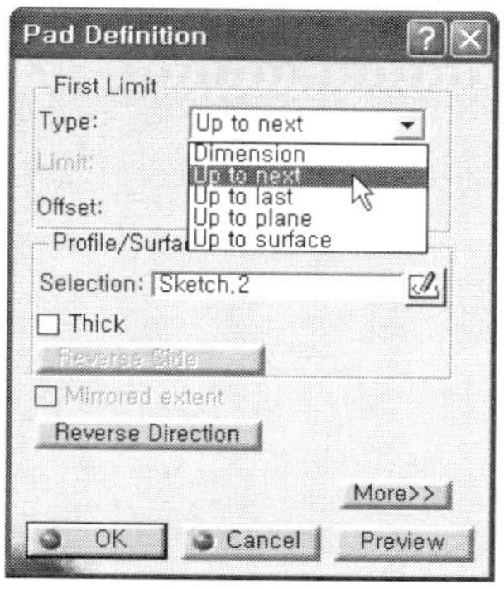

⑥ 아래 그림과 같이 Project 3D Elements( ) 아이콘을 이용하여 투영시킨다.

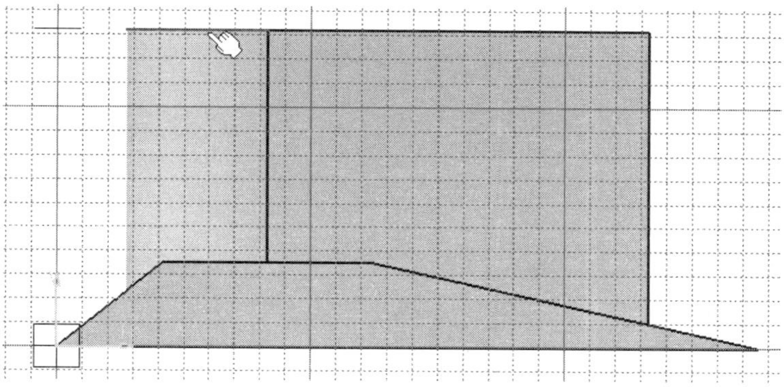

⑦ Line 아이콘을 이용하여 아래 그림과 같이 대각선으로 드로잉한 후 Line의 끝점과 투영시킨 Circle의 끝점을 Constraint Definition( ) 아이콘을 이용하여 Coincidence시킨다. 그리고 Coincidence를 시킨 후 투영시킨 Line은 지운다.

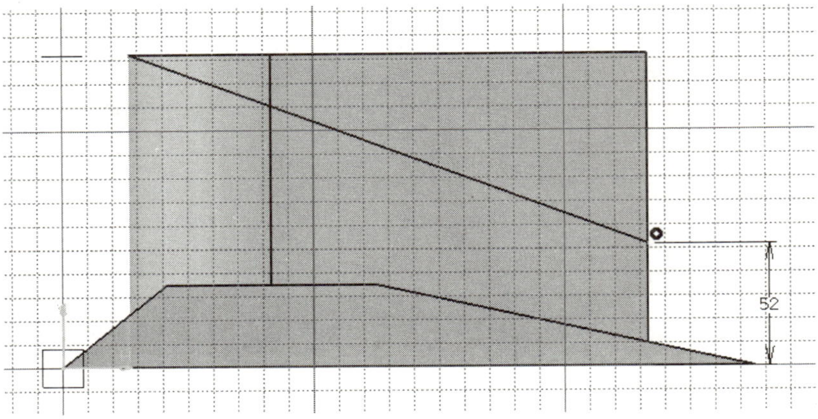

⑧ Exit workbench 아이콘을 실행한 후 3차원 작업창에서 Pocket 아이콘을 클릭한다. 방향은 Reverse Direction으로 설정하고 56mm로 Pocket시킨다.

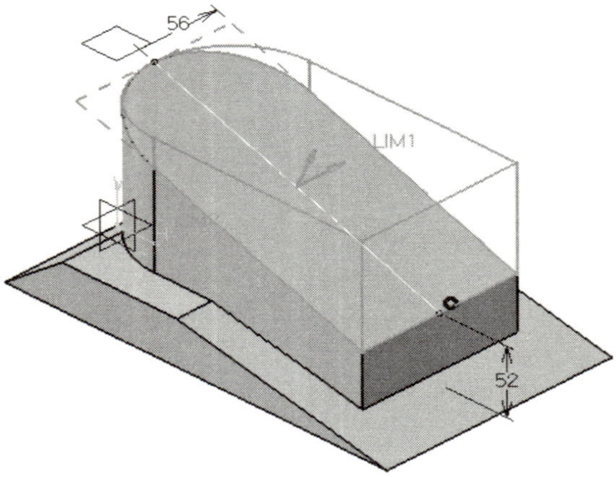

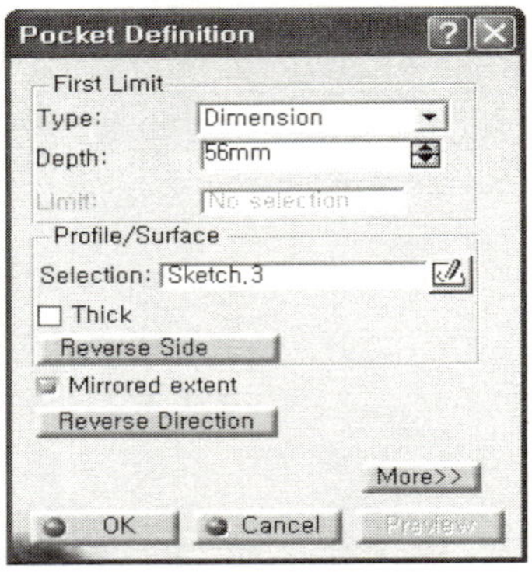

⑨ 아래 그림은 완성된 형상을 Multi-View로 나타낸 것이다.

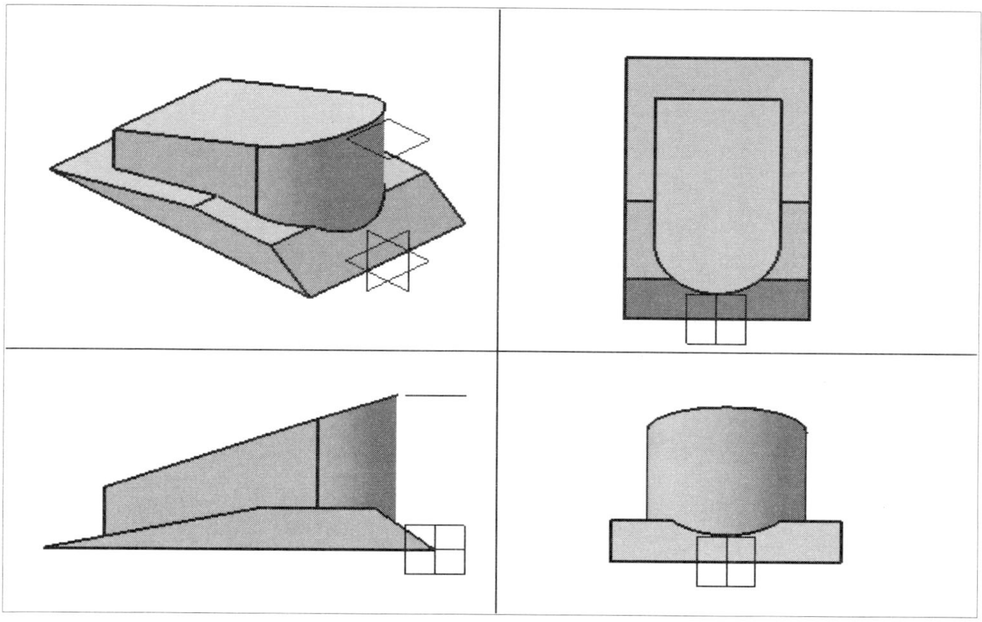

예제 18

① Part Design에서 xy Plane을 선택한 후 Sketch 아이콘을 실행한다. Line, Three Point Arc( ) 아이콘을 이용하여 아래 그림과 같이 Sketch.1을 드로잉 한다.

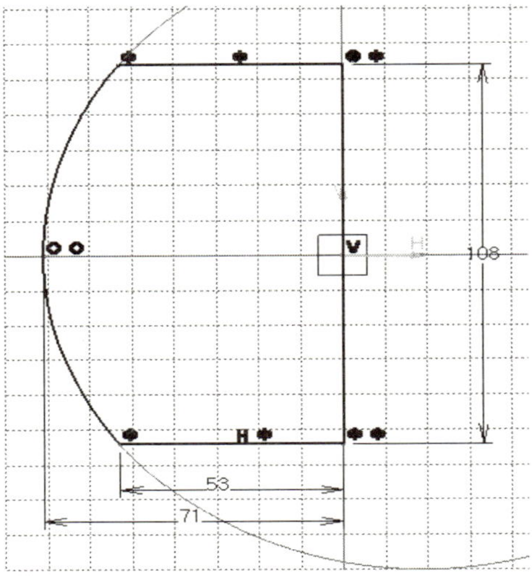

② Exit workbench 아이콘을 실행한 후 3차원 작업창에서 Pad 아이콘을 이용하여 29mm로 Pad시킨다.

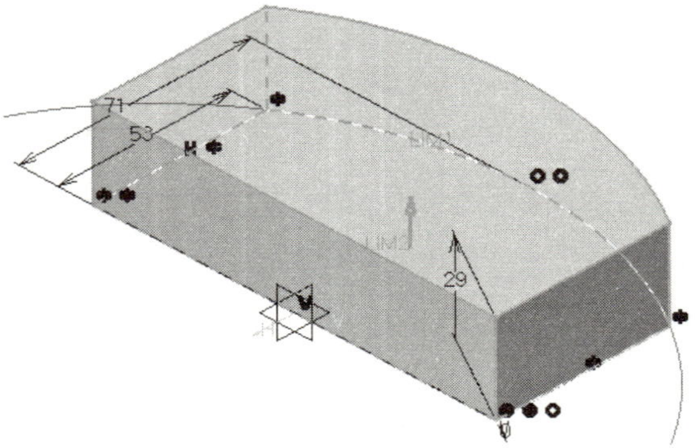

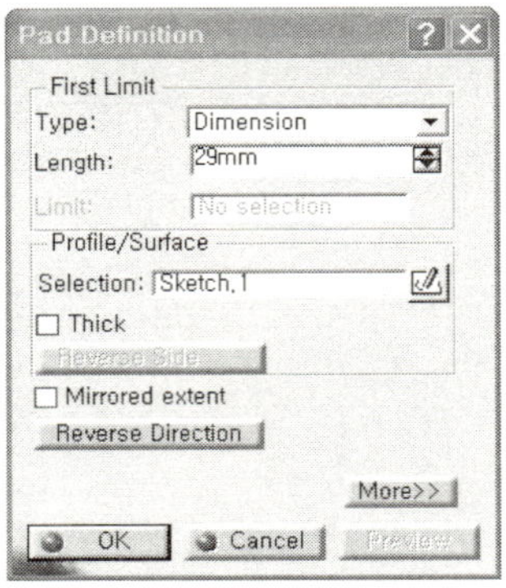

③ yz Plane을 선택한 후 Sketch 아이콘을 실행한다. Arc 아이콘을 이용하여 아래 그림과 같이 드로잉한다.(Arc의 중심점은 V축 기준점에서 중심을 잡는다.)

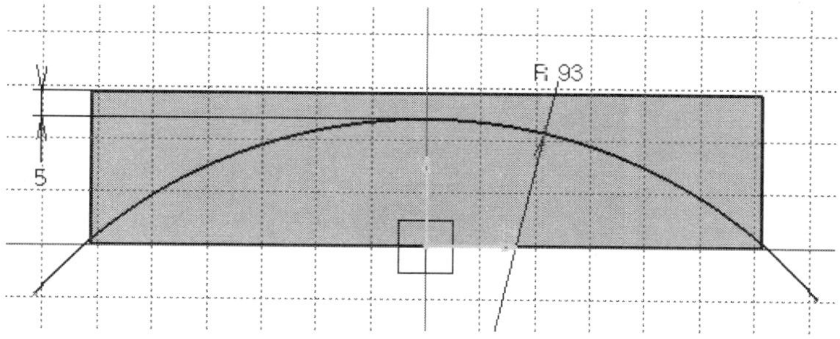

④ Exit workbench 아이콘을 실행한 후 3차원 작업창에서 Pocket 아이콘을 클릭한다. 아래 그림과 같이 Pocket될 방향을 화살표를 클릭해서 아래쪽이 아닌 위쪽으로 Pocket시킨다.

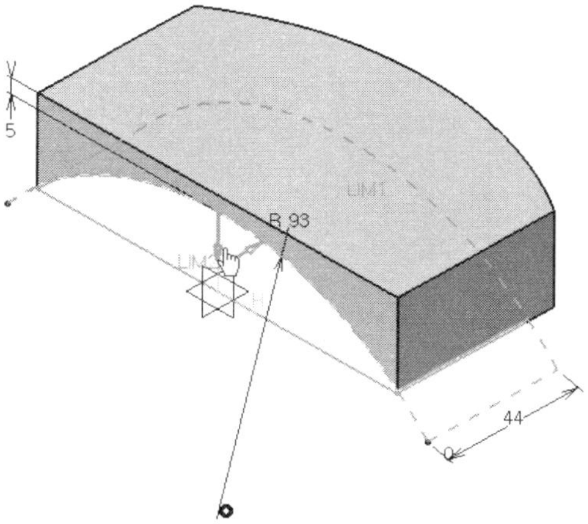

〈클릭 전〉

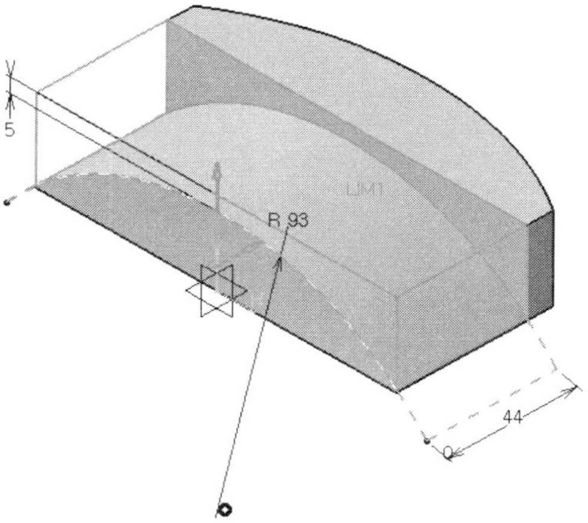

〈클릭 후〉

⑤ Specification Tree에서 PartBody를 클릭하고 yz Plane을 중심으로 Mirror ( )시킨다.

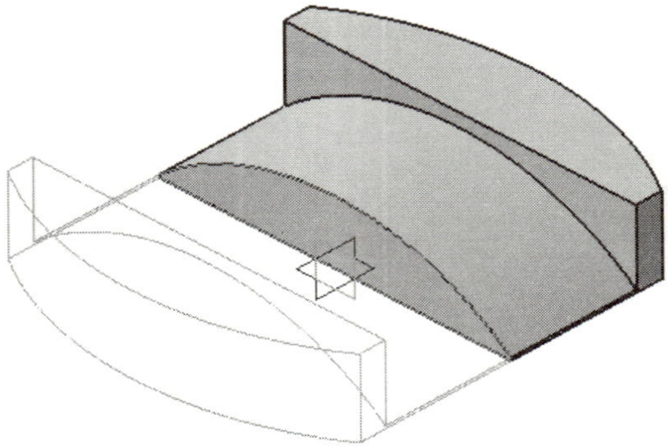

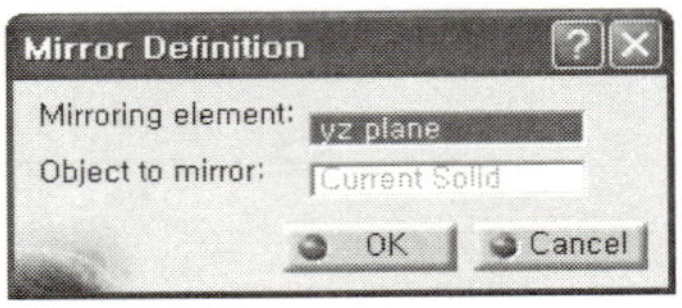

⑥ 다시 xy Plane을 선택한 후 Sketch 아이콘을 실행한다. Circle 아이콘을 이용하여 아래 그림과 같이 드로잉한다.

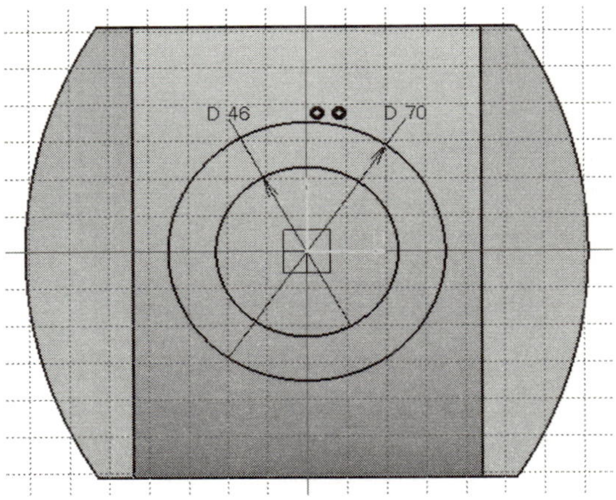

⑦ Exit workbench 아이콘을 실행한 후 3차원 작업창에서 Pad 아이콘을 이용하여 105mm로 Pad시킨다.

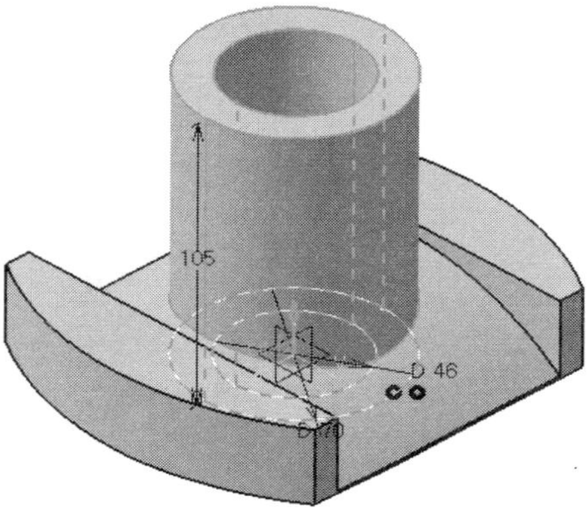

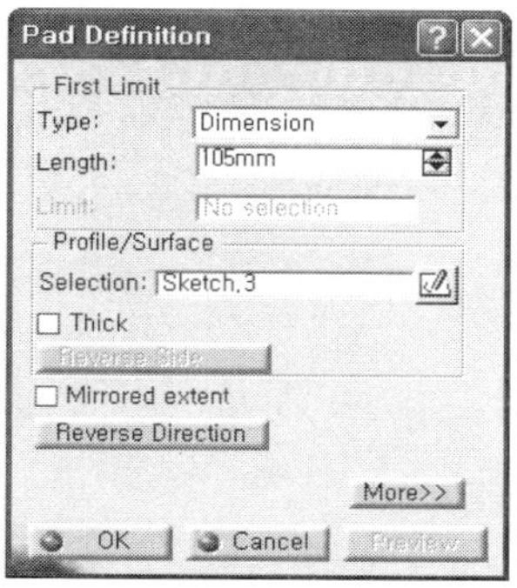

⑧ zx Plane을 선택한 후 Sketch 아이콘을 실행한다. Line 아이콘을 이용하여 아래 그림과 같이 드로잉한다.

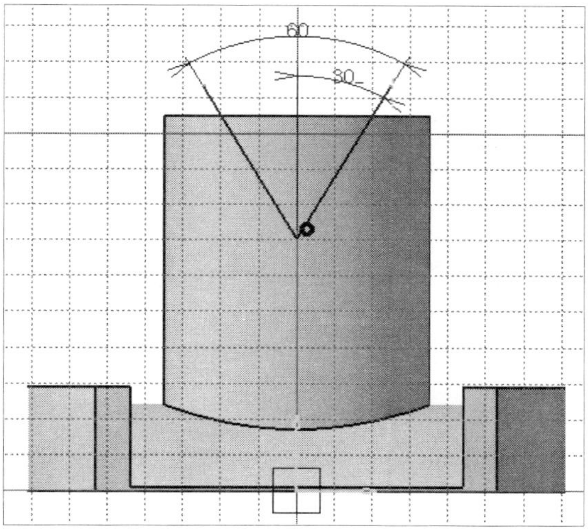

⑨ Exit workbench 아이콘을 실행한 후 3차원 작업창에서 Pocket 아이콘을 클릭한다. 방향은 Reverse Direction을 설정하고 35mm로 Pocket시킨다.

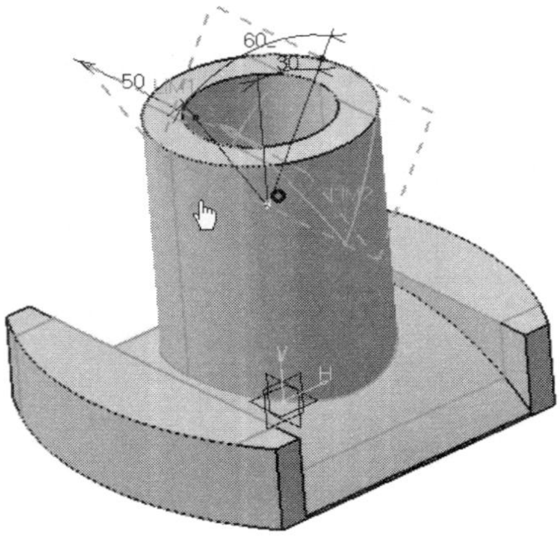

〈클릭 전〉

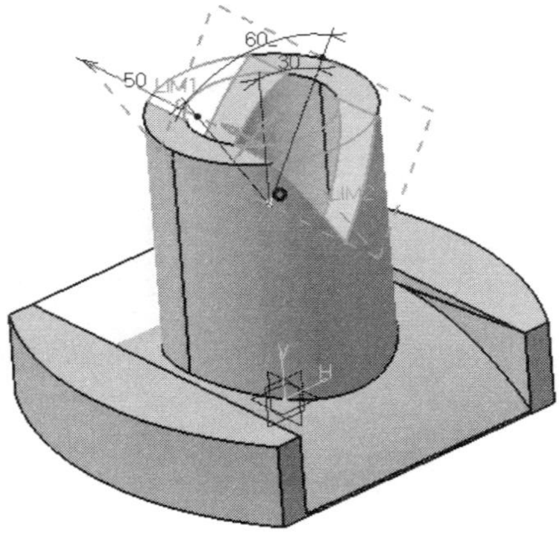

〈클릭 후〉

⑩ 아래 그림은 완성된 형상을 Multi-View로 나타낸 것이다.

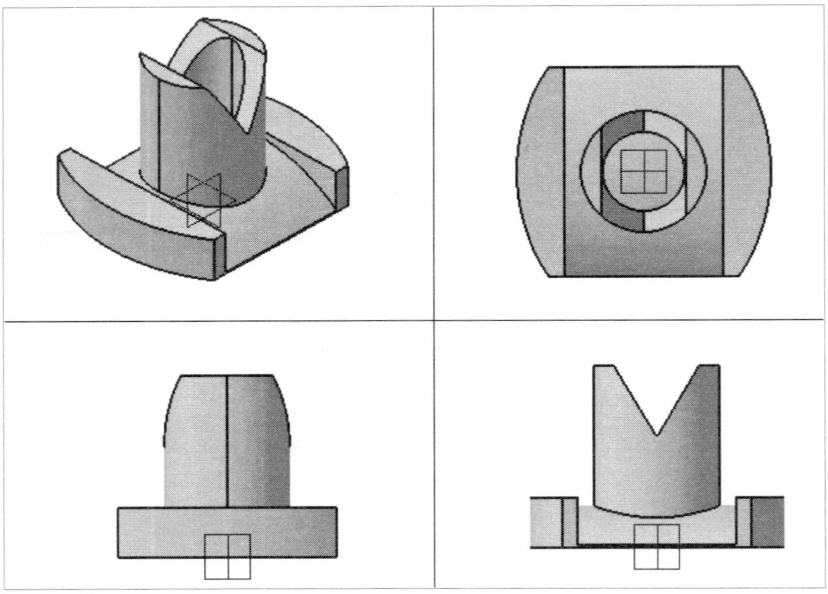

예제 19

① Part Design에서 xy Plane을 선택한 후 Sketch 아이콘을 실행한다. Line, Three Point Arc( ), Quick Trim 등의 아이콘을 이용하여 아래 그림과 같이 Sketch.1을 드로잉한다.

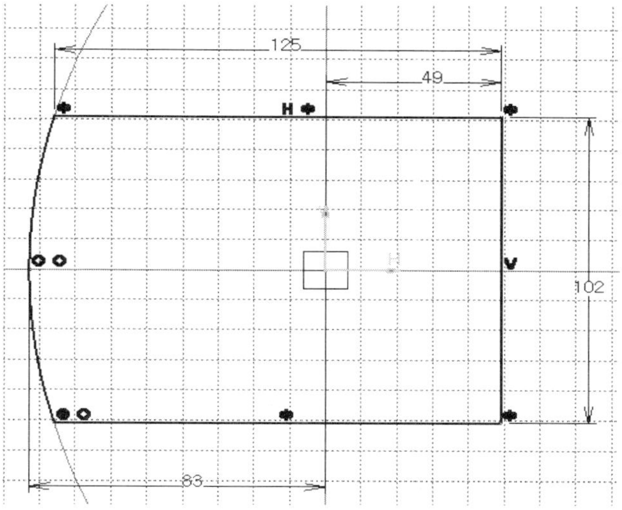

② Exit workbench 아이콘을 실행한 후 3차원 작업창에서 Pad 아이콘을 이용하여 36mm로 Pad시킨다.

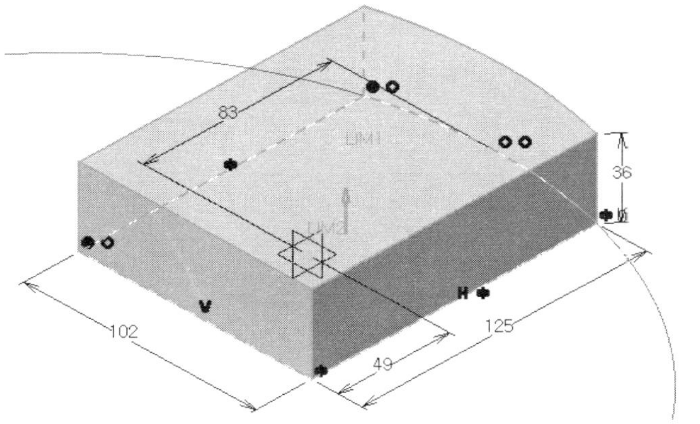

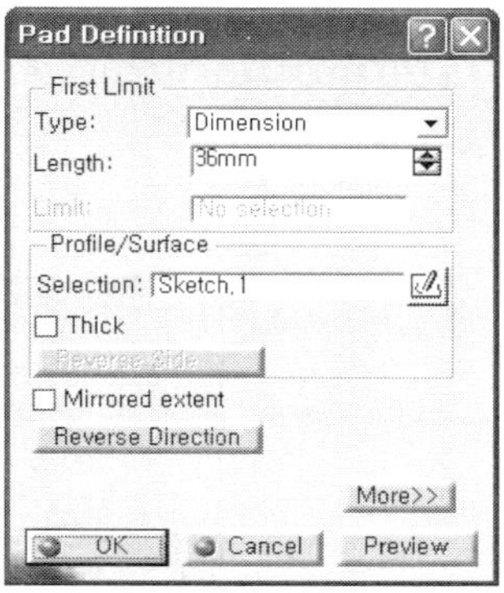

③ 아래 그림과 같이 뒷면을 Plane으로 선택하고 Sketch 아이콘을 실행한다.

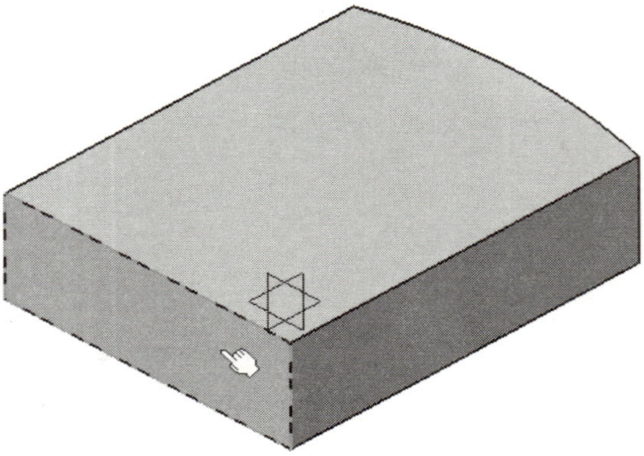

④ Three point Arc(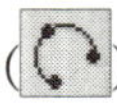) 아이콘을 이용하여 아래 그림과 같이 드로잉한다. 그리고 Constraint Definition Box를 이용하여 Arc의 끝점과 양변의 끝점을 Coincidence시킨다.

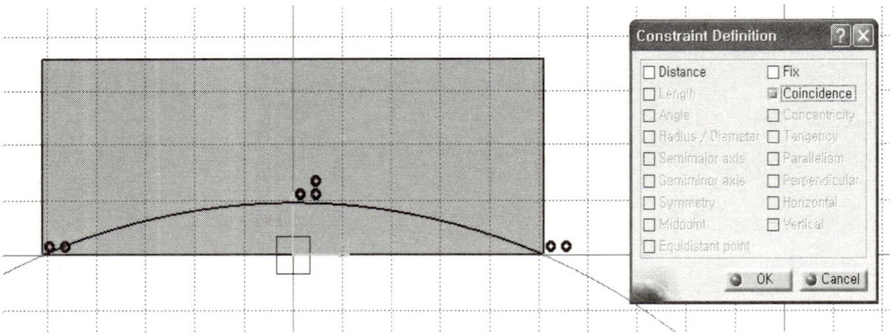

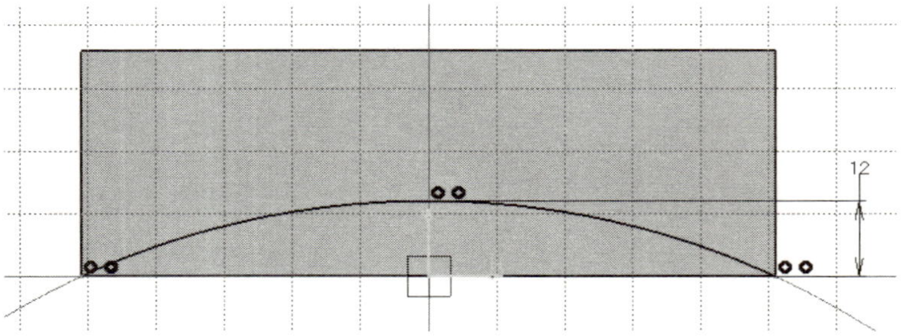

⑤ Exit workbench 아이콘을 실행한 후 3차원 작업창에서 Pocket 아이콘을 이용하여 아래 그림과 같이 96mm로 Pocket시킨다.

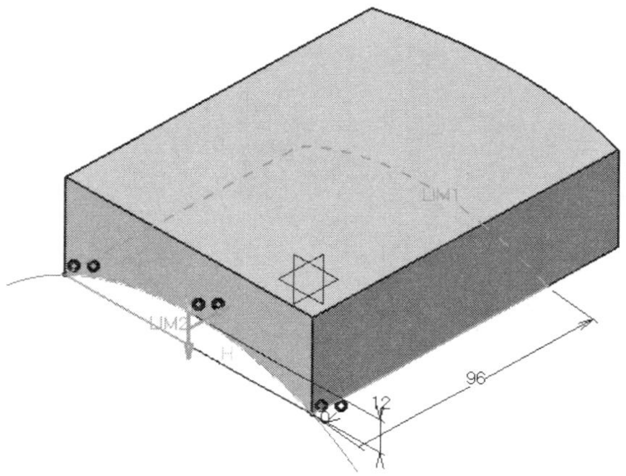

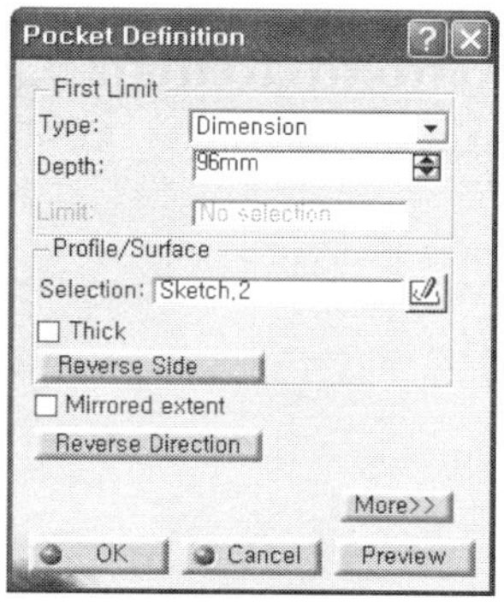

⑥ 다음 형상을 그리기 위해 Plane( ) 아이콘을 실행하여 xy Plane을 Offset from plane type 지정하고 25mm로 New Plane을 Offset시킨다.

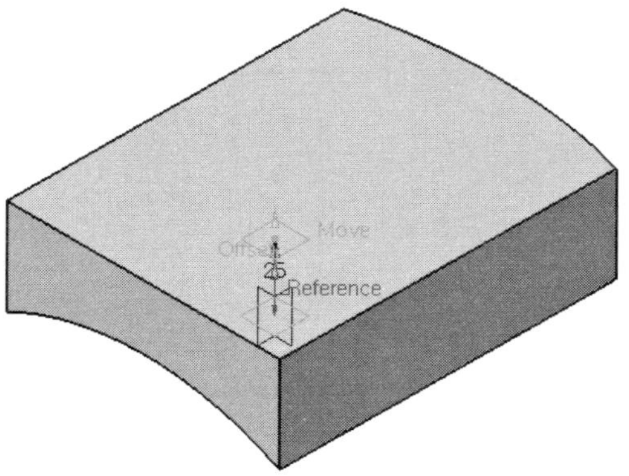

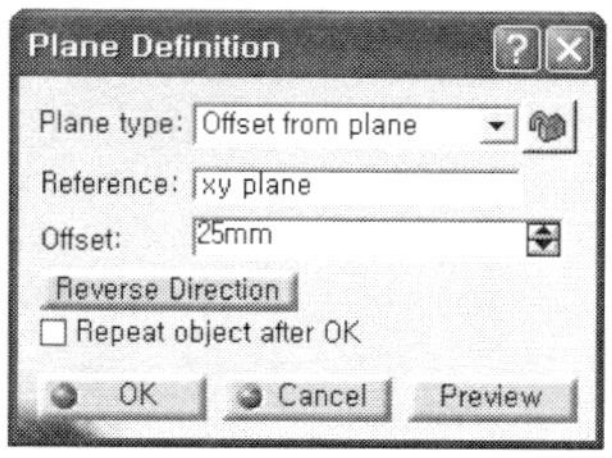

⑦ 25mm로 Offset된 Plane을 선택하고 Sketch 아이콘을 실행한다.

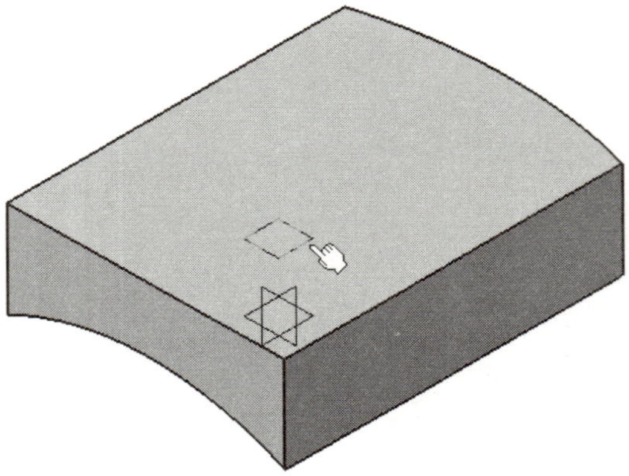

⑧ Circle 아이콘을 이용하여 아래 그림과 같이 드로잉한다.

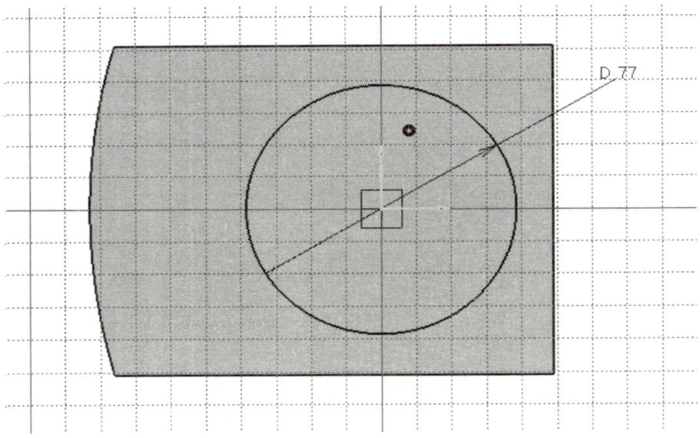

⑨ Exit workbench 아이콘을 실행한 후 3차원 작업창에서 Pad 아이콘을 이용하여 아래 그림과 같이 67mm로 Pad시킨다.

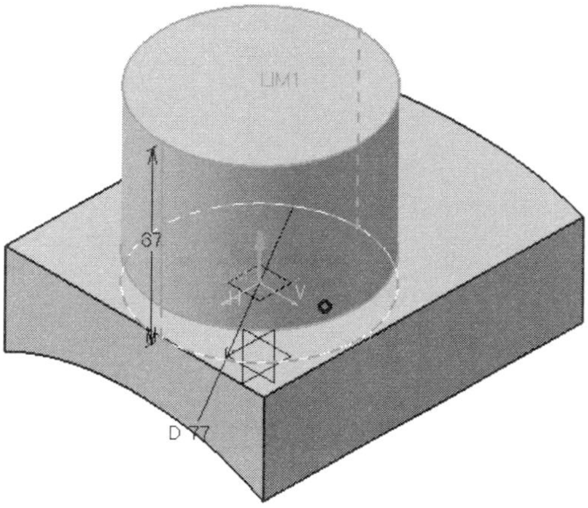

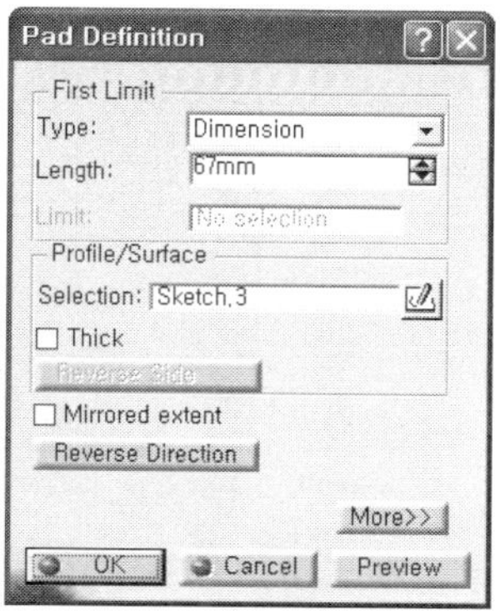

⑩ 다시 ⑥번에서 25mm로 Offset된 Plane을 선택하고 Sketch 아이콘을 실행한다.

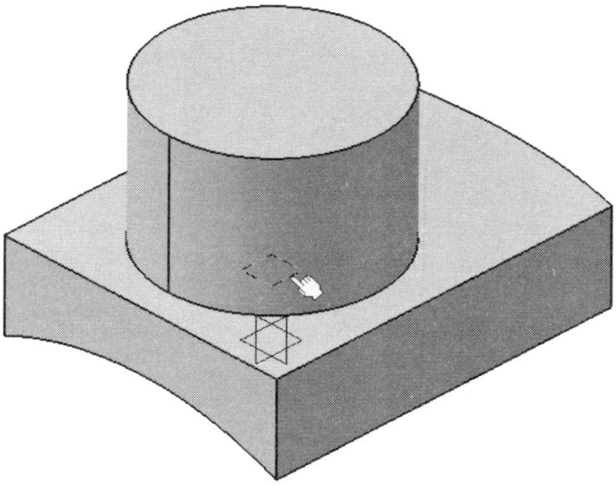

⑪ Circle 아이콘을 이용하여 아래 그림과 같이 ∅44mm의 Circle을 드로잉한다.

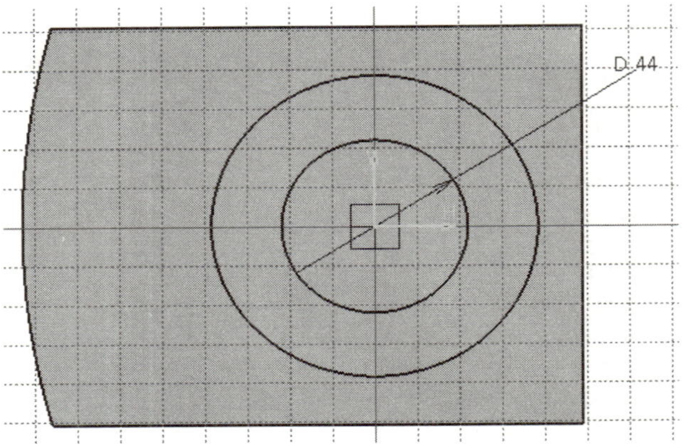

⑫ Exit workbench 아이콘을 실행한 후 3차원 작업창에서 Pocket 아이콘을 클릭한다. 아래 그림과 같이 방향은 Reverse Direction을 선택하고 67mm로 Pocket시킨다.

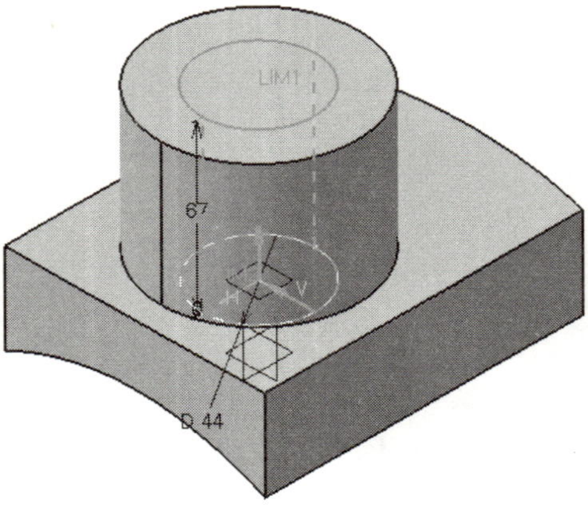

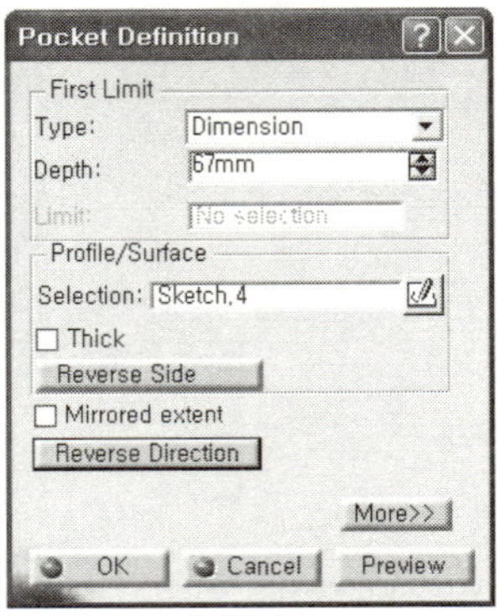

⑬ 아래 그림과 같이 윗면을 Plane으로 선택하고 Sketch 아이콘을 실행한다.

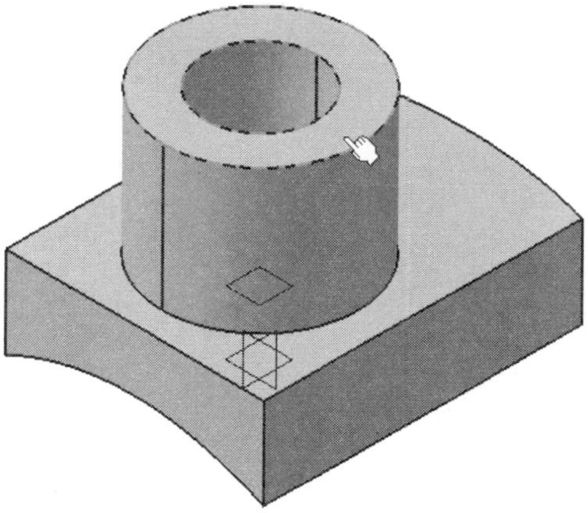

⑭ Line 아이콘을 이용하여 V축을 기준으로 27.5mm의 Line을 생성한다.

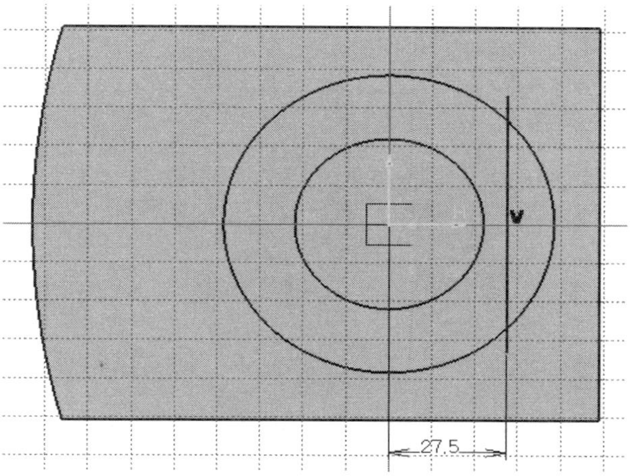

⑮ Exit workbench 아이콘을 실행한 후 3차원 작업창에서 Pocket 아이콘을 이용하여 아래 그림과 같이 44mm로 Pocket시킨다.

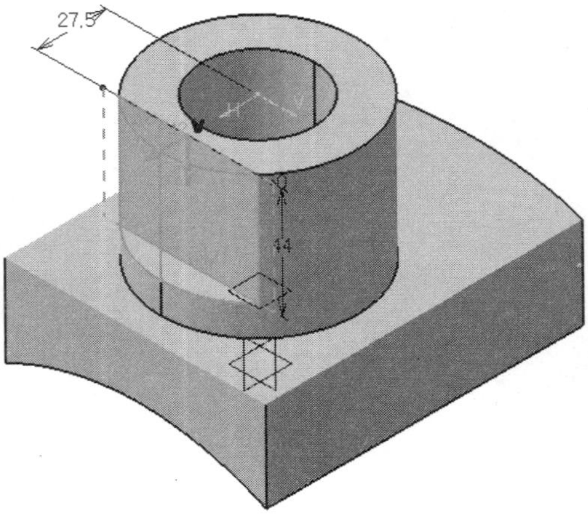

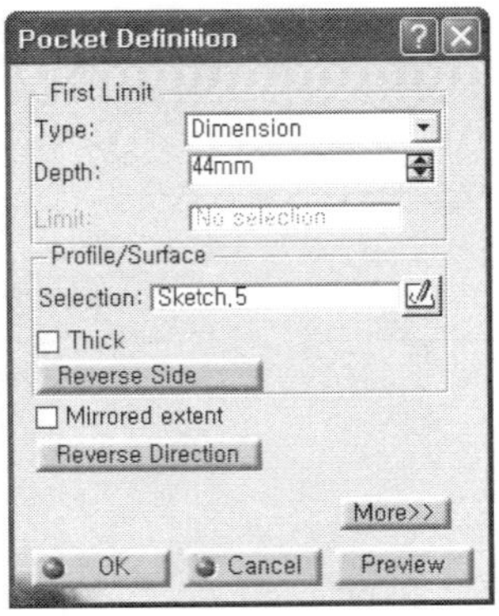

⑯ 다음 형상을 그리기 위해 zx Plane을 지정하고 Sketch 아이콘을 실행한다.

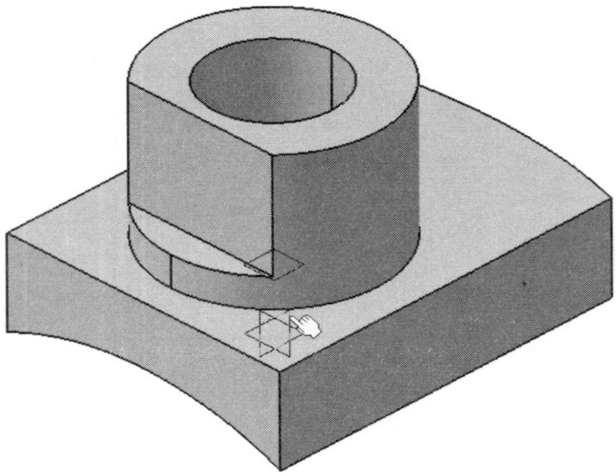

⑰ Line 아이콘을 이용하여 아래 그림과 같이 드로잉한다.

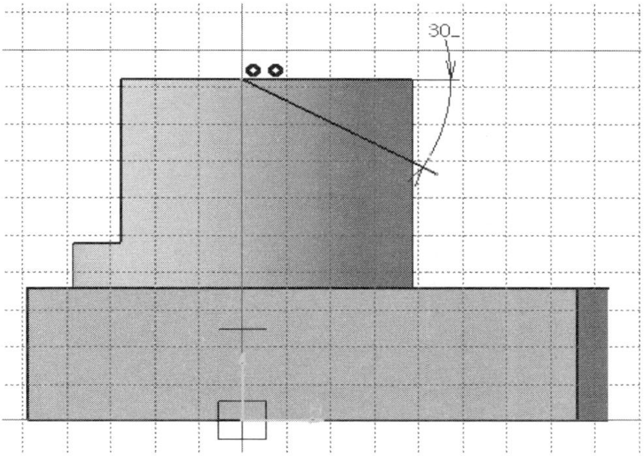

⑱ Exit workbench 아이콘을 실행한 후 3차원 작업창에서 Pocket 아이콘을 클릭한다. 아래 그림과 같이 Mirrored extent를 체크하고 40mm로 Pocket시킨다.

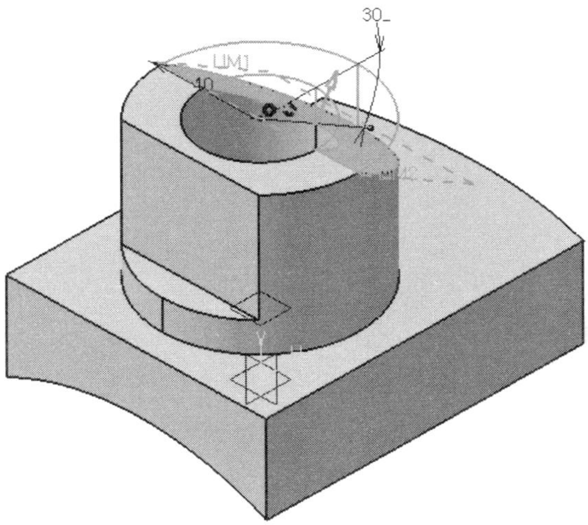

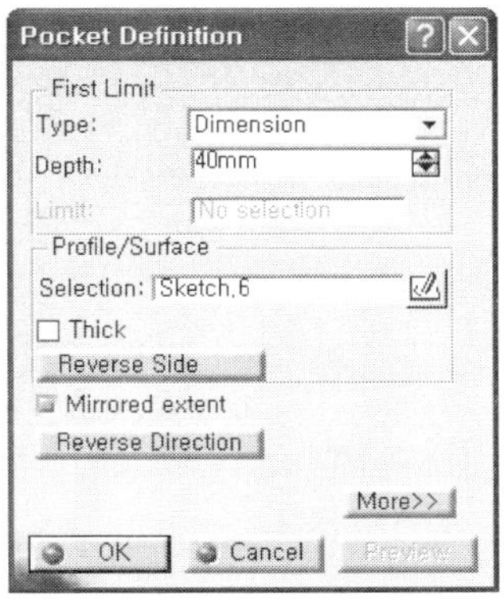

⑲ 다음 형상을 그리기 위해 아래 그림과 같이 중간 면을 Plane으로 선택하고 Sketch 아이콘을 실행한다.

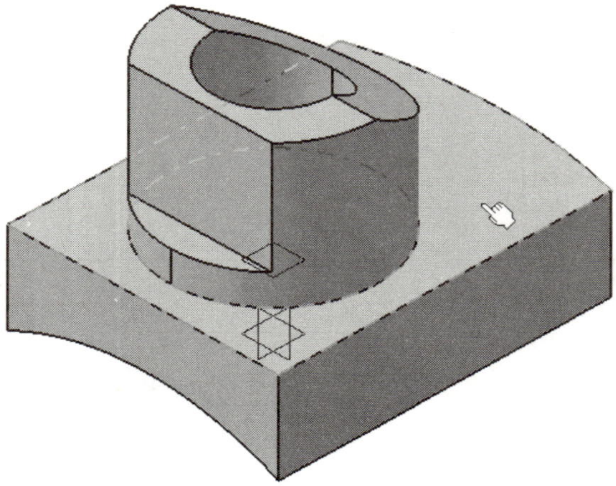

⑳ Line과 Circle 아이콘을 이용하여 아래 그림과 같이 드로잉한다.

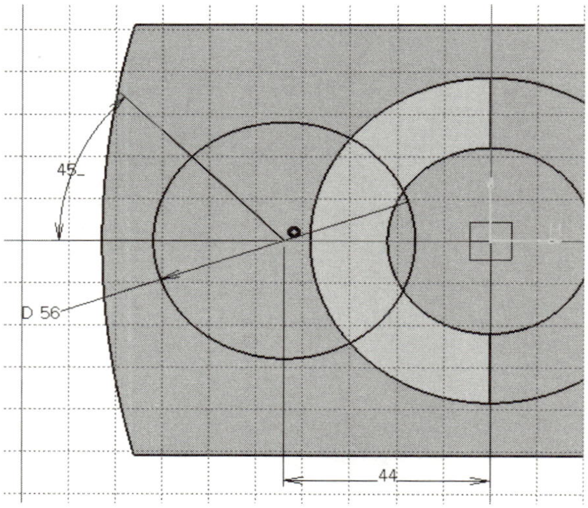

㉑ 앞서 ⑯번에서 그린 Line과 Circle을 Construction/Standard element ( ) 아이콘을 이용하여 3D상에는 아무런 지장을 주지 않는 축선으로 변경한다.

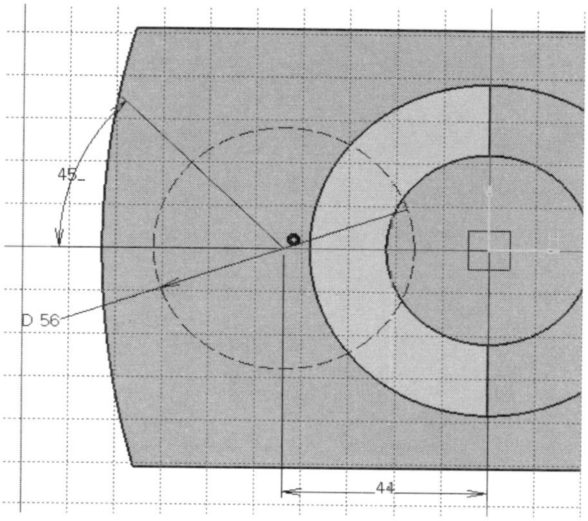

㉒ 아래 그림과 같이 Circle 아이콘을 이용하여 앞에서 축선으로 변경한 Circle과 Line의 교차점에서 ∅13mm의 Circle을 드로잉한다.(여기서 주의할 점은 ⑱번에서 사용한 Construction / Standard element(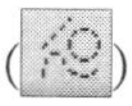) 아이콘을 한번 클릭해서 축선이 아닌 일반 Line이 될 수 있게 변경시킨다.)

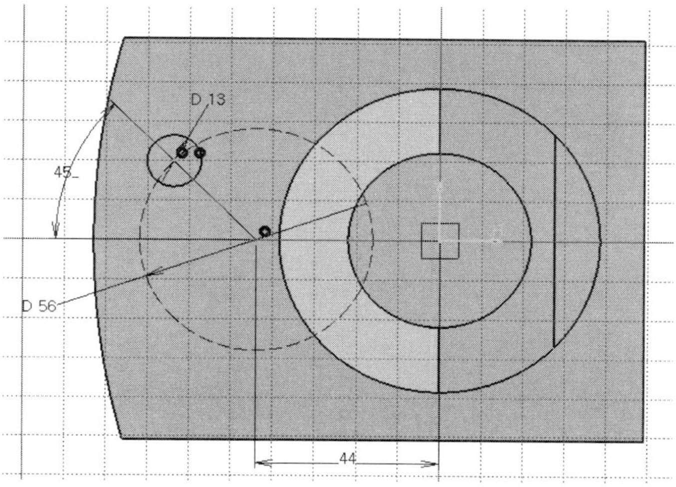

㉓ Exit workbench 아이콘을 실행한 후 3차원 작업창에서 Pocket 아이콘을 클릭한다. Type은 Up to next로 설정하고 Pocket시킨다.

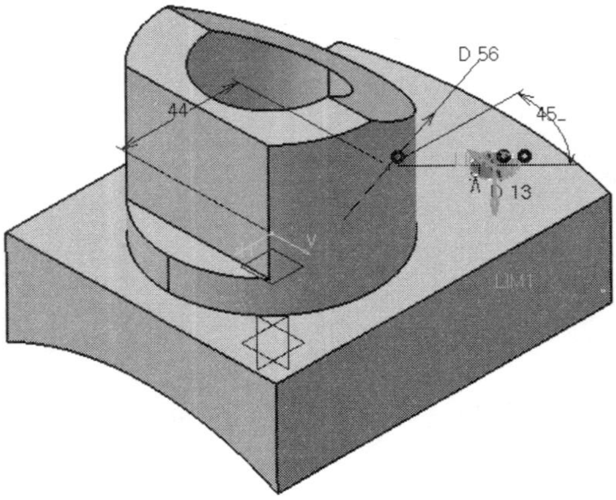

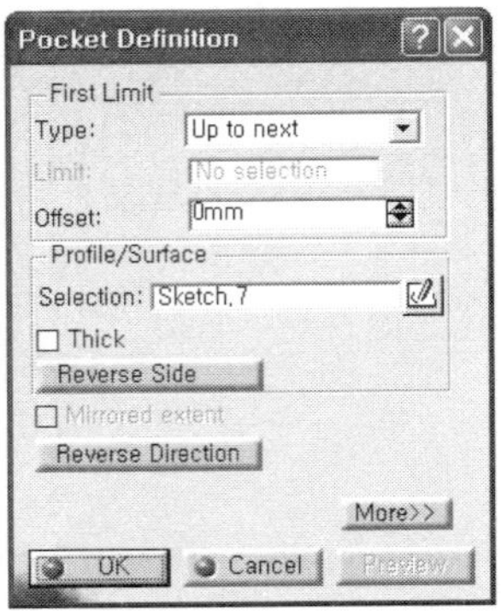

㉔ 아래 그림은 완성된 형상을 Multi-View로 나타낸 것이다.

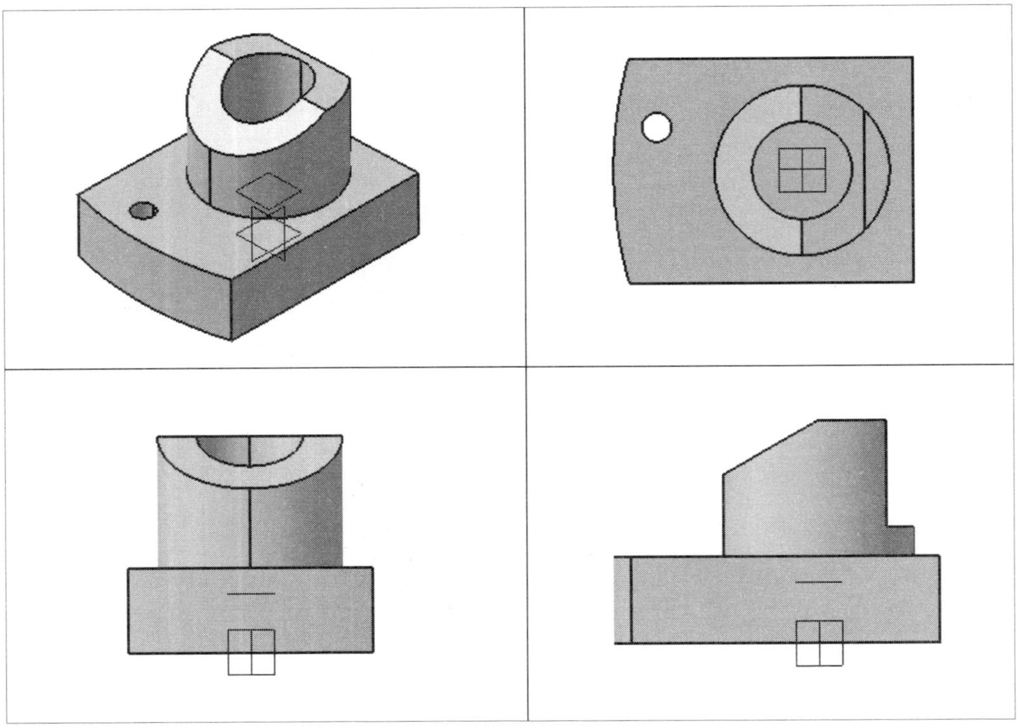

예제 20

① Part Design에서 xy Plane을 선택한 후 Sketch 아이콘을 실행한다. Rectangle, Corner 아이콘을 이용하여 아래 그림과 같이 Sketch.1을 드로잉한다.

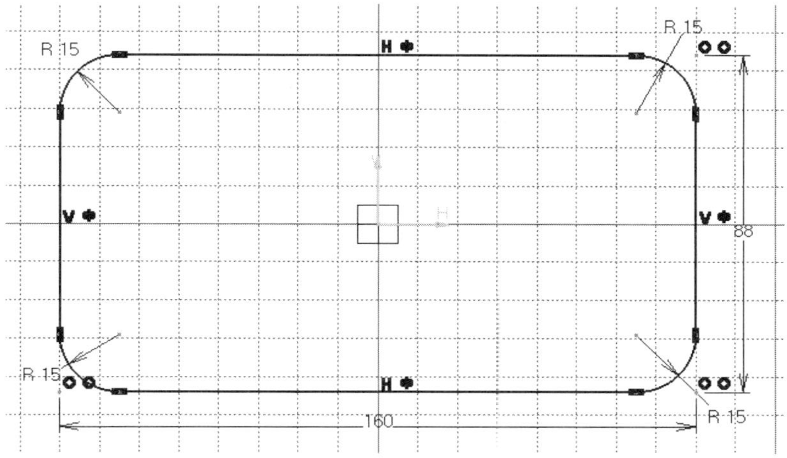

② Exit workbench 아이콘을 실행한 후 3차원 작업창에서 Pad 아이콘을 이용하여 아래 그림과 같이 22mm로 Pad시킨다.

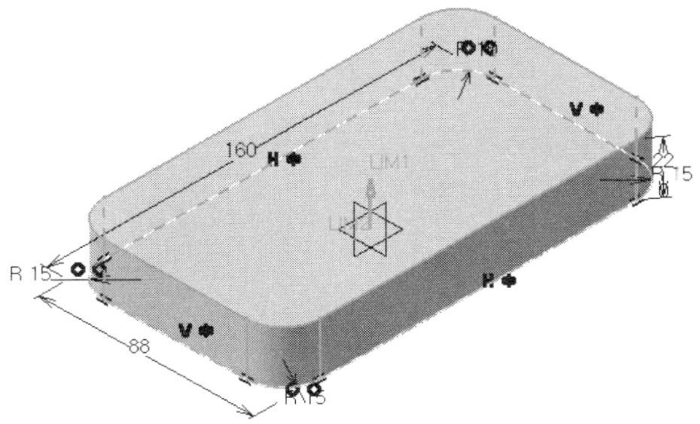

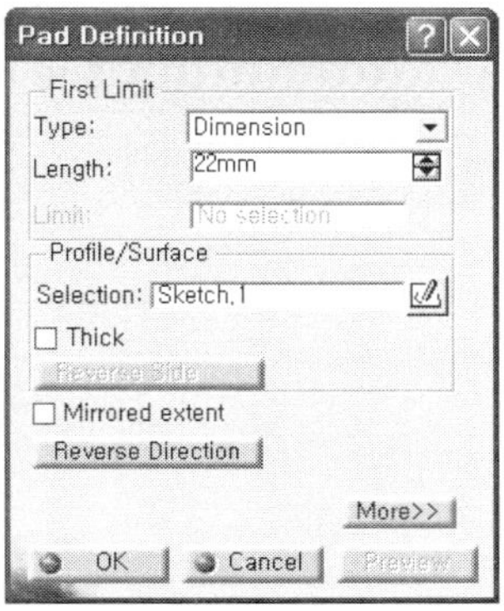

③ 아래 그림과 같이 윗면을 Plane으로 선택하고 Sketch 아이콘을 실행한다.

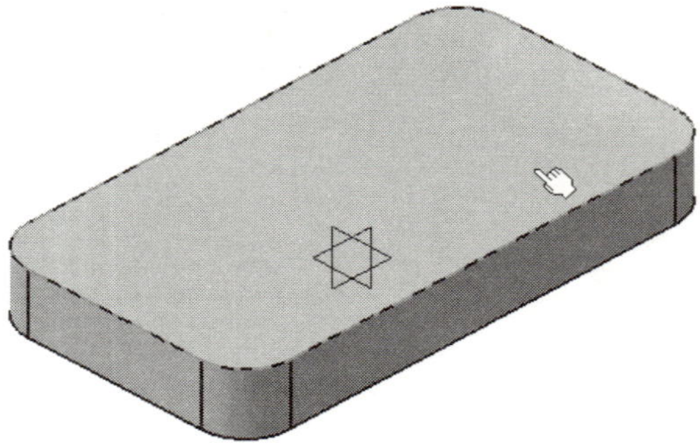

④ Circle 아이콘을 이용하여 아래 그림과 같이 드로잉한다.

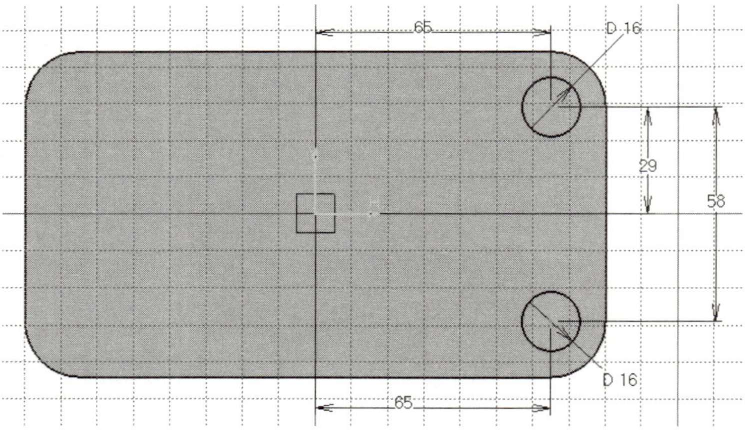

⑤ Exit workbench 아이콘을 실행한 후 3차원 작업창에서 Pocket 아이콘을 이용하여 22mm로 Pocket시킨다.

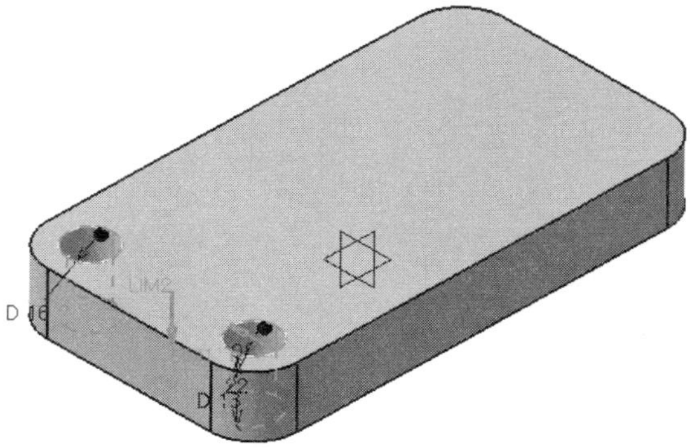

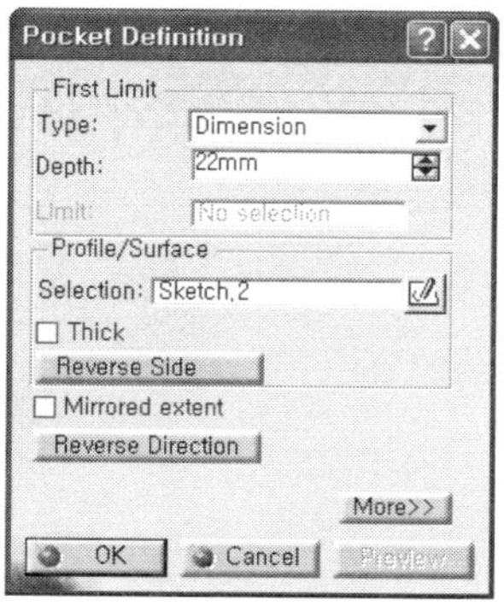

⑥ 아래 그림과 같이 22mm로 Pocket 시킨 두 Circle을 zx Plane으로 Mirror 시킨다.

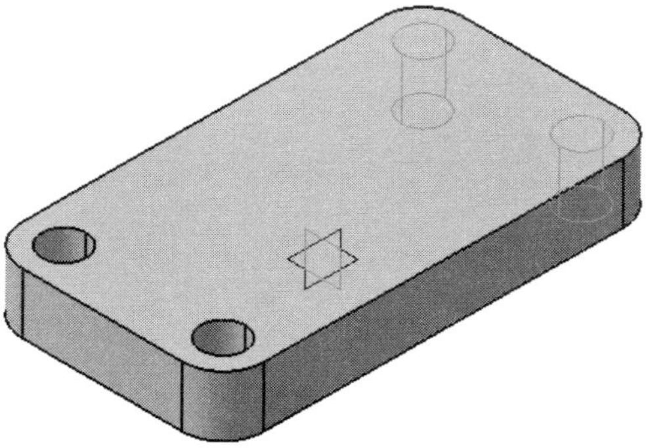

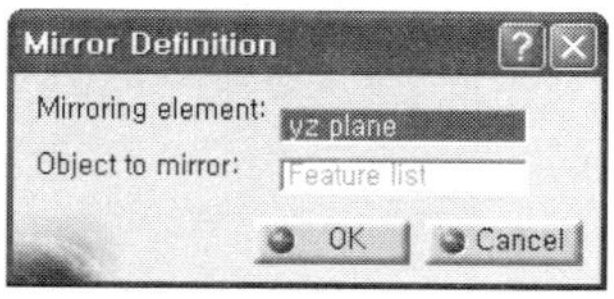

⑦ 아래 그림과 같이 윗면을 Plane으로 선택하고 Sketch 아이콘을 실행한다.

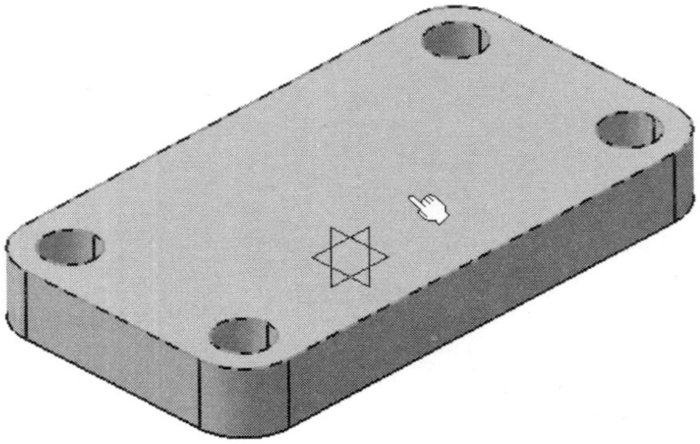

⑧ Profile 아이콘을 이용하여 아래 그림과 같이 드로잉한다.

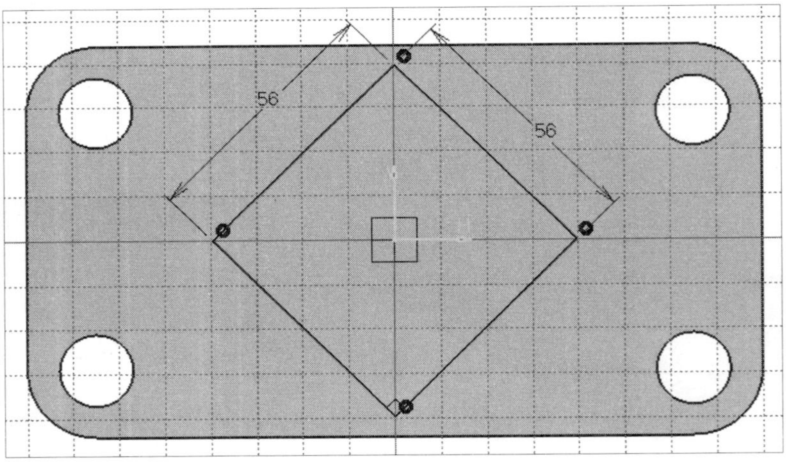

⑨ 드로잉된 사각형이 H축에 대칭될 수 있게 Constraint Definition() 아이콘을 이용하여 Symmetry시킨다.(여기서 주의할 점은 기준점을 중심으로 서로 대칭구속이 되므로 대칭될 면 혹은 점을 먼저 지정하고 마지막으로 축을 지정해 준다.)

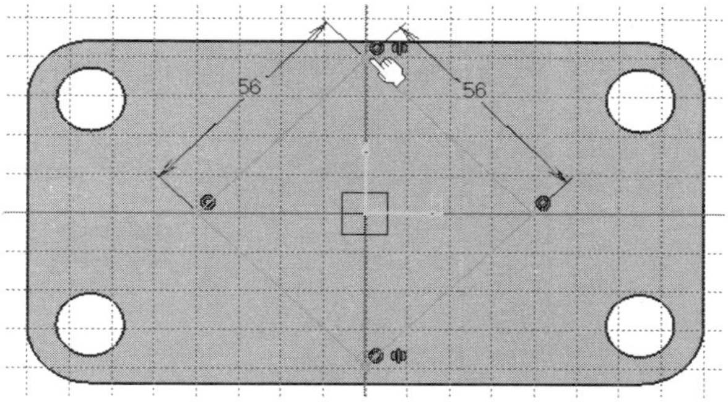

〈두 점을 먼저 지정〉

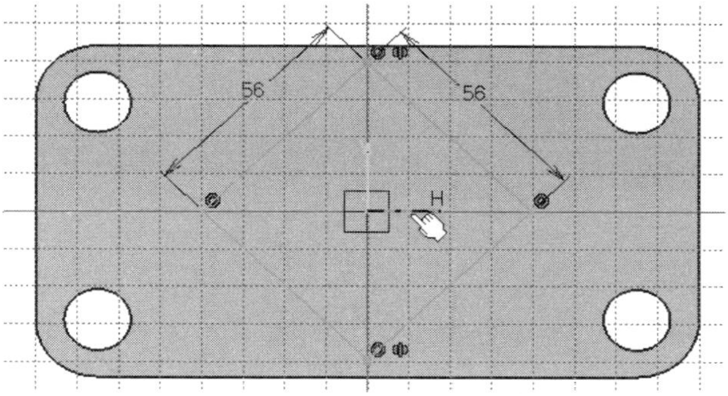

〈H축 지정〉

⑩ 아래 그림과 같이 Constraint Definition 아이콘을 이용하여 Symmetry 시킨다.

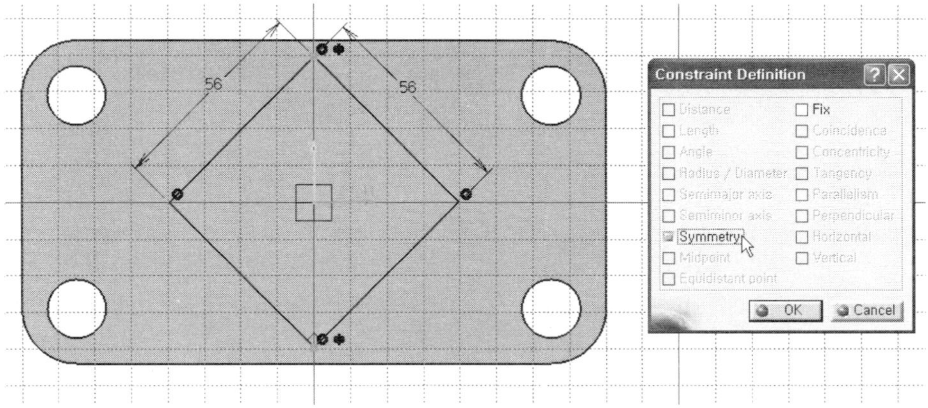

⑪ Exit workbench 아이콘을 실행한 후 3차원 작업창에서 Pad 아이콘을 이용하여 아래 그림과 같이 76mm로 Pad시킨다.

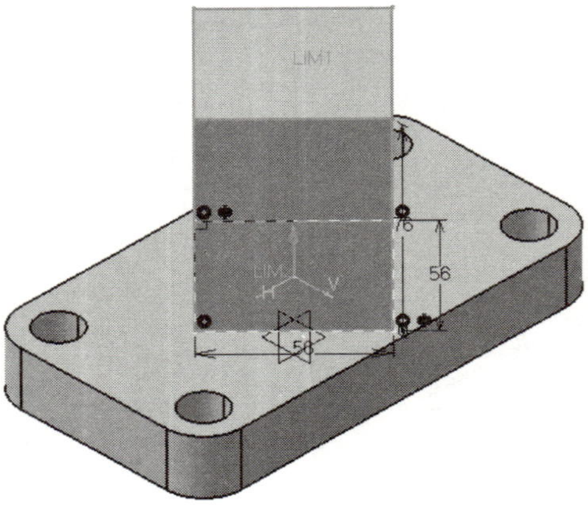

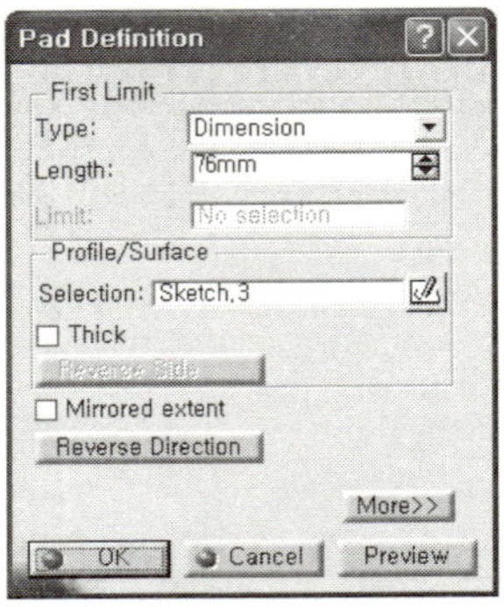

⑫ 아래 그림과 같이 옆면을 Plane으로 선택하고 Sketch 아이콘을 실행한다.

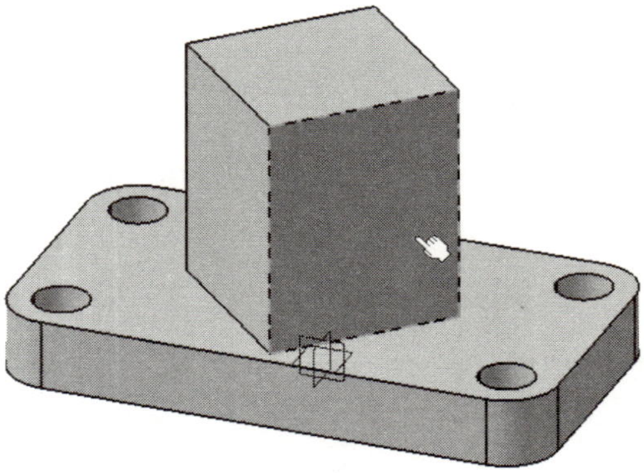

⑬ Project 3D Elements( ) 아이콘을 클릭하고 아래 그림과 같이 직사각형을 투영시킨다. Circle과 Quick Trim 아이콘을 이용하여 아래 그림과 같이 드로잉한다.

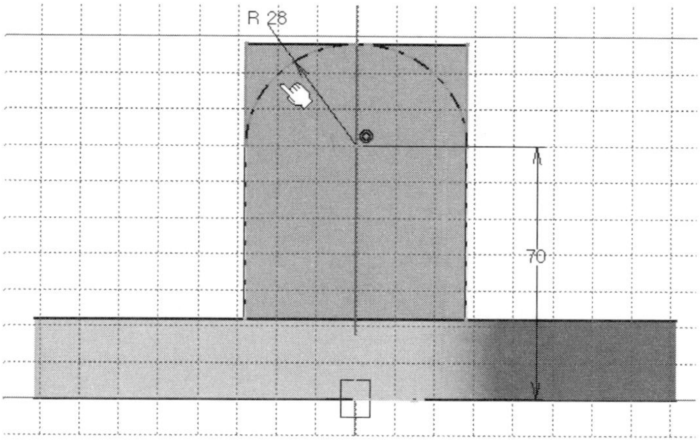

⑭ Exit workbench 아이콘을 실행한 후 3차원 작업창에서 Pocket 아이콘을 클릭한다. 활성화된 Pocket Definition box에서 Type은 Up to next, 방향은 Reverse Side로 설정하고 Pocket시킨다.

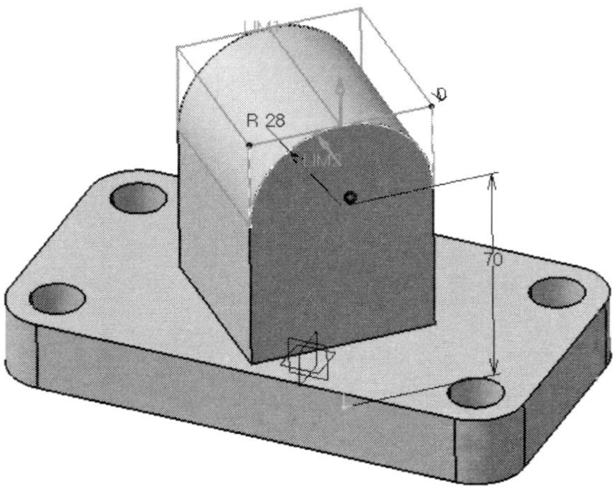

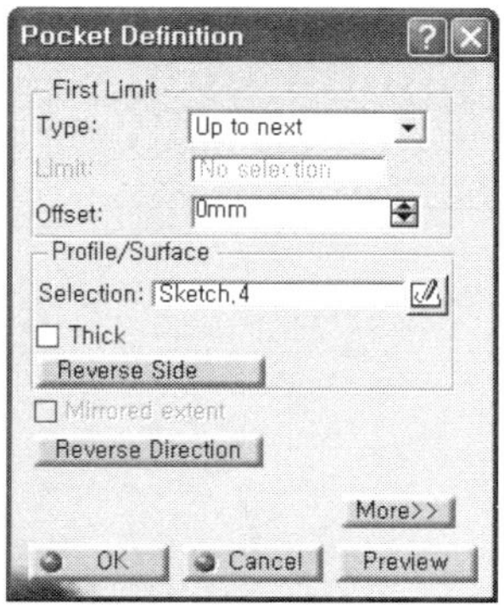

⑮ 아래 그림과 같이 측면을 Plane으로 선택하고 Sketch 아이콘을 실행한다. Circle 아이콘을 이용하여 아래 그림과 같이 드로잉한다.

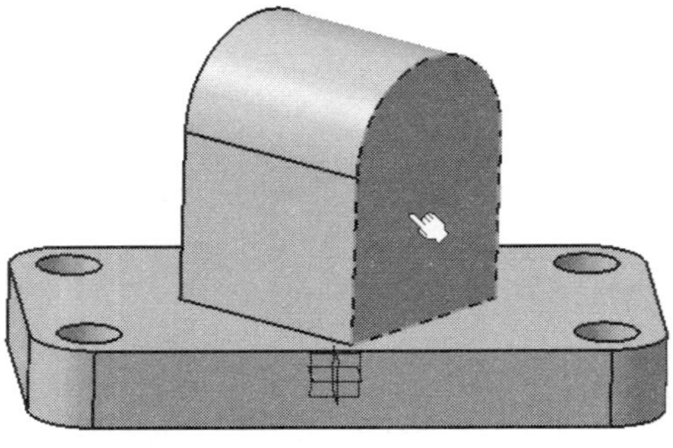

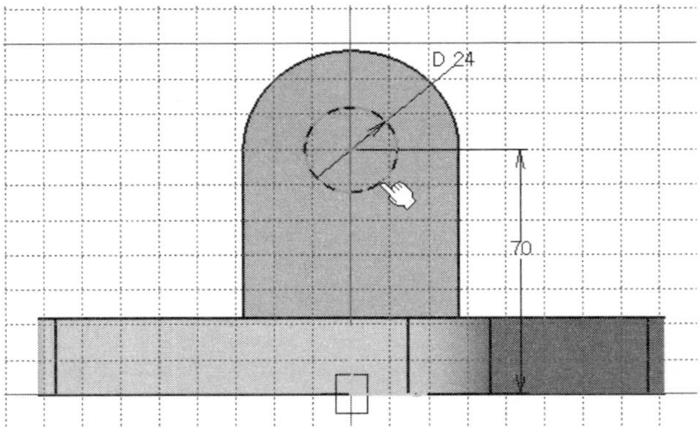

⑯ Exit workbench 아이콘을 실행한 후 3차원 작업창에서 Pocket 아이콘을 클릭한다. 활성화된 Pocket Definition box에서 Type은 Up to next로 설정하고 Pocket시킨다.

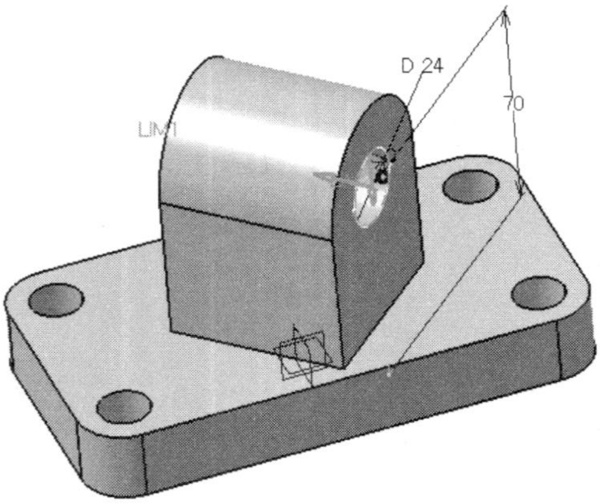

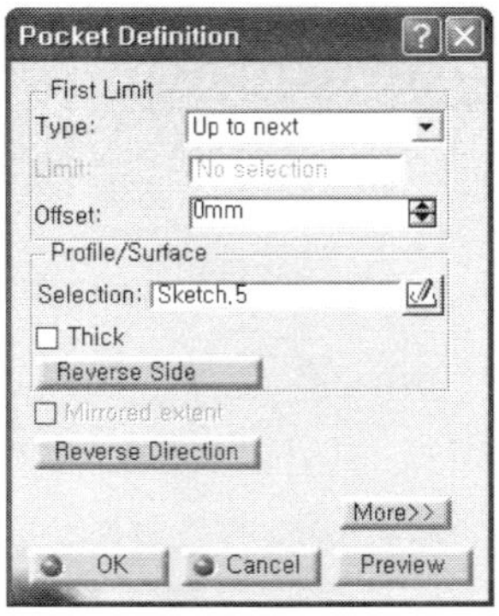

⑰ 아래 그림은 완성된 형상을 Multi-View로 나타낸 것이다.

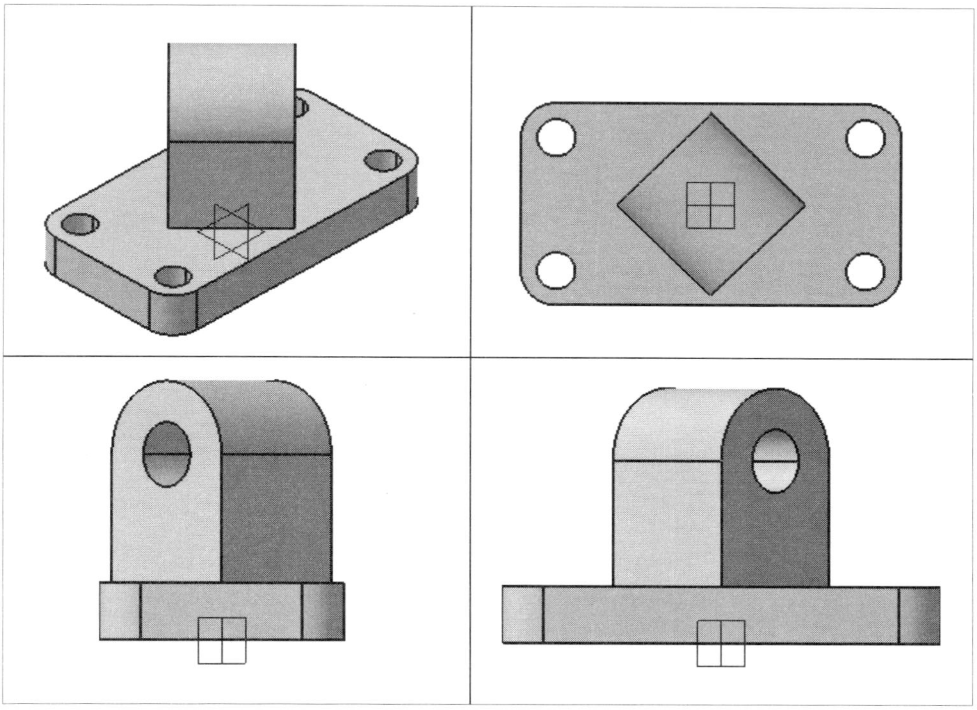

예제 21

① Part Design에서 xy Plane을 선택한 후 Sketch 아이콘을 실행한다. Circle과 Bi-Tangent Line(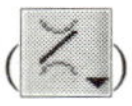) 아이콘을 이용하여 아래 그림과 같이 Sketch.1을 드로잉한다.

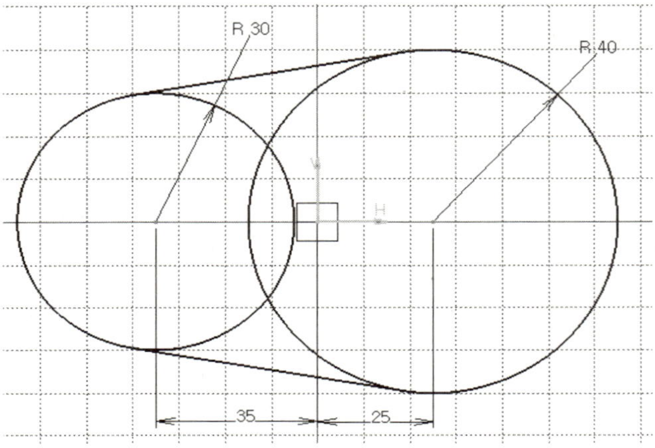

② Quick Trim 아이콘 이용하여 아래 그림과 같이 접점을 제외한 나머지 안쪽 Line을 삭제한다.

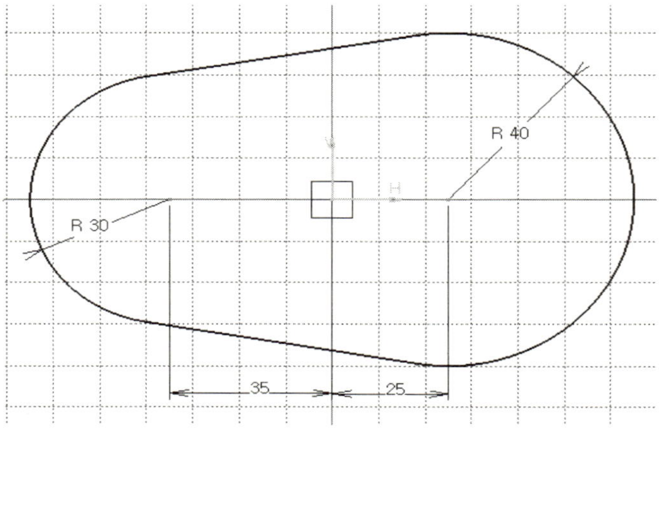

③ Exit workbench 아이콘을 실행한 후 3차원 작업창에서 Pad 아이콘을 이용하여 40mm로 Pad시킨다.

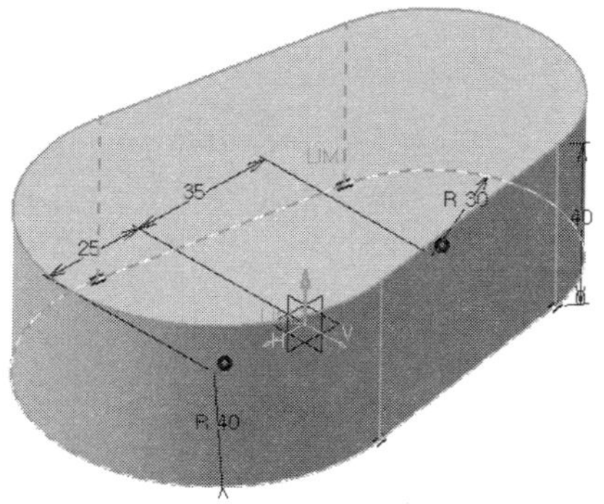

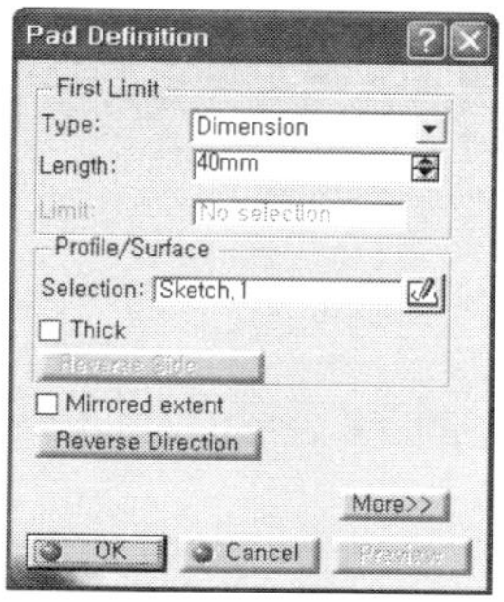

④ zx Plane을 선택하고 Sketch을 실행한다.

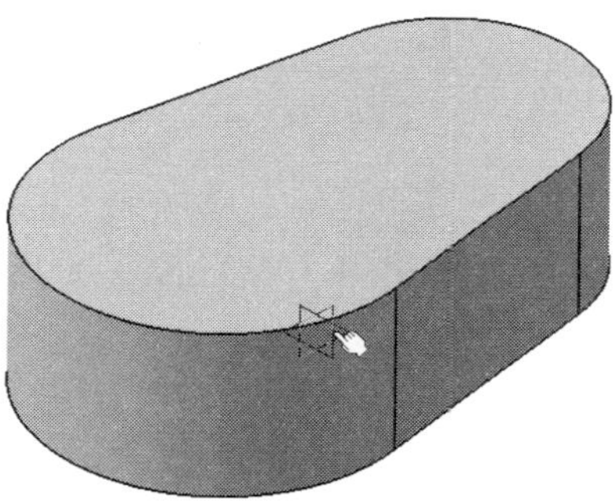

⑤ Arc 아이콘을 이용하여 아래 그림과 같이 V축에 중심을 잡고 Radius 250mm의 Arc를 생성한다.

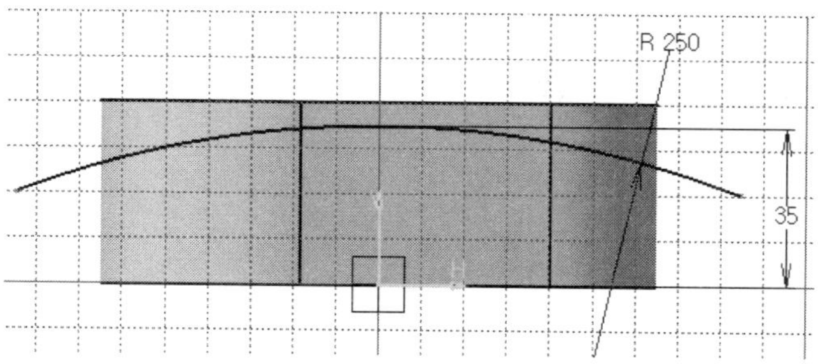

⑥ Exit workbench 아이콘을 실행한 후 Pull down menu의 Start ⇒ Mechanical Design ⇒ Wireframe and Surface Design 작업창으로 이동한다.

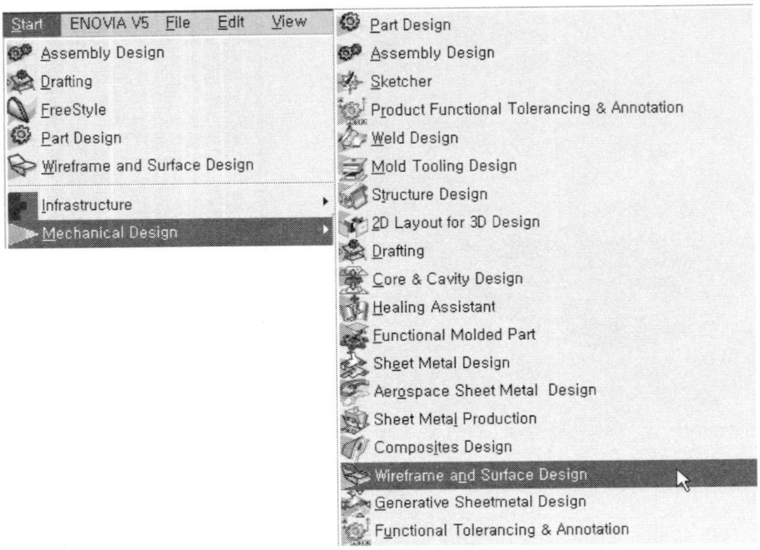

⑦ Extrude( ) 아이콘을 실행하여 아래 그림과 같이 Extrude시킨다.

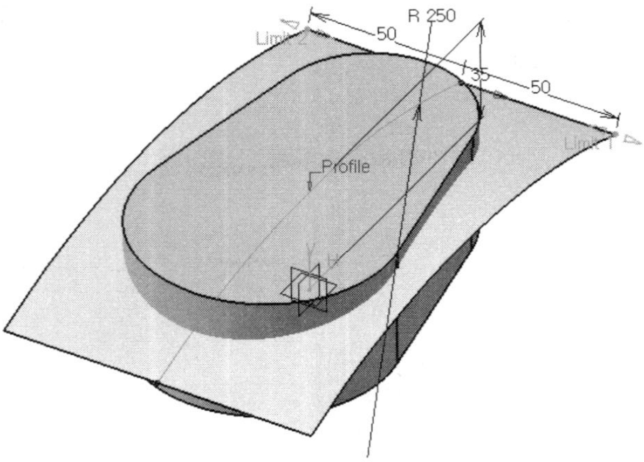

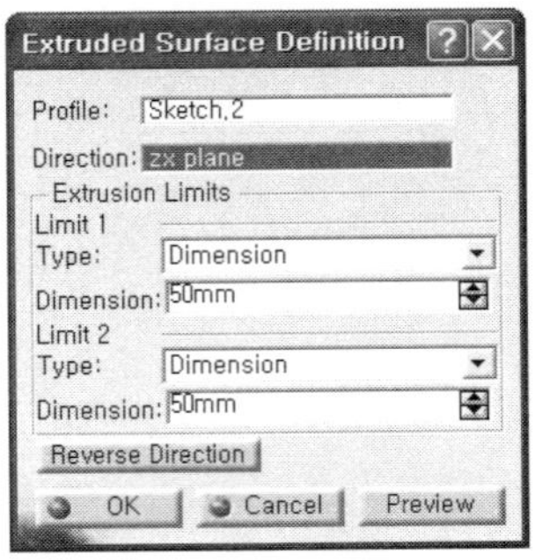

⑧ 다시 Pull down menu의 Start ⇒ Mechanical Design ⇒ Part Design으로 이동한다. Split( ) 아이콘을 클릭한다. 생성된 곡면을 선택하고 화살표는 아

랫방향으로 선택하고 OK를 클릭한다.

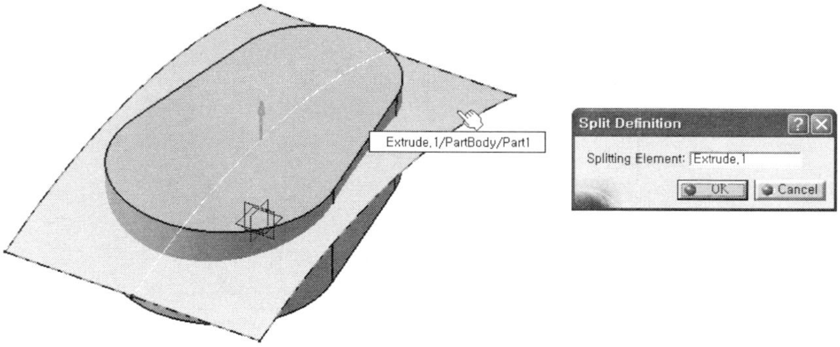

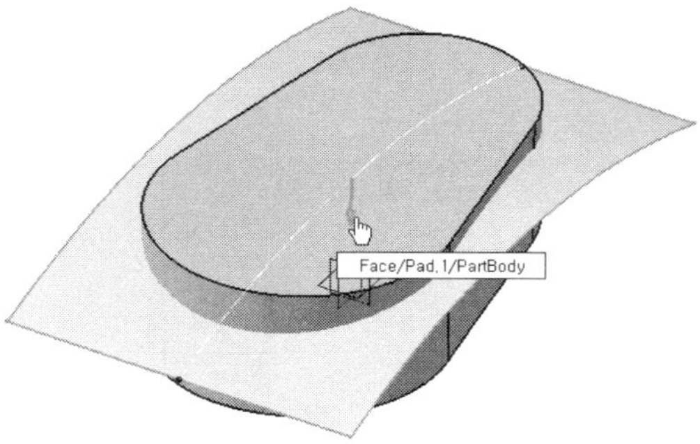

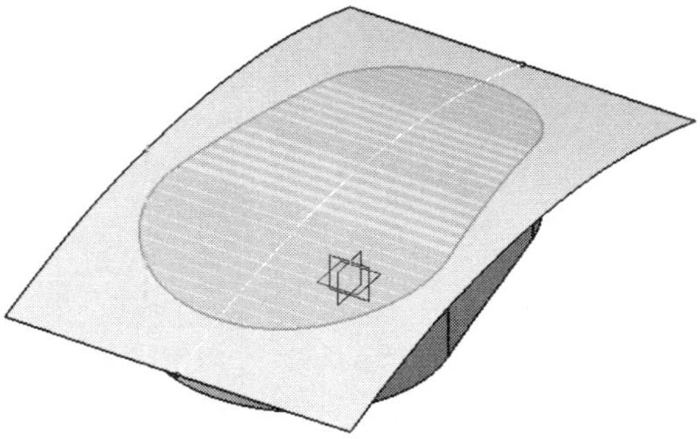

⑨ 아래 그림과 같이 Specification Tree에서 Extrude를 클릭하여 Hide/Show () 시킨다.

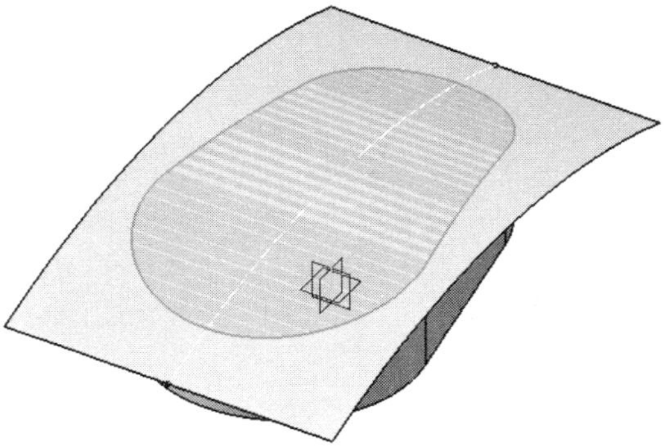

〈Hide 전〉

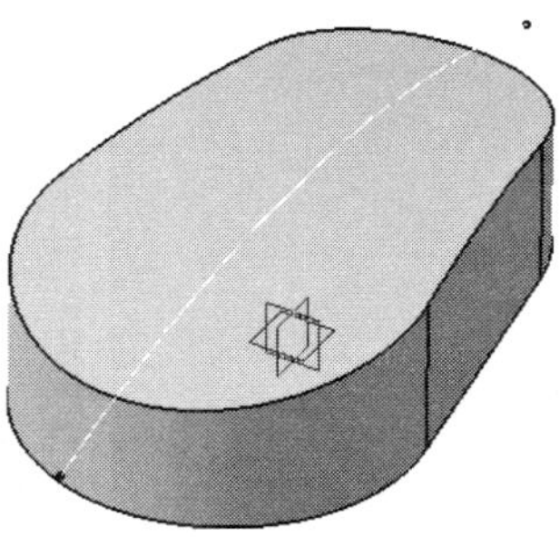

〈Hide 후〉

⑩ 아래 그림과 같이 남아 있는 Arc Line도 Hide시킨다.

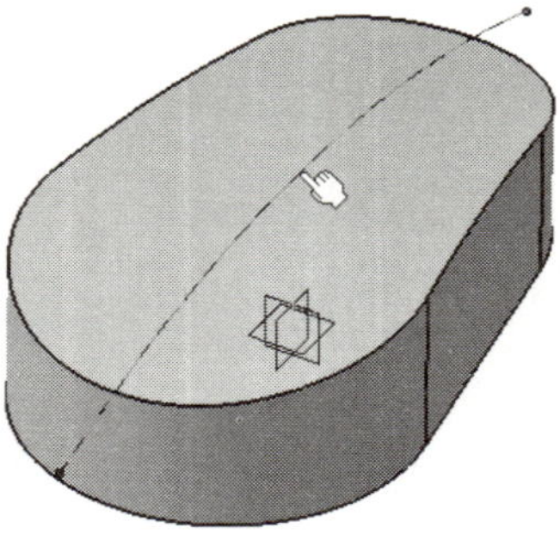

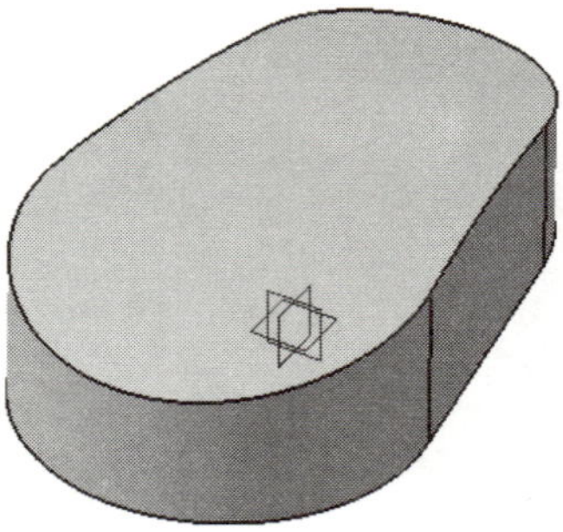

⑪ Plane( ) 아이콘을 실행하여 아래와 같이 xy Plane을 10mm로 Offset 한다.

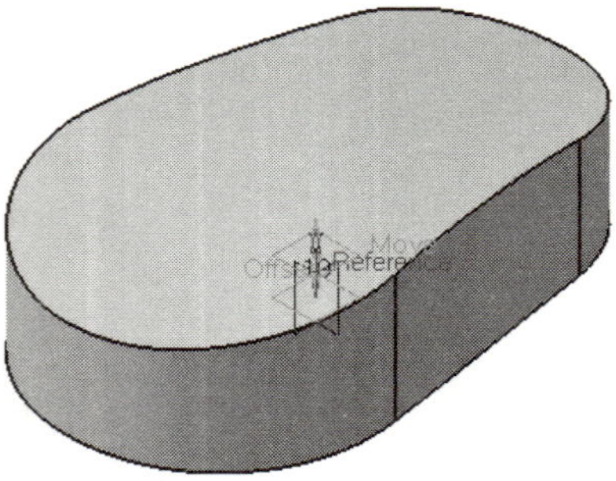

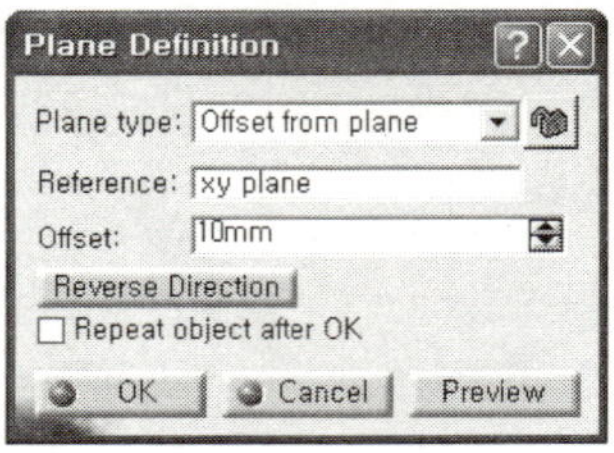

⑫ 10mm로 Offset 된 Plane을 선택한 후 Sketch 아이콘을 실행한다. Circle 아이콘을 이용하여 아래 그림과 같이 드로잉한다.

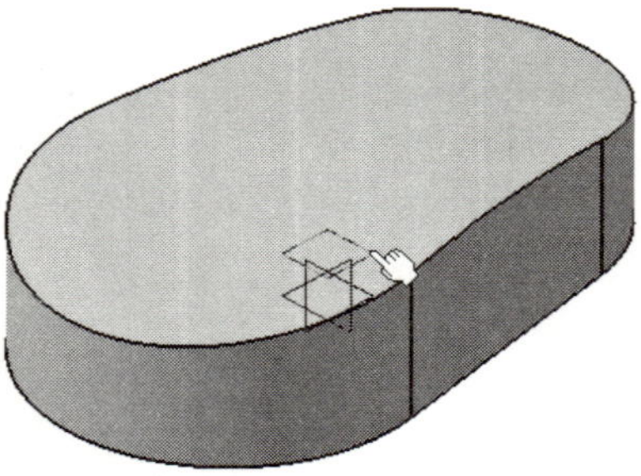

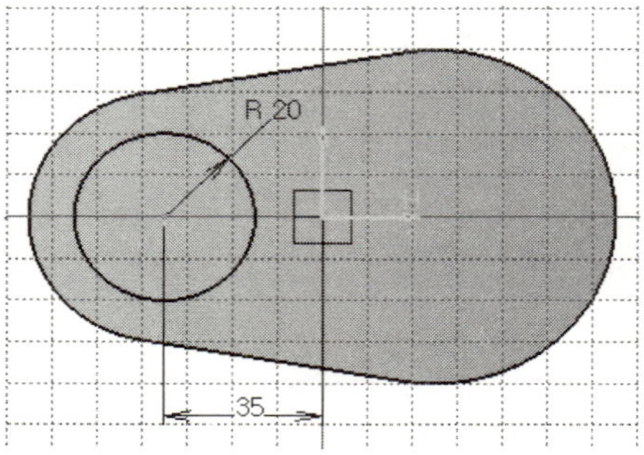

⑬ Exit workbench 아이콘을 실행한 후 3차원 작업창에서 Pocket 아이콘을 클릭한다. 활성화된 Pocket Definition Box에서 Type은 Up to next로 설정하고 방향은 Reverse Direction을 클릭한 후 Pocket시킨다.

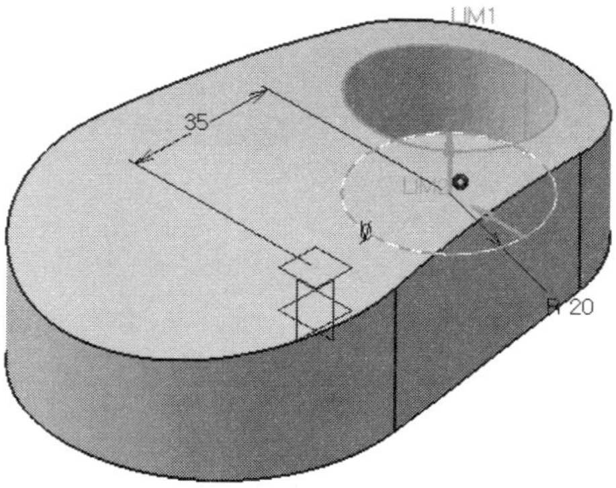

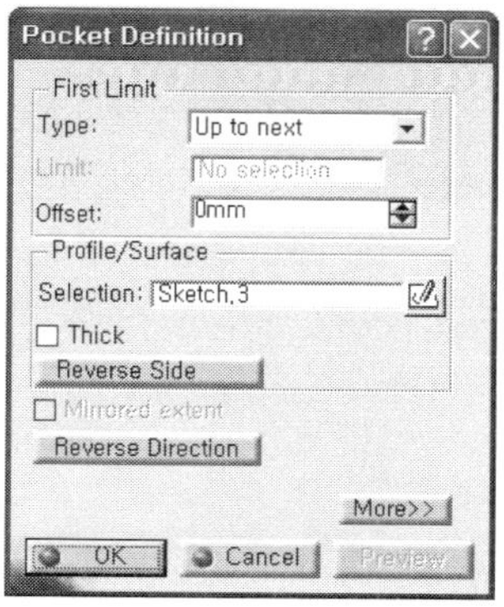

⑭ 다시 Plane( ) 아이콘을 실행하여 아래 그림과 같이 xy Plane을 40mm로 Offset한다.

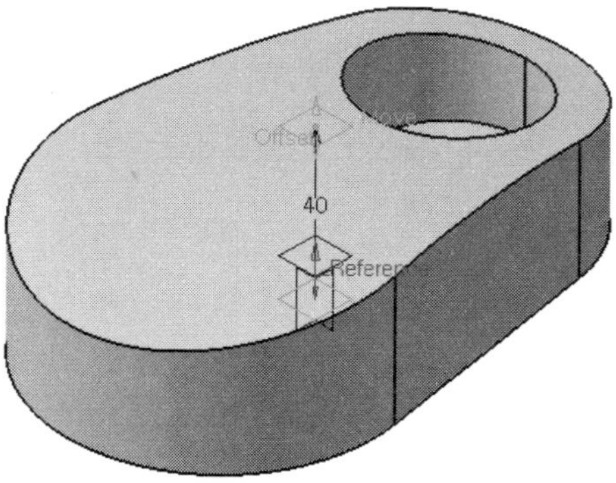

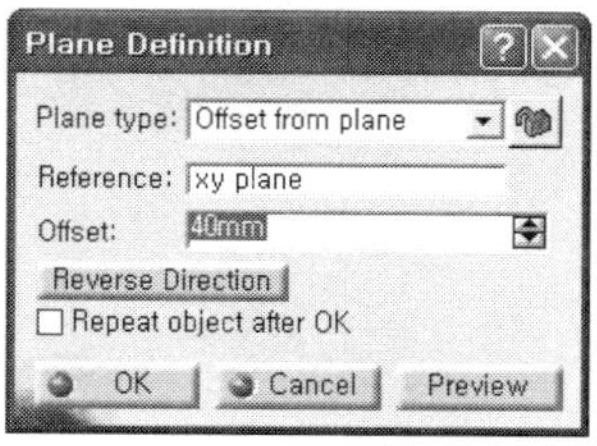

⑮ 40mm로 Offset된 Plane을 선택한 후 Sketch 아이콘을 실행한다. Circle 아이콘을 이용하여 아래 그림과 같이 드로잉한다.

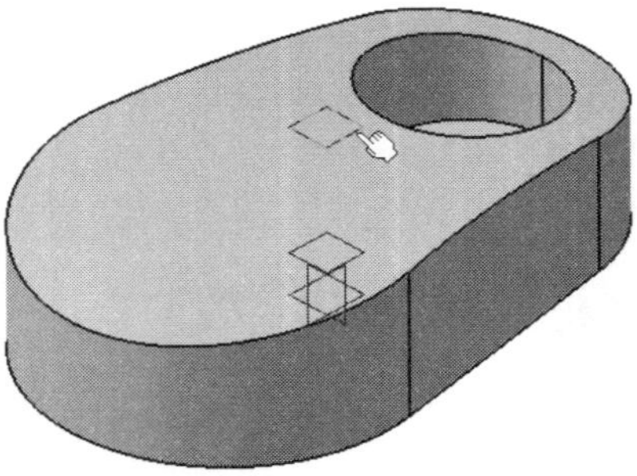

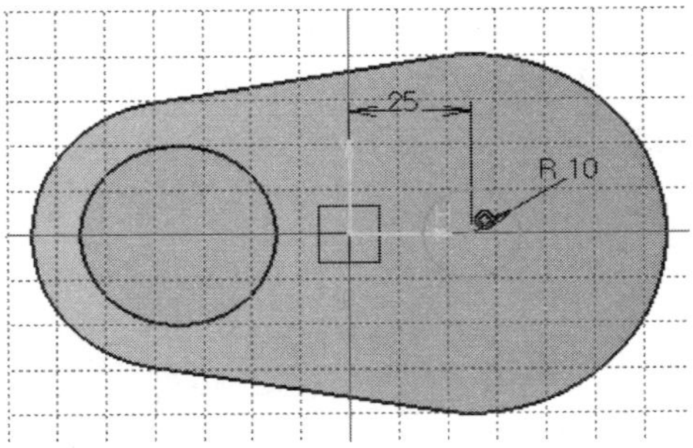

⑯ Exit workbench 아이콘을 실행한 후 3차원 작업창에서 Pad 아이콘을 클릭한다. 활성화된 Pad Definition Box에서 Type은 Up to next로 설정하고 Pad시킨다.

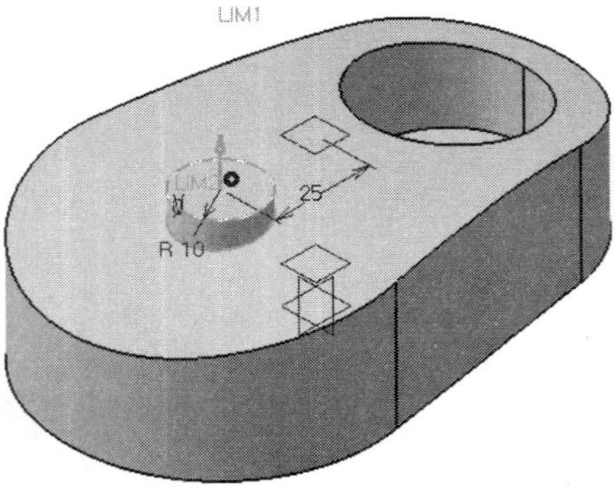

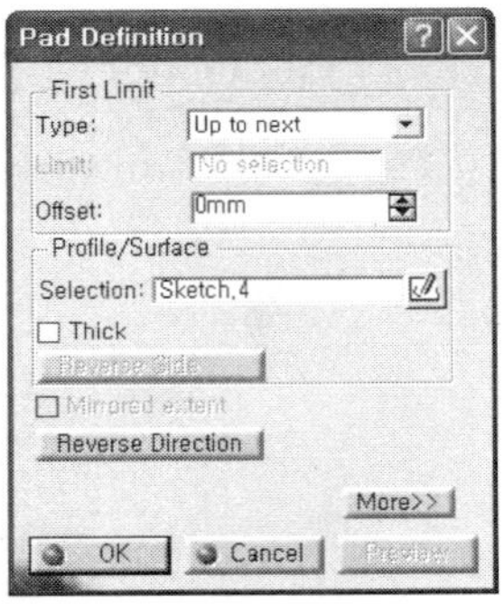

⑰ Edge Fillet( ) 아이콘을 이용하여 아래 그림과 같이 2.5mm로 Fillet시킨다.

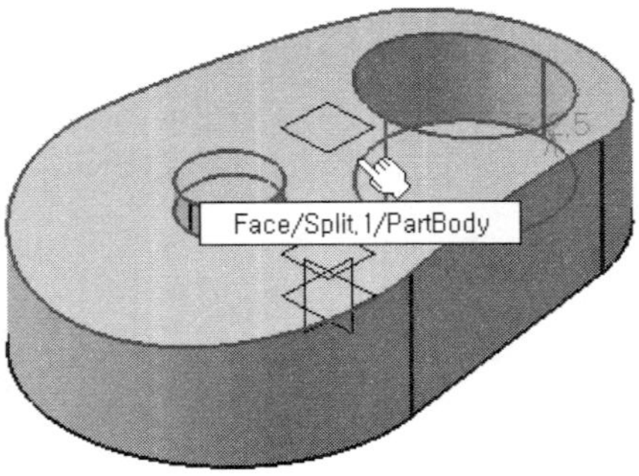

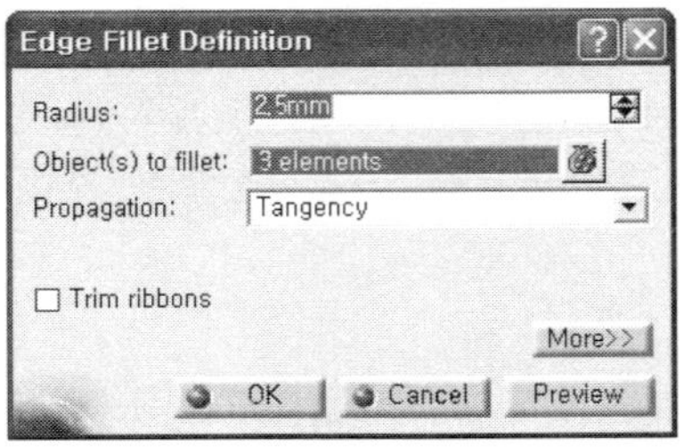

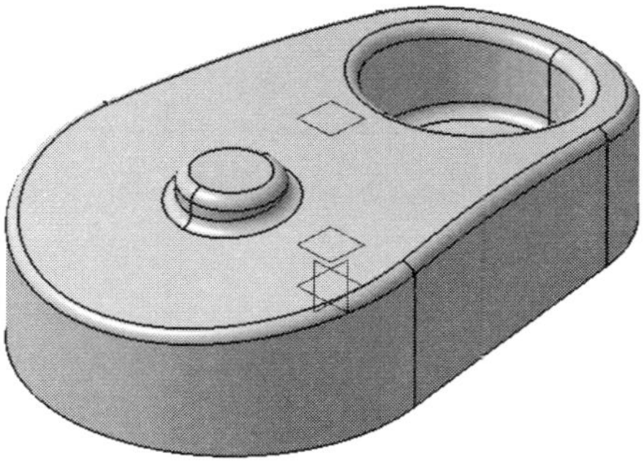

⑱ 아래 그림은 완성된 형상을 Multi-View로 나타낸 것이다.

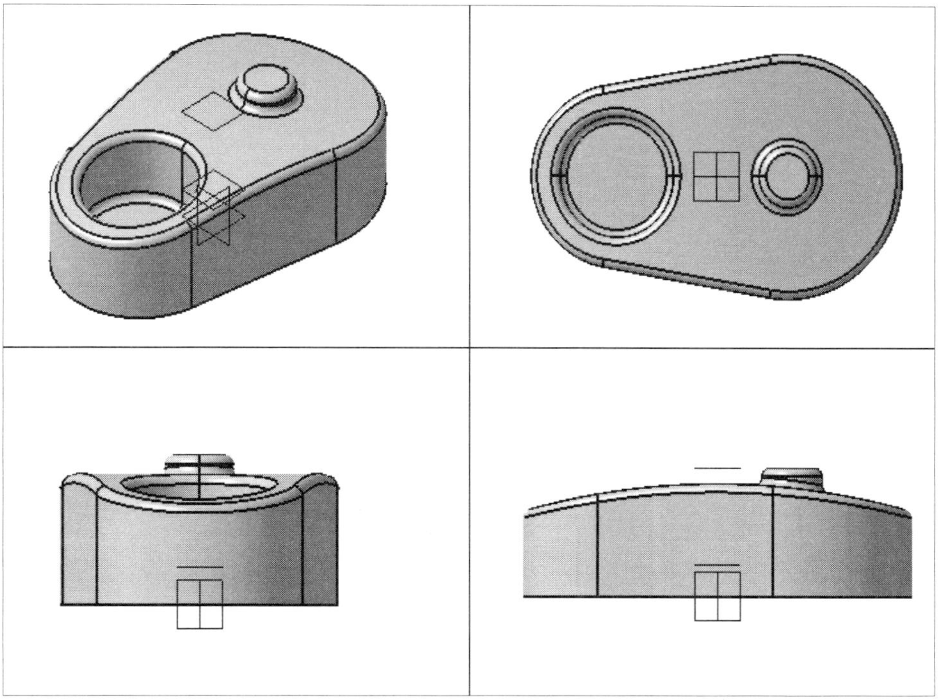

예제 22

① Part Design에서 yz Plane을 선택한 후 Sketch 아이콘을 실행한다. Profile( ), Quick Trim, Coner 등의 아이콘을 이용하여 아래 그림과 같이 Sketch.1을 드로잉한다.

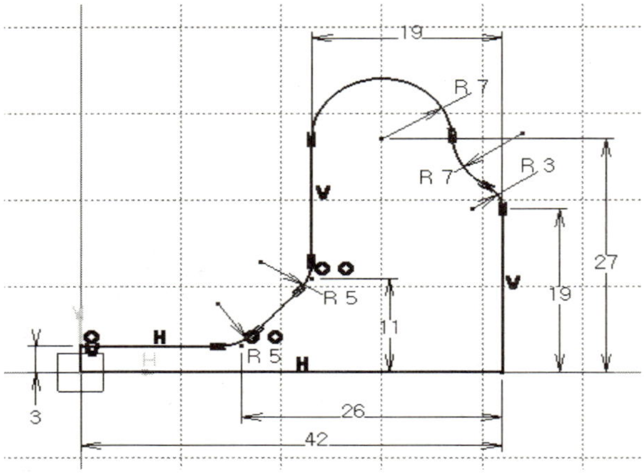

② Exit workbench 아이콘을 실행한 후 3차원 작업창에서 Pad 아이콘을 이용하여 아래 그림과 같이 11mm로 Pad시킨다.

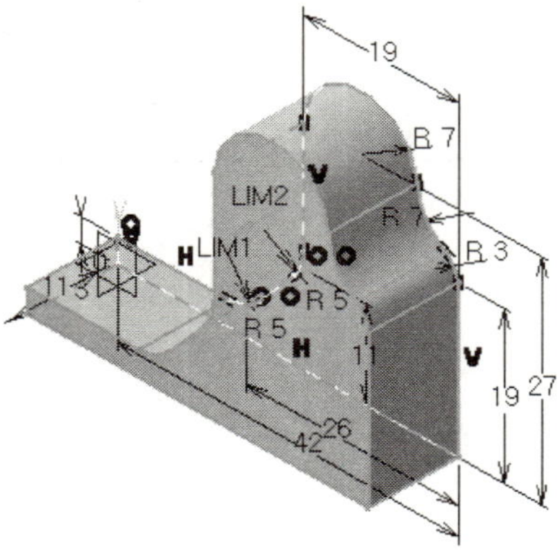

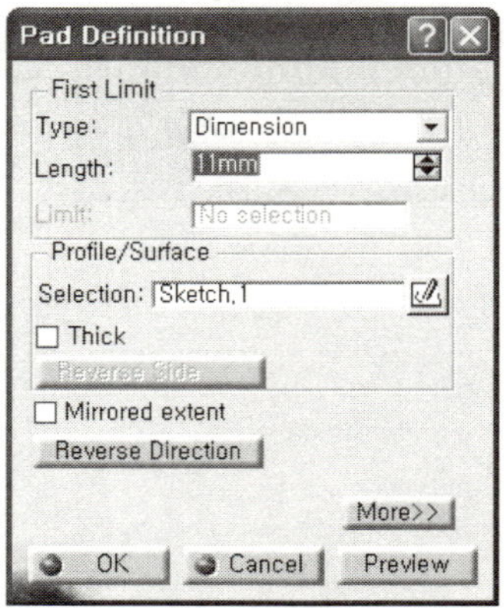

③ 아래 그림과 같이 Plane을 선택하고 Sketch 아이콘을 실행한다. 그리고 Rectangle, Coner 등의 아이콘을 이용하여 아래 그림과 같이 Sketch.2를 드로잉한다.

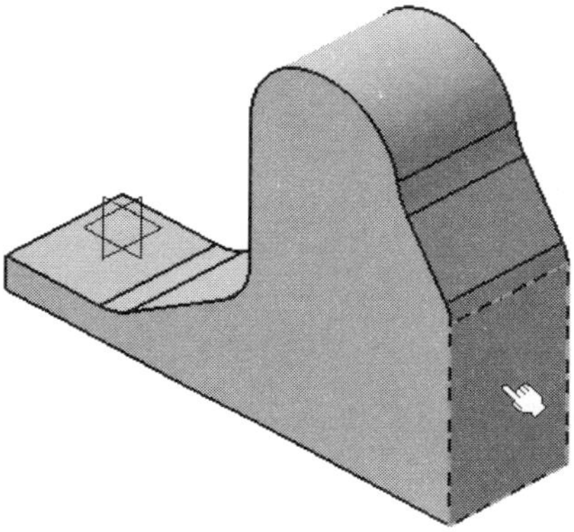

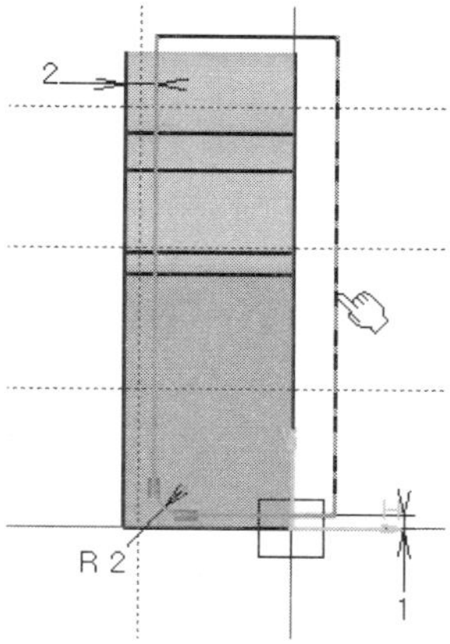

④ Exit workbench 아이콘을 실행한 후 3차원 작업창에서 Pocket 아이콘을 선택하여 아래 그림과 같이 Pocket한다.

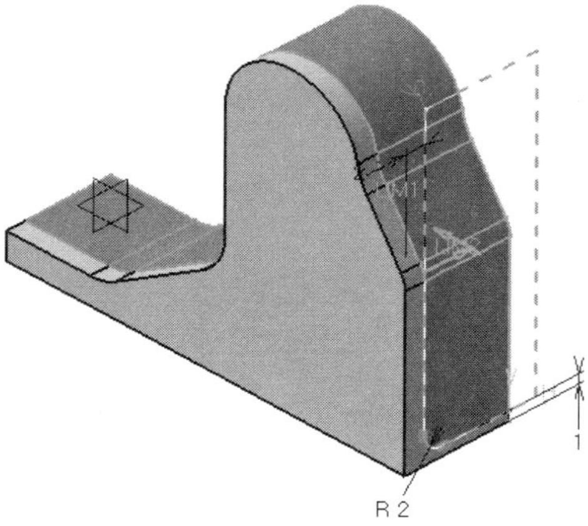

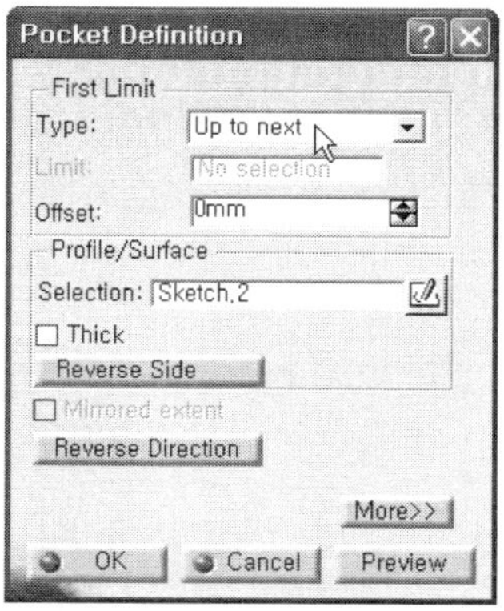

⑤ OK를 클릭하면 아래 그림과 같이 Pocket된 형상이 생성된다.

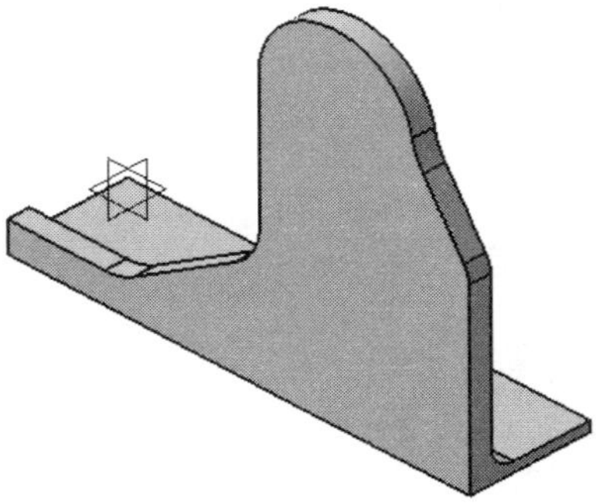

⑥ 아래 그림과 같이 Plane을 선택하고 Sketch 아이콘을 실행한다.

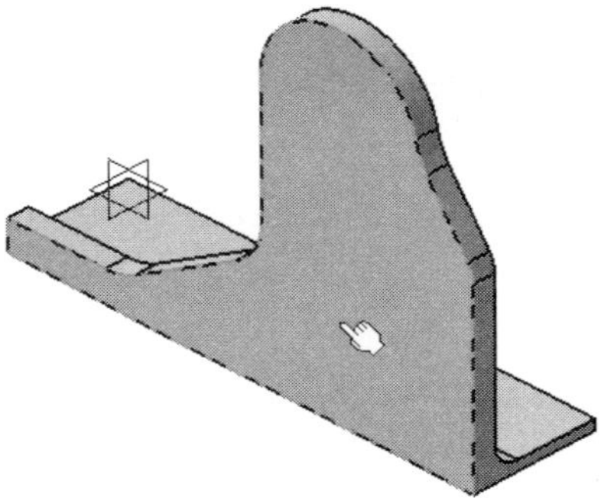

⑦ Projection( ) 아이콘을 클릭하고 아래 그림과 같이 외곽 Line을 투영시킨다.(투영 후의 색은 노란색으로 표시됨)

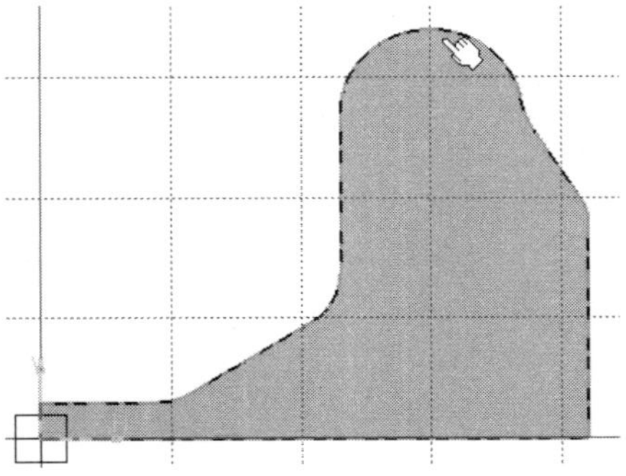

〈투영 전〉

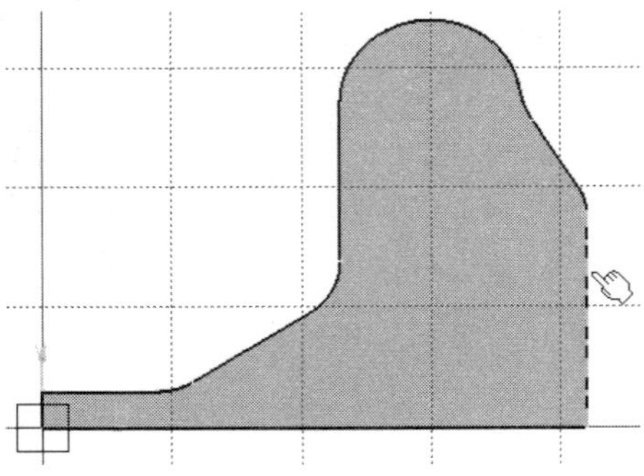

〈투영 후〉

⑧ Offset()을 클릭하고 투영시킨 외곽 Line을 아래 그림과 같이 Offset시킨다.

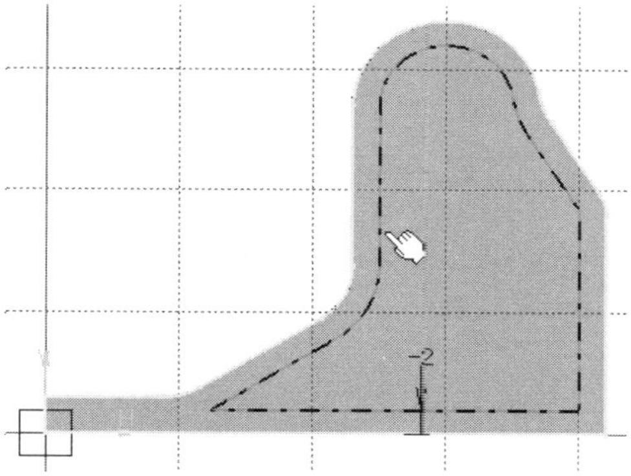

⑨ 아래 그림과 같이 Offset된 Profile을 선택하고 마우스 3번 버튼을 클릭하여 Mark.1 object => Isolate를 선택한다.(분할하여 Pocket을 수행하기 위하여 지정함)

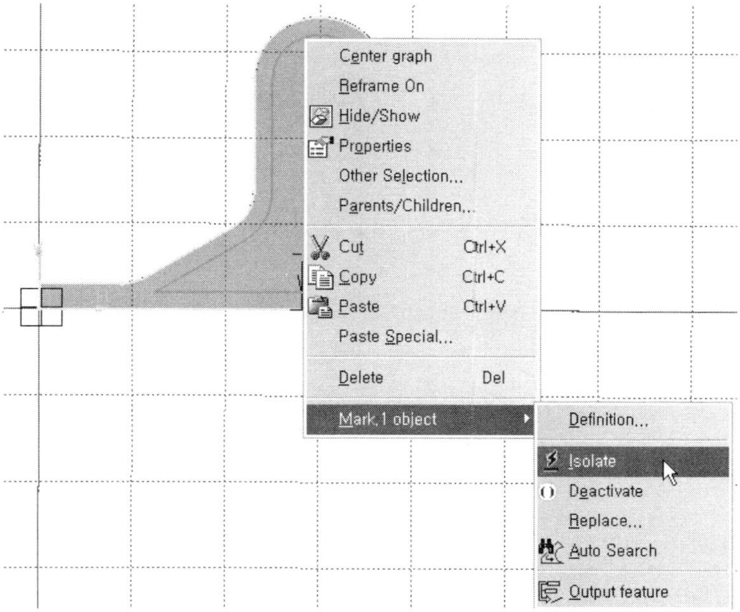

⑩ Circle과 Elongated Hole( ) 아이콘을 이용하여 아래 그림과 같이 드로잉한 후 Exit workbench 아이콘을 클릭한다.

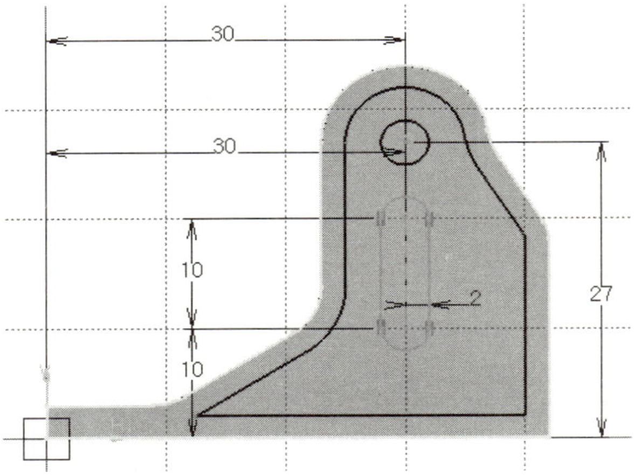

⑪ Pocket 아이콘을 실행시키고 아래 그림과 같이 Profile/Surface 선택 창에서 마우스 3번을 클릭하여 Go to profile definition을 선택한다.

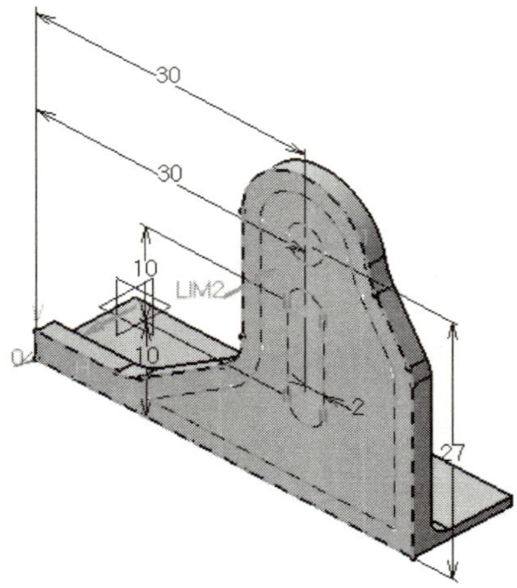

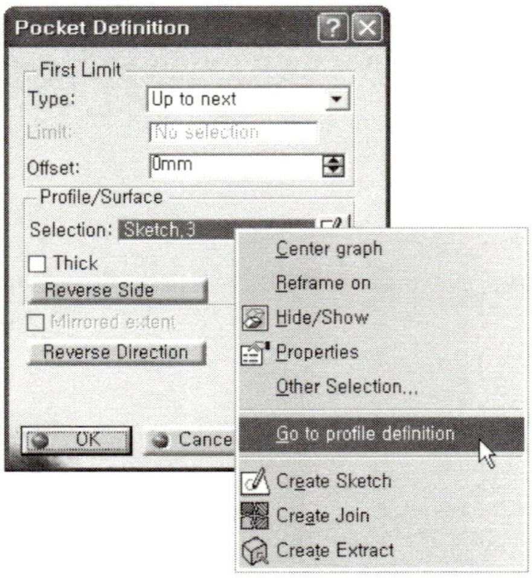

※ Sub-elements를 선택하고 Selection 창의 Sketch.3을 선택 후 Remove 버턴을 클릭한다.

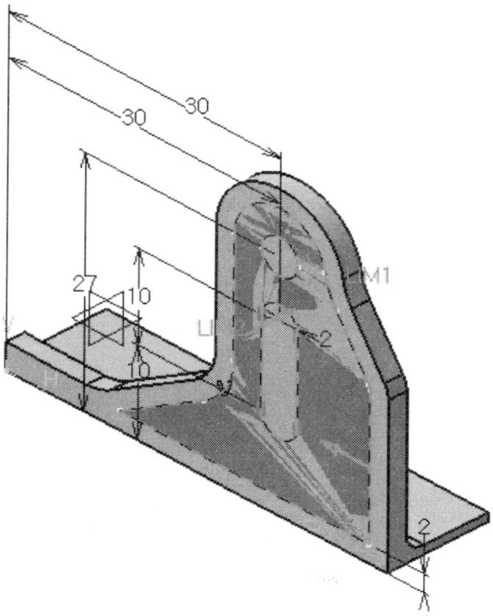

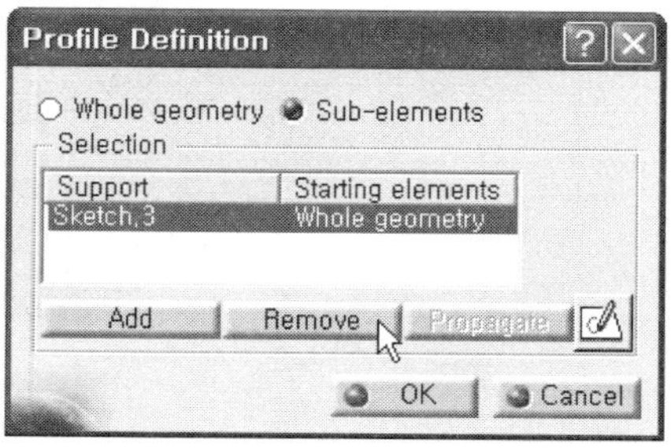

※ 아래 그림과 같이 Profile을 선택하면 Profile Definition Box에 Edge.1이 선택된다.

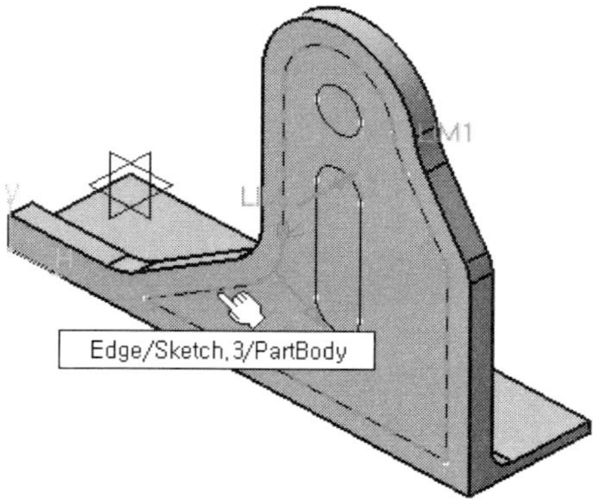

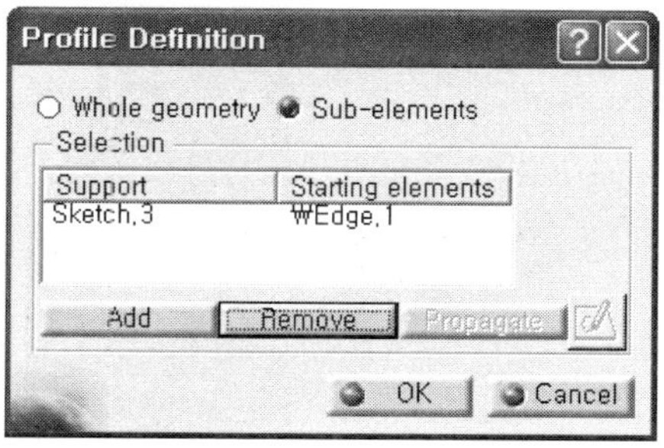

※ OK를 클릭하면 Pocket Definition Box가 다시 활성화된다. 활성화된 Pocket Definition Box에서 Type은 Dimension으로 설정하고, Depth는 1mm로 설정한다.

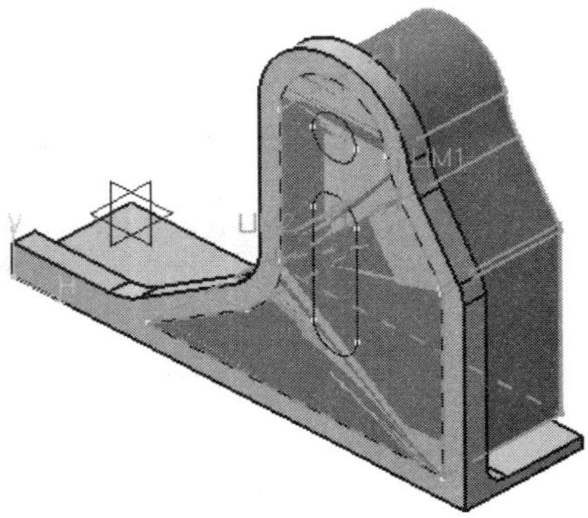

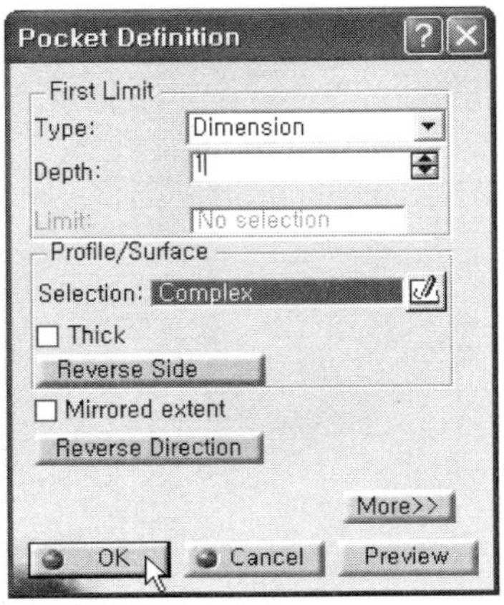

※ OK를 클릭하면 1mm로 Pocket된 형상이 생성된다.

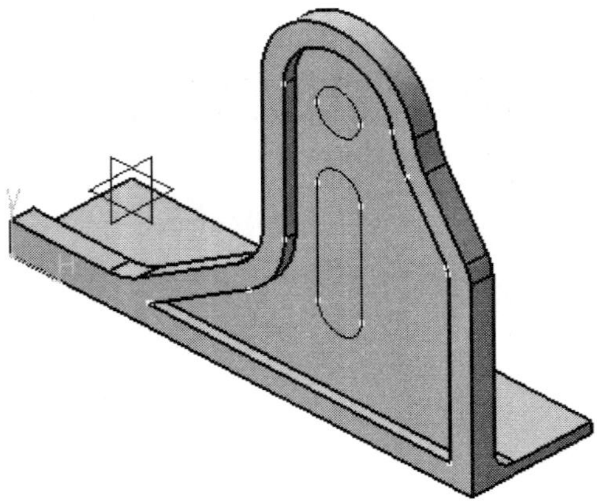

⑪ ⑩번 과정을 반복하여 나머지 두 개의 Profile을 선택 후 다음과 같이 Pocket한다.

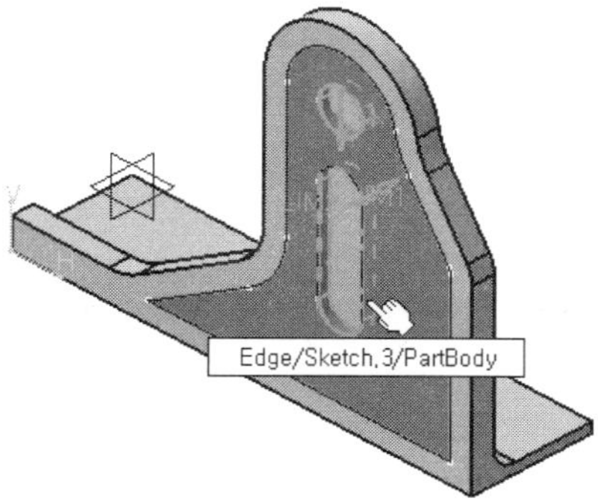

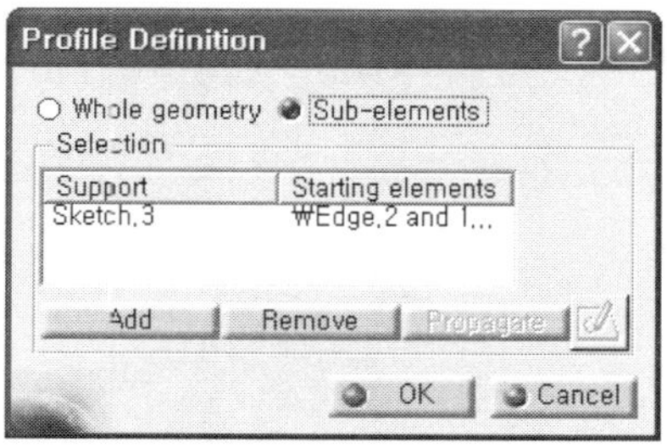

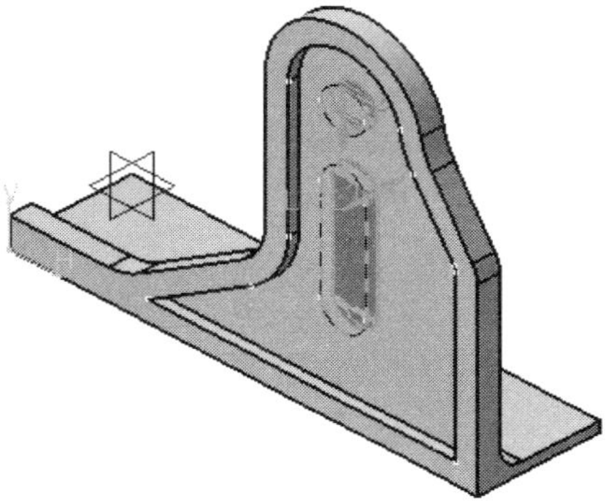

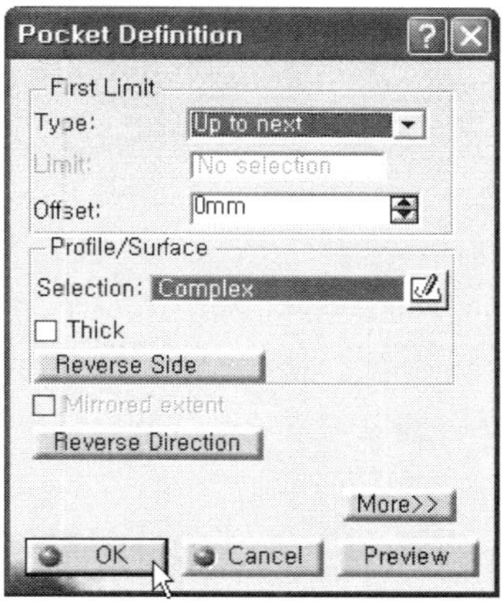

⑫ OK를 클릭하면 아래 그림과 같이 Pocket된 형상이 생성된다.

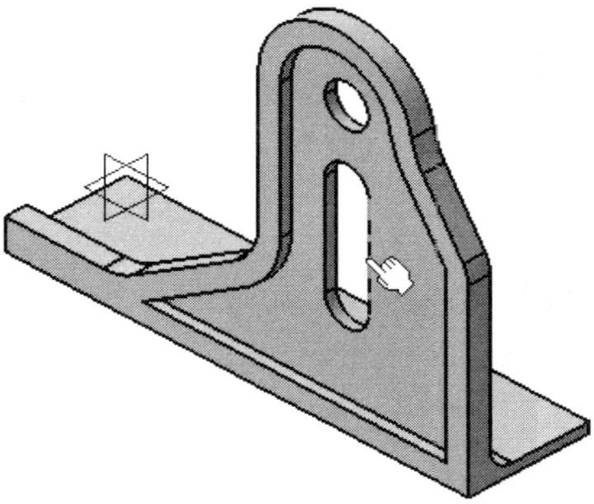

⑬ 아래 그림과 같이 Edge를 선택하고 Edge fillet( ) 아이콘을 클릭한다. 활성화된 Edge Fillet Definition box에서 Radius는 0.5mm로 입력하고 OK를 클릭한다.

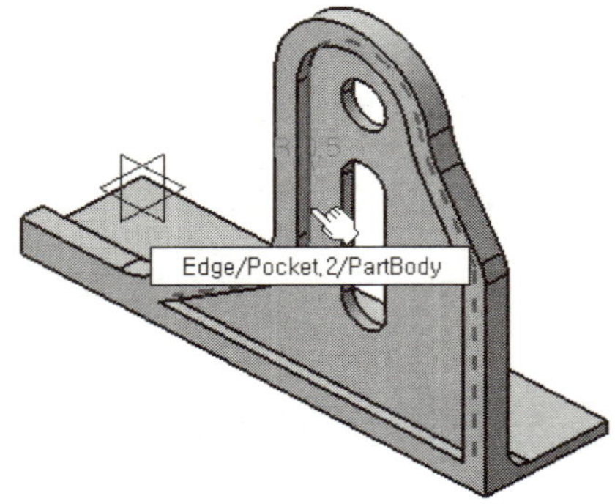

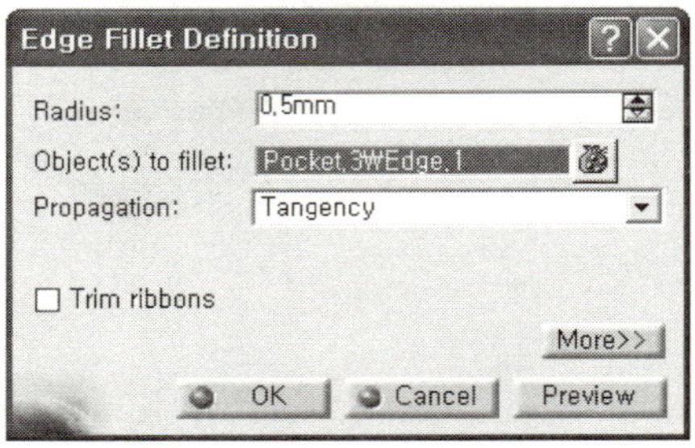

⑭ Mirror( ) 아이콘을 클릭하고 아래와 같은 순서로 Mirror시킨다.

※ PartBody를 선택 후 Mirror 아이콘을 클릭하여 yz Plane을 선택하고 OK를 클릭한다.

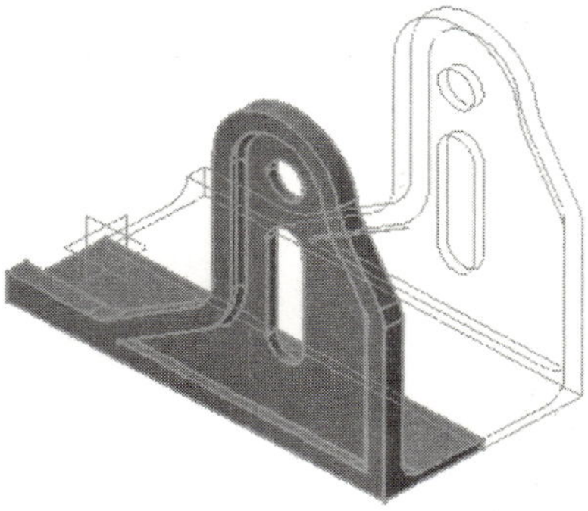

〈Mirror된 형상〉

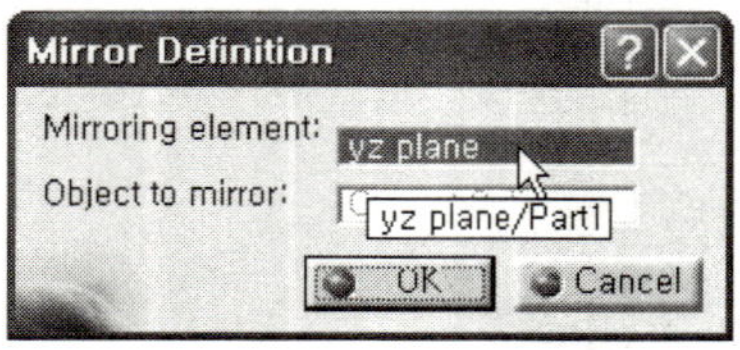

※ 다시 Mirror 아이콘을 클릭하여 zx Plane을 선택하고 OK를 클릭한다.

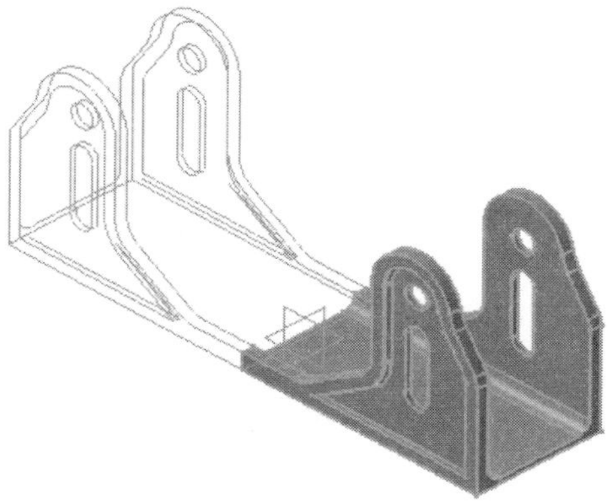

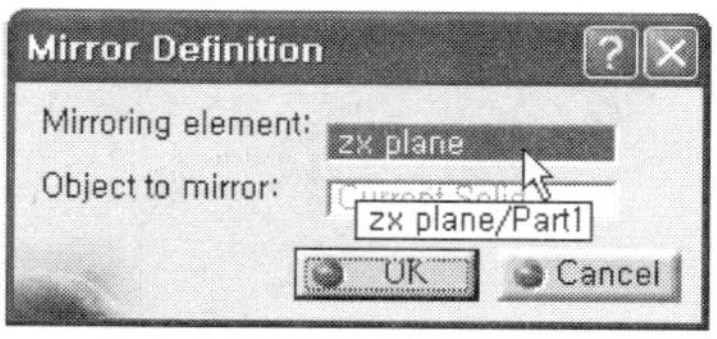

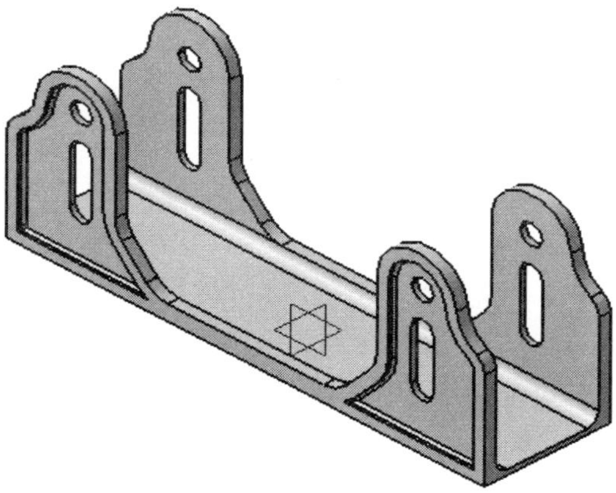

〈최종 완료된 형상〉

⑮ 아래 그림은 완성된 형상을 Multi-View로 나타낸 것이다.

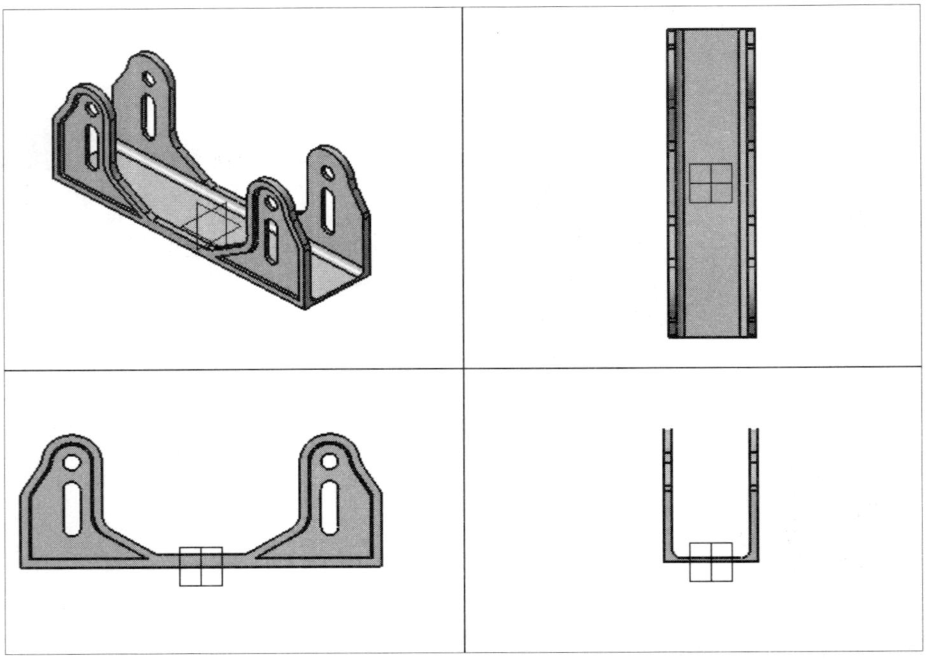

부 록

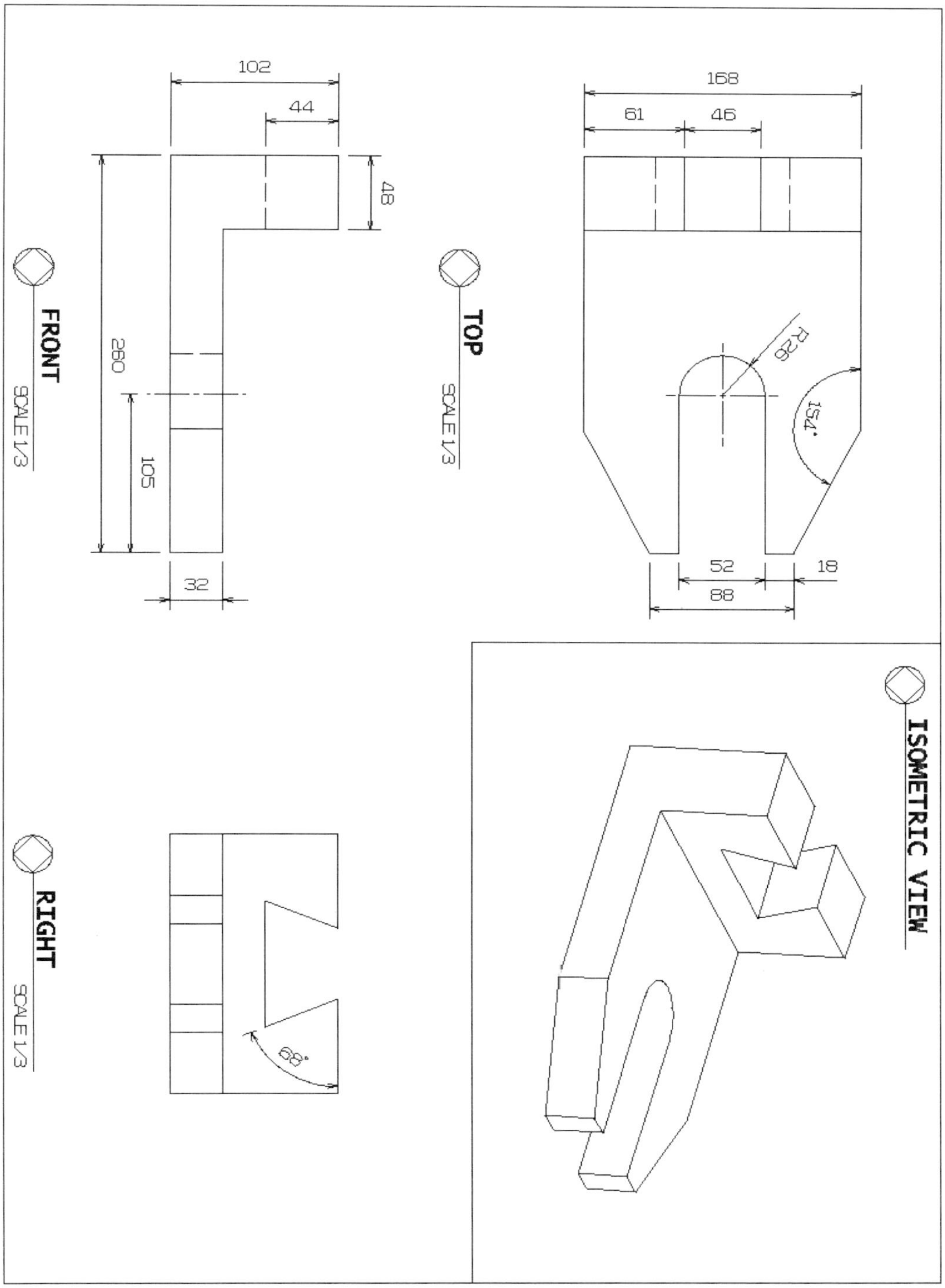
FRONT
SCALE 1/3
TOP
SCALE 1/3
RIGHT
SCALE 1/3
ISOMETRIC VIEW
102
44
48
280
105
32
168
61
46
R26
154°
52
18
88
68°

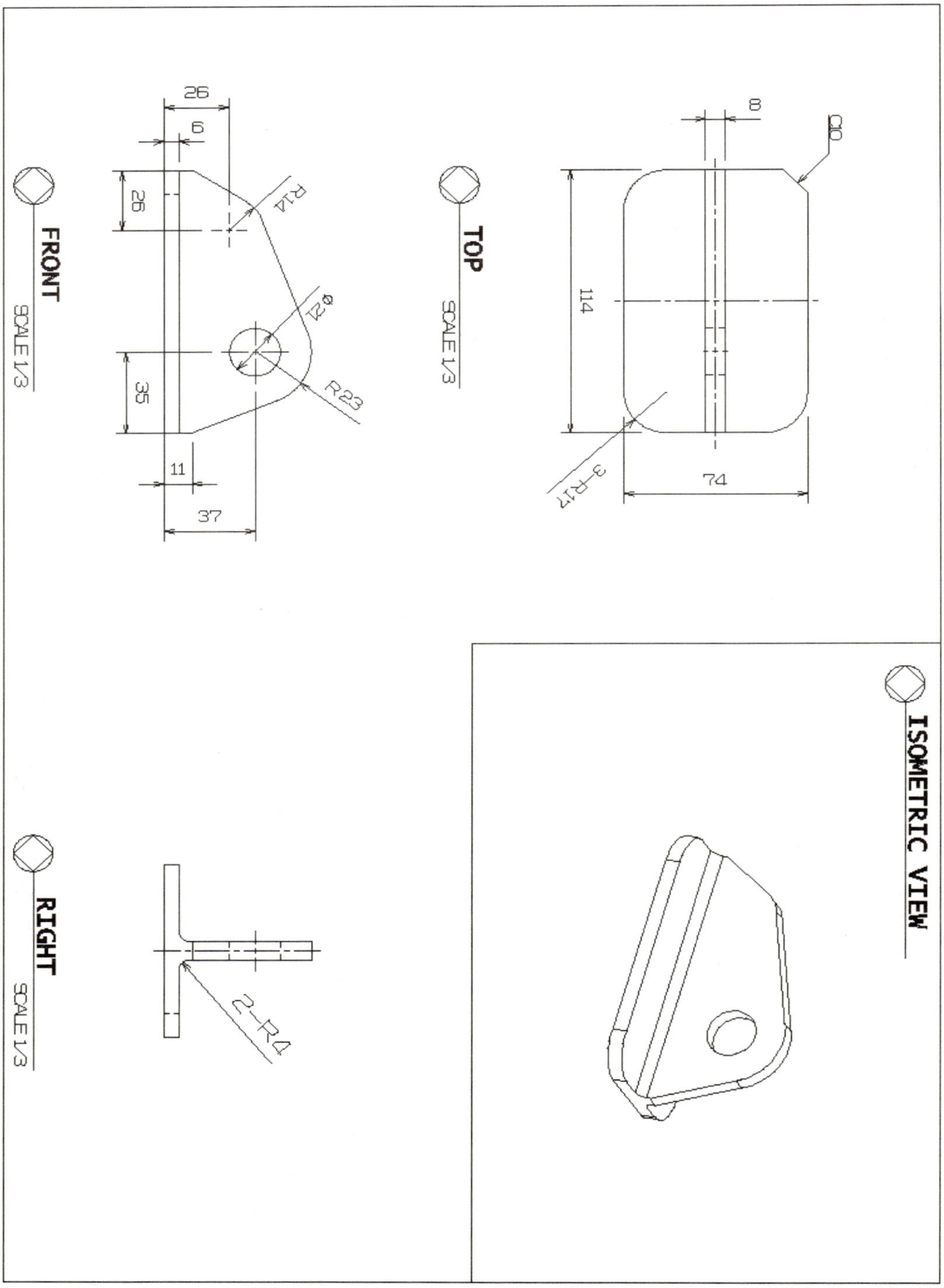
FRONT
SCALE 1/3
TOP
SCALE 1/3
RIGHT
SCALE 1/3
ISOMETRIC VIEW
26
6
26
R14
Φ21
R23
35
11
37
8
C10
114
74
3-R17
2-R4

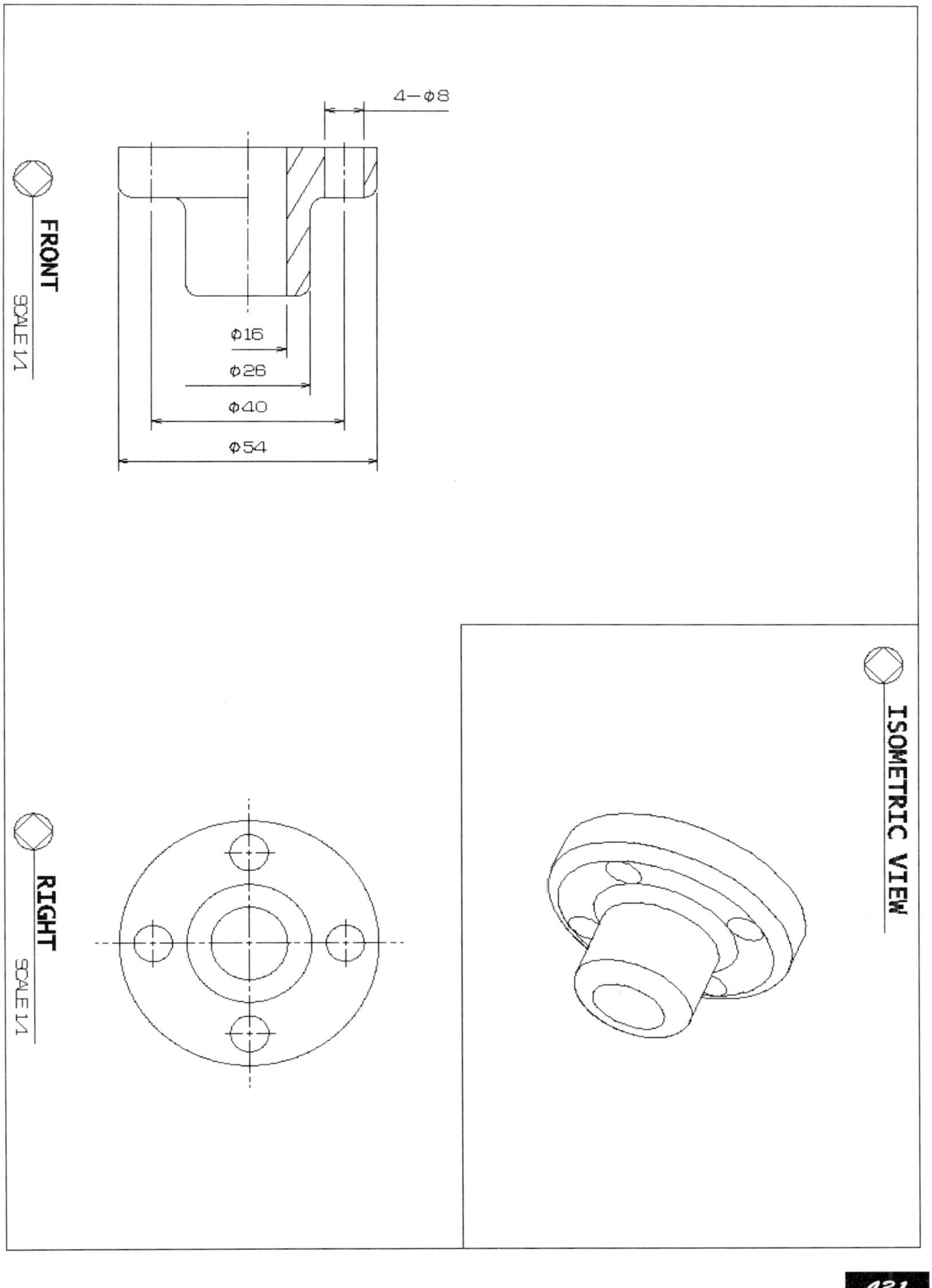
FRONT
SCALE 1/1
4−φ8
φ16
φ26
φ40
φ54
RIGHT
SCALE 1/1
ISOMETRIC VIEW

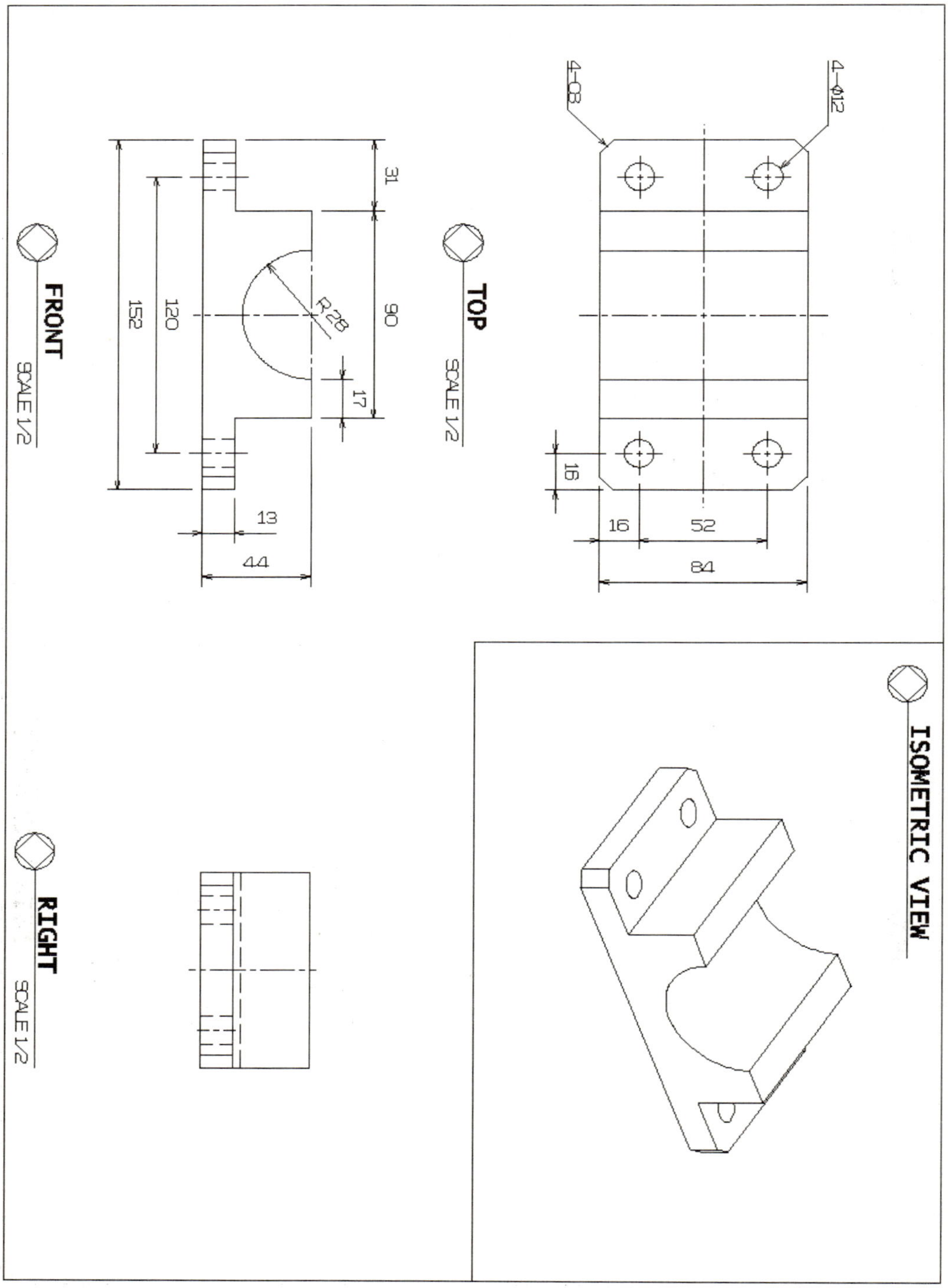
FRONT
SCALE 1/2
TOP
SCALE 1/2
RIGHT
SCALE 1/2
ISOMETRIC VIEW
4-C8
4-Ø12
31
90
17
152
120
R28
13
44
16
16
52
84

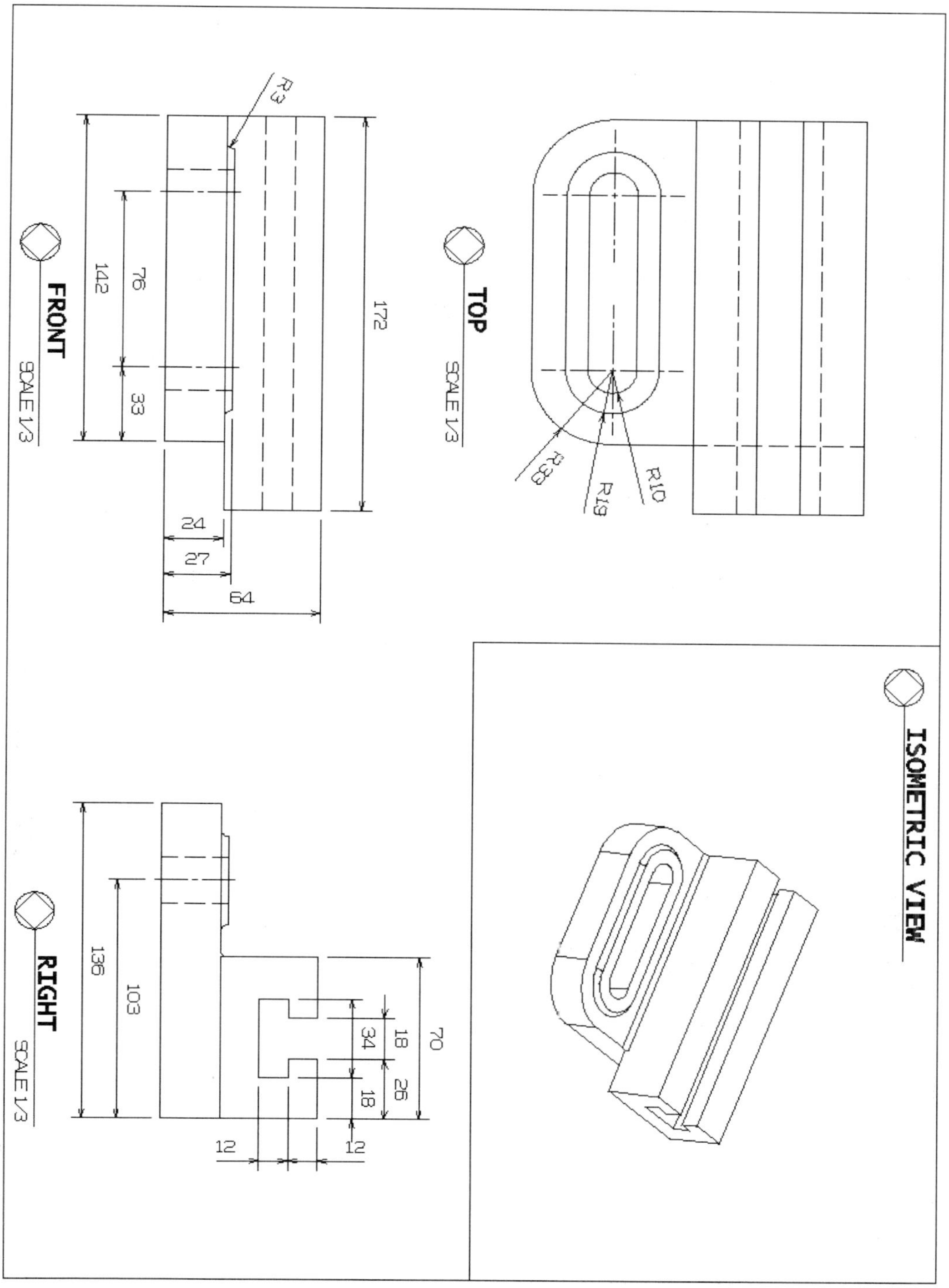
FRONT
SCALE 1/3
TOP
SCALE 1/3
RIGHT
SCALE 1/3
ISOMETRIC VIEW
R3
142
76
33
172
24
27
64
R38
R19
R10
136
103
70
18
34
26
18
12
12

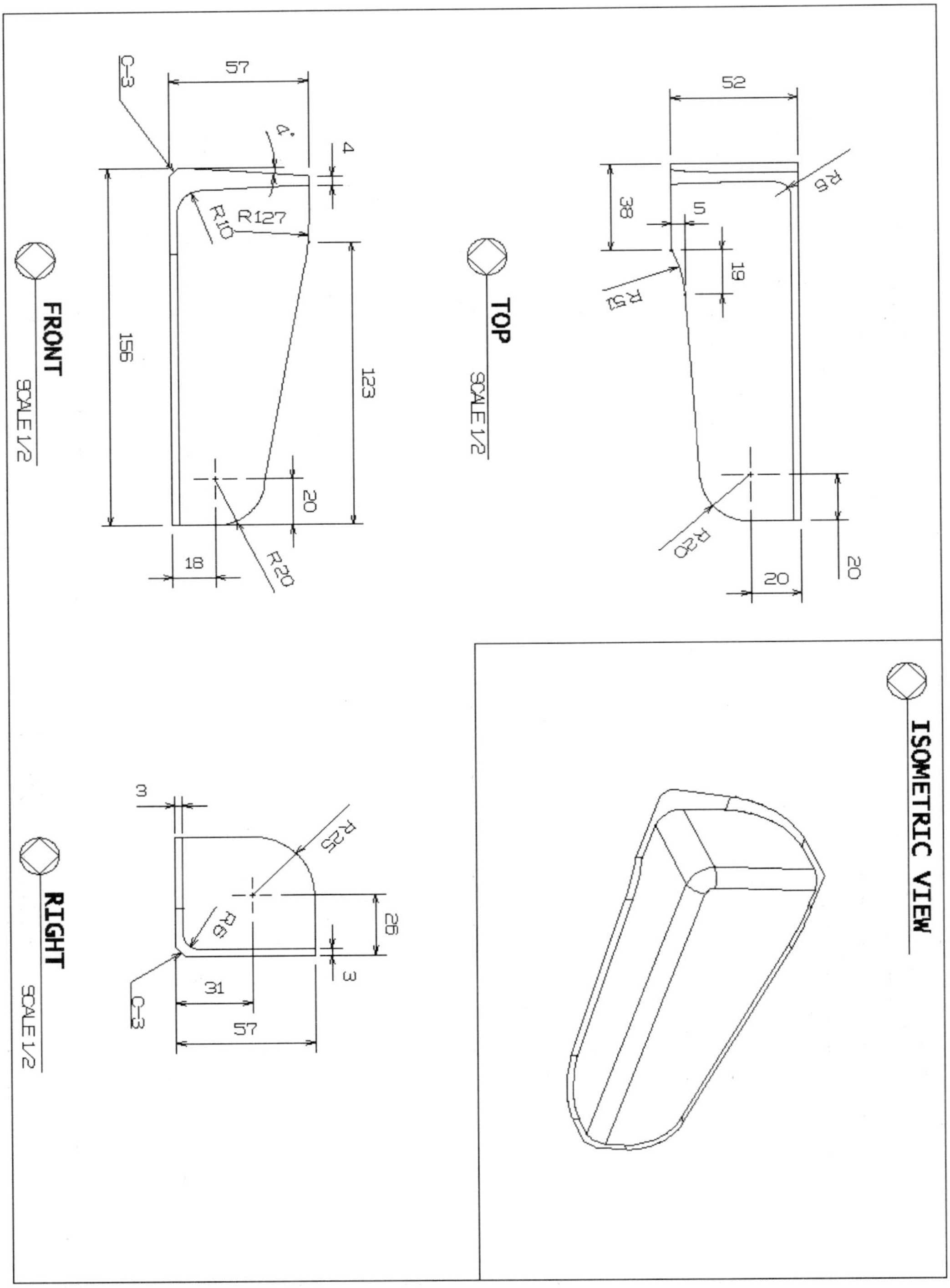
FRONT
SCALE 1/2
C-3
57
4°
4
R10
R127
156
123
20
18
R20
TOP
SCALE 1/2
52
R5
38
5
19
R51
R20
20
20
RIGHT
SCALE 1/2
3
R25
R6
26
3
31
57
C-3
ISOMETRIC VIEW

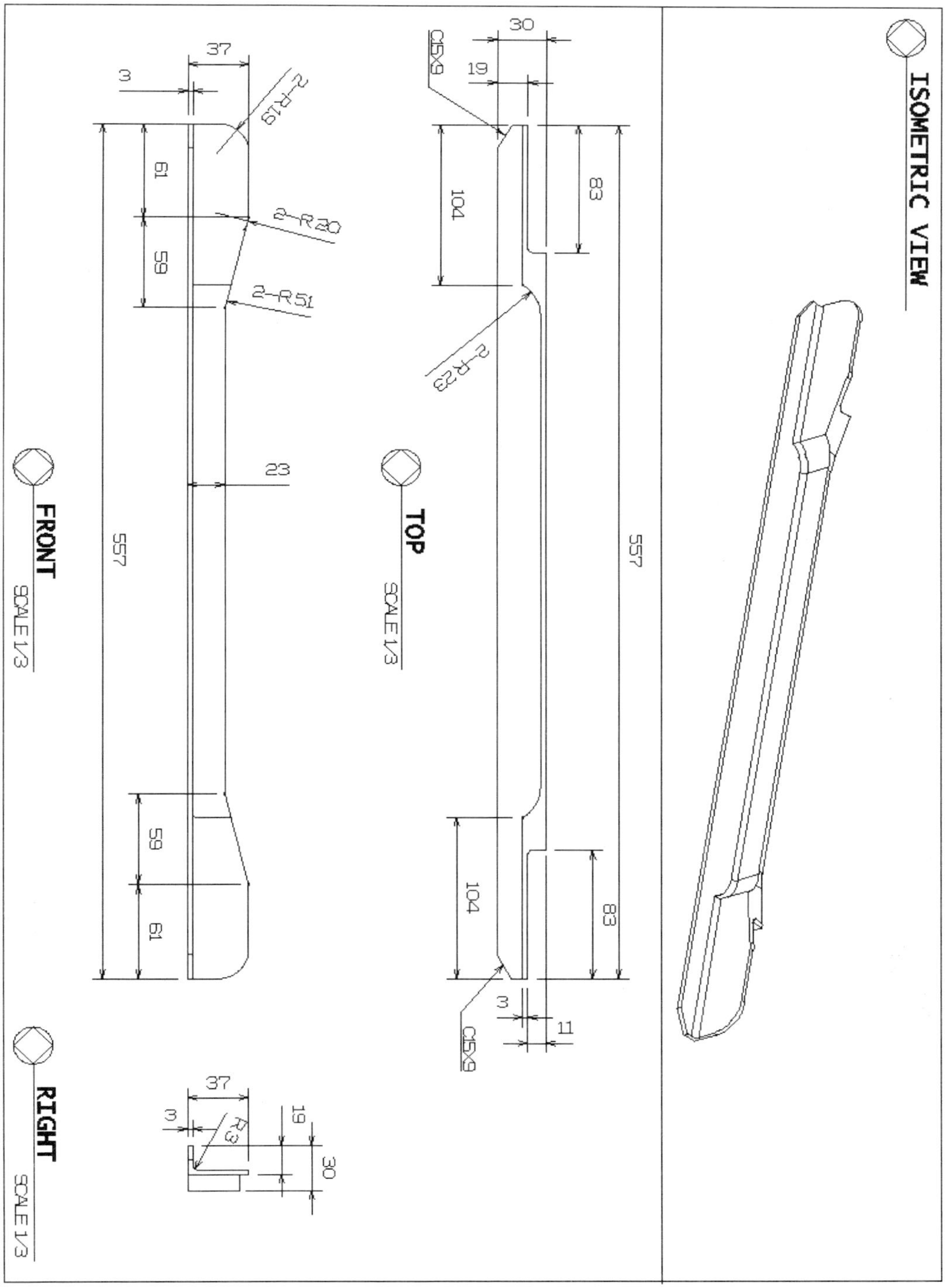
ISOMETRIC VIEW
FRONT
SCALE 1/3
TOP
SCALE 1/3
RIGHT
SCALE 1/3
2-R19
2-R20
2-R51
2-R23
C15X9
R3
557
37
30
19
104
83
61
59
23
11
3

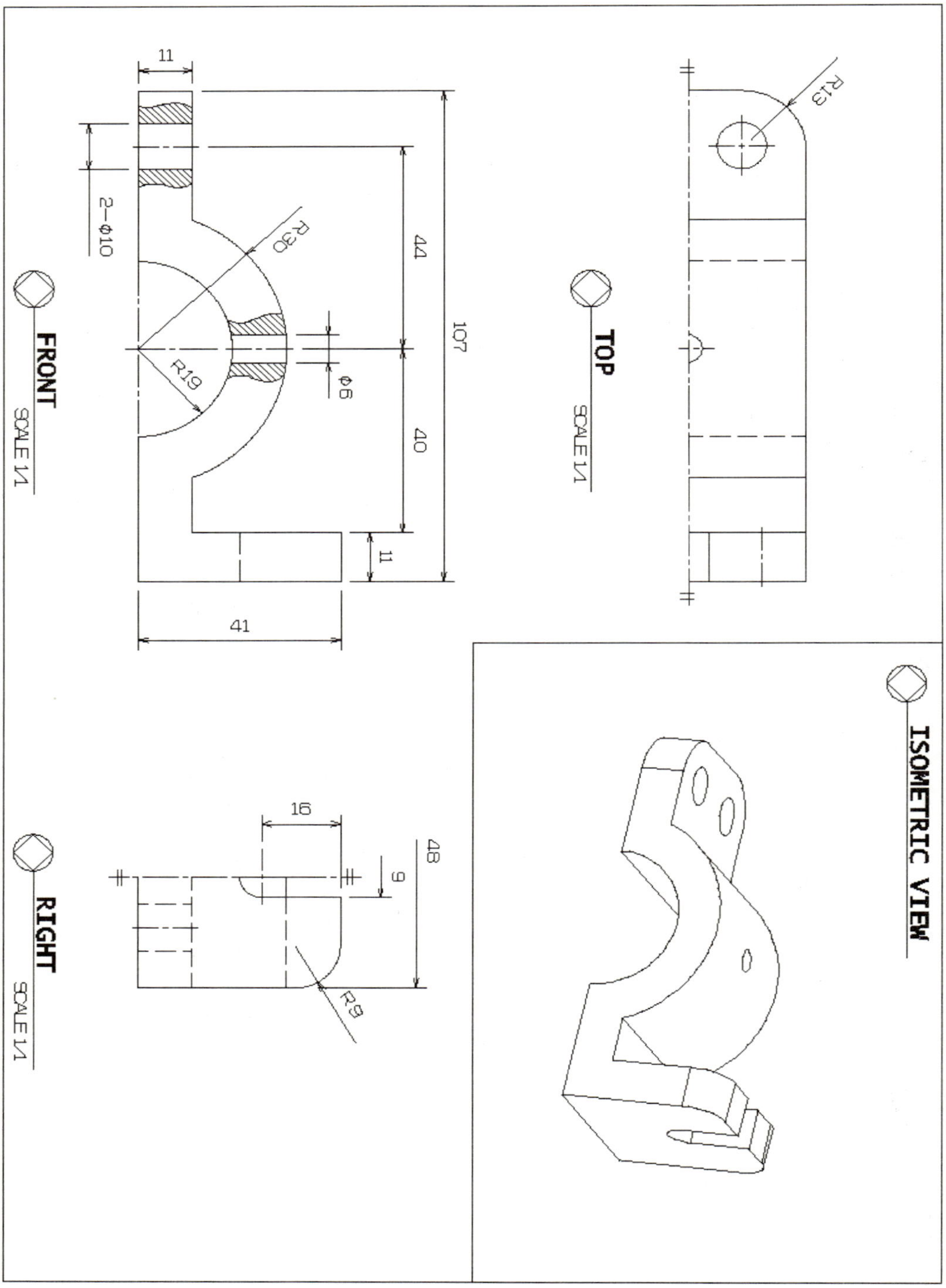
FRONT
SCALE 1/1
TOP
SCALE 1/1
RIGHT
SCALE 1/1
ISOMETRIC VIEW
11
2-Φ10
R30
R19
Φ6
44
40
107
11
41
R13
16
9
48
R9

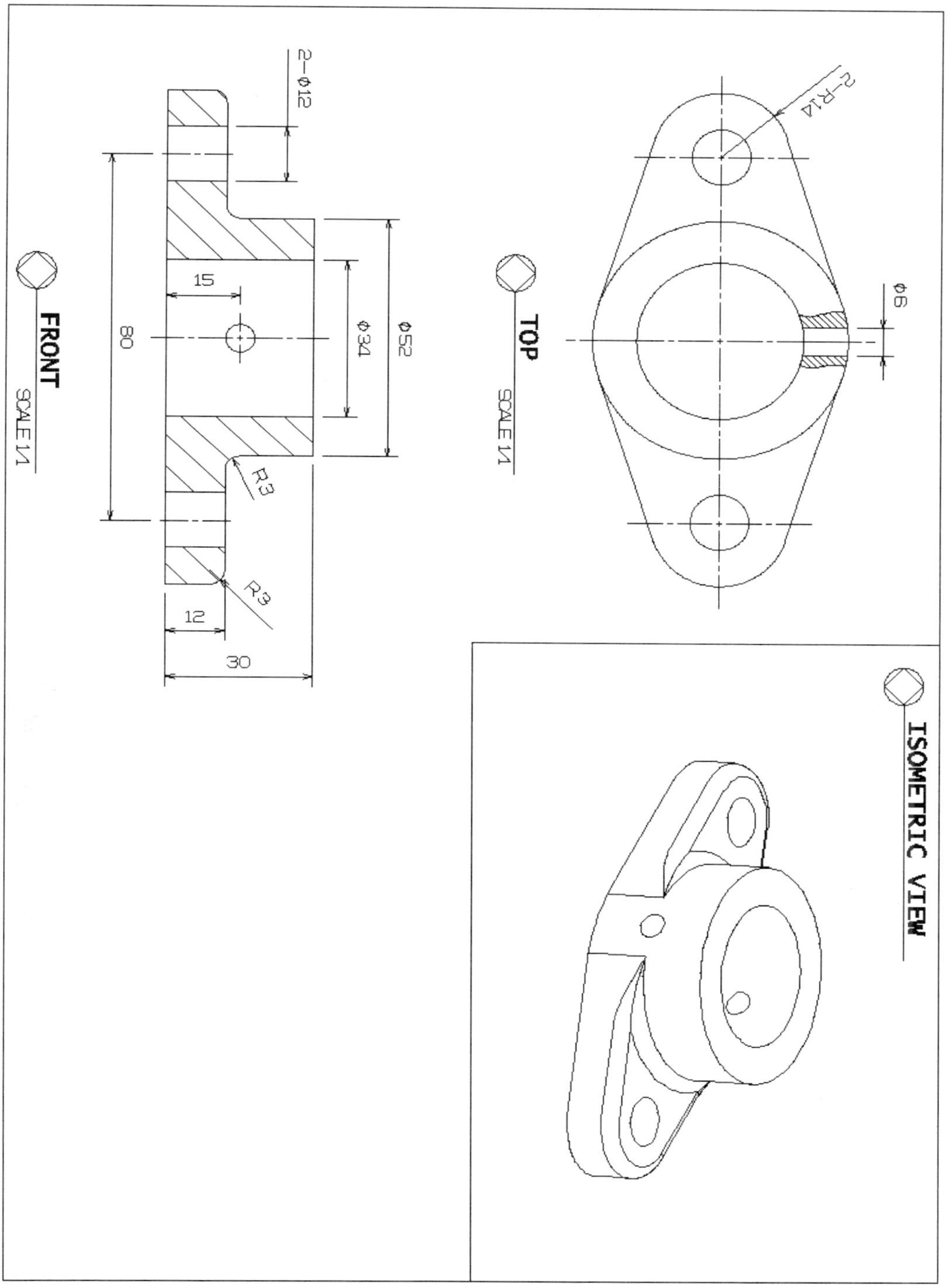
FRONT
SCALE 1/1
2-Φ12
80
15
Φ34
Φ52
R3
R3
12
30
TOP
SCALE 1/1
2-R14
Φ6
ISOMETRIC VIEW

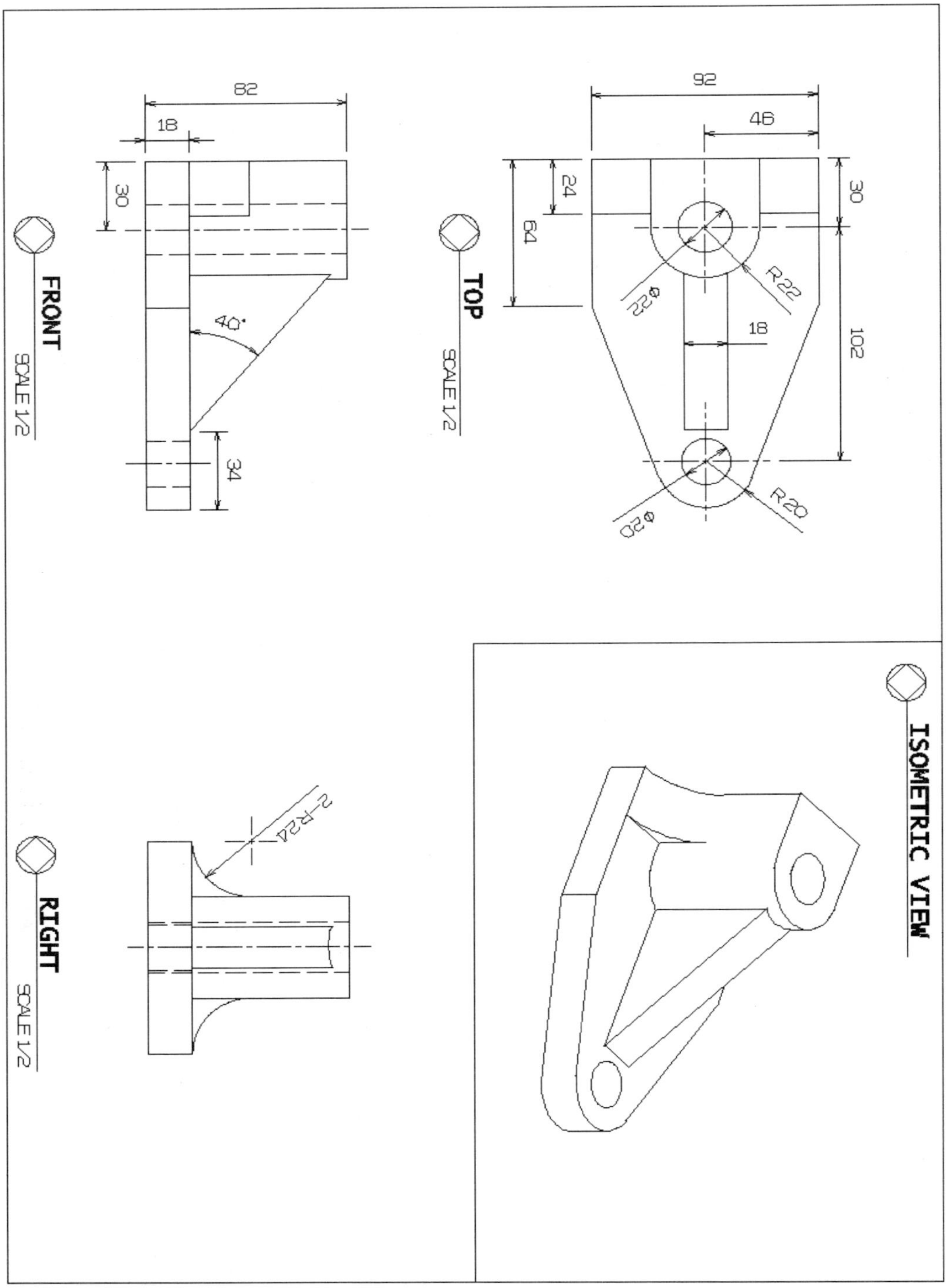
FRONT
SCALE 1/2
82
18
30
40°
34
TOP
SCALE 1/2
92
46
24
64
30
102
18
R22
Φ22
R20
Φ20
RIGHT
SCALE 1/2
2-R24
ISOMETRIC VIEW

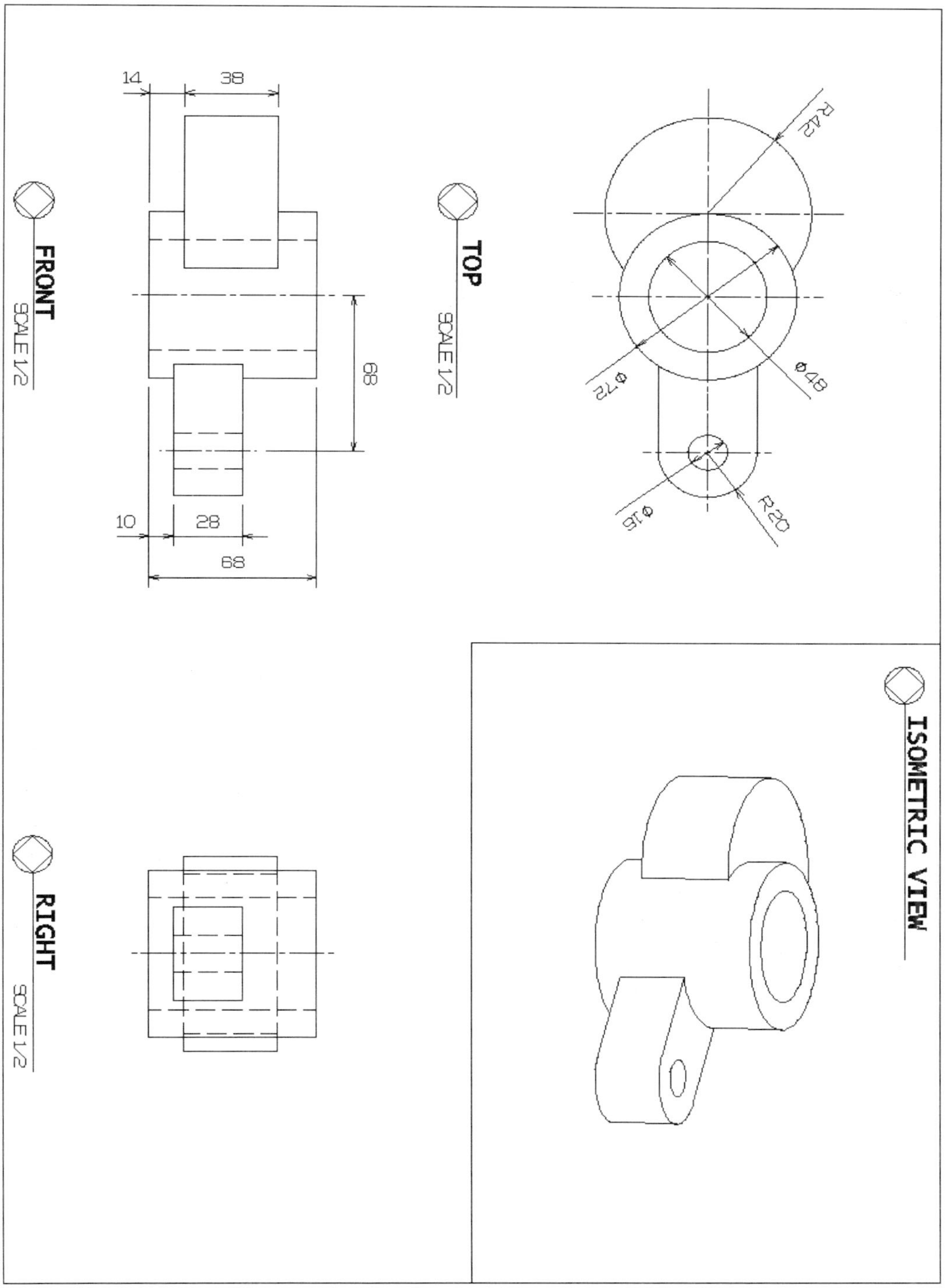
FRONT
SCALE 1/2
TOP
SCALE 1/2
RIGHT
SCALE 1/2
ISOMETRIC VIEW
14
38
68
10
28
68
R42
Φ72
Φ48
Φ16
R20

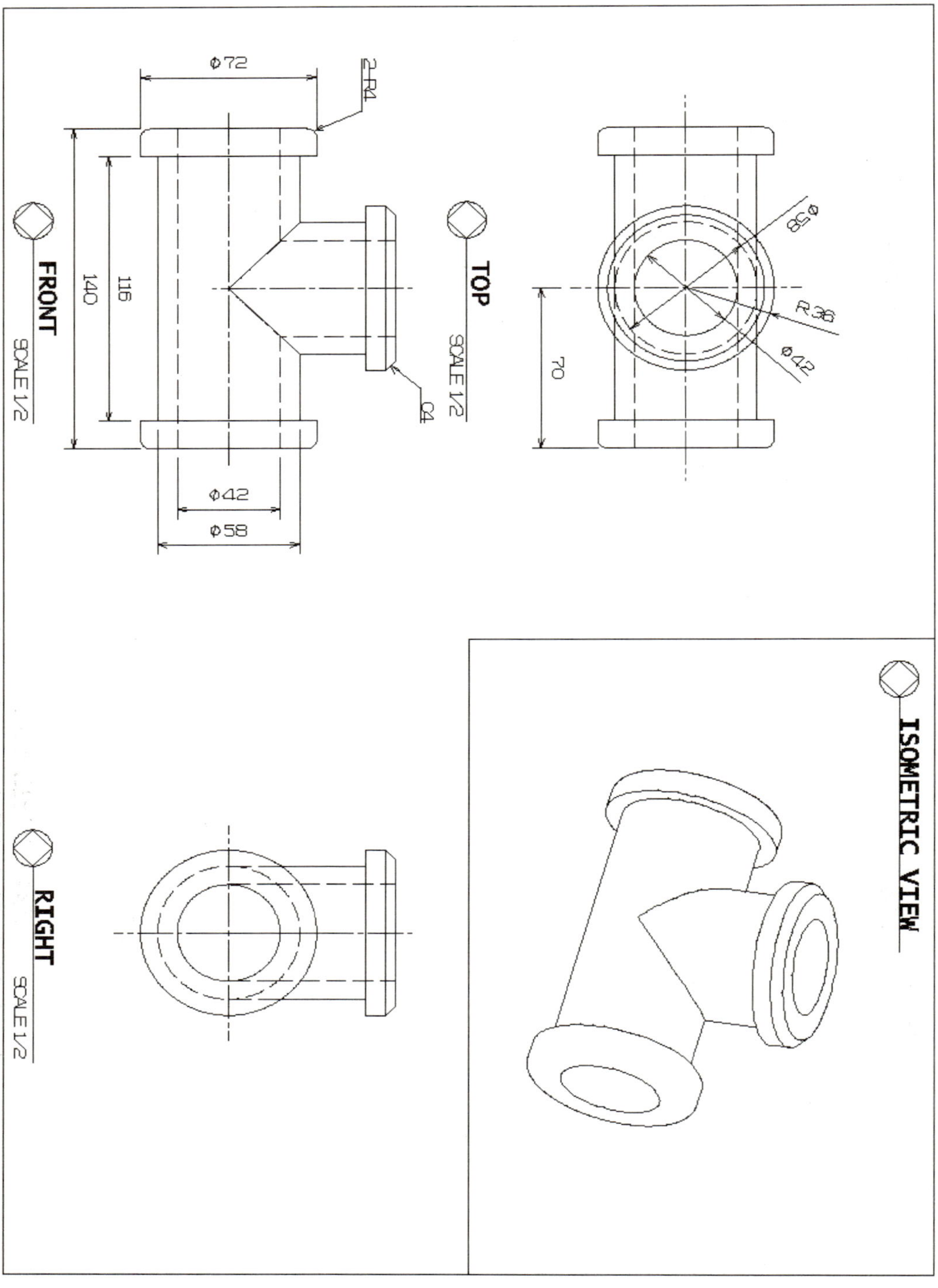
FRONT
SCALE 1/2
TOP
SCALE 1/2
RIGHT
SCALE 1/2
ISOMETRIC VIEW
Φ72
2-R1
140
116
Φ42
Φ58
C4
Φ58
R36
Φ42
70

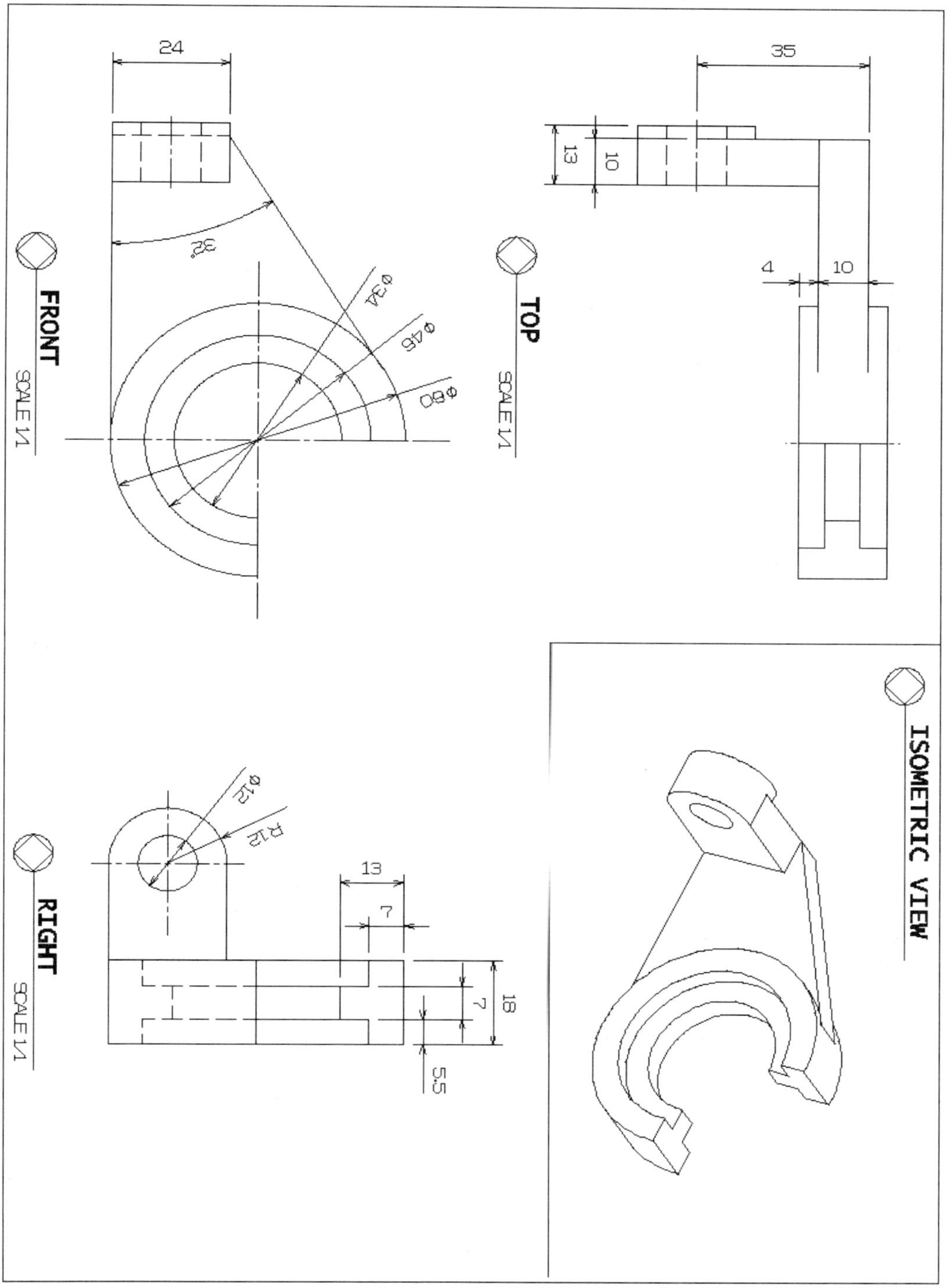

FRONT
SCALE 1/1
24
35°
Φ34
Φ45
Φ60
TOP
SCALE 1/1
35
13
10
4
10
RIGHT
SCALE 1/1
Φ12
R12
13
7
18
7
5.5
ISOMETRIC VIEW

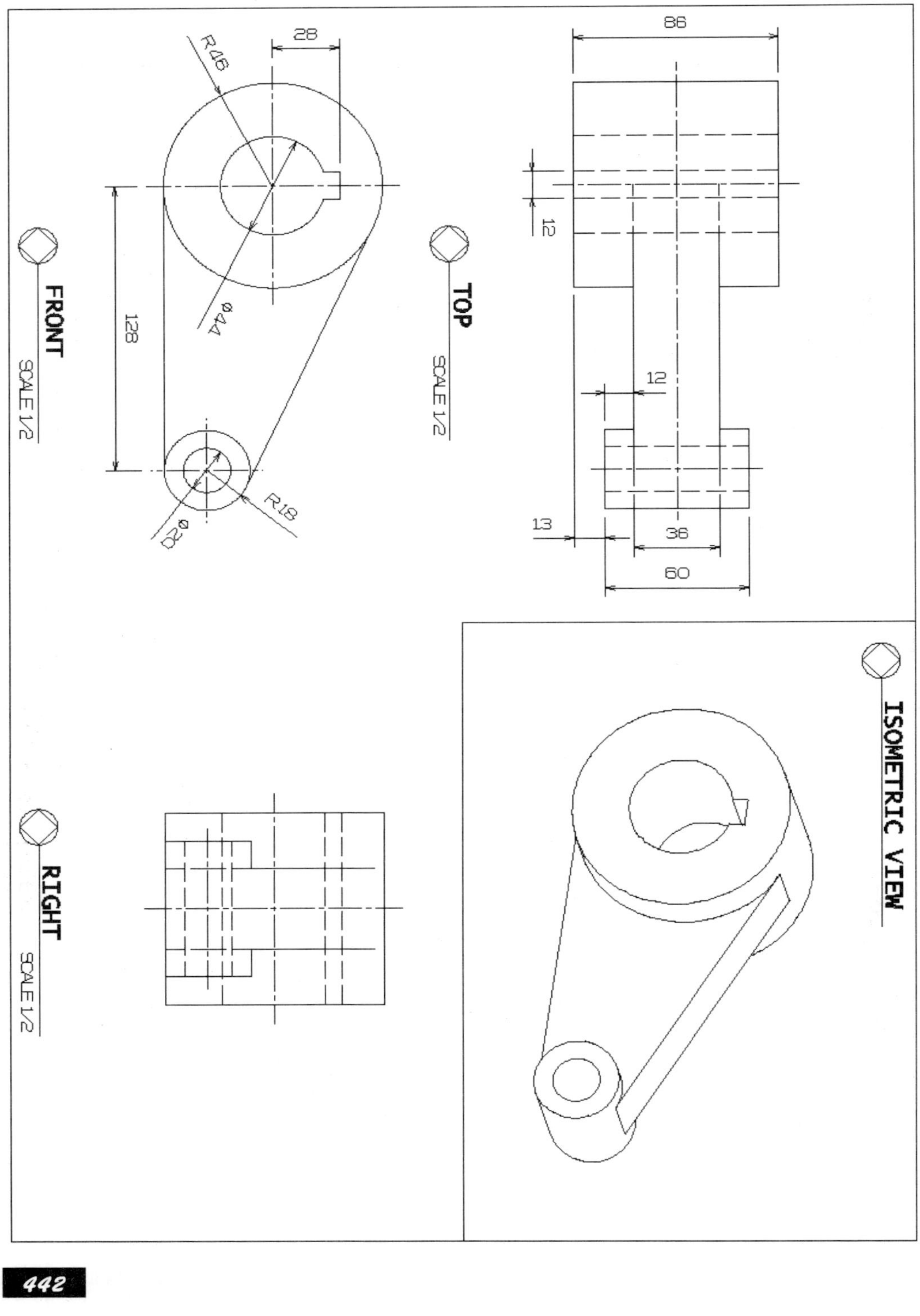
FRONT
SCALE 1/2
TOP
SCALE 1/2
RIGHT
SCALE 1/2
ISOMETRIC VIEW
R46
28
Ø44
128
R18
Ø20
86
12
12
13
36
60

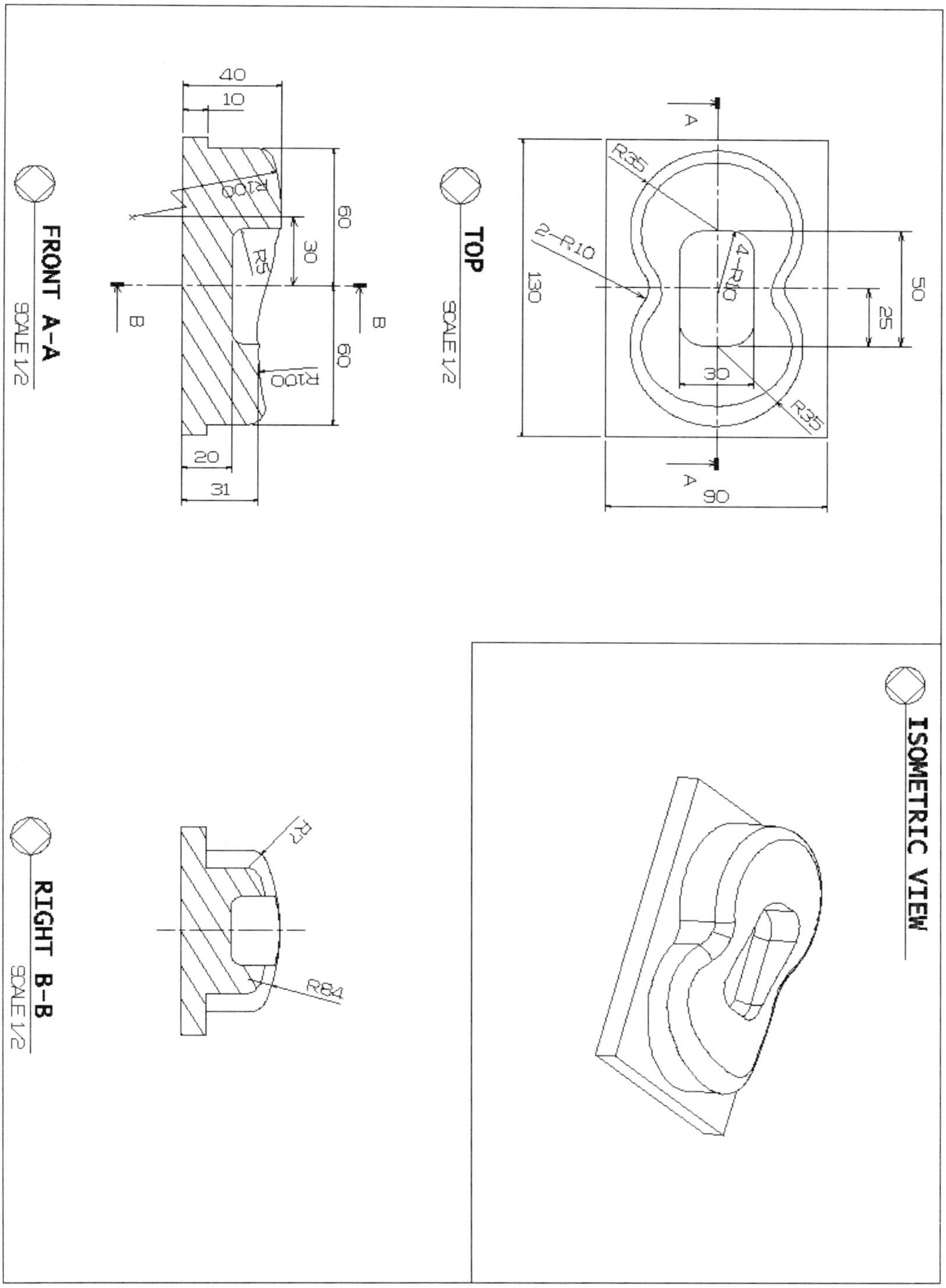
TOP
SCALE 1/2
FRONT A-A
SCALE 1/2
RIGHT B-B
SCALE 1/2
ISOMETRIC VIEW
A
B
R35
2-R10
4-R10
130
90
50
25
30
40
10
60
R100
R5
20
31
R3
R84

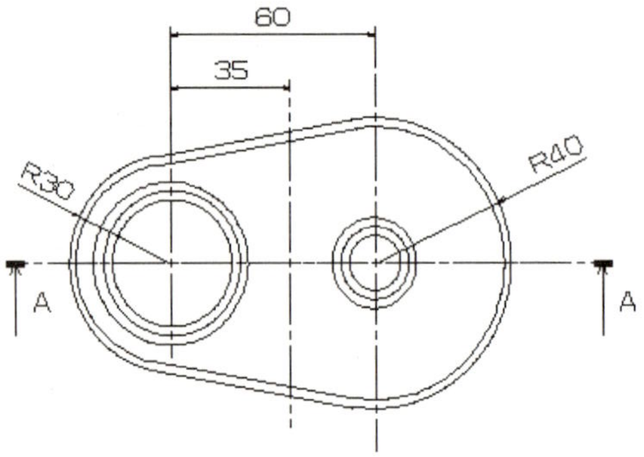

TOP
SCALE 1/2

ISOMETRIC VIEW

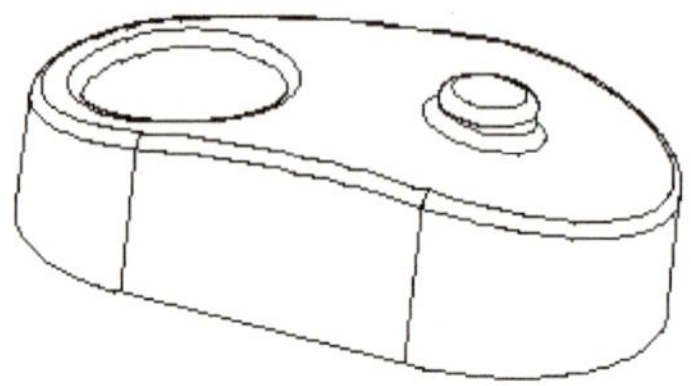

주.

1. 지시없는 라운드 R 2.5

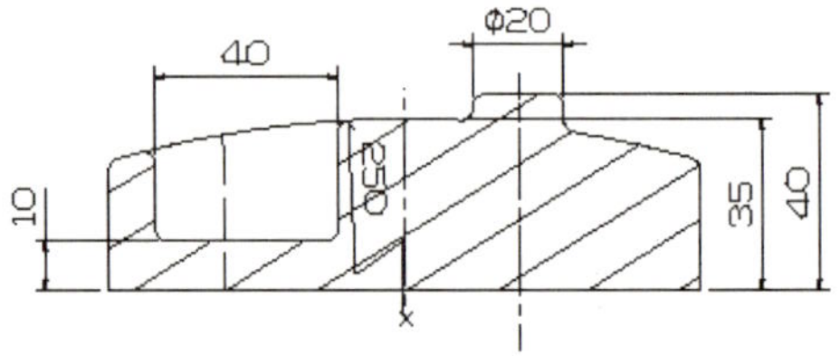

FRONT A-A
SCALE 1/2

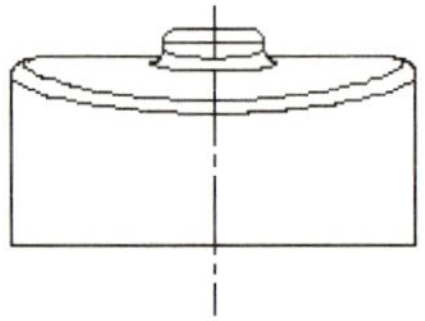

RIGHT
SCALE 1/2

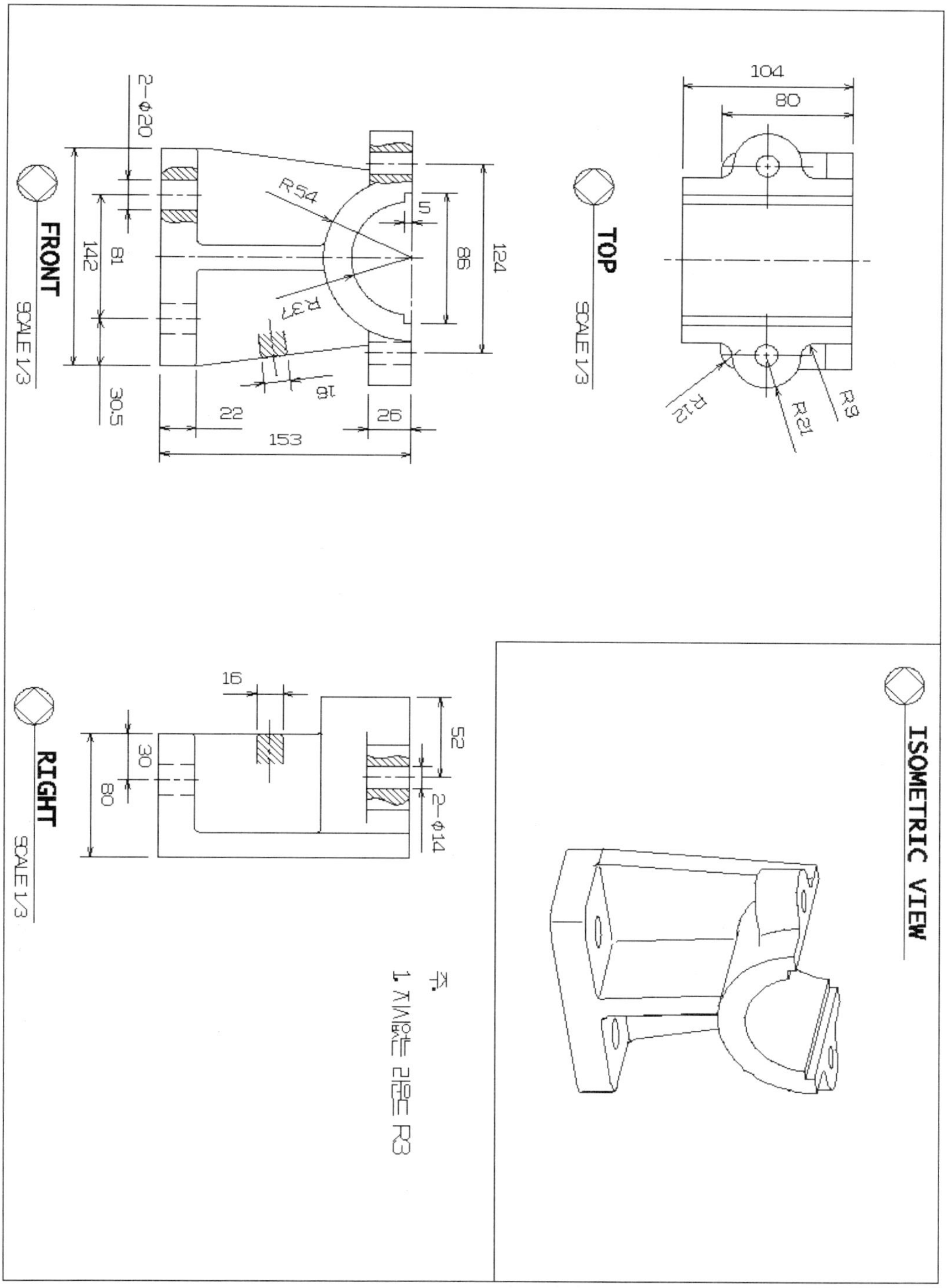
TOP
SCALE 1/3
104
80
R9
R21
R12
FRONT
SCALE 1/3
2-Φ20
142
81
30.5
R54
R37
5
86
124
18
22
26
153
RIGHT
SCALE 1/3
16
30
80
52
2-Φ14
ISOMETRIC VIEW
주.
1. 지시없는 라운드 R3

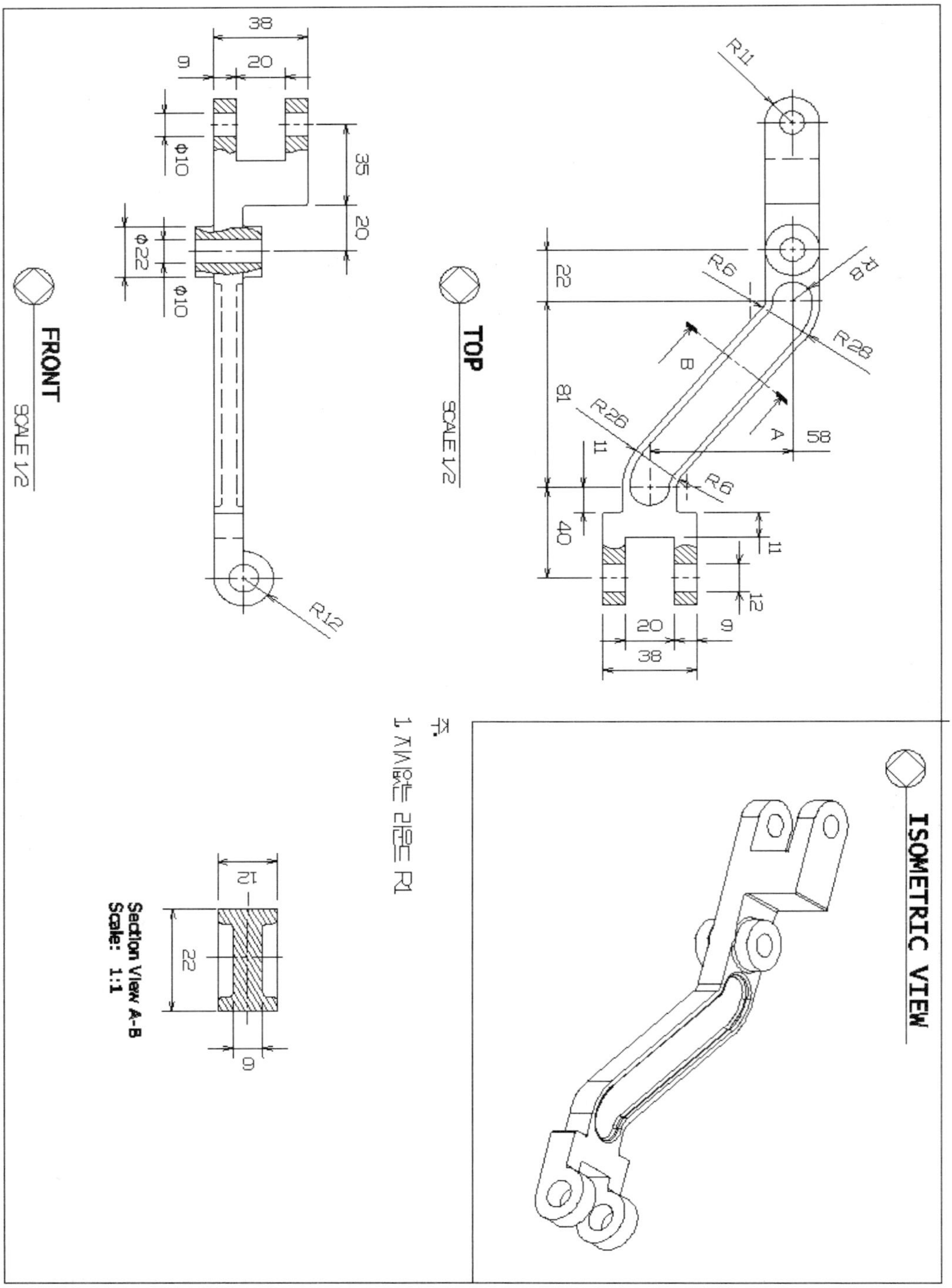
FRONT
SCALE 1/2
TOP
SCALE 1/2
ISOMETRIC VIEW
Section View A-B
Scale: 1:1
주.
1. 지시없는 라운드 R1
R11
R6
R8
R28
R26
R6
R12
38
20
9
35
20
Φ10
Φ22
Φ10
22
81
11
40
11
12
58
A
B

ISOMETRIC VIEW

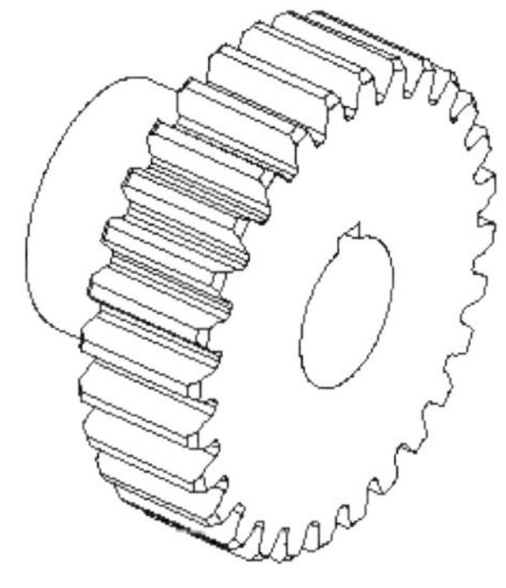

스퍼기어 요목표		
구분/품번		4
기어치형		표준
공구	치형	병치
	모듈	2
	압력각	20°
잇 수		28
피치원경		Ø56
급 수		KS B1405

주.

1. 지시없는 라운딩 R3, 모따기 C1
2. 일반 모따기 C=0.3~0.5

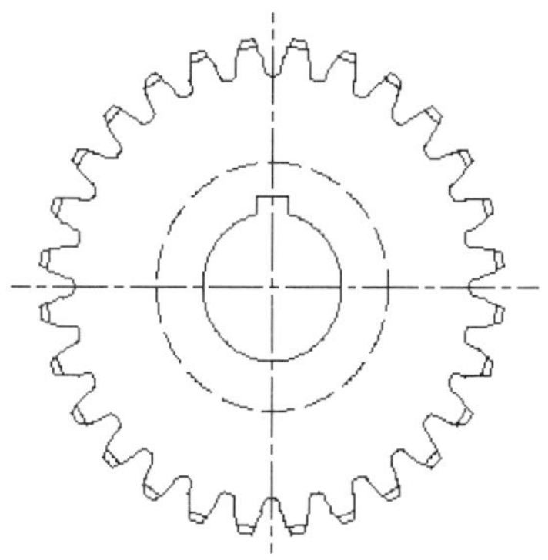

FRONT

SCALE 1/1

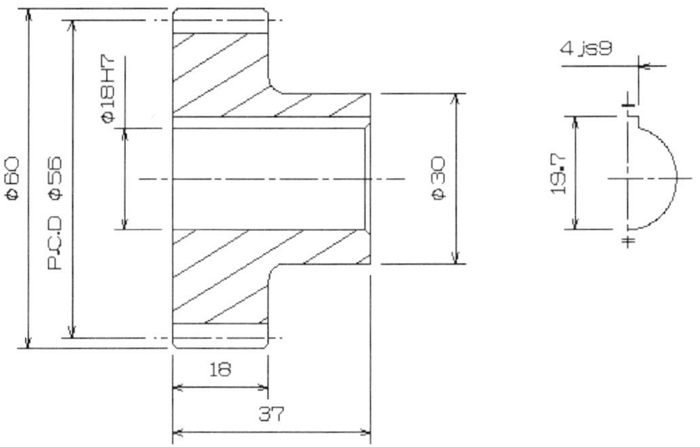

RIGHT

SCALE 1/1

오토
테크

CATIA V5.15기초(Part design을 중심으로)

1판 1쇄 발행　2015년 1월 30일
1판 1쇄 인쇄　2015년 2월 5일

ISBN　978-89-89088-86-8

저　자 / 김남경 · 김해지

발행자 / 김 순 선
발행처 / 오토테크
주　소 / 서울특별시 관악구 신림본동 10-23
등　록 / 제10-1983호
전　화 / 02-877-0809
F A X / 02-877-0730
E-mail / atbook@kornet.net

정가　23,000 원

* 낙장 및 파본은 교환해 드립니다.